Einführung in die Managementlehre Band 1

⋮ Haupt

Einführung in die Managementlehre

Band 1   Teile A–E

Herausgegeben von

Rolf Dubs
Dieter Euler
Johannes Rüegg-Stürm
Christina E. Wyss

Haupt Verlag
Bern Stuttgart Wien

Auf der E-Learning-Plattform zu diesem Lehrbuch stehen zahlreiche ergänzende Lerninhalte und Materialien zur Verfügung. Eine Anleitung, wie Sie mit Hilfe des Buches in den geschützten Bereich der Plattform gelangen können, finden Sie unter: www.managementlehre.ch.

1. Auflage 2004
2. Auflage 2009

Bibliografische Information der Deutschen Nationalbibliothek
Die Deutsche Nationalbibliothek verzeichnet diese Publikation
in der Deutschen Nationalbibliografie; detaillierte bibliografische Daten
sind im Internet über http://dnb.d-nb.de abrufbar.

ISBN 978-3-258-07528-0

Lektorat 1. Auflage: Hans-Jürgen Vorsteher
Gestaltung und Satz: Atelier Mühlberg, Basel

www.haupt.ch

Inhaltsverzeichnis
Gesamtübersicht

Inhaltsverzeichnis
Band 1

Vorwort zur zweiten Auflage

Seit mehreren Jahren wird dieses Lehrbuch in verschiedenen Arbeitskontexten mit Erfolg in der Management-Ausbildung eingesetzt. Den Druck einer zweiten Auflage haben wir zum Anlass genommen, einige kleinere Fehler zu korrigieren, die sich in der ersten Auflage leider eingeschlichen hatten. Zudem haben wir das Lehrbuch mit einem *Register* ergänzt, das es erlaubt, Ausführungen zu wichtigen Begriffen und Themen sowie spezifische Beiträge der beteiligten Autorinnen und Autoren auf einfache Weise aufzuspüren. Dabei wurden wir massgeblich von Frau *Nicole Weber* unterstützt, der wir für die engagierte und kompetente Projekt- und Redaktionsarbeit herzlich danken.

St. Gallen, 8. Juli 2009
Die Herausgeber: R. Dubs, D. Euler, J. Rüegg-Stürm, C. E. Wyss

Vorwort zur ersten Auflage

Im Jahre 1998 entschloss sich eine Gruppe von Dozierenden an der Universität St. Gallen (HSG), im Hinblick auf die anstehende Neukonzeption des Studiums ein neues Lehrbuch für die einführende Betriebswirtschaftsausbildung auf der Assessmentstufe (erstes Studienjahr) zu entwickeln. Dieses Projekt sollte dazu beitragen, den Studierenden eine solide, *integrierte Grundausbildung in Managementlehre* zu vermitteln.

Eine gemeinsame Grundlage bestand in der Überzeugung, dass Bildung über die Vermittlung von nur lose miteinander verbundenen Wissenselementen hinausgehen sollte. Insbesondere bei einer anwendungsorientierten Wissenschaft wie der Managementlehre ist es wichtig, die Zusammenhänge zwischen den einzelnen Themen, Konzepten und Instrumenten zu verstehen, d. h. die einzelnen Wissenselemente zu einem sinnhaften Ganzen zu integrieren. Im historisch gewachsenen, hoch arbeitsteiligen, individualistischen wissenschaftlichen Arbeitskontext sind damit besondere Schwierigkeiten verbunden.

Ganzheitliche Bildung in einem arbeitsteiligen Kontext kann nur dann gelingen, wenn die Lehrenden bereit sind, einen intensiven Austausch miteinander zu pflegen, einander zuzuhören und ihre Konzepte und theoretischen Zugänge uneigennützig in den Dienst des Ganzen zu stellen. Die Lerninhalte sind so aufzubereiten, dass die Bezüge zwischen den einzelnen Elementen verständlich werden und das Ganze mehr als die Summe seiner Teile darstellt. In diesem Sinne freut es uns besonders, dass es bei diesem anspruchsvollen Vorhaben gelungen ist, in hohem Maß die erforderliche, uneigennützige und geduldige Bereitschaft unserer Kolleginnen und Kollegen zum Dialog und zur tatkräftigen Zusammenarbeit zu mobilisieren.

Obwohl die vorliegenden Texte bereits einen gewissen Reifegrad erreicht haben, gibt es selbstverständlich Optimierungspotenzial – dessen sind sich alle Beteiligten bewusst. Um dieses Potenzial ausschöpfen zu können, ist uns jede kritische Rückmeldung von Studierenden, Leserinnen und Lesern willkommen.

Wir freuen uns zudem, dass wir den Leserinnen und Lesern dieses Lehrbuchs exklusiv über die Internetplattform www.managementlehre.ch zahlreiche ergänzende Materialien zur Verfügung stellen können. Dort finden sich insbesondere auch audiovisuell aufbereitete Inhalte, wie sie in einem Printmedium nur begrenzt darstellbar sind. Mit diesem Angebot betreten wir – zumindest im deutschsprachigen Bereich – Neuland; kritische Hinweise der Leserinnen und Leser sind uns deshalb äußerst willkommen.

Es ist uns ein großes Anliegen, allen ganz herzlich zu danken, die mit wertvollen Ideen, konstruktiver Kritik und mit viel Geduld unserem Vorhaben zur Seite gestanden haben. Unser Dank gehört in allererster Linie unseren *geschätzten Kolleginnen und Kollegen*, d.h. den Autorinnen und Autoren der einzelnen Beiträge, die ihre Texte wiederholt überarbeiteten und sich dieser Aufgabe geduldig unterzogen. Danken möchten wir auch den Übungsleiterinnen und Übungsleitern und den Studierenden aus den ersten Generationen unserer Neukonzeption der Lehre, die uns eine große Zahl hilfreicher Hinweise gegeben haben. Besonders danken möchten wir *Prof. Dr. Roman Dörig* und *Dr. Matthias Pilz*, welche die einzelnen Beiträge mit didaktisch wertvollen Aufgabenstellungen zur vertieften Reflexion vervollständigt haben. Ebenso danken wir der Gleichstellungskommission der HSG, die uns zahlreiche Hinweise für eine geschlechtergerechte Darstellung der gesamten Thematik gegeben hat.

Dank verdienen auch die Verleger *Men Haupt* und *Matthias Haupt*; in diesen Dank möchten wir *PD Dr. Hans-Jürgen Vorsteher* einschließen, der ein sorgfältiges Fachlektorat durchgeführt und uns auf diese Weise weitere wertvolle Verbesserungsimpulse vermittelt hat. Anerkennung und Dank verdient nicht zuletzt *Nicholas Mühlberg*, der mit seinem Atelier die Texte und Abbildungen gestalterisch umsetzte.

Der AVINA-Stiftung, und ganz besonders Herrn *Dr. Stephan Schmidheiny*, danken wir schließlich herzlich für die äußerst großzügige finanzielle Unterstützung des ganzen Projekts.

St. Gallen, 20. September 2004
Die Herausgeber: R. Dubs, D. Euler, J. Rüegg-Stürm, C. E. Wyss

A

Einführung

Abstract

Teil A

Diese *Einführung in die Managementlehre* ist von ihrem Aufbau und von den einzelnen Lehrelementen her systematisch darauf angelegt, den Lernprozess der Leserinnen und Leser möglichst wirksam zu unterstützen. Damit das ganze Potenzial ausgeschöpft werden kann, wird in Kapitel →A1 die *innere Logik* des Buches mit den jeweils *wiederkehrenden Lehrelementen* erläutert. Im Sinne eines «Knowledge Organizers» soll dieses Kapitel dazu beitragen, dass Sie den Aufbau des Lehrbuchs gut nachvollziehen können und sich darin jederzeit zurechtfinden.

Wie schnell sich jemand kompetent mit einer unbekannten Materie auseinander setzen kann, hängt auch von den persönlichen Lern- und Arbeitstechniken ab. Diesem Themenbereich ist Kapitel →A2 mit *methodischen Hinweisen zum Lernen aus Texten* gewidmet. Abgeschlossen wird der erste Teil des Buches in Kapitel →A3 mit einer einführenden Darstellung grundlegender Aufgaben und Herausforderungen im Kontext der Managementlehre, in dem die *zentralen Anforderungen an die heutige Unternehmensführung* aus der persönlichen Sicht einer Reihe von Exponentinnen und Exponenten aus Wirtschaft und Politik vorgestellt werden.

Wie diese Einführung in eine integrierte Managementlehre zu verstehen und zu lesen ist

Das vorliegende Lehrbuch in fünf Bänden nimmt für sich in Anspruch, eine systematische Einführung in eine integrierte Managementlehre anzubieten, deren Elemente durchgängig aufeinander bezogen sind. Die folgenden Überlegungen dienen dazu, dieses Versprechen zu präzisieren, damit bei Leserinnen und Lesern keine falschen Erwartungen entstehen.

Zu unserem Verständnis einer anwendungsorientierten Managementlehre

Unter einer modernen Managementlehre verstehen wir grundsätzlich eine *anwendungsorientierte Sozialwissenschaft*, die sich im Rahmen von Forschung und Lehre mit Gestaltungs-, Lenkungs- und Entwicklungsproblemen in organisationalen, d. h. sozialen und technischen Kontexten zu beschäftigen hat. *Kommunikation und Sprache* spielen in diesen Handlungskontexten eine zentrale Rolle. Die Lenkungs- und Entwicklungsprozesse von Organisationen vollziehen sich als *Kommunikations- und Beziehungsprozesse*, in denen Menschen ihr Tun beobachten, beschreiben, deuten, legitimieren und auf diese Weise auch koordinieren. Sprache ist dabei nicht einfach als unproblematischer Träger oder neutrales Medium von Aussagen und von deren Bedeutung und Sinn zu verstehen – sozusagen als Transportmittel für Information. Sprache ist selbst *deutungsbedürftige Handlung* und hat einen generativen, wirklichkeitsschaffenden Charakter. Demzufolge können Sinn und Wirkung von Aussagen nur vor dem Hintergrund eines geschichtlich gewachsenen Handlungskontexts und der konkreten Handlungspraxis verstanden werden.

Was an dieser Stelle über die Praxis ausgesagt wird, gilt genauso auch für die Managementlehre, die sich der Untersuchung dieser Praxis widmet. Die Managementlehre selbst kann als eine *Form von Praxis* verstanden werden: Forschung und Lehre bestehen aus Diskursen, die mit der Beschreibung, Analyse, Deutung und Erklärung von Phänomenen aus der Praxis des Managements befasst sind. In diesem Sinne hat die

Managementlehre die Aufgabe, die vorzufindende Handlungspraxis in Organisationen zu rekonstruieren und zu deuten, um herauszufinden und zu systematisieren, was welche Wirkung hervorruft und was – bezogen auf bestimmte Fragestellungen – neuartige, alternative Handlungsmöglichkeiten wären. Sie muss damit *Sinn* und *Wirkung* von Alltagspraktiken und Begriffen erschließen und als anwendungsorientierte Wissenschaft aktiv zur Entstehung neuer Alltagspraktiken und Begriffe beitragen.

In ihren Diskursen greift die Managementlehre teilweise die Sprachregelungen der Praxis auf, teilweise schafft sie selbst neue Begriffe. Sowohl die Sprachregelungen der Praxis als auch die Begriffsgebäude der Managementlehre sind deutungsbedürftig, d. h., ihr Sinn ergibt sich erst aus einer sorgfältigen *Bezugnahme* auf den Kontext, in dem sie verwendet werden. So kann beispielsweise der zentrale Begriff «Organisation» je nach Anwendungskontext institutional oder eher instrumental verstanden werden.

So betrachtet, steckt der Sinngehalt der Begriffe und Konzepte, die in diesem Lehrbuch verwendet werden, nicht *in* diesen Begriffen und Konzepten selbst, sondern er erwächst – nach Maßgabe des Vorverständnisses, das die Leserinnen und Leser einbringen – aus der *konkreten Anwendung* auf spezifische Problemstellungen in einem bestimmten Anwendungskontext.

Diese Begriffe und Konzepte sind demzufolge auch nicht streng axiomatisch, als überall und ewig gültige Definitionen zu verstehen, sondern immer im Diskussions- und Anwendungskontext zu situieren. Die Leserinnen und Leser dürfen also *keine abschließende Definitionensammlung* mit enzyklopädischem Charakter erwarten – hingegen eine gleichermaßen systematische und vielfältige Beschreibung von Handlungspraxis. Sie sollen sich insbesondere mit dem *zentralen «Sinnkern»* der wichtigsten Begriffe und Konzepte der Managementlehre vertraut machen. Der Begriff «Strategie» wird zum Beispiel in verschiedenen Anwendungszusammenhängen verwendet, zwar nicht identisch, aber doch mit einem gemeinsamen Bedeutungsgehalt (oder *Sinnkern*), der sich auf die Schaffung von Voraussetzungen für eine erfolgreiche Zukunftsbewältigung bezieht. Gleiches gilt für Kennzahlen, die in der Wissenschaft und in der Praxis oft unterschiedlich definiert werden. Diese Unterschiedlichkeit bezieht sich aber nur auf bestimmte Details, die oft mit der entsprechenden Organisation zu tun haben.

Der Lernprozess der Lesenden soll somit nicht dadurch gekennzeichnet sein, dass man sich sequenziell Begriff um Begriff, Konzept um Konzept aneignet (und auswendig lernt), als ob man Datensätze in einen

Computer «einfüttern» würde. Wir stellen uns diesen Lernprozess vielmehr als systematischen, gewissermaßen spiralförmigen Aufbau eines *Hintergrundverständnisses* vor, wobei die verwendeten Begriffe und Konzepte und die damit verknüpfte Handlungspraxis im Gesamtzusammenhang des Managements sukzessive besser verständlich werden. Spiralförmig meint, dass die Lesenden in diesem Lehrbuch in unterschiedlichen Zusammenhängen wiederholt mit ähnlichen Fragestellungen, Begriffen und Konzepten konfrontiert werden und dass sich daraus schließlich ein vertieftes, differenziertes Verständnis entwickelt. Dies bildet eine unerlässliche Voraussetzung dafür, dass die Lesenden als kompetente Akteure und erfolgreiche Führungskräfte wirkungsvoll in den organisationalen Alltagskontexten agieren können.

Universitäres Gemeinschaftswerk A1.2

Dass wir uns eine systematische Einführung in eine integrierte Managementlehre, deren Elemente streng aufeinander bezogen sind, zum Ziel gesetzt haben, bedeutet nicht, dass der vorliegende Band in allen Facetten aus einem Guss bestünde. Wissenschaft ist selbst Handlungspraxis, die durch eine Vielfalt von Beobachtungsperspektiven und Diskursen gekennzeichnet ist, und diese Vielfalt und Diversität sind gleichermaßen Herausforderung und Chance: *Herausforderung*, weil immer wieder Übersetzungsleistungen von der einen in die andere Teildisziplin geleistet werden müssen – auch von den Lesenden der folgenden Texte. *Chance*, weil damit einer engführenden, einseitigen Perspektive einzelner Forschenden und *Research Communities* entgegengewirkt werden kann.

Zudem stellt in der *Akademia* die Freiheit in Lehre und Forschung einen zentralen Wert dar. Deshalb verkörpern die einzelnen Kapitel dieses Lehrbuchs nicht nur wesentliche Aspekte des Verständnisses von Management an der Universität St. Gallen (HSG), sondern immer auch eine bestimmte Beobachtungsposition und ein Stück individueller Gestaltungsfreiheit seitens der verantwortlichen Dozierenden. In diesem Sinne soll dieses Buch gleichermaßen die Einheit *und* Vielfalt der HSG-Arbeitskultur zum Ausdruck bringen.

A1.3   Konkrete Lesetipps

Das vorliegende Lehrbuch ist auf der Grundlage eines bestimmten Bezugsrahmens aufgebaut, des *neuen St. Galler Management-Modells*. Dieses Modell wird in → **Kapitel B 2** vorgestellt. Wenn Sie sich als Leserin oder als Leser unverzüglich mit inhaltlichen Fragestellungen beschäftigen möchten, empfiehlt es sich daher, dass Sie Ihre Lektüre mit dem → **Kapitel B 2** beginnen. Wenn Sie dagegen auch an einem wirkungsvollen «Lernen zu lernen» und an wichtigen Hintergrundüberlegungen zum Aufbau dieses Lehrbuchs interessiert sind, dann fahren Sie mit der Lektüre am besten bei → **Teil A, Kapitel 2** weiter.

Im → **Kapitel B 2** werden die sechs Grundkategorien des neuen St. Galler Management-Modells vorgestellt. Diese sechs Grundkategorien entsprechen auch den großen Teilen dieses Buchs:

- Grundkategorie *Umweltsphären*: → **Teil C (Band 1)** – Die Unternehmung und ihre Umwelten
- Grundkategorie *Anspruchsgruppen* und Grundkategorie *Interaktionsthemen*: → **Teil D (Band 1)** – Die Unternehmung und ihre Anspruchsgruppen; Interaktionsthemen
- Grundkategorie *Ordnungsmomente*: → **Teil E (Band 1)** – Ordnungsmomente (Strategie, Strukturen, Kultur)
- Grundkategorie *Prozesse*: → **Teil F (Bände 2 bis 4)** – Die Unternehmung als System von Prozessen
- Grundkategorie *Entwicklungsmodi*: → **Teil G (Band 4)** – Unternehmensentwicklung: Wandel von Unternehmungen

Jeder dieser Teile wird mit einer *Reflexion zum Einstieg* eingeführt. Dabei handelt es sich um die idealtypische Schilderung einer Situation in einer Unternehmung, bezogen auf Fragestellungen und Herausforderungen, die dann im anschließenden Lehrbuchteil behandelt und zusammen mit den notwendigen konzeptionellen Grundlagen erörtert werden. Am Ende des entsprechenden Teils finden sich Lösungshinweise, wie mit den zuvor geschilderten Fragestellungen und Herausforderungen sinnvollerweise zu verfahren wäre.

Der → **Teil H (Band 4)** thematisiert spezielle Handlungskontexte wie das Management von Klein- und Mittelunternehmungen oder in öffentlichen Verwaltungen. → **Teil I (Band 4)** öffnet den Blick für anstehende Herausforderungen und Themen, die wichtig sind, aber in diesem Lehrbuch erst fragmentarisch angesprochen werden.

Von einer anwendungsorientierten Wissenschaft dürfen Führungskräfte berechtigterweise auch Methoden und Instrumente («Tools») zur

Unterstützung des eigenen Denkens und Handelns erwarten. Diese Tools sind als *Heuristiken* zur Strukturierung des eigenen Denkens und zur Ausrichtung der kognitiven Aufmerksamkeit, und vor allem auch zur *Strukturierung* der Kommunikation zu verstehen.

Da bestimmte Tools in mehreren Problemkontexten Anwendung finden, werden sie nicht (redundant) in den entsprechenden Kapiteln, sondern in den **Anhängen I und II** vorgestellt, die sozusagen zwei Toolboxen verkörpern. **Anhang I** (→ **Teil J, Band 5**) beinhaltet allgemeine Methoden, die nicht nur in Managementkontexten von Nutzen sind, während **Anhang II** (→ **Teil K, Band 5**) Methoden für betriebswirtschaftliche Fragestellungen enthält.

Die wichtigsten Begriffe des Lehrbuchs sind am Ende **(Band 5)** in einem alphabetischen Verzeichnis aufgeführt. Die dort angegebenen Seitenzahlen zeigen, an welcher Stelle ein bestimmter Begriff im Buch ausführlich erklärt wird. Wenn Sie als geschätzte Leserin oder Leser auf einen unvertrauten Begriff stoßen, lohnt sich deshalb ein Blick in dieses Verzeichnis.

St. Gallen, 20. September 2004
Die Herausgeber:
Rolf Dubs
Dieter Euler
Johannes Rüegg-Stürm
Christina E. Wyss

Methodische Hinweise zum Lernen aus Texten

A2

Christoph Metzger

Dieses Buch wird Sie nun während längerer Zeit begleiten, und bei der Lektüre werden Sie eine Fülle von Informationen aufzunehmen und zu verarbeiten, d. h. zu lernen haben. Mussten Sie sich auch schon darüber ärgern, dass Sie einen längeren Text Seite für Seite gründlich gelesen und fortlaufend sehr vieles markiert hatten und erst am Schluss entdeckten, dass sich auf der letzten Seite eine äußerst treffende Zusammenfassung fand, die Sie besser gleich zu Beginn gelesen hätten? Überlegen Sie sich beim Lesen am Anfang, wozu Sie einen Text lesen wollen oder müssen? Die beiden Fragen deuten an, dass es beim Lernen aus Texten darum geht, strategisch, d. h. bewusst, gezielt und flexibel vorzugehen.

Die folgende Anleitung soll Sie mit einer Lesestrategie vertraut machen, die Sie Gewinn bringend für die Arbeit mit diesem Lehrbuch, im Weiteren aber sinngemäß auch für das Studium anderer kürzerer oder umfangreicherer, fachlicher oder literarischer Texte einsetzen können. Zentral ist dabei besonders dreierlei: Erstens besteht ein Leseprozess nicht nur aus dem eigentlichen Lesen, sondern aus *drei Phasen*, nämlich der *Vorbereitung*, der eigentlichen *Durchführung* und der *Nachbearbeitung*. Zweitens sollten Sie Ihr jeweiliges Vorgehen auf die Lesesituation (Auftrag, Zeit, Art des Textes usw.) und auf Ihre eigenen Voraussetzungen (Vorwissen, Interesse, Lesegewohnheiten usw.) abstimmen, kontrollieren, ob es auch funktioniert, und wenn nötig ändern. Drittens laufen die drei Phasen und die dazugehörigen Schritte nicht streng linear nacheinander ab, sondern sind eng miteinander verschränkt und können bzw. müssen – gerade bei umfangreicheren Texten – mehrmals durchlaufen werden.

Im Folgenden wollen wir davon ausgehen, dass Sie sich bereits einen Überblick über das ganze Buch verschafft haben und nun entweder Kapitel für Kapitel, der Reihenfolge des Buches folgend, oder nur ausgewählte Kapitel studieren werden.

A2.1   Vor dem Lesen: Das Lesen vorbereiten

Bevor Sie mit dem Lesen eines Textes beginnen – in unserem Fall also eines Kapitels im Umfang von etwa fünfzehn bis dreißig Seiten –, sollten Sie die *Lesesituation und sich selbst* einschätzen, um die richtige Lesestrategie zu wählen.

Stellen Sie von Fall zu Fall die eine oder andere der folgenden Überlegungen an. Dabei wird Ihnen oft von Anfang an vieles klar sein, manchmal müssen Sie sich aber auch sehr genau überlegen, wie Sie beim Lesen vorgehen sollen.

- Überlegen Sie sich, *wozu* Sie ein Kapitel lesen wollen bzw. müssen: Lehrveranstaltung vor- oder nachbereiten, Wissen im Selbststudium erarbeiten, Prüfung vorbereiten, Grundlagen für eine Fallbearbeitung erarbeiten?
- Eng mit dem Ziel hängt die Frage, *wie gründlich* Sie etwas lesen sollen, zusammen. Fragen Sie sich also beispielsweise: Muss ich nur die großen Zusammenhänge oder auch viele Einzelheiten wissen? Muss ich den Inhalt nur verstanden haben oder wirklich wiedergeben können? Scheint mir das zu Lesende sehr wichtig oder nur eine Ergänzung? Ist das Kapitel auch prüfungsrelevant, und wie wird gegebenenfalls geprüft? Verfüge ich schon über spezifisches Vorwissen, habe ich Ähnliches bereits früher gelesen, habe ich bisher andere Begriffe und Konzepte verwendet? Beim vorliegenden Lehrbuch wird es meistens darum gehen, dass Sie den Inhalt wirklich verstehen, Anwendungsbezüge suchen und durchspielen, zentrale Aussagen, Begriffe und Konzepte auch memorieren und Zusammenhänge zwischen den einzelnen Kapiteln erschließen sollen. In diesem Zusammenhang könnte es für Sie auch wichtig sein zu wissen, wer die Autorin bzw. der Autor des Kapitels ist, zum Beispiel wenn Sie von diesen Personen gleichzeitig auch unterrichtet und geprüft werden.
  Im Übrigen kann es durchaus sein, dass Sie die eine oder andere dieser Fragen erst während des eigentlichen Lesens oder sogar erst bei der Nachbearbeitung beantworten können.
- Überlegen Sie sich, um welche *Art von Text* es sich grundsätzlich handelt. Im vorliegenden Fall ist zwar bereits klar, dass es sich um einen Fachtext und nicht um einen literarischen Text, um einen originär verfassten Text und nicht um eine Kopie aus einem anderen Werk und auch nicht um eigene Notizen handelt. Hingegen ist an dieser Stelle überlegenswert, in welches Teilgebiet der Managementlehre das Kapitel gehört, wo innerhalb der Struktur des ganzen Buches das fragliche

Kapitel angesiedelt ist und ob es sich eher um ein einführendes Übersichtskapitel oder um ein Kapitel zur Vertiefung handelt. Schließlich sollten Sie nicht vergessen, auch den Umfang des Textes zu beachten.

Stimmen Sie sich auf das Lesen ein. Suchen Sie sich, so weit möglich, einen geeigneten Ort, und bereiten Sie das nötige Material vor. Wählen Sie einen Zeitpunkt, zu dem Sie sich gut auf das Lesen konzentrieren können. Setzen Sie sich, abhängig von der Lernsituation und von ihrer Erfahrung mit entsprechenden Texten, einen zeitlichen Rahmen. Seien Sie aber während des Lesens flexibel und halten Sie sich nicht einfach an die geplante Zeit, wenn Sie feststellen müssen, dass Sie für einen Abschnitt mehr Zeit brauchen, um den Stoff wirklich zu verstehen. Der Zeitaufwand für die Lektüre eines bestimmten Textumfanges hängt von verschiedenen Faktoren ab, besonders vom Abstraktionsgrad und Ihren Vorkenntnissen.

Während des Lesens: Gezielt lesen A2.2

Sich einen Überblick verschaffen

Sie werden sich, als Sie dieses Lehrbuch erstmals zur Hand nahmen, einen groben Überblick verschafft und sich gefragt haben, wie das Buch grundsätzlich aufgebaut ist: Vorwort, Inhaltsverzeichnis, Struktur der einzelnen Kapitel (Text, Aufgaben, Literatur, Links ins Internet), Aufgaben und Aufgabenlösungen, Begriffsverzeichnis (Glossar), Sach- und Personenregister, Literaturverzeichnis? Wenn Sie sich nun der Lektüre eines einzelnen Kapitels zuwenden, sollten Sie sich genauso zunächst einen groben Überblick über die Struktur und den Inhalt des Kapitels verschaffen: Wie ist das Kapitel im Großen aufgebaut (zum Beispiel Einleitung, Hauptteil, Zusammenfassung), und wie fein ist es gegliedert? Wird in der Einleitung eine Geschichte erzählt, wird ein Überblick gegeben, ein Ziel formuliert? Enthält der Hauptteil neben Fließtext auch Abbildungen, Formeln, Berechnungen oder Statistiken? Werden in der Zusammenfassung die Hauptbegriffe und -konzepte nochmals genannt? Werden Aufgaben gestellt, enthält das Kapitel ein Literaturverzeichnis, gibt es formale Lesehilfen (zum Beispiel Fett- oder Kursivdruck, Randbemerkungen, so genannte *Marginalien*)? So erreichen Sie, dass Sie die Struktur und den Inhalt sowie den Gehalt des Kapitels bereits in groben Zügen erkennen können.

Den Text überfliegen

Nachdem Sie den Überblick über die Struktur und den Inhalt eines Kapitels gewonnen haben, sollten Sie nun kurz das Allerwesentlichste lesen, indem Sie es rasch überfliegen. Dazu gehören – abgestützt auf Ihre bisherigen Überlegungen, und immer soweit vorhanden – Titel, Untertitel, Titel von Abbildungen, Einleitung und Zielsetzung oder erster Abschnitt, eine besonders wichtig erscheinende Abbildung sowie die Zusammenfassung und Aufgaben.

Nach diesen zwei Schritten wissen Sie schon einiges darüber, was im Text steht. Dies hilft Ihnen, die Lektüre zielgerichteter anzugehen. So können Sie etwa besser abwägen, ob Sie ein Kapitel in einem Zug lesen oder in mehrere «Portionen», so genannte Leseetappen zerlegen. Soweit Sie überhaupt selbst entscheiden können, ist dies auch der geeignete Zeitpunkt dafür zu entscheiden, ob Sie weiterlesen bzw. was davon Sie nun gründlich lesen müssen oder wollen. Schließlich können Sie jetzt auch den Zeitbedarf besser abschätzen und Ihr Zeitbudget nötigenfalls anpassen.

Fragen stellen

Wenn Sie nun ein Kapitel oder eine «Portion» davon gründlich lesen werden, dann sollten Sie sich – so weit als möglich – zum Text ein paar Fragen stellen, d.h. sich sozusagen in eine Fragehaltung begeben. Damit bereiten Sie ein aktives und zielgerichtetes, zweckmäßiges Lesen vor und fördern Ihr Interesse. Dies werden Sie meistens in Gedanken machen. Es hilft Ihnen aber beim Wiederholen auch (zum Beispiel während der Prüfungsvorbereitung), wenn Sie ein paar Fragen schriftlich festgehalten haben. Einige typische Fragen, die Sie sinngemäß anwenden können, sind: Weshalb lese ich das, was will ich erfahren? Was habe ich – zum Beispiel in der Lehrveranstaltung – noch nicht verstanden? Was weiß ich schon darüber? Was versteht man darunter? Welches ist der Kern der Aussage? Warum dieser Titel? Was beabsichtigt wohl der Verfasser? Lassen Sie sich beim Fragenstellen aber vor allem von Ihrer Phantasie und Ihrem Interesse leiten. Exemplarisch seien einige Fragen genannt, die sich Studierende zum Kapitel «Das neue St. Galler Management-Modell» stellen könnten: Wo liegt der konkrete Nutzen dieses Modells? Welche anderen gängigen Modelle gibt es? Werden solche in diesem Buch auch diskutiert? Welche Beziehungen bestehen zwischen dem neuen St. Galler Management-Modell und den Umweltsphären, den Anspruchsgruppen und den normativen Grundlagen der unternehmerischen Tätigkeit? Welche Beziehungen zwischen den drei Kategorien des «Pfeils» im Modellkern (Ordnungsmomente/Entwicklungsmodi/Prozesse) bestehen? Ist *Mana-*

gementlehre umfassender als *Managementprozesse*? Kann ich anschließend zu allen Begriffen und Konzepten praktische Beispiele geben? Womit
bin ich einverstanden, wo habe ich kritische Fragen, wo bin ich sachlich
verunsichert?

Gründlich lesen und laufend verarbeiten

Die Schritte «Sich einen Überblick verschaffen», «den Text Überfliegen», «Fragen stellen» werden Sie oft nur wenige Augenblicke lang
beschäftigen. Bei längeren Texten kann es sich aber durchaus lohnen,
etwas mehr Zeit dafür einzusetzen. Nun können Sie sich gründlich mit
dem Text beschäftigen.

- Wählen Sie ein angemessenes *Lesetempo*. Dieses hängt von der Lesesituation ab, also zum Beispiel davon, wie schwierig der Text ist, wie
redundant er ist (zum Beispiel ob es keine oder viele Wiederholungen
gibt), zu welchem Zweck Sie den Text lesen, ob Sie nur das Wesentliche oder auch viele Einzelheiten wissen sollten, wie viel Sie schon
über das Thema wissen, wie vertraut Sie mit der Fachsprache sind,
wie schnell Sie zu lesen gewohnt sind. Einige Tipps zum Schnelllesen
finden sich bei METZGER (2001).
- Lesen Sie *in Etappen*: Lesen – Nachdenken – Wiederholen – eventuell
Einprägen/Lesen usw. – Pause. Wie umfangreich eine Etappe sein soll,
hängt besonders vom Umfang eines Kapitels, vom Schwierigkeitsgrad
des Textes und von Ihrer Konzentrationsfähigkeit ab. Eine Faustregel:
Eine Etappe sollte nicht mehr als eine Stunde beanspruchen.
- Lesen Sie *verstehend*: Denken Sie beim Lesen wirklich aktiv mit, und
zwar besonders in drei Richtungen:
  - *Erkenne ich das Wesentliche?* Viele Informationen – in Texten, aber
  auch in Abbildungen – bestehen aus drei wesentlichen Teilen, nämlich aus dem «Thema», den «Hauptgedanken» und «unterstützenden Einzelheiten», daneben enthalten sie aber auch Nebensächli-
  ches. Die Reihenfolge der drei Teile muss nicht immer gleich sein;
  besonders häufig sind in Texten die Unterkapitel und einzelnen
  Abschnitte nach dem Prinzip «vom Allgemeinen zum Speziellen»
  aufgebaut. Grafiken und Abbildungen enthalten oft die Hauptgedanken in einer anschaulichen Form. Der Denkraster in **Tabelle 1**
  hilft Ihnen, das Wesentliche aus einem Text herauszuschälen.
  - Muss ich die Informationen noch besser ordnen und strukturieren
  bzw. reduzieren? Dies ist angezeigt, wenn für Sie der Text noch zu
  wenig geordnet und überblickbar oder zu ausführlich scheint, Sie
  also die Übersicht verbessern und das Neue auf das Wesentliche

Wesentliches	Merkmale	Ich frage mich:
Thema	«Titel» der Information zwei bis drei Schlagworte	■ Worum geht es überhaupt? ■ Wie lautet das Ziel? ■ Wie lautet das Kernproblem?
Hauptgedanken	Verallgemeinerungen, Regeln, Hauptargumente, Kernaussage, Modell, Merkmale, Problemaufriss, Forschungsfrage, Problemlösung	■ Was will der Autor zum Thema wirklich sagen? Welches ist seine Botschaft, sein Anliegen? ■ Was wird im ersten oder letzten Satz eines Abschnittes oder im ersten bzw. letzten Abschnitt eines Kapitels gesagt?
Unterstützende Einzelheiten	Erklärungen, Umschreibungen, Trends, Beispiele, Rollenbeschreibungen, Daten, Untersuchungsanlage, Hypothesen, die die Hauptgedanken unterstützen	■ Womit werden die Hauptgedanken veranschaulicht? ■ Womit wird etwas bewiesen?
Nebensächliches	Weitere, gleichartige Beispiele, Ausschmückungen, Abschweifungen	

Tabelle 1
Wesentliches erkennen

reduzieren wollen. **Tabelle 2** gibt Ihnen einige Ideen, was Sie sich fragen und wie Sie Strukturen bildhaft darstellen können.

■ Muss ich den Text noch anreichern, d.h., muss ich mich mit den Informationen vertieft auseinander setzen und weiterführende Gedanken anstellen, damit ich sie besser verstehe und behalten kann? Anreichern ist besonders dann hilfreich, wenn Ihnen die Information recht komplex, abstrakt oder fremd erscheint, der Inhalt sehr knapp und wenig anschaulich erklärt ist, wenn also sozusagen jedes Wort wichtig ist und Beispiele fehlen. **Tabelle 3** gibt Ihnen einige Tipps, in welche Richtung Sie weiterführende Gedanken zu einem Text entwickeln können.

■ Vermeiden Sie also, einen Text einfach zu lesen, zu lesen und nochmals zu lesen, ohne sich eigentlich um das Verstehen zu bemühen. Überlegen Sie sich vielmehr, warum Sie gegebenenfalls etwas *nicht* verstehen und was Sie dagegen unternehmen können. Das Verstehen tritt nicht einfach ein, indem Sie längere Texte mehrmals lesen, sondern dadurch, dass Sie das Gelesene laufend – wie eben gezeigt – aktiv verarbeiten. Scheint Ihnen ein kürzerer Textteil aber besonders schwer verständlich, dann scheuen Sie sich nicht, ihn ein zweites Mal zu lesen; dabei kann es Ihnen durchaus helfen, wenn Sie den Teil auch halblaut, langsam und mit einer deutlichen Betonung des Ihnen wichtig Scheinenden lesen. Oft wird der Text auch verständlicher, wenn man zwischen Text und Abbildungen hin und her pendelt.

Informationen strukturieren

Nach welchem Prinzip ist die Information geordnet?	Fragen, um herauszufinden, wie etwas geordnet ist	Wie lässt es sich übersichtlich darstellen?
▪ Elemente, ▪ Merkmale	▪ Woraus besteht etwas? Wie ist etwas zusammengebaut?	Liste, Diagramm, Disposition
▪ Über-/ Unterordnung	▪ Was/wer ist übergeordnet? ▪ Was/wer ist untergeordnet? ▪ Welches sind die Hauptgedanken? ▪ Welches sind die unterstützenden Einzelheiten zu jedem Hauptgedanken?	Baum, Delta, Gedankennetz (mind map)
▪ Vergleich/ Beurteilung	▪ Welche Gemeinsamkeiten/ Unterschiede bestehen? Nach welchen Gesichtspunkten kann man etwas beurteilen? ▪ Welche Elemente (Gegenstände, Strömungen, Lösungsalternativen usw.) sind zu vergleichen oder zu beurteilen?	Matrix, Raster
▪ Beziehungen	▪ Wie stehen verschiedene Dinge miteinander in Beziehung? Was ist wovon abhängig?	Beziehungsnetz, grafische Darstellung
▪ Reihenfolge, Ablauf	▪ Was geschah Schritt für Schritt? In welcher Reihenfolge macht man etwas? Was folgt daraus?	Zeitgerade, Flussdiagramm, Ablaufplan
▪ Kombination	▪ Lässt sich die Information am besten ordnen, wenn ich verschiedene Darstellungen miteinander kombiniere?	

Tabelle 2
Informationen strukturieren

- *Umschreiben* Sie den Inhalt in eigenen Worten: Erklären Sie jemandem, worum es geht, verwenden Sie dazu zwar die Fachsprache, umschreiben Sie Begriffe und Konzepte aber darüber hinaus auch in der Alltagssprache, und veranschaulichen Sie mit Hilfe von Skizzen und praktischen Beispielen.

- Suchen Sie zum Gelesenen *Verwandtschaften und Analogien*: «das tönt ja wie …, das ist, wie wenn …»

- Suchen Sie nach *Anwendungsbeispielen*, zum Beispiel aus dem eigenen Erfahrungsbereich als Konsument oder aus Meldungen und Kommentaren aus Wirtschaftsmedien.

- *Hinterfragen* Sie Informationen kritisch, beispielsweise mit Fragen wie:
  - Fühle ich mich in etwas bestätigt, oder muss ich mein Vorwissen (Begriffe, Meinung) korrigieren?
  - Aus welcher Sichtweise argumentiert der Verfasser? Gibt es Sichtweisen des Problems, die nicht präsentiert oder diskutiert werden? Welche Annahmen trifft die Autorin? Bin ich auch dieser Auffassung? Was würde ich sie fragen, wenn ich mit ihr über das Thema sprechen könnte?
  - Wie werden die Informationen belegt (zum Beispiel empirische Erhebungen, Einzelfallstudie, persönliche Erfahrung oder persönliche Meinung, Werturteil)?

- Suchen Sie nach weiteren Informationen.

Tabelle 3
Informationen
anreichern

- Machen Sie erste *Notizen*, nachdem Sie das Wesentliche erkannt und verstanden oder Unklarheiten bestimmt haben. Bei leichteren Texten werden die Phasen Lesen – Überlegen – Notieren annähernd gleichzeitig ablaufen können, bei schwierigeren Texten wird es sinnvoll sein, Notizen erst zu nehmen, nachdem Sie einen Abschnitt gelesen haben. Bringen Sie am Rand oder auf Post-it-Zetteln stichwortartig Bemerkungen an, halten Sie sich dabei aber kurz: Hauptgedanken, offene Fragen, eigene Gedanken. Markieren Sie im Text die Hauptgedanken und unterstützenden Einzelheiten: Setzen Sie dabei systematisch verschiedene Farben ein, wenn Sie die Informationen noch hierarchisch ordnen wollen. Markieren ist übersichtlicher als Unterstreichen, markieren Sie aber sparsam. Oft erleichtern Sie sich das Verständnis und die Übersicht, wenn Sie schon auf einem Beiblatt die Informationen ordnen. Warten Sie aber noch zu, eigentliche Zusammenfassungen zu erstellen. Dies sollten Sie erst tun, wenn Sie mehrere Abschnitte oder das Ganze gelesen haben. Ihre Zusammenfassungen werden sonst zu umfangreich!

Nach dem Lesen:
Das Gelesene nachbearbeiten und wiederholen

Nachdem Sie das Ganze gelesen haben bzw. nach einer zweckmäßigen Leseetappe sollten Sie das Gelesene *nachbearbeiten* und *wiederholen*.

Zusammenfassend wiederholen

Bevor Sie eine neue Leseetappe in Angriff nehmen, sollten Sie das Gelesene zusammenfassend wiederholen, indem Sie nochmals einen Rückblick halten. Überfliegen Sie das Ganze – in Gedanken oder laut sprechen – noch einmal, zum Beispiel anhand des Überblicks am Anfang des Textes, einer zentralen Abbildung, der Zusammenfassung, der Überschriften oder auch anhand der Stichwörter bzw. Fragen, die Sie am Rand des Textes oder anderswo angebracht haben. Fragen Sie sich: Worum geht es? Welches sind die Hauptgedanken? Welches sind meine Haupterkenntnisse? Wo liegen besondere Schwierigkeiten? Was habe ich noch nicht verstanden? Welche Fragen sind offen? Soweit am Ende eines Kapitels Aufgaben gestellt werden, bearbeiten Sie diese. Beachten Sie dabei, dass die einen Fragen mehr darauf abzielen, dass Sie das Gelesene wiedergeben, andere Fragen aber auch weiterführende Gedanken verlangen.

Nachbearbeiten

Damit Sie das Gelesene besser verstehen und behalten, sollten Sie es angemessen gründlich nachbearbeiten.

- Besonders wenn Sie ein Kapitel im Hinblick auf eine Lehrveranstaltung oder zur Prüfungsvorbereitung gelesen haben, *erzählen* Sie sich selbst (in Gedanken oder laut) oder jemand anderem ausführlich alles Wesentliche. Verwenden Sie dabei einerseits die Fachsprache, umschreiben Sie anderseits komplexe oder abstrakte Dinge (Begriffe, Modelle) möglichst anschaulich. Oft ist es auch hilfreich, etwas dazu zu schreiben oder zu zeichnen. Beim Erzählen merken Sie oft erst, was Sie noch nicht verstanden haben oder was wirklich wichtig ist. Orientieren Sie sich an Ihren Notizen und Markierungen und an den Fragen, die Sie vor dem Lesen formuliert haben. *Lesen* Sie Schwieriges oder Dinge, die Sie sich besonders einprägen müssen, *nochmals* nach. Vertiefen Sie das Gelesene, indem Sie sich weiterführende Gedanken machen (anreichern). Dies ist besonders dann wichtig, wenn Sie einen Text interpretieren müssen. Halten Sie diese Gedanken auch fest.
- *Überarbeiten und ergänzen* Sie Ihre Notizen im Text, auf separaten Blättern oder elektronisch, indem Sie beispielsweise zusammenfassende Schlüsselwörter ergänzen, wichtige Fachbegriffe in ein persön-

liches Begriffsverzeichnis aufnehmen, Beziehungen zu anderen Kapiteln herstellen, eine Übersichtsstruktur zum ganzen Kapitel erstellen (Faustregel: pro Kapitel eine Seite), eine Kurzzusammenfassung schreiben, schwierige Textstellen, die Sie noch nicht völlig verstanden haben, noch einmal studieren und in Kenntnis der ganzen Leseetappe zu klären versuchen. Für den – hier allerdings nicht relevanten – Fall, dass Sie (zum Beispiel für eine Seminararbeit) verschiedene Texte zu einem Thema lesen, sollten Sie das Wesentliche aus verschiedenen Texten auf einem Blatt bzw. an einem Ort zusammenführen oder in einem Text das Wesentliche aus anderen Texten ergänzen.

- Sehr oft stellt sich die Frage, ob man zum gedruckten Text noch ausführliche Notizen auf einem separaten Blatt oder elektronisch machen, d.h. sozusagen eine *ausführliche Zusammenfassung* erstellen soll. Auch hier sind die Lernsituation und die eigenen Lernerfahrungen und Präferenzen abzuwägen. Folgende Situationen sprechen dafür: Der Text ist schlecht strukturiert; die Buchseiten bieten wenig Platz für Notizen; der Text ist sehr redundant formuliert; viele Einzelheiten scheinen Ihnen wichtig; Sie haben die Erfahrung, dass Sie aktiver verarbeiten, wenn Sie vieles handschriftlich oder elektronisch festhalten; es fällt Ihnen leichter, sich Informationen von den eigenen Notizen einzuprägen, es sind – was allerdings bei diesem Lehrbuch nicht der Fall sein dürfte – mehrere Texte zum selben Thema zu verarbeiten und miteinander zu verknüpfen. Gegenteilige Situationen wären: gut strukturierter und locker gestalteter Text; die zu erwartende Prüfung wird sich wirklich nur auf die wesentlichsten Aussagen beziehen; Sie haben immer wieder Mühe, Ihre Handschrift zu entziffern; Sie laufen immer wieder Gefahr, dass Sie die Notizen auf dem separaten Blatt gar nicht aktiv denkend, sondern gedankenlos fleißig erstellen.

Mehrere Leseetappen wiederholen

Wenn Sie ein Kapitel in mehrere Leseetappen unterteilt haben, so sollten Sie, nachdem Sie das ganze Kapitel verarbeitet haben, auch nochmals das Kapitel als Ganzes wiederholen. Soweit die Kapitel aufeinander aufbauen, erleichtern Sie sich die Lektüre eines folgenden Kapitels auch dadurch, dass Sie zunächst das vorangegangene Kapitel nochmals anhand der Zusammenfassung wiederholen. Auch empfiehlt es sich, Kapitel, die Sie vor längerer Zeit gelesen haben, gelegentlich zu wiederholen.

Literatur
METZGER, Ch. (2001). Lern- und Arbeitsstrategien (4. Aufl.). Aarau: Sauerländer.

Aufgaben

Überlegen Sie sich, wie Sie das vorangehende Kapitel gelesen haben. Wie-   **Aufgabe 1**
weit haben Sie die hier gegebenen Empfehlungen bereits berücksichtigt?
Inwiefern würden Sie Ihr Vorgehen ändern?

Planen und kontrollieren Sie Ihre Lesestrategie, wenn Sie dieses Lehrbuch   **Aufgabe 2**
oder einzelne Kapitel daraus studieren. Verändern Sie, wenn es Ihnen notwendig erscheint, Ihre Vorgehensweisen. Die Empfehlungen in diesem Kapitel sollten Ihnen dabei helfen.

Anforderungen an die unternehmerische Tätigkeit und an die Führung von Unternehmen

A3

Rolf Dubs

Die Entscheidungen von Unternehmensleitungen und das tägliche Verhalten der einzelnen Unternehmen und ihrer Mitarbeitenden prägen das wirtschaftliche Geschehen in einer Volkswirtschaft maßgeblich mit. Diese Entscheidungen und Verhaltensweisen haben auch immer wieder ganz unmittelbare Auswirkungen auf uns alle in unseren verschiedenen Rollen. Am unmittelbarsten betroffen sind wir in unserem täglichen Leben als Konsumentinnen und Konsumenten und als Arbeitnehmende.

Umgekehrt haben wir allerdings als Staatsbürgerinnen und Staatsbürger selbst wiederum Einfluss auf die Wirtschaft, indem wir als Stimmberechtigte über deren Rahmenbedingungen (letztlich über die von uns gewünschte Wirtschaftsordnung) entscheiden oder als Steuerzahlende für die finanzwirtschaftliche Funktionstüchtigkeit des Staates sorgen. Diese Einflussmöglichkeiten aller Menschen in ihren verschiedenen Rollen auf das wirtschaftliche Geschehen werden leider oft übersehen: Wir sind nicht einfach – wie dann und wann behauptet wird – abhängig vom Willen und Verhalten der Unternehmen, wir können auch – wenn wir wollen – über unsere politischen Mitwirkungsrechte beim Festlegen der Rahmenbedingungen für die Wirtschaft gestaltend aktiv werden. Dabei sind wir *selbst als Einzelpersonen* nicht völlig machtlos, sondern wir können unseren Einfluss über Interessenvereinigungen (Arbeitgeber- und Arbeitnehmerorganisationen, Parteien, nichtstaatliche Organisationen [engl. *non-governmental organizations*, so genannte NGOs] oder Bürgerinitiativen usw.) verstärkend geltend machen.

Die individuellen Erfahrungen mit dem Verhalten von Unternehmen und die persönliche Betroffenheit durch Ereignisse in der Wirtschaft führen zu einer bestimmten persönlichen Einstellung gegenüber der Wirtschaft, den Unternehmen und den für das wirtschaftliche Geschehen verantwortlichen Personen. Oft ist diese Einstellung aufgrund eigener, negativ empfundener Erfahrungen kritisch. Unabhängig davon, ob Menschen der Wirtschaft gegenüber kritisch oder positiv eingestellt sind, entwickeln sie ihre idealen Vorstellungen von der gesamten Wirtschaft und daraus ihre eigenen Vorstellungen von «gutem Verhalten» der Unternehmen. In einem dauernden Wechselspiel zwischen den eigenen Erwartungen, die meistens weltanschaulich mitgeprägt sind, und vielen persönlichen Erfahrungen beginnen sich diese Wunschvorstellungen zu verfestigen und zu einem Wunschbild zu werden, an dem gemessen wird, ob wirtschaftliche Maßnahmen des Staates und unternehmerische Entscheidungen und Verhaltensweisen «gut» oder «schlecht», «falsch» oder «richtig» sind.

Diese individuellen Wunschbilder werden in unserer hoch entwickelten Gesellschaft immer unterschiedlicher und zum Teil auch unbestimmter, weil es zum einen angesichts der Komplexität des wirtschaftlichen Geschehens immer schwieriger wird, widerspruchsfrei zu umschreiben, was man erreichen möchte, und weil zum anderen in einer pluralistischen Gesellschaft die grundlegenden Werthaltungen und gesellschaftlichen Zielvorstellungen immer stärker auseinander gehen.

Zur Illustration werden im Folgenden die Stellungnahmen von fünf Persönlichkeiten aus ganz verschiedenen Bereichen wiedergegeben, die gebeten wurden, eine für dieses Buch zentrale Frage zu beantworten: «Welche Ziele sollten für die unternehmerische Tätigkeit in Zukunft wegleitend sein?»

Überlegen Sie sich:

1. In welchem Werteumfeld (grundlegende Einstellung zur Wirtschaft, gesellschafts-[partei-]politische Orientierung, soziale Verantwortung usw.) denken die fünf Persönlichkeiten?
2. Welche Schlüsse ziehen Sie selbst aus einem Vergleich dieser fünf Antworten im Hinblick auf die Ziele der unternehmerischen Tätigkeit?

Antwort 1   Schlagworte wie Globalisierung, Strukturwandel oder Mega-Fusionen werden in den wirtschaftspolitischen Annalen der Jahrhundertwende einen hohen Stellenwert einnehmen. Die öffentliche Debatte scheint diese Begriffe als besondere Zeiterscheinung zu werten, und es macht den Anschein, als stünde die unternehmerische Tätigkeit an der Schwelle zum neuen Jahrhundert vor besonderen Herausforderungen. Ein Blick in die Wirtschaftsgeschichte relativiert jedoch die gegenwärtige Entwicklung. Die eingangs erwähnten Phänomene lösten schon in der Vergangenheit immer wieder Wellen der «ökonomischen Unruhe» aus. So gesehen, dürfte sich die Unternehmenswelt heute bei der Frage nach der Zielorientierung nicht in einer grundlegend neuen

Ausgangslage befinden. Innovation, Internationalisierung und Strukturwandel waren schon immer treibende Kräfte einer dynamischen Marktwirtschaft. Sie werden es auch in Zukunft sein.

Es gibt allerdings eine betriebswirtschaftliche Zielorientierung, die nach Jahren des Arbeitsplatzabbaus, der Lohnstagnation und anderer sozialer Belastungen in den Mittelpunkt der politischen Diskussion geraten ist: Haben Unternehmen eine soziale Verantwortung? An dieser Frage scheiden sich die Geister. Manche fordern von der unternehmerischen Tätigkeit eine weitreichende Rücksichtnahme auf die Interessen verschiedener Anspruchsgruppen *(Stakeholder)* wie Arbeitnehmer, Kunden oder Öffentlichkeit. Diese Sichtweise erhielt in der jüngeren Vergangenheit Auftrieb durch den verstärkten Einzug der Unternehmensethik in die Managementlehre. Auf der anderen Seite plädieren Verfechter einfacher Grundsätze für eine Orientierung des Handelns am ökonomischen Wert, der für die Eigentümer *(Shareholder)* geschaffen wird.

Zwischen den Ansätzen des Stakeholder- und des Shareholder-Value ist ein Glaubenskrieg ausgebrochen. Dabei liegen die beiden «Philosophien» viel näher beisammen, als manche glauben. Vieles spricht dafür, dass eine Ausrichtung des Handelns nach dem Shareholder-Value-Prinzip langfristig nicht im Widerspruch zu den Interessen einzelner Anspruchsgruppen steht. Soll der Unternehmenswert nachhaltig erhöht werden, geht dies nur, wenn das Unternehmen mit einer zufriedenen Belegschaft attraktive Produkte lanciert, in neue Märkte investiert und für die Kapitalgeber angemessene Gewinne erwirtschaftet. Umgekehrt ist es unmöglich, den Unternehmenswert nachhaltig zu pflegen, wenn Unternehmen den Konsumenten ungenügende Leistungen offerieren, den Arbeitnehmern ein schlechtes Arbeitsumfeld bieten oder die Umwelt durch die Produktion übermäßig belasten. Es braucht letztlich immer die Unterstützung aller Anspruchsgruppen, um den unternehmerischen Wert auf fruchtbarem Boden gedeihen zu lassen.

Dies bedeutet nicht, dass die Unternehmensleitungen gar keine soziale Verantwortung zu tragen hätten. Sie müssen sich im zwischenmenschlichen Umgang an gängige moralische Grundsätze («Codes of conduct») halten.

Von Unternehmen kann aber nicht erwartet werden, dass sie sich zugunsten übergeordneter Interessen gegen die Marktkräfte stemmen. Wollte man sie auf diese Weise in die Pflicht nehmen, würde ihre Überlebensfähigkeit am Markt zu Lasten aller – der Eigentümer und der Arbeitnehmer – bedroht. Letztlich kann nur die staatliche Politik volkswirtschaftliche Verantwortung wahrnehmen.

Antwort 2   Die Ziele für unternehmerische Tätigkeit beurteile ich aus der Sicht der Gemeinschaft. Ich frage mich, wie sich Manager oder Unternehmer verhalten und welche Ziele sie sich setzen sollen, damit der Gesellschaft am besten gedient ist. Gewichtet man die möglichen Antworten nach ihrer Bedeutung, liegt das oberste Ziel unternehmerischer Tätigkeit in der nachhaltigen Erwirtschaftung von Gewinnen. Dies hat indessen sozial- und umweltverpflichtet zu geschehen. Aus Sicht der Gemeinschaft ist ein erfolgreiches Unternehmen also auch eines, das sich in Harmonie mit den herrschenden Vorstellungen nicht nur von Moral und Ethik befindet, sondern dessen Verhalten ganz allgemein in Übereinstimmung mit anderen wesentlichen Anforderungen der Gemeinschaft ist. Die auch Politikern immer geläufigeren Fachausdrücke dazu sind: *Corporate Governance* sowie der noch weitergehende Begriff der *Compliance*. Es geht also um das, was man umfassend als *Corporate Social Responsibility* bezeichnet.

Dass ich die nachhaltige Erzielung von Gewinnen in den Vordergrund stelle, hat seine Bewandtnis darin, dass diese auch eine der Voraussetzungen für eine positive staatliche Entwicklung sind. Gewinnstarke Unternehmungen sind in der Regel solche mit hoher Wertschöpfung. Sie bezahlen gute Löhne, sorgen für ein ausreichendes Steueraufkommen und erlauben somit eine moderate Belastung. Sie generieren damit auch in der Summe ausreichende Sozialleistungen – vor allem auch im Bereich der ersten und zweiten Säule [der Altersvorsorge] – und helfen dadurch, die Renten zu finanzieren und das Demografieproblem zu entschärfen. Ausreichende Staatseinnahmen sind auch Voraussetzung für einen hohen Standard im Infrastruktur- und Bildungsbereich, was wiederum die erfolgreiche wirtschaftliche Tätigkeit fördert.

Unternehmer und Unternehmerinnen müssen sich nicht nur über die Zielsetzung unternehmerischer Tätigkeit im Klaren sein. Ebenso müssen sie bereit sein, ihren Beitrag zur Weiterentwicklung des Staates und der Gesellschaft zu leisten. Dies ist nicht nur finanziell zu verstehen, sondern auch ideell, indem sie sich in politischen Fragen aktiv engagieren und in Verbänden, Parteien und politischen Ämtern

Verantwortung übernehmen. Erst dann gedeiht in ihnen das Verständnis für gesellschaftliche Zusammenhänge, erst dann ist die Wirtschaft Mitspielerin und nicht Spielball des politischen Prozesses, und erst dann kommt es zu Harmonie zwischen Staat und Wirtschaft.

Wenn der Mensch sich etwas vornimmt, dann möchte er, dass es gelingt. Er wünscht sich bei seinen Unternehmungen Erfolg. Dies gilt sowohl privat als auch im Beruf – und dies ist gut so.

Antwort 3

Wer also unternehmerisch tätig sein will, hat das Ziel, erfolgreich zu sein, und zwar nicht nur kurzfristig. Dazu braucht es drei Komponenten.

- ein gutes Produkt
- motivierte Mitarbeiterinnen und Mitarbeiter
- kritische, aber vertrauensvolle Geldgeber.

Alle drei Komponenten hat der Unternehmer, die Unternehmerin zu pflegen, keine darf vernachlässigt werden.

- Das Produkt muss mit innovativen Ideen und Originalität weiterentwickelt werden. So bleibt es konkurrenzfähig.
- Die Mitarbeitenden müssen gefördert und gefordert werden. Gute Arbeitsbedingungen sind dafür die Grundlage. Der Zugang zu Fort- und Weiterbildung muss ihnen offen stehen. Ihr Potenzial soll möglichst ausgeschöpft werden. Davon profitiert das Unternehmen – dank des größeren Know-hows dieser Leute, aber auch durch ihr verstärktes Selbstbewusstsein. Aufstiegsmöglichkeiten für Interessierte erhöhen die Attraktivität des Unternehmens ebenso wie das Angebot von Lehrstellen. Damit kann einerseits der Nachwuchs sichergestellt werden, andererseits investiert der weitsichtige Unternehmer etwas in die Gesellschaft, die ihm dafür Anerkennung zollen wird.
- Die Geldgeber müssen durch eine offene Informationspolitik versichert sein, dass ihr Geld gut investiert ist. Sie müssen für das Unternehmen selbst interessiert werden, nicht nur für eine möglichst gute Rendite.

Und die vierte Komponente? Das ist der Unternehmer selbst. Er muss glaubwürdig sein. Die Ansprüche, die er an sein Personal stellt, muss er zuallererst selbst erfüllen. Er muss zuverlässig sein. Was er Kundinnen, Finanzierern, Angestellten verspricht, muss er halten. So bleiben er und sein Unternehmen vertrauenswürdig und attraktiv. Weiterbildung ist auch ein wichtiger Faktor für das Management. Wer der Konkurrenz einen Schritt voraus sein will, muss sich weiterbilden, neugierig bleiben, offene Sinne behalten.

Mit einer guten Ausbildung ist es für einen Menschen, der auch das Risiko nicht scheut, möglich, ein neues Unternehmen erfolgreich zu starten. Ob der Erfolg dauerhaft ist, hängt neben der wirtschaftlichen Situation seiner Region oder seines Landes wesentlich vom Charakter dieses Menschen ab und von seiner Fähigkeit, die anderen drei Komponenten zu pflegen und im Gleichgewicht zu behalten.

Erfolg zu wollen ist einfach. Erfolg zu haben kann auch mit Glück verbunden sein. Erfolgreich zu bleiben bedarf harter Arbeit.

Antwort 4   Die Kernkompetenz der Theologie in unserer Gesellschaft besteht darin, die «Erinnerung an Gott» wach zu halten, an jenen geheimnisvollen «ganz Anderen», über den hinaus – gemäß einer berühmten Formulierung des mittelalterlichen Denkers ANSELM VON CANTERBURY – nichts Größeres gedacht werden kann. Was hat das mit unternehmerischer Tätigkeit zu tun? Ich denke, dass sich die Antwort auf diese Frage mit den beiden Wörtern «Gelassenheit» und «Verantwortung» zusammenfassen lässt.

Zum Stichwort Gelassenheit: An Gott glauben bedeutet im Sinne sowohl der jüdischen als auch der christlichen (und der muslimischen) Tradition, dass alles in der Welt (und auch diese selbst) begrenzt und deshalb relativ ist. Gott ist sogar mächtiger als der Tod. Ich muss mich deshalb nicht von der Angst bestimmen lassen und muss mir selbst nicht Unsterblichkeit verschaffen. Ich muss nicht der Größte und Stärkste sein und kann auch mit Enttäuschungen fertig werden. Ich bin nicht unersetzlich. Mein Zeithorizont ist groß. Ich darf Pläne schmieden und unternehmerisch tätig sein, stehe aber nicht unter dem Druck, alles – und erst noch so schnell als möglich – erreichen zu müssen. Mein Glaube gibt mir Behutsamkeit und Umsicht.

Viele unternehmerische Pannen in den letzten Jahren hätten sich vermeiden lassen, wenn die für das Unternehmen Verantwortlichen ein wenig geduldiger gewesen wären. Eine gute Faustregel ist, nicht nur an das eigene Wohl, sondern auch an dasjenige der Kinder und Enkel zu denken (nicht nur im biologischen Sinn). Das Kriterium der

Nachhaltigkeit hilft, soziale und Umweltprobleme zwar nicht völlig, aber doch weitgehend zu vermeiden.

Zum Stichwort Verantwortung: Gott im Sinne der religiösen Tradition ist ein liebender Gott, der mich überreich beschenkt. Er gönnt es mir, wenn eine unternehmerische Tätigkeit mir gelingt. Er erwartet aber umgekehrt von mir, dass auch ich nicht nur an mich selbst, sondern ebenfalls an die anderen denke, an Kapitalgeber, Kollegen, Mitarbeiter, Kunden, Nachbarn – und besonders auch an die, die weniger privilegiert sind als ich.

Das Gleichnis vom barmherzigen Samariter im *Neuen Testament* *(Lukas 10, 25–37)* ist so berühmt, dass man es nicht nacherzählen muss. Die entscheidende Pointe des Textes besteht darin, dass Leserinnen und Leser eingeladen werden, die Welt aus der Perspektive dessen zu betrachten, der unter die Räuber gefallen ist, nackt und halb tot auf dem Boden liegt und auf Gedeih und Verderb auf die tatkräftige Hilfe der Vorübergehenden angewiesen ist. Wer ganz unten ist, muss nicht mehr darüber nachdenken, was Not tut. Die wichtigsten Voraussetzungen für ein menschliches (und das heißt immer auch ein mitmenschliches und mitgeschöpfliches) Verhalten sind Einfühlungsvermögen und Phantasie. Ein im Sinne der religiösen Tradition verantwortlicher Unternehmer schreitet nicht über Leichen. Es genügt ihm nicht, um jeden Preis erfolgreich zu sein (auch wenn Erfolg an und für sich nicht unanständig ist).

«Du sollst den Herrn, deinen Gott, lieben aus deinem ganzen Herzen und mit deiner ganzen Seele und mit deiner ganzen Kraft und mit deinem ganzen Denken und deinen Nächsten wie dich selbst» *(Lukas 10, 27)*. Auch und besonders wer unternehmerisch tätig ist, hat allen Grund, dass er oder sie das Doppelgebot der Liebe ernst nimmt.

Unternehmen werden in Zukunft im Katalog ihrer Ziele neben den klassischen Größen wie Wachstum, Profitabilität und Förderung der Mitarbeiter auch diejenigen wirtschaftlichen und gesellschaftlichen Dimensionen ansprechen wollen, die im 21. Jahrhundert den Verlauf der zivilisatorischen Entwicklung maßgebend prägen werden. Solche Ziele beschreiben ihrer Natur gemäß eher Prozesse als quantifizierbare Resultate. Aus heutiger Sicht ist zu denken an:

Antwort 5

- die progressive Beschleunigung des Wandels in allen Bereichen des Unternehmens als Folge der wissenschaftlich-technischen Entwicklung sowie der global vernetzten Kommunikation. Unternehmensziele beschreiben die Fähigkeit zum frühzeitigen Erkennen und ganzheitlichen Interpretieren relevanter Trends sowie die antizipierende, innovative Anpassung an veränderte Verhältnisse.
- den Einbezug verschiedener, nicht abschließend definierter Gruppen von *Stakeholdern* in den Verantwortungsbereich der Unternehmensleitung. Ziele in diesem Zusammenhang beschreiben die Bildung und Erhaltung von gegenseitigem Verständnis und Vertrauen als Basis für konstruktive Zusammenarbeit und fairen Interessenausgleich.
- die zunehmend intensive und komplexe Interaktion zwischen dem Unternehmen und seiner gesellschaftlichen und natürlichen Umwelt, die über das Gebot der Legalität hinaus Fragen der *Legitimität* des wirtschaftlichen Handelns zu entscheidenden Wettbewerbsfaktoren werden lässt. Zu den Zielen des Unternehmens wird gehören, das neue Entwicklungsparadigma im Dreieck Gesellschaft – Wirtschaft – Umwelt aktiv mitzugestalten und damit die marktwirtschaftliche Ordnung mehrheitsfähig zu erhalten.

Unternehmen werden in dem Maße erfolgreich sein, als es ihnen gelingen wird, die Vielfalt im kreativen Wissen der Mitarbeiter aller Bereiche und Stufen zu fördern und gleichzeitig ihre Kreativität auf das gemeinsame Unternehmensinteresse auszurichten. Dabei werden die Ziele so zu formulieren sein, dass sie sowohl für den einzelnen Mitarbeiter als auch für das gesamte Unternehmen Fragen nach dem Sinn der wirtschaftlichen Tätigkeit motivierend beantworten.

Zu den beiden vor den fünf Stellungnahmen aufgeworfenen Fragen lässt sich Folgendes anführen:

Zu den antwortenden Personen und ihrem Werteumfeld

- **Antwort 1**

  Bundesrat Pascal Couchepin, vormals Wirtschaftsminister und seit 2003 Innenminister der Schweiz

  Für den liberalen Politiker COUCHEPIN ist ein Unternehmertum, das sich wirtschaftlich entfalten kann, bedeutsam. Eine erfolgreiche Unternehmensführung muss sich auf die Bedingungen des Marktes ausrichten und soll keine übergeordneten Interessen wahrnehmen. Letzteres ist Sache des Staates. Aber die Unternehmungen sollen sich im zwischenmenschlichen Umgang an gängigen moralischen Grundsätzen orientieren. Deshalb soll auch kein maximaler, sondern nur ein angemessener Gewinn erzielt werden.

■ Antwort 2

Erika FORSTER-VANNINI, Mitglied des schweizerischen Ständerates
Sie steht der liberalen Auffassung von Bundesrat COUCHEPIN sehr nahe, gibt der Gewinnerzielung aber etwas mehr Gewicht, weil gewinnstarke Unternehmungen ihre anderen Aufgaben (Sozialleistungen, Steuern an den Staat) besser erfüllen können. Erika FORSTER-VANNINI will aber gemeinschaftliche Bedürfnisse nicht vernachlässigen. Deshalb fordert sie von Unternehmungen und Unternehmern finanzielle und ideelle Beiträge zur Weiterentwicklung der Gesellschaft. Sie will also mehr Beiträge materieller und ideeller Art als Bundesrat COUCHEPIN.

■ Antwort 3

Nationalrätin Hildegard FÄSSLER, Präsidentin der sozialdemokratischen Fraktion in der schweizerischen Bundesversammlung
Die sozialdemokratische Politikerin betont in ihrer Antwort die Notwendigkeit des langfristigen Denkens bei unternehmerischen Entscheiden. Bei ihr steht nicht die Rendite (der den Kapitalgebern zufallende Gewinn) im Vordergrund, sondern der langfristige Bestand des Unternehmens, in welchem der Stellung und der Förderung der Mitarbeitenden alle Aufmerksamkeit geschenkt wird. Charakterfestigkeit und Verantwortung aller wirtschaftlich Verantwortlichen sind für sie eine wichtige Voraussetzung.

■ Antwort 4

Pfarrer Dr. Frank JEHLE, Studentenseelsorger und Dozent für evangelische Theologie an der Universität St. Gallen
Für den Theologen stehen zwei Prinzipien für die Führung von Unternehmungen im Vordergrund: Gelassenheit und Verantwortung. Diese beiden Zielvorstellungen bringt Frank JEHLE mit den vielen unternehmerischen Pannen und mit einem unbedachten Streben nach Erfolg, den er jedoch nicht *per se* als unanständig beurteilt, in Beziehung. Er lässt – wie viele, die sich mit ethischen Fragen der Wirtschaft befassen – offen, welche Spannungsfelder sich ergeben, wenn diese beiden Prinzipien in der unternehmerischen Wirklichkeit umgesetzt werden sollen.

■ **Antwort 5**

Dr. Stephan SCHMIDHEINY, Industrieller

Der Unternehmer geht von den klassischen Begriffen des wirtschaftlichen Denkens (Wachstum, Profitabilität und Förderung der Mitarbeitenden) aus, fordert aber, dass in einer modernen Unternehmensführung das neue Entwicklungsparadigma im Dreieck Gesellschaft – Wirtschaft – Umwelt zu beachten sei, damit die marktwirtschaftliche Orientierung mehrheitsfähig bleiben kann. Deshalb vertritt er auch die Auffassung, dass bei der modernen Unternehmensführung die Interessen aller Stakeholder zu berücksichtigen seien. Nur unter Berücksichtigung aller Interessenstandpunkte lässt sich in Zukunft das wirtschaftliche Handeln legitimieren.

Auf den ersten Blick zeichnen sich bei allen Antworten ähnliche Tendenzen ab

Alle bemühen sich, sich von der herkömmlichen einseitig ökonomischen und gewinnorientierten Unternehmensführung (nur die Interessen der Kapitalgeber – der *Shareholder* – sind zu beachten) zu lösen, und fordern den Einbezug der Interessen aller Anspruchsgruppen an die Unternehmung *(Stakeholder)*. Damit stehen Anforderungen wie Verantwortung gegenüber allen Stakeholdern, Einhalten moralischer Grundsätze (Umsetzen eines «Code of conduct» in jeder Unternehmung), Verzicht auf kurzfristigen Prestigeerfolg sowie Verpflichtung gegenüber der sozialen und ökologischen Umwelt in einem unmittelbaren Zusammenhang.

Reflektiert man aber die Antworten etwas vertiefter, so werden trotz der gleichen Grundtendenz bei den Antwortenden Unterschiede spürbar, die beim Versuch, konkrete Vorgaben zur Unternehmensführung zu entwickeln, zu großen Meinungsverschiedenheiten führen würden. Beispielhaft seien angeführt: Wann sind die Gewinne angemessen? Wieweit kann Gelassenheit eine Leitlinie bleiben, wenn beispielsweise aus konjunkturellen Gründen nur noch «harte» Maßnahmen (zum Beispiel Personalentlassungen, um den Fortbestand der Unternehmung sicherzustellen) zum Ziel führen? Wie weit geht die Verpflichtung der Unternehmer, um die Gemeinschaft zu stärken, und wo ist ein Ziel der Gemeinschaft eine Staatsaufgabe? Wie ist es möglich, an die Bildung und Erhaltung von gegenseitigem Verständnis und Vertrauen als Basis für eine konstruktive Zusammenarbeit und einen fairen Interessenausgleich beizutragen, wenn einzelne – häufig wechselnde – Anspruchsgruppen nur noch radikale und langfristig schädliche Forderungen durchsetzen wollen und den ehrlichen Dialog verweigern? Die Kette solcher Fragen ließe sich nahezu beliebig verlängern: Die Probleme stecken nicht primär in den Zielformulierungen, sondern sie entstehen, wenn reale, alltägliche wirtschaftspolitische und unternehmerische Aufgaben zu bearbeiten sind.

Konkrete Probleme im wirtschaftlichen und unternehmerischen Bereich lassen sich nur unter den folgenden zwei Bedingungen lösen:

1. Die Problemlösenden müssen wissen, welche Ziele (Werte, Normen) sie ihrem Tun zugrunde legen wollen. Unternehmerische Problemlösungen können nie «objektiv» richtig sein, sondern sie beinhalten immer eine Wenn-dann-Beziehung. Wenn also mit einer Problemlösung ein Ziel erreicht werden soll, dem die Wertvorstellung A zugrunde gelegt ist (zum Beispiel *maximaler* Gewinn), kann die Maßnahme A geeignet sein. Soll aber beim gleichen Problem eine andere Wertvorstellung B angestrebt werden (zum Beispiel *angemessener* Gewinn, weil nicht nur ökonomische Aspekte beachtet werden sollen), so kann die Maßnahme B besser geeignet sein.

2. Angesichts der zunehmenden Komplexität aller Probleme genügen einfache, lineare Betrachtungen (wenn – dann) nicht mehr, sondern es drängt sich ein vernetztes Denken auf, mit dem die Beziehungen und gegenseitigen Abhängigkeiten möglichst aller Einflussfaktoren untersucht werden.

Die Orientierung an Werten und das vernetzte Denken lassen sich aber nur verwirklichen, wenn die Unternehmung und ihre Umwelt umfassend umschrieben werden. Am einfachsten geschieht dies in der Form eines Management-Modells, das als Bezugsrahmen für die gedankliche Einordnung aller Fragestellungen und Herausforderungen im Kontext des Managements dient. Mit anderen Worten ist ein Management-Modell eine nützliche Landkarte zur Orientierung, die es erlaubt, wichtige Managementbegriffe in ihrem Gesamtzusammenhang (vernetzt) zu verstehen, um zu differenzierten Entscheidungen zu gelangen.

Diesem Buch liegt das neue St. Galler Management-Modell zugrunde, in das im folgenden Teil eingeführt wird. Ausgehen werden wir von einer Beschreibung eines anspruchsvollen unternehmerischen Problems eines Medienunternehmens – ein Problem, mit dessen Hilfe die Vernetzung von Umwelt und Unternehmung aufgezeigt wird. Dann wird erklärt, was ein Modell ist und wie das neue St. Galler Management-Modell aufgebaut ist. Den Nutzen dieses Modells belegen wir dann mit einem Lösungsvorschlag für das einleitend beschriebene unternehmerische Problem des Medienunternehmens.

B Das St. Galler Management-Verständnis

Abstract

Teil B

Teil B führt in die konzeptionellen und normativen Grundlagen ein, auf denen die *Einführung in die Managementlehre* basiert. Im Zentrum steht das «neue St. Galler Management-Modell», ein systematisches «Ordnungsgerüst», an dem sich der Aufbau des ganzen Buches orientiert.

Kapitel →B1 erörtert zunächst allgemein die Anwendungsmöglichkeiten und Grenzen von Modellen in der Managementlehre und den erkenntnistheoretischen Status des neuen St. Galler Management-Modells im Besonderen. In Kapitel →B2 wird dann das neue St. Galler Management-Modell ausführlich vorgestellt, das den grundlegenden kategorialen Bezugsrahmen des Lehrbuchs bildet. Das neue St. Galler Management-Modell steht in der Tradition der an der Universität St. Gallen gepflegten, von Hans ULRICH begründeten *systemorientierten Managementlehre*. Aus der Sicht dieser Konzeption erscheinen Unternehmungen als komplexe Systeme und Management als Bewältigung dieser Komplexität. Vorläufer dieses neuen Management-Modells sind das St. Galler Management-Modell von Hans ULRICH und Walter KRIEG (1972) und das St. Galler Management-Konzept von Knut BLEICHER (1991).

Wie seine «Vorgänger» verkörpert das neue St. Galler Management-Modell ein hilfreiches Ordnungsschema, das es erlaubt, grundsätzlich *alle* wesentlichen Herausforderungen, Entscheidungs- und Handlungsfelder des Managements in einer integrierten Sichtweise darzustellen. Der Bezugsrahmen besteht aus sechs zentralen Begriffskategorien (Grundkategorien), anhand deren auch das Lehrbuch aufgebaut ist: Umweltsphären (1), Anspruchsgruppen (2), Interaktionsthemen (3), Ordnungsmomente (4), Prozesse (5) und Entwicklungsmodi (6).

Menschliches Denken und Handeln beruht immer auf bestimmten, oft unausgesprochenen, fraglos als richtig, sinnvoll und gültig erachteten Hintergrundannahmen und *wertorientierten Prämissen*. Die alte Fiktion der Betriebswirtschaft, «gute» Unternehmensführung beruhe auf der wertfreien Anwendung einer «reinen» betriebswirtschaftlichen Logik, wird zunehmend widerlegt durch die Tatsache, dass unternehmerisches Handeln oft mitten im Brennpunkt *gesellschaftlicher Wert- und Interessenkonflikte* zwischen einer Vielzahl von Beteiligten und Betroffenen steht. Unternehmensleitungen sind vor diesem Hintergrund zunehmend aufgefordert, mit den entsprechenden *normativen*, d. h. unternehmensethischen Fragestellungen ebenso sorgfältig umzugehen wie mit geschäftsstrategischen und operativen Herausforderungen. In Kapitel →B3 erfolgt deshalb eine systematische Auseinandersetzung mit den normativen Grundlagen der Unternehmensführung, die – bewusst oder unbewusst – jeder Form unternehmerischer Tätigkeit zugrunde liegen.

Theorien, Modelle, Konzepte, anwendungsorientierte Instrumente und Methoden verkörpern eine bestimmte Form von Wissen. Kapitel →B4 dient dazu, einen kurzen Überblick über die Entwicklung und die Kerninhalte wichtiger *wissenschaftstheoretischer* Positionen zu vermitteln und auf dieser Grundlage Abgrenzungskriterien für wissenschaftliche im Unterschied zu alltagspraktischer Erkenntnis herauszuschälen. Denn jede wissenschaftliche Arbeit bedarf grundsätzlich einer sorgfältigen Klärung des (erkenntnistheoretischen) Status der getroffenen Aussagen und des zugrunde liegenden Verständnisses von wissenschaftlicher Praxis, d.h. der impliziten *Annahmen und Geltungsansprüche*, die mit den präsentierten wissenschaftlichen Aussagen und den angewandten Methoden verbunden sind.

Die an Teil B anschließenden fünf Teile →C bis G sind je einzeln der detaillierten Erörterung der Grundkategorien des neuen St.Galler Management-Modells gewidmet.

Umstrittene Situation in einer Unternehmung: Wie soll es weitergehen?

Rolf Dubs

Die Neue Nachrichten AG gibt seit über hundert Jahren die Regional-zeitung *Neue Nachrichten* heraus.[1] In den letzten zehn Jahren konnten die *Neuen Nachrichten* mit allen kokurrierenden Regionalblättern individuelle Formen der Zusammenarbeit finden (vollständige Über-nahme von Konkurrenzunternehmen, Minderheitsbeteiligungen, Ko-operationsverträge zur gemeinsamen Herausgabe einer regionalen Zeitung). Wegleitend für diese Zusammenarbeit war, dass die Neue Nachrichten AG nie eine feindliche Übernahme plante, sondern immer abwartete, bis die Konkurrenz erkannte, dass sie infolge der kostspieligen technologischen Entwicklung im Druckereigewerbe und wegen der hohen Redaktionskosten nicht mehr überlebensfähig war, und selbst die Zusammenarbeit suchte. Inzwischen gibt die Neue Nachrichten AG zehn Zeitungen im Kopfblattsystem heraus, das heißt, jede der zehn Zeitungen umfasst die *Neuen Nachrichten* und einen starken eigenen Redaktionsteil. Inzwischen ist dieser Zeitungs-verbund das einzige Printmedium in der Region, das täglich erscheint. Deshalb wird in der Öffentlichkeit immer wieder über die Monopol-stellung der *Neuen Nachrichten* debattiert.

Finanziell ist die Neue Nachrichten AG sehr gesund. Dank jahre-langer guter Gewinne verfügt sie über hohe finanzielle Reserven.

Vor fünf Jahren hat sich der Verwaltungsrat der Neuen Nachrich-ten AG intensiv mit der Zukunft der Unternehmung beschäftigt und entschieden, sie zu einem umfassenden Medienhaus für die ganze Re-gion auszubauen und, dem Trend der Zeit folgend, in der Form von eigenständigen Aktiengesellschaften einen Gratisanzeiger, ein Lokal-

---

[1] Der geschilderte Fall beruht auf realen Gegebenheiten, die aber durch frei er-fundene Elemente ergänzt wurden. Mit der Wirklichkeit stimmt der Fall auch deshalb in vielen Teilen nicht überein.

radio, ein Regionalfernsehen sowie ein Internetsystem für die Zeitung und Insertionen aufzubauen. Eine sorgfältige Finanzplanung zeigte, dass diese Projekte problemlos aus den Gewinnen der Zeitungen und der vier verbleibenden Druckereien (der eigenen und drei mit den jeweiligen Zeitungen übernommenen) finanziert werden konnten. Gerechnet wurde mit einem jährlichen Verlust beim Regionalfernsehen von drei Millionen Franken während fünf Jahren. Für die übrigen neuen Bereiche sah man eine ausgeglichene Rechnung vor.

Die Verwirklichung aller vier Projekte verlief reibungslos, und die vorgesehenen finanziellen Ergebnisse konnten erreicht werden, wenn auch beim sehr teuren Regionalfernsehen immer wieder Abstriche gemacht werden mussten, um den vorgesehenen Verlust nicht zu überschreiten.

Von einem unerwarteten konjunkturellen Einbruch vor Jahresfrist waren das Inseratengeschäft der Zeitungen und die Druckereiaufträge massiv betroffen, so dass die Geschäftsleitung für die kommenden zwei Jahre einen neuen Finanzplan unter drei Annahmen entwickelte:

- Die Erträge aus dem Inseraten- und dem Druckereigeschäft verbessern sich nicht;
- alle Bereiche (Zeitung, Gratiszeitung, Radio, Fernsehen, Internet) werden im Sinne des umfassenden Medienhauses fortgeführt,
- und alle Kosten können stabil gehalten werden.

Unter diesen Voraussetzungen ergäbe sich für alle Gesellschaften zusammengenommen (konsolidiert) ein Gewinn nach Abschreibungen und Steuern für die nächsten zwei Jahre von dreieinhalb Millionen Franken jährlich (gegenüber zehn bis sechzehn Millionen Franken in den vergangenen Jahren).

An der heutigen Verwaltungsratssitzung wird über die Lage der Unternehmung eine Aussprache geführt, deren Ziel es ist, das weitere Vorgehen festzulegen. Im Folgenden wird ein Ausschnitt aus der Aussprache im fünfköpfigen Verwaltungsrat wiedergegeben.

Vorsitzender A: Wir haben von der Geschäftsleitung den Finanzplan für die nächsten zwei Jahre erhalten. Wir entnehmen ihm, dass wir in den nächsten zwei Jahren noch einen Gewinn von dreieinhalb Millionen Franken pro Jahr erzielen. Dieser kleine Gewinn engt nicht nur unsere Flexibilität ein, sondern er könnte uns seitens der Aktionäre sogar den Vorwurf einer schlechten Unternehmensführung einbringen. Würden wir unser Verlust bringendes Fernsehen einstellen, so würde sich der Gewinn wenigstens auf sechseinhalb Millionen Franken erhöhen.

B: Ich bin völlig gegen die Einstellung des Fernsehens. Erstens hatten wir vor einigen Jahren die Vision eines führenden, umfassenden Medienhauses in unserer Region. Wir würden doch unglaubwürdig, wenn wir einen Einstellungsentscheid wegen eines vorübergehenden wirtschaftlichen Einbruches so unvermittelt treffen würden. Zweitens ist es gelungen, ein qualitativ gutes Fernsehen aufzubauen, das sich von den häufig oberflächlichen Privatsendern unterscheidet. Deshalb erfüllen wir eine gesellschaftlich wichtige Aufgabe. Solange wir konsolidiert einen Gewinn erzielen, kommt für mich eine Schließung nicht in Frage.

C: Ich bin gegenteiliger Meinung. Selbst wenn wir unsere Vision in einem Leitbild schriftlich festgehalten haben, müssen wir sie unter veränderten Umständen anpassen. Ich glaube angesichts des raschen Wandels sowieso nicht mehr an den Sinn von Visionen und einer langfristigen Planung. Eine Unternehmung, bei der es Verlust bringende Bereiche gibt, die nicht zur zentralen Aufgabe – in unserem Fall der Herausgabe von Zeitungen – gehören, muss diese Bereiche verkaufen oder stilllegen. Alles andere hat wirtschaftlich keine Zukunft.

D: Zwar haben die Kommissionen des Parlamentes, die ein neues Radio- und Fernsehgesetz erarbeiten, dem Gebührensplitting[2] zugestimmt. Ob das Parlament selbst zum gleichen Schluss kommt, ist offen. In jedem Fall wird dieser Entscheid in zwei Jahren getroffen, was uns Verluste von sechs Millionen Franken beschert. Das können wir uns nicht leisten – gesellschaftliche Aufgabe hin oder her.

E: Ich selbst glaube an die Wichtigkeit von Leitbildern und bin von der Notwendigkeit einer strategischen Unternehmensplanung überzeugt. Deshalb müssen wir diese überprüfen, bevor wir einen Entscheid treffen. Zu klären sind die folgenden Fragen:

  ▪ Ließe sich bei den zehn Zeitungsredaktionen und den Redaktionen des Gratisanzeigers und des Radios und Fernsehens durch

---

2   Gebührensplitting bedeutet, dass von den staatlich festgelegten Radio- und Fernsehgebühren ein bestimmter Teil den Privatanbietern überwiesen wird – der Anteil der staatlichen Radio- und Fernsehanstalt wird also entsprechend gekürzt.

bessere Zusammenarbeit etwas einsparen (indem man beispielsweise nur noch ein Desk für Sport oder für Wirtschaft hat, das alle Bereiche unseres Unternehmens zentral bedient)?

Müsste man nicht die Werbung besser abstimmen, indem über gewisse Ereignisse in allen Medien berichtet und die Werbung damit verknüpft würde, um Synergieeffekte auszunützen?

Könnte man allenfalls alle drei Druckereien zentralisieren, eine Frage, die ohnehin aktuell wird, wenn die nächste Druckmaschinengeneration auf den Markt kommt, die viel produktiver sein wird?

Ich rechne damit, dass solche Maßnahmen zu großen Kosteneinsparungen führen könnten, so dass sich unser Problem entschärft.

C: Aber nicht löst. Die Ungewissheiten sind groß. Und wir wollen mit unserer Planung hingehen und eine Zersplitterung optimieren. Heute spricht jedermann davon, dass man sich auf die Kernkompetenzen konzentrieren muss. Zudem haben wir nicht mehr viel Zeit zur Planung. Wir müssen sofort handeln, um die Gewinnsituation kurzfristig zu verbessern.

B: Jetzt sind wir wieder bei unseren alten Streitpunkten: Kurzfristiges und langfristiges Denken sowie Gewinnmaximierung und Gewinne unter Nebenbedingungen (zum Beispiel Wahrnehmung einer gesellschaftlichen Aufgabe).

A: Diese Diskussion will ich heute nicht. Nehmen wir doch die Idee von E auf: Ließe sich durch eine umfassende Überprüfung aller betrieblichen Abläufe und der Gesamtorganisation das Ziel einer Kostensenkung erreichen?

D: Ich bin dagegen. Bloße Kostensenkungsprogramme haben noch nie etwas gebracht. Wenn schon, so müssen wir uns doch überlegen, was wir eigentlich insgesamt mit unserem Unternehmen wollen. Also müssen wir uns zuerst über unsere Unternehmungspolitik unterhalten.

E: Ich bin gleicher Meinung. Angesichts der jüngsten Entwicklungen, auch der sich abzeichnenden Probleme im Verhältnis Zeitungen–Internet, müssen wir uns auf einen umfassenden Wandel vorbereiten. Das heißt für mich: Wir müssen unsere Vision überdenken.

Usw.

Fragen zur Reflexion

1 Suchen Sie nach begrifflichen Unstimmigkeiten bei den einzelnen Aussagen, und schätzen Sie ab, wo und warum es in diesem Verwaltungsrat zu Erschwernissen in der Kommunikation kommen könnte?

2 Welche Grundeinstellungen zum wirtschaftlichen Denken und Handeln erkennen Sie bei einzelnen Verwaltungsräten?

3 Wo sehen Sie die grundsätzliche Problematik im Ablauf dieser Debatte?

4 Wie definieren Sie das Problem (die Probleme), das (die) der Verwaltungsrat der Neuen Nachrichten AG zu lösen hat?

5 Was müssen Sie zusätzlich noch wissen, um das Problem zu lösen?

6 Welcher Zielkonflikt würde Sie bei der Lösung dieser unternehmerischen Problemstellung am meisten beschäftigen?

Was ist ein Modell?

B1

Markus Schwaninger

> «*Die Bilder, von welchen wir reden,*
> *sind unsere Vorstellungen von den Dingen.*»
> Heinrich HERTZ[1]

Wie in den folgenden Kapiteln noch darzustellen sein wird, sind Unternehmungen in komplexe Umwelten eingebettet. Sie müssen sich in diesen einerseits behaupten, können sie gleichzeitig aber auch kreativ mitgestalten. So gesehen, ist Management – in unserem Fall das Gestalten, Lenken und Entwickeln von Unternehmungen (ULRICH, 2001a,b) – im Kern als *Komplexitätsbewältigung* zu betrachten.

In den letzten Jahren haben die dynamischen Komplexitäten, mit denen Firmen und ihre Manager konfrontiert sind, aufgrund einer sich in nahezu allen Lebensbereichen zeigenden Vernetzung von Wirkfaktoren und der Beschleunigung von Abläufen drastisch zugenommen. Damit ist auch der Druck auf die Führungskräfte gestiegen. Umso wichtiger sind leistungsfähige Orientierungshilfen, die es Managern – und letztlich allen Akteuren in Organisationen – ermöglichen,

- sich in dieser dynamischen Komplexität zurechtzufinden und
- wirksam zu entscheiden und zu handeln.

Genau dazu können Modelle einen maßgeblichen Beitrag leisten.

Modellbegriff

B1.1

Was genau bezeichnet der Begriff «Modell»? Generell versteht man darunter eine Nachbildung, ein Muster oder ein Vorbild – also ein *vereinfachtes Bild einer Wirklichkeit*.

Man spricht in diesem Zusammenhang auch von einem *Modellsystem*, das ein *Realsystem* repräsentiert.

---

[1] Heinrich Rudolf HERTZ (1857–1894), Entdecker der HERTZ'schen Wellen und des lichtelektrischen Effekts.

Beispiele sind:

- eine Landkarte, die eine Landschaft abbildet;
- ein Architekturmodell, das einen Bau in verkleinerter Form physisch («reell») oder im Computer («virtuell») nachbildet;
- eine Bilanz, welche die bewerteten Bestände einer Firma in finanzwirtschaftlichen Größen darstellt.

Die Vereinfachung wird mittels Abstraktion – Reduktion oder Verallgemeinerung – vorgenommen. Im Fall der Landkarte besteht die Abstraktion beispielsweise darin, dass die dreidimensionale Realität in nur zwei Dimensionen, wesentlich kleiner und in geringerem Detaillierungsgrad abgebildet wird. Im Modell wird also immer vieles weggelassen, was im Realsystem vorkommt, es treten allerdings auch neue Aspekte auf. In einer Landkarte fallen zum Beispiel landschaftliche Details weg, aber zur Strukturierung werden zusätzlich Längen- und Breitenkreise eingezeichnet. Bei einer Bilanz werden die vielfältigen Gegebenheiten der gegenständlichen Firma auf die finanzwirtschaftliche Dimension reduziert.

Trotz solcher Vereinfachungen können Modelle im Rahmen ihres jeweiligen Zwecks sehr hilfreich sein, vorausgesetzt, ihre Qualität ist adäquat. Die Quantifizierung durch Geldbeträge im Rechnungswesen hat beispielsweise den enormen Vorteil, dass diese Beträge addierbar sind, während dies bei den abgebildeten *Gegenständen* – Waren, Anlagen etc. – nicht der Fall ist. Die mit quantitativen Abbildungen verbundene Ausblendung qualitativer Eigenschaften kann allerdings auch problematisch sein.

B 1.2   Sinn, Zweck und Funktionen von Modellen

Allgemein gesprochen, liegt der Sinn und Zweck von Modellen in der Komplexitätsbewältigung. Modelle sollen Akteuren in Organisationen (und Organisationen als Akteuren) helfen, mit der sie umgebenden und oft bedrohenden Komplexität wirksamer umzugehen. Konkret hat diese Unterstützung zweierlei Arten von Funktionen:

a) *Beschreiben, Erklären und Verstehen*
   Beschreibungsmodelle stellen dar, was ist; sie machen den abgebildeten Gegenstand überschaubar; sie ordnen und strukturieren. Erklärungsmodelle trachten zu erklären, warum sich das Realsystem so und nicht anders verhält. Sie sollen Wirkungszusammenhänge (zum Beispiel Kausalitäten, Wechselwirkungen, Abhängigkeiten) erfassen und verstehen helfen.

b) *Gestalten, Entscheiden und Verändern*

Gestaltungsmodelle[2] sind Hilfsinstrumente für den Entwurf von Gestaltungsoptionen und eine vergleichende Beurteilung derselben, vor allem durch ein Ausloten ihrer Konsequenzen und Implikationen. Sie unterstützen den Entscheidungsprozess, indem zwischen besser und schlechter geeigneten Varianten unterschieden wird (Entscheidungsmodelle). Schließlich leisten Modelle eine wertvolle Hilfe bei der Erprobung und Verbesserung von Optionen und letztlich bei Vorgängen der Veränderung und Transformation von Organisationen. Kostspielige Versuch-und-Irrtums-Prozesse können dadurch vermieden werden, dass mit Hilfe des Modells gelernt wird. Bevor ein Entscheid in der Praxis implementiert wird, kann und soll er durch kostengünstige Experimente am Modell getestet werden – im Kopf, in Rollenspielen oder am Computer (Simulationsmodelle).

Damit kommt Modellen eine Schlüsselfunktion für das Lernen – den Aufbau eines Verhaltensrepertoires – sowohl von Individuen oder Teams als auch von ganzen Organisationen zu. Lernen wird in diesem Zusammenhang als ein Zuwachs an Handlungsfähigkeit verstanden (auch: «Aktionspotenzial»; nach Kim 1993).

Modell und Realität   B1.3

Unter den allgemeinen Modellbegriff fallen nicht nur formale und explizite, sondern auch informale und implizite Modelle. Oft wird der Begriff «mentale Modelle» verwendet, der Modelle in den Köpfen von Akteuren bezeichnet. Den gemeinsamen mentalen Modellen *(«shared mental models»)* kommt dabei eine besondere Bedeutung zu. Es sind damit – in einer weiten Fassung des Begriffs – die von einem Kollektiv geteilten Vorstellungen, Annahmen, Theorien, Konzepte und Schemata sowie Prinzipien, Normen, «Philosophien» und Weltanschauungen gemeint. Die mentalen Modelle der Mitglieder einer Organisation sind eine der wichtigsten Voraussetzungen für alles, was diese Organisation vollbringen kann und schließlich auch vollbringt.

---

2   Die Begriffe «Gestaltungsmodell» und «Konzept» werden mit Bezug auf Gestaltungsentwürfe für Unternehmungen respektive für deren Management synonym verwendet (vgl. Ulrich 2001b, 85ff.).

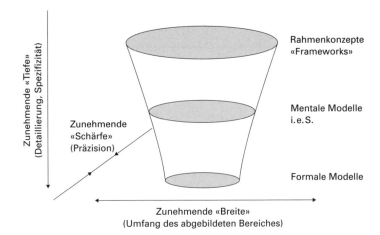

Abbildung 1
Ebenen
der Modellbildung

In **Abbildung 1** wird – etwas differenzierter – folgende Abstufung getroffen:

1. *Rahmenkonzepte:* Gemeint sind damit breite *Frameworks*, die ein Zurechtfinden in einem breiten Themengebiet unterstützen. Ein Rahmenkonzept gibt Dimensionen und Kategorien vor, anhand deren eine grobe Übersicht und eine erste Lokalisierung sowie allenfalls Strukturierung einer Problemstellung oder Herausforderung vorgenommen werden kann. Die Grobschemata in den verschiedenen Generationen des St. Galler Management-Modells oder Management-Konzepts (ULRICH/KRIEG 1972, 20ff.; BLEICHER 2004, 77, 82; RÜEGG-STÜRM 2002, 22ff.)[3] sind hoch verdichtete Rahmenkonzepte dieser Art (→ **Abschnitt B1.5**).

2. *Mentale Modelle i.e.S.*[4]: In Unterscheidung zur weiten Fassung des Modellbegriffs (siehe oben) sind damit spezifischere und präzisere Modelle bezeichnet. Mentale Modelle i.e.S. bilden jeweils einen Gegenstand geringerer Breite ab, zum Beispiel die im Zusammenhang mit strategischer Führung oder mit organisatorischen Belangen relevanten Kategorien und Gegebenheiten. Anhand eines solchen Modells lassen sich Vermutungen über spezifische Wirkfaktoren und Kausalzusammenhänge bestimmen und erörtern. Die Wirkungsgefüge in den Abschnitten dieses Buches über vernetztes Denken und die Balanced Scorecard (Netzwerke und Ursache-Wirkungs-Diagramme) sind Beispiele solcher mentalen Modelle.

---

3   Vgl. auch Kapitel → **B2** Das neue St. Galler Management-Modell.
4   i.e.S. steht für «im engeren Sinn».

Rahmenkonzepte und mentale Modelle i.e.S. sind konzeptionelle und heuristische Hilfen. «Konzeptionell» heißt, dass sie helfen, einen Gegenstand begrifflich zu erfassen und zu strukturieren. «Heuristisch» (vom griechischen *heuriskein*: finden) bedeutet, dass sie die Findung einer Lösung unterstützen können – ohne dass das Ziel genau bestimmt wäre und ohne dass eine ganz präzise Lösung gesucht würde.[5]

3. *Formale Modelle:* Auf dieser Ebene wird das Modell in eine stringente, logische, meist auch mathematische Struktur gebracht, und es kann algorithmisch gerechnet werden. «Algorithmisch» heißt mittels einer im Voraus definierten, endlichen Schrittfolge, im Rahmen eines definierten Ziels oder Zielsystems. Bei formalen Modellen nehmen Spezifität und Präzision weiter zu. Zudem ist meist eine Einschränkung des Modell-Geltungsbereiches nötig.

Die Grenzen zwischen diesen drei Ebenen sind unscharf.[6] Beispielsweise sind qualitative Wirkungsgefüge in aller Regel der zweiten Kategorie zuzuordnen. Wichtiger noch, ein und dasselbe Modell oder Varianten davon können, je nach Anwendung, in unterschiedliche Kategorien fallen. Dies sei am Beispiel der Bilanz erläutert (→ **FI 3.2** Prozesse der finanziellen Führung). Die Grundsystematik der Bilanz kann als Rahmenkonzept betrachtet werden, das die Unterscheidung zwischen Aktiven und Passiven und zwischen verschiedenen Arten von Bilanzpositionen nach logisch-strukturellen Gesichtspunkten erlaubt. Auf der Ebene der mentalen Modelle i.e.S. verbinden sich mit einzelnen Bilanzpositionen oder mit einer Bilanz insgesamt immer spezifischere und konkretere Vorstellungen. Erst diese machen es geübten Bilanzlesern möglich, Besonderheiten oder Ungereimtheiten in einer Bilanz rasch zu erkennen. Schließlich ist eine Bilanz auch ein formales Modell, das die Bestandesgrößen einer Unternehmung quantitativ abbildet und Auswertungen anhand finanzwirtschaftlicher Kennzahlen, Bilanzierungsregeln etc. ermöglicht.

Unsere Modelle bestimmen in hohem Maße die zukünftigen Realitäten, die wir mit unseren Entscheidungen und Handlungen laufend ge-

---

5   Als Heuristik wird eine Methodik oder methodische Hilfe für die Bearbeitung komplexer Fragestellungen bezeichnet. Im Gegensatz zum Algorithmus, der eine fixe Sequenz von im Detail definierten Lösungsschritten zur Erreichung eines bekannten Zieles definiert, besteht die Heuristik aus einem Satz von Instruktionen für die Gewinnung von Erkenntnissen im Hinblick auf ein unbekanntes oder unpräzise definiertes Ziel. Dabei wird die Fortschrittsbewertung aufgrund eines bekannten Kriteriums vorgenommen (vgl. BEER 1981, 402).

6   Weiterführende Literatur zur Beziehung zwischen mentalen und formalen Modellen bei GRÖSSLER (2002).

stalten. Fortschritte auf dem Gebiet der Unternehmungsführung werden also maßgeblich von einer Erarbeitung immer besserer Modelle abhängen. Deshalb trägt jedes Individuum hohe Verantwortung für die Qualität der Modelle, aufgrund deren in seinem Einflussbereich entschieden und agiert wird. Wenn die Qualität der Modelle vernachlässigt wird, setzt sich das GRESHAM'sche Gesetz durch: Das Wichtige wird durch das Unwichtige verdrängt, und die kurzfristige Perspektive setzt sich auf Kosten der langfristigen durch. Theoriefeindlichkeit führt hier leicht auf den «Holzweg»; über kurz oder lang ist die Lebensfähigkeit der betreffenden Organisation bedroht.

B 1.4   Theoretische Grundlage

Die oben pragmatisch begründete Notwendigkeit von Modellen hat einen tieferen Grund. Diesen erschließt ein theoretisches Gesetz der Kybernetik – das CONANT-ASHBY-Theorem. Es besagt, dass die Ergebnisse eines Führungsprozesses nicht besser sein können als die ihm zugrunde liegenden Modelle, es sei denn durch Zufall. Im Original: *«Every good regulator of a system must be a model of that system»* (CONANT/ASHBY 1981). Dieses Gesetz hat universale Gültigkeit, denn wir managen immer aufgrund von Modellen, ob wir das wollen oder nicht und ob wir es wissen oder nicht. Entscheidungen und Aktionen werden allerdings nicht durchweg durch formalisierte Modelle bestimmt, sondern oft durch die *mentalen* Modelle von Individuen oder Teams (→ **Abschnitt B1.3**).

Damit stellt sich sogleich die Frage nach der Qualität der Modelle, aufgrund deren gemanagt wird. Es genügt nicht, irgendwelche Modelle zu bauen, sondern sie sollen auch valide, d.h. gültig sein. *Validität* ist das erste Kriterium der Qualität von Modellen: Sie gewährleistet, dass ein Modell tatsächlich abbildet, was es abbilden soll. Anders ausgedrückt, dass die das Modell konstituierenden Größen und die Beziehungen zwischen diesen Größen in strengem Sinn gültig sind. Absolute oder immer während Gültigkeit wäre ein unerreichbares Ziel. Modelle sind immer Hilfskonstruktionen, die mehr oder weniger zutreffend sind. Damit wird die Qualität eines Modells im Kontext der Unternehmungsführung danach beurteilt, inwieweit es seinen Zweck erfüllt respektive ob es besser, geeigneter, nützlicher ist als das bereits vorhandene.

Kein Modell kann allumfassend sein. Für einen bestimmten Zweck gibt es immer mehr oder weniger passende Modelle. Für ein und dieselbe Landschaft können sehr verschiedene Karten gezeichnet werden – topografische Karten, Straßenkarten, geologische Karten usw. Ähnlich müssen für ein und dieselbe Unternehmung unterschiedliche Rechnungen angefertigt werden – Bilanz, Erfolgsrechnung, Mittelflussrechnung, Investitionsrechnungen für spezifische Vorhaben, Strategiemodelle etc.

Unter dem Qualitätsaspekt besteht der wesentliche Aspekt immer darin, dass ein Modell – zweckbezogen – die essenziellen Größen und Beziehungen beinhaltet, in zweiter Linie, dass deren logische und quantitative Ausprägungen adäquat formuliert und kalibriert sind. Unter dem Aktions- und Lernaspekt schließlich ist wesentlich, dass sich je nach Modell unterschiedliche Handlungsmöglichkeiten ergeben. Für eine erste Diagnose genügt oft ein statisches Modell. Um weiterführende Zusammenhänge zu erkennen und Schlüsse bezüglich notwendiger Aktionen treffen zu können, ist meist ein dynamisches Modell erforderlich. Angesichts der allseits wachsenden Komplexität muss – wenn das CONANT-ASHBY-Theorem stimmt – die Bedeutung interaktiver, dynamischer Modelle zunehmen. Beispielsweise lassen sich mit Simulationsmodellen (z. B. *System-Dynamics*-Modellen[7]) vielfältige Szenarien ausloten, die Konsequenzen von Entscheidungsoptionen vergleichen, Verletzbarkeiten eruieren etc. Zudem können in Verbindung mit Optimierungsheuristiken die besten von vielen möglichen Varianten effizient ermittelt werden.

Unternehmungsmodelle   B1.5

Im Zusammenhang mit Modellen wird oft nur von Analyse – dem Zergliedern des zu untersuchenden Gegenstandes in seine Teile – gesprochen. Einen Sachverhalt zu verstehen erfordert jedoch primär die Synthese, – das Verknüpfen und Zusammenfassen der Teile, etwa der Erkenntnisse, die analytisch gewonnen wurden, zu einem Ganzen.

Beispielsweise sind Preisbildungsmodelle das Produkt einer Synthese von Angebots- und Nachfragekurve. Erst sie ermöglichen es, allgemeine Ablaufmuster wie rezessive Tendenzen und Marktwachstum oder spezifische Phänomene wie Schweinezyklen, Überkapazitäten etc. zu verstehen und zu antizipieren.[8] Modelle dieser Art werden durch verschiedene

---

7 *System Dynamics* ist eine auf Professor Jay FORRESTER vom Massachusetts Institute of Technology (MIT) zurückgehende Methodik für die Modellierung und Simulation komplexer Systeme, die sich besonders gut für Anwendungen auf Managementfragen eignet. Siehe dazu im Einzelnen STERMAN (2000).

8 Dabei hängen sowohl die Treffsicherheit solchen «Vorhersehens» als auch die Eignung der aus diesem abgeleiteten Entscheidungen, Handlungen, Aktionen, Korrekturen usw. immer von der Güte der verwendeten Modelle ab.

für die Unternehmungsführung relevante und notwendige Disziplinen zur Verfügung gestellt – Mikroökonomie, Makroökonomie, Soziologie, Psychologie usw.

Für den Zweck der allgemeinen Unternehmungsführung sind neben der wirtschaftlichen auch andere Dimensionen in die Betrachtung mit einzubeziehen. Ökonomische, technologische, soziale, kulturelle, politische, ökologische, ethische und ästhetische Aspekte sind zu verknüpfen. Dabei genügt eine additive Berücksichtigung dieser Gesichtspunkte nicht. Es gilt vielmehr, sie zu einem kohärenten Gesamtbild zu integrieren. Dazu bedarf es einer Überschreitung der durch Funktionen, Methoden oder Disziplinen etablierten Grenzen. Kurzum, es braucht ein umfassendes Rahmenkonzept mit einem transdisziplinären Bezug.

Im nächsten Kapitel wird ein solcher transdisziplinärer Rahmen – *das neue St. Galler Management-Modell* – vorgestellt. Dieses steht in der Tradition der an der Universität St. Gallen gepflegten, von Professor Hans ULRICH begründeten *Systemorientierten Managementlehre.* «Systemorientiert» deshalb, weil der Systemansatz[9] (mit den Gebieten Systemtheorie und Kybernetik) die wissenschaftliche Grundlage für eine transdisziplinäre Forschung und Lehre auf dem Gebiet des Managements im Allgemeinen und der Unternehmungsführung im Besonderen bildet. Vorläufer dieses neuen Management-Modells sind das St. Galler Management-Modell (ULRICH/KRIEG 1972) und das St. Galler Management-Konzept (BLEICHER 1991).

Das neue St. Galler Management-Modell ist ein mehrdimensionales gedankliches Ordnungsschema – ein «Leerstellengerüst für Sinnvolles» (ULRICH 2001a), fachsprachlich ausgedrückt: ein heuristisches Schema, das einem hilft, Sachverhalte oder Probleme zu strukturieren, Bezüge zu erkennen oder herzustellen. Gleichzeitig soll es helfen, keine wichtigen Aspekte zu vergessen, die für eine anstehende Untersuchung oder einen zu fällenden Entscheid relevant sein könnten.

---

9   Der Systemansatz ist eine Perspektive der Managementlehre auf der Grundlage von Systemtheorie und Kybernetik. Systemtheorie ist eine formale Theorie über die Struktur und das Verhalten von Systemen (i. e. organisierten Ganzheiten). Es gibt verschiedene Systemtheorien, zum Beispiel die Allgemeine Systemtheorie (vgl. BERTALANFFY 1968 und RAPOPORT 1986), die mathematische Systemtheorie, die im Ingenieurwesen verwendet wird, *System Dynamics*, Spieltheorie, Chaostheorie, Komplexitätstheorie usw. Die Kybernetik ist die Wissenschaft, die sich insbesondere mit Kommunikations- und Lenkungsvorgängen in und von komplexen dynamischen Systemen befasst (WIENER 1948; ASHBY 1974). Sie wird unter anderem in der Organisationstheorie (zum Beispiel BEER 1981), in der Psychotherapie, in der Biologie und im Ingenieurwesen angewandt.

Folgende Vorzüge eines Unternehmungsmodells sind hervorzuheben:

- Ein solches Modell fungiert quasi als Landkarte zur Orientierung, die es erlaubt, Einzelheiten zum Ganzen in Bezug zu setzen oder Details in ihrem Kontext zu verstehen.
- Es hilft, das Denken und das Vorgehen zu strukturieren, womit die Handlungsfähigkeit erhöht wird.
- In Führungsgremien und ganzen Unternehmungen fördern solche Modelle die Bildung einer gemeinsamen Sprache und einer gemeinsamen Ausrichtung («*unité de doctrine*»).
- Zudem unterstützen sie die Bildung von Prioritäten, d.h. das Unterscheiden von Wichtigem und weniger Wichtigem.
- Durch die Bündelung von Aufmerksamkeit und Ressourceneinsatz wird neben der Handlungsfähigkeit auch die Wirksamkeit von Aktionen verstärkt.

Die Grenzen eines solchen Modells können darin liegen, dass es auf irrtümlichen Annahmen beruht, unvollständig ist oder in bestimmten Aspekten nicht den Gegebenheiten entspricht.

Fassen wir zusammen: *Komplexitätsbewältigung* ist eine erstrangige Herausforderung an die Unternehmensführung. Sie kann nur erfolgreich gemeistert werden, wenn die Modelle, aufgrund deren gemanagt wird, leistungsfähige *Orientierungshilfen* in der Komplexität sind, mit der die Organisation konfrontiert ist und die sie andauernd bedroht. Der Erfolg gibt denjenigen Unternehmungen Recht, in denen konsequent an einer Verbesserung der Modelle gearbeitet wird, aufgrund deren sie durch die «Meere der Komplexität» steuern. Vor diesem Hintergrund besitzt das im Folgenden darzustellende Unternehmungsmodell großes Potenzial.

Literatur

ASHBY, W. R. (1974). *Einführung in die Kybernetik*. Frankfurt a. M.: Suhrkamp.

BEER, S. (1981). *Brain of the Firm* (2nd edition). Chichester: Wiley.

BERTALANFFY, L. VON (1968). *General System Theory* (revised edition). New York: Braziller.

BLEICHER, K. (2004). *Das Konzept Integriertes Management* (7. Aufl.). Frankfurt/New York: Campus [erste Auflage: 1991].

CONANT, R. C./ASHBY, W. R. (1981). Every Good Regulator of a System must be a Model of that System. In: R. CONANT (Ed.). *Mechanisms of Intelligence. Ashby's Writings on Cybernetics* (pp. 205–214). Seaside, Ca.: Intersystems Publications.

GRÖSSLER, A. (2002). Von mentalen zu formalen Modellen: Virtualisierung von Erfahrungen. In: Ch. SCHOLZ (Hrsg.). *Systemdenken und Virtualisierung* (S. 239–248). Berlin: Duncker & Humblot.

KIM, D. (1993). The Link between Individual and Organizational Learning. In: *Sloan Management Review*, Fall: 37–50.

RAPOPORT, A. (1986). *General System Theory. Essential Concepts and Applications.* Turnbridge Wells, Kent/Cambridge, Mass.: Abacus Press.

RÜEGG-STÜRM, J. (2002). *Das neue St. Galler Management-Modell*. Bern: Haupt.

STERMAN, J. D. (2000). *Business Dynamics*. Boston, Mass.: Irwin/McGraw-Hill.

ULRICH, H. (2001a). *Gesammelte Schriften*. 5 Bände. Bern: Haupt.

ULRICH, H. (2001b). *Systemorientiertes Management. Das Werk von Hans Ulrich.* Studienausgabe. Bern: Haupt.

ULRICH, H./KRIEG, W. (1972). *St. Galler Management-Modell*. Bern: Haupt.

WIENER, N. (1985). *Cybernetics or Control and Communication in the Animal and the Machine* (4th printing). Cambridge, MA: M.I.T. Press [first edition: 1948].

Der Verfasser dankt Herrn Prof. Dr. Günther OSSIMITZ von der Universität Klagenfurt für wertvolle Anregungen.

Aufgaben

Was verstehen Sie unter einem Modell? **Aufgabe 1**

Warum sind Modelle für Management so wichtig? **Aufgabe 2**

Woran messen Sie die Güte eines Modells? **Aufgabe 3**

Warum ist für umfassende Unternehmungsmodelle **Aufgabe 4**
ein transdisziplinärer Ansatz erforderlich?

Das neue St. Galler Management-Modell B 2

Johannes Rüegg-Stürm

Im folgenden Kapitel wird der Bezugsrahmen vorgestellt, an dem sich der Aufbau dieses Lehrbuchs orientiert. Dieser Bezugsrahmen, das *neue St. Galler Management-Modell*, dient der systematischen Einordnung von Fragestellungen, Herausforderungen, Entscheidungs- und Handlungsfeldern im Kontext des Managements. Das Modell ist als Suchraster und nützliche «Landkarte» zur eigenen Orientierung aufzufassen und soll dazu beitragen, wichtige Begriffe und Konzepte im Gesamtzusammenhang des Managements zu verstehen.

Die Unternehmung als komplexes System B 2.1

Unsere Vorstellung einer Unternehmung ist wesentlich von *systemtheoretischen Grundvorstellungen*[1] geprägt, das heißt, die Unternehmung wird in unserem Modell als *komplexes System* begriffen. Unter einem System soll eine geordnete *Ganzheit* von *Elementen* verstanden werden. *Komplex* ist ein System, wenn die Systemelemente in vielfältiger Weise *interagieren* und zueinander in einer spezifischen, dynamischen *Beziehung* stehen. Dieser theoretische Zugang wird im Folgenden ausführlich erörtert.

Was ist ein komplexes System? B 2.1.1

System und Umwelt B 2.1.1.1

Ein System ist zunächst einmal eine *Ganzheit* von Elementen, d. h. eine *Einheit*, die von einer Umwelt *unterscheidbar* ist. Unterscheidbarkeit impliziert, dass *Grenzen* erkennbar sein müssen, die es erlauben, eine Unternehmung von ihrer Umwelt abzugrenzen. Es gibt verschiedene

---

[1] Vgl. hierzu ausführlich beispielsweise H. ULRICH (1968/1970, 1984, 1978/1987); LUHMANN (1984); WILLKE (1996a, 1996b); RÜEGG-STÜRM (1998, 2001); SIMON (2001).

Abgrenzungskriterien und Typen von Grenzen, zum Beispiel institutionelle Grenzen wie die Mitgliedschaft (wer hat einen Arbeitsvertrag mit der Unternehmung?) oder Identitätsgrenzen (wer fühlt sich zugehörig und sieht sich als Teil der Unternehmung?) usw. Die Frage nach der Bestimmung der Grenzen einer Unternehmung, d.h. die Definition der Unternehmung als Einheit in einer komplexen Umwelt, ist angesichts der großen Vielfalt von Kooperationsformen, die heute Unternehmungen mit anderen Unternehmungen (Kundinnen und Kunden, Lieferanten, Kooperationspartnern) pflegen, und angesichts der immer vielfältigeren Arbeitsverhältnisse kein triviales Problem.

B 2.1.1.2   System und Systemelemente

Ein System ist eine Ganzheit, die aus *Elementen* besteht. Elemente sind die *Komponenten* eines Systems, also all das, was im *wechselseitigen Zusammenwirken* ein System konstituiert. Unter den Elementen sind nun allerdings keineswegs nur *materielle, objekthafte* Elemente zu verstehen wie Gebäulichkeiten, Mobilien, Maschinen, Kommunikations- und Informationstechnologie-Infrastrukturen, Produkte, Dokumente, Artefakte und Mitarbeitende. Mindestens so wichtig sind auch *immaterielle* Elemente, die keine objekthafte physische Verkörperung haben wie Ereignisse, Kommunikationsmuster, Beziehungen, Prozesse, Teams, Abteilungen, Sparten, Handlungsprinzipien, Strategien usw.

B 2.1.1.3   Vernetzung und Dynamik als Ausdruck von Systemkomplexität

Diese *Vielfalt* von Elementen und von *Wechselwirkungen* zwischen diesen Elementen begründet die *Komplexität* eines Systems. Als komplex bezeichnen wir ein System dann,

- wenn zwischen den Elementen eines Systems untereinander vielfältige und nicht ohne weiteres überschaubare *Beziehungen* und *Wechselwirkungen* bestehen,
- wenn sich diese Beziehungen und Interaktionen aufgrund eines gewissen «*Eigenverhaltens*» der Systemelemente und verschiedener *Rückkoppelungen* in *ständiger, nur sehr begrenzt vorhersehbarer Entwicklung* befinden und
- wenn aus diesen Beziehungen und Interaktionen, d.h. aus dem *Systemverhalten*, Ergebnisse resultieren, die *emergent* sind, d.h. in *keiner* Weise auf Eigenschaften oder das Verhalten *einzelner* Elemente zurückgeführt werden können, sondern aus dem *Zusammenwirken*

der Verhaltensweisen der Systemelemente hervorgehen und vor allem von der Interaktionsdynamik, d.h. von bestimmten, geschichtlich gewachsenen *Mustern* der laufenden Interaktionen abhängen.

Deshalb sind komplexe Systeme typischerweise *dynamische Systeme*, d.h., sie sind ständig im Werden, ständig in «Re-Konstruktion».

Implikationen von Systemkomplexität   B 2.1.1.4

Diese Dynamik komplexer Systeme hat zur Folge, dass es unmöglich ist, ein bestimmtes komplexes System von einer zentralen Instanz zu durchschauen, vollständig und «objektiv» zu *beschreiben* und in einem Modell «korrekt» abzubilden.[2]

Denn *wie* wir ein komplexes System beschreiben, hängt erstens von unserem *Beobachtungsausschnitt* und vor allem von den verfügbaren «Signaturen» und Begrifflichkeiten ab, d.h. den *sprachlichen Möglichkeiten*, die bei der Beschreibung zur Verfügung stehen.

Zweitens hängt eine Systembeschreibung und damit auch die Wahrnehmung eines unternehmerischen Problems in zentraler Weise vom *Kontext* ab, *innerhalb dessen wir das Beobachtete interpretieren.* Je nachdem, wie durstig wir sind (Kontext), sehen wir ein halb volles oder ein halb leeres Glas auf dem Tisch stehen. Je nach unserer politischen Zugehörigkeit führen wir bestimmte Ereignisse und Ergebnisse auf andere Wirkfaktoren und Wirkungskreisläufe zurück als unsere politischen Gegner usw.

Komplexität impliziert somit immer, dass die Beobachtung und Interpretation des Geschehens in und um Unternehmungen unausweichlich *selektiv*, d.h. mit *kontingenten Selektionsleistungen* verbunden ist (LUHMANN 1984). Je nach Kontext und je nach Perspektive, die aus diesen Selektionsleistungen erwächst, erscheint deshalb die Unternehmung und ihre Problemlage in einem anderen Licht (MORGAN 1997), woraus sich unterschiedliche Problemstellungen und Arbeitsschwerpunkte unternehmerischer Tätigkeit ergeben.

Ein solcher Zugang zum Management macht zweierlei deutlich: Erstens können wir das Verhalten komplexer Systeme nur in sehr eingeschränkter Form voraussagen (das kennen wir beispielsweise vom Wetter). Zweitens haben die Einflussmöglichkeiten von Führungskräften, was das Management, d.h. die Gestaltung, Lenkung und Entwicklung einer Unternehmung (H. ULRICH 1984) betrifft, deutliche Grenzen. Der

---

2   Vgl. hierzu ausführlich VON HAYEK (1972); MALIK (1984/2002); SIMON (2001).

Gestaltbarkeit im Management und der Formbarkeit von Organisationen sind enge Grenzen gesetzt, denn Unternehmungen sind ganz andere Gebilde als maschinenähnliche, technomorphe (triviale) Geräte wie etwa ein Auto, wo die Beherrschbarkeit und absolute Zuverlässigkeit der laufenden Prozesse (Lenken, Bremsen, Gas geben usw.) unabdingbare Voraussetzungen für die Nutzbarkeit eines solchen Vehikels sind.

B 2.1.1.5   Systemordnung

Die Vielfalt von Beziehungen, Interaktionen und Wechselwirkungen in einer Unternehmung impliziert nun, umgekehrt betrachtet, allerdings keineswegs, dass das Geschehen in einem komplexen System völlig beliebig, chaotisch und unberechenbar ist. Wäre dem so, würde ein System unverzüglich verfallen, sich in nichts auflösen. In einem solchen Kontext wäre jede Form von Zusammenarbeit und Arbeitsteilung grundsätzlich ein Ding der Unmöglichkeit. Deshalb ist die Lebensfähigkeit eines komplexen Systems zwingend auf *strukturierende Einflussmomente* und *ordnende Kräfte* angewiesen. Genau dies begründet die Notwendigkeit von Führung, von wem und auf welche Weise diese auch immer wahrgenommen wird.

Strukturen kristallisieren sich in einem komplexen System durch den *wiederholt ähnlichen Vollzug von Abläufen* heraus, sie zeigen sich in Interaktions- und Kommunikationsmustern, in der Herausbildung von wechselseitig unterstellten *Erwartungen* (Rollen) usw., die im Zeitverlauf eine gewisse Konstanz und Stabilität aufweisen. Komplexe Systeme sind demzufolge stets durch ein bestimmtes Maß an *Geordnetheit* gekennzeichnet (PROBST 1987), durch bestimmte, *wiederholt auftretende Muster* in der *alltäglichen Kommunikation, Führung* und *Zusammenarbeit* genauso wie durch bestimmte Formen der Arbeitsteilung. *Muster im alltäglichen Geschehen* bringen die vorherrschende Ordnung zum Ausdruck, die aus Prozessen der *Strukturierung* (Ordnungsbildung) hervorgeht.

B 2.1.2   Besondere Merkmale des Systems Unternehmung

Unternehmungen weisen eine Reihe besonderer Merkmale auf, die sie von anderen komplexen Systemen unterscheiden (P. ULRICH / FLURI 1995, 31):

- Es sind *wirtschaftliche* Systeme, d. h., die Gelderträge einer Unternehmung müssen langfristig die Aufwendungen abdecken, die sich aus dem laufenden Ressourcenverzehr ergeben.

- Unternehmungen sind *zweckorientiert* und *multifunktional*, d.h., sie müssen durch die eigene spezifische Wertschöpfung (Nutzenstiftung) *Funktionen für andere Systeme* ausüben und dabei die Anliegen *mehrerer* Anspruchsgruppen gleichzeitig zufrieden stellen.
- Unternehmungen sind *soziotechnische* Systeme. Menschen, die in verschiedene «Praxis-Gemeinschaften»[3] eingebunden sind, erfüllen, unterstützt durch technische Hilfsmittel, in einem hochkomplizierten arbeitsteiligen Prozess bestimmte Aufgaben zugunsten ihrer Anspruchsgruppen.

Unternehmungen stehen zudem in einem *ökonomischen Wettbewerb* mit anderen Unternehmungen. In diesem Wettbewerb gilt es aus ökonomischer Sicht, *Knappheiten* mit möglichst wenig Mitteleinsatz zu *beseitigen* und durch die kreative Entdeckung und Schaffung neuer Wünsche *neue Knappheiten zu schaffen*. Im permanenten Wettbewerb haben somit nur diejenigen Unternehmungen Erfolg, denen es immer wieder von neuem gelingt, Nutzen stiftende Aufgaben zu entdecken und diese im Vergleich zu Konkurrenzunternehmungen besser, d.h. mit einer *überlegenen Nutzenstiftung* für die verschiedenen Anspruchsgruppen (Effektivitätsvorteil) und *kostengünstiger* (Effizienzvorteil), zu erfüllen. Entsprechende Anstrengungen führen idealerweise zu nachhaltigen Wettbewerbsvorteilen.

Aufbau und Überblick über die Grundkategorien des neuen St. Galler Management-Modells

B 2.1.3

Auf der Grundlage des skizzierten Systembegriffs unterscheiden wir im neuen St. Galler Management-Modell sechs zentrale Begriffskategorien:

- Umweltsphären
- Anspruchsgruppen
- Interaktionsthemen
- Ordnungsmomente
- Prozesse
- Entwicklungsmodi

---

3 Unter *Praxis-Gemeinschaften* verstehen wir nicht gemeinschaftlich von mehreren Ärzten geführte Arztpraxen, sondern *communities of practice* im Sinne von Brown/ Duguid (1991) und Wenger (1998), die eine Unternehmung insgesamt als eine *community of communities of practice* betrachten.

Diese so genannten Grundkategorien beziehen sich auf zentrale Dimensionen des Managements. Unter Management verstehen wir nicht eine Gruppe von Führungskräften im Sinne von «das Management der Unternehmung X», sondern eine Funktion, d. h. ein System von Aufgaben, die sich in enger Anlehnung an Hans ULRICH (1984) als *Gestalten, Lenken (Steuern) und Weiterentwickeln zweckorientierter soziotechnischer Organisationen* [4] zusammenfassen lassen.

Abbildung 1
Das neue St. Galler
Management-
Modell [5]
im Überblick

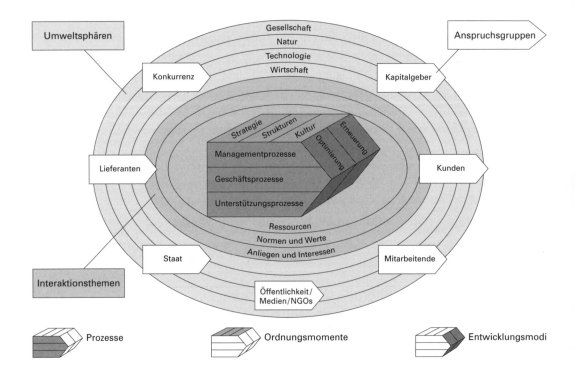

Umweltsphären sind als zentrale Kontexte der unternehmerischen Tätigkeit zu verstehen. Je nach Branche und Tätigkeitsschwerpunkten sind diese Umweltsphären auf wichtige Veränderungstrends hin zu analysieren.

---

4   Der Begriff der Organisation ist weiter gefasst als der Begriff der Unternehmung. Er umfasst auch andere arbeitsteilige Institutionen wie zum Beispiel das IKRK, Spitäler, öffentliche Verwaltungen, kirchliche Organisationen, Gewerkschaften oder Fußballvereine.

5   Das Kürzel NGO (Plural NGOs) steht für *Non-Governmental Organizations* (deutsch nichtstaatliche Organisationen oder Nichtregierungsorganisationen), denen in politischen Auseinandersetzungen zunehmende Bedeutung zukommt.

Anspruchsgruppen (*Stakeholder*) sind als organisierte oder nicht organisierte Gruppen von Menschen, Organisationen und Institutionen zu verstehen, die von den unternehmerischen Wertschöpfungs- und manchmal auch Schadschöpfungsaktivitäten betroffen sind.

Mit *Interaktionsthemen* werden «Gegenstände» der Austauschbeziehungen zwischen Anspruchsgruppen und Unternehmung bezeichnet, um die sich die Kommunikation der Unternehmung mit ihren Anspruchsgruppen dreht. Dabei unterscheiden wir einerseits personen- und kulturgebundene Elemente wie *Anliegen, Interessen, Normen* und *Werte* und andererseits *objektgebundene* Elemente, d.h. *Ressourcen.* Bei den Interaktionsthemen handelt es sich somit teils um *thematische Felder* (im Sinne von *issues*) der Auseinandersetzung, teils um *handelbare Güter und Rechte.* Zusammenfassend werden unter Interaktionsthemen verschiedene Typen von Inhalten kommunikativer Prozesse mit den Anspruchsgruppen verstanden.

Die unternehmerischen Wertschöpfungsaktivitäten laufen nicht beliebig, sondern in mehr oder weniger geordneten Bahnen ab – auch wenn die entsprechenden Kommunikations- und Handlungsmuster meistens nicht einfach zu erkennen (zu rekonstruieren) sind. Die *Ordnungsmomente*[6] geben dem organisationalen Alltagsgeschehen eine kohärente Form, indem sie diesem eine gewisse Ordnung auferlegen und auf diese Weise das Alltagsgeschehen auf die Erzielung bestimmter Wirkungen und Ergebnisse ausrichten.

Alle Wertschöpfungsaktivitäten einer Unternehmung und die dazu notwendige Führungsarbeit werden in *Prozessen* erbracht, die sich durch eine bestimmte sachliche und zeitliche Logik beim Vollzug spezifischer Aufgabenfelder charakterisieren lassen.

Die hohe Umweltdynamik, an deren Erzeugung menschliche Neugierde und Kreativität im Allgemeinen und innovative Unternehmungen im Besonderen maßgeblich beteiligt sind, bringt für jede Unternehmung das Erfordernis einer kontinuierlichen Weiterentwicklung mit sich. Die *Entwicklungsmodi* beschreiben grundlegende Muster unternehmerischer Veränderungsprozesse.

In den folgenden Abschnitten werden diese Grundkategorien im Einzelnen vorgestellt.

---

6   Der Begriff *Ordnungsmomente* lehnt sich eng an GIDDENS' Begriff *Strukturmomente* an (vgl. hierzu ausführlich GIDDENS [1984/1997, 240ff.]). Unter einem Ordnungsmoment ist in diesem Sinne eine übergreifende ordnende und strukturierende «Kraft» zu verstehen, die vergleichbar ist mit den Strukturen (Grammatik, Semantik) einer Sprache.

B 2.2   Umweltsphären einer Unternehmung

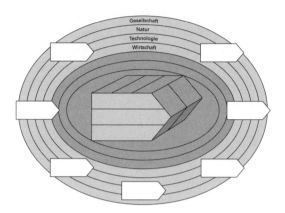

Abbildung 2
Umweltsphären
einer Unternehmung

Im neuen St. Galler Management-Modell unterscheiden wir vier wichtige Umweltsphären. Die umfassendste Umweltsphäre ist die Gesellschaft. Es sind die *gesellschaftlichen Diskurse*, die darüber entscheiden, wie die Natur als solche überhaupt wahrgenommen wird, wie technologische Entwicklungen verlaufen und in welchen Formen wirtschaftliche Wertschöpfung stattfinden soll. Für welche Aspekte und, davon abgeleitet, für welche Trends könnte sich eine Unternehmung im Hinblick auf die Umweltsphäre *Gesellschaft* interessieren? Hier einige Beispiele:

- Leistungsbereitschaft und Bildungsstand der Bevölkerung
- Offenheit der Bevölkerung gegenüber Fremdem und Neuem
- Risikobereitschaft der Bevölkerung
- Altersstruktur der Bevölkerung
- Einkommens- und Reichtumsverteilung
- Soziale Probleme und Konfliktpotenziale
- Rolle des Staats, Formen der politischen Meinungsbildung
- Staatliche Normen und Rahmenbedingungen
- Politisches Kräftefeld
- Öffentliche Infrastruktur, Bildungsangebot
- ...

Die Umweltsphäre *Natur* ist nicht einfach – wie man meinen könnte – eine gegebene Größe. Wie die *Umweltsphäre Natur* als solche überhaupt wahrgenommen und welche Haltung der Natur gegenüber eingenommen wird, hängt in zentraler Weise von den laufenden gesellschaftlichen Diskursen ab, die sich gerade im Hinblick auf kontroverse ökologische Anliegen je nach Land, Kultur und – damit verbunden – gesellschaftlichem und ökonomischem Kontext sehr stark voneinander unterscheiden können. Dies ist besonders für global tätige Unternehmungen sehr bedeutsam. Für Unternehmungen können zum Beispiel folgende Aspekte besondere Aufmerksamkeit verlangen:

- Ressourcenreichtum
  (Luft, Wasser, Bodenfläche, Bodenschätze und Rohstoffe)
- Zugang zum Meer
- Agrarpotenzial
- Topografie
- Klima
  (Temperatur, Feuchtigkeit, Unterschiede im Tages- und Jahresverlauf)
- Artenreichtum (Pflanzen und Tiere)
- Kontamination
- …

Auch die Umweltsphäre *Technologie* ist, was z.B. Risikowahrnehmung betrifft, stark von gesellschaftlichen Diskursen geprägt, aber auch eng mit der ökonomischen Dynamik verbunden. Für eine Unternehmung bedeutsam sind nicht nur Technologieentwicklungen, was beispielsweise

- Bio- und Gentechnologie
- Verfahrenstechnologien
- Materialtechnologien
- Energiegewinnungstechnologien
- Verkehrstechnologien
- Kommunikations- und Informationstechnologie

und weitere Technologien betrifft, sondern auch entsprechende Rahmenbedingungen der Technologiediffusion. So gibt es Gebiete wie das Silicon Valley im Bereich der Halbleitertechnologie, die Bay Area (USA), Boston (USA), Cambridge (UK), Martinsried/München oder das Rheinland (Deutschland) im Bereich der Bio- und Gentechnologie, die aufgrund der Nähe und Dichte von entsprechenden Entwicklungszentren und entsprechenden Verbundeffekten eigentliche Sauerteige für eine hohe Entwicklungsdynamik darstellen. Unternehmungen tun deshalb gut daran, nicht nur der Technologieentwicklung als solcher eine hohe Aufmerksamkeit zu schenken, sondern auch der Bildung standortbezogener *Technologie-Clusters*.

Die Umweltsphäre *Wirtschaft* mit Beschaffungs-, Absatz-, Arbeits- und Finanzmärkten ist gewissermaßen der ureigentliche Nährboden einer Unternehmung, mit dem, wann immer möglich, eine nachhaltig tragfähige symbiotische Beziehung einzugehen ist. Dabei können zum Beispiel folgende Aspekte von großer Bedeutung sein:

- volkswirtschaftliche Rahmenbedingungen
- Zugang zu Beschaffungs- und Absatzmärkten
- Effizienz von Arbeits- und Finanzmärkten, Verfügbarkeit von Kapital
- Anbieter- und Abnehmerkonzentrationen
- Verkehrsinfrastruktur
- Telekommunikationsinfrastruktur
- ...

Auch diese Beispiele machen deutlich, dass die Entwicklung der Wirtschaft sehr eng mit komplexen gesellschaftlichen und politischen Prozessen verbunden ist.

Abschließend muss erwähnt werden, dass die Aufteilung der Umwelt einer Unternehmung in vier Umweltsphären auf keinen Fall den Eindruck erwecken darf, als ob es sich hierbei um klar identifizierbare Gegebenheiten handeln würde. So lässt sich nicht strikt darüber entscheiden, ob beispielsweise Entwicklungen im Immaterialgüterrecht eher der Umweltsphäre *Gesellschaft* (Einfluss von *Non-Governmental Organizations* im politischen Meinungsbildungsprozess), der Umweltsphäre *Technologie* (Implikationen der Patentierbarkeit von Leben für die weitere Entwicklung der Bio- und Gentechnologie) oder der *Wirtschaft* (Migration von Lieferanten, Partnern und Kundinnen und Kunden in Länder mit «wirtschaftsfreundlicher Gesetzgebung») zuzuordnen sind. Mit anderen Worten verkörpern Umweltsphären lediglich analytische Strukturierungshilfen zur Identifikation erfolgskritischer Trends.

B 2.3   Anspruchsgruppen einer Unternehmung

Eine Unternehmung ist niemals Selbstzweck, sondern sie erbringt ihre Geschäftstätigkeit, die einen gesellschaftlichen Nutzen stiften muss, in aktiver Interaktion mit verschiedensten *Anspruchsgruppen*. Diese sind in einem *äußeren Kreis* des Management-Modells dargestellt. Auf der linken Seite stehen eher Anspruchsgruppen, die Rahmenbedingungen oder Ressourcen bereitstellen, auf der rechten Seite eher Anspruchsgruppen, die in den meisten Fällen vergleichsweise unmittelbar und stark von der unternehmerischen Wertschöpfung betroffen sind. Grundsätzlich ist im Verhältnis zu allen Anspruchsgruppen ein faires Nehmen und Geben anzustreben.

Diese Darstellung darf indessen keineswegs den Eindruck erwecken, als ob es sich hier um eine allgemein gültige, abschließende Darstellung handeln würde.

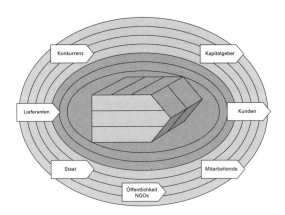

Abbildung 3
Anspruchsgruppen
einer Unternehmung

Erstens muss sich jede einzelne Unternehmung *grundsätzlich* überlegen, welche Gruppen von Menschen, Organisationen und Institutionen in besonderer Weise von ihrer unternehmerischen Wert- bzw. Schadschöpfung betroffen oder in diese einbezogen sind.

Zweitens muss eine solche grundsätzliche Auswahl in Abhängigkeit vom Gegenstand einer kontroversen Auseinandersetzung *in jedem Einzelfall neu bedacht* und *weiter spezifiziert* werden. So sind je nach Kontext die aufgeführten Anspruchsgruppen weiter zu differenzieren, beispielsweise der Staat in der Schweiz in Bund, Kantone und Gemeinden oder die Öffentlichkeit in Nachbarn und einzelne Umweltorganisationen usw.

Drittens kann diese Wahl eher aus dem Blickwinkel eines *strategischen* oder eher eines *normativ-kritischen (ethischen) Anspruchsgruppenkonzepts* erfolgen (vgl. hierzu ausführlich P. ULRICH 2001, 438 ff.). Diesen beiden Konzepten liegen idealtypische *regulative Leitideen* zugrunde, die im Folgenden kurz umschrieben werden.

■ Bei einem *strategischen Anspruchsgruppenkonzept* (FREEMAN 1984) orientiert sich die Auswahl der relevanten Anspruchsgruppen vor allem an der *Wirkmächtigkeit* der Ansprüche und Interessen einer Anspruchsgruppe im Hinblick auf die *Zukunftssicherung* einer Unternehmung: Wer kann, sei dies aufgrund der Verfügungsmacht über knappe Ressourcen oder aufgrund von Sanktionsmacht, kurz- oder langfristig maßgeblich auf die Lebensfähigkeit einer Unternehmung Einfluss nehmen? Ein strategisches Anspruchsgruppenmanagement erschöpft sich deshalb idealtypischerweise in der Aufrechterhaltung der Kooperationsbereitschaft aller Beteiligten und in der *Akzeptanzsicherung* einflussreicher Betroffener.

- Bei einem *normativ-kritischen (ethischen) Anspruchsgruppenkonzept* (P. ULRICH 2001, 442f.) werden grundsätzlich alle Menschen, *unabhängig* von Einflussmöglichkeiten, Macht und Stellung, die potenziell oder faktisch von positiven oder negativen Wirkungen der unternehmerischen Tätigkeit tangiert sind und denen kraft ihres Menschseins Menschenwürde und moralische Rechte zustehen (z.B. Kinder ohne Lobby), als relevante Anspruchsgruppen anerkannt. Relevantes Kriterium ist hier nicht die Wirkmächtigkeit von Ansprüchen einer Anspruchsgruppe, sondern alleine die *ethisch begründbare Legitimität* der vorgebrachten Ansprüche. Ein normativ-kritisches (ethisches) Anspruchsgruppenmanagement bemüht sich deshalb idealtypischerweise um eine *verständigungsorientierte Austragung von Interessenkonflikten*[7] und um eine sorgfältige ethische Abwägung und Legitimierung von Ansprüchen, sozusagen in der Haltung eines respektvollen, unparteiischen, verantwortungsbewussten Weltbürgers.

In der Praxis treten oft Mischformen dieser beiden regulativen Leitideen bzw. Anspruchsgruppenkonzepte auf.

Gegenüber unserem Verständnis einer verständigungsorientierten Unternehmensführung vertreten (neoliberale) Repräsentanten des so genannten *Shareholder-Value-Ansatzes* auf der Grundlage utilitaristischer Vorstellungen die Meinung, dass sich die gesellschaftliche Verantwortung einer Unternehmung darin erschöpfen könne, den Gewinn zu maximieren.[8] Diese Meinung wird mit dem Argument begründet, dass ein – innerhalb gesetzlicher Schranken – möglichst freier, transparenter und effizienter Markt über die Wirkung der unsichtbaren Hand (Adam SMITH) gewissermaßen von alleine zu einer Maximierung der gesellschaftlichen Wohlfahrt und damit zu einer optimalen Befriedigung der Bedürfnisse der Anspruchsgruppen führe. Aus einer solchen Sicht würde sich ein systematisches Anspruchsgruppenmanagement selbstverständlich erübrigen.

Der *Stakeholder-Value-Ansatz* mit enger Korrespondenz zum skizzierten *strategischen* Anspruchsgruppenkonzept argumentiert, dass sich

---

7   Im strategischen Anspruchsgruppenkonzept ist demgegenüber die *machtpolitische Durchsetzbarkeit* von Interessen durch die beteiligten Akteure das zentrale Regulativ.

8   Der Nobelpreisträger Milton FRIEDMAN hat dies 1962 sehr pointiert ausgedrückt, wie folgt: «There is one and only one social responsibility of business – to use its resources and engage in activities designed to increase its profits so long as it stays within the rules of the game, which is to say, engages in open and free competition without deception or fraud.»

ein maximaler Shareholder-Value genau dann sozusagen zwingend ergebe, wenn eine *langfristig ausgewogene Berücksichtigung aller Anspruchs-gruppen* angestrebt werde. Dieser (normativen) Sichtweise ist entgegen-zuhalten, dass es ethisch begründbare und moralisch gebotene Entschei-dungen zugunsten bestimmter Anspruchsgruppen geben kann, die sich auch langfristig nicht positiv auf den Shareholder-Value auswirken, also einen bewussten, zumutbaren Verzicht der Kapitalgeber zugunsten einer anderen Anspruchsgruppe implizieren.[9]

Interaktionsthemen zwischen einer Unternehmung und ihren Anspruchsgruppen B 2.4

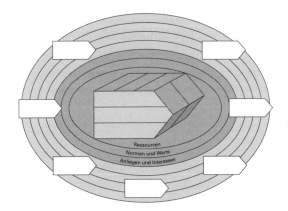

Abbildung 4
Interaktionsthemen

Zwischen einer Unternehmung und ihren Anspruchsgruppen finden viel-fältige Austauschbeziehungen statt. Diese Austauschbeziehungen haben meist auch einen «Gegenstand», um den mehr oder weniger kontrovers gerungen wird.[10] Diese «Gegenstände», verstanden als Themenfelder (im Sinne von «issues»), können eher ideeller oder im Sinne von handelbaren Gütern und Rechten eher verfügbarer Natur sein.

Unter Interaktionsthemen, die in einem inneren Kreis des Manage-ment-Modells zwischen Umweltsphären und Unternehmung angesiedelt sind, soll mit anderen Worten all das verstanden werden, was über die Anspruchsgruppen an die Unternehmung herangetragen, dieser zur Ver-fügung gestellt oder streitig gemacht wird – oder umgekehrt betrachtet:

---

9 Vgl. hierzu ausführlicher P. ULRICH (2001) und in diesem Buch → **Kapitel B3** Die normativen Grundlagen der unternehmerischen Tätigkeit.

10 Vgl. hierzu ausführlich DYLLICK (1989).

worum sich eine Unternehmung aktiv bemühen muss. Dabei unterscheiden wir einerseits *personen-* und *kulturgebundene* Elemente wie *Anliegen*, *Interessen*, *Normen* und *Werte* und andererseits *objektgebundene* Elemente, d.h. *Ressourcen.*[11]

Anliegen drücken eher verallgemeinerungsfähige Ziele aus, *Interessen* unmittelbaren Eigennutz. *Werte* verkörpern grundlegende Präfenzvorstellungen hinsichtlich dessen, was ein gutes Leben ausmacht; sie sind wichtige Bezugspunkte für die Legitimation von Anliegen, Interessen und Verhaltensweisen. *Normen* sind grundlegende, allgemein anerkannte, wertbasierte Verhaltensmaximen und Verhaltensregeln hinsichtlich dessen, was erstrebenswert bzw. geboten ist, und dessen, was zu vermeiden bzw. was verboten ist.

Menschen, Organisationen oder Institutionen im Umfeld einer Unternehmung sind – wie in → **Abschnitt B 2.3** bereits beschrieben – dann zu den Anspruchsgruppen dieser Unternehmung zu zählen, wenn sie unmittelbar oder indirekt von der unternehmerischen Tätigkeit *betroffen* sind, sei dies über einen Nutzen, über Risiken oder über eine kurz- oder langfristige Förderung oder Beeinträchtigung von Lebensqualität und Entwicklungsmöglichkeiten. In diesem Kontext können Anspruchsgruppen bestimmte *Anliegen* aus den Umweltsphären *Gesellschaft*, *Technologie*, *Natur* und *Wirtschaft* aufgreifen und ihr *Interesse* an einer Verwirklichung dieser Anliegen geltend machen.

Entsprechend unserem Streben nach einer ganzheitlichen Unternehmensführung bedürfen die Anliegen und Interessen der verschiedenen Anspruchsgruppen im Sinne eines normativ-kritischen, ethischen Anspruchsgruppenkonzepts je von neuem einer *sorgfältigen Abwägung und Würdigung*. Ob es um die Herstellung von gentechnologisch veränderten Organismen, um neue Arbeitszeit- und Entlöhnungsmodelle oder um die Schließung eines Produktionsstandorts geht: Bei solchen Projekten stoßen meistens kontroverse Anliegen und konfligierende Interessen aufeinander. Diese Anliegen und Interessen bedürfen bei der Realisierung solcher Vorhaben einer *respektvollen Würdigung* und einer *sorgfältigen argumentativen Abwägung*, und die getroffene Entscheidung ist schließlich *nachvollziehbar zu begründen (Legitimierung).*

Dabei spielen die im gesellschaftlichen Kontext zu einer bestimmten Zeit vorfindlichen *Normen* und *Werte* eine zentrale Rolle. Sowohl diese moralischen Werte und Normen als auch die damit begründeten Ent-

---

11 Ansprüche gegenüber einer Unternehmung wurzeln zum einen in wertorientierten Anliegen und zum anderen in eigennützigen Interessen.

scheidungen und Handlungsweisen einer Unternehmung bedürfen je neu einer *ethischen Reflexion* und *Legitimierung*. Eine solche ethische Reflexion – und nicht einfach nur der kurzfristige Markterfolg oder die Erhaltung der langfristigen Lebensfähigkeit – muss im Kontext des *normativen Managements* den zentralen Bezugspunkt der unternehmerischen Legitimierungsprozesse bilden und auf diese Weise die laufenden strategischen und operativen Entscheidungsprozesse durchformen.[12] Umgekehrt werden aber auch die in einer Gesellschaft geltenden Werte und Normen stark von unternehmerischen Legitimierungs- und Entscheidungsprozessen beeinflusst.

Aus solchen Legitimierungs- und Entscheidungsprozessen resultiert für eine Unternehmung schließlich nicht nur ein spezifischer *normativer Orientierungsrahmen*, sondern auch ein bestimmter Zugang zu den meistens knappen und manchmal hochkontroversen *Ressourcen*, die im unternehmerischen Wertschöpfungsprozess benötigt werden und Verwendung finden. Welche Ressourcen zu welchen Bedingungen (Preis, Beschaffenheit, Auflagen bei der Verwendung usw.) einer Unternehmung schließlich zur Verfügung stehen, d.h., was genau als *legitime und nutzbare Ressource* überhaupt zur Disposition steht, zum Beispiel Rohstoffe, Energie, Grund und Boden, Nutzungsrechte, Finanzen, menschliche Arbeitskraft,[13] Wissen, Erbgut von Pflanze, Tier oder gar Mensch, hängt in zentraler Weise von den *geltenden Normen und Werten* und von den darauf Bezug nehmenden *vorgelagerten Auseinandersetzungen* über die *normativen Grundlagen* der unternehmerischen Tätigkeit ab. Deshalb stehen die Ressourcen zuinnerst im inneren Kreis.

Die Umwelt einer Unternehmung besteht, um noch einmal zusammenzufassen, aus *Anspruchsgruppen*, die ihre *Anliegen* und *Interessen* vor dem Hintergrund bestimmter *Normen* und *Werte* geltend machen. Aus einer idealerweise *fairen diskursiven Auseinandersetzung* erwachsen grundlegende *normative Festlegungen*, von denen es in maßgeblicher Weise abhängt, welche Geschäftsaktivitäten für eine Unternehmung grundsätzlich erstrebenswert (oder zu vermeiden) sind und welche Res-

---

12 Vgl. hierzu ausführlicher P. Ulrich (2001) und → **Kapitel B3** Die normativen Grundlagen der unternehmerischen Tätigkeit.

13 An dieser Aufzählung wird deutlich, wie problematisch es vor dem Hintergrund unseres Anliegens einer ganzheitlichen Unternehmensführung im Grunde genommen ist, wenn wir von Humanressourcen oder *Human Resource Management* sprechen, denn bei allem, was Menschen in den unternehmerischen Wertschöpfungsprozess einbringen, handelt es sich gerade *nicht* um objektgebundene, handelbare Ressourcen, sondern um Ausdrucksformen menschlicher Tätigkeit und Kultur.

sourcen eine Unternehmung für ihre unternehmerische Wertschöpfung erschließen will.

Auf der Grundlage dieses normativen Orientierungsrahmens muss eine Unternehmung eine tragfähige *strategische Positionierung* im Beziehungsgeflecht aller Anspruchsgruppen vornehmen. Dabei orientiert sie sich primär an der *ökonomischen Marktlogik*, d. h. an Geschäftschancen. Bei dieser Positionierungsarbeit greift eine Unternehmung *selektiv* spezifische Anliegen, Interessen und Bedürfnisse bestimmter Anspruchsgruppen auf, nimmt eine entsprechende *Priorisierung* vor und definiert auf dieser Grundlage *strategische Stoßrichtungen, Ziele* und *Projekte*.

Die strategischen Stoßrichtungen und Ziele müssen unter Nutzung oder Entwicklung von verschiedensten Technologien in *effektive* und *effiziente betriebliche Wertschöpfungsprozesse* umgesetzt werden. Um diese unternehmerische Herausforderung angemessen verstehen zu können, müssen wir im Folgenden die «Innenseite» einer Unternehmung genauer ausleuchten. Dies soll dazu beitragen, die «Funktionsweise» einer modernen Unternehmung im *Kontext der Marktlogik* besser zu verstehen.

Die folgenden Überlegungen orientieren sich also weniger an einer normativ-kritischen, ethischen Betrachtungsweise als vielmehr an einer *strategisch-funktionalen*: Wie haben wir uns das «Funktionieren» komplexer moderner Organisationen wie Unternehmungen im Kontext der Marktlogik überhaupt vorzustellen? Wie kommt Kohärenz und Effektivität im Verhalten zustande, und welche Aufgabenfelder ergeben sich daraus für die Unternehmensführung?

B 2.5   Ordnungsmomente einer Unternehmung

B 2.5.1   Ausrichtung, Kohärenz und Sinn

Damit eine Unternehmung im ökonomischen Sinne *lebensfähig* ist, d. h. langfristig und effizient eine überlegene Nutzenstiftung zugunsten ihrer Anspruchsgruppen erbringen kann, muss sie dreierlei Leistungen erbringen.[14]

---

14 Die im Folgenden skizzierte Unterscheidung von Ausrichtungs-, Koordinations- und Sinnstiftungsaufgabe einer Unternehmung erfolgt in Anlehnung an Frost (1998) und Osterloh (1999), die zwischen *Orientierungs-, Koordinations- und Motivationsinstrumenten* einer Organisation unterscheiden.

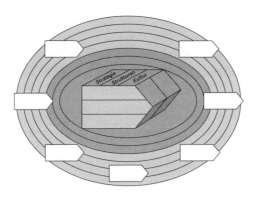

Abbildung 5
Strategie, Strukturen
und Kultur als
Ordnungsmomente
einer Unternehmung

Sie muss erstens stets von neuem strategisches *Orientierungswissen* erarbeiten, das es erlaubt, alle Anstrengungen und Aktivitäten auf die erfolgsentscheidenden Aspekte der unternehmerischen Tätigkeit auszurichten. Vereinfacht gesagt geht es um das *Was*, d.h. darum, sich je von neuem dafür zu entscheiden, «die *richtigen* Dinge zu tun».[15] Diese *Ausrichtungsfunktion* auf der Grundlage eines tragfähigen Orientierungswissens muss die *Strategie* einer Unternehmung leisten.

Der langfristige Erfolg unternehmerischer Tätigkeit hängt indessen nicht nur von einer geschickten Ausrichtung der unternehmerischen Wertschöpfungsprozesse ab, sondern auch von einem hohen Maß an *Kohärenz* und *Feinabstimmung* aller unternehmerischen Aktivitäten. Die notwendige Kohärenz und Feinabstimmung erfordert *Koordination*, d.h. eine Vielzahl von geschickt aufeinander abgestimmten Koordinationsmechanismen. Vereinfacht gesagt geht es um das *Wie*, d.h. darum, «die Dinge *richtig* zu tun». Diese *Koordinationsfunktion* auf der Grundlage einer tragfähigen Strategie müssen die *Strukturen* einer Unternehmung leisten.

Damit die Mitglieder einer Unternehmung über die strategischen und strukturellen Festlegungen hinaus *im Einzelfall* im Sinne des Ganzen agieren und reagieren können, braucht es einen *gemeinsamen Sinnhorizont*, der, vereinfacht gesagt, Antworten auf Fragen des *Warum* und *Wozu* liefert. Dieser Sinnhorizont kann sich beispielsweise in einer tragfähigen, explizit formulierten oder impliziten Vision und in einer stimmigen kollektiven Identität äußern. Ein gemeinsamer Sinnhorizont erfüllt in einer Unternehmung im Hinblick auf ein *gutes Zusammenleben*, auf *gelingende Kooperation* und auf den *ökonomischen Erfolg* verschiedene wichtige Aufgaben:[16]

---

15 Die berühmte Unterscheidung zwischen «die *richtigen* Dinge tun» und «die Dinge *richtig* tun» stammt vom Management-Pionier Peter DRUCKER (1967, 12).

16 Die Entwicklung eines gemeinsamen Sinnhorizonts der Unternehmungsmitglieder weist nicht nur eine strategische Bedeutung auf, sondern ist auch eine zentrale Aufgabe *normativer Orientierungsprozesse*.

- In keiner Unternehmung lässt sich jedes Detail durch strategische und strukturelle Vorgaben abschließend und eindeutig regeln, im Gegenteil: In einer dynamischen Umwelt würde dies die sofortige Erstarrung und das sichere Ende einer Unternehmung bedeuten. Menschen müssen demzufolge befähigt sein, den *Interpretationsspielraum* von Regeln angemessen zu verstehen und sich auch in «regelfreien» Räumen des unternehmerischen Geschehens im Sinne des Ganzen zu verhalten. Wir können dies als *Vergewisserungsfunktion* bezeichnen: «Was uns die Gewissheit gibt, ohne klare Vorgaben angemessen im Sinne des Ganzen zu agieren.»
- Dieser Sinnhorizont muss auch unterstützend wirken, wenn von Menschen gefordert ist, mehrdeutige oder gar widersprüchliche (paradoxe) Ereignisse rasch angemessen einzuordnen und zu verstehen. Wir können dies als *Funktion der Mehrdeutigkeitsreduktion* (WEICK 1979) bezeichnen: «Was uns erleichtert, schwer verständliche Ereignisse und Entwicklungen angemessen in einen kohärenten Gesamtrahmen einzuordnen.»
- Ein gemeinsamer Sinnhorizont muss dazu beitragen, dass sich Menschen für die unternehmerische Aufgabe begeistern können oder zumindest ein Minimum an Motivation, Identifikation und innerer Energie für diese Aufgabe entwickeln können. Wir können dies als *Motivationsfunktion* bezeichnen: «Warum wir Freude haben, hier zu arbeiten.»

Der gemeinsame, Sinn stiftende Horizont, der in verschiedenen Formen eine *Sinnstiftungsfunktion* erfüllt, wird in wesentlichem Ausmaß von der *Kultur* einer Unternehmung verkörpert (P. ULRICH 1984).

B 2.5.2   Mikropolitik

Strategie, Strukturen und Kultur gehen keineswegs ausschließlich aus rein sachlogischen, rationalen Überlegungen im Sinne der Orientierung an einem (fiktiven) Gesamtinteresse hervor. Wo Menschen engagiert mitarbeiten, sind immer auch *Interessen* und *Macht* im Spiel, denn alle Menschen, sei es als Einzelpersonen oder als Repräsentanten bestimmter Anspruchsgruppen und Koalitionen, verfolgen Eigeninteressen, die mit der Realisierung persönlicher Lebensprojekte (WATSON 1994), aber auch mit der Realisierung von institutionalisierten Zielen dieser Anspruchsgruppen zu tun haben (DYLLICK 1989). Die Herausbildung einer Strategie, der Strukturen und der Kultur, aber auch einzelner Ziele, auf welche die einzelnen Prozesse (Abläufe) einer Unternehmung ausgerichtet werden, geschieht deshalb immer in *mikropolitischen Aushandlungsprozessen.*[17] Betroffene Akteure – insoweit sie Zugang zu solchen Aushandlungs- prozessen erwirken können – bringen dabei ihre Interessen ein, argumen- tieren für die Legitimität ihrer Anliegen, ringen um Akzeptanz und gehen im Hinblick auf die Durchsetzung ihrer Interessen fallweise auch Koali- tionen ein. Auf diese Weise kristallisieren sich Führungsgremien heraus, die insgesamt als «dominante Koalition» einer Unternehmung verstan- den werden können und dementsprechend verstärkte Einflussmöglich- keiten haben, was die Festlegung von strategischen Zielen und Struktu- ren sowie die Ausprägung der Kultur betrifft (KIESER 1998).

Strategie einer Unternehmung ⊓2.5.3

Begriff und Aufgaben ⊓2.5.3.1

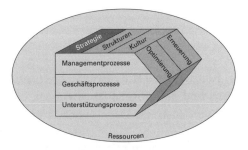

Abbildung 6
Die Strategie richtet
das Geschehen in
Unternehmungen aus

Führungsarbeit in Unternehmungen kann zwei grundsätzlich unter- schiedlichen Aufgaben gewidmet sein: einerseits dem unmittelbaren *Vollzug der laufenden Geschäftsaktivitäten,* d.h. der Abwicklung von Aufträgen und Projekten, und andererseits dem *Aufbau solcher Voraus- setzungen,* die es einer Unternehmung erlauben, *langfristig ökonomisch erfolgreich* zu sein. Während es im einen Fall um den Erfolg im Hier und Jetzt geht, steht im anderen Fall der Erfolg in drei, fünf oder zehn Jahren im Fokus der Anstrengungen.

Eine systematische Auseinandersetzung mit den *Grundlagen für den langfristigen Erfolg* einer Unternehmung ist *Gegenstand des strategischen Managements.* In einem anspruchsvollen Aushandlungs- und Entschei-

---

17 Vgl. hierzu ausführlich BURNS (1961); CROZIER/FRIEDBERG (1979); KÜPPER/ORT- MANN (1986, 1988); NEUBERGER (1995); SANDNER (1992).

dungsprozess unter Berücksichtigung von Anliegen, Bedürfnissen, Interessen und Werthaltungen beteiligter und betroffener Anspruchsgruppen muss eine Strategie erarbeitet werden. Der Begriff der Strategie weist dabei zwei Bedeutungen auf:

Zunächst einmal muss eine Strategie in *inhaltlicher* Hinsicht (im Minimum) Auskunft zu den folgenden fünf Themenkomplexen geben. (→ **Abbildung 7**)

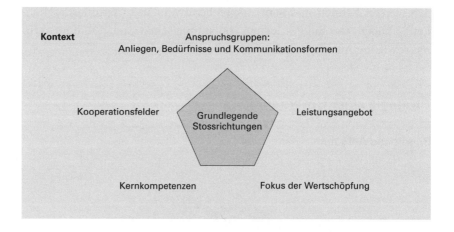

Abbildung 7
Inhaltliche Fragestellungen
einer Strategie

- Erstens gilt es, Klarheit über die *relevanten Anspruchsgruppen* und über die *Anliegen* und *Bedürfnisse* zu gewinnen, die eine Unternehmung zu befriedigen anstrebt. Dazu gehört zum einen eine Identifikation der Zielgruppen und Zielmärkte auf der *Abnehmer- und Beschaffungsseite,* aber auch der relevanten Zielsegmente und deren Erwartungen auf dem *Arbeitsmarkt* und auf dem *Kapitalmarkt.* Zum anderen sind Kommunikationsformen zu entwickeln, mit denen ein optimaler Kontakt zu diesen Anspruchsgruppen geschaffen und aufrechterhalten werden kann.
- Zweitens muss das *Leistungsangebot* definiert werden und der Nutzen, der damit bei den Zielgruppen gestiftet werden soll. Dazu gehören auch grundsätzliche Fragen des angestrebten Preissegments.
- Drittens muss bei der Bestimmung des *Fokus der Wertschöpfung* geklärt werden, auf welchen Teil der Gesamtwertschöpfung des Leistungsangebots sich eine Unternehmung im Sinne einer optimalen Fertigungstiefe[18] konzentrieren bzw. beschränken will, d.h., welchen

---

18 Die Fertigungstiefe gibt an, welchen Anteil der gesamten Wertschöpfungskette die eigene Unternehmung abdeckt. So wies Ford zu Beginn des vergangenen Jahrhunderts eine Fertigungstiefe von nahezu 100 Prozent auf, d.h., alle Aktivitäten von der

Ausschnitt aus der gesamten Wertschöpfungskette (PORTER 1986) sie abdecken möchte und welche Teilleistungen (zum Beispiel durch Outsourcing) anderen überlassen werden sollen.

■ Daraus ergeben sich viertens Implikationen für die Definition von *Kooperationsfeldern*, für die Wahl von *Kooperationspartnern* und für die Gestaltung der *Zusammenarbeit* mit diesen Partnern.

■ Und fünftens stellt sich die Frage, welche *Fähigkeiten oder Kernkompetenzen* (PRAHALAD/HAMEL 1991; HAMEL/PRAHALAD 1995) bereits vorhanden sind bzw. erst noch aufgebaut werden müssen, damit sich die Unternehmung auf dem Markt durch eine nachhaltig, d.h. auch längerfristig überlegene, idealerweise einzigartige Nutzenstiftung bei den Kundinnen und Kunden profilieren kann.

Diese fünf Themenkomplexe hängen eng miteinander zusammen, weshalb ihre Bearbeitung nicht sequenziell geschehen kann, sondern parallel erfolgen muss. Die erarbeiteten Antworten und Ziele verkörpern *strategisches Orientierungswissen*. Dieses dient insbesondere als Bezugsrahmen bei der *Allokation knapper Ressourcen* (Geld, Arbeitskraft, Aufmerksamkeit der Führungskräfte), die einer Unternehmung zur Verfügung stehen, und als Leitplanke bei der Wahrnehmung oder Ablehnung von *Opportunitäten* (zum Beispiel Kaufangebote anderer Unternehmungen oder Kooperationsangebote).

Die Bearbeitung dieser fünf Themenkomplexe und, daraus abgeleitet, die Festlegung entsprechender Ziele beinhalten gewissermaßen die *Kon*figuration der zukünftig angestrebten strategischen Erfolgsposition (PÜMPIN 1992), die es einer Unternehmung ermöglichen soll, im Vergleich zu ihren Wettbewerbern *langfristige Wettbewerbsvorteile* zu erlangen. Mit dem Begriff der *Konfiguration* soll deutlich gemacht werden, dass eine strategische Erfolgsposition aus dem *kohärenten Zusammenwirken* verschiedenster Ziele und Fähigkeiten erwächst.

Rohstoffgewinnung bis zur Montage am Fließband und Auslieferung wurden von Ford selber wahrgenommen. Demgegenüber beträgt die Fertigungstiefe bei einem Smart noch 15 bis 20 Prozent oder bei einem PC (Dell, IBM) noch 5 bis 7 Prozent, d.h., die entsprechenden Unternehmungen beziehen von ausgewählten Systemlieferanten (Partnerunternehmungen) ganze Aggregate (Leistungssysteme) und sind lediglich für eine hocheffiziente Logistik, Montage und für den Vertrieb besorgt. Die im historischen Zeitablauf tendenziell *sinkende Fertigungstiefe* ist ein Indiz für die zunehmende Arbeitsteilung (Ausdifferenzierung) in Wirtschaft und Gesellschaft.

Wenn die Leistungen und die Wertschöpfungsaktivitäten, die zu diesen Leistungen führen, oder die Abnehmerbedürfnisse insgesamt sehr *unterschiedlich* sind, kann es sinnvoll sein, die Geschäftsaktivitäten zu clustern. Dabei wird eine *Geschäftsfeldsegmentierung*[19] vorgenommen (vgl. hierzu ABELL 1980, 169ff.; ANSOFF 1984, 37ff.) und anschließend für jedes Geschäftsfeld mit entsprechendem Bedürfnis- bzw. Leistungsbündel eine so genannte *Geschäftsfeldstrategie* entwickelt. Diese Geschäfts-(feld)strategien sind ihrerseits auf Unternehmensebene zu einer *Unternehmensstrategie* zu integrieren (vgl. hierzu GOMEZ 1993, 56ff.).

Strategische Ziele ohne Angaben über die benötigten Ressourcen bzw. deren Mobilisierung und über das Vorgehen zur Zielerreichung bleiben hehre, unverbindliche Absichtserklärungen. Damit ist die zweite Bedeutungsdimension einer Strategie angesprochen, nämlich die sorgfältige Festlegung einer *Vorgehensweise*, die Erfolg verspricht. Eine tragfähige Strategie darf sich keinesfalls auf die bloße Formulierung inhaltlicher Unternehmensziele beschränken, sondern muss stets auch *konkrete Wege zur Realisierung der erarbeiteten Ziele* aufzeigen.

Mit anderen Worten ist jede Strategie mittels eines Portfolios *strategischer Initiativen* (oder Projekte) zu konkretisieren. Für jede strategische Initiative sind Ziele, notwendige Ressourcen, zu beachtende Abhängigkeiten zwischen den einzelnen Initiativen, beteiligte Akteure und spezifische Erwartungen an diese Akteure, ein Vorgehens- und Zeitplan sowie die Eckpfeiler einer tragfähigen Projektorganisation verbindlich festzuhalten und kontinuierlich zu verfeinern.

B 2.5.3.2   Perspektiven der Strategieentwicklung

Theorien zur Entwicklung einer Strategie gehören zu den kontroversesten Forschungsthemen der Managementlehre. MINTZBERG (1998) unterscheidet zehn verschiedene Schulen und damit Zugänge zu dieser Thematik.

---

19 Eine Segmentierung kommt immer dann zur Anwendung, wenn man sich davon verspricht, ein komplexes Analyseobjekt durch seine Zerlegung besser verstehen und (zum Beispiel mit Maßnahmen der Marktbearbeitung) gezielter bearbeiten zu können (MÜLLER-STEWENS/LECHNER 2003, 125f.). Segmentiert wird nach bestimmten Kriterien oder Merkmalen und entsprechenden Ausprägungen. Geschäftsfelder lassen sich beispielsweise segmentieren nach Abnehmerindustrien (mit Ausprägungen wie Pharmaindustrie, Kosmetikindustrie oder Nahrungsmittelindustrie), nach Abnehmerregionen (mit Ausprägungen wie Nordeuropa, Zentraleuropa, Südeuropa, Osteuropa, Nordamerika oder Fernost) oder nach Vertriebsformen (mit Ausprägungen wie Direktvertrieb, Vertrieb über Handelskanäle oder Franchising).

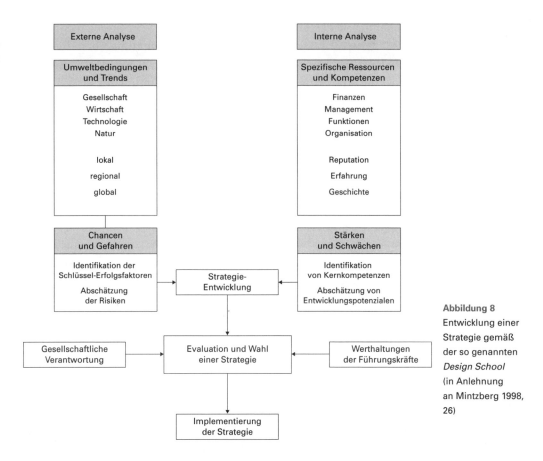

Abbildung 8
Entwicklung einer
Strategie gemäß
der so genannten
Design School
(in Anlehnung
an Mintzberg 1998,
26)

Hier soll lediglich ein einziger, präskriptiver Ansatz vorgestellt werden, der Ansatz der so genannten *Design School* (→ **Abbildung 8**). Diese Darstellung illustriert nicht nur eine idealtypische Vorgehensweise, sie verdeutlicht auch zwei theoretische Denkrichtungen (Perspektiven) hinsichtlich dessen, was wir von einer erfolgreichen Strategie erwarten dürfen: links die Outside-in-Perspektive, rechts die Inside-out-Perspektive.

Outside-in-Perspektive

Die *Outside-in-Perspektive*, die so genannte *market-based view*, betont die grundlegende Notwendigkeit einer intensiven Auseinandersetzung mit dem Umfeld und insbesondere der *Branche* einer Unternehmung. Ausgehend von Überlegungen zur Wettbewerbsintensität und, damit verbunden, zur Marktattraktivität ist im Strategie-Entwicklungsprozess zu entscheiden, wie die Unternehmung (bzw. einzelne Geschäftsfelder) im externen Umfeld (Markt, Wettbewerb, Branche) zu positionieren ist, um *nachhaltige Wettbewerbsvorteile* zu erreichen. Potenziale, Chancen und Risiken des Umfelds, d.h. die Beschaffenheit (Struktur) einer Branche, bilden bei dieser Perspektive den *Ausgangspunkt* der Strategieentwicklung. Als Beispiel können wir uns eine Unternehmung vorstellen, die anstrebt, Marktführerin bei einem ihrer Produkte zu werden: Ausgangspunkt ist der Absatzmarkt, auf dem die Unternehmung ihr Produkt verkauft. Aufgrund einer Analyse der Anbieter auf diesem Markt – also der Konkurrenten – und der Entwicklung des weiteren Umfeldes mit seinen Chancen und Gefahren entschließt sich die Unternehmung, das Ziel der Marktführerschaft anzustreben. Um dieses Ziel zu erreichen, werden anschließend Entscheidungen getroffen und Maßnahmen definiert, die das «Innere» der Unternehmung betreffen, also zum Beispiel den Ausbau des Vertriebsnetzes, um den Umsatz zu steigern.

Gemäß der Outside-in-Perspektive resultiert also der strategische Erfolg einer Unternehmung daraus, dass sie einen hochattraktiven Markt aufspürt und dabei eine Wettbewerbsstrategie (zum Beispiel Nischenstrategie, Kostenführerschaft) definiert, die für sie die größten Chancen bietet. Primäre Entscheidungsgrößen bilden die Suche einer attraktiven Branche, eine angemessene Abgrenzung der eigenen Geschäftsfelder (ABELL 1980; ANSOFF 1984) und die Ableitung geeigneter Wettbewerbsstrategien (PORTER 1983, 1986).[20]

Inside-out-Perspektive

Die *Inside-out-Perspektive*, die so genannte *resource-based view*, argumentiert von der umgekehrten Blickrichtung her. Den Ausgangspunkt der Analyse bilden die gewachsenen *Fähigkeiten* und *Ressourcen* einer Unternehmung.[21] Mit Hilfe möglichst einzigartiger Fähigkeiten und Ressourcen gilt es dann, sich über die Gestaltung von Spielregeln des Wettbewerbs selber eine vorteilhafte Umwelt (Marktdynamik) zu schaffen (HAMEL/PRAHALAD 1995). Diese Sicht ist seit Anfang der neunziger Jahre vermehrt in den Mittelpunkt des Interesses gerückt, nachdem zuvor das Wettbewerbsumfeld und die sich darin ergebenden Chancen und Risiken die zentrale Rolle spielten. Nachhaltige Wettbewerbsvorteile erreicht eine Unternehmung gemäß dieser Denkrichtung also genau dann, wenn es ihr gelingt, *Ressourcen* zu mobilisieren und *Fähigkeiten (Kompetenzen)* aufzubauen, die gleichzeitig *wertvoll*, *selten*, nicht oder nur *schwer imitierbar* und *nicht substituierbar* sind (BARNEY 1991, 101ff.) und die es ermöglichen, die Umwelt zum eigenen Vorteil mitzugestalten.

---

20 Ausgehend von *industrieökonomischen* Überlegungen wird diese Perspektive auch «*Structure-conduct-Performance*»-Paradigma genannt.

21 Vgl. hierzu PENROSE (1959) und WERNERFELT (1984).

Ressourcen und Kernkompetenzen   B2.5.3.3

Ressourcen sind handelbare, materielle und immaterielle Mittel (Güter und Rechte), die benötigt werden, um wertschöpfende Aufgaben effektiv und effizient vollziehen zu können. Zu den materiellen Ressourcen gehören beispielsweise Gebäude, Maschinen und Informationstechnologie. Zu den immateriellen Ressourcen gehört vor allem Know-how, zum Beispiel handelbare Patente, Lizenzen, Markenrechte und in einem gewissen Sinne auch das nichthandelbare Wissen der Mitarbeitenden. Ressourcen zu beschaffen, zu mobilisieren, zu kombinieren und weiterzuentwickeln beruht auf spezifischen *Kompetenzen* einer Unternehmung. Solche Kompetenzen setzen sich einerseits zusammen aus einem eher kognitiven Aspekt, nämlich aus *Wissen*, und andererseits aus *praktischen Fähigkeiten*, d.h. aus *intelligenten Abläufen* und *organisationalen Routinen*, in deren Struktur (Prozessmuster) sich das organisationale Wissen spiegelt und die dazu beitragen, dass die verfügbaren Ressourcen optimal genutzt werden können (NELSON/WINTER 1982).

Die Inside-out-Perspektive betont demzufolge vor allem die Notwendigkeit einer *systematischen Kompetenzentwicklung* als Kernaufgabe des strategischen Managements. Die Entwicklung seltener, schwer imitier- und substituierbarer *Kernkompetenzen*, die dazu beitragen, bei sich selbst, aber auch bei seinen Kundinnen und Kunden langfristige Wettbewerbsvorteile aufzubauen, entscheiden gemäß dieser Perspektive über Erfolg oder Misserfolg einer Unternehmung. Kernkompetenzen sind also einzigartige Fähigkeiten einer Unternehmung, die es aus Sicht der Kundinnen und Kunden erlauben, im Vergleich zu allen Wettbewerbern überlegene Produkte und Dienstleistungen anzubieten und damit *nachhaltige Wettbewerbsvorteile* zu schaffen (BOGNER/THOMAS 1994).

Kernkompetenzen sind normalerweise dadurch gekennzeichnet, dass sie gleichzeitig in *mehreren Geschäftsfeldern* zum Tragen kommen und damit einer Unternehmung die Möglichkeit eröffnen, sie zu multiplizieren, d.h. bei verschiedenen Produkten und Produktgenerationen einzusetzen (PRAHALAD/HAMEL 1991).

Eine Unternehmung verfügt normalerweise über höchstens eine bis zwei Kernkompetenzen. Diese beruhen auf *einzigartigem Wissen* und auf *hervorragend eingespielten organisationalen Routinen*. Die eminente Bedeutung von Wissen bei der Entwicklung und Realisierung einer Erfolg versprechenden Strategie hat in den vergangenen Jahren zur Entstehung des so genannten *Knowledge Management* geführt (VON KROGH/VENZIN 1995).

Daneben ist ein zweiter wichtiger Trend in der Strategielehre auszumachen. Das Zusammenwachsen der Märkte im Rahmen der Globalisierung führt zu einer fortschreitenden Arbeitsteilung und Spezialisierung. Unternehmungen sehen sich mehr und mehr veranlasst, sich konsequent auf diejenigen Aktivitäten in der Wertschöpfungskette (PORTER 1986) zu konzentrieren, bei denen ihre Kernkompetenzen voll zum Tragen kommen. Alles andere wird im Rahmen von *Outsourcing* wenn möglich ebenso fähigen wie zuverlässigen Zulieferern überlassen oder in enger Zusammenarbeit mit ausgewählten Kooperationspartnern erbracht. Dadurch reduziert sich die Fertigungstiefe einer Unternehmung, weshalb die durchschnittliche Unternehmensgröße trotz der vielfach zu beobachtenden Wachstumsstrategien im Allgemeinen eher ab- als zunimmt.

Wenn es sich bei diesen Kooperationspartnern um Konkurrenten handelt, führt dies zu einer Vermengung von Kooperation und Wettbewerb, zu *Coopetition* mit entsprechenden Chancen und Risiken. Ein Beispiel dazu ist die gemeinsame Entwicklung einer Großraumlimousine durch die Rivalen Volkswagen und Ford, die von beiden Herstellern unter je eigenem Markennamen durch das eigene Vertriebsnetz vermarktet wird. Bei solchen strategischen Entscheidungen kann die *Spieltheorie* substanzielle Unterstützung bieten (NALEBUFF/BRANDENBURGER 1996).

B 2.5.4   Strukturen einer Unternehmung

B 2.5.4.1   Differenzierung und Integration

Die Entstehung komplexer Organisationen ist maßgeblich vor dem Hintergrund der Entstehung immer *größerer* (und effizienterer) *Märkte* und der Entwicklung zu *wachsender gesellschaftlicher Arbeitsteilung* zu verstehen.[22] Die *sinkenden Transaktionskosten* für den Transport *physischer* Güter (Erfindung von Eisenbahn, Straßenfahrzeugen und Flugzeugen) und für die Übermittlung von *Daten* (Erfindung von Telefon, Radio, Fernsehen, Computer und Internet) haben in den vergangenen zwei Jahrhunderten die Voraussetzungen für eine enorme Expansion der Märkte

---

22 Mit der Frage, warum überhaupt Unternehmungen entstehen und nicht alle Transaktionen über Märkte abgewickelt werden, beschäftigt sich heute sehr intensiv ein Wissenschaftszweig, der zwischen Volkswirtschaftslehre, insbesondere Mikroökonomie, und Betriebswirtschaftslehre angesiedelt ist, die so genannte *Neue Institutionenökonomie* (COASE 1937). Vgl. für einen Überblick WALTER-BUSCH (1996, 287 ff.) und EBERS/GOTSCH (1999, 199 ff.).

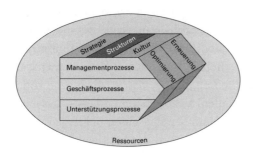

Abbildung 9
Strukturen koor-
dinieren Verhalten

geschaffen und schließlich zur heutigen weltwirtschaftlichen Arbeitsteilung und Globalisierung der Märkte geführt. Hinter dieser Entwicklung steckt die Erfahrung, dass *Differenzierung*, d. h. Arbeitsteilung und Spezialisierung, *Effizienzvorteile* bringt, sei dies im Bereich der industriellen Fertigung oder im administrativen Bereich. Mit Effizienzvorteilen bezeichnen wir das Phänomen, dass im Rahmen einer geschickten *Arbeitsteilung* (und Arbeitsorganisation), entsprechender *Qualifizierung* der arbeitenden Menschen und einer gewissen *Standardisierung* der Abläufe und Marktleistungen mit weniger Gesamtaufwand in weniger Zeit mehr Output erzeugt werden kann.

Arbeitsteilig erbrachte Leistungen müssen im Verlaufe eines Produktionsprozesses maßgenau zusammengefügt werden können. Deshalb bedürfen arbeitsteilige Organisationen angemessener *Koordinationsmechanismen* für die *Integration* der erbrachten Einzelleistungen zu einem sinnvollen Ganzen. Den Effizienzvorteilen von Arbeitsteilung und Standardisierung stehen somit Kosten von Koordinationsleistungen gegenüber.

Während sich in der Vergangenheit ein gewisser Zwang zur Standardisierung im Bereich der öffentlichen Verwaltung allein schon aus Anforderungen der Rechtsgleichheit ergeben hat, haben es *Arbeitsteilung*, *Spezialisierung* und *Standardisierung* im industriellen Bereich mit Beginn der Massenproduktion ermöglicht, dass sich eine große Bevölkerungsschicht rasch die technischen Innovationen der Neuzeit, zum Beispiel ein eigenes Auto, leisten konnte.

Die Themen Arbeitsteilung, Spezialisierung und Standardisierung sind indessen auch heute noch, über zweihundert Jahre nach Beginn der industriellen Revolution, ungebrochen zentrale Herausforderungen unternehmerischer Tätigkeit. Heute werden nicht nur industrielle Produktionsprozesse (Auto, Computer, Nahrungsmittel) standardisiert, sondern zunehmend auch die Entwicklung neuer Produkte (Prozesse der Produktinnovation) oder die Erbringung von Dienstleistungen, sei es im Finanz-dienstleistungsbereich oder sogar in der Medizin («Industrialisierung von Dienstleistungen»). Standardisierung bedeutet indessen keineswegs, dass die Produktevielfalt abnimmt, im Gegenteil: Sie nimmt geradezu explosionsartig zu. Unternehmungen müssen sich immer stärker darauf konzentrieren, über eine *kundenspezifische Integration* von standardisierten Teilleistungen (Modulen) zu so genannten Leistungssystemen (BELZ 1997) bei ihren Kundinnen und Kunden einen überlegenen Kundennutzen zu generieren. Ein erheblicher Teil der heutigen Innovationen beruht deshalb auf einem geschickten Spiel von Standardisierung, von der die Kundinnen und Kunden nichts wahrnehmen, und von kundenspezifischer Kombination und Integration, die den eigentlichen Kern des spezifischen Kundennutzens ausmachen.

Strukturen dienen nun genau dazu,

- auf der einen Seite eine angemessene *Arbeitsteilung* (Differenzierung) zu definieren und damit Effizienz- und Produktivitätsgewinne zu ermöglichen und
- auf der anderen Seite dafür zu sorgen, dass die in einem arbeitsteiligen Prozess erbrachten Teilleistungen *koordiniert* und auf effektive Weise wieder zu einem Ganzen *integriert* werden können.

Differenzierung dient somit vor allem der Etablierung kostenoptimaler Produktionsverfahren mit dem Ziel der *Effizienz*: «mit möglichst wenig Input möglichst viel Output». *Integration* hingegen dient vor allem der Generierung eines größtmöglichen Kundennutzens mit dem Ziel der *Effektivität*: «die mit den Anspruchsgruppen vereinbarten Qualitätsmerkmale einer Leistung möglichst genau treffen».

Strukturen halten all das fest, was eine gewisse *zeitliche Konstanz* aufweist. Strukturen sind in diesem Sinne Ausdruck von *Ordnung* oder *Organisation* (PROBST 1987). Im Bereich der Unternehmensführung unterscheiden wir zwei wichtige Kategorien von Strukturen: *Aufbau*strukturen und *Ablauf*strukturen.

Aufbaustruktur

Die Aufbaustruktur einer Unternehmung gibt darüber Aufschluss, nach welchen *grundlegenden Kriterien* die Aufgaben und Aktivitäten im Rahmen der sachlichen und führungsmäßigen Arbeitsteilung *gebündelt* und *geführt* werden, zum Beispiel:

- nach *Funktionen* (zum Beispiel Forschung und Entwicklung, Einkauf, Produktion, Marketing, Personal, Finanz usw.). In einem solchen Fall sprechen wir von einer *funktionalen* Organisation.
- nach *markt- oder produktbezogenen Tätigkeitsbereichen* (beispielsweise Gesundheitsernährung, Pharmaka, Augenpflegemittel, Tiergesundheit). In einem solchen Fall sprechen wir von einer *divisionalen* Organisation oder einer *Spartenorganisation*.
- nach *geografischen Gebieten oder Regionen* (beispielsweise Schweiz, Deutschland, Frankreich, Italien oder Europa, USA, Lateinamerika, Afrika, Asien). In einem solchen Fall sprechen wir von einer *Länderorganisation* oder einer *regionalen Organisation*.

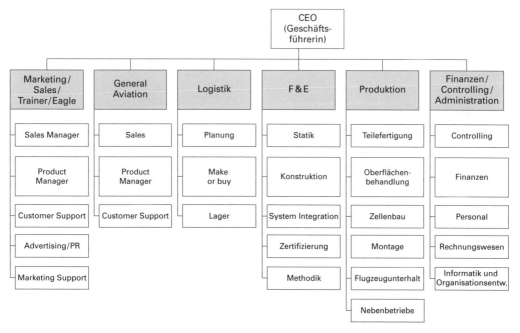

Abbildung 10
Darstellung der Aufbaustruktur eines Flugzeugherstellers mit Hilfe eines Organigramms

Bei der Aufbaustruktur, die mit Hilfe eines *Organigramms* grafisch dargestellt werden kann (vgl. hierzu beispielsweise **Abbildung 10**), steht die sachliche Zusammenfassung und *Koordination* der Aufgaben im Vordergrund: Zwischen welchen Teilaufgaben oder Teilaufgabengebieten besteht ein enger sachlicher Zusammenhang? In der Praxis gibt es indessen vielerlei Mischformen. Die Ländergesellschaft eines bestimmten Landes im Kontext einer Länderorganisation kann ihrerseits funktional oder divisional organisiert sein.

B 2.5.4.3   Ablaufstruktur

Ablaufstrukturen (oder Prozessstrukturen) legen fest, *welche Aufgaben* in welcher *zeitlichen Abfolge* zu erfüllen sind. Prozessstrukturen dienen also in erster Linie einer geschickten zeitlichen Koordination, d.h. der *Synchronisation* von Teilaufgaben oder Teilaufgabengebieten (→ **Abbildung 11**).

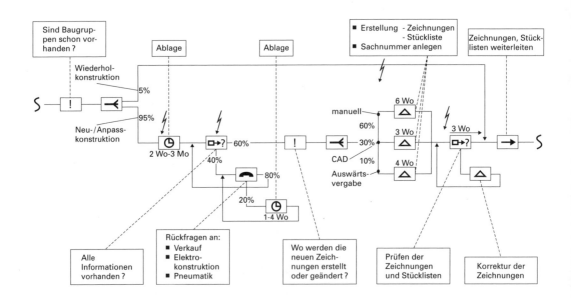

Abbildung 11
Beispiel eines
Prozessplans
(Quelle: ITEM-HSG)

Die Auseinandersetzung mit Abläufen oder Prozessen hat in den vergangenen Jahren enorm an Bedeutung gewonnen, denn es geht nicht nur darum, die *richtigen* Dinge zu tun und die Dinge *richtig* zu tun, sondern auch darum, die Dinge im *richtigen Zeitpunkt* zu tun. Immer mehr Kunden möchten die Leistungen möglichst schnell und möglichst genau zum vereinbarten Zeitpunkt erhalten. Zu den Qualitätsmerkmalen heutiger

Marktleistungen gehört somit nicht nur ihre sachliche Beschaffenheit, sondern auch die *Geschwindigkeit, Pünktlichkeit* und *Zuverlässigkeit* ihrer Verfügbarkeit. Diese Entwicklung wird nicht zuletzt durch die Möglichkeiten der modernen Informations- und Kommunikationstechnologie vorangetrieben, die einerseits den Unternehmungen neue Koordinationsinstrumente zur Verfügung stellt, andererseits die Wettbewerbsdynamik verstärkt in Richtung von *Zeit-* und *Geschwindigkeitswettbewerb* («time to market», «time to money») verändert.

Ablauf- oder Prozessstrukturen tragen dazu bei, dass Abläufe ähnlichen Mustern folgen, d. h. einen gewissen Grad an *Standardisierung* erfahren, was unter anderem mit Zeitersparnissen verbunden ist. Die Gestaltung und Weiterentwicklung geeigneter Ablaufstrukturen gehört heute in den Aufgabenbereich des Prozessmanagements, auf das in → **Abschnitt B 2.6.4** vertieft eingegangen wird.

Strukturelle Festlegungen · B 2.5.4.4

Die Aufbau- und die Ablaufstruktur finden ihren Ausdruck in einer Reihe von strukturellen (oder organisatorischen) Festlegungen. Diese Festlegungen sollen *Ordnung* schaffen und sind meistens das Ergebnis *autorisierter Entscheidungen*. Dazu gehören, wie bereits erwähnt, das Organigramm, Beschreibungen von Aufgaben und Abläufen, die Zuweisung von Aufgaben, Zuständigkeiten und Verantwortlichkeiten zu bestimmten Stellen, Stellenbeschreibungen, Reglemente, Vorschriften und Handbücher aller Art (Organisationshandbuch, Qualitätshandbuch), aber auch örtliche Festlegungen (Bestimmung von Standorten), räumliche Festlegungen (Produktionslayout, räumliche Arbeitsplatzgestaltung) und informationstechnologische Festlegungen.

Als Folge dieser Festlegungen resultieren bestimmte Formen der *Arbeitsteilung*, der *Koordination*, der *Führung* und spezifische *Beziehungen* zwischen Akteuren und Teilbereichen einer Unternehmung, und im Gesamtzusammenhang schließlich die bereits erörterte *Aufbaustruktur* und die *Ablaufstrukturen*, die in ihrem Zusammenwirken die sachlogische und zeitliche Gliederung der Aktivitäten und Abläufe regeln.

Prozesse der Strukturierung · B 2.5.4.5

Strukturen entstehen somit – genauso wie eine Strategie – nicht einfach von selbst, sondern bedürfen einer zielgerichteten Gestaltung. Bestrebungen der Optimierung und Erneuerung machen eine laufende Überprüfung und Weiterentwicklung organisationaler Strukturen erforderlich. Strukturen (und damit die Organisation oder «Ordnung» der Unternehmung) werden durch neue Festlegungen verändert, um bestimmte Ziele besser zu erreichen.

Dies bedeutet indessen keineswegs, dass eine Unternehmung wie eine technische Maschine sozusagen auf dem Reißbrett «zusammengebaut» und weiterentwickelt werden kann. Unternehmungen sind komplexe arbeitsteilige Gebilde, in denen Menschen aus bestimmten kulturellen, berufsbezogenen und privaten Kontexten, mit einer bestimmten Herkunft, mit bestimmten Wahrnehmungsweisen, Gefühlen, persönlichen Interessen und je eigenen, einmaligen Lebensentwürfen zusammenarbeiten.

Der Spielraum jeder einzelnen Person im Alltagsgeschehen und die eng damit verbundene, unvorhersehbare Interaktionsdynamik zwischen Menschen untereinander und zwischen Menschen und Aufgaben setzen jeder technokratischen Machbarkeitsvorstellung enge Grenzen. Mit anderen Worten entspräche es einer äußerst verkürzten Sichtweise, davon auszugehen, dass heutzutage eine organisationale Elite an der Spitze der Unternehmung durch eine mehr oder weniger einmalige autokratische Vorgabe von Strukturen das Geschehen in Unternehmungen im Einzelnen bestimmen könnte, auch wenn solche Entscheidungen äußerst folgenreiche – erwartete und unerwartete – Wirkungen entfalten können.

Die Entstehung von Strukturen, seien dies Aufbaustrukturen oder Ablaufstrukturen (Prozessstrukturen durch Prozessentwicklung) ist *selbst ein Prozess*. Die Entstehung von Strukturen, von Ordnung oder Organisation, geht im Zeitablauf aus dem Zusammenwirken von passenden und weniger passenden «Interventionen» (WILLKE 1996b), Ereignissen und Beiträgen von Menschen hervor. Es braucht viel Initiative und Detailarbeit verschiedenster Akteure, bis in einem Unternehmen beispielsweise ein Auftragsabwicklungsprozess mit geringen Durchlaufzeiten oder ein friktionsfreier Entwicklungsprozess zur Selbstverständlichkeit geworden ist. Ordnung oder Organisation resultiert demzufolge aus *Prozessen der Strukturierung* (GIDDENS 1984/1997), an denen eine Vielzahl von Menschen in ganz unterschiedlicher Weise und in unterschiedlichem Ausmaß beteiligt ist.

Prozesse der Strukturierung und die daraus *hervorgehenden Strukturen* stehen in einem rekursiven, zirkulären Verhältnis, weil die gewachsenen Strukturen immer den Entwicklungsspielraum, d. h. die strukturellen Rahmenbedingungen, für die nächstfolgenden Prozesse der Strukturierung abstecken.

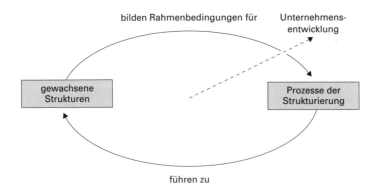

Abbildung 12
Rekursivität von
Strukturen
und Strukturierungs-
prozessen

Jede Form von Führungs- und Organisationsarbeit findet somit immer schon in einem *gewachsenen strukturellen (und kulturellen) Kontext* statt, der vieles ermöglicht, als geboten und sinnvoll erscheinen lässt, anderes dagegen als unangemessen und sinnlos. Es sind deshalb nicht nur Menschen, die organisieren, sondern an diesem ordnungsbildenden Geschehen sind immer auch die gewachsenen Strukturen und die laufenden Kommunikations- und Beziehungsprozesse «mitbeteiligt». In dieser Hinsicht können Unternehmungen als *selbstorganisierende* (oder als *selbstreferentielle*) *Systeme* verstanden werden.[23]

Strukturen werden oft als behindernd oder gar repressiv empfunden. Eine solche Wahrnehmung verkennt, dass Strukturen stets sowohl eine *einschränkende* als auch eine *ermöglichende* Funktion ausüben. So schränkt beispielsweise die Wahl einer bestimmten Textverarbeitungssoftware, d.h. die Wahl eines Arbeitsinstruments mit strukturierender Wirkung, die Mitarbeitenden ein, indem alle Mitglieder einer Unternehmung an ein ganz bestimmtes Programm gebunden sind. Umgekehrt wirkt eine solche Struktur aber auch «ermöglichend», indem genau dank einer einheitlichen Textverarbeitungssoftware Dokumente von allen Mitarbeitenden auf einfachste Weise ausgetauscht und gemeinsam weiterbearbeitet werden können. Dasselbe gilt für die Wahl einer bestimmten Konzernsprache, zum Beispiel Englisch oder Spanisch.

---

23 Vgl. hierzu ausführlich Probst (1987) und Baitsch (1993) sowie ausführlicher P. Ulrich (2001) und → **Abschnitt B 2.5.5.2**.

B 2.5.5 Kultur einer Unternehmung

B 2.5.5.1 Elemente einer Kultur

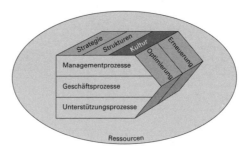

Abbildung 13
Eine Kultur stiftet Sinn

Explizite strukturelle Festlegungen reichen für sich allein nicht aus, dass eine Unternehmung zeitgerecht mit den vielfältigen Anliegen, Interessen und Impulsen aus der Außen- und Innenwelt fertig werden kann. Zusätzlich bedarf es eines *gemeinsamen Sinnhorizonts*, eines gemeinsamen expliziten oder impliziten *Hintergrundwissens*, das es je neu erlaubt,

- Festlegungen und Vorgaben angemessen zu verstehen und anzuwenden,
- unvorhersehbare, schwer verständliche, mehrdeutige Ereignisse und Entwicklungen sinnhaft in den Gesamtzusammenhang einzuordnen und auf dieser Grundlage als Kollektiv handlungsfähig zu bleiben.

Was konstituiert diesen gemeinsamen Sinnhorizont? Es sind «Wirkmomente», die zum einen eine materielle Verkörperung haben können wie Kunstwerke oder Artefakte mit großer symbolischer Wirkung (zum Beispiel Flaggen, räumlich gestaltete Logos, architektonische Gestaltungselemente), zum anderen aber größtenteils immaterieller Natur sind.

Zu diesen *immateriellen Wirkmomenten* gehören beispielsweise gemeinsam geteilte, nirgends festgeschriebene *Erwartungen*, in Geschichten oder sogar Mythen verdichtete *gemeinsame Erfahrungen* und damit verbundene *Haltungen*, *ungeschriebene Regeln* und *implizite Kontrakte*,[24] die eine *Ordnung stiftende* Kraft ausüben und zur *Routinisierung*[25] des Geschehens beitragen.

---

24 Vgl. hierzu WEICK (1979, 18f.).

25 Unter Routinisierung verstehen wir die Herausbildung von Routinen (vgl. hierzu ausführlicher → **Abschnitt B 2.5.6.**

Diese immateriellen – und teilweise auch durch Symbole materiell verkörperten – Wirkmomente bilden in ihrer Gesamtheit die *Kultur* einer Unternehmung im Sinne eines selbstverständlichen, Orientierung stiftenden Sinnhorizonts.

Der Begriff *Kultur* umfasst im Wesentlichen alle *symbolischen Bezugspunkte* und *Gewissheiten*, an denen wir Menschen uns im alltäglichen Reden und Handeln in einer selbstverständlichen Weise orientieren und auf die wir uns verlassen können. Zentrale Elemente einer Unternehmenskultur sind beispielsweise:

- Normen und Werte,
- Einstellungen und Haltungen,
- Geschichten und Mythen zu wichtigen Veränderungen, Verzweigungen oder gar «Bruchstellen» in der Unternehmungshistorie,
- Denk-, Argumentations- und Interpretationsmuster,
- Sprachregelungen sowie
- kollektive Erwartungen und Hintergrundüberzeugungen,

auf welche die Menschen bei ihrem täglichen Denken und Verhalten größtenteils unbewusst Bezug nehmen und die sie genau durch diese Bezugnahme stets neu reproduzieren.[26]

In diesem Sinne ist eine Unternehmenskultur mit den «Wirkmomenten» (oder «Strukturmomenten») einer Sprache, zum Beispiel mit der Grammatik und der Semantik, vergleichbar:

- Einerseits ist eine sinnvolle sprachliche Verständigung immer schon auf grammatikalische Regeln und semantische Übereinkünfte angewiesen – allerdings ohne dass wir uns dessen bewusst zu sein brauchen. Ein vierjähriges Kind kann sich sprachlich verständigen, ohne sich je mit Grammatik oder Semantik beschäftigt zu haben.
- Andererseits entfalten diese Wirkmomente in Form von Regeln und Übereinkünften nur bei ihrem «Gebrauch», d.h. im Vollzug der Sprache, ihre Wirkung – und werden genau dadurch aktualisiert und reproduziert.

Eine Unternehmenskultur ist somit vergleichbar mit grammatikalischen Regeln und semantischen Übereinkünften einer Sprache bzw. einer *Sprachgemeinschaft*.

---

26 P. ULRICH (1984, 1990); vgl. zum Begriff Unternehmenskultur auch SCHEIN (1985), SACKMANN (1991), MARTIN (1992), LATTMANN (1990).

B 2.5.5.2   **Ausdifferenzierung einer Kultur**

Häufig wird von «der» Unternehmenskultur einer Unternehmung gesprochen, als ob es sich dabei um einen homogenen Monolithen handeln
würde. Dies ist nicht unproblematisch, denn in Abhängigkeit vom Auf-
gabengebiet und von den Kontakten zur Außenwelt können beispielsweise Praxis-Gemeinschaften (im Sinne von «communities of practice», vgl.
BROWN/DUGUID 1991; WENGER 1998) in marktnahen Bereichen ganz andere Überzeugungen und ein höchst unterschiedliches Selbstverständnis
entwickeln, was die strategischen Erfolgsfaktoren der Unternehmenstätigkeit oder die Qualität guter Arbeit betrifft, als etwa Mitarbeitende in
der Logistik, Produktion oder in der Forschung und Entwicklung.

   Wenn wir einzelne Wertschöpfungsprozesse innerhalb einer Unternehmung betrachten, wie beispielsweise die Prozesse der Produktinnovation und der Produktion, so können wir nicht selten feststellen, dass es
zwischen solchen Prozessen große Unterschiede gibt, was beispielsweise
die jeweiligen Hintergrundüberzeugungen, das Verständnis von guter
Qualität und die gelebten Gewohnheiten der Zusammenarbeit betrifft.
Oftmals herrscht zum Beispiel in den Bereichen von Forschung und Entwicklung eine spielerische Begeisterung für die Technik und ihre Verwendung in neuen Produkten vor. Bei der Produktion spielt hingegen die
disziplinierte, termingerechte und sichere Abwicklung von Produktions-
aufträgen eine ungleich größere Rolle. Während also im Bereich der *Innovation* wissenschaftliche Expertise, Kreativität, Pioniergeist und Ein-
fallsreichtum zählen, ist es bei der *Auftragsabwicklung* Zuverlässigkeit,
Genauigkeit, Sicherheit und Termintreue. Dementsprechend unterschiedlich sind diese beiden Bereiche oftmals strukturiert: im Innovations-
bereich Großraumbüros und wenig Vorschriften, in der Produktion klare
Ablaufvorschriften und vergleichsweise rigide Verhaltenskodizes. Wie
können sich derart unterschiedliche Arbeitswelten mit unterschiedlichen
Strukturen und Kulturen [im Plural] herausbilden?

   In einer Unternehmung wird das Alltagsgeschehen laufend beobachtet, d.h., es finden andauernd Prozesse der *Wahrnehmung* und *Interpretation* statt. Wir sprechen deshalb auch von *mitlaufender Beobachtung*.[27]
Bei ihrer laufenden «Beobachtungsarbeit» greifen die Menschen in einer
Unternehmung bestimmte Ereignisse aus dem laufenden Ereignisstrom

---

27 Dieser Gedanke ist abgeleitet von GIDDENS' Vorstellung einer permanenten *reflexiven Steuerung des Verhaltens* (vgl. hierzu ausführlich GIDDENS [1984/1997] insbesondere 53f. und 94).

heraus, stellen zwischen diesen Beziehungen her und fertigen daraus schließlich *sinnhafte Beschreibungen* oder *Erzählungen* an. Diese Beschreibungen bilden nie «die» Realität ab. Sie haben einen Sinn stiftenden, teilweise eher einen erklärenden[28], einen legitimierenden[29] oder einen instruktiven[30] Charakter.

Diese Beobachtungsarbeit beschränkt sich somit keineswegs auf die einsame innerpsychische Verarbeitung von Ereignissen in den Gehirnen der beobachtenden Menschen. Vielmehr vollzieht sie sich vor allem in den *alltäglichen Beziehungs- und Kommunikationsprozessen* (vgl. hierzu ausführlich BURR 1995 und DACHLER 1990 und 1992). Wann immer etwas passiert, was bedeutungsvoll, mehrdeutig und demzufolge interpretationsbedürftig ist und zudem unabsehbare Folgen nach sich ziehen könnte, zum Beispiel die Fusion eines hartnäckigen Konkurrenten, der Konkurs eines wichtigen Lieferanten, die Zusammenlegung zweier Abteilungen im eigenen Unternehmen, das fragwürdige Verhalten eines guten Kollegen usw., kontaktieren Menschen zunächst einmal andere Menschen, mit denen sie eine vertrauensvolle Beziehung pflegen. Meistens sind diese Mitglieder der gleichen «community of practice». Menschen möchten wissen, was andere über diese Sachverhalte denken, und erst in der *kollektiven, gemeinsamen kommunikativen Interpretationsarbeit* destillieren sich allmählich privilegierte, aus der Sicht des *lokalen Kontexts* sinnhafte Beschreibungen (Interpretationen) heraus, denen mit der Zeit allmählich unhinterfragte Gültigkeit und Richtigkeit unterstellt wird, obwohl es sich längst um Beschreibungen von Beschreibungen von Beschreibungen von Beschreibungen... handelt.

Menschen müssen sich somit je von neuem *kommunikativ* auf die *Angemessenheit bestimmter Beschreibungen* einigen, d. h., die Angemessenheit und Gültigkeit einer Beschreibung muss gewissermaßen in Streitgesprächen *ausgehandelt* werden (vgl. hierzu ausführlich auch SANDNER/MEYER 1994). Sie ist eine diskursive «*Konstruktion*» der Systemmitglieder. Wissen über «die» soziale Wirklichkeit als solche erwächst demzufolge aus einem *kollektiven Konstruktions- und Vergewisserungsprozess* (BERGER/LUCKMANN 1980). Dies gilt ganz besonders für strategisches Orientierungswissen.

Aus einem solchen Blickwinkel betrachtet, ergibt sich aus diskursiven Auseinandersetzungen, d. h. aus *kollektiver Interpretationsarbeit* bei

---

28 «Es ist normal, dass so etwas passiert, weil...»
29 «Es ist richtig, so zu handeln, weil...»
30 «Immer wenn X eintritt, ist Y zu tun.»

der Bewältigung von Herausforderungen, welche die Menschen im lokalen Arbeitsalltag beschäftigen, eine *Ausdifferenzierung der Kultur*, die sich auch in unterschiedlichen Strukturen niederschlägt. Unterschiede in der gewachsenen Unternehmenskultur und in den Strukturen rühren somit daher, dass in den entsprechenden Wertschöpfungsprozessen *unterschiedliche Aufgaben* wahrgenommen werden und dass die daran beteiligten Menschen und Praxis-Gemeinschaften (communities of practice) nach innen und nach außen in *unterschiedliche Interaktionsnetzwerke* mit *unterschiedlicher Kontakthäufigkeit* eingebunden sind.

Auf diese Weise bilden sich in jeder Unternehmung mit der Zeit eine Reihe von routinemäßig artikulierten «Standard-Beschreibungen» und «Standard-Erklärungen» heraus, die sich auf Fragen beziehen, die wiederholt einer sinnhaften Beantwortung bedürfen. Solche Fragen betreffen zum Beispiel die eigene *Identität* (Wer sind wir? Was sind unsere Ziele, was ist unsere «Mission»?), angemessene Formen der *Arbeitsgestaltung*, *Arbeitsteilung* und *Führung* (Welche Grundprinzipien prägen unsere Arbeitsgestaltung? Was ist unsere Rolle als Führungskräfte? Was macht unseren Erfolg aus?), den *Umgang mit Kundinnen und Kunden* (Was gehört sich im Umgang mit unseren Kunden?) oder die *Handhabung bestimmter Sachprobleme* (Was ist im Zweifelsfalle wichtiger: Zeit oder Perfektion?).

Diese «Standard-Beschreibungen» oder Weltsichten können je nach Bereich, Abteilung oder Team *unterschiedliche «lokale» Formen*, d.h. den Charakter einer *lokalen Theorie*[31] annehmen, und diese Unterschiede zwischen den lokalen Theorien können vor allem an den Verbindungsknoten (Schnittstellen) der einzelnen Bereiche zu konstruktiven oder destruktiven Reibungsflächen oder gar zu Dauerkonflikten führen.

Eine bestimmte (immaterielle) lokale Theorie verfestigt sich, indem ihr durch entsprechendes Verhalten der Systemmitglieder die Gestaltung der *sichtbaren, materiellen Gegebenheiten (Strukturen)* folgt. Diese sich allmählich herausbildenden Materialisierungen (örtliche, räumliche, technologische Festlegungen sowie Reglementierungen aller Art) wirken zugleich als ermöglichende und einschränkende Rahmenbedingungen. Konkret: Menschen gestalten ihr eigenes (oder ein fremdes) Arbeitsumfeld nach den Ideen einer lokalen Theorie, die sich in der kollektiven (dis-

---

31 ELDEN (1983), vgl. hierzu auch BAITSCH (1993) und MARTIN (1992, 130ff.). Anstatt von «lokalen Theorien» wird in der Literatur auch von lokal gültigen «thought worlds» (DOUGHERTY 1992a, 1992b) oder von «local ontologies» (GERGEN 1995, 38f.; GERGEN 1999, 81ff.) gesprochen.

kursiven) Deutung des Alltagsgeschehens herauskristallisiert und immer wieder neu reproduziert. Die Erfahrungen, welche diese Menschen dann im Kontext der (sichtbaren) materialisierten Gegebenheiten, die aus den Ideen ihrer lokalen Theorie hervorgegangen sind, beim alltäglichen Vollzug der Geschäftätigkeit machen, wirken ihrerseits *bestätigend* oder *in Frage stellend* auf die lokale Theorie zurück. Die Entwicklung von lokalen Theorien, Prozesse der Strukturierung und die Herausbildung von materialisierten Strukturen und Alltagsroutinen folgen somit einer zirkulären, sozusagen selbstorganisierenden oder selbstreferenziellen[32] Logik. (→ **Abbildung 14**)

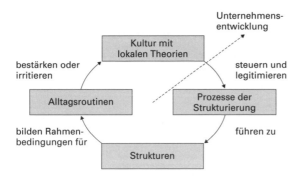

Abbildung 14
Zirkuläre Logik
von lokalen Theorien
und Strukturent-
wicklung

Diese Ausführungen machen deutlich, dass es einfacher ist, zielgerichtet Strukturen zu verändern, als eine Kultur zu beeinflussen. Während in Veränderungsprozessen die Strukturen einer Unternehmung im Sinne einer klassischen Restrukturierung vergleichsweise rasch von einer zentralen Führungsinstanz verändert werden können, bedarf es großer Anstrengungen, um auch die schwer zugänglichen, kulturellen Komponenten einer Organisation, wie die lokalen Theorien oder die organisationalen

---

32 *Selbstreferenziell* (sich auf sich selbst beziehend) meint in diesem Zusammenhang, dass sich dieser Prozess der Strukturierung vor allem an sich selber, d.h. an den fortlaufend gewachsenen Gegebenheiten, orientiert. Durch eine solche theoretische Brille betrachtet, sind es weniger die mehr oder weniger frei wählbaren Ziele, Intentionen oder Motive individueller Akteure (zum Beispiel einzelner Führungskräfte), die diesen Prozess steuern und ihm eine gewisse Ordnung auferlegen, sondern vor allem die historisch gewachsenen Kontexte, d.h., die gewachsenen Strategien, Strukturen, Kommunikations- und Beziehungsprozesse wirken als zentrales Strukturierungsmoment. In der angelsächsischen Literatur wird dieser Aspekt mit dem Begriff «Path-Dependency» umschrieben.

Struktur(en)

■ Organisatorische Festlegungen
■ Reglemente, Vorschriften, Handbücher
■ Örtliche und räumliche Festlegungen
■ informationstechnische Festlegungen

■ Identität, kollektive Erwartungen,
  Deutungsmuster
  und Hintergrundüberzeugungen
  («lokale Theorien»)
■ Werte und Normen
■ Einstellungen und Haltungen
  in der Führung und Zusammenarbeit
  im Inneren und gegenüber
  Anspruchsgruppen
■ Mythen, «Stories»,
  typische Argumentationsmuster
  und Sprachregelungen

Kultur

Abbildung 15
Der organisationale
Eisberg (in Anleh-
nung an French/Bell
1994, 33)

Routinen, d. h. die konkrete Alltagspraxis, in eine neue Richtung zu bewegen, so weit dies «rational» überhaupt geht. Dies lässt sich anschaulich mit der Darstellung des organisationalen Eisbergs illustrieren. (→ Abbildung 15)

B 2.5.6   Routinisierung durch Ordnungsmomente

Was leisten *zeitüberdauernd* wirksame Ordnungsmomente wie die
Strategie, die Strukturen oder die Unternehmenskultur? Es handelt sich
dabei um explizite Entscheidungen und implizite Festlegungen, die
zumindest vorübergehend wichtige und kontroverse Fragestellungen sozusagen außer Streit stellen. Mit anderen Worten kristallisiert sich in
anspruchsvollen komplexen Prozessen der Strategie-, Struktur- und Kulturentwicklung im Zeitablauf das heraus, was über den aktuellen Zeitpunkt hinaus *mehr oder weniger konstant* bleiben und fraglose Gültigkeit haben soll. Denn ein effizienter Einsatz knapper Ressourcen, wozu
insbesondere auch Zeit gehört, setzt voraus, dass die Abwicklung eines
komplizierten Auftrags oder die Durchführung eines anspruchsvollen
Entwicklungsprojekts *nicht jedes Mal von Grund auf neu erfunden und
ausgehandelt werden muss*, sondern dass sich die beteiligten Menschen
auf gewisse Ordnungsmomente verlassen können. Zu diesen Ordnungs-
momenten gehören alle Formen von Plänen, Grundsätzen, Vorschriften,
Reglementen und Handbüchern, aber auch – zu Geschichten *(stories)*

oder gar Mythen verdichtete – gemeinsam geteilte Erfahrungen und ungeschriebene Regeln, die in ihrem Zusammenwirken eine Art Erwartungshorizont oder verwobenes Erwartungsgefüge konstituieren (vgl. hierzu ausführlicher auch → **Abschnitt B 2.5.5**.

Wenn sich im Vollzug der Bearbeitung ähnlicher wiederkehrender Aufgaben und Herausforderungen durch Bezugnahme auf die skizzierten Ordnungsmomente mit der Zeit bestimmte, für jede Unternehmung typische Kommunikations- und Verhaltensmuster herausbilden, dann sprechen wir von einer *Routinisierung des organisationalen Handlungsstroms*. Die Entwicklung der Ordnungsmomente Strategie, Strukturen und Kultur und die Routinisierung des organisationalen Handlungsstroms bilden gewissermaßen zwei Seiten derselben Münze.[33]

Die Routinisierung des organisationalen Handlungsstroms ergibt sich allerdings nicht einfach durch eine Aggregation unverbundener individueller Gewohnheiten, sondern durch eine raffinierte Verkoppelung solcher Gewohnheiten im Rahmen der alltäglichen Zusammenarbeit zu personen-, bereichs- und sogar unternehmensübergreifenden Routinen. Letzteres impliziert, dass im Gefolge der Strategie-, Struktur- und Kulturentwicklung eines Betriebs nicht nur das Verhalten der Mitarbeitenden allmählich gewohnheitsmäßige Züge annimmt, sondern auch dasjenige von Kundinnen und Kunden, Lieferanten und Partnern, so weit diese mit der Unternehmung in Interaktion stehen. Zusammenfassend lässt sich sagen, dass mit der Zeit ein überaus kompliziertes, mehr oder weniger fein abgestimmtes Gefüge an organisationalen Kommunikations- und Handlungsroutinen entsteht.

Im erfolgreichen Tun bestätigt sich die Angemessenheit der gewachsenen Routinen und Ordnungsmomente, und diese werden damit reproduziert, im Falle von (systematischem) Misserfolg, zum Beispiel bei wiederkehrenden Konflikten oder bei Qualitätsproblemen, entsteht Irritation, worauf die Ordnungsmomente zur Disposition gestellt, neu ausgehandelt und die Alltagsroutinen neu aufeinander abgestimmt werden müssen. *Routinisierung* hat also immer auch mit organisationaler und personaler *Qualifizierung* (Kompetenzentwicklung) zu tun.

Was Menschen routinemäßig vollziehen, entgleitet allerdings immer mehr ihrem Bewusstsein und wird mit der Zeit zur alltäglichen Selbstverständlichkeit. Was beispielsweise den routinierten Autofahrer vom Anfänger unterscheidet, sind zwei Phänomene:

---

33 GIDDENS (1984/1997) bezeichnet diesen Zusammenhang als *Dualität von Struktur* (Ordnungselemente) *und Handlung* (organisationale Routinen).

- Erstens benötigt der routinierte Autofahrer *keine besondere Aufmerk-samkeit* für die *motorischen Vorgänge* wie Lenken, Blinken, Schalten, Kuppeln oder Bremsen, während diese dem Anfänger viel bewusste Konzentration abfordert.
- Zweitens hat der routinierte Autofahrer durch Erfahrung verinner-licht, worauf seine *Aufmerksamkeit* (Wahrnehmung) gerichtet sein muss, wohingegen der Anfänger durch die Fülle der Eindrücke und Dinge, die es möglicherweise zu beachten gilt (Position des Fahrzeu-ges auf dem Fahrstreifen, Vortrittsregeln, Abstand zum vorderen Fahr-zeug usw.) sehr stark gefordert ist.

Routinisierung zeigt sich somit zum einen in *routinisierter motorischer Steuerung*, d.h. in bestimmten *Gewohnheiten des Verhaltens*, und zum anderen in routinisierter Aufmerksamkeitssteuerung, d.h. in bestimm-ten *Gewohnheiten der Wahrnehmung* und *Interpretation* von Phänome-nen unseres Alltags.[34] Dies gilt auch für die Arbeit von Menschen in einer Unternehmung.[35]

Routinisierung hat verschiedene Vor- und Nachteile.[36] Ein wichtiger Vorteil besteht im *Geschwindigkeitsgewinn*, der zu Kostenvorteilen füh-ren kann. Ein zweiter Vorteil besteht in der *Fehlerreduktion* durch die laufende Perfektionierung der Routinen und damit in *Qualitätsvorteilen*. Ein dritter Vorteil besteht in der *Entlastung von Aufmerksamkeit* für die wirklich zentralen Herausforderungen mit hohem Neuigkeitsgehalt.

Routinisierung hat aber auch Nachteile. Erstens entschwindet all das, was zunehmend routinisiert abläuft, allmählich unserem Bewusstsein und wird unter Umständen zum existenzgefährdenden *blinden Fleck*: Gewohnheitsmäßige Wahrnehmungen und Interpretationen können leicht zur Verfestigung unhinterfragter Weltbilder und Grundüberzeugungen führen.[37] Zweitens muss in einer Unternehmung eine Vielzahl von Ge-wohnheiten einzelner Menschen sorgfältig aufeinander abgestimmt wer-den. Die Änderung einer Gewohnheit einer einzigen Person kann die Notwendigkeit einer «Neukalibrierung» der Gewohnheiten einer Vielzahl anderer Personen zur Folge haben. Eingeschliffene, bewährte Routinen weisen deshalb eine ausgeprägte Veränderungsresistenz und Neuerungs-feindlichkeit auf, die weniger etwas mit der Veränderungsunwilligkeit

---

34 Vgl. hierzu ausführlich GIDDENS (1984/1997), insbesondere 36f. und 56f.
35 Von daher stammt die Vorstellung von DAFT/WEICK (1984), Unternehmungen als Interpretationssysteme zu begreifen.
36 Vgl. hierzu ausführlich BATESON (1985) und FROST (1998).
37 Vgl. hierzu PRAHALAD/BETTIS (1986) und LEONARD-BARTON (1992).

einzelner Personen, als vielmehr mit dem *inhärenten Beharrungsvermögen komplex gekoppelter Interaktionsroutinen* zu tun hat.

Kollektiv gewachsene, selbstverständlich gewordene Ordnungsmomente mit entsprechenden Grundüberzeugungen auf der einen Seite, Gewohnheiten und Routinen der Wahrnehmung, Interpretation und Zusammenarbeit auf der anderen Seite bilden im Zusammenwirken den *blinden Fleck* einer Unternehmung. Nur eine große Offenheit gegenüber Fremdem, das Zulassen ungewohnter Sichtweisen im Sinne von sprachlichen Bildern und Metaphern sowie ein geschickter Umgang mit Diversität kann vor den Gefahren solcher blinden Flecken bewahren.[38]

Prozesse einer Unternehmung   B 2.6

Die Prozessperspektive   B 2.6.1

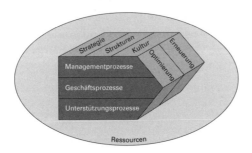

Abbildung 16
Die Unternehmung
als System
von Prozessen

Veränderungen in den verschiedenen Umweltsphären der Unternehmungen haben im Laufe des vergangenen Jahrzehnts dazu geführt, dass die Bedeutung von *Ablaufstrukturen* und somit die Gestaltung von *Prozessen* im Vergleich zur Aufbauorganisation, d. h. zur sachlogischen Strukturierung in organisatorische Einheiten, enorm gewachsen ist (OSTERLOH/ FROST 1998). Steigende Anforderungen der Kundinnen und Kunden, die Deregulierung und Globalisierung vieler Märkte, der wachsende Stellenwert des Kapitalmarktes, vor allem aber die rasante Entwicklung der Informations- und Kommunikationstechnologie haben zu einer grundlegenden Intensivierung des Wettbewerbs geführt. Dies hat zur Folge, dass der Faktor *Zeit* neben der Qualität und dem Preis zu einem wett-

---

38 Vgl. hierzu ausführlich WEICK (1979, 229 und 249).

bewerbsentscheidenden Kriterium geworden ist. Der allgemeine Wettbewerb manifestiert sich im Vergleich zu früher ungleich stärker als *Zeitwettbewerb* (STALK/HOUT 1992). Wir können beobachten, dass längst nicht immer der Größere den Kleineren «frisst», sondern manchmal auch der *Schnellere* den *Langsameren*.

Um in diesem Zeitwettbewerb bestehen zu können, müssen die Abläufe in einer Unternehmung durch eine *Minimierung fehlerträchtiger Schnittstellen* und durch eine systematische *Elimination jeglicher «Blindleistungen»* (*non value adding work*), die keinen Kundennutzen generieren, im Sinne von *Lean Management* (IMAI 1993; WOMACK/JONES/ROOS 1991) möglichst schlank gestaltet und auf eine Verstärkung der eigenen Kernkompetenzen ausgerichtet werden. Ein wichtiger Ansatzpunkt, dies zu erreichen, besteht darin, die horizontale Perspektive einer Organisation, d. h. die Wertschöpfungsprozesse, als zentrale Bezugsgröße für die Gestaltung der Organisation zu verwenden (→ **Abbildung 18**).[39] Dabei wird die traditionelle *vertikale* Gliederung einer Unternehmung nach *Funktionen* (zum Beispiel Marketing, Produktion, Beschaffung und Logistik, Forschung und Entwicklung) ergänzt oder gar völlig substituiert durch eine *horizontale* Ausrichtung auf kundenorientierte Prozesse.

Prozesse	Organisationseinheiten (Funktionen)						
	Marketing	Verkauf	Forschung und Entwicklung	Beschaffung und Logistik	Produktion	Qualitätsmanagement	Finanz- und Rechnungswesen
Marktentwicklung	**Traditionelles Organisationsprinzip:** Spezialisierung nach **Funktion** und lokale Optimierung der Ressourcenbewirtschaftung						
Auftragsabwicklung							
Produktentwicklung			**Neues Organisationsprinzip:** Integration durch **Geschäftsprozesse** und Ausrichtung auf Kundennutzen sowie Minimierung der Durchlaufzeiten				
Strategieentwicklung und Controlling							

Abbildung 17

Schematisches Beispiel einer prozessorientierten Unternehmung

---

39 Vgl. hierzu BECKER/KUGELER/ROSEMANN (1999), HAMMER (1997), MÜLLER (1999), OSTERLOH/FROST (1998), SCHUH et al. (1998), SCHUH (1999) und SERVATIUS (1994).

Durch den Einsatz geeigneter Applikationen von moderner Informations- und Kommunikationstechnologie kann die bereichs- oder gar unternehmensübergreifende *Koordination* und *Synchronisation* einer zeitgerechten Aufgabenerfüllung maßgeblich unterstützt werden.[40] Die horizontale Perspektive hat zudem den Vorteil, dass sie es erleichtert, die Wertkette *durchgängig vom Kunden zum Kunden* zu betrachten, d.h., die (Prozess-) Leistungen konsequent auf eine Maximierung des Kundennutzens hin zu bündeln. Wenn wir zum Beispiel den Auftragsabwicklungsprozess betrachten, dann steht der Kunde sowohl am Anfang des Prozesses, zum Beispiel bei der ersten Kontaktaufnahme mit der Kundenberaterin, als auch am Ende, zum Beispiel beim Versand der Ware, bei der Bezahlung der Rechnung durch den Kunden oder bei den After-Sales-Dienstleistungen.

Elemente eines Prozesses   B 2.6.2

Unter einem Prozess verstehen wir eine Menge (oder ein System) von Aufgaben, die in einer mehr oder weniger standardmäßig vorgegebenen Abfolge zu erledigen sind (Aufgabenkette) und deren Bewältigung durch den Einsatz von Informationssystemen maßgeblich unterstützt werden kann. Die Wertschöpfung eines Prozesses besteht aus (Teil-)Leistungen an interne oder externe Prozesskunden.

Ein Prozess kann im Einzelnen anhand der fünf folgenden Elemente beschrieben werden (vgl. hierzu Österle 1995, 48 ff.; Müller 1999, 159 ff.):

- Die *Aufgabenkette* zeigt die wichtigsten Aufgaben eines Prozesses und ihre Ablauffolge. Dabei ist eine Makroebene von einer Mikroebene zu unterscheiden. Während die *Makroebene* einen Überblick über den gesamten Prozess gibt, werden auf der *Mikroebene* die Aufgaben so detailliert beschrieben, dass sie eine klare Arbeitsanweisung an die Mitarbeitenden darstellen.
- Eine *Aufgabe* ist eine betriebliche Funktion, die
  - von Menschen und/oder Maschinen ausgeführt wird,
  - von bestimmten *Inputs* (Daten, Material) von *Prozesslieferanten* abhängig ist und
  - zu bestimmten *Leistungen* (*Outputs*, Ergebnissen) führen muss, die an interne oder externe *Prozesskunden* geliefert werden. Eine Leistung kann *materiell* (im Sinne eines physisch greifbaren Produkts) oder *immateriell* (im Sinne einer Dienstleistung) sein.

---

40 Vgl. hierzu ausführlich Fleisch (2001).

- Ein *Informationssystem* kann die Aufgabenerfüllung durch Applikationen und Datenbanken unterstützen.
- Die *Prozessführung* dient der zeitlichen Priorisierung von Aufgaben (Triage-Funktion[41]), der Feinabstimmung der laufenden Aufgabenerfüllung im betrieblichen Alltag und der Optimierung der Bewirtschaftung verfügbarer Ressourcen. Um die Qualität der Prozessführung systematisch verbessern zu können, müssen geeignete *Führungskenngrößen* definiert werden.
- Die *Prozessentwicklung* beinhaltet die grundlegende Gestaltung und Weiterentwicklung eines Prozesses.

Wenn wir diese Prozessperspektive konsequent anwenden, kann jede Unternehmung einschließlich ihrer Vernetzung mit ihren Anspruchsgruppen als *System von Prozessen* begriffen werden, zwischen denen eine Vielzahl wechselseitiger Abhängigkeiten sowie Kunden- und Lieferantenbeziehungen bestehen. Dieses System von Prozessen wird oft auch als *Prozessarchitektur* bezeichnet (ÖSTERLE 1995, 61f., 137).

B 2.6.3   Prozesskategorien

Der Gedanke einer systematischen Betrachtung der Wertschöpfung einer Unternehmung als *Wertkette*[42] *(value chain)* ist nicht neu.

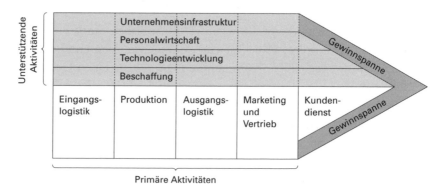

Abbildung 18
Wertkette
(Quelle: Porter 1986,
62, 74)

---

41   Vgl. hierzu ausführlicher → **Abschnitt B 2.6.4.2.**

42   Die *Wertkette* einer Unternehmung deckt alle Aufgabenfelder und Aktivitäten ab, die den unternehmungsspezifischen Fokus der eigenen Wertschöpfung ausmachen. Die *Wertschöpfungskette* deckt demgegenüber unternehmensübergreifend sämtliche Aktivitäten und Wertschöpfungsstufen ab, die für die Entstehung eines be-

PORTER (1986) unterscheidet dabei zwischen *primären Aktivitäten*, die einen direkten Beitrag zum Kundennutzen leisten, und *unterstützenden Aktivitäten*, die den Vollzug der primären Aktivitäten unterstützen.

In ähnlicher Weise gehen wir davon aus, dass sich die Wertschöpfungsprozesse einer Unternehmung generell drei großen Kategorien von übergeordneten Prozessen zuordnen lassen:[43] (→ **Abbildung 19**)

- Managementprozessen,
- Geschäftsprozessen und
- Unterstützungsprozessen.

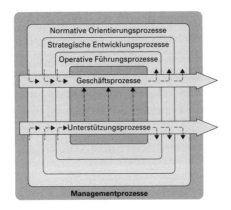

Abbildung 19
Überblick über die
Prozesskategorien

Diese drei Prozesskategorien bestehen ihrerseits aus einer Reihe wichtiger Teilprozesse, die insgesamt die *Prozessarchitektur*[44] einer Unternehmung konstituieren. Was aber bedeuten diese drei Prozesskategorien im Einzelnen?

stimmten Produkts notwendig sind. Beispiel: Die textile Wertschöpfungskette umfasst alle Wertschöpfungsaktivitäten vom Pflanzen der Baumwolle bis zum fertigen Kleid im Kleidergeschäft, einschließlich Kundenberatung und -service. Die Wertkette einer Spinnerei umfasst alle Wertschöpfungsaktivitäten von der Anlieferung der Baumwolle bis zur Auslieferung des gefertigten Garns an eine Weberei.

43 In ähnlicher Weise haben Hans ULRICH und Walter KRIEG (1972/1974, 23) in ihrem St. Galler Management-Modell zwischen *Führungsbereich*, *Vollzugsbereich* und *Versorgungsbereich* unterschieden.

44 Eine *Prozessarchitektur* besteht aus verschiedenen Prozesskategorien. Je nachdem, ob man eher am Gesamtüberblick oder an Details der einzelnen Prozesskategorien interessiert ist, kann man eine Prozessarchitektur aus verschiedenen Auflösungsgraden betrachten, zum Beispiel aus einer Makro- oder aus einer Mikroperspektive. Mit anderen Worten können die einzelnen Prozesskategorien im Sinne einer «Prozesshierarchie» in immer detailliertere Teilprozesse aufgelöst werden.

Managementprozesse umfassen alle grundlegenden Managementaufgaben, die mit der Gestaltung, Lenkung (Steuerung) und Entwicklung einer zweckorientierten soziotechnischen Organisation (H. ULRICH 1984) zu tun haben. Mit anderen Worten vollzieht sich in den verschiedenen Managementprozessen die unternehmerische *Führungsarbeit* – von wem auch immer diese geleistet wird. Dazu zählen zum Beispiel sämtliche Planungs-, Koordinations- und Qualitätssicherungs- und Controllingtätigkeiten für die einzelnen *Geschäfts-* und *Unterstützungsprozesse.*

Geschäftsprozesse verkörpern den praktischen Vollzug der *marktbezogenen Kernaktivitäten* einer Unternehmung, die unmittelbar auf die *Stiftung von Kundennutzen* ausgerichtet sind.

Unterstützungsprozesse dienen der Bereitstellung der *Infrastruktur* und der *Erbringung interner Dienstleistungen,* die notwendig sind, damit Geschäftsprozesse effektiv und effizient vollzogen werden können.

Ein Beispiel soll diese drei Kategorien kurz illustrieren. In einer Pharmaunternehmung ist es eine wichtige Aufgabe von speziell ausgebildetem Vertriebspersonal, systematisch Ärztinnen und Ärzte zu besuchen. Dabei werden diese über die neuesten Therapieformen und Medikamente informiert und ausgebildet, und man versucht sie auf diese Weise an die Unternehmung zu binden.

- Die Planung, Koordination und Wirkungskontrolle der einzelnen Ärztebesuche des Außendienstes stellt einen *Managementprozess* dar.
- Die eigentliche Durchführung der Ärztebesuche mit den entsprechenden Gesprächen, Instruktionen und der Abgabe von Mustern sowie der Auswertung dieser Gespräche verkörpert einen *Geschäftsprozess.*
- Bei der Bereitstellung von Laptops mit maßgeschneiderter *Customer Relationship Management Software* zur Registrierung und Nachführung der Kundenkontakte einschließlich wichtiger Gesprächsinhalte, Vereinbarungen und Feedbacks und beim Aufbau eines unternehmensweiten Netzwerks zur optimalen Ausschöpfung der erhobenen Daten handelt es sich um einen *Unterstützungsprozess.*

Im Folgenden werden diese drei großen Prozesskategorien im Einzelnen vorgestellt.

Managementprozesse   B 2.6.3.1

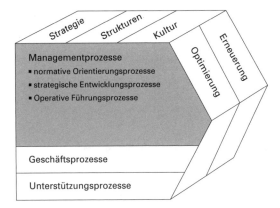

Managementprozesse
- normative Orientierungsprozesse
- strategische Entwicklungsprozesse
- Operative Führungsprozesse

Abbildung 20
Management-
prozesse

Managementprozesse umfassen, wie bereits erwähnt, alle grundlegenden Managementaufgaben, die mit der *Gestaltung, Lenkung (Steuerung) und Entwicklung einer zweckorientierten soziotechnischen Organisation* (H. ULRICH 1984) zu tun haben. Wir unterscheiden dabei drei zentrale generische Kategorien von Managementprozessen:

- Normative Orientierungsprozesse
- Strategische Entwicklungsprozesse
- Operative Führungsprozesse

Bevor diese drei Kategorien erläutert werden, sollen zunächst kurz die Begriffe normativ, strategisch und operativ geklärt werden. Mit diesen drei Begriffen werden zentrale Dimensionen und Entscheidungsfelder des Managements bezeichnet (siehe hierzu auch **Abbildung 21** und P. ULRICH/ FLURI 1995, 19).

- Der Begriff *normativ* bezieht sich auf *ethische Legitimation der unternehmerischen Tätigkeit.* Im Vordergrund stehen dabei ein hohes Maß an *Responsiveness* im Hinblick auf gesellschaftliche Wertorientierungen und die Anerkennung moralischer Eigenwerte.
- Der Begriff *strategisch* bezieht sich auf die *wettbewerbsbezogene, langfristige Zukunftssicherung einer Unternehmung.* Im Vordergrund stehen dabei ein hohes Maß an *Responsiveness* (Empfänglichkeit und Handlungsorientierung) im Hinblick auf Marktsignale und wettbewerbsrelevante Trends der einzelnen Umweltsphären und eine hohe Effektivität, was eine wirkungsvolle Erfüllung der tatsächlichen Bedürfnisse der verschiedenen Anspruchsgruppen anbelangt.

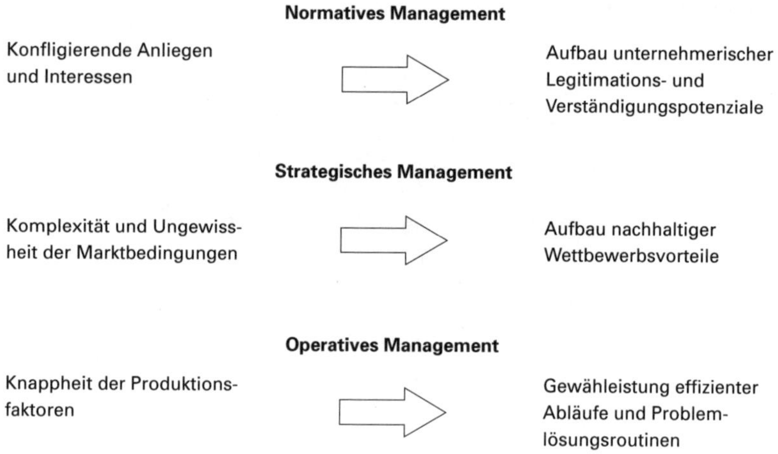

Normatives Management

Konfligierende Anliegen
und Interessen

Aufbau unternehmerischer
Legitimations- und
Verständigungspotenziale

Strategisches Management

Komplexität und Ungewiss-
heit der Marktbedingungen

Aufbau nachhaltiger
Wettbewerbsvorteile

Abbildung 21
Dimensionen des
Managements
(in enger Anlehnung
an P. Ulrich/Fluri
1995, 19)

Operatives Management

Knappheit der Produktionsfaktoren

Gewähleistung effizienter
Abläufe und Problem-
lösungsroutinen

- Der Begriff *operativ* bezieht sich auf Aufgaben der *unmittelbaren Bewältigung des Alltagsgeschäfts* und dabei insbesondere auf die Effizienz im Umgang mit knappen Ressourcen.

In diesem Sinne sind die einzelnen Managementprozesse wie folgt zu verstehen:

- *Normative Orientierungsprozesse* dienen der Reflexion und Klärung der normativen Grundlagen der unternehmerischen Tätigkeit (→ **Abschnitte B 2.3 und B 2.4**). Dazu kann zum Beispiel die Erarbeitung grundlegender (prozeduraler) Verhaltensprinzipien für den Umgang mit den verschiedenen Anspruchsgruppen im Falle kontroverser Anliegen und Interessen oder für die Anwendung riskanter Technologien gehören.
- *Strategische Entwicklungsprozesse* umfassen die Aufgabenfelder einer integrierten Strategie- und Wandelarbeit (MÜLLER-STEWENS/LECHNER 1999, 2003), die bei der Entwicklung einer tragfähigen Strategie und bei deren erfolgreicher Realisation in den betrieblichen Alltag zu leisten ist. Zu diesen Prozessen gehört auch das Aufgabenfeld der *Prozessentwicklung* (→ **Abschnitt B 2.6.4.1**) oder der Aufbau strategischer Kooperationen (→ **Abschnitt B 2.5.3.3**).
- *Operative Führungsprozesse* beinhalten zunächst einmal die *Prozessführung* der einzelnen Geschäfts- und Unterstützungsprozesse anhand von *Führungskenngrößen* (→ **Abschnitt B 2.6.4.2**). Drei weitere Führungsprozesse zählen ebenfalls dazu:

- Prozesse der *Mitarbeiterführung* dienen dem Aufbau eines tragfähigen Beziehungskontexts für eine konstruktive Zusammenarbeit und der zielorientierten Verhaltensbeeinflussung der Mitarbeitenden. Dies erfolgt auf verschiedenen Wegen, zum Beispiel indem Mitarbeitende in die Zielfindung einbezogen werden, durch Information, qualifizierende Arbeitsplatzgestaltung und Aufgabenübertragung, Ausbildung, konstruktive Feedbacks usw.
- Prozesse der *finanziellen Führung* dienen:
  - der Erfassung, Bewertung und empfängerorientierten Aufbereitung der *finanzwirtschaftlichen Wirkungen* von Führungsentscheidungen und Geschäftsfällen. Eine zentrale Rolle spielt dabei der Controller-Dienst.
  - dem *Controlling* und dem *Reporting* einschließlich Performance-Messung und Rechnungslegung zuhanden interner und externer Anspruchsgruppen *(investor relations).*
  - einer risiko- und renditegerechten Bereitstellung von Kapital (Finanzierung) und der optimalen Bewirtschaftung des investierten (gebundenen) Kapitals (einschließlich Investitionsentscheidungen).
- Prozesse des Qualitätsmanagements dienen der zeitgerechten Klärung (zum Beispiel mit Hilfe von Leistungsvereinbarungen) und der Erfüllung der vereinbarten Leistungen zwischen allen externen und internen Kunden und Lieferanten in den einzelnen Management-, Geschäfts- und Unterstützungsprozessen.

Jeder Managementprozess folgt im Sinne von **Abbildung 22** idealtypisch einer Abfolge der vier Teilprozesse *Orientierung*, *Planung*, *Umsetzung* und *Feedback*. Diese verkörpern in ihrem Zusammenspiel einen Führungskreislauf. Die *Orientierung* ist auf Generierung und Reflexion von Ideen und Orientierungswissen ausgerichtet, die *Planung* auf die Identifikation konkreter Ziele und auf eine verbindliche Zielvereinbarung, und die *Umsetzung* auf die Überführung der Ziele in Aktivitäten und Routinen des betrieblichen Alltags. *Feedback* beginnt mit einem Vergleich von Erwartungen (Zielen) und Erfahrungen (erzielten Ergebnissen), an den eine respektvolle, gemeinsame kommunikative Aufarbeitung der ermittelten Soll-Ist-Diskrepanz zwischen den beteiligten Akteuren anschließen sollte, was dann

- zu einer veränderten Form der Umsetzung, das heißt zu einer Erarbeitung neuer Maßnahmen,
- zu einer Anpassung der Ziele oder
- zur Entwicklung vollständig neuer Ideen und Perspektiven führen kann.

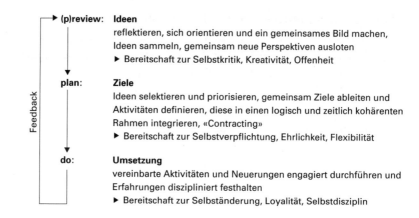

Abbildung 22
Teilprozesse
von Management-
prozessen

Bei diesen Tätigkeiten spielen nicht nur analytische Fähigkeiten, sondern die gelebten Haltungen und Einstellungen der Führungskräfte zu Personen und Problemstellungen eine entscheidende Rolle.

B 2.6.3.2   Geschäftsprozesse

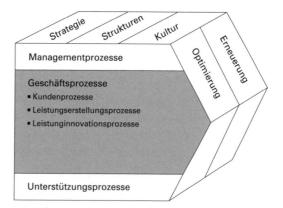

Abbildung 23
Geschäftsprozesse

Geschäftsprozesse verkörpern den praktischen Vollzug der marktbezogenen Kernaktivitäten einer Unternehmung, die unmittelbar auf die Stiftung von Kundennutzen ausgerichtet sind. Wir unterscheiden drei wesentliche Prozesskategorien, die im betrieblichen Alltag stark ineinander verzahnt sind:

- Zu den *Kundenprozessen* gehören die drei Teilprozesse *Kundenakquisition*, *Kundenbindung* und *Markenführung*.[45] Alle diese Prozesse münden letztlich wiederholt in Kaufentscheide (Vertragsabschlüsse) der Kundinnen und Kunden. Anders gesagt, gehören dazu beispielsweise Aufgaben der Marktforschung und der Marktbearbeitung, der Aufbau von Kommunikationsbeziehungen zu potenziellen Kundinnen und Kunden (Kundenakquisition) sowie die Weiterentwicklung und Vertiefung der Beziehungen zu den Kunden (Kundenbindung, *Customer Relationship Management*).
- Prozesse der *Leistungserstellung* umfassen alle Aktivitäten, die dazu führen, dass der Kunde die vereinbarte Leistung in der vereinbarten Qualität erhält. Dazu gehören beispielsweise die Teilprozesse *Beschaffung*, *Logistik* und *Produktion*.
- Zur *Leistungsinnovation* zählen schließlich alle Teilprozesse, die zu einer systematischen Produktinnovation beitragen. Bei industriellen Gütern spielen dabei Aktivitäten in den Bereichen *Forschung* und *Entwicklung* eine zentrale Rolle.

Diejenigen Geschäftsprozesse, die im Vergleich zur Konkurrenz in entscheidender Weise zu einem von den Kunden als überlegen wahrgenommenen Kundennutzen beitragen, bezeichnen wir als Kernprozesse.

Unterstützungsprozesse B 2.6.3.3

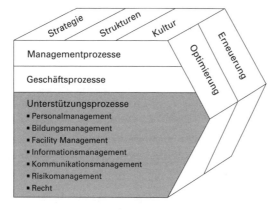

Abbildung 24
Unterstützungs-
prozesse

---

45 Vgl. zu dieser Kategorisierung ausführlich BIEGER/TOMCZAK/REINECKE → **Kapitel FII 4** in diesem Buch.

Unterstützungsprozesse dienen der Bereitstellung der Infrastruktur und der Erbringung interner Dienstleistungen, die notwendig sind, damit Geschäftsprozesse effektiv und effizient vollzogen werden können. Dazu gehören folgende Teilprozesse:

- Prozesse der *Personalarbeit* dienen der *Gewinnung, Entwicklung, Beurteilung* und angemessenen *Honorierung* der Mitarbeitenden (HILB 1997).
- Prozesse der *Bildungsarbeit* dienen einer *systematischen Weiterqualifizierung* der Mitarbeitenden und dem Aufbau einer *förderlichen Lehr-Lern-Kultur* in einer Unternehmung.
- Prozesse der *Infrastrukturbewirtschaftung* dienen der Bereitstellung und dem kostengünstigen Unterhalt aller Arten von Infrastrukturanlagen.
- Prozesse der *Informationsbewältigung* dienen der informationstechnologischen Aufbereitung von *Betriebs-, Finanz-* und *Risikodaten* und der zeitgerechten Bereitstellung von Führungskenngrößen zur Prozessführung.
- Prozesse der *Kommunikation* dienen der Entwicklung und Pflege tragfähiger Beziehungen zu den externen und internen Anspruchsgruppen, weit über die Wahrnehmung unmittelbarer ökonomischer Interessen hinaus (*Corporate Identity*, Öffentlichkeitsarbeit). Dazu gehört insbesondere auch die professionelle kommunikative Bewältigung von Krisenereignissen *(issues management)*.
- Prozesse der *Risikobewältigung* dienen einer angemessenen Evaluation und Handhabung der mit der Geschäftstätigkeit verbundenen marktbezogenen, finanziellen, technischen und kommunikativen Risiken.
- Prozesse des *Rechts* dienen einer sinnvollen rechtlichen Gestaltung und juristischen Begleitung der Geschäftstätigkeit im Hinblick auf Rechtsansprüche der Anspruchsgruppen bis hin zu Fragen der Optimierung von Steuerzahlungen.

Gestaltet, weiterentwickelt und geführt werden diese Unterstützungsprozesse (wie auch die Geschäftsprozesse) durch Managementprozesse, d. h. im Einzelnen durch das *Personalmanagement*, das *Bildungsmanagement*, das *Facility Management*, das *Informationsmanagement*, das *Kommunikationsmanagement*, das *Risikomanagement* und das *Rechtsmanagement* (Management von Rechtsaufgaben).

Führungsaufgaben im Prozessmanagement B 2.6.4

Geschäftsprozesse und Unterstützungsprozesse bedürfen eines aktiven *Prozessmanagements*. Dieses bildet Teil der Managementprozesse.[46] Dabei sind, wie bereits in → **Abschnitt B 2.6.2** kurz skizziert, zwei unterschiedliche Aufgabenbereiche auseinander zu halten: Prozess*entwicklung* und Prozess*führung*.

Prozessentwicklung und Prozessführung haben im Rahmen der normativen Grundentscheidungen, wie mit den Anliegen und Interessen der unterschiedlichen Anspruchsgruppen zu verfahren ist, den Markterfolg sicherzustellen, d. h. beizutragen, dass für die externen Anspruchsgruppen ein im Vergleich zu den Wettbewerbern überlegener Nutzen resultiert. Dies bildet die zentrale Grundlage für den langfristigen Erfolg einer Unternehmung.

Strategisches Prozessmanagement: Prozessentwicklung B 2.6.4.1

Die Aufgaben der *Prozessentwicklung* bilden einen Teilprozess eines *strategischen Entwicklungsprozesses*. Dabei geht es um *grundlegende Festlegungen*, was die Gestaltung der *Prozessarchitektur*, die *Prozessstrukturen* der einzelnen Geschäfts- und Unterstützungsprozesse und die Definition von *Führungskenngrößen* zur Messung der Prozessqualität betrifft (ÖSTERLE 1995; MÜLLER 1999). Aufgaben der Prozessentwicklung werden im Rahmen eines strategischen Entwicklungsprozesses meistens von einem oder mehreren Strategieteams wahrgenommen.

Die Aufgaben der Prozessentwicklung erschöpfen sich indessen keinesfalls in der technokratischen Vornahme bestimmter struktureller Festlegungen. Prozessentwicklung entspricht vielmehr einem äußerst anspruchsvollen *mehrdimensionalen Entwicklungsprozess*, der in tief greifender Weise Strukturen, Alltagsroutinen, Technologien, die Kultur und die Fähigkeitsprofile der Mitarbeitenden tangiert und auf die Entwicklung einer überlegenen *Prozesskompetenz* abzielt. Im Vordergrund steht also die Entwicklung neuer Kernkompetenzen, d. h. strategisch bedeutsamer kollektiver Fähigkeiten.

---

46 Dies darf nicht darüber hinwegtäuschen, dass die Managementprozesse selbst ebenfalls einer sorgfältigen Prozessentwicklung (Beispiel: Wie soll der Strategie-Entwicklungsprozess gestaltet sein?) und Prozessführung (beispielsweise Führungsarbeit im Strategie-Entwicklungsprozess) bedürfen.

B 2.6.4.2   **Operatives Prozessmanagement: Prozessführung**

Die Aufgaben der Prozessführung gehören im Unterschied zur Prozessentwicklung zu den *operativen Führungsprozessen*. Prozessführung beinhaltet im Einzelnen folgende Aufgaben:

■ Erstens müssen Fragestellungen des Tagesgeschäfts, die im Rahmen der Prozessentwicklung nicht strukturell geregelt und damit vorweg entschieden werden können, in Form von *Einzelentscheidungen* situativ geregelt werden – sozusagen im Sinne eines *Fine-Tunings*.

■ Zweitens muss in einem Prozess normalerweise ein ganzes «Portfolio» von Aufträgen oder Projekten abgearbeitet werden, die miteinander um knappe Ressourcen konkurrieren. Dies macht eine *Triage*, d.h. eine Priorisierung und gezielte Zuteilung von Ressourcen zu einzelnen Aufträgen oder Projekten, notwendig. Die Prozessführung hat deshalb (im Sinne eines aktiven Portfoliomanagements) zusätzlich die Aufgabe, *Kriterien* zu bestimmen, anhand deren laufend entschieden werden kann, welche Aufträge und Projekte mit welcher Priorität ins aktuelle Bearbeitungsportfolio aufgenommen werden sollen. Anhand dieser Kriterien sind Aufgaben und Ressourcen im Zeitablauf möglichst optimal aufeinander abzustimmen. Traditionellerweise ist diese Aufgabe der Terminierung von Aufträgen und der Zuteilung von Ressourcen meistens als *Disposition* bezeichnet worden.

■ Drittens muss im Rahmen der Prozessführung die *Qualität* eines Prozesses gesichert werden, indem in Bezug auf die Führungskenngrößen zur Messung der Prozessqualität konkrete Vorgaben definiert, die Erreichung dieser Vorgaben anhand entsprechender Messungen überprüft und Maßnahmen zur Optimierung geplant und realisiert werden. Zur Prozessführung gehört mit anderen Worten auch die *kontinuierliche Optimierung* eines Prozesses, ohne dass jedoch ständig grundlegende Festlegungen in Frage gestellt werden.

Diese drei Aufgaben werden oft von einem *Prozess-Team* wahrgenommen, das durch einen für den entsprechenden Prozess verantwortlichen *Prozess-Eigner (Process Owner)* geleitet wird. Aufgaben der Prozessoptimierung obliegen zudem oftmals einem Qualitätszirkel oder einem – idealerweise bereichsübergreifend zusammengesetzten – KVP-Team (KVP heißt kontinuierlicher Verbesserungsprozess).

Wechselwirkung zwischen Ordnungsmomenten und Prozessen

In → **Abschnitt B 2.5** haben wir gelernt, dass sich jede Unternehmung durch bestimmte *Ordnungsmomente*, d. h. durch eine spezifische Ausprägung der Strategie, der Strukturen und der Kultur, charakterisieren lässt. Diese Ordnungsmomente geben dem organisationalen Alltagsgeschehen eine kohärente Form, indem sie ihm eine gewisse Ordnung auferlegen und auf diese Weise das Alltagsgeschehen mehr oder weniger effektiv auf die Erzielung bestimmter Wirkungen und Ergebnisse ausrichten.

Im neuen St. Galler Management-Modell kommt das Alltagsgeschehen in den Prozessen einer Unternehmung zum Ausdruck. Prozesse werden durch Ordnungsmomente geformt, d. h. strukturiert und ausgerichtet. Wie aber entstehen Ordnungsmomente? Wie ist das Zusammenwirken von *Ordnungsmomenten* und *Prozessen*, zum Beispiel von strategischem Entwicklungsprozess (Teilprozess der Managementprozesse) und Strategie, zu verstehen?

Strategiearbeit, d. h. ein bestimmter Strategie-Entwicklungsprozess (Managementprozess), verläuft nicht zufällig, sondern folgt meistens bestimmten *Ablaufmustern*, die auf die Strategie, die Strukturen und die Kultur, d. h. auf Ordnungsmomente zurückgeführt werden können, die in einer Organisation in der Vergangenheit gewachsen sind und die sich mehr oder weniger bewährt haben.

Das Resultat eines Strategie-Entwicklungsprozesses, die neu erarbeitete und idealerweise realisierte Strategie mit entsprechenden Strukturen und einer bestimmten Kultur, wird seinerseits zu einem zentralen Ordnungsmoment, welches das Geschehen in einer Unternehmung *zukünftig* manchmal auf bestehende, manchmal auf neue, als richtig und legitim erkannte Ziele ausrichten hilft und später den nächstfolgenden Strategie-Entwicklungsprozess mit beeinflusst.

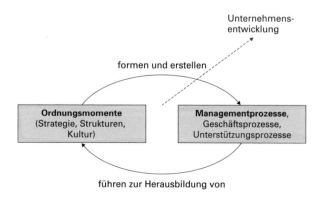

Abbildung 25
Zirkulärer Wirkungszusammenhang von Ordnungsmomenten und Managementprozessen

Aus einer solchen Perspektive besteht also zwischen den Ordnungs-momenten und den Prozessen (insbesondere den Managementprozessen) einer Unternehmung ein *zirkulärer Wirkungszusammenhang*, weil Ord-nungsmomente (Strategie, Strukturen, Kultur) immer sowohl Mittel (im Sinne von «Strukturierungshilfen») für geordnetes Alltagsgeschehen als auch Ergebnisse dieses organisationalen Alltagsgeschehens sind.[47]

B 2.7   Entwicklungsmodi einer Unternehmung: Organisationaler Wandel

Heute wird oft die Konstanz des Wandels beschworen. Paradoxerweise ist Wandel in der Tat Voraussetzung für Stabilität, wie dies der Management-Kybernetiker Ross ASHBY (1956/1970) schon vor Jahren am Beispiel des Be-fahrens einer geraden Linie mit dem Fahrrad eindrücklich illustriert hat. Denn würde man den Lenker eines Fahrrads fixieren, fiele man unaus-weichlich ziemlich rasch um, weil auf diese Weise kleinere oder größere Störungen in Form von Schwankungen nicht ausgeglichen werden können.

Eine erfolgreiche Unternehmensentwicklung muss daher gleicherma-ßen durch Stabilität und Veränderung, durch Verunsicherung und erneute Vergewisserung, durch Wertschätzung der Tradition und unerschrockenes Beschreiten neuer Wege geprägt sein.

B 2.7.1   Sach- und Beziehungsebene bei organisationalem Wandel

Beim Wandel von Unternehmungen sind meistens zwei Dimensionen tangiert: zum einen die *Sachebene* (oder Sachlogik), d.h. die inhaltliche, sachlogische Ebene der Geschäftstätigkeit, und zum anderen die weit weniger gut fassbare *Beziehungsebene* (oder Beziehungslogik).

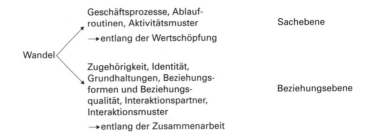

Abbildung 26
Sach- und Be-
ziehungsebene bei
organisationalem
Wandel

---

47 Diese Überlegungen beruhen auf der Strukturationstheorie von Anthony GIDDENS (vgl. hierzu ausführlich GIDDENS [1984/1997], 240ff.).

Wandel auf der *Sachebene* bedeutet, dass sich – oft unter Zuhilfenahme neuer Technologien – organisationale Routinen, d.h. Aktivitäten und ihre zeitliche Abfolge, ändern. Auf gewisse Aktivitäten wird verzichtet, bestimmte andere Aktivitäten werden vorgezogen und nicht mehr sequenziell, sondern parallel durchgeführt oder nach hinten verschoben. Teilaufgaben im Produktionsbereich werden an die Lieferanten ausgelagert, und gleichzeitig werden diese stärker in Prozesse der Leistungsinnovation einbezogen. Solche Veränderungen können zum Beispiel die Daten- und Materialflüsse, die Aufgabenprofile der Mitarbeitenden, die Arbeitsplatzgestaltung, den zeitlichen Einsatzrhythmus und den damit zusammenhängenden Flexibilitätsbedarf mehr oder weniger stark tangieren. Veränderungen auf der Sachebene lassen sich mit Hilfe von Techniken der Visualisierung von Prozessen *(process mapping)* vergleichsweise leicht analytisch erfassen.

Wandel auf der *Beziehungsebene* umfasst demgegenüber oftmals einen tief greifenden Wandel im Bereich

- der *Zugehörigkeit* sowie der *Beziehungen* (zu einem Team, zu einer Abteilung oder zu einer Unternehmung insgesamt) und damit verbunden der personalen und kollektiven Identität,
- der *Werte* und *Identifikationsmöglichkeiten*,
- der *Haltungen* und *Einstellungen*, d.h. der Grundgestimmtheiten und des Selbstverständnisses in Bezug auf wichtige Personen, Personengruppen, Organisationseinheiten oder Organisationen im beruflichen Kontext und
- der als normal und angemessen betrachteten Gewohnheiten («Beziehungspraktiken») der Mitarbeitenden im Umgang mit bestimmten *Aufgaben* und vor allem mit anderen *Menschen* und anderen *Institutionen* (zum Beispiel Teams, Abteilungen) innerhalb und außerhalb einer Unternehmung.[48]

Der Wandel, der in staatlichen Institutionen durch Reformbestrebungen in Richtung einer wirkungsorientierten Verwaltungsführung erreicht werden soll, umfasst beispielsweise nicht nur die Möglichkeit, die Steuererklärung direkt per Internet einreichen zu können (Sachebene). Ver-

---

48 Bei einem solchen Wandel geht es gerade *nicht* – wie in der Praxis oft postuliert wird – um einen «Wandel in den Köpfen der einzelnen Mitarbeitenden». Den zentralen Fokus eines solchen Wandels bilden nicht individuelle Veränderungen, sondern ein Kulturwandel, d.h. ein Wandel *gemeinsam gelebter Alltagsrealität*. Ein solcher Kulturwandel ist, bildlich gesprochen, vergleichbar mit einem Wandel der gemeinsam benutzten «Organisationsgrammatik». Daran wird leicht erkennbar, dass ein gelingender Kulturwandel eine gewaltige Herausforderung darstellt.

bessert werden soll auch die Beziehungsqualität zwischen Mitarbeitenden der Steuerverwaltung und Bürgerinnen und Bürgern, zum Beispiel im Falle von Rückfragen bei Unklarheiten.

B 2.7.2   Ausmaß von organisationalem Wandel

Wandel kann gemäß den drei folgenden Kategorien unterschiedliche Formen annehmen.[49]

1. Im Hinblick auf den *Umfang (Breite) des Wandels* fragen wir uns, wie viele Aufgabenfelder, Tätigkeitsbereiche, Prozesse und Menschen gleichzeitig in irgendeiner Weise von Veränderungen betroffen sind. Ist der Wandel sozusagen flächendeckend, oder ist eine ganz spezifische Konzentration auf einzelne Tätigkeitsbereiche oder Prozesse zu beobachten?
2. Im Hinblick auf die *Tragweite (Tiefe) des Wandels* fragen wir uns, wie oberflächlich bzw. tief greifend Veränderungen aus Sicht der Betroffenen in den *strukturellen Festlegungen*, im *kulturellen Selbstverständnis* und den *organisationalen Routinen* des betrieblichen Alltags ausfallen. Geht es um geringfügiges «Fine-Tuning» oder um grundlegende Veränderungen?
3. Im Hinblick auf die *Intensität (Geschwindigkeit) des Wandels* fragen wir uns, in welchem Zeitraum diese Veränderungen zu vollziehen sind. Kommen die Menschen ab und zu wieder etwas zur Ruhe, oder erleben sie kaum mehr Ankerpunkte der Stabilität?

Insgesamt können wir sagen: Je breiter, tiefer greifend und schneller der Wandel, je größer also der *Umfang* und die *Tragweite* und je höher die *Kadenz* von Veränderungen, desto *fundamentaler* oder *radikaler* ist der entsprechende unternehmerische Wandel.

B 2.7.3   Optimierung und Erneuerung

In der Unternehmensentwicklung vieler Unternehmungen wechseln eher *evolutionäre, inkrementale* mit eher *revolutionären, radikalen* Phasen ab, d.h., auf die Phasen einer *kontinuierlichen Optimierung* folgt bisweilen wieder eine Phase *grundlegender Erneuerung*.

---

49 Vgl. hierzu ausführlich KANTER (1983), KANTER/STEIN/JICK (1992); REI/VON ROSENSTIEL/LANZ (1997).

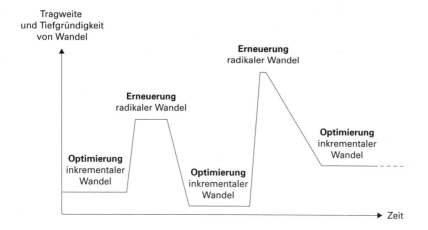

Abbildung 27
Evolutionäre und
revolutionäre Phasen
der Unternehmens-
entwicklung

Diese Unterscheidung von evolutionären und revolutionären Veränderungsprozessen knüpft ganz besonders an die zweite Beschreibungskategorie an, mit der die *Tragweite* und *Tiefgründigkeit* von Wandel zum Ausdruck gebracht wird. Sie wird im Management-Modell durch die wichtige Unterscheidung von *Optimierung* und *Erneuerung* aufgegriffen.[50]

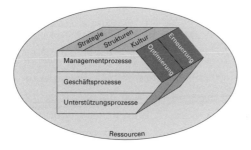

Abbildung 28
Optimierung und
Erneuerung als
Grundformen
der Unternehmens-
entwicklung

Während *Optimierung* lediglich mit *Fine-Tuning* innerhalb gegebener Strukturen vergleichbar ist, impliziert *Erneuerung* die *grundlegende Veränderung eines Musters*, seien dies (kollektive) *Denk- und Deutungsmuster*, *Verhaltensmuster* oder *organisationale Routinen*. Wenn Menschen im Anschluss an eine Veränderung das eigene Aufgabenfeld leicht

---

50 Mit dieser Unterscheidung wird ein Phänomen aufgegriffen, das in der Literatur in verschiedenster Weise thematisiert wird, beispielsweise als Wandel erster Ordnung gegenüber Wandel zweiter Ordnung (WATZLAWICK/WEAKLAND/FISCH 1974), als *Single-Loop-Learning* gegenüber *Double-Loop-Learning* (ARGYRIS/SCHÖN 1978), als *Survival Activities* gegenüber *Advancement Activities* (VON KROGH/ROOS 1995).

wiedererkennen können, liegt Optimierung vor. Wenn es dagegen ver-gleichsweise schwer fällt, die gewachsene und vertraute Wirklichkeit wiederzuerkennen, dann liegt gewissermaßen eine *Bruchstelle* vor, ab der die herkömmlichen Denk- und Prozessmuster eine *grundlegend neue Form*, eine neue Qualität angenommen haben.

Ob Optimierung oder Erneuerung einer Unternehmung vorliegt, ist empirisch (in der Praxis) nicht einfach festzustellen. Als Beurteilungs-raster können folgende fünf Ansatzpunkte (Kategorien) der Unterneh-mensentwicklung dienen. (→ **Abbildung 29**)

Fähigkeiten

Unternehmenszweck/
Leistungsangebot

Anspruchsgruppen/
Interaktionsformen

Kollektives
Selbstverständnis

Prozessarchitektur

Formen der Führung
und Zusammenarbeit

Prozessmuster
der einzelnen Prozesse

Abbildung 29
Ansatzpunkte
der Unternehmens-
entwicklung

Das *kollektive Selbstverständnis*, d.h. die *gemeinsame Identität* und da-mit auch der *gemeinsame Sinnhorizont*, wird stark durch die *normativen Orientierungs-* und die *strategischen Entwicklungsprozesse* geprägt. Re-sultieren aus diesen Prozessen grundlegend neue *Diskurse, Denk- und Deutungsmuster*, dann können wir meistens von Erneuerung sprechen, weil damit meistens auch grundlegende Veränderungen bei den anderen Kategorien verbunden sind.

Der *Zweck der Unternehmung*, d.h. die grundlegende Aufgabe – oder im angelsächsischen Sprachraum: die «Mission» – und damit insbesondere das Leistungsangebot, ist ein sehr wichtiger Bezugspunkt der unterneh-merischen Tätigkeit, von dem eine starke identitätsstiftende Wirkung ausgeht.

Die beiden Kategorien *Anspruchsgruppen/Interaktionsformen* und *Formen der Führung und Zusammenarbeit* drücken zentrale Ansatz-punkte des Wandels auf der Beziehungsebene aus.

Demgegenüber beziehen sich die Kategorien *Prozessarchitektur* und *Prozessmuster der einzelnen Prozesse* auf vergleichsweise gut beobacht-bare *Ablauf- und Verhaltensmuster* bei den einzelnen Wertschöpfungsprozessen. Wird das *Leistungsangebot* grundlegend geändert, erfordert dies oftmals eine grundlegende Neugestaltung der *Prozessmuster* der einzelnen Wertschöpfungsprozesse und der *Prozessarchitektur* insgesamt, die das Zusammenwirken der einzelnen Wertschöpfungsprozesse zum Ausdruck bringt. Umgekehrt muss eine Neugestaltung der Wertschöpfungsprozesse nicht zwingend zu grundlegenden Veränderungen beim Leistungsangebot oder gar beim kollektiven Selbstverständnis führen.

Im Allgemeinen bedeutet *Optimierung*, dass diese fünf Kategorien lediglich etwas besser aufeinander abgestimmt worden sind. *Erneuerung* liegt dagegen vor, wenn

- sich bei mindestens einer Kategorie *grundlegende* Änderungen ergeben haben, die auch wesentliche Auswirkungen auf die anderen Kategorien und auf die *Abstimmung* dieser fünf Kategorien untereinander haben und
- diese Veränderungen zudem mit der Aneignung grundlegend neuer *Fähigkeiten* verbunden sind.

Genau dies, die Entwicklung neuer kollektiver (und damit verbunden auch personaler) *Fähigkeiten* und, daran eng gekoppelt, die Herausbildung neuer organisationaler Routinen, impliziert, dass *Erneuerung* meistens einen *strategischen Wandel* verkörpert, bei dem neue Kernkompetenzen aufgebaut werden.

Nichtsdestoweniger können auch mit kontinuierlicher Optimierung großartige Leistungen erbracht werden, denken wir nur an die jahrelange Perfektionierung der mechanischen Uhr durch die Schweizer Uhrenindustrie bis zur existenzgefährdenden Krise in den siebziger Jahren, die als Folge der Entwicklung von Mikrochips eintrat. So genannte *disruptive technologies* (CHRISTENSEN 1997) können somit Unternehmungen über Nacht zu einer grundlegenden Erneuerung zwingen.

Optimierung und Erneuerung schließen sich keineswegs gegenseitig aus. Oftmals ist in einer Unternehmung bei bestimmten Aufgabenfeldern, Prozessen und Tätigkeitsbereichen Erneuerung vonnöten, während bei anderen Optimierung vollkommen hinreicht. Schließlich zeichnen sich gerade besonders entwicklungsfähige Unternehmungen dadurch aus, dass sie Optimierung und Erneuerung in geschickter Weise zu kombinieren vermögen.

Während Optimierung sozusagen parallel zur Bewältigung des Tagesgeschäfts, zum Beispiel mit Hilfe von Qualitätszirkeln (IMAI 1993) oder von KVP-Teams, erfolgen kann, bedarf es für eine nachhaltige Erneuerung besonderer Formen der Institutionalisierung der angestrebten Wandelarbeit. Dazu gehören mehr oder weniger umfangreiche Formen des Projektmanagements (HEINTEL/KRAINZ 1994) oder der Aufbau einer eigentlichen Wandelorganisation,[51] in der das Neue entwickelt, laufend spezifiziert, konkretisiert und schließlich in den Arbeitsalltag der Organisationsmitglieder eingepasst wird.

Weil Erneuerung im Sinne von strategischem Wandel mit der *Entwicklung neuer Kernkompetenzen* und damit sehr oft mit tief greifenden *Qualifizierungsanstrengungen* verbunden ist, empfiehlt es sich gerade im Hinblick auf das Zusammenspiel von Stabilität und Wandel oftmals, nicht alles gleichzeitig verändern zu wollen. Sonst können Phänomene auftreten, die von den Protagonisten des Wandels rasch einmal als «Widerstand»[52] bezeichnet werden. Wandel muss jedoch von den Akteuren einer Unternehmung und der Unternehmung insgesamt immer wieder «verdaut» werden können. Dazu ist manchmal eine zeitliche *Sequenzierung* von Wandel (im Sinne von **Abbildung 27**) notwendig (WIMMER 1999). Zudem braucht gelingende Erneuerung, auch wenn vieles miteinander vernetzt und voneinander abhängig ist, immer auch Inseln der Stabilität, Ankerpunkte der Gewissheit und Phasen der Konsolidierung.

Selbstverständlich bringen nicht alle Unternehmungen gleich gute Voraussetzungen zur Bewältigung von Wandel mit. Mit dem Wechselspiel von Stabilität und Wandel unter Berücksichtigung der gewachsenen Wandel- und Erneuerungsfähigkeit einer Organisation angemessen umgehen zu können gehört zu den anspruchsvollsten Managementaufgaben – in strategischer wie auch ethischer Hinsicht.

---

51 KANTER (1983, 200ff., insbesondere 204f., sowie 359ff. und 407) verwendet hierfür die Ausdrücke *Parallelorganisation* oder *Sekundärstruktur*, die insbesondere dem Zweck dient, ein erfolgreiches bereichsübergreifendes, integratives Arbeiten zu ermöglichen.

52 Widerstand ist alles andere als ein banales Phänomen, das leicht diagnostiziert werden könnte. Mit dem Wort «Widerstand» wird oftmals durch die Protagonisten eines bestimmten Wandelvorhabens ein aus ihrer Sicht problematisches Verhalten von Individuen oder Gruppen (zum Beispiel «des Middle Managements») bezeichnet. Eine solche Zuordnung des Begriffs zu bestimmten Verhaltensweisen von Einzelpersonen oder Personengruppen erfolgt vielfach als Reaktion auf mehr oder weniger gut begründete Gegenargumente (d.h. auf Gesprächsangebote von Kritikern) oder als Reaktion auf die zuweilen durchaus verständliche Zurückhaltung bestimmter Einzelpersonen und Personengruppen. Was sich aber im Kontext der einen «lokalen Theorie» als Widerstand manifestiert, kann im Kontext einer anderen «lokalen Theorie» als konstruktives Kommunikationsangebot oder als gut begründete, berechtigte Kritik verstanden werden. Im Umgang mit dem Begriff «Widerstand» ist demzufolge große Vorsicht geboten.

Ausblick

B 2.8

Dieser Text zum neuen St. Galler Management-Modell thematisiert zentrale Wirkgrößen, Entscheidungs- und Handlungsfelder, die unter Beachtung der entsprechenden Abhängigkeiten und Wechselwirkungen beim Management von Unternehmungen bearbeitet werden müssen. Sie sind, gegliedert nach den sechs Grundkategorien Umweltsphären, Anspruchsgruppen, Interaktionsthemen, Prozesse, Ordnungsmomente und Entwicklungsmodi, kurz vorgestellt worden. Detaillierte Angaben zu diesen Wirkgrößen, Entscheidungs- und Handlungsfeldern finden sich in den nachstehenden → Teilen C bis G des Lehrbuchs. Jeder Teil ist dabei einer Grundkategorie gewidmet.

Im nächsten → Kapitel B 3 werden aus einem ethischen Blickwinkel die grundlegende Bedeutung und Rolle einer Unternehmung in ihrer Umwelt, d. h. die *normativen Grundlagen der unternehmerischen Tätigkeit* beleuchtet. Von der Klärung dieser normativen Grundlagen und von der sorgfältigen Erarbeitung einer bestimmten normativen Position hängen in zentraler Weise alle weiteren unternehmerischen Festlegungen ab.

Literatur

Sind zwei Jahreszahlen genannt, so gibt die erste Jahreszahl den Zeitpunkt der Erst-erscheinung in der Originalsprache an.

ABELL, D. (1980). *Defining the Business: The Starting Point of Strategic Planning.* Englewood Cliffs: Prentice-Hall.

ANDEREGG, J. (1985). *Sprache und Verwandlung. Zur literarischen Ästhetik.* Göttingen: Vandenhoeck & Ruprecht.

ANSOFF, I. (1984). *Implanting Strategic Management.* London: Prentice-Hall.

ARGYRIS, Ch./SCHÖN, D. (1978). *Organizational Learning: A Theory of Action Perspective.* Reading, MA: Addison-Wesley.

ASHBY, R. (1956/1970). *An Introduction to Cybernetics* (5. Aufl.). London: Chapman and Hall.

BAITSCH, Ch. (1993). *Was bewegt Organisationen? Selbstorganisation aus psychologischer Perspektive.* Frankfurt a. M.: Campus.

BARNEY, J. (1991). Firm Resources and Sustained Competitive Advantage. In: *Journal of Management,* 17, 1: 99–120.

BATESON, G. (1985). *Ökologie des Geistes.* Frankfurt a. M.: Suhrkamp.

BECKER, J./KUGELER, M./ROSEMANN, M. (Hrsg.) (1999). *Prozessmanagement: Ein Leitfaden zur prozessorientierten Organisationsgestaltung.* Berlin: Springer 1999.

BELZ, CH. (1997). Leistungssysteme. In: DERS. (Hrsg.). *Leistungs- und Kundensysteme, Kompetenz für Marketing-Innovationen* (S. 12–39). Schrift 2, St. Gallen: Thexis.

BERGER, P./LUCKMANN, Th. (1980). *Die gesellschaftliche Konstruktion der Wirklichkeit. Eine Theorie der Wissenssoziologie.* Frankfurt a. M.: Fischer.

BLEICHER, K. (1991/1999). *Das Konzept Integriertes Management. Visionen – Missionen – Programme* (6. Aufl.). Frankfurt a. M.: Campus.

BOGNER, W./THOMAS, H. (1994). Core Competence and Competitive Advantage: A Model and Illustrative Evidence from the Pharmaceutical Industry. In: G. HAMEL/A. HEENE (Eds.). *Competence-based Competition* (pp. 111–144). Chichester: Wiley.

BROWN, J./DUGUID, P. (1991). Organizational Learning and Communities-of-Practice: Toward a Unified View of Working, Learning and Innovation. In: *Organization Science,* 2, No. 1: 40–57.

BURNS, T. (1961). Micropolitics: Mechanisms of Institutional Change. In: *Administrative Science Quarterly,* 6, No. 3: 257–281.

BURR, V. (1995). *An Introduction to Social Constructionism.* London: Routledge.

CHRISTENSEN, C. (1997). *The Innovator's Dilemma. When New Technologies Cause Great Firms to Fail.* Boston: Harvard Business School Press.

COASE, R. H. (1937). The Nature of the Firm. In: *Economica N.S.,* 4: 386–405.

CROZIER, M./FRIEDBERG, E. (1979). *Macht und Organisation: Die Zwänge kollektiven Handelns.* Königstein Ts.: Athenäum.

DACHLER, H. P. (1992). Management and Leadership as Relational Phenomena. In: M. VON CRANACH/W. DOISE/G. MUGNY (Eds.). *Social Representations and the Social Basis of Knowledge* (pp. 169–178). Lewiston: Hogrefe & Huber.

DAFT, R. L./WEICK, K. E. (1984). Toward a Model of Organizations as Interpretation Systems. In: *Academy of Management Review,* 9, No. 2: 284–295.

DOUGHERTY, D. (1992a). A practice-centered model of organizational renewal through product innovation. In: *Strategic Management Journal,* 13 (Summer Special Issue): 77–92.

DOUGHERTY, D. (1992b). Interpretative barriers to successful product innovation in large firms. In: *Organization Science*, 3, No. 2: 179–202.

DRUCKER, P. (1967). *Die ideale Führungskraft.* Düsseldorf: Econ.

DYLLICK, Th. (1989). *Management der Umweltbeziehungen.* Wiesbaden: Gabler.

EBERS, M./GOTSCH, W. (1999). Institutionenökonomische Theorien der Organisation. In: A. KIESER (Hrsg.). *Organisationstheorien* (3., überarbeitete und erweiterte Aufl., S. 199–251). Stuttgart: Kohlhammer.

EFQM (22. Mai 2002). Homepage der Deutschen Gesellschaft für Qualität e.V. Gefunden am 27. Juni 2002 unter http://www.deutsche-efqm.de/pages/efqmmodell_frm_html.

ELDEN, M. (1983). Democratization and Participative Research in Developing Local Theory. In: *Journal of Occupational Behaviour*, 4: 21–33.

FLEISCH, E. (2001). *Das Netzwerkunternehmen. Strategien und Prozesse zur Steigerung der Wettbewerbsfähigkeit in der «Networked Economy».* Berlin: Springer.

FREEMAN, R. E. (1984). *Strategic Management: A Stakeholder Approach.* Boston: Pitman.

FRENCH, W. L./BELL Jr., C. H. (1994). *Organisationsentwicklung* (3. Aufl.). Bern: Haupt.

FROST, J. (1998). *Die Koordinations- und Orientierungsfunktion der Organisation.* Bern: Haupt.

GERGEN, K. (1995). Relational Theory and the Discourses of Power. In: D. HOSKING/ H. P. DACHLER/K. GERGEN (Eds.). *Management and Organization: Relational Alternatives to Individualism* (pp. 29–50). Aldershot: Avebury.

GERGEN, K. (1999). *An Invitation to Social Construction.* London: Sage.

GIDDENS, A. (1984/1997). *Die Konstitution der Gesellschaft. Grundzüge einer Theorie der Strukturierung.* 3. durchgesehene Aufl. Frankfurt a. M.: Campus.

GOMEZ, P. (1981). *Modelle und Methoden des systemorientierten Managements.* Bern: Haupt.

GOMEZ, P. (1983). *Frühwarnung in der Unternehmung.* Bern: Haupt.

GOMEZ, P. (1993). *Wertmanagement.* Düsseldorf: Econ.

GOMEZ, P./PROBST, G. (1999). *Die Praxis des ganzheitlichen Problemlösens* (3. Aufl.). Bern: Haupt.

HAMEL, G./PRAHALAD, C. (1995). *Wettlauf um die Zukunft.* Wien: Ueberreuter.

HAMMER, M. (1997). *Das prozesszentrierte Unternehmen: die Arbeitswelt nach dem Reengineering.* Frankfurt a. M.: Campus.

VON HAYEK, F. A. (1972). *Theorie komplexer Phänomene.* Tübingen: Mohr.

HEINTEL, P./KRAINZ, E. (1994). *Projektmanagement* (3. Aufl). Wiesbaden: Gabler.

HILB, M. (1997). *Integriertes Personalmanagement: Ziele, Strategien, Instrumente* (4. überarbeitete Aufl.). Neuwied: Luchterhand.

IMAI, M. (1993). *Kaizen: der Schlüssel zum Erfolg der Japaner im Wettbewerb* (2. Aufl.). Berlin: Ullstein.

KANTER, R. (1983). *The Change Masters.* New York: Simon & Schuster.

KANTER, R./STEIN, B./JICK, T. (Eds.) (1992). *The Challenge of Organizational Change.* New York: Free Press.

KIESER, A. (1998). Über die allmähliche Verfertigung von Organisation beim Reden. Organisieren als Kommunizieren. In: *Industrielle Beziehungen*, 5, Heft 1: 45–75.

KIRSCH, W. (1990). *Unternehmenspolitik und strategische Unternehmensführung.* München: Barbara Kirsch.

VON KROGH, G./VENZIN, M. (1995). Wissensmanagement. *Die Unternehmung*, 49, Heft 6: 417–436.

VON KROGH, G./ROOS, J. (1995). *Organizational epistemology.* London: Macmillan Press.

KÜPPER, W./ORTMANN, G. (1986). Mikropolitik in Organisationen. In: *Die Betriebswirtschaft,* 46, 5: 590–602.

KÜPPER, W./ORTMANN, G. (Hrsg.) (1988). *Mikropolitik – Rationalität, Macht und Spiele in Organisationen.* Opladen: Westdeutscher Verlag.

LATTMANN, Ch. (Hrsg.) (1990). *Die Unternehmenskultur.* Heidelberg: Physica.

LEONARD-BARTON, D. (1992). Core Capabilities and Core Rigidities: A Paradox in Managing New Product Development. In: *Strategic Management Journal,* 13 (Summer Special Issue): 111–125.

LUHMANN, N. (1984). *Soziale Systeme. Grundlegung einer allgemeinen Theorie.* Frankfurt a. M.: Suhrkamp.

MALIK, F. (1981). Management-Systeme. In: *Die Orientierung,* Nr. 78, Bern: Schweizerische Volksbank.

MALIK, F. (1984/2002). *Strategie des Managements komplexer Systeme* (7. Aufl). Bern: Haupt.

MARTIN, J. (1992). *Cultures in Organizations: Three Perspectives.* New York: Oxford University Press.

MINTZBERG, H. (1998). *Strategy safari.* London: Prentice-Hall.

MORGAN, G. (1997). *Images of Organization.* Beverly Hills: Sage.

MÜLLER, M. (1999). *Prozessorientierte Veränderungsprojekte – Fallbeispiele des Unternehmenswandels.* Bamberg: difo.

MÜLLER-STEWENS, G./LECHNER, Ch. (1999). Die Gestaltung unternehmerischer Einheiten: Der General Management Navigator als ein Konzept zur integrierten Strategie- und Wandelarbeit. In: *Organisationsentwicklung,* 18, 2: 25–43.

MÜLLER-STEWENS, G./LECHNER, Ch. (2003). *Strategisches Management. Wie strategische Initiativen zu Wandel führen* (2. Auflage). Stuttgart: Schäffer-Poeschel.

NALEBUFF, B./BRANDENBURGER, A. (1996). *Coopetition – kooperativ konkurrieren.* Frankfurt a. M.: Campus.

NELSON, R./WINTER, S. (1982). *An Evolutionary Theory of Economic Change.* Cambridge, MA: Belknap.

NEUBERGER, O. (1995). *Mikropolitik: Der alltägliche Aufbau und Einsatz von Macht in Organisationen.* Stuttgart: Enke.

ÖSTERLE, H. (1995). *Business Engineering.* Berlin u. a.: Springer.

OSTERLOH, M. (1999). Märkte als neue Form der Organisation und Führung? Oder: Wann ist virtuell virtuos? In: P. GOMEZ/G. MÜLLER-STEWENS/J. RÜEGG-STÜRM (Hrsg.). *Entwicklungsperspektiven einer integrierten Managementlehre* (S. 381–408). Bern: Haupt.

OSTERLOH, M./FROST, J. (1998). *Prozessmanagement als Kernkompetenz – wie sie Business Reengineering strategisch nutzen können* (2., aktualisierte und erweiterte Auflage). Wiesbaden: Gabler.

PENROSE, E. (1959). *The Theory of the Growth of the Firm.* Oxford: Basil Blackwell.

PORTER, M. (1983). *Wettbewerbsstrategie.* Frankfurt a. M.: Campus.

PORTER, M. (1986). *Wettbewerbsvorteile.* Frankfurt a. M.: Campus.

PRAHALAD, C./BETTIS, R. (1986). The Dominant Logic: A New Linkage Between Diversity and Performance. In: *Strategic Management Journal,* 7, No. 6: 485–501.

PRAHALAD, C./HAMEL, G. (1991). Nur Kernkompetenzen sichern das Überleben. In: *Harvardmanager,* 13, 2/99, 13: 66–78.

PROBST, G. (1981). *Kybernetische Gesetzeshypothesen als Basis für Gestaltungs- und Lenkungsregeln im Management.* Bern: Haupt.

PROBST, G. (1987). *Selbst-Organisation.* Berlin: Parey.

PÜMPIN, C. (1992). *Strategische Erfolgspositionen.* Bern: Haupt.

REISS, M./VON ROSENSTIEL, L./LANZ, A. (Hrsg.) (1997). *Change Management.* Stuttgart: Schäffer-Poeschel.

RÜEGG-STÜRM, J. (1998). Neuere Systemtheorie und unternehmerischer Wandel – Skizze einer systemisch-konstruktivistischen «Theory of the Firm». In: *Die Unternehmung,* 52, Heft 2: 3–17.

RÜEGG-STÜRM, J. (2001). *Organisation und organisationaler Wandel: Eine theoretische Erkundung aus konstruktivistischer Sicht.* Opladen/Wiesbaden: Westdeutscher Verlag.

SERVATIUS, H.-G. (1994). *Reengineering-Programme umsetzen: Von erstarrten Strukturen zu fließenden Prozessen.* Stuttgart: Schäffer-Poeschel.

SACKMANN, S. (1991). *Cultural Knowledge in Organizations: Exploring the Collective Mind.* Newbury Park: Sage.

SANDNER, K. (1992). *Prozesse der Macht: zur Entstehung, Stabilisierung und Veränderung der Macht von Akteuren in Unternehmen* (2. Aufl.). Heidelberg: Physica.

SANDNER, K./MEYER, R. (1994). Verhandlung und Struktur: Zur Entstehung organisierten Handelns in Unternehmen. In: G. SCHREYÖGG/P. CONRAD (Hrsg.). *Managementforschung 4* (S. 185–218). Berlin: de Gruyter.

SCHEIN, E. (1985). *Organizational Culture and Leadership.* San Francisco: Jossey-Bass.

SCHUH, G./BENETT, S./MÜLLER, M./TOCKENBÜRGER, L. (1998). Europäisches Change-Management – von der Strategie bis zur Umsetzung prozessorientierter Organisationen. In: *io Management,* Nr. 3: 22–29.

SCHUH, G. (Hrsg.) (1999). *Change Management – von der Strategie zur Umsetzung.* Aachen: Shaker.

SCHWANINGER, M. (1994). *Managementsysteme.* Frankfurt a. M.: Campus.

SIMON, F. (2001). *Radikale Marktwirtschaft. Grundlagen des systemischen Managements.* Heidelberg. Carl-Auer-Systeme.

STALK, G./HOUT, Th. (1992). *Zeitwettbewerb – Schnelligkeit entscheiden auf den Märkten der Zukunft.* 3. Aufl. Frankfurt a. M.: Campus.

ULRICH, H. (1968/1970). Die Unternehmung als produktives soziales System. 2. Aufl. Bern: Haupt.

ULRICH, H. (1984). *Management.* Bern: Haupt.

ULRICH, H. (1978/1987). *Unternehmungspolitik* (3. durchgesehene Aufl.). Bern: Haupt.

ULRICH, H./KRIEG, W. (1972/1974). *St. Galler Management-Modell* (3. Aufl.). Bern: Haupt.

ULRICH, H./PROBST, G. (Eds.) (1984). *Self-Organization and Management of Social Systems.* Heidelberg: Springer.

ULRICH, H./PROBST, G. (1988/2001). *Anleitung zum ganzheitlichen Denken und Handeln* (4. Aufl.). Bern: Haupt.

ULRICH, P. (1984). Systemsteuerung und Kulturentwicklung. In: *Die Unternehmung,* 38, Heft 4: 303–325.

ULRICH, P. (1990). Symbolisches Management – ethisch-kritische Anmerkungen zur gegenwärtigen Diskussion über Unternehmenskultur. In: Ch. LATTMANN (Hrsg.) (1990). *Die Unternehmenskultur* (S. 277–302). Heidelberg: Physica.

ULRICH, P. (2001). *Integrative Wirtschaftsethik. Grundlagen einer lebensdienlichen Ökonomie.* 3. überarbeitete Aufl. Bern: Haupt.

ULRICH, P./FLURI, E. (1995). *Management – eine konzentrierte Einführung* (7. Aufl.). Bern: Haupt.

WALTER-BUSCH, E. (1996). *Organisationstheorien von Weber bis Weick.* Amsterdam: Fakultas.

WATSON, T. (1994). *In Search of Management. Culture, Chaos & Control in Managerial Work.* London: Routledge.

WATZLAWICK, P./WEAKLAND, J./FISCH, R. (1974). *Lösungen. Zur Theorie und Praxis menschlichen Wandels.* Bern: Huber.

WEICK, K. (1979). *The Social Psychology of Organizing* (2nd edition). New York: McGraw-Hill.

WENGER, E. (1998). *Communities of Practice: Learning, Meaning, and Identity.* Cambridge: Cambridge University Press.

WERNERFELT, B. (1984). A resource based view of the firm. In: *Strategic Management Journal,* 5, No. 2: 171–180.

WILLKE, H. (1996a). *Systemtheorie I: Grundlagen* (5. überarbeitete Aufl.). Stuttgart: Lucius & Lucius.

WILLKE, H. (1996b). *Systemtheorie II: Interventionstheorie* (2. bearbeitete Aufl.). Stuttgart: Lucius & Lucius.

WIMMER, R. (1999). Wider den Veränderungsoptimismus. Zu den Möglichkeiten und Grenzen einer radikalen Transformation von Organisationen. In: *Soziale Systeme,* 5, Heft 1: 159–180.

WOMACK, J./JONES, D./ROOS, D. (1991). *Die zweite Revolution in der Autoindustrie.* Frankfurt a. M.: Campus.

Aufgaben

Im Lehrbuch wird der Begriff «System» folgendermaßen beschrieben: **Aufgabe 1**
«Ein System ist eine Ganzheit, die aus *Elementen* besteht. Elemente sind die
Komponenten eines Systems, also all das, was im *wechselseitigen Zusammenwirken* ein System konstituiert. Unter den Elementen sind nun allerdings
keineswegs nur *materielle, objekthafte* Elemente zu verstehen wie Gebäulichkeiten, Mobilien, Maschinen, Kommunikations- und Informationstechnologie-Infrastrukturen, Produkte, Dokumente, Artefakte und Mitarbeitende.
Mindestens so wichtig sind auch *immaterielle* Elemente, die keine objekthafte physische Verkörperung haben, etwa Ereignisse, Interaktionen und
Kommunikationen, Beziehungen, Prozesse, Teams, Abteilungen, Sparten,
Visionen oder Strategien usw.

Diese *Vielfalt* von Elementen und von *Wechselwirkungen* zwischen den
Elementen begründet die *Komplexität* eines Systems.»

Als umfassendes und komplexes natürliches System kann auch «der
Mensch» selbst verstanden werden – sowohl als natürlicher Organismus wie
auch in seiner Einbettung in physische Strukturen und zwischenmenschliche
Beziehungsprozesse.

a) Zeigen Sie, aus welchen materiellen und immateriellen Elementen das
   System «Mensch» konstituiert wird.

b) Zeigen Sie anhand von drei Beispielen auf, wie das System «Mensch»
   systembedrohende Einflüsse regulierend bewältigt.

c) Als System «Mensch» sind Sie in ein vielfältiges «Geflecht» unterschiedlicher und mehr oder weniger komplexer Systeme eingebettet. Identifizieren Sie die drei für Sie wichtigsten Systeme und beschreiben Sie die
   wichtigsten charakteristischen, wechselseitigen Beziehungen zwischen
   diesen Systemen und Ihnen.

d) Was sind Ihrer Meinung nach die wichtigsten Unterschiede zwischen dem
   System «Mensch» und dem System «Unternehmung»?

Aufgabe 2   Mit dem organisationalen Eisberg wird deutlich gemacht, dass die Organisation einer Unternehmung zum einen durch verschiedene, vergleichsweise leicht greifbare Strukturen (Organigramm, Reglemente, Handbücher) bestimmt wird, dass zum andern aber auch eine Vielfalt kultureller Werte und Normen, Einstellungen und Haltungen usw. für das Funktionieren einer Unternehmung bedeutsam sind. Identifizieren Sie am Beispiel eines Ihnen bekannten Unternehmens, Vereins oder einer anderen, Ihnen vertrauten Institution zentrale strukturelle und kulturelle Elemente, die das Leben in dieser Institution maßgeblich prägen. Zeigen Sie zudem die Zusammenhänge zwischen diesen strukturellen und kulturellen Elementen auf.

Aufgabe 3   Im Lehrbuch finden Sie die folgende Aussage: «Unternehmungen stehen zudem in einem *ökonomischen Wettbewerb* mit andern Unternehmungen. In diesem Wettbewerb gilt es aus ökonomischer Sicht, *Knappheiten* mit möglichst wenig Mitteleinsatz zu *beseitigen* und durch die kreative Entdeckung und Schaffung neuer Bedürfnisse *neue Knappheiten* zu *schaffen*.»

Erläutern Sie diese Aussage(n) anhand der Unternehmungen der folgenden Liste und zeigen Sie, welche Maßnahmen bei diesen Herausforderungen als besonders Erfolg versprechend bezeichnet werden könnten (holen Sie sich, wenn nötig, die wichtigen Informationen aus dem Internet; Sie können die Zusammenhänge auch anhand ähnlicher Unternehmungen aufzeigen).

a) Novartis

b) Privatklinik mit Spezialisierung auf Herzkranke

c) UBS

Unter der Rubrik «A Commitment to Our Employees» weist McDonald's   **Aufgabe 4**
fünf Prinzipien aus, welche die Kultur der Unternehmung gegenüber ihren
Mitarbeitenden prägen sollen.[53]

Our Five People Principles

Our People Promise is more than words. McDonald's and its independent
owners/operators have made a commitment to our employees that we strive
to achieve with our actions every day. And to make sure we deliver on this
promise, we have in place five people principles. These people principles
reflect McDonald's values and describe the culture we embrace.

1. *Respect and Recognition*
   - Managers treat employees as they would want to be treated.
   - Employees are respected and valued.
   - Employees are recognized formally for good work performance, extra
     effort, teamwork and customer service.

2. *Values and Leadership Behaviors*
   - All of us act in the best interest of the Company.
   - We communicate openly, listening for understanding and valuing diverse
     opinions.
   - We accept personal accountability.
   - We coach and learn.

3. *Competitive Pay and Benefits*
   - Pay is at or above local market.
   - Employees value their pay and benefits.

4. *Learning, Development and Personal Growth*
   - Employees receive work experience that teaches skills and values that
     last a lifetime.
   - Employees are provided the tools they need to develop personally and
     professionally.

5. *Resources to Get the Job Done*
   - Employees have the resources they need to serve the customer.
   - Restaurants are adequately staffed to allow for a good customer expe-
     rience as well as to provide schedule flexibility, work-life balance and
     time for training.

---

53 http://www.mcdonalds.com/corporate/promise/5_principles/index.html.
    Vgl. auch http://www.mcdonalds.com/corporate/social/index.html.

Im Lehrbuch werden drei Gruppen unterschiedlicher Prozesse dargestellt: Management-, Geschäfts- und Unterstützungsprozesse. Als Geschäftsprozesse werden jene Prozesse bezeichnet, die für die Entwicklung von Kundenbeziehungen, die Leistungserstellung und die Leistungsinnovation bedeutsam sind. Für die nachfolgenden drei Aufgaben stehen die Prozesse der Leistungserstellung im Mittelpunkt.

Analysieren Sie diese Grundsätze anhand der folgenden drei Fragen:

a) Welche Unternehmungsstrukturen und Arbeitsprozesse von McDonald's unterstützen bzw. verhindern tendenziell welche Punkte dieses *Commitments*?

b) Welches Menschenbild liegt der Arbeitsorganisation von McDonald's und diesem *Commitment* zugrunde?

c) Welche kulturell unterschiedlichen Ansprüche der Mitarbeitenden von McDonald's bestehen Ihrer Meinung nach in der Schweiz, in Russland und in den USA?

Aufgabe 5   Von der bekannten Schweizer Kunst- und Kulturmäzenin B. Honegger erhalten Sie den Auftrag, grundlegende betriebswirtschaftliche Überlegungen zur Frage zu machen, wie die mittlere (ab 25 Jahren) und ältere Generation (ab 60 Jahren) kulturell besser verbunden werden könnten.

Frau Honegger führt zu ihrem Anliegen Folgendes aus: «Mir schwebt vor, einen Open-Air-Anlass in einer größeren Stadt zu organisieren und durchzuführen. Ich möchte, dass Sie sich überlegen, welche offenen Probleme und Aspekte dabei zu beachten sind, und bitte Sie, mir ein Konzept[54] vorzulegen, das meine Leitidee oder Vision in groben Zügen umzusetzen vermag. In diesem Konzept sollten alle Prozesse dargelegt und beschrieben werden, die wir im Griff haben müssen, damit aus meiner Idee ein Erfolg wird».

Auftrag: Erarbeiten Sie die wesentlichen Aspekte eines Konzeptes, in dem Stakeholder-Beziehungen und die grundlegenden Geschäfts- und Unterstützungsprozesse ausgewiesen und beschrieben sind.

---

54 Nach Ulrich (2001, 88) sind fünf Aspekte für ein Konzept von Bedeutung. Jedem Konzept liegt (1) eine bestimmte *Absicht*, Zielsetzung oder Problemstellung zugrunde. (2) Es beruht bereits auf Voraussetzungen oder *Grundannahmen*, die als gegeben angenommen werden. (3) Es stellt noch nicht die eigentliche Problemlösung dar, sondern erst den *ersten Schritt* dazu und enthält damit (4) das *Ordnungsmuster* (Grundstruktur) für die Gestaltung eines zusammenhängenden Ganzen. Dabei lässt es (5) spezifische Konkretisierungsmöglichkeiten offen. Nach H. Ulrich, Überlegungen zu den konzeptionellen Grundlagen der Unternehmungsführung. In: Systemorientiertes Management. Das Werk von Hans Ulrich. Studienausgabe. Hrsg. von der Stiftung zur Förderung der systemorientierten Managementlehre (S. 85–100). Bern: Haupt.

Aus der Mövenpick-Grundstrategie   **Aufgabe 6**

■ *Leitidee, Profilierung*

Mövenpick ist ein international tätiges, weltoffenes Unternehmen schweizerischer Prägung. Die Marke «Mövenpick» steht für ausgezeichnete Qualität, Esskultur, Innovation und wird mit Gastgebertum und Lebensfreude in Verbindung gebracht. Ein optimales Preis-Leistungs-Verhältnis machen unsere erstklassigen Produkte führend auf dem Markt. Diese einzigartige Kompetenzmarke gilt es zu stärken und zu konzentrieren.

■ *Bedürfnisse, Leistungsprogramm*

Die Gäste unserer Hotels und Restaurants sollen sich bei Mövenpick ganz besonders willkommen, verwöhnt und geschätzt fühlen. Der Kunde steht im Zentrum; wir wollen seine Bedürfnisse nach dem Kontrast zum Alltäglichen, nach Gesellschaft, Gesundheit und Genuss befriedigen. Dazu schafft Mövenpick ein vielfältiges, auf die aktuellen Kundenwünsche abgestimmtes Leistungsprogramm.

■ *Qualität, Preis*

Die Qualität und die Einmaligkeit von Angebot, Erlebnis und Gastfreundschaft stehen für uns im Mittelpunkt unserer Bemühungen. Wir wollen für Kunden mit überdurchschnittlichen Anforderungen Marktführer bezüglich Preis-Leistungs-Verhältnis und partnerschaftlichen Beziehungen sein.

■ *Märkte, Marktstellung*

Auf unseren Heimmärkten Schweiz und Deutschland wollen wir unsere Marktführerposition im Bereich erstklassiger Konsumprodukte sowie unsere starke Marktstellung bei den Bedienungs- und Selbstbedienungsrestaurants weiter ausbauen. In Europa streben wir für alle unsere Marktbereiche (Restaurants, Konsumgüter, Hotels & Resorts) die Erschließung weiterer Märkte an, insbesondere Italien und die Länder des ehemaligen Ostens. Außerhalb Europas konzentrieren wir uns auf zentrale Wachstumsmärkte wie den Mittleren Osten, den Fernen Osten sowie Nordamerika. Hier wollen wir mit raschem Wachstum eine bedeutende Marktstellung aufbauen, insbesondere mit Lizenz- und Franchisingverträgen. Langfristiges Ziel ist es, in diesen Wachstumsmärkten die Nummer eins ausländischer Anbieter zu werden. Dabei sollen die Märkte gleichzeitig mit Hotels, Restaurants und den Markenartikeln des Konsumgüterbereiches erschlossen werden.

■ *Marktsegmente*

Unser Angebot zielt in erster Linie auf Kunden der gehobenen Mittelklasse mit hohen Qualitätsstandards.

■ *Innovationen*

Für Restaurants, Hotels und Konsumgüter bieten wir neue, originelle und attraktive Gastronomieformen, Produkte und Dienstleistungen an. Mövenpick soll immer in Verbindung mit zeitgemäßem und kreativem Lebensstil gebracht werden.

■ *Gewinn*

Unsere Aktionäre verdienen eine angemessene Dividende. Wir streben eine starke Gewinnposition an, wobei die Sicherstellung der dauerhaften Zahlungsbereitschaft und einer optimalen Finanzstruktur, d. h. eines ausgewogenen Verhältnisses von Fremd- und Eigenkapital (je 50 Prozent), ebenso hohe Priorität genießt. Über eine langfristige Periode sollten die selbst erarbeiteten Mittel (Cash-flow) jährlich um 5 Prozent wachsen. Mehr als die Hälfte des Reingewinnes soll in der Unternehmung verbleiben und zur Stärkung des Eigenkapitals sowie zur Finanzierung von Investitionen verwendet werden.

■ *Mitarbeiter*

Zu unseren wichtigsten Erfolgsfaktoren gehören unsere Mitarbeiter. Als fachliche Profis sind sie service-, leistungs- und kommunikationsfreudig. Durch Eigenverantwortung und Initiative tragen sie aktiv zum Erfolg und Fortschritt von Mövenpick bei. Wir fördern unsere Mitarbeiter mit einem ganzheitlichen Personalmanagement und honorieren Spitzenleistungen. Was wir von unseren Mitarbeitern fordern, leben wir selber vor.

Fragen und Aufgaben

a) Eine Unternehmungsstrategie muss in inhaltlicher Hinsicht zu den fünf Themenkomplexen und den damit verbunden Fragestellungen Auskunft geben: Anspruchsgruppen, Leistungsangebot, Fokus der Wertschöpfung, Kooperationsfelder, Kernkompetenzen.
Analysieren Sie die Strategie von Mövenpick und zeigen Sie – bezogen auf diese fünf Themen – die Defizite auf.

b) Vervollständigen Sie diese Strategie, indem Sie zu den defizitären Aspekten betriebswirtschaftlich substanzielle Aussagen formulieren (vgl. dazu http://www.moevenpick.ch)

c) Durch welche Kernkompetenz bzw. Kernkompetenzen zeichnet sich die Mövenpick-Gruppe aus? (vgl. dazu http://www.moevenpick.ch)

Sie haben in diesem Kapitel ein so genanntes Management-Modell kennen gelernt. Worin besteht Ihrer Meinung nach der Nutzen eines solchen Modells? Was «kann» ein solches Modell, und was «kann es nicht»?

Aufgabe 7

Die normativen Grundlagen der unternehmerischen Tätigkeit

B 3

Peter Ulrich

Die alte Fiktion, «gute» Unternehmensführung sei eine wertfreie Sache der «reinen» betriebswirtschaftlichen Logik und sonst nichts, wird zunehmend widerlegt durch die Tatsache, dass unternehmerisches Handeln oft mitten im Brennpunkt gesellschaftlicher Wert- und Interessenkonflikte zwischen einer Vielzahl von Beteiligten und Betroffenen steht. Unternehmensleitungen sind heute gefordert, mit den entsprechenden unternehmensethischen Fragen ebenso rational umzugehen wie mit geschäftsstrategischen und operativen Fragen. Das setzt in erster Linie nicht Führungsinstrumente oder Patentrezepte voraus, sondern ein klares Verständnis der ethischen Grundlagen legitimen Unternehmertums. Die dafür benötigten Grundbegriffe und Grundkonzepte werden nachfolgend in knappstmöglicher Form präsentiert.

Die Unausweichlichkeit der normativen Orientierung des unternehmerischen Handelns

B 3.1

Was ist «gute» Unternehmensführung? Eine normative Orientierungsidee!

B 3.1.1

«*The business of business is business*» lautet eine bekannte rhetorische Formel: Geschäftsleute sollen sich ums Geschäft und sonst um nichts kümmern, dann dienen sie zugleich dem Gemeinwohl am besten. Die Formel enthält implizit eine Vorstellung von der gesellschaftlich richtigen Art unternehmerischen Handelns: Wer so denkt und redet, wird damit geltend machen wollen, dass gerade die Konzentration der Unternehmensführung auf die geschäftlichen Erfolgsziele im allgemeinen Interesse der Öffentlichkeit liege und deshalb eine gute Sache sei, zumindest unter den Wettbewerbsbedingungen einer funktionierenden Marktwirtschaft. Die zitierte Formel dient somit dazu, das «freie Unternehmertum» und das betriebswirtschaftliche Gewinnstreben *normativ* zu rechtfertigen (d.h. als eine Handlungsweise auszuzeichnen, die *geboten* ist, also so sein *soll*) – was sonst könnten Führungskräfte der Wirtschaft damit ausdrücken wollen, als dass sie trotz oder vielmehr gerade dank ihres «rein» betriebswirtschaftlichen Erfolgsstrebens auch moralisch mit sich «im Reinen» seien? Selbst diejenigen, die mit der zitierten Kurzformel signalisieren, dass sie andere als rein ökonomische Gesichtspunkte im Geschäftsleben für gänzlich überflüssig oder sogar für störend halten, erheben also einen *Legitimationsanspruch* vor sich selbst ebenso wie vor der Allgemeinheit, d.h. den Anspruch, dass die strikte Orientierung des unternehmerischen Handelns am «erwerbswirtschaftlichen Prinzip» (GUTENBERG 1983, 464ff.) oder «Gewinnprinzip» ethisch *berechtigt* ist.

Allerdings wird dieser Legitimationsanspruch (d.h. der Anspruch auf ethische Berechtigung) heute von immer mehr Menschen – innerhalb und vor allem außerhalb der Geschäftswelt – als problematisch wahrgenommen. Das hängt wohl in erster Linie mit der Erfahrung ungelöster, sich teilweise verschärfender *gesellschaftlicher Folgeprobleme* der marktwirtschaftlichen Dynamik zusammen (einige Stichworte dazu: immer steilere Einkommens- und Vermögensverteilung auf nationaler wie auf globaler Ebene, weltweit hohe Arbeitslosigkeit, Umweltbelastung durch Wirtschaftswachstum, wachsende Ohnmacht staatlicher Politik angesichts des internationalen «Standortwettbewerbs», aber auch sich aufdrängende Fragen nach dem Sinn unseres immer hektischeren Arbeits- und Lebensstils, der fortwährenden Konsumsteigerung usw.). An die Stelle des harmonistischen Glaubens an die «unsichtbare Hand» des Marktes (SMITH 1776/1978, 371), die vermeintlich von selbst die Gemeinwohldienlichkeit des privatwirtschaftlichen Erfolgsstrebens gewährleistet, tritt zunehmend das nüchterne Bewusstsein der vielschichtigen *gesellschaftlichen Konflikthaftigkeit marktwirtschaftlicher Prozesse.* Aus dieser Sicht stellt der Markterfolg zwar ein betriebswirtschaftlich notwendiges, aber noch kein hinreichendes normatives Kriterium «guter» Unternehmensführung dar.

Im lauter gewordenen Ruf nach *Wirtschafts- und Unternehmensethik* kommt der Anspruch mündiger Bürgerinnen und Bürger zum Ausdruck, dass in einer freiheitlich-demokratischen Gesellschaft der öffentliche Diskurs über begründbare normative Voraussetzungen und Formen, Möglichkeiten und Grenzen legitimen und sinnvollen privatwirtschaftlichen Erfolgsstrebens erforderlich ist. Diese normativen Grundfragen der unternehmerischen Tätigkeit können nicht mit vermeintlich «rein» betriebswirtschaftlichen Argumenten erledigt werden. Der springende Punkt ist: Wie immer wir uns zur zitierten *Business-of-Business*-Formel stellen, wir nehmen damit unausweichlich eine normative Position ein. Jede mögliche Stellungnahme dazu beruht auf tief verwurzelten wirtschaftsphilosophischen und -ethischen Hintergrundannahmen darüber,

- wie eine «gute» Wirtschafts- und Gesellschaftsordnung gestaltet sein soll (Ordnungsethik),
- welches die «richtige» gesellschaftliche Rolle und rechtliche Verfassung der Institution «Unternehmung» sein soll (Institutionenethik der Unternehmung) und
- was «gute» Unternehmensführung ausmacht (Unternehmensethik im engeren Sinne: Managementethik).

Man beachte also:

> Wir haben nicht die Wahl zwischen «ethikfreier» und ethisch orientierter Unternehmensführung, sondern nur die Wahl zwischen einem ideologisch voreingenommenen und einem vernunftgeleiteten, d.h. auf gute Gründe abstellenden Umgang mit den normativen Grundfragen der unternehmerischen Tätigkeit.

Zum Verhältnis zwischen betriebswirtschaftlicher und unternehmensethischer Perspektive

B 3.1.2

Was sind nun aber «gute Gründe» (vernünftige Argumente) zur Rechtfertigung einer bestimmten Praxis? Die Disziplin, die sich in allgemeiner Weise mit Fragen der *Begründung normativer Geltungsansprüche* befasst, ist die moderne Ethik. Diese versteht sich als eine philosophische Reflexions- und Argumentationsform, der es um *ethisch-praktische Vernunft* geht (Vernunftethik). Moderne Wirtschaftsethik ist dementsprechend als *Vernunftethik des Wirtschaftens* zu konzipieren; sie fragt nach den normativen Grundlagen vernünftigen Wirtschaftens in einem umfassenden Sinn.

Das mag zunächst etwas abstrakt klingen, ist aber bedeutsam für das Verständnis des (Spannungs-)Verhältnisses zwischen betriebswirtschaftlicher und unternehmensethischer Perspektive. Beide Perspektiven entfalten nämlich eine je verschiedene *Rationalitätsidee*, und beide erheben damit – implizit oder explizit – zugleich einen Geltungsanspruch als maßgeblicher normativer Orientierungsgesichtspunkt der Unternehmensführung. «Rationalität» bezeichnet ja stets eine Leitidee dahingehend, wie wir vernünftigerweise handeln *sollen.* Es gibt also überhaupt keinen ethisch neutralen, «rein betriebswirtschaftlichen Standpunkt», sondern nur verschiedene normative Standpunkte, von denen aus eine unternehmerische Praxis beurteilt werden kann. (→ **Abbildung 1**)

Ökonomische Rationalität	Ethische Vernunft
▼	▼
interessenbasiert (es zählt, was mir nützt)	gerechtigkeitsbasiert (es gilt, was legitim ist)
▼	▼
je private Erfolgsmaximierung	intersubjektive Verbindlichkeiten
▼	▼
vorteilsbedingte Kooperation zwischen eigennützigen, wechselseitig desinteressierten Individuen	unbedingte wechselseitige Achtung und Anerkennung der Individuen als Personen gleicher Würde
▼	▼
Vorteilstausch mit dem anderen ist nur Mittel der eigenen Erfolgssicherung	Respekt vor dem anderen ist Voraussetzung legitimen Erfolgsstrebens
▼	▼
Marktprinzip: normative Logik des Vorteilstausches	**Moralprinzip:** normative Logik der Zwischenmenschlichkeit

Abbildung 1
Ethische Vernunft
vs. ökonomische
Rationalität

- Die *ökonomische Rationalität* bringt die *normative Logik des Marktes* zur Geltung. Es ist dies die strikte Erfolgslogik des *Homo oeconomicus,* der alle Beziehungen zu anderen (Wirtschafts-)Subjekten allein unter dem Gesichtspunkt der eigenen Nutzen- oder Vorteilsmaximierung gestaltet. Seine Kooperationsbereitschaft bleibt daher stets (vorteils-)*bedingt,* hängt also davon ab, ob sie sich für ihn «rechnet». «Ins Geschäft» kommen *Homines oeconomici* miteinander nur über den *wechselseitigen Vorteilstausch,* wie er einem Tauschvertrag am Markt entspricht. Die Tauschbedingungen *(«terms of trade»)* hängen dabei von der relativen Wettbewerbsstärke und diese wiederum davon ab, wer über mehr «gefragte» Ressourcen oder Güter verfügt. Im freien Markt gilt insofern das «Recht» des wirtschaftlich Stärkeren; mit Gerechtigkeit im ethischen Sinne hat das Marktprinzip wenig zu tun.

- Die *ethische Vernunft* bringt die ganz andere *normative Logik der Zwischenmenschlichkeit* zur Geltung (P. ULRICH 2001, 23 ff.). Hier geht es im Kern gerade um die unbedingte wechselseitige Achtung und Anerkennung aller Menschen als Wesen gleicher Würde und mit gleichen unantastbaren Grundrechten. Daraus ergeben sich *moralische Verbindlichkeiten,* die aufgrund ihrer unbedingten – oder mit Immanuel KANT gesagt: kategorischen – Gültigkeit einen bloß instrumentellen, am eigenen Vorteil orientierten Umgang mit anderen Menschen ausschließen und uns zur wechselseitigen Anteilnahme (Mitgefühl), zum Respekt vor der Persönlichkeit des anderen (Würde, Identität und Autonomie der Person), zur Rücksichtnahme auf seine legitimen Ansprüche (moralische Rechte), zur Solidarität (der Stärkeren mit den Schwächeren) und zur gerechten Gestaltung der gesellschaftlichen Verhältnisse auffordern.

Das «Marktprinzip» kann also keinesfalls mit dem Moralprinzip gleichgesetzt werden. Es geht deshalb in der Wirtschaftsethik gerade um all jene Gesichtspunkte der Mit- oder Zwischenmenschlichkeit, die prinzipiell *Vorrang vor dem privaten Nutzen- oder Vorteilsstreben* und damit vor der «Moral des Marktes» verdienen. In allererster Linie ist es die Aufgabe der Ordnungspolitik, die *Rahmenordnung des Marktes* so zu gestalten, dass die An- und Abreize, welche die Preissignale des Marktes auf die wirtschaftlichen Akteure ausüben, möglichst lebens- und gesellschaftsdienlich (human-, sozial- und umweltverträglich) zur Wirkung kommen. Eine in diesem Sinn gute Rahmenordnung kann die Aufgabe einer ethisch orientierten, verantwortungsbewussten Unternehmensführung zwar erleichtern, aber niemals völlig ersetzen.

Die Unternehmung im Spannungsfeld zwischen marktwirtschaftlichem Wettbewerbsdruck und gesellschaftlichen Ansprüchen

B 3.2

Dass eine ökonomische «Rationalisierung» unternehmerischen Handelns nicht ausreicht, sondern auch dessen (unternehmens-)ethische Orientierung geboten ist, hängt zusammen mit dem Doppelcharakter der Unternehmung als *Subsystem des marktwirtschaftlichen Systems* einerseits und als *gesellschaftliche Institution*, deren Handeln die «Lebenswelt» vieler Menschen in vielfältigen Formen betrifft, andererseits. (→ **Abbildung 2**).

- Aus der «systemischen» Perspektive geht es um die *Selbstbehauptung* (das «Überleben») der Unternehmung im marktwirtschaftlichen Wettbewerb, d.h. um die Frage, wie sie ihre Wettbewerbsfähigkeit und damit ihre Existenz dauerhaft sichern *kann*. Dem entspricht die betriebswirtschaftliche Aufgabe, die Wirkungszusammenhänge alternativer Geschäftsstrategien und Managementmethoden im Hinblick auf die Sicherung ihres Markterfolgs zu analysieren und zu gestalten. Es geht hier, kurz gesagt, um die *funktionalen* Erfolgsvoraussetzungen («Welche Strategien und Methoden funktionieren als Mittel der Erfolgssicherung?»).
- Aus der «lebensweltlichen» Perspektive geht es um die *Lebensdienlichkeit* der unternehmerischen Wertschöpfung, d.h. um die Frage, welche lebenspraktischen *Werte* die Unternehmung angesichts vielfältiger Wert- und Interessenkonflikte für wen schaffen *will* und welche *normativen Grundsätze* sie dabei im Hinblick auf die Verant-

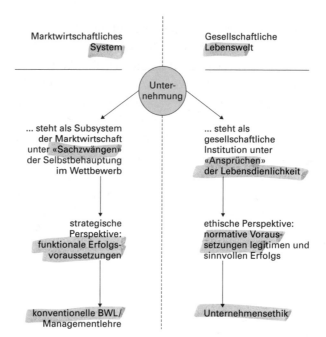

Abbildung 2
Die Unternehmung
in systemischer
und lebensweltlicher
Perspektive

wortbarkeit der Nebenfolgen des unternehmerischen Erfolgsstrebens gegenüber allen Betroffenen beachten soll (zur näheren Erläuterung dieser Unterscheidung vgl. →**Teil FI 1** Normative Orientierungsprozesse). Daraus ergibt sich die unternehmensethische Aufgabe, die Sinnzusammenhänge und Legitimitätsgrundlagen der Unternehmungspolitik zu reflektieren und zu begründen («An welchen Wertideen und normativen Grundsätzen soll und will sich die Unternehmung in ihrem Geschäftsgebaren orientieren?»).

In der zweitgenannten Perspektive stellt sich zunächst die Frage, gegenüber wem die Unternehmungsleitung konkret ver-*antwort*-lich ist, d.h. ihr Handeln zu rechtfertigen hat: nur gegenüber ihren Eigentümern, wie es gesellschaftsrechtlich festgelegt ist (im Falle der Aktiengesellschaft also: gegenüber den *Shareholdern*), oder auch gegenüber anderen Bezugs- oder Anspruchsgruppen (den *Stakeholdern*)? Aus unternehmensethischer Sicht ist die grundsätzliche Antwort ziemlich klar: Die ethische Verantwortung (engl.: *Responsibility*) eines Handlungsträgers erschöpft sich niemals in der Wahrnehmung der eigentumsrechtlich definierten Verantwortlichkeit (engl.: *Accountability*), sondern erstreckt sich auf die gesamten Folgen seines Handelns. Es kommt darauf an, die *legitimen Ansprüche* – und das heißt nichts anderes als: die moralischen Rechte – aller Betroffenen, selbstverständlich auch jene der Eigentümer, gleichermaßen zu wahren. Der Shareholder-Value-Ansatz müsste somit, wenn er als legitim gelten soll, nachweisen können, dass mittels der strikten Orientierung der Unternehmensführung an den Eigentümerinteressen zugleich die legitimen Ansprüche aller Beteiligten und Betroffenen erfüllt werden. Wer also hat legitime «Ansprüche» an die Unternehmung zu stellen? Oder mit anderen Worten: Welche «Anspruchsgruppen» sind als *Stakeholder* der Unternehmung anzuerkennen? Die Antwort auf diese entscheidende Frage hängt zum Ersten vom Ergebnis der unternehmensethischen Durchleuchtung des Shareholder-Value-Konzepts und zum Zweiten von der genauen Interpretation des Stakeholder-Ansatzes ab.

Kritik des Shareholder-Value-Konzepts aus unternehmensethischer Sicht

B 3.2.1

Im Zuge der weltweiten Ausbreitung des angelsächsischen Verständnisses von («reiner» statt «rheinischer») Marktwirtschaft ist die Orientierung an der Maximierung des Kapitalwerts der Unternehmung auch in Europa zum vorherrschenden unternehmerischen Zielkonzept geworden. Gegenüber dem einfachen «Gewinnprinzip», das sich an der Maximierung des in der Erfolgsrechnung ausgewiesenen (Jahres- oder sogar Quartals-) Gewinns orientiert, zielt das *Shareholder-Value-Konzept* (Rappaport 1995) auf die «nachhaltige» Steigerung des inneren Unternehmenswerts im Sinne des gesamten zukünftigen Ertragspotenzials. Damit kommt eine *langfristökonomische* Perspektive ins Spiel; ihr wird nun die Funktion der Harmonisierung aller Shareholder- und Stakeholder-Interessen und somit der Legitimation des Konzepts zugeschrieben. Es wird nämlich argumentiert, die Ertragskraft der Unternehmung könne *dauerhaft* nur gesteigert oder «optimiert» werden, wenn zugleich die Interessen aller anderen Stakeholder – insbesondere der Kunden, der Mitarbeiter, der Lieferanten und der Allgemeinheit – angemessen berücksichtigt würden.

Dies ist jedoch kein ethisches (Legitimations-), sondern ein strategisches (Klugheits-)Argument, denn dabei zählt nicht der Eigenwert legitimer Ansprüche an das unternehmerische Handeln, sondern allein ihr *instrumenteller* Wert als Mittel zur Steigerung des Shareholder-Value. «Ethik» ist in diesem Denkmuster nichts anderes als eine Investition in zukünftigen Unternehmenserfolg; die Rücksichtnahme auf andere Gesichtspunkte bleibt (vorteils-)*bedingt* (→ **Abschnitt B 3.1.2** dieses Kapitels). Was aber, wenn sich die Rücksichtnahme auf legitime Ansprüche Betroffener auch längerfristig nicht «rechnet»? Dann kommt es eben gerade darauf an, deren moralische Rechte *unbedingt*, vor jedem Kosten-Nutzen-Kalkül *um ihrer selbst willen* zu beachten! Doch die Shareholder-

Value-Doktrin hat sich prinzipiell dagegen entschieden, die Shareholder-Interessen zur Disposition zu stellen, d.h. auch nur die Möglichkeit des Vorrangs anderer Wertgesichtspunkte oder Ansprüche situativ zu erwägen, soweit deren Berücksichtigung nicht gesetzlich vorgeschrieben ist. Die Shareholder-Value-Doktrin verträgt sich also gerade nicht mit dem unternehmensethischen Legitimationsanspruch – die ethische Neutralisierung des interessenparteilichen «Gewinnprinzips» kann auch durch seine langfristökonomische Präzisierung nicht gelingen (vgl. im Einzelnen P. ULRICH 1999; DERS., 2001, 397ff.).

Daraus ergibt sich folgendes Zwischenfazit:

Strikte Gewinn- oder Ertragswertmaximierung kann prinzipiell keine legitime unternehmerische Handlungsorientierung sein, denn sie bedeutet ja, dass ihr alle konfligierenden Wertgesichtspunkte oder Ansprüche unbesehen untergeordnet werden. *Legitimes* Erfolgsstreben ist gerade umgekehrt *ethisch (selbst-)begrenztes* Erfolgsstreben; es beruht auf der prinzipiellen Anerkennung des Vorrangs der Wahrung der moralischen Rechte aller Betroffenen vor dem Ziel der Steigerung des Gewinns oder des Shareholder-Values.

Erneut zeigt sich also: In der Unternehmensethik geht es gerade darum, in unparteilicher Weise zu prüfen, was aus ethischer Sicht Vorrang vor dem Gewinnstreben verdient. Dieses ist nur *ein* Wertgesichtspunkt der unternehmerischen «Wertschöpfung» neben anderen; und als solcher ist es – wie auch alle anderen «gegebenen» Interessen – *Gegenstand* der unternehmensethischen Reflexion, nicht selbst schon das ethisch begründbare *Kriterium* «guter» Unternehmensführung (als vermeintliches «Gewinnprinzip»). Es führt somit kein Weg an der Aufgabe der Unternehmensleitung vorbei, alle Stakeholder-Ansprüche konkret auf ihre Berechtigung hin zu überprüfen und sie, soweit sie untereinander konfligieren, nach Maßgabe ihres ethischen Eigenwerts zu berücksichtigen.

Unternehmensethische Präzisierung des Stakeholder-Konzepts

Mit dem Stakeholder-Ansatz (FREEMAN 1984) – im deutschsprachigen Raum seit Jahrzehnten als «Anspruchsgruppenkonzept» der Unternehmung bekannt – wird grundsätzlich dem Sachverhalt Rechnung getragen, dass die Unternehmung als *gesellschaftliche Institution* sozioökonomische Funktionen für eine Vielzahl von Bezugsgruppen erfüllt und daher oft mitten im Brennpunkt gesellschaftlicher Wert- und Interessenkonflikte steht. Diese Konflikte drehen sich teils um sich entgegenstehende, eigennützige *Interessen* der Beteiligten, teils aber durchaus auch um ideelle *Anliegen*, die engagierte Gruppen zugunsten der Allgemeinheit vertreten (zum Beispiel Umweltschutz, Menschenrechte und humanitäre Anliegen, soziale Gerechtigkeit und Solidarität, Unterstützung von entwicklungspolitischen Projekten usw.). Warum aber sollte sich eine Unternehmensleitung überhaupt auf solche *Interaktionsthemen* einlassen?

Den beiden oben unterschiedenen, grundlegenden Perspektiven der Unternehmung entsprechend, sind prinzipiell immer zwei Arten von Antworten auf derartige Fragen möglich:

- *Unternehmensstrategische Antwort:* Einerseits kann sich bei näherem Hinsehen die Rücksichtnahme auf die Anliegen und Interessen Dritter als *nützlich* für die Erfüllung der Aufgabe der unternehmerischen Erfolgssicherung erweisen. Sie entspricht in diesem Fall also dem wohlverstandenen Eigeninteresse der Unternehmung. Dies ist dann der Fall, wenn eine Anspruchsgruppe über *Ressourcen* im weitesten Sinn des Begriffs verfügt, welche die Unternehmung für die Herstellung und Bereitstellung ihrer Marktleistungen benötigt (Finanz-, Real- und Humankapital; natürliche Ressourcen und produzierte Vorleistungen; Know-how, Rechte und Reputation). Je weniger substituierbar (ersetzbar) und damit je knapper solche benötigten Ressourcen aus Sicht der Unternehmung sind, umso größer ist tendenziell ihre Abhängigkeit von der Kooperationsbereitschaft der über sie verfügenden Anspruchsgruppen und umso größer ist deren Macht, die Zurverfügungstellung dieser Ressourcen von Gegenleistungen abhängig zu machen (Ressourcenabhängigkeits-Theorem; vgl. PFEFFER/SALANCIK 1978).

- *Unternehmensethische Antwort:* Andererseits kommt die Unternehmensleitung nach einer Reflexion über die Legitimität (Berechtigung) bestimmter Ansprüche an die Unternehmung möglicherweise zur Einsicht, dass diese *legitim* sind und deshalb um ihrer selbst willen

Rücksichtnahme verdienen. Ob und wie weit dies so beurteilt wird, hängt wesentlich von den persönlichen *Wertvorstellungen* und den zugrunde gelegten gesellschaftlichen *Normen* ab. Dabei sind Wertvorstellungen Ausdruck subjektiver Urteile oder Präferenzen und als solche innerhalb der geltenden Normen einer freiheitlich-demokratischen Gesellschaft freigestellt. Diese Normen selbst stellen hingegen moralische oder rechtliche Verbindlichkeiten dar, deren Missachtung oder Verletzung von den meisten Gesellschaftsmitgliedern in der Regel nicht toleriert und daher in der einen oder anderen Form sanktioniert wird. Welche normativen Grundsätze und subjektiven Wertvorstellungen das unternehmerische Handeln leiten sollen, ist aus ethischer Sicht jedoch nicht allein eine Frage der vorgefundenen, tradierten Normen und Wertvorstellungen, sondern bedarf stets der verantwortungsbewussten Begründung.

Mit der zweiten Perspektive kommt ein anderes Rollenverständnis der Unternehmung zum Tragen: Sie wird nicht mehr nur als private Kapitalverwertungsveranstaltung der Eigentümer, sondern als multifunktionale, *quasi-öffentliche Wertschöpfungsveranstaltung* begriffen, deren Handeln grundsätzlich gegenüber allen Beteiligten und Betroffenen legitimationsbedürftig ist (P. Ulrich 1977; P. Ulrich/Fluri 1995, 60ff.).

Häufig wird aber übersehen, dass auch das Stakeholder-Konzept nicht ohne weiteres unternehmensethisch gehaltvoll ist. Es lässt nämlich, solange es nicht präziser bestimmt wird, wiederum die zwei Lesarten als strategisches oder als normativ-kritisches (ethisches) Konzept offen:

- Im *strategischen* Stakeholder-Konzept, wie es von R. E. Freeman (1984) dargestellt und in der Managementlehre breit rezipiert worden ist, werden als Stakeholder alle Gruppen bezeichnet, die ein (aktuell wirksames oder latentes) *Einflusspotenzial* gegenüber der Unternehmung haben, sei es aufgrund ihrer Verfügungsmacht über knappe Ressourcen, die diese benötigt, oder aufgrund ihrer Sanktionsmacht (Drohpotenzial, der Firma direkt oder indirekt Schaden zuzufügen), falls sich die Unternehmung ihren Ansprüchen nicht beugt. Die Unternehmensleitung wird daher den Forderungen dieser strategisch «relevanten» Stakeholder so weit und nur so weit entsprechen, wie es zur Aufrechterhaltung ihrer Kooperationsbereitschaft erforderlich ist (Geldgeber, Mitarbeiter, Lieferanten usw.) oder der *Akzeptanz- und Reputationssicherung* (bei Kunden, Anwohnern und allgemeiner Öffentlichkeit) dient. Dabei werden in einer engeren Variante des strategischen Stakeholder-Konzepts nur jene Ansprüche als «relevant» betrachtet, deren Träger über aktuell *wirksame Macht* gegenüber der

Unternehmung verfügen. In einer umfassenderen Variante werden demgegenüber alle Gruppen berücksichtigt, die vom unternehmerischen Handeln unmittelbar oder mittelbar *betroffen* sind, auch wenn sie aktuell nicht in der Lage sind, ihre Interessen oder Anliegen gegenüber der Unternehmung wirkungsvoll zur Geltung zu bringen; es könnte nämlich sein, dass sie über empirisch noch nicht manifeste, jedoch *latente Machtpotenziale* verfügen, die sie eines Tages mobilisieren und einsetzen werden.

- Im *normativ-kritischen* Stakeholder-Konzept werden dagegen alle jene Gruppen als Stakeholder bezeichnet, die gegenüber der Unternehmung *legitime Ansprüche* haben, seien dies spezielle Rechte aus vertraglichen Vereinbarungen (Arbeits-, Kooperations-, Werk- oder Kaufvertrag) oder allgemeine moralische Rechte (Persönlichkeits- und Bürgerrechte). Hier geht es nicht darum, wer wirkungsmächtige Ansprüche erheben *kann*, sondern allein darum, welche Ansprüche um ihrer selbst willen berechtigt sind und daher berücksichtigt werden *sollen*, unabhängig davon, ob sich das erfolgsstrategisch auszahlt oder nicht (vgl. im Einzelnen P. ULRICH 2001, 438ff.). In einer engeren Variante des normativ-kritischen Konzepts gelten als Stakeholder nur die Vertragspartner und andere vom unternehmerischen Handeln unmittelbar *Betroffene*. In einer umfassenderen Variante wird darüber hinaus prinzipiell jeder mündigen Person das Recht zuerkannt, die Unternehmung hinsichtlich der moralischen Berechtigung ihres Tuns kritisch «anzusprechen». In dieser Perspektive ist eine abschließende Aufzählung der Stakeholder nicht mehr möglich, vielmehr sind «Stakeholder» dann nichts anderes als jene Teile der *kritischen Öffentlichkeit* einer offenen, freiheitlich-demokratischen Gesellschaft, die aktuell «Ansprüche» an eine Unternehmung richten. (Auf die besondere Rolle der allgemeinen Öffentlichkeit kommen wir unten in → **Abschnitt B 3.3** noch zurück.)

Auf dem Hintergrund dieser Unterscheidung wird überhaupt erst klar, wie die viel zitierte Standarddefinition eines Stakeholders nach R. E. FREEMAN (1984, 46) genau zu verstehen ist: «A stakeholder in an organization is (by definition) any group or individual *who can affect or is affected* by the achievement of the organization's objectives» (Hervorhebung P. U.). Entgegen dem ersten Eindruck steht der Einbezug aller Betroffenen (*«who is affected»*) hier keineswegs für die unternehmensethische, sondern bloß für die unternehmensstrategische Perspektive in ihrer umfassenden Variante! FREEMAN verdeutlicht das, indem er in Form eines Risikokalküls argumentiert: «Groups which 20 years ago had no effect on the actions of the firm, can affect it today, largely because of the actions of the firm which ignored the effects on these groups. Thus, by calling those affected groups ‹stakeholders›, the ensuing strategic management model will be sensitive to future change, and able to turn new ‹external changes› into internal changes.» Dieses strategische Klugheitsargument hat mit einer ethischen Sensibilisierung der Unternehmensleitung nichts zu tun. Der Zusatz in FREEMANS zitierter Definition *(«... or is affected»)* dient nur scheinbar ihrer unternehmensethischen Entproblematisierung. Der Gesichtspunkt der Legitimität spielt in seinem Konzept keine Rolle. So ist, wie FREEMAN (1984, 53) ausdrücklich erwähnt, nach seiner Definition selbst eine Terroristengruppe (!) durchaus zu den Stakeholdern zu zählen, falls sie strategischen Einfluss auf das Management nehmen kann. Hingegen bleiben all jene, die von bestimmten Folgen unternehmerischer Handlungen oder Unterlassungen negativ betroffen sind, jedoch über kein Einflusspotenzial verfügen, um sich dagegen zu wehren, außerhalb der strategischen Betrachtung – es sei denn, es müsste ihnen ein latentes, längerfristig wahrscheinlich manifest werdendes Machtpotenzial zugesprochen werden, mit dem sie später «zurückschlagen» könnten. Wie GOODPASTER (1991, 59) treffend bemerkt hat, hätte FREEMAN daher schlicht formulieren können, der (strategische) Stakeholder-Ansatz berücksichtige alle «who can actually *or potentially* affect the company».

Die Unschärfe in FREEMANS Standarddefinition hat leider viel zur Verwischung der kategorialen Differenzen zwischen dem strategischen und dem normativ-kritischen Stakeholder-Konzept beigetragen. Die beiden Konzepte führen jedoch zu sehr unterschiedlichen Abgrenzungen und Gewichtungen der unternehmenspolitisch berücksichtigten Ansprüche und Interessen. Gleichwohl wäre es ein Missverständnis, mit dem normativ-kritischen Stakeholder-Konzept die Vorstellung zu verbinden, dass dieses im Unterschied zum strategischen Konzept in jedem Fall «auf Kosten» der Shareholder oder gar der Selbstbehauptung der Unternehmung im Markt gehen müsse. Dagegen sprechen zwei Überlegungen:

- Erstens haben aus einer unparteilichen Perspektive, um die es im normativ-kritischen Konzept ja geht, selbstverständlich *auch die Kapitaleigentümer legitime Ansprüche* auf eine angemessene Entschädigung (Rendite oder Verzinsung) ihres Kapitaleinsatzes. Die Berücksichtigung der Ansprüche anderer Stakeholder muss folglich auch ihnen gegenüber *zumutbar sein.* Zwischen den Postulaten der Verantwortbarkeit des unternehmerischen Handelns gegenüber allen Betroffenen und der Zumutbarkeit von deren Ansprüchen gegenüber den Handlungsträgern besteht eine faire Symmetrie (vgl. P. ULRICH 2001, 156 ff.).

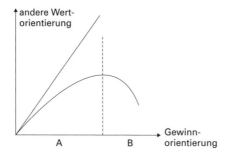

Abbildung 3
Wechselbeziehung
zwischen Gewinn-
orientierung
und anderen Wert-
orientierungen

- Zweitens bestehen zwischen den verschiedenen Stakeholder- und Shareholder-Ansprüchen in der Regel nur partielle Konflikte. Andersherum gesagt, ist zwischen ihnen normalerweise durchaus eine *partielle Harmonie* realisierbar. Denn für die Erfüllung der meisten Ansprüche ist ja die Selbstbehauptung der Unternehmung im Markt immer schon Voraussetzung (Bereich A in → **Abbildung 3**). Nur das Ziel der Gewinn- oder Shareholder-Value-*Maximierung* gerät bei strikter Verfolgung unweigerlich in Konflikt zu anderen Wertgesichtspunkten bzw. Anliegen und Interessen von Stakeholdern (Bereich B in → **Abbildung 3**). Solange hingegen die Unternehmensleitung nicht einseitige (eigene oder fremde) Partikulärinteressen einzelner Stakeholder vertritt, sondern auf der Basis legitimer Geschäftsgrundsätze für die nachhaltige Existenz- und Erfolgssicherung der Unternehmung eintritt, befindet sie sich auch aus unternehmensethischer Perspektive durchaus in einer vergleichsweise starken Argumentationsposition, da sie ja auf die notwendige Selbstbehauptung der Unternehmung im Markt als Voraussetzung einer ausgewogenen, fairen Erfüllung der vielfältigen Stakeholder-Ansprüche verweisen kann.

Es gibt also keinen guten Grund, weshalb eine verantwortungsbewusste Unternehmensleitung sich gegen einen unternehmensethisch aufgeklärten Umgang mit den verschiedenen Stakeholder-Ansprüchen stellen müsste; vielmehr darf und soll sie ihre buchstäblich anspruchsvolle professionelle Aufgabe darin erkennen, die erfolgreiche unternehmerische Selbstbehauptung im Markt in einer gegenüber allen Beteiligten und Betroffenen gleichermaßen vertretbaren Weise anzustreben. Das macht die unternehmerische Aufgabe im Vergleich zu einer rein markterfolgs-orientierten Perspektive zwar gewiss nicht einfacher, aber dafür gesellschaftlich sinnvoller und für die Führungskräfte letztlich wohl auch persönlich erfüllender.

B 3.3   Die kritische Öffentlichkeit als ideeller «Ort» der unternehmensethischen Legitimation

Wie schon erwähnt, wird im ethisch interpretierten, kritisch-normativen Stakeholder-Konzept letztlich jeder mündigen Person das Recht zuerkannt, die Unternehmungsleitung hinsichtlich der Legitimität des unternehmerischen Handelns kritisch «anzusprechen» und von ihr eine öffentliche Begründung fraglicher Handlungsweisen zu verlangen. Stakeholder sind dann nichts anderes als all jene Teile der kritischen Öffentlichkeit einer freiheitlich-demokratischen Gesellschaft, die aktuell Legitimationsansprüche an die Unternehmung richten und mit der Unternehmensleitung in einen Bürgerdialog treten möchten. Selbstverständlich haben dabei alle Anspruchsgruppen ihre Ansprüche genauso öffentlich zu begründen und zur Disposition zu stellen, wie sie das von der Unternehmung bei der Rechtfertigung ihres Tuns erwarten. In dieser «Fähigkeit der Publizität» (KANT 1982a, 244), das heißt der Vertretbarkeit vor und gegenüber jedermann, ist das ethische Kriterium der Unparteilichkeit (Verallgemeinerungsfähigkeit) von Ansprüchen zu erkennen, anhand deren Legitimierbarkeit argumentativ geprüft werden kann.

Die *allgemeine Öffentlichkeit* aller mündigen (Welt-)Bürger ist daher in einer offenen Gesellschaft der *ideelle Ort der Legitimation* sowohl aller Stakeholder-Ansprüche als auch des unternehmerischen Handelns. Vom «ideellen Ort» ist die Rede, weil «Öffentlichkeit» hier eine regulative Idee ist, wie die Philosophen sagen, das heißt: nichts empirisch Vorfindbares oder pragmatisch Machbares, sondern eine nur annäherungsweise realisierbare normative Orientierungsidee. Diese Leitidee hat KANT (1982b, 55) auf die berühmte Formel des «öffentlichen Vernunftgebrauchs» gebracht und als das Prinzip der legitimen politischen Willensbildung unter freien und sich wechselseitig als gleichberechtigt anerkennenden Bürgern begriffen. Die so verstandene kritische Öffentlichkeit – man spricht bisweilen auch von der vierten Gewalt in einer Demokratie (neben Legislative, Exekutive und Judikative) – darf mit der empirisch vorzufindenden «öffentlichen Meinung» oder gar mit der von den Medien «veröffentlichten Meinung» keinesfalls gleichgesetzt werden.

> Die normative Orientierung der Unternehmensführung lässt sich nicht in eine «Privatmoral» der Geschäftsleitung einschließen; ideeller Ort der unternehmensethischen Legitimation ist in einer offenen Gesellschaft vielmehr die kritische Öffentlichkeit aller legitimationsinteressierten Bürger.

Für das Stakeholder-Konzept der Unternehmung ergibt sich daraus eine wichtige Konsequenz: Wenn die kritische Öffentlichkeit *(general public)* den ideellen Ort der unternehmensethischen Legitimation darstellt, kann sie nicht einfach als eine Anspruchsgruppe *neben* anderen und damit als eine *special interest group* aufgefasst werden – vielmehr haben sich alle Stakeholder (inklusive des Managements selbst) der Legitimitätsprüfung ihrer Ansprüche *in* der öffentlichen Debatte mündiger Bürger und damit vor der kritischen Öffentlichkeit zu unterziehen. Allerdings ist es auch möglich, dass die herrschende öffentliche Meinung von einflussreichen *special interest groups* für ihre Partikulärinteressen instrumentalisiert wird und selbst der Kritik und Aufklärung im «öffentlichen Vernunftgebrauch» bedarf. Außerdem kann die Unternehmensleitung in *strategischer* Perspektive die öffentliche Meinung einkalkulieren, *als ob* es sich gleichsam um einen Stakeholder handle, der über die wertvolle Ressourcen «Akzeptanz» und «Reputationsentzug» verfügt.

Unternehmensleitungen sind aber gut beraten, ihre *prinzipielle Legitimationspflicht* vor der allgemeinen Öffentlichkeit aller mündigen Bürger anzuerkennen und ernst zu nehmen. Denn diese bilden in einer freiheitlich-demokratischen Gesellschaft den «Souverän», der den Unternehmen ihre legitimen Freiräume privatwirtschaftlicher Tätigkeit gewährt, ihnen also ihre ideelle «licence to operate» erteilt. Zu bestimmen und abzugrenzen, was in einer solchen Gesellschaft «privater» Entscheidung überlassen bleiben soll und was nicht, bleibt selbst immer eine öffentliche, eminent politische Angelegenheit. Was die gesellschaftliche Rolle der Unternehmungen sein soll, ist stets Ausdruck eines politisch-philosophischen Leitbilds von der «richtigen» Wirtschafts- und Gesellschaftsordnung. Und daraus bestimmen sich letztlich die normativen Kriterien «guter» Unternehmensführung: *The business of business is not only business.*

Der Frage, wie das hier entwickelte, ethisch basierte Verständnis der unternehmerischen Tätigkeit im Geschäftsalltag zum Tragen kommen kann, wird im → **Kapitel FI1** Normative Orientierungsprozesse nachgegangen.

Literatur

FREEMAN, R. E. (1984). *Strategic Management: A Stakeholder Approach*. Boston: Pitman.

GOODPASTER, K. E. (1991). Business Ethics and Stakeholder Analysis. In: *Business Ethics Quarterly* 1, No. 1: 55–71.

GUTENBERG, E. (1983): *Grundlagen der Betriebswirtschaftslehre*, 1.Bd.: *Die Produktion*. 24. Auflage. Berlin: Springer.

KANT, I. (1982a). Zum ewigen Frieden. Ein philosophischer Entwurf (1795). In: *Immanuel Kant Werkausgabe*, Bd. XI (S. 193–251). Hrsg. v. W. WEISCHEDEL (6. Auflage). Frankfurt a. M.: Suhrkamp.

KANT, I. (1982b). Beantwortung der Frage: Was ist Aufklärung? (1784). In: *Immanuel Kant Werkausgabe*, Bd. XI (S. 51–61). Hrsg. v. W. WEISCHEDEL (6. Aufl). Frankfurt a. M.: Suhrkamp.

PFEFFER, J. / SALANCIK, G. R. (1978). *The External Control of Organizations. A Resource Dependence Perspective*. New York: Harper & Row.

RAPPAPORT, A. (1995). *Shareholder Value. Wertsteigerung als Maßstab für die Unternehmensführung*. Stuttgart: Schäffer-Poeschel [engl. 1986].

SMITH, A. (1978). *Der Wohlstand der Nationen*. Hrsg. v. H. C. RECKENWALD. München: dtv [engl. Orig. 1776].

ULRICH, P. (1977): *Die Großunternehmung als quasi-öffentliche Institution. Eine politische Theorie der Unternehmung*. Stuttgart: Schäffer-Poeschel.

ULRICH, P. (1999): Was ist «gute» Unternehmensführung? Reflexionen zu den normativen Grundlagen ethisch bewussten Managements. In: P. GOMEZ / G. MÜLLER-STEWENS / J. RÜEGG-STÜRM (Hrsg.). *Entwicklungsperspektiven einer integrierten Managementlehre* (S. 225–253). Bern: Haupt.

ULRICH, P. (2001): *Integrative Wirtschaftsethik. Grundlagen einer lebensdienlichen Ökonomie* (3. Aufl.). Bern: Haupt.

ULRICH, P. / FLURI, E. (1995): *Management. Eine konzentrierte Einführung* (7. Aufl.). Bern: Haupt.

Glossar

Ethik

Moderne Ethik ist eine philosophische Teildisziplin, die sich im Kern mit den Problemen der unparteilichen, vernünftigen Begründung von moralischen Ansprüchen an menschliches Tun befasst. Sie liefert im Unterschied zu vormodernen, autoritativen Morallehren nicht unmittelbar «feste Werte», sondern betreibt in methodischer Weise die kritische Reflexion vorgefundener moralischer Ansprüche vom formalen Vernunftstandpunkt der Moral («Moralprinzip») aus. Dieser bezieht sich auf die wechselseitige Achtung und Anerkennung der Menschen als Wesen gleicher Würde, also auf die «normative Logik der Zwischenmenschlichkeit» (P. Ulrich 2001, 23ff.). So verstandene Vernunftethik dient der autonomen (selbstbestimmten) normativen Orientierung (Normen) freier und mündiger Personen hinsichtlich ihres Entwurfs des guten Lebens, des gerechten Zusammenlebens mit anderen und des verantwortlichen Handelns.

Legitimation

Ethische Legitimation meint die Berechtigung erhobener Geltungsansprüche, einer Handlungsweise oder einer gesellschaftlichen Handlungsregel im Lichte des Moralprinzips (Ethik) und damit deren unparteiliche Vertretbarkeit gegenüber allen Betroffenen. Legitimität beruht also auf ethisch guten Gründen. Sie ist einerseits von bloßer Legalität (Einhaltung geltender Gesetze) und andererseits von bloßer Akzeptanz (faktische Anerkennung seitens der Betroffenen oder der allgemeinen Öffentlichkeit) zu unterscheiden.

Normen

Normen sind soziale Geltungsansprüche, die in einer Gesellschaft oder in einem Gesellschaftsbereich als verbindlich angesehen werden und an denen sich deshalb das Tun der Menschen orientieren soll. Ob diese Geltungs- und Verbindlichkeitsansprüche gut begründet sind oder nicht, bleibt unbestimmt und ist Gegenstand ethischer Reflexion.

Aufgaben

Aufgabe 1
Eine weit verbreitete Ansicht von Unternehmungsführung lässt sich mit dem Slogan *«The business of business is business – and nothing else»* umschreiben. Damit ist die Meinung verbunden, dass mit der Erwirtschaftung von Gewinn gleichzeitig auch schon den Interessen der Öffentlichkeit Rechnung getragen werde. Deshalb habe sich die Unternehmungsführung auf geschäftliche Erfolgsziele zu konzentrieren.

Wie beurteilen Sie diese These aus wirtschaftsethischer Perspektive?

Aufgabe 2
Für die Studentenzeitschrift *Prisma* werden Sie angefragt, ob Sie einen Kurzartikel zum Thema «Wirtschaftsethik» verfassen könnten. Mit der Redakteurin einigen Sie sich auf den folgenden Titel: «Ethikfreie oder ethisch orientierte Unternehmungsführung?»

Verfassen Sie einen einseitigen Kurzartikel und illustrieren Sie Ihre Aussagen anhand von Beispielen.

Aufgabe 3
In einer Fernsehdiskussion argumentiert ein mittelständischer Unternehmer auf den Vorwurf, dass der Shareholder-Value-Gedanke immer mehr um sich greife, wie folgt:

«Es ist leider eine kaum bestreitbare Tatsache, dass so manche Unternehmer der Wirtschaft mit ihrem egoistischen und nur geldwertorientierten Denken schaden. Allerdings gilt es zu differenzieren: Nicht alle Unternehmer sind in die gleiche Ecke zu stellen. Ich kenne viele Unternehmer, die sich dem Stakeholder-Konzept verpflichtet fühlen. Sie sponsern beispielsweise Kultur- und Sportveranstaltungen und geben einen Teil ihres Gewinns in der Form einer Mitarbeiterbeteiligung an ihre Angestellten weiter; viele, insbesondere große Unternehmen haben in der Zwischenzeit Kinderhorte eingerichtet, um Müttern die Möglichkeit zu geben, ihre Erwerbstätigkeit wieder aufzunehmen, was insbesondere beim gegenwärtig ausgetrockneten Arbeitsmarkt im Interesse aller ist. Andere Unternehmer führen ihren Betrieb ökologisch, wobei nicht wenige im Sinne einer Selbstverpflichtung sogar über den gesetzlichen Mindeststandard hinausgehen, soweit sich das rechnet.»

Im Lehrbuch wird zwischen dem strategischen oder dem normativ-kritischen Stakeholder-Konzept unterschieden. Welches dieser beiden vertritt dieser Unternehmer?

Im Lehrbuchtext ist eingangs folgende Aussage zu finden:

Aufgabe 4

«Die alte Fiktion, ‹gute› Unternehmungsführung sei eine wertfreie Sache der ‹reinen› betriebswirtschaftlichen Logik und sonst nichts, wird zunehmend widerlegt durch die Tatsache, dass unternehmerisches Handeln oft mitten im Brennpunkt gesellschaftlicher Wert- und Interessenkonflikte zwischen einer Vielzahl von Beteiligten und Betroffenen steht.»

Aufgaben:

- Zeigen Sie anhand eines unternehmerischen Problems oder einer schwierigen betrieblichen Entscheidungssituation auf, was mit dieser Aussage gemeint ist (Beispiel: Mitarbeiterentlassungen aufgrund von Produktivitätsfortschritten und zunehmendem Kostendruck).
- Welche Anspruchsgruppen sind bei dem von Ihnen gewählten Problem beteiligt? Welche Forderungen machen sie geltend?
- Analysieren Sie die Konflikte zwischen den Anspruchsgruppen im gewählten Problembeispiel.

Im Lehrbuch finden Sie folgende Aussage:

Aufgabe 5

«Die ethische Vernunft bringt die [...] normative Logik der Zwischenmenschlichkeit zur Geltung. Hier geht es im Kern gerade um die unbedingte wechselseitige Achtung und Anerkennung aller Menschen als Wesen gleicher Würde und mit gleichen unantastbaren Grundrechten. Daraus ergeben sich moralische Verbindlichkeiten, die aufgrund ihrer unbedingten Gültigkeit [...] uns zur wechselseitigen Anteilnahme (Mitgefühl), zum Respekt vor der Persönlichkeit des anderen (Würde, Identität und Autonomie der Person), zur Rücksichtnahme auf seine legitimen Ansprüche (moralische Rechte), zur Solidarität (der Stärkeren mit den Schwächeren) und zur gerechten Gestaltung der gesellschaftlichen Verhältnisse auffordern.»

Aufgaben:

- Erläutern Sie, inwiefern dieser vernunftethische Gesichtspunkt zu einer rein ökonomischen Perspektive «rationalen» Wirtschaftens in einem Spannungsverhältnis steht.
- Sie lesen in einer Zeitung folgende These: «Weil Unternehmer vielfach im harten internationalen Wettbewerb mit schwierigen Sachzwängen konfrontiert sind, können sie die unbedingte Achtung und Anerkennung des Menschen – zum Beispiel mittels guter Arbeitsbedingungen und sozialer Standards – nicht immer umsetzen. Deshalb ist es eine Aufgabe des Staates, die ethische Vernunft zur Geltung zu bringen.» Nehmen Sie zu dieser Aussage Stellung.

Aufgabe 6   In einer Fernsehdebatte zum Thema «Sollen Mindestlöhne von 3000 Franken staatlich festgelegt werden?» äußern sich der Präsident einer Wirtschafts-kammer und ein Gewerkschaftsvertreter wie folgt:

Votum des Gewerkschafters: «Auch in der Schweiz sind Tiefstlöhne verbrei-tet: 1995 bezogen 13,5 Prozent der Erwerbstätigen einen Lohn von weniger als 3000 Franken netto. Der Anteil der Tieflohnbezüger hat sich insgesamt in den neunziger Jahren kaum verändert. Am häufigsten sind die tiefen Löhne in den vier Branchen persönliche Dienstleistungen, Reinigungsgewerbe, Gastgewerbe und Detailhandel zu finden. Frauen beziehen rund dreimal häufiger tiefere Löhne als Männer. In einem der reichsten Länder wie der Schweiz kann es doch erstens nicht anstehen, dass die Entstehung einer Schicht von so genannten *Working Poor* hingenommen wird, die zwar arbei-ten, aber einfach zu wenig zum Leben haben, nur weil gewisse Unternehmer zu wenig Lohn bezahlen. Zweitens kann es doch auch nicht Schule machen, dass die Allgemeinheit diese Unternehmer indirekt subventioniert. Viele Tief-lohnbezüger beziehen schließlich wiederum Sozialleistungen, die aus Steu-ergeldern finanziert werden. – Wir fordern daher einen garantierten Lohn von 3000 Franken.»

Votum des Präsidenten der Wirtschaftskammer: «Das Problem ist inzwischen erkannt. Trotz der erfreulichen Entwicklung der Wirtschaft in den vergange-nen Jahren scheint eine wachsende Anzahl von Personen in diesem Land Mühe zu haben, mittels ihrer Erwerbstätigkeit einen angemessenen Lebens-unterhalt zu verdienen. In der Region Ostschweiz liegt der Anteil der Er-werbstätigen, die ein Einkommen unter den Mindestlohnvorstellungen der Gewerkschaften haben, bei 13,1 Prozent. Dieses Problem macht mir natürlich Sorgen, aber auch die gewerkschaftliche Forderung nach Mindestlöhnen. Dass in verschiedenen Branchen unterschiedliche Löhne bezahlt werden, ist doch nicht von der Einstellung des Unternehmers zu seinen Mitarbeitenden abhängig. Die beträchtlichen Lohndifferenzen sind stark durch die unter-schiedliche Produktivität, d.h. die Wertschöpfung pro Mitarbeiter der einzel-nen Branchen bestimmt. Wirtschaftszweige mit einer überdurchschnittlich hohen Produktivität, wie z.B. Chemie, Banken, Versicherungsgewerbe oder Maschinenbau, sind in der Regel auch die Branchen mit dem höchsten Lohn-niveau. Umgekehrt weisen beispielsweise der Detailhandel, das Gastgewer-be, die Textil- und Bekleidungsindustrie oder das Baugewerbe sowohl eine unterdurchschnittliche Wertschöpfung als auch ein unterdurchschnittliches Lohnniveau auf. Mit der Forderung nach einem Mindestlohn werden weder die regionalen Unterschiede des Lohnniveaus noch diejenigen der Lebenshaltungskosten und des Lebensstils berücksichtigt. Dass bei einem Mindestlohn von 3000 Franken netto die Produktionskosten und damit die Absatzpreise bedeutsam steigen würden, lässt die Gewerkschaften kalt, würde aber die Situation weiter Teile der Tourismus- und Exportnation Schweiz zweifellos negativ beeinflussen. Ganz abgesehen davon, dass durch einen verordneten Mindestlohn der Anreiz zur Schwarzarbeit steigen würde.

Ich bin daher der Meinung, dass die Lohnfindung dem Markt zu überlassen ist, und lehne damit generelle gesetzliche Mindestlöhne als systemfremd ab. Wir werden aber für unsere Mitgliedfirmen einen Kodex erarbeiten, um die Selbstverpflichtung zu stärken.»

Aufgaben:

- Systematisieren Sie dieses Problem aus betriebswirtschaftlicher Sicht wie auch aus unternehmensethischer Perspektive.
- Welchen Beitrag kann die Wirtschaftsethik zur Klärung derartiger und ähnlicher·Fragestellungen leisten?
- Diskutieren Sie, wem welche Verantwortung für eine aus ethischer Sicht beiden Seiten zumutbare Lösung zuzurechnen ist.

Aufgabe 7

The Body Shop – Das etwas andere Unternehmen

The Body Shop ist eine international tätige Unternehmung, die 1976 von Anita Roddick in Brighton, England, gegründet wurde. Inzwischen umfasst The Body Shop mehr als 1800 Läden in 48 Ländern, die vorwiegend im Franchise-System geführt werden. The Body Shop stellt Pflegeprodukte für Haut und Haar auf natürlicher Basis her und verkauft diese in einfachen Behältern, von denen die Mehrzahl nachgefüllt werden kann.

An einer internationalen Tagung zum Thema «Jenseits der wirtschaftlichen Logik – Wirtschaftsethik und unternehmerische Visionen» zeigt Anita Roddick das Engagement ihrer Firma mit folgendem Referat auf:

«Von Anfang an gehörte es zu den Prinzipien des Unternehmens, sich aktiv gegen Tierversuche in der kosmetischen Industrie einzusetzen. The Body Shop ist der Meinung, dass diese aktive, auch auf Zulieferfirmen ausgedehnte Politik mit dazu beiträgt, den Anteil an Tierversuchen in der Kosmetikindustrie zu reduzieren. Im Oktober 1996 startete das Unternehmen unter dem Motto ‹Tierversuche? Schluss damit!› eine europaweite Petitionskampagne zum Thema Tierversuche in der Kosmetikindustrie, die von mehr als vier Millionen Menschen mit ihrer Unterschrift unterstützt wurde.

Ein weiterer Eckpfeiler des Unternehmens ist seine umweltorientierte Unternehmensführung. Im Mai 1992 war The Body Shop das erste britische

Unternehmen, das freiwillig eine Umwelterklärung gemäß den EG-Prüfungs-
richtlinien abgegeben hat. Inzwischen ist bereits die vierte Ökobilanz, das
‹Environmental Statement›, erschienen. Die Beteiligung am Betrieb einer
Windfarm in England gehört ebenso zur umweltorientierten Unternehmensführung wie umfangreiche Schulungen und die Sensibilisierung der Mitarbeitenden für ökologische Probleme. Auf unnötige Verpackungen wird
verzichtet, fast alle Flaschen können nachgefüllt und nicht mehr gebrauchte
Behälter zur Wiederverwertung im Shop abgegeben werden.

In vielseitigen Sozialprojekten und Aktionen dokumentiert das Unternehmen The Body Shop soziales und gesellschaftspolitisches Engagement.
So initiierte The Body Shop z.B. den *Eastern Europe Relief Drive*, ein Hilfs-
programm für Rumänien. Mit einer Aufklärungskampagne macht The Body
Shop auf Menschenrechtsverletzungen und Umweltverschmutzungen in Ni-
geria aufmerksam. Anlässlich des fünfzigsten Jahrestages der Allgemeinen
Erklärung der Menschenrechte setzte The Body Shop ein ‹Zeichen für Menschenrechte› und wies so darauf hin, dass Menschenrechtsverletzungen
noch immer auf der Tagesordnung vieler Staaten stehen. Seit kurzem verkauft
The Body Shop als erstes Kosmetikunternehmen vom *FSC (Forest Steward-
ship Council)* zertifizierte Holzprodukte, wie zum Beispiel Haarbürsten. Darüber hinaus setzt es sich als Mitglied der Gruppe '98 für die FSC-Zertifizierung
von Holz ein.

Wir haben uns von Anfang an für soziale Veränderungen eingesetzt. Dieses Engagement bringen wir in unseren ‹Hilfe durch Handel›-Projekten auf
praktische und effektive Weise zum Ausdruck. Bei unseren ‹Hilfe durch Handel›-Projekten geht es uns nämlich nicht nur darum, ein neues Produkt oder
einen neuen Markt für The Body Shop zu erschließen. Es geht uns vielmehr
um den Austausch mit anderen Kulturen, um Handel, Werte, Respekt und
Vertrauen. ‹Hilfe durch Handel› ist wie eine Partnerschaft zwischen uns und
so genannten Gemeinden. The Body Shop bietet sein Wissen, seine Kreativität und seine Kaufkraft im Austausch gegen Rohstoffe. Die Partnerschaft
basiert auf Vertrauen, Respekt und der Abmachung, dass wir hochwertige
Produkte zu einem fairen Preis erwerben, der die Herstellungskosten deckt,
angemessene Löhne garantiert und darüber hinaus Investitionen in die Gemeinde und ihre Zukunft ermöglicht. Es geht also nicht um den Austausch
von Waren und Dollars – es geht um die emotionale und menschliche Qualität der Handelsbeziehungen. Um diese Ziele zu erreichen, sind im ‹Hilfe
durch Handel›-Projekt die folgenden fünf Leitlinien von Bedeutung:

- Wir bemühen uns, mit bereits bestehenden Organisationen zusammenzuarbeiten, die die Interessen der betreffenden Gruppe vertreten. Das

kann ein Frauenverband sein, eine Kooperative von Bauern, ein Stammesrat oder eine Gruppe von Obdachlosen in einer Stadt. Auf diese Weise kann The Body Shop sicher sein, dass das Projekt in einen bestehenden Rahmen eingepasst ist und wir uns nicht einer Gemeinde aufdrängen.

- Wir bemühen uns darum, vor allem mit solchen Gruppen zusammenzuarbeiten, deren Möglichkeiten sehr begrenzt sind: begrenzte Ressourcen, schlechte Aus- oder Fortbildungsmöglichkeiten, eingeschränkte medizinische Versorgung oder schlechte Verkaufsmöglichkeiten für ihre Produkte.
- Alle unsere Handelsgeschäfte müssen direkt den Menschen zugute kommen, die für uns Produkte fertigen. Darüber hinaus müssen die Gruppen zeigen, dass sie die Erträge angemessen verteilen und zum Wohl der Gemeinde einsetzen können.
- Das Projekt muss wirtschaftlich rentabel sein, d. h., Preis, Qualität, Kapazitäten und Zugänglichkeit müssen alle sorgfältig abgewogen werden.
- Die wirtschaftliche Tätigkeit muss die Standards von The Body Shop im Hinblick auf unsere Umwelt- und Tierschutzpolitik erfüllen.

Wir freuen uns sehr darüber, dass sich die Zahl der ‹Hilfe durch Handel›-Projekte, die wir in Afrika, Asien und Amerika eingerichtet haben, erhöht hat. Waren es im Geschäftsjahr 1994/95 noch zwölf, hatten wir 1995/96 schon siebzehn und im Geschäftsjahr 1996/97 bereits dreiundzwanzig verschiedene Projekte. Heute unterhalten wir Geschäftsbeziehungen zu fünfundvierzig ‹Hilfe durch Handel›-Lieferanten in aller Welt. Der Gegenwert der Rohstoffe und Accessoires, die wir von ‹Hilfe durch Handel›-Lieferanten bezogen haben, ist von £ 824 000 im Geschäftsjahr 1992/93 auf mehr als £ 3 027 557 im Geschäftsjahr 1997/98 gestiegen.

Dies, meine Damen und Herren, ist nur ein Beispiel unseres umfassenden Engagements für die Gesellschaft, die Natur und die Menschen auf der ganzen Welt. Besonders wichtig ist uns, dass bei all unseren Geschäftsaktivitäten keine Menschen- und Bürgerrechte verletzt werden. Wir wollen den Tierschutz fördern, wir wollen umweltverträgliche Ressourcen einsetzen, wo immer es technisch möglich und rentabel ist, und wir wollen, dass unsere Handelsbeziehungen rentabel und für beide Seiten von Nutzen sind.»

Aufgabe:

In der Pause haben Sie die Chance, mit Frau Roddick ein Interview zu führen. Überlegen Sie sich drei zentrale Fragen, die aus wirtschaftsethischer Sicht bedeutsam sind, und begründen Sie diese Auswahl.

Wissenschaft und Wissenschaftlichkeit **B4**

Grundlagen wissenschaftlichen Arbeitens und ihre Implikationen

Gudrun Sander
Johannes Rüegg-Stürm
Christina E. Wyss *

Einleitung **B4.1**

Managementlehre ist im Sinne von Hans ULRICH (1984) als eine anwendungsorientierte Wissenschaft zu verstehen, die sich mit Fragestellungen der Managementpraxis beschäftigt. Dabei geht es um *systematische Verfahren* der Beobachtung, Beschreibung, Analyse und Interpretation von Wirkungszusammenhängen der Praxis, woraus dann praktische und theoretische Schlussfolgerungen abzuleiten sind, die einer kritischen Reflexion von Praxis förderlich sein und damit zum nachhaltigen Erfolg der Praxis beitragen sollen.

Unter Wissenschaft verstehen wir demnach einerseits die *Institutionalisierung* von Forschung und Lehre in Form von wissenschaftlichen Forschungsstellen, Instituten, Lehrstühlen und Expertenzentren. Unter Wissenschaft können aber auch die *Diskurse* verstanden werden, die sich ihrem Selbstverständnis nach *wissenschaftlich* mit bestimmten Fragestellungen beschäftigen und sich aufeinander beziehen, aber auch voneinander abgrenzen.

Beide, Wissenschaft als Institution und Wissenschaft als System aufeinander bezogener Diskurse und Diskursgemeinschaften, sind historisch gewachsene Phänomene. Im Verlaufe der Geschichte haben sich unterschiedliche Positionen und Vorstellungen von Wissenschaft entwickelt – die *Wissenschaftsforschung*, eine eigenständige wissenschaftliche Disziplin, bemüht sich um die Rekonstruktion und Reflexion dieser Prozesse.

Wissenschaftliche Verfahren sind mit bestimmten *Geltungsansprüchen* verbunden, die durch bestimmte Vorstellungen und Qualitätskriterien guten wissenschaftlichen Arbeitens begründet werden. Diese

* Wir danken Dieter Euler und Harald Tuckermann herzlich für die hilfreiche Kritik und die wertvollen Hinweise zu diesem Beitrag.

Vorstellungen und Qualitätskriterien beruhen ihrerseits auf bestimmten axiomatischen Prämissen (Grundannahmen), die dem wissenschaftlichen Arbeiten zugrunde gelegt werden. Diese Prämissen und Qualitätskriterien haben sich im Verlaufe der historischen Entwicklung der Wissenschaft herauskristallisiert und befinden sich in fortlaufender Weiterentwicklung.

Im nun folgenden Kapitel werden kurz ein paar wichtige wissenschaftstheoretische Positionen vorgestellt und entsprechende methodologische Implikationen erörtert. Wenn wir von einer *wissenschaftstheoretischen Position* sprechen, dann geht es um ein Set bestimmter Grundvorstellungen, Grundannahmen und axiomatischer Prämissen, die eine bestimmte Gruppe von Wissenschaftlerinnen und Wissenschaftlern als richtig und gültig erachtet, und zwar im Hinblick auf das Wesen von wissenschaftlicher Erkenntnis und auf hierzu angemessene Methoden wissenschaftlicher Forschung. Mit anderen Worten sind mit jeder wissenschaftstheoretischen Position immer auch *methodologische Implikationen* verbunden, das heißt Konsequenzen und Anforderungen, was konkrete, systematische Verfahren wissenschaftlichen Arbeitens betrifft, einschließlich der damit verbundenen Qualitätskriterien guter Forschung.

Aufgrund der beschränkten Länge kann ein Beitrag zu einer derart grundlegenden und komplexen Thematik selbstverständlich nicht alle Fragen erschöpfend aufnehmen und beantworten. Das Ziel dieses Beitrags besteht mehr darin, für die Kernfragen wissenschaftlichen Arbeitens zu sensibilisieren, einige Leitplanken zu markieren und Interesse für einen kritischen Umgang mit wissenschaftstheoretischen und methodologischen Fragen zu wecken.

Dieses Kapitel ist wie folgt aufgebaut: In einem ersten Schritt werden Sie eingeladen, über eine konkrete Problemstellung und deren wissenschaftliche Bearbeitung nachzudenken. In einem zweiten Schritt steigen wir tief in die Grundlagen wissenschaftlichen Arbeitens ein und fragen uns, was überhaupt unter Wissenschaft zu verstehen ist und wie sich die heutigen Verständnisse von Wissenschaft historisch entwickelt haben (→ **Abschnitt B4.2 bis B4.4**). In → **Abschnitt B4.5** lernen Sie ausgewählte wissenschaftstheoretische Positionen kennen, welche die heutige Wissenschaftspraxis prägen. In → **Abschnitt B4.6** kehren wir zur einleitenden Problemstellung zurück und fragen uns vor dem Hintergrund der vorgestellten wissenschaftstheoretischen Positionen, wie die Problemstellung methodisch angemessen bearbeitet werden könnte. In → **Abschnitt B4.7** fassen wir den zurückgelegten Denkweg zusammen.

Eine Problemstellung zum Einstieg

Der Ausgangspunkt jeder wissenschaftlichen Arbeit ist eine Beschreibung der Ausgangslage oder der Problemstellung. Die nachfolgende Problemstellung, die ein konkretes Forschungsprojekt am Lehrstuhl für Organisationspsychologie an der Universität St.Gallen betrifft,[1] soll Sie sensibilisieren, darüber nachzudenken, wie eine wissenschaftliche Bearbeitung dieser Fragestellung aussehen könnte.

Vereinbarkeit von Beruf und Familie herzustellen gehört für erwerbstätige Personen mit Familienverpflichtungen zu den großen Herausforderungen unserer Zeit – das Thema ist aktueller denn je. Zunehmend finden sich jüngst auch Organisationen, die bestrebt sind, die «Familienfreundlichkeit» ihrer Organisation zu verbessern. Zu diesem Zweck wird zurzeit eine so genannte diskursanalytische Untersuchung zu verschiedenen Verständnissen und Konsequenzen von «Familienfreundlichkeit» durchgeführt. Im Rahmen der Studie «Family Friendliness in Organizations» soll insbesondere untersucht werden:

- wie Organisationen «Familienfreundlichkeit» für sich definieren,
- welche Maßnahmen für sie dabei wesentlich sind,
- aufgrund welcher Annahmen so genannt familienfreundliche Maßnahmen oder Programme in Unternehmen gefordert, legitimiert und auch realisiert werden,
- welche Hindernisse oder Widersprüche dabei auftreten und
- welche individuellen Bedeutungen derartige Maßnahmen für die Betroffenen haben können.

Die Bearbeitung dieser Problemstellung erfolgt aus verschiedenen Perspektiven, zum Beispiel aus der Perspektive der «Betroffenen» oder Mitarbeitenden, aus der Perspektive der «Professionellen» wie Vertreterinnen und Vertretern von Interessenverbänden oder aus Interessenorganisationen der Wirtschaft, und aus der Perspektive von «Organisationen», die sich für Fragen zur Familienfreundlichkeit interessieren.

Je nach Interessenlage können unterschiedliche konkrete Forschungsfragen abgeleitet werden. Im Rahmen der geschilderten Problemstellung sind das beispielsweise: Was unternehmen Organisationen, um «familienfreundliche» Arbeitskontexte zu schaffen, was begünstigt und beeinträchtigt solche Anstrengungen? Was erwarten Betroffene von solchen Anstrengungen, wo sehen sie Chancen und kritische Herausforderungen?

---

[1] Das Forschungsprojekt *Family Friendliness in Organizations* wird detailliert auf www.opsy.unisg.ch beschrieben.

Wie legitimieren die beteiligten Akteure ihre Anliegen und Interessen? Welche Hindernisse oder Widersprüche können bei familienfreundlichen Maßnahmen entstehen? Oder: Inwiefern tragen Unternehmen durch familienfreundliche Maßnahmen zur Gleichstellung zwischen den Geschlechtern bei?

> Wie würden Sie die oben genannten Fragestellungen *wissenschaftlich* bearbeiten? Wie würden Sie dabei konkret *methodisch* vorgehen? Welche Grundsätze und *Gütekriterien* solider wissenschaftlicher Forschung wären dabei zu beachten?

B 4.2   Was ist Wissenschaft?

B 4.2.1   Wissenschaft als gesellschaftliche Funktion

Unsere Kultur ist durch und durch wissenschaftlich geprägt. Nicht nur unsere öffentlichen Institutionen, sondern auch unser gedankliches Umgehen mit den intimsten Einzelheiten unseres Privatlebens ist von den Ergebnissen wissenschaftlicher Forschung durchdrungen. Auch dieses Lehrbuch erhebt den Anspruch auf Wissenschaftlichkeit.

Die Art und Weise der gesellschaftlichen Verwendung der Wissenschaft hat sich während des letzten Jahrhunderts enorm verschoben. Sie mutierte vom gelegentlichen Hilfsmittel zum Motor wirtschaftlicher, politischer und gesellschaftlicher Akkumulation und Kontrolle. «Weder Gott noch die Tradition genießen ein solches Maß an Glaubwürdigkeit wie die wissenschaftliche Rationalität in der modernen Kultur» (HARDING 1991, 12). Letztlich sind wir alle von den Auswirkungen und Anwendungen der modernen Wissenschaft betroffen. Wir «konsumieren» sie tagtäglich, denn 99 Prozent der Forschung finden heute unmittelbar in gesellschaftlichen Projekten Anwendung. Es kann gewissermaßen von einer «Verindustrialisierung» des Wissenschaftsbetriebes gesprochen werden. Länderübergreifende Forschungsverbünde, interdisziplinäre Zusammenarbeit und Kooperationen mit Geldgebern sind heute in Anbetracht der komplexen Probleme, die es zu lösen gilt, wissenschaftlicher Alltag.

Allerdings werden wissenschaftliche Erkenntnisse und Ergebnisse zunehmend kontrovers diskutiert. Auf ein wissenschaftliches Gutachten der Universität A folgt ein ebenso wissenschaftlich gestütztes Gegengutachten der Universität B, was Bürgerinnen und Bürger ziemlich ratlos zurücklässt. Wie steht es mit der Wissenschaftlichkeit solcher Gutachten, wenn sie einander widersprechen? Und wie sieht es mit der Wissenschaftlichkeit dieses Lehrbuches aus, wenn sich allenfalls gewisse Aussagen darin widersprechen?

Wissenschaftlichkeit als Attribut von Wissen   B 4.2.2

Theorien, Konzepte, konkrete praxisorientierte Instrumente, aber auch Forschungsmethoden, verkörpern eine bestimmte Form von Wissen. *Wissenschaftliche* Erkenntnis, das heißt durch wissenschaftliche Methoden gewonnenes Wissen (hierzu auch → **Abschnitt B 4.6**), erhebt einen besonderen Geltungsanspruch, der dieses Wissen von anderen Formen des Wissens unterscheidet.

Die großen Fortschritte und die zunehmende Bedeutung der wissenschaftlichen Einzeldisziplinen, die starke Ausdifferenzierung der Wissenschaft (und auch der Gesellschaft) haben zum Bedürfnis einer soliden Selbstreflexion der philosophischen Grundlagen von Wissenschaft geführt. Was ist Wissenschaft? Was unterscheidet alltagspraktisches Wissen und Vorgehen von wissenschaftlichem Wissen und Vorgehen? Wie kommt man von einer Beobachtung zu wissenschaftlichen Erkenntnissen? Wie wird Wirklichkeit und Wissen im Prozess des Erkennens verfertigt? Welche Rolle spielt dabei die Sprache? Kann man Wissenschaft wertfrei betreiben? Wie sollte gute Forschung betrieben werden?

Diese und ähnliche Fragen führten in den dreißiger Jahren des 20. Jahrhunderts zur Entstehung der *Wissenschaftstheorie* (auch *Science of Science oder Philosophy of Science*), einer eigenständigen philosophischen Disziplin.[2] Als *übergeordnete Theorie* sollte sie die *Abgrenzungskriterien* für wissenschaftliche Erkenntnis (im Unterschied zu alltagspraktischer Erkenntnis, religiöser Offenbarung, Intuition usw.) spezifizieren. Denn jede wissenschaftliche Arbeit bedarf der Klärung des *Status* von wissenschaftlichen Aussagen und des zugrunde liegenden *Verständnisses* von wissenschaftlicher Praxis, das heißt der impliziten Annahmen und Geltungsansprüche, die mit den präsentierten wissenschaftlichen Aussagen und den angewandten Methoden verbunden sind.

---

2   Wissenschaftstheorie (*Science of Science* oder *Philosophy of Science*) wird im Allgemeinen als Oberbegriff verwendet, unter dem sich folgende «Disziplinen» vereinigen lassen: Wissenschaftsphilosophie, Wissenschaftsgeschichte, Wissenschaftssoziologie, Wissenschaftspsychologie, Wissenschaftslogik und Wissenschaftspolitik (vgl. ULRICH/HILL 1976a, 305).

Denn was unter (wissenschaftlichem) Wissen überhaupt zu verstehen und worin der damit verbundene besondere Geltungsanspruch begründet ist, beruht auf ganz bestimmten Annahmen und Voraussetzungen, die ihrerseits eine besonders grundlegende Art von Wissen darstellen. Dieses grundlegende Wissen widerspiegelt die *erkenntnistheoretischen (epistemologischen) Grundannahmen*[3] einer Theorie, eines Konzepts, eines Modells oder eines Instruments. (→ **Abbildung 1**)

In der Wissenschaft besteht zu Beginn des 21. Jahrhunderts kein Konsens (mehr) darüber, worin genau allzeit «richtige», ewig gültige erkenntnistheoretische Grundannahmen bestehen könnten. Die Einheitsvorstellung von Wissenschaft ist genauso verloren gegangen wie die Vorstellung der Wissenschaft als Hüterin objektiven Wissens. Vielmehr koexistieren inzwischen *verschiedene Denkschulen*, deren Arbeit auf unterschiedlichen Sets erkenntnistheoretischer Annahmen beruht. Aus der Parteinahme für eine bestimmte Denkschule resultiert eine bestimmte *wissenschaftliche Position*.

Deshalb wird es immer wichtiger, die eigene wissenschaftliche Position und damit verbunden die erkenntnistheoretischen Grundvorstellungen und Voraussetzungen des eigenen wissenschaftlichen Arbeitens *offen zu legen*. Genauso gehört zu jeder fairen Kritik an einer wissenschaftlichen Arbeit die Aufgabe, die dieser Arbeit oftmals implizit zugrunde liegenden erkenntnistheoretischen Grundannahmen und Voraussetzungen respektvoll zu *rekonstruieren* und *transparent zu machen*.

Wissenschaftliche Aussagen, Theorien, Konzepte und Instrumente sind also höchst voraussetzungsreiche Konstrukte. Wenn wir es mit wissenschaftlichem Wissen zu tun haben, ist es demzufolge hilfreich, drei Ebenen zu unterscheiden. **Abbildung 1** Diese drei Ebenen stehen miteinander in Beziehung, auch wenn das nicht immer explizit gemacht wird. Instrumente dienen der konkreten Umsetzung bestimmter Modelle oder anwendungsorientierter Theorien. Konzepte und Modelle wiederum basieren explizit oder implizit auf erkenntnistheoretischen Grundannahmen verschiedener Denkschulen.

- Die Ebene der *erkenntnistheoretischen (epistemologischen) Grundannahmen*: Sie verkörpert eine bestimmte *wissenschaftliche Position*, die sich in den Annahmen über die Wirklichkeit und über die Werte und Normen der Forschenden widerspiegelt.

---

3   Die Erkenntnistheorie befasst sich mit den Prozessen des Erkennens und der Entstehung von Wissen sowie ganz allgemein mit der Frage, was unter Wissen zu verstehen sei.

Abbildung 1
Ebenen anwendungs-
orientierten Mana-
gementwissens in
Anlehnung an Rüegg-
Stürm (2001, 19)

- Die Ebene der *Theorien*, *Modelle* und *Konzepte*: Auf dieser Ebene werden Aussagen über Wirkungszusammenhänge von Phänomenen gemacht. Hierzu ist unausweichlich in irgendeiner Form eine Komplexitätsreduktion erforderlich. Die Art der Komplexitätsreduktion hängt wiederum von den erkenntnistheoretischen Grundannahmen ab.
- Die Ebene der *Instrumente* und *Methoden*, das heißt von Handlungsanweisungen oder Heuristiken: Sie stellen eine handlungspraktische, vorgehensbezogene Konkretisierung einer bestimmten Theorie dar.

Mit anderen Worten: Die Auseinandersetzung mit Erkenntnis- und Wissenschaftstheorie, das heißt mit unterschiedlichen wissenschaftstheoretischen Positionen und erkenntnistheoretischen Grundannahmen, ist keineswegs eine nutzlose theoretische Spielerei, sondern von zentraler Bedeutung für die Forschungstätigkeit und für die Praxis, insofern sich diese an wissenschaftlich gewonnenen Instrumenten und Methoden orientiert.

Besonders deutlich wird dies beispielsweise an der Auseinandersetzung zwischen Repräsentantinnen der «traditionellen» Medizin und Vertretern der Komplementärmedizin oder im Kontext der Managementlehre zwischen Experten der klassischen Strategieberatung und Expertinnen einer systemischen Organisationsentwicklung. Die zentralen «Streitpunkte» sind letztlich meistens auf oftmals unerkannte Unterschiede in den erkenntnistheoretischen Grundannahmen zurückzuführen.

Zudem verkörpern die kommunikativen Prozesse der Wissens- und Verständnisbildung, die in einer *Scientific Community* ablaufen, immer auch soziale Prozesse, in denen (nicht zuletzt durch Einsatz von Einfluss und Macht) ausgehandelt wird, was relevant und was weniger relevant ist. Daraus ergeben sich folgenreiche Auswirkungen auf die Art und Weise, *wie wir Probleme definieren* bzw. was wir überhaupt als Problem wahrnehmen. Über die Problemwahrnehmung, über die Grundperspektive, die wir einnehmen, legen wir aber bereits einen konzeptionellen Rahmen fest, innerhalb dessen bestimmte Lösungen als möglich und sinnvoll erachtet und andere ausgeschlossen werden.[4] Es ist also keineswegs unerheblich, welche wissenschaftstheoretische Position eine Forscherin oder ein Forscher einnimmt.

Im nächsten Abschnitt werden wir nun kurz einige ausgewählte wissenschaftstheoretische Grundpositionen vorstellen. Dabei wird gezeigt, was «Wissenschaftlichkeit» und «gute Forschung» innerhalb der jeweiligen Position bedeuten. Anhand ausgewählter Kriterien werden die kontroversen Themen der einzelnen «Denkschulen» erörtert.

B 4.3   Wissenschaft und Wissenschaftstheorie

Wissenschaftstheorie ist eine «... erkenntnistheoretische Spezialdisziplin, in der die Voraussetzungen, Grundlagen, Methoden und Grenzen der wissenschaftlichen Erkenntnis (Naturerkenntnis, historische Erkenntnis usw.) untersucht und die wissenschaftlichen Sätze und Begriffe durch ‹logische Analyse› auf ihren ‹Sinn› hin geprüft werden» (AUSTEDA 1989, 400). Als eine übergeordnete Theorie bemüht sich die Wissenschaftstheorie in einem weiteren Sinne um Aussagen über Wesen, Aufgaben und Funktionen der Wissenschaften und über den Aufbau der Aussagensysteme der Einzelwissenschaften und in einem engeren Sinne um die Schaffung einer Forschungsmethodologie bzw. einer Rekonstruktionslogik (vgl. ACHAM 1983, 29f. und KAMITZ 1980, 771).

Als Hauptfunktion der Wissenschaftstheorie gilt die Entwicklung von Regeln, um insbesondere in den Realwissenschaften, zu denen auch die Managementlehre zählt **Abbildung 2**, angemessene Vorgehensweisen für den Umgang mit den folgenden Problemen zu definieren:

---

4   Es ist zum Beispiel im Zusammenhang mit unternehmerischen Reorganisationsprozessen nicht unerheblich, ob wir eine Unternehmung aus der Perspektive einer zu optimierenden Maschine betrachten, ob wir die Perspektive einer lernenden Organisation als Grundlage nehmen oder ob wir Unternehmungen vor dem Hintergrund von männlich dominierten Machtspielen zu «reorganisieren» versuchen. Implizit oder explizit greifen wir dabei auf verschiedene wissenschaftstheoretische Grundpositionen zurück, und entsprechend werden sich unsere Zugänge und Interventionen im Reorganisationsprozess ändern (vgl. zu den verschiedenen Perspektiven einer Organisation MORGAN 1997).

- subjektive Wahrnehmung,
- interessensbezogene Werturteile,
- Sprach- und Kommunikationsprobleme und
- Verallgemeinerbarkeit von Wissen, Generalisierbarkeit von Aussagen.

Da die Antworten darauf, wie diese Probleme zu lösen sind, sehr unterschiedlich ausfallen bzw. ausgefallen sind, gibt es *eine einheitliche, allgemein gültige Wissenschaftstheorie bis heute nicht*, das heißt, es gibt auch nicht *die* wissenschaftliche Rationalität. Hingegen entwickelten sich – auch vor dem Hintergrund der jeweiligen historischen Erfahrungen und der Entwicklung des wissenschaftlichen Denkens und Handelns selbst – verschiedene Denkschulen bzw. Paradigmata (hierzu ausführlich → **Abschnitt B4.5**) mit unterschiedlich großem Einfluss. Je nach wissenschaftstheoretischer Position sind die Grenzen für das, was als «wissenschaftliche Erkenntnis» gilt, enger oder weiter gesteckt.

Allgemeine soziologische Umschreibung von Wissenschaft   B4.3.1

«Wissenschaft ist menschliches Denken, das in bestimmten, spezialisierten Institutionen (Universitäten usw.) nach bestimmten Regeln stattfindet» (ULRICH/HILL 1976a, 305). Die Frage, welchen *Regeln* dieses Denken zu genügen hat, ist ein *Konsensusproblem* dieser Institutionen bzw. Forschungsgemeinschaften (also der jeweiligen *Scientific Community*) und kann nicht allgemein gültig beantwortet werden. Es ist abhängig vom historischen und soziokulturellen Zusammenhang, vom Stand des Forschungsgebietes und letztlich auch von den persönlichen Präferenzen der Institutionsmitglieder. Wenn die Forschungsergebnisse den jeweiligen institutionellen Regeln genügen, werden sie als «wissenschaftliche Erkenntnisse» betrachtet, unabhängig davon, ob ihnen in der Umwelt irgendwelche Relevanz zugebilligt wird.

Systematische Aufgliederung   B4.3.2
nach Wissenschaftskategorien

Da auch die Wissenschaft einer historischen Entwicklung unterworfen ist, gibt es auch hier keine abschließende Systematik. Zudem entwickeln sich je nach Forschungsstand immer wieder neue Wissenschaftszweige (zum Beispiel Biotechnologie ...). Eine der grundlegendsten Aufgliederungen ist jene in *Formal- und Realwissenschaften*.

Abbildung 2
Wissenschaftssyste-
matik in Anlehnung
an Ulrich/Hill 1976a,
305.

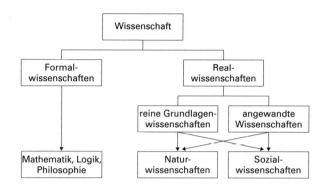

Formalwissenschaften weisen keinen unmittelbaren Realitätsbezug auf, das heißt, sie sind nur auf ihre logische Konkludenz (Schlüssigkeit) überprüfbar. Die Konstruktion von Zeichensystemen steht im Vordergrund.

Realwissenschaften, zu denen auch die Managementlehre zählt, verfolgen den Zweck, bestimmte Wirklichkeitsausschnitte (Phänomene) und Wirkungszusammenhänge, die von Interesse sind, zu explizieren (intersubjektiv mitteilbares Beschreiben mittels Begriffen), zu generalisieren und Handlungsalternativen zu ihrer Gestaltung zu entwerfen. Daher müssen die Realwissenschaften zusätzlich dem Kriterium der faktischen «Richtigkeit» oder der Nützlichkeit gerecht werden.

Innerhalb der Realwissenschaften dominier(t)en lange Zeit die *Naturwissenschaften* und die eng damit verknüpften Vorstellungen von «guter Wissenschaft». In den Naturwissenschaften entsteht Wissen zu einem großen Teil durch Beobachtung und durch Versuche. Dabei geht es darum, allgemein gültige Naturgesetze zu «entdecken». Eine Versuchsanlage zeichnet sich im Hinblick auf die Objektivierbarkeit und Generalisierbarkeit von Wissen jeweils durch drei grundlegende Merkmale aus: Wiederholbarkeit, Widerlegbarkeit und Abschirmung von Störfaktoren (Reduktionismus) (vgl. hierzu ausführlich CHECKLAND 1981, 50ff.).

Eine Trennung zwischen aktivem Forscher (Forschungssubjekt) und passivem Forschungsgegenstand (Objekt) ist in diesem Forschungsrahmen problemlos möglich. Erhobenes Wissen ist somit objektivierbar, und Ergebnisse sind weit gehend voraussagbar, was zum Beispiel die Statik von Gebäuden, die Hitzebeständigkeit einer Oberfläche usw. anbelangt (vgl. hierzu RÜEGG-STÜRM 2001, 20ff.).

Die *Sozialwissenschaften* beschäftigen sich demgegenüber mit der Untersuchung von Phänomenen (Regeln, Identität, Macht, Status usw.), die von Menschen im Rahmen ihres sozialen Zusammenlebens verfertigt werden (vgl. RÜEGG-STÜRM 2001, 21). Inwiefern in sozialen Kontexten

Gesetze wirksam sind, die mit Naturgesetzen vergleichbar sind, wird kontrovers diskutiert. Ebenso ist zum Beispiel umstritten, ob man von der «Natur des Menschen» sprechen darf.

Zudem werden im Prozess wissenschaftlichen Beobachtens und Beschreibens sozialer Phänomene diese vielfach überhaupt erst sprachlich verfertigt, das heißt erfunden, erschaffen oder konstruiert. Auf diese Weise hat ein Forschungsprozess unausweichlich Folgen für das zu beobachtende Phänomen. Zwischen den Naturwissenschaften und den Sozialwissenschaften gibt es somit einige fundamentale Unterschiede, die auch das Selbstverständnis der entsprechenden Disziplinen betreffen.

Entdeckungs-, Begründungs- und Verwendungszusammenhang

B 4.3.3

In den Realwissenschaften werden die Grundprobleme wissenschaftlichen Denkens rasch offensichtlich: Wenn wissenschaftliche Erkenntnis den Anspruch erhebt, intersubjektiv nachvollziehbar – das heißt für jede wissenschaftlich tätige Person zugänglich und überprüfbar – zu sein, dann müssen Regeln aufgestellt werden, um angemessen mit Problemen der subjektiven Wahrnehmung und mit interessenbezogenen Werturteilen, Sprach- und Kommunikationsproblemen und mit Fragen der Verallgemeinerbarkeit umzugehen. Den genannten Problemen ist zudem in allen drei Phasen des Forschungsprozesses, nämlich

- im *Entdeckungszusammenhang*
  (Relevanz der wissenschaftlichen Problemstellung/Forschungsfrage: Kriterium ist die Zweckmäßigkeit),

- im *Begründungszusammenhang*
  (Methodologie der Aussagengewinnung: Kriterien sind die Zuverlässigkeit der angewandten Methoden und die Gültigkeit der gewonnenen Aussagen) und

- im *Verwendungszusammenhang*
  (Auswirkungen/Nutzen/Verständlichkeit für die Praxis: Kriterium ist der Nutzen)

Rechnung zu tragen. Alle in den drei Zusammenhängen zu beurteilenden Kriterien sind gewissermaßen *vorwissenschaftliche* Fragen, und ihre Entscheidung basiert letztendlich immer auf Werturteilen. Jeder Forscher, jede Forscherin muss sich diesen Fragen stellen und rein normative Entscheidungen über sein/ihr *Forschungsverständnis* treffen. Es liegt also an den einzelnen wissenschaftlichen Institutionen, das «Konsensproblem», was denn als wissenschaftlich zu werten sei, mit Hilfe von Vereinbarungen und Regelungen zu lösen. In diesen normativen Entscheidungen widerspiegeln sich dann die wissenschaftstheoretischen Hauptpositionen der verschiedenen Denkschulen (vgl. ULRICH/HILL 1976a, 307).

B 4.4   Die Wurzeln der modernen Wissenschaften

B 4.4.1   Empirismus und Rationalismus

Die geistigen Wurzeln der modernen Wissenschaftstheorien reichen in die griechische Antike, in die Denkwelten von SOKRATES, PLATON und ARISTOTELES zurück. Die Anfänge der modernen Wissenschaft finden sich dann in der Zeit der Aufklärung, als die Wissenschaft als Gegengewicht zur kirchlichen Allmacht Fuß zu fassen suchte. Demnach ist Wissenschaft im historischen Zusammenhang der Aufklärung auch als eine antimetaphysische Position aufzufassen, welche die Aufgabe der Wissenschaft darin sah, das Gegebene (das Positive, das heißt was ohne unser Zutun Erkenntnisgegenstand werden kann) möglichst einfach zu beschreiben und zu erklären (vgl. AUSTEDA 1989, 287 ff.). Häufig wird daher in den Anfängen der modernen Wissenschaft vom «Wissenschaftspositivismus» gesprochen, der sich in den beiden Denkströmungen des Empirismus und des Rationalismus manifestierte. Für den Empirismus[5] galt die sinnliche Erfahrung als einzige Quelle der Erkenntnis. Seine Vertreter waren fasziniert vom Aufschwung der modernen Naturwissenschaften und deren Experimenten. Der klassische Empirismus vertrat allerdings eine subjektivistische Auffassung von Erfahrung. Daraus ergab sich ein Begründungsproblem: Wie ist objektive Erkenntnis auf der Grundlage rein subjektiver Erkenntnisse möglich? Vom klassischen Empirismus empfingen spätere erkenntnistheoretische Schulen entscheidende Impulse, etwa der Klassische Positivismus und der Neopositivismus, aber auch viele Positionen in der analytischen Philosophie, etwa der Kritische Rationalismus von Karl POPPER (vgl. ANZENBACHER 1984, 152 f.; dazu → **Abschnitt B 4.4.2**).

---

5   Wichtige Vertreter dieser Denkrichtung sind u.a. die britischen Denker BACON, LOCKE und HUME.

Für den *Rationalismus*[6] dagegen gilt als Erkenntnisquelle die Vernunft bzw. der Verstand, der gegenüber der durch die Sinne vermittelten Erfahrung priorisiert wird. Erkenntnisse werden vor allem durch schlüssiges Denken gewonnen. Der Schwerpunkt liegt auf logisch-rationalen Ableitungen vom Allgemeinen zum Besonderen (Deduktion) (vgl. ANZENBACHER 1984, 153). Kennzeichnend für den Rationalismus sind die Annahme angeborener, das heißt nicht erworbener, nicht durch Erfahrung veranlasster Ideen und Erkenntnisse und die Orientierung an mathematischem Wissen. Die Rationalisten plädierten auch für die axiomatische Methode. Dabei werden aus einem Axiom – einem als richtig anerkannten allgemeinen Grundsatz, der keines Beweises bedarf – weitere Aussagen abgeleitet (HÜGLI/LÜBCKE 1991, 482).

Die Überlegungen des Empirismus und des Rationalismus wirken bis heute nach, zum Beispiel in der Vorstellung von Objektivität im Sinne von Werturteilsfreiheit und in den kontroversen Diskussionen darüber (dazu → **Abschnitt B4.5.3** zum Positivismusstreit). Auch Karl POPPER ließ sich bei der Entwicklung des Kritischen Rationalismus (→ **Abschnitt B4.5.2**) von den Grundannahmen des Rationalismus leiten.

Zwei grundlegende Konsequenzen der Aufklärung für die Wissenschaft

B4.4.2

Die Aufklärung, auf der Basis von Empirismus und Rationalismus, wird auch als Wende hin zum *Subjekt* bezeichnet. Die Hinwendung zum Subjekt ist eine Folge des Aufkommens der modernen Wissenschaften als Gegengewicht zur kirchlichen Allmacht. Bis in die Zeit der Aufklärung gab die Kirche einen klaren Ordnungsrahmen vor, eine Erzählung vom (vor)bestimmten und richtigen Ort des Individuums in der Gesellschaft und eine Rechtfertigung für Vorrang und Nachrang des einen Teils vor den anderen (z. B. der Männer vor den Frauen). Durch die Aufklärung wird diese Ordnung stark in Frage gestellt.[7] An ihre Stelle tritt die Vorstellung von der Gleichheit aller Einzelnen (*Egalitätsprinzip*). Die Aufklärung unterwirft alles (z. B. Religion, überlieferte politische und gesellschaftliche Ordnungen) dem neu gewonnenen Maßstab. *Kritisches Denken*[8] ist ihr

---

6 Wichtige Vertreter dieser Denkrichtung sind u. a. DESCARTES, LEIBNIZ und SPINOZA.

7 Daraus resultierte zum Beispiel auch die Trennung in Kirche und Staat, die heute im «Kopftuchstreit» wieder zur Debatte steht.

8 Als «kritisch» wird ein Denken bzw. Reden bezeichnet, das sich seiner normativen Voraussetzungen (Kriterien, Wertstandards) bewusst ist und sich vorbehaltlos den Ansprüchen ihrer argumentativen Begründung stellt (vgl. ULRICH 1995, Sp. 2198).

zentrales Postulat, darauf gründet auch die Leitidee einer demokratischen Gesellschaft mündiger Bürger. Ungleichheiten auf gesellschaftlicher und politischer Ebene sind in dieser neuen Vorstellungswelt kaum mehr aufrechtzuerhalten. Jegliche gesellschaftliche Ungleichheit ist zu eliminieren, es sei denn, sie liege in der Natur begründet (vgl. KLINGER 1995, 4).

Als eine weitere Folge des Aufkommens der modernen Wissenschaften und der Wende hin zum Subjekt findet daher ein *tiefer Bruch zwischen Gesellschaft/Kultur und Natur* statt, weil beide Pole nicht mehr länger als durch eine göttliche Schöpfungsordnung umschlossen gedacht werden (vgl. KLINGER 1995, 16). Das entscheidende Zuordnungskriterium ist die Veränderbarkeit bzw. Beeinflussbarkeit durch menschliches Handeln. Alles, was Teil der Gesellschaft ist, kann beeinflusst und damit auch verändert (neu «erfunden») werden. Es ist also äußerst folgenreich, ob Differenzen als in der Natur begründet oder durch die Gesellschaft geschaffen betrachtet werden, denn es ergeben sich daraus sehr unterschiedliche Konsequenzen. Die seit der Aufklärung anhaltenden wissenschaftlichen Dispute über die naturbedingten, biologischen, erblichen oder genetischen Unterschiede einerseits und die sozialisations- und gesellschaftsbedingten Unterschiede andererseits belegen dies klar. In ähnlicher Weise hat es zum Beispiel in der Volkswirtschaftslehre dramatische Konsequenzen, ob der *homo oeconomicus* (mit der Maxime der Eigennutzmaximierung) als *«Natur» des Menschen* betrachtet wird oder als ein *gesellschaftlich-wissenschaftliches Konstrukt*.

B 4.5   Wissenschaftstheoretische Grundpositionen

B 4.5.1   Überblick

Im Folgenden werden kurz einige ausgewählte wissenschaftstheoretische Positionen und Denkschulen vorgestellt. Die bekanntesten sind

- der *Kritische Rationalismus* von Karl POPPER,
- die *Kritische Theorie* der *Frankfurter Schule*,
- der *Konstruktivismus* in verschiedenen Spielarten sowie
- *postmoderne Strömungen*.

Um die verschiedenen Positionen besser zu verstehen, ist es hilfreich, sich in Grundzügen die jeweilige historische Situation zu vergegenwärtigen. Denn jede Wissenschaftstheorie bzw. Wissenschaftskritik ist immer auch ein Stück weit Gesellschaftskritik.

Die wissenschaftstheoretische Grundposition hat großen Einfluss darauf, wie Forschung betrieben und welcher Geltungsanspruch damit verbunden wird. Die Forschungsmethoden, die im → **Abschnitt B 4.6** besprochen werden, sind eine konkrete Operationalisierung der hier besprochenen wissenschaftstheoretischen Grundpositionen. Die Anwendungsmöglichkeiten und die Ausgestaltung qualitativer und quantitativer Forschungsmethoden müssen daher immer auch im Zusammenhang mit den wissenschaftstheoretischen Grundpositionen gesehen werden.

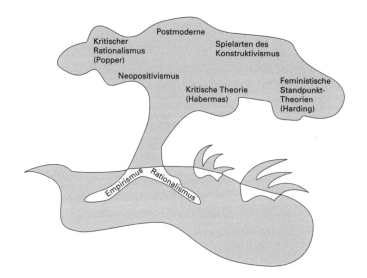

Abbildung 3
«Der Baum der Erkenntnis»: verschiedene wissenschaftstheoretische Denkschulen

Der Kritische Rationalismus

B 4.5.2

Dem von Karl POPPER entworfenen und von Hans ALBERT im deutschsprachigen Raum propagierten Kritischen Rationalismus kommt eine herausragende Bedeutung unter den modernen wissenschaftstheoretischen Positionen zu (siehe insbesondere POPPER 1973, 1980, 1988 und 1989 und ALBERT 1971).[9]

Der Kritische Rationalismus hat seine Wurzeln in der Tradition der analytischen Philosophie und somit im Positivismus des 19. Jahrhunderts. Der Positivismus ist durch zwei Positionen gekennzeichnet: durch den *Szientismus* (Glaube an die absolute Autorität der Einzelwissenschaften, vor allem der exakten Naturwissenschaften) und den Empiris-

---

9 Erstveröffentlichungen: POPPER (1935): Logik der Forschung, POPPER (1944): Die offene Gesellschaft und ihre Feinde.

mus (vgl. ANZENBACHER 1984, 35). Als Mitglied des Wiener Kreises, der so genannten Neopositivisten unter dem Einfluss des frühen WITTGENSTEIN, ist POPPER noch von der Idee überzeugt, es lasse sich eine ideale Einheitswissenschaft entwerfen. Ausgelöst hauptsächlich durch das HUME'SCHE *Induktionsproblem*[10] kommt POPPER schließlich von dieser Überzeugung ab und entwickelt gegen die radikalen Ideen der Neopositivisten den Kritischen Rationalismus.

Ausgehend von der Überzeugung, dass es nicht möglich ist, vom Einzelfall eine Verallgemeinerung abzuleiten, lenkt POPPER seine Überlegungen in die entgegengesetzte Richtung. Statt Erkenntnisse positiv zu begründen, entwickelte er seine *Falsifikationstheorie* zur Erklärung wissenschaftlichen Fortschritts. Dabei unterscheidet er streng zwischen *Erkenntnispsychologie* und *Erkenntnislogik*. Ihn interessiert bei seinen Überlegungen nur die Erkenntnislogik. Diese beschäftigt sich mit Fragen, ob und wie ein Satz begründet werden kann, ob er nachprüfbar ist, ob er von anderen Sätzen logisch abhängt oder diesen widerspricht usw.

Der Induktionslogik setzt POPPER also «die deduktive Überprüfung von Theorien» entgegen: Aus vorläufig unbegründeten Antizipationen, dem Einfall, der Hypothese, dem theoretischen System werden auf logisch-deduktivem Wege Folgerungen abgeleitet. Über diese Folgerungen wird nun zum Beispiel in Form praktischer Anwendung, in Experimenten usw. entschieden. Gelingt das Experiment, werden die Resultate erzielt, die in der Hypothese angenommen wurden, war offensichtlich die Hypothese oder das Modell angemessen. Misslingt das Experiment oder kann die Hypothese nicht bestätigt werden, ist auch das Modell, aus dem die Folgerung abgeleitet wurde, falsch. «Fällt die Entscheidung positiv aus, werden die singulären Folgerungen anerkannt, *verifiziert*, so hat das System die Prüfung vorläufig bestanden; wir haben keinen Anlass, es zu verwerfen. Fällt eine Entscheidung negativ aus, werden Folgerungen *falsifiziert*, so trifft ihre Falsifikation auch das System, aus dem sie deduziert wurden. [...] Solange ein System eingehenden und strengen deduktiven Nachprüfungen standhält und durch die fortschreitende Entwicklung der Wissenschaft nicht überholt wird, sagen wir, dass es sich *bewährt*.» (POPPER 1989, 8).

---

10 Eine der wichtigsten Fragen in der Wissenschaft ist, wie man von Einzelbeobachtungen zu generalisierenden Aussagen kommt (*Induktion*). «Die Frage, ob und wann induktive Schlüsse berechtigt sind, bezeichnet man als Induktionsproblem» (POPPER 1989, 3). Um induktive Schlüsse (vom Einzelfall zum Allgemeinen) in irgendeiner Form zu rechtfertigen, bedarf es eines «Induktionsprinzips», das für die wissenschaftliche Methode von höchster Bedeutung ist, da es über die Wahrheit wissenschaftlicher Theorien entscheidet.

Hält eine Theorie, ein Modell usw. verschiedenen Falsifikationsversuchen stand, ist es eine Theorie, die sich offenbar bewährt. Gleichzeitig ist aber jede Falsifikation nicht negativ, sondern ein Schritt des wissenschaftlichen Fortschritts, weil dadurch eine verbesserte Theorie gewonnen wird. *Von Theorien ist also zu fordern, dass sie möglichst viel erklären können und dass sie falsifizierbar sind.* Von Wissenschaftlerinnen und Wissenschaftlern wird entsprechend gefordert, dass sie kritisch mit ihren eigenen Theorien umgehen und so zur Weiterentwicklung der Wissenschaft beitragen.

Das zentrale *Abgrenzungskriterium* für wissenschaftliche Tätigkeit ist nach Popper *die Falsifizierbarkeit des Systems/der Theorie.* «... Wir fordern, dass es die logische Form des Systems ermöglicht, dieses auf dem Wege der methodischen Nachprüfung negativ auszuzeichnen: *Ein empirisch-wissenschaftliches System muss an der Erfahrung scheitern können.*» (Popper 1989, 15).

Im Zusammenhang mit dem wissenschaftlichen Objektivitätsbegriff wird auch Poppers Kritik am Empirismus deutlich. Auch eine hundertmalige Bestätigung einer Theorie heißt noch nicht, dass die Theorie absolut richtig ist. Sie kann beim nächsten Experiment scheitern und muss dann einer völlig neuen Theorie weichen (dazu auch → **B4.5.5** Paradigmenwechsel). Popper sieht die *wissenschaftliche Objektivität als intersubjektive Nachprüfbarkeit* (vgl. Popper 1989, 18). Diese dient als Abgrenzung zu subjektiven Überzeugungen, die zum Beispiel im Entdeckungszusammenhang in Form von Forschungsfragen, Hypothesen oder Theorien subjektiv gesetzt werden. «Wir müssen unterscheiden zwischen unseren *subjektiven Überzeugungserlebnissen*, die niemals Sätze begründen, sondern immer nur Objekt der wissenschaftlichen, nämlich der empirisch-psychologischen Forschung sein können, und den *objektiv-logischen Zusammenhängen* der wissenschaftlichen Satzsysteme» (Popper 1989, 18).

Popper hat sich bei der Entwicklung seiner Falsifikationstheorie sehr stark von den Naturwissenschaften leiten lassen, was ihm in der Folge seitens der Kritikerinnen und Kritiker vorgeworfen worden ist.

Kritische Theorie, Positivismusstreit, Standpunkttheorien   B 4.5.3

Durch die starke Verwissenschaftlichung der Gesellschaft sind Erkenntniskritik und Gesellschaftskritik ineinander verwoben. So war auch die erste Entwicklungsstufe der Kritischen Theorie der so genannten Frankfurter Schule (insbesondere Max Horkheimer, Theodor W. Adorno und

Herbert MARCUSE[11]) geprägt von den gesellschaftlichen Erfahrungen der damaligen Zeit (Faschismus, Marxismus). Jürgen HABERMAS (u.a. 1968, 1972, 1981) entwickelte in der Folge die Kritische Theorie weiter. HABERMAS' Vorwurf gegenüber dem Kritischen Rationalismus richtete sich vor allem auf die *unreflektierte Ausdehnung «des technischen Rationalitätsmusters» auf die Sozialwissenschaften*. HABERMAS warf dem Kritischen Rationalismus vor, dass besonders in den Sozialwissenschaften unter dem Deckmantel «wertfreier Theorie» (bezogen auf den Begründungszusammenhang) das pragmatische Interesse an der *Verfügung von Menschen über Menschen* (im Verwendungszusammenhang) verschleiert würde,[12] das bewusst oder unbewusst der Suche nach «sozialwissenschaftlichen Gesetzen» immer schon zugrunde liege. In einer freiheitlichen Gesellschaft ist es nach HABERMAS aber zentral, dass entsprechende Verfügungsrechte von Menschen über Menschen durch rationale Konsensfindung ausgehandelt werden und grundsätzlich aufhebbar bleiben. Er setzt dem Kritischen Rationalismus eine andere Vorstellung gesellschaftlicher Rationalisierung entgegen: die Idee der *rationalen Konsensfindung durch ideale Diskurse zwischen mündigen Bürgern* (faire und vernünftige Verständigung). Zentral für die ideale Diskurssituation ist die gegenseitige Anerkennung der Beteiligten als gleichwertige Partnerinnen und Partner. Die Leitidee der idealen Kommunikations- bzw. Argumentationsgemeinschaft ist ein Ideal, das in der Realität nicht vorhanden ist. Aufgabe der Wissenschaften wäre es folglich, «methodisch zu vermitteln, indem ... einerseits die Beschränkungen und Verzerrungen dieser realen Verhältnisse empirisch-historisch rekonstruiert und andererseits mögliche Fortschritte in der kommunikativen Rationalisierung gesellschaftlicher Institutionen» (ULRICH 1995, Sp. 2202) gesucht werden.

Die unterschiedlichen wissenschaftstheoretischen Positionen des Kritischen Rationalismus und der Neopositivisten einerseits und der Kritischen Theorie andererseits kulminierten in den sechziger Jahren im so genannten *Positivismusstreit*, der teilweise sehr polemisch ausgetragen

---

11 Erstveröffentlichungen: Max HORKHEIMER (1937), Traditionelle und kritische Theorie, in: *Zeitschrift für Sozialforschung* (1937): 245–294. Max HORKHEIMER/ Theodor W. ADORNO, *Dialektik der Aufklärung* (Amsterdam 1947).

12 Vertreter und Vertreterinnen dieser wissenschaftstheoretischen Grundposition argumentieren zum Beispiel, dass die Managementlehre einseitig die sozialtechnische Rationalisierung der Planungs-, Entscheidungs-, Führungs-, Organisations- und Kontrolltechniken vorantreibe. Unternehmensführung werde «nur» als Problem der Systemsteuerung, Mitarbeiterführung nur als Verhaltenssteuerung aufgefasst (vgl. zu diesem Kritikpunkt ULRICH 1995, Sp. 2202).

wurde. Der Positivismusstreit hat den alten Werturteilsstreit (zur Zeit Max WEBERS) zugespitzt auf die Frage, *ob wertfreie Erfahrung und damit wertfreie Wissenschaft überhaupt möglich sei.* Die marxistisch geprägten dialektischen Theoretiker der Frankfurter Schule halten die Vorstellung, dass man Wissenschaft wertfrei betreiben könne, für verfehlt. Ihre Vertreter kritisieren die Trennung von Werturteilen und «scheinbar» rationaler Wissenschaft. Sie hinterfragen, ob es wertfreie «Erfahrungstatsachen» geben könne. Wissenschaftlich tätige Personen sind geprägt von früheren Erfahrungen, Vorstellungen und Erwartungen. Dies widerspiegelt sich auch in der verwendeten Sprache. Tatsachen seien als produziert zu begreifen. Die Vertreter der Frankfurter Schule weisen insbesondere darauf hin, dass weder die Wahl der Forschungsgegenstände noch die Wahl der wissenschaftlichen Sprache, der Kategorien, der logischen Verknüpfungen aus dem Positivismus ableitbar seien. Diese Entscheidungen seien Werturteile, und letztendlich sei die Entscheidung für eine wertfreie Wissenschaft selbst ein Werturteil.[13] Zwar kam es im Laufe der Jahre zu gewissen Annäherungen, trotzdem existieren weiterhin große Widersprüche zwischen den beiden wissenschaftstheoretischen Schulen.

Während die ideologische Debatte abgeflaut ist, bleibt die Grundfrage nach der Möglichkeit einer wertfreien Wissenschaft nach wie vor bestehen. Sie wurde in den letzten Jahrzehnten besonders von feministischen Wissenschaftlerinnen aufgegriffen. Aus einer feministischen Perspektive[14] ist es schlichtweg nicht erklärbar, wie so viele sexistische und androzentrische Verzerrungen ungehindert in die «objektive» moderne Wissenschaft einfließen konnten.[15] Zudem zeigte sich mehr und mehr, dass Frauen als Wissenschaftlerinnen nicht nur andere Forschungsfragen stellen, sondern auch bestehende Datensätze anders interpretieren und zu anderen Schlussfolgerungen kommen können. Der Standpunkt des

---

13 Die Frankfurter Schule hat den Positivisten auch unterstellt, dass sie letztlich mit der Ablehnung einer wertenden Wissenschaft die herrschenden bzw. dominierenden Verhältnisse stützen. So werde Wissenschaft schließlich zum Instrument der herrschenden Ideologie degradiert.

14 Ein Überblick über die verschiedenen feministischen Wissenschaftstheorien findet sich bei SANDER (1998), Kap. 1.

15 *Sexismus* bezeichnet den Umstand, dass Wissenschaft als Legitimationsinstrument zur Unterdrückung von Frauen missbraucht wird. Androzentrische Verzerrungen entstehen in der Wissenschaft, wenn das Männliche als das allgemein Menschliche betrachtet wird, wenn zum Beispiel keine Unterscheidung gemacht wird, ob ein bestimmtes Medikament bei Frauen andere Wirkungen erzielt als bei Männern oder wenn Probleme, die Frauen betreffen, gar nicht Gegenstand wissenschaftlicher Forschung sind.

Forschers oder der Forscherin ist offensichtlich nicht unerheblich für die Forschungsergebnisse. Das Postulat einer *wertfreien Wissenschaft* wird daher auch von Seiten feministischer Wissenschaftlerinnen und Wissenschaftler stark in Frage gestellt.

Das Postulat einer *wertfreien Wissenschaft* ist einerseits zu eng gefasst, weil es sich nur auf den *Begründungszusammenhang* wissenschaftlicher Forschung, das heißt auf die Datengewinnung und Datenaufbereitung bezieht (explizit bei POPPER). Die Werte und Interessen, die sowohl in die *Problemformulierung* als auch in die Hypothesenkonzeptualisierung (in den Entdeckungszusammenhang) eingehen, bleiben außerhalb des Objektivitätsmaßstabes, genauso wie die «Übersetzung» der Erkenntnisse in Schlussfolgerungen für die Praxis (der gesamte Verwendungszusammenhang).

Das Postulat einer *wertfreien Wissenschaft* ist andererseits zu breit gefasst, indem es versucht, alle sozialen Werte und Interessen aus dem Forschungsprozess zu eliminieren (zum Beispiel demokratieförderliche Werte) und diesen so wiederum mystifiziert. «It permits scientists and science institutions to be unconcerned with the origins or consequences of their problematics and practices or with the social values and interests that these problematics and practices support» (HARDING 1993, 71).[16]

Als Ausweg für die in den modernen Wissenschaften so zentrale Idee der Objektivität sieht HARDING (1993, 69) in der modernen Version der feministischen Standpunkttheorien nicht wie HABERMAS eine ideale Diskursethik, sondern eine «*strong reflexivity*», die es erforderlich macht, dass das Forschungssubjekt (die Forschenden) den gleichen kritischen Standards unterzogen wird wie das Forschungsobjekt. *Objektivität wird zwar als Ideal beibehalten, aber es ist nicht durch Wertfreiheit zu erreichen, sondern durch «strong reflexivity», das heißt durch eine Offenlegung des eigenen Standpunktes und der eigenen Werte.* Darin enthalten ist die zentrale Vorstellung von der sozialen Gebundenheit (Kontextabhängigkeit) jedes Wissens, die wir auch in vielen konstruktivistischen Überlegungen wiederfinden.

---

16 Für die Managementlehre trifft dieser Vorwurf in verstärktem Maße zu, da sie sich immer mit dem Vorwurf der *Parteilichkeit* konfrontiert sieht. «Diese äußere sich darin, dass alle Aussagen aus der Sicht der Eigentümer- und Manager-Unternehmer erfolgen, während die Interessen von Mitarbeitern, Konsumenten und Öffentlichkeit systematisch aus der Analyse ausgeschlossen würden.» (ULRICH/HILL 1976b, 349). Die Managementlehre sei eine Hilfswissenschaft der Unternehmer und Manager, die den gesamtwirtschaftlichen Auswirkungen unternehmerischen Handelns keine Rechnung trage und nur die privaten Gewinnmaximierungsziele verfol-

Kontroverse Themen: Eine Zwischenbilanz B4.5.4

Die ersten Versuche zur Formulierung einer Wissenschaftstheorie finden in einer Wissenschaftswelt statt, die vor allem von den *Naturwissenschaften* dominiert wird. Deshalb waren oder sind die *Gütekriterien für gute Forschung* auch sehr stark aus dieser Perspektive geprägt. Zentrale Gütekriterien sind:[17]

- Objektivität (Wertfreiheit, Reliabilität, Validität und Universalgültigkeit von Forschungsergebnissen)
- Wiederholbarkeit
- Widerlegbarkeit
- Reduktionismus

Gerade die Vorstellung von Objektivität im Sinne von Wertfreiheit ist und bleibt ein Kulminationspunkt, an dem sich Kontroversen zwischen den unterschiedlichen Positionen der verschiedenen Wissenschaftstheorien entzünden (→ **Abschnitte B4.6 und B4.7**).

Durch die zunehmende Emanzipation der Sozialwissenschaften aus der Dominanz der Naturwissenschaften wurden und werden aber auch einige andere Vorstellungen des traditionellen Wissenschaftsbildes kritisch hinterfragt und diskutiert (vgl. unter anderem VAASEN 1994, 67 f. und 70 f.; DACHLER/HOSKING 1995, 1).

Erwähnt seien insbesondere:

- die Auffassung, menschliches Erkennen richte sich auf die Abbildung einer gegebenen, objekthaften Wirklichkeit,
- die Abbildtheorie der Sprache,
- die Subjekt-Objekt-Spaltung im Forschungsprozess (die Forschenden und ihre «Objekte»), die annimmt, menschliches Erkennen vollziehe sich unabhängig von sozialen Bezügen bzw. individuelles Bewusstsein sei die letzte Instanz der Erkenntnis («possessive individualism»),
- die Subjektfixierung, die annimmt, dass Menschen als weitestgehend autonome, souveräne «Autoren» ihres Verhaltens zu verstehen seien (methodologischer Individualismus),

---

ge, in jedem Fall aber aus ökonomischen Gründen betrieben werde. Die Forschenden innerhalb der Managementlehre halten diesem Vorwurf entgegen, dass sie sich sehr wohl in einer «Haltung der Allparteilichkeit» befinden, was sie ganz klar von betriebswirtschaftlichen Beratern und Beraterinnen unterscheide.

17 Vgl. hierzu ausführlich CHECKLAND (1981, 50 ff.).

- das Festhalten an einer einseitigen Vorstellung von Rationalität und Reduktionismus,
- die linear-kausalen Erklärungsmodelle,
- die Vorhersagbarkeit und Kontrollierbarkeit von Phänomenen und damit verbunden der Glaube an die Universalgültigkeit wissenschaftlichen Wissens und
- die Vorstellung eines kontinuierlichen wissenschaftlichen Fortschritts

Die aufgeführten Punkte werden besonders in den «jüngeren» wissenschaftstheoretischen Denkschulen des Konstruktivismus und der Postmoderne kritisch diskutiert. Im Folgenden werden einige zentrale wissenschaftstheoretische Überlegungen aus der Perspektive des Konstruktivismus und der Postmoderne wiedergegeben, ohne Anspruch auf Vollständigkeit und mit dem Hinweis, dass eine starke Ausdifferenzierung innerhalb des Konstruktivismus und der Postmoderne stattfindet. Interessierte Leserinnen und Leser seien auf die zitierte Literatur verwiesen.

B 4.5.5   Paradigmenwechsel in der Wissenschaft

Die im Kritischen Rationalismus implizite Annahme *kontinuierlichen Fortschritts* wissenschaftlichen Wissens wird bereits in den sechziger Jahren kritisch hinterfragt. Einer der berühmtesten Einwände kam von Thomas S. KUHN mit seiner Theorie der *Paradigmenwechsel in der Wissenschaft*. KUHN bezweifelt, dass Wissenschaft ein fortschreitender kritischer Prozess hin zur Wahrheit ist, da Wissenschaftler nicht nach dem POPPER'SCHEN Ideal handeln und ihre Theorien immer wieder kritisch in Frage stellen. Sie neigten im Gegenteil wohl eher dazu, ihre Theorien so lange wie möglich zu verteidigen.

In seiner berühmt gewordenen wissenschaftsgeschichtlichen Studie (1962/1973) zeigt KUHN, dass wissenschaftlicher Fortschritt in einer Disziplin sehr stark vom Vorhandensein eines zentralen axiomatischen Kerns – *eines Paradigmas* – abhängt. Ein Paradigma ist ein Ansatz, ein Konzept, eine umfassende Theorie von grundlegender Bedeutung, die allgemeine oder weit reichende Anerkennung als fruchtbare, verbindliche Lehr- und Forschungsbasis findet. Ein solches Paradigma wird während längerer Zeit selbst nicht in Frage gestellt. Es stellt für eine gewisse Periode einen nicht weiter hinterfragten «Raum» dar, in dem Begriffe, Fragestellungen und Lösungsverfahren entwickelt werden.[18] Ein Paradigma muss Problemlösungskraft, Relevanz und Integrationskraft besitzen und eindeutige Ergebnisse bringen (vgl. ULRICH/HILL 1976a, 307).

Eine Forschungsgemeinschaft *(Scientific Community)*, die innerhalb eines herrschenden Paradigmas forscht, führt keine Grundsatzdiskussionen (mehr) über die Grundlagen ihres Wissenschaftsgebietes, weil sich alle Forscherinnen und Forscher in selbstverständlicher Weise auf das gemeinsame Paradigma, auf den fraglos gültigen axiomatischen Kern ihrer wissenschaftlichen Arbeit berufen. Man liest die gleichen Bücher und hat die gleichen Vorbilder. Solchermaßen *normalwissenschaftliche Forschung* bewegt sich innerhalb des Paradigmas und will im Wesentlichen Daten sammeln, die das Paradigma bzw. Theorien bestätigen, Methoden und Instrumente entwickeln, um eine bessere Übereinstimmung von Theorie und Fakten zu erreichen. *Außerordentliche Wissenschaft* entsteht erst, wenn genügend unerklärbare Phänomene auftreten, die das herrschende Paradigma grundsätzlich in Frage stellen. Dann beginnen die Forschenden die paradigmatischen Grundlagen kritisch zu reflektieren und begeben sich auf die Suche nach neuen paradigmatischen Annahmen mit besserer Problemlösungskraft. Wenn sich ein neues Paradigma durchgesetzt hat, ist das, um mit KUHN zu sprechen, eine *wissenschaftliche Revolution*.

In KUHNs Überlegungen wird deutlich, dass Wissenschaft letztlich als eine *kontingente soziale Konstruktion* aufgefasst werden kann. Damit ändern sich auch die Geltungsansprüche wissenschaftlichen Wissens (zum Beispiel wird die Vorstellung der Universalgültigkeit wissenschaftlichen Wissens problematisch). Dieser Grundgedanke bildet einen zentralen Baustein der wissenschaftstheoretischen Position des Konstruktivismus.

Spielarten des Konstruktivismus   B 4.5.6

Der Konstruktivismus ist eine wissenschaftstheoretische Position, die sich im Kontext der Bearbeitung von Fragestellungen entwickelt hat, die durch ein hohes Maß an Komplexität, das heißt an dynamischen Wechselwirkungen gekennzeichnet sind – Fragestellungen der Biologie, vor allem aber der Sozialwissenschaften. Der Konstruktivismus ist gewisser-

---

18 In der Physik erfüllten beispielsweise das NEWTON'SCHE und später das EINSTEIN'SCHE Grundmodell eine solche Paradigmafunktion. Damit verbunden ist oft auch eine einheitliche Terminologie.

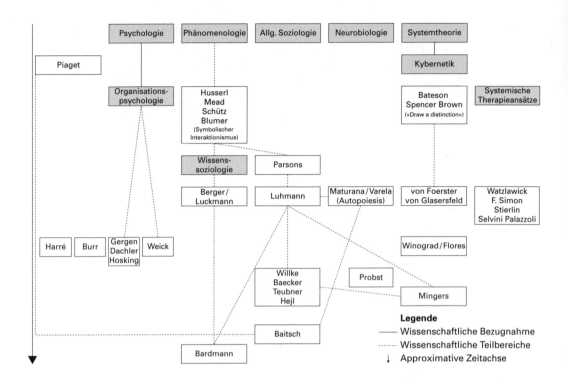

Abbildung 4
Überblick über
konstruktivistische
Denkrichtungen
(Rüegg-Stürm
2001, 27)

maßen eine *Denkform* und führt zu einer bestimmten Weise, die Welt – vor allem die soziale Welt – zu betrachten und mit ihr umzugehen. Der Konstruktivismus bzw. das konstruktivistische Paradigma repräsentiert somit eine bestimmte Art zu denken.

«*‹Konstruktivismus› stellt sich in den Sozialwissenschaften als eine besondere Art zu denken vor. Er versteht sich selbst als eine Alternative zu konventionellen wissenschaftlichen Denkweisen, die das Weltbild der westlichen Zivilisation geprägt haben und wohl auch heute noch beherrschen*» (BARDMANN 1994, 45).

Das konstruktivistische Paradigma tritt in verschiedenen Spielarten[19] auf. Grundlegende Prämissen dieses Paradigmas sollen am Beispiel der drei Denkrichtungen und Forschungsansätze

- Radikaler Konstruktivismus
- Konstruktivistische Wissenssoziologie
- Relationaler (sozialer) Konstruktivismus

kurz vorgestellt werden. Der Begriff *Konstruktivismus* wird somit in verschiedenen, teilweise recht heterogenen Forschungsrichtungen und

19   Vgl. hierzu ausführlich KNORR-CETINA (1989).

-programmen der Wissenschaft verwendet. Ein verbindender Grundgedanke dieser Denkrichtungen besteht darin, «dass die Gewissheit einer ‹natürlich› bzw. ‹objektiv› gegebenen, vom handelnden und erkennenden Subjekt unabhängigen Wirklichkeit aufgegeben werden muss. Demgegenüber ist davon auszugehen, dass Wirklichkeit ‹gemacht› bzw. ‹erfunden› wird» (BARDMANN 1994, 45).

Somit ist mit konstruktivistischen Ansätzen im Allgemeinen eine kritische Grundhaltung gegenüber positivistischem Denken verbunden. Konstruktivistisches Denken hat – wie die folgende Rekonstruktion zu zeigen versucht – viele Wurzeln und Verzweigungen.

Der Radikale Konstruktivismus B4.5.6.1

Eine wichtige Grundlage des *Radikalen Konstruktivismus*[20] besteht in experimentellen Untersuchungen der Neurobiologie und Neurophysiologie. Die Neurobiologen MATURANA und VARELA haben in verschiedenen Arbeiten, in denen sie nach verallgemeinerungsfähigen Definitionen und Grundprinzipien des Lebens suchten, aus *biologischer* Sicht gezeigt, dass das, was im Gehirn abläuft, in keiner Weise irgendeinem Abbildungsprozess «der» Wirklichkeit entspricht, sondern einen *aktiven Konstruktionsprozess* des kognitiven Systems von Lebewesen darstellt.

Für die kennzeichnende Form der in allen Lebewesen ablaufenden, einander wechselseitig bedingenden materiellen und informationellen Prozesse haben sie den Begriff *Autopoiesis* gewählt. Dieser Begriff baut zunächst auf der Unterscheidung zwischen Organismus und Milieu bzw. System und Umwelt auf. Entscheidend ist dabei, dass das Milieu bzw. die Umwelt das, was im Organismus bzw. System abläuft, *nicht determinieren* kann. Es ist vielmehr die jeweilige *interne Struktur* bzw. der durch diese Struktur verkörperte Zustand des Organismus, das heißt die im aktuellen Zustand (und Zeitpunkt) verkörperte *(«embodied»)* System- oder Lebensgeschichte, die vorgibt, wie Impulse von außen und von innen bearbeitet werden. Was von außen kommt, sind lediglich «Perturbationen», das heißt Anstöße und Energie, die vom System als Auslöser von (internen) Informationsprozessen und zum Aufbau einer ungeheuren Binnenkomplexität verwendet oder – in Abhängigkeit von der internen Struktur – schlicht und einfach überhört und übersehen werden. Was wir also zu Gesicht bekommen, ist gemäß dem Radikalen Konstruktivismus nie «die» Wirklichkeit, sondern das, was durch unser *kognitives System im*

---

20 Vgl. hierzu von FOERSTER et al. (1995); MATURANA/VARELA (1987) und SCHMIDT (1987).

Rahmen einer Beobachtung verfertigt wird – und zwar völlig unabhängig davon, ob wir als Alltagsmenschen oder als Forschende unterwegs sind. Die Wurzeln solcher Überlegungen gehen bis in die Antike zurück. Die Grundprämissen des Radikalen Konstruktivismus beruhen also nicht nur auf biologischen Untersuchungen, sondern auch auf Arbeiten aus anderen Gebieten. Zu erwähnen sind hier vor allem Arbeiten im Bereich der Psycho- und Familientherapie (WATZLAWICK 1976, 1981).

Zusammenfassend betont diese Position, dass Wissen vom denkenden Subjekt nicht passiv aufgenommen, sondern aktiv aufgebaut, das heißt konstruiert wird (GLASERFELD 1996, 48). Dabei dient Wissen der *Organisation der eigenen Erfahrungswelt* und nicht der Entdeckung «der» Wahrheit. Kriterium für Wissen im alltagspraktischen Sinne ist seine Orientierungsleistung. Auch wissenschaftliches Wissen im Sinne von empirischem, intersubjektiv gültigem Wissen entspringt gemäß dem Radikalen Konstruktivismus einem Konstruktionsprozess, dessen Qualität sich an der Orientierungsleistung für die praktische Lebensbewältigung bemisst, das heißt an der Frage, was bestimmte Lösungen praktisch tatsächlich zu bewirken vermögen. Legitimationskriterium für wissenschaftliche Tätigkeit ist gemäß dieser Position folglich nicht das Streben nach Wahrheit, sondern die pragmatische Brauchbarkeit von Erkenntnissen, das heißt die «Nützlichkeit für menschliches Leben».

B 4.5.6.2   Konstruktivistische Wissenssoziologie

Die *soziale Konstitution von Wirklichkeit* ist nicht nur im Radikalen Konstruktivismus ein zentrales Thema. Auch der von BERGER und LUCKMANN (1980) erarbeitete Ansatz einer konstruktivistischen Wissenssoziologie und verschiedene soziologisch und sozial-psychologisch orientierte Forschungsrichtungen, die unter dem interpretativen Paradigma zusammengefasst werden können, beschäftigen sich intensiv mit den sich daraus ergebenden Implikationen.

BERGER und LUCKMANN (1980) zeigen, dass Wirklichkeit einerseits sozial – oft in asymmetrischen Beziehungsverhältnissen – *ausgehandelt* (oder mit Waffen erkämpft) wird. Andererseits werden zur Gewohnheit (Routine) gewordene soziale Handlungsweisen *typisiert, institutionalisiert* und *legitimiert*, bis ihnen schließlich ein *objekthafter* Charakter zukommt. Einer solchen Sichtweise entspricht auch das so genannte THOMAS-Theorem: «If men define situations as real, they are real in their consequences.»[21]

---

21 THOMAS/THOMAS (1928, 584).

Relationaler Konstruktivismus

B 4.5.6.3

Der *Relationale Konstruktivismus*[22] – im angelsächsischen Raum oft als *social constructionism* bezeichnet – ist aus sozialpsychologischen Untersuchungen und Überlegungen hervorgegangen. Im Unterschied zum Radikalen Konstruktivismus wird die Konstruktion von Wirklichkeit weniger aus den Prozessen menschlicher *Kognition* zu erklären versucht, sondern aus dem *sozialen* Alltagsgeschehen, bei dem *Sprache, Diskurs* und die laufenden *Beziehungs-* und *Kommunikationsprozesse* eine ganz zentrale Rolle spielen. Die relational-konstruktivistische Perspektive versteht *Wissen als einen Beziehungsprozess.* «Knowing is always a process of relating» (DACHLER/HOSKING 1995, 4).

In Beziehung sein oder sich in Beziehung setzen ist ein konstruktiver, permanenter Prozess der *Bedeutungsgenerierung* durch die Sprache.[23] Bedeutung entsteht durch Bezugnahme auf verschiedenste Kontexte mit Hilfe von Sprache, indem man explizit oder implizit auf Begebenheiten, Entwicklungen, Erfahrungen, Schlüsselereignisse, Selbstverständlichkeiten usw. Bezug nimmt. In diesem Prozess der sprachlichen Auseinandersetzung werden «Realitäten» verfertigt, es wird gemeinsam sprachlich ausgehandelt, was «real» ist, was «normal» ist, was gilt oder was als erstrebenswert erachtet werden soll. Diese Bezugnahme oder Referenz geschieht nicht immer explizit, im Gegenteil, das Vermögen, unter Ungewissheit handeln zu können, das heißt Handlungsfähigkeit in sozialen Kontexten, ist unabdingbar auf die Möglichkeit der impliziten Bezugnahme auf eine Reihe nicht hinterfragter Annahmen, Verständnisse und Kontexte angewiesen.

Bedeutungen sind somit grundsätzlich immer *offen*, haben weder letzten Ursprung noch letztgültige Wahrheit. Damit ist Realität kein Abbild einer externen Natur, sondern vielfältig und in jedem Falle sozial konstruiert. Dies bedeutet indessen nicht einfach «*anything goes*» (Paul FEYERABEND). Bedeutungen sind kontextabhängig, sie müssen – trotz Neuartigkeit – passen und anschlussfähig sein zu dem, was in Form bestimmter Konventionen und Hintergrundverständnisse historisch gewachsen ist. Diese Anschlussfähigkeit bildet eine Voraussetzung, damit Bedeutungen in einem bestimmten Kontext von anderen sinnhaft nachvollzogen werden können. Ist dies nicht der Fall, droht ein

---

22 Vgl. hierzu BURR (1995), GERGEN (1994); HOSKING et al. (1995).

23 «… Speaking or narrating includes all forms of acting» (DACHLER/HOSKING 1995, 8). Das heißt umgekehrt, es ist nicht möglich, nicht zu handeln.

Bedeutungszusammenhang zusammenzubrechen und ein Diskurs abzubrechen.

Aus der Sicht des Relationalen Konstruktivismus stellen Theorie und somit auch Wissenschaft letztlich ein «*Produkt linguistischer Konvention*» (VAASSEN 1994, 43) dar. Beide können ohne Bezug zu den sprachlichen Konventionen weder falsifiziert noch verifiziert werden. Es gelingt nicht, durch Theoretisieren über sie hinauszugelangen. Durch *Sprache* wird eine gemeinsame Wirklichkeit konstruiert. Damit löst sich der Relationale Konstruktivismus klar von der Abbildtheorie der Sprache und weist ihr eine *erkenntniskonstruierende Rolle* zu. Gleichzeitig wird auch die Vorstellung vom individuellen Bewusstsein als letzter Instanz der Erkenntnis in Frage gestellt und stattdessen die Bedeutung von Sprache, Diskurs, Beziehungs- und Kommunikationsprozessen, Kontext und Tradition in den Vordergrund gerückt.

B 4.5.6.4   **Zusammenfassung**

Alle sozialwissenschaftlichen Ansätze, die sich einer konstruktivistischen Position zugehörig fühlen, betonen, dass *Menschen in einer Werde-Welt leben.*

Wenn Menschen in sozialen Beziehungs- und Kommunikationsprozessen interagieren, geht es stets um die Aushandlung und Konstitution von Sinn, um kollektive und personale Vergewisserung der Sinnhaftigkeit des eigenen Tuns und damit um Reproduktion einer sinnhaften sozialen Praxis. Das, wovon Menschen glauben, es sei fraglos «die» Wirklichkeit, ist somit *keineswegs* eine *gegebene Entität*, sondern ein *kontingentes Geschehen*, bei dem täglich in Hunderten und Tausenden von Begegnungen Wirklichkeiten – Familienwirklichkeiten, politische Wirklichkeiten, Organisationswirklichkeiten usw. – verfertigt, reproduziert und manchmal auch neu *erfunden* werden. Soziale Praxis folgt somit *nicht naturgegebenen Gesetzen*, die es lediglich zu entdecken gilt, sondern sie erzeugt, reproduziert und unterbricht je nach Situation verhaltensleitende Erwartungen und Regelmäßigkeiten sozialen Zusammenlebens.

Wissenschaftliche Forschung im Sinne des Konstruktivismus bemüht sich um eine kritische Re-Konstruktion solcher historisch gewachsenen und konstruierten Regelmäßigkeiten und Wirkungszusammenhänge und um die Ableitung alternativer und neuartiger Konstruktionsmöglichkeiten. Re-Konstruktion meint dabei, dass ein solches Verständnis von Wissenschaft anerkennt, dass *sie selbst* einen fortlaufenden Prozess der sozialen Konstitution von Sinn und Wirklichkeit verkörpert und dass entsprechenden Ansprüchen «gesicherten» Wissens mit großer Vorsicht zu begegnen ist. Diese Haltung der Bescheidenheit, Offenheit für Selbstkritik, aber auch der radikalen Emanzipation bildet auch einen zentralen Baustein postmoderner Wissenschaftsströmungen.

Postmoderne Strömungen   B 4.5.7

Der so genannte postmoderne Ansatz[24] stellt, sehr allgemein formuliert, alle Kategorien, die für das abendländische Denken und für die moderne wissenschaftliche Rationalität von Bedeutung sind, in Frage. Begriffe wie «Wahrheit», «Objektivität», «Universalität» des Wissens werden wie die Vorstellung eines in sich geschlossenen und sich seiner selbst bewussten Ichs «dekonstruiert», das heißt als Konstruktion gesehen und kritisch hinterfragt. Entscheidenden Einfluss auf den postmodernen Diskurs haben die Arbeiten des französischen Philosophen Jacques DERRIDA (1976, 1983).

Die *Konsequenzen* von Derridas Philosophie sind für das traditionelle Wissenschaftsverständnis und die Vorstellungen von Wissen und Erkennen radikal: Die Idee des Ursprungs wird ebenso aufgehoben wie die Idee der Präsenz (vgl. VAASSEN 1994, 126). Infolge der grundlegenden Differentialität konstituiert sich jedes Element, jedes System, jede Theorie in einer Verkettung, im so genannten *Text als sprachlichem Gewebe*. *«Neue» Texte gehen nur durch Transformation aus anderen Texten hervor* und verweisen auf (theoretisch unendlich) viele *Kontexte*. Die Bedeutung eines Textes ist *immer kontextabhängig*, also gebunden an einen bestimmten Standpunkt, an eine bestimmte Perspektive, an einen bestimmten Erfahrungshorizont. Es gibt damit keinen völlig bedeutungsfreien Text, denn jeder Text ist immer schon in irgendeiner Weise interpretiert, wenn wir ihn verstehen. Einen solchen Text bezeichnet VAASSEN (1994) als *Narration*. «Eine Narration stellt eine spezifische kulturelle Weise der Organisation und Präsentation der Wirklichkeit als Text dar» (VAASSEN 1994, 134). Narrationen (Geschichten) strukturieren und organisieren die «kulturelle Wirklichkeit», sie grenzen ein und ab und verweisen dabei immer gleichzeitig auf etwas Anderes, Abwesendes, Entferntes, Jenseitiges – allgemein auf das, was der Text nicht ist. Die Text-Kontext-Problematik des Verweisens (Konstruierens und De-Konstru-

---

24 Ein guter Überblick über postmoderne Ansätze in der Organisationstheorie findet sich bei WEIK (1996) und über die sozialwissenschaftliche Diskussion dieser Ansätze bei VAASSEN (1994).

ierens[25]) impliziert, dass *ein Ursprung oder ein externer Standpunkt für Forschende Illusion bleiben muss.*

Stattdessen steht im postmodernen Denken die *Spielmetapher im Zentrum.*[26] Die Postmoderne versteht Wissenschaft als ein «Spiel der Ein- und Entgrenzung menschlicher Möglichkeiten» (VAASSEN 1994, 314). Vielfalt gilt als zentraler Wert, die Forderung nach *Pluralität und Dekonstruktion* wird zum ethischen Credo. Der Vorstellung fortschreitenden wissenschaftlichen Fortschritts durch permanente Wissensakkumulation wird die Vorstellung unaufhörlicher Bewegung der Ein- und Entgrenzung, das permanente Spiel innerhalb und mit Grenzen entgegengesetzt. Die postmoderne Erkenntnistheorie liefert auch keine Methodologie der Wissenschaft. Sie hat aber mit ihrer *Methode der Dekonstruktion* das Denken (nicht nur in der Wissenschaft) verändert. Die Dekonstruktion schärft den Blick für die «unsichtbaren Kehrseiten» und für die Dialektik von Ordnung und Kritik an dieser Ordnung.[27] Dekonstruktion bedeutet (Selbst-)Reflexion, Anzudenken gegen die Konventionalisierung, gegen Normen, Werte, Ausschließungsprozesse usw. Die Dekonstruktion schafft damit auch Raum für die Konventionalisierung neuer, anderer Bedeutungen. Aber sie kann nicht vorhersagen, welche alternativen Konventionen/Narrationen sich einstellen werden.

---

25 Vgl. zur Stabilisierung und Erhaltung spezifischer Ontologien (Lehren vom Sein) und Wertesysteme auch GERGEN (1995). Soziale Beziehungen sind in einem steten Wandel begriffen. Dieser Wandel stellt sich als «Effekt» von Kommunikation dar. Jede Gemeinschaft gründet sich in Erzählungen. Diese Geschichten geben Antworten auf die Frage, wer wir sind, und dienen der Ein- und Abgrenzung gegenüber anderen Gemeinschaften. Diese Ein- und Abgrenzungen haben immer Verweisungscharakter. «Unsere Nation» macht nur Sinn in Abgrenzung von anderen Nationen usw. Indem diese Grenzen definiert werden, entsteht aber gleichzeitig auch die Möglichkeit ihrer Infragestellung. In unserem Alltag kann stets nur ein geringer Teil unseres Wissens fraglich sein. Gemeinschaften schützen sich und ihre Mitglieder vor Auflösung durch Tabus, durch die Fraglosigkeit konventionalisierter Ontologien und Werte. Soziale Strukturen sind somit in einem steten Sich-Formieren und Sich-Auflösen begriffen.

26 Charakteristisch für ein Spiel sind kontingente Konventionen, zum Beispiel in Form von Spielregeln. Diese Regeln sind Gegenstand der Konventionen, sie sind sozial konstruiert und können jederzeit wieder geändert werden.

27 Wenn wir innerhalb bestehender sozio-politischer und psychologischer Strukturen etwas unternehmen, um Veränderungen zu bewirken, kann es uns gut passieren, dass wir damit wieder die herrschenden Strukturen stärken. Als Beispiel sei die Möglichkeit von qualifizierter Teilzeitarbeit genannt, die, wenn sie nur von Frauen wahrgenommen wird, wieder (nur) zu einer Zementierung herrschender Rollenverteilungen im privaten Bereich führt.

In der betrieblichen Praxis kann diese Methode zum Beispiel in Reorganisationsprozessen eingesetzt werden, um Ressortdenken oder kulturelle Verschiedenheiten von zwei fusionierten Organisationen offen zu
legen (zu dekonstruieren) und ein Stück weit zu verändern. Vertreterinnen und Vertreter der Postmoderne sehen die Aufgabe einer postmodernen Sozialwissenschaft darin, gegen das sozial Selbstverständliche, das
Offensichtliche und auch dessen Einschränkungen möglicher Lebensge-
staltung anzudenken. Wissenschaft wird damit zu einer Instanz schöpferischer Unruhe in der Gesellschaft (vgl. VAASSEN 1994, 315). Wir finden
also auch im postmodernen Ansatz ein implizit gesellschaftskritisches
Moment wie in allen anderen wissenschaftstheoretischen Positionen. Es
mag deshalb wenig erstaunen, dass auch dieser wissenschaftstheoretischen Position von vielen Seiten Kritik erwachsen ist.[28]

Was heißt gute Forschung aus konstruktivistischer und postmoderner Perspektive?

B 4.5.8

Die Gütekriterien, die aus der Sicht des Wissenschaftspositivismus und
des Kritischen Rationalismus unbestrittene Gültigkeit beanspruchen und
sich vor allem auf die *Datengewinnung* beziehen, machen in einem konstruktivistischen und postmodernen Wissenschaftsverständnis wenig
Sinn. Hier können weder externe und interne Validität (Gültigkeit)[29] oder
Reliabilität (Verlässlichkeit)[30] noch Objektivität als Gütekriterien für
gute Forschung verwendet werden. Wie kann aber die Qualität einer solchen Arbeit eingeschätzt werden? Was unterscheidet eine postmoderne
Dissertation von einem historischen Roman? Der Radikale Konstruktivismus sieht zum Beispiel die «Nützlichkeit für menschliches Leben» als
Legitimationskriterium für wissenschaftliche Tätigkeit. KNORR-CETINA
spricht von Welterweiterung, VAASSEN von schöpferischer Unruhe oder
Irritation. Die Qualität konstruktivistischer und postmoderner (sozialwissenschaftlicher) Forschung lässt sich kaum an methodologisch begründeten Qualitätsmaßstäben beurteilen. Während in der positivistisch
orientierten Forschung viel Wert auf die *Datengewinnung* gelegt wird,
verschiebt sich der Fokus in der konstruktivistischen und postmodernen
(sozialwissenschaftlichen) Forschung auf die *Dateninterpretation*. Die

---

28 Kritische Stimmen zur Postmoderne finden sich u.a. bei BENHABIB et al. (1994),
   KLINGER (1990) und WEHRLI (1995). Dort vor allem aus feministischer Perspektive.
29 Vgl. hierzu ATTESLANDER (2003, 329f.) und KROMREY (2002, 193ff.).
30 Vgl. hierzu ATTESLANDER (2003, 329f.) und KROMREY (2002, 250ff.).

Interpretation der Daten gemeinsam mit der kritischen Reflexion des eigenen Forschungsstandpunktes stehen im Vordergrund, und damit eine Orientierung an der Wirkung und am Ergebnis. DACHLER (1992, 172) und RÜEGG-STÜRM (2001, 69f.) schlagen daher Kriterien vor wie zum Beispiel Angemessenheit in Bezug auf einen kritisierbaren Diskurs, Annehmbarkeit, Nachvollziehbarkeit, Neuigkeitsgrad, Plausibilität, Überzeugungskraft oder Verständlichkeit. Die *kontextabhängige Sinnhaftigkeit* und die *Horizont erweiternde Neuartigkeit* einer wissenschaftlichen Arbeit stehen dabei im Zentrum.

B 4.5.9   Gibt es einen kleinsten gemeinsamen Nenner guter wissenschaftlicher Forschung?

Die vorangehenden Überlegungen sollten deutlich gemacht haben, wie prämissen- oder paradigmenabhängig heutzutage das Verständnis guter wissenschaftlicher Forschungsarbeit und die Bewertung wissenschaftlicher Untersuchungen ist. So multikulturell sich die heutige Welt präsentiert, so vielfältig sind die Positionen und Selbstverständnisse guter Wissenschaft. Kann es in diesem Kontext überhaupt noch eine disziplinen- und positionenübergreifende Verständigung über gute wissenschaftliche Forschung geben?

Als kleinster gemeinsamer Nenner aller vorgestellten wissenschaftstheoretischen Denkschulen bleibt wohl als einziges Kriterium die *intersubjektive Nachvollziehbarkeit*, der alle wissenschaftstheoretischen Positionen zustimmen können. Damit sind zwei Aspekte gemeint, welche die *Nachvollziehbarkeit des Forschungsprozesses* betreffen. Zum einen geht es darum, das eigene Vorgehen und die diesem Vorgehen zugrunde liegenden Prämissen offen zu legen und alle damit verbundenen Entscheidungen überzeugend zu begründen. Zum anderen müssen Voraussetzungen geschaffen werden, die es konsequent erlauben, Aussagen auf Daten – in verschiedensten Formen – zurückzuführen.

Last but not least muss eine gute Forschungsarbeit durch die Haltung einer rigorosen *Allparteilichkeit* der Forschenden, das heißt durch einen reflektierten Umgang mit eigenen Werten, Interessen und Bezügen zum Forschungsgegenstand, gekennzeichnet sein.

Vor diesem Hintergrund wird nun im folgenden Abschnitt dargestellt, wie sich unterschiedliche wissenschaftstheoretische Grundannahmen und Positionen praktisch, das heißt methodologisch auf die Durchführung von Forschungsprozessen auswirken. Ausgehend von der konkreten Problemstellung am Beginn dieses Abschnitts wird sich zeigen, dass die

Wahl unterschiedlicher Forschungsmethoden, denen jeweils eine bestimmte wissenschaftstheoretische Position zugrunde liegt, zu anderen Ergebnissen und Erkenntnissen führt.

Damit sind auch eine unterschiedliche Legitimation und ein unterschiedlicher Geltungsanspruch des gewonnenen Wissens verbunden. Qualitative und quantitative Forschungsmethoden sind *verschiedene Strategien der Komplexitätsreduktion*. Jede Methode ist zusammen mit einer bestimmten wissenschaftstheoretischen Position stets mit «Gewinnen und Verlusten» verbunden. Dies wird im nachfolgenden Abschnitt diskutiert.

Forschungsmethoden   B 4.6

Wissenschaftliche Erkenntnisse können verschiedene Formen annehmen. Deskriptive oder *beschreibende Analysen* sind zunächst Beschreibungen von Tatsachen und Zusammenhängen, ohne weiter gehenden Anspruch auf Klärung und Erklärung. *Konzeptionelle Analysen* systematisieren, kategorisieren und klassifizieren die beschriebenen Zusammenhänge. Sie reichen von Begriffssystemen über Typologien bis hin zu Modellen. Theorien oder *theoretische Analysen* stellen die höchste Form wissenschaftlicher Erkenntnis dar. Diese erklären kausale Zusammenhänge und ermöglichen idealerweise sogar Prognosen. Sie geben Antworten auf die Fragen nach dem «Warum?» und «Wozu?», bauen dabei auf Beschreibungen und Klassifizierungen auf, gehen jedoch über diese hinaus.

Alle diese wissenschaftlichen Erkenntnisse beruhen auf der kompetenten Anwendung von Forschungsmethoden. Zu Beginn dieses Kapitels wurden in → **Abschnitt B4.4.2** verschiedene Ebenen des wissenschaftliches Wissens unterschieden, insbesondere waren dies die Ebene der erkenntnistheoretischen (epistemologischen) Grundannahmen, die Ebene der Konzepte und Modelle sowie die Ebene der Instrumente und Methoden. Die Zusammenhänge zwischen diesen drei Ebenen, die konkrete Bearbeitung eines Forschungsproblems mit Hilfe von Forschungsmethoden und entsprechenden Handlungsanweisungen oder Heuristiken sowie die damit verbundene Operationalisierung einer bestimmten Theorie sollen nun am Einstiegsbeispiel illustriert werden.

Den Anfangspunkt wissenschaftlicher Arbeiten bildet die *Klärung der eigenen wissenschaftstheoretischen Position*. Hierzu sind Fragen zu stellen, wie zum Beispiel:

- Welches sind meine Grundannahmen bezüglich Wissen und Handeln in sozialen Kontexten sowie sozialer Wirklichkeit insgesamt? Welches sind meine Grundvorstellungen vom Individuum und vom Kontext in der Erklärung sozialer Interaktionen?

Eng damit verbunden stellt sich eine zweite grundlegende Frage:

- Welchem wissenschaftlichen Diskurs, welcher *Community*, in der diese paradigmatischen Annahmen fraglose Gültigkeit haben, fühle ich mich zugehörig? Zu welchem Diskurs möchte ich einen Beitrag leisten? Welche Forschungslücken dieses Diskurses interessieren mich?

In einem nächsten Schritt ist auf der Grundlage dieser Klärung die Problemstellung oder *Forschungsfrage* zu definieren, die in zentraler Weise von der wissenschaftstheoretischen Grundposition abhängig ist.

In unserem Einstiegsbeispiel haben wir einige forschungsrelevante Fragestellungen spezifiziert. Diese können beispielsweise sein: Wie definieren Organisationen «Familienfreundlichkeit»? Welche Verständnisse von «Familienfreundlichkeit» sind in der Praxis anzutreffen? Welche individuelle Bedeutung haben derartige Maßnahmen und Programme für die betroffenen Arbeitnehmenden? Welche Hindernisse oder Widersprüche können bei familienfreundlichen Maßnahmen entstehen? Oder, inwiefern tragen Unternehmen durch familienfreundliche Maßnahmen zur Gleichstellung zwischen den Geschlechtern bei?

Wenn die Forschungsfrage spezifiziert ist, muss wiederum auf der Grundlage einer sorgfältigen Klärung der eigenen wissenschaftstheoretischen Grundposition ein zweckmäßiges *Forschungsdesign* festgelegt werden. Dabei sind folgende Fragestellungen zu unterscheiden:

1. Handelt es sich eher um ein *exploratives, Begriffe, Konzepte und Theorie bildendes* oder um ein *Theorie testendes, verallgemeinerndes* forschungsmethodisches Vorgehen?
2. Handelt es sich demzufolge eher um ein *deduktives* (vom Allgemeinen zum Speziellen) oder eher um ein *induktives* (vom Speziellen zum Allgemeinen) forschungsmethodisches Vorgehen?[31]

---

31 Die Klärung dieser Frage ist vor allem wichtig bei einer positivistisch orientierten wissenschaftstheoretischen Position. KUBICEK (1977) zeigt demgegenüber in seinen Überlegungen zu einer «iterativen Heuristik», dass bei einem Verständnis von sozialwissenschaftlicher Forschung als einem systematischen Lernprozess Deduktion und Induktion oft sehr eng miteinander verwoben sind.

3. Sollen in der Feldforschung demzufolge eher *qualitative* oder *quantitative* Methoden oder eine Kombination beider Methoden eingesetzt werden?

In diesem Zusammenhang ist zu beachten, dass die Art der gewählten Forschungsmethode einen großen Einfluss auf die Art der Erkenntnisse hat, die man aus der entsprechenden Forschungsarbeit zieht (SCANDURA/WILLIAMS 2000). Im Folgenden werden quantitavie und qualitative Forschungsmethoden näher vorgestellt.

Quantitative Forschungsmethoden B 4.6.1

Ziele, Möglichkeiten und Grenzen quantitativer Forschungsmethoden B 4.6.1.1

Quantitative Forschungsmethoden zielen darauf ab, kausale Zusammenhänge im Sinne von vergleichsweise stabilen, problemlos generalisierbaren, «naturgesetzlichen» Relationen zwischen verschiedenen Variablen zu entdecken und zu quantifizieren. Dazu werden eher «harte» statistische Methoden angewandt, um möglichst objektive, klare Resultate zwischen den Wirkungszusammenhängen von Inputs und Outputs zu generieren. Da es bei Anwendung dieser Methoden im Allgemeinen unerlässlich ist, sich auf wenige Variablen und deren Zusammenhänge zu beschränken, können nur in einem geringen Ausmaß Schlüsse im Hinblick auf Fragestellungen gezogen werden, die nicht unmittelbar diese spezifischen Relationen betreffen.

In Studien, die mit Hilfe quantitativer Methoden durchgeführt werden, gilt die Realität grundsätzlich als *objektiv gegeben*. Weiter wird davon ausgegangen, dass die interessierenden (sozialen) Phänomene und Wirkungszusammenhänge weit gehend isolierbar sind, das heißt im Rahmen der Forschung sozusagen von Störgrößen abgeschirmt werden können. Deshalb gilt es als zulässig, Untersuchungen *ohne* eingehende Berücksichtigung des spezifischen Forschungskontexts durchzuführen. Quantitativen Methoden liegt somit meistens eine *positivistisch*[32] *orientierte wissenschaftstheoretische Position* zugrunde.

---

32 «Positivistisch» wird im Folgenden in einem sehr weiten Sinne verstanden. Gemäß unserem Verständnis beruht positivistische Forschung auf der Vorstellung einer objektiv gegebenen Wirklichkeit, deren Beschaffenheit sprachlich mehr oder weniger korrekt abgebildet werden kann.
Von dieser Annahme geht auch der Kritische Realismus aus, weshalb wir, stark vereinfachend, diese wissenschaftstheoretische Grundposition ebenfalls positivistisch

Quantitative Methoden versuchen mit statistischen Techniken eher generelle Hypothesen zu testen. Folgendes Vorgehen ist insbesondere typisch für quantitative Studien: Hypothesenformulierung, Operationalisierung der Konstrukte, Datensammlung, Datenanalyse und Hypothesenvergleich, das heißt Verifizierung oder Verwerfen von Hypothesen. Das Hauptziel einer solchen deduktiv-analytischen Forschungsstrategie ist die Erklärung von Kausalzusammenhängen und das Testen von Hypothesen.

Zusammengefasst untersuchen quantitative Methoden die als objektiv gegeben betrachtete Realität eher aus objektivierender Distanz, folgen einer hypothetischen Prozedur (Hypothesen werden entweder durch Daten unterstützt oder verworfen), und für die Datenanalyse werden standardisierte Messungstechniken verwendet. Ein wesentliches Ziel quantitativer Studien besteht demzufolge darin, dass klare und eindeutige Resultate über Kausalbeziehungen angestrebt werden, indem die hypothetischen Zusammenhänge zwischen den Variablen entweder unterstützt oder verworfen werden.

Quantitative Forschung ist charakterisiert durch einen relativ hohen Standardisierungsgrad. Da statistische Techniken nur minimal variieren, können verschiedene Studien vergleichsweise einfach miteinander verglichen werden, und Forschungserkenntnisse können einfacher aufeinander aufbauen. In diesem Sinne sind quantitative Studien typischerweise eher zuverlässiger als qualitative, da sie einer vordefinierten statistischen und mathematisch gestützten, analytischen Technik folgen und klare Messgrößen verwenden. Die Generalisierbarkeit und die externe Validität[33] von quantitativen Erkenntnissen sind in der Regel hoch, da sie typischerweise auf einer *großen statistischen Grundgesamtheit* beruhen, die mehrere Firmen und oft auch mehrere Industrien umfasst.

Trotz all der aufgezeigten Vorteile wird die quantitative Forschung auch kritisiert. Interpretationen und auch Informationen von direkt Beteiligten sind oft unerlässlich, um eine komplexe Situation oder ein Phänomen angemessen verstehen und analysieren zu können. Zudem sind statistische Techniken nur beschränkt in der Lage, kontext- und situationsspezifische Faktoren einzufangen, die über die untersuchten

---

orientierter Forschung zurechnen. Der Kritische Rationalismus Karl Poppers ist aber grundlegend vorsichtiger, was den *Status* gewonnenen Wissens betrifft. Im Kritischen Rationalismus wird Wissen immer und unausweichlich als *vorläufig gesichert* und grundsätzlich *revisionsbedürftig* betrachtet.

33 Vgl. hierzu Kromrey (2002, 332, 520).

Kausalbeziehungen hinausgehen. Solche Faktoren, die für die untersuchte Problemstellung sehr bedeutend sein können, werden aus methodischen Gründen oft ausgeklammert.[34] Zudem besteht bisweilen eine gewisse Gefahr, dass sich Vertretende der quantitativen Forschung auf «falsche» Faktoren oder irrelevante Fragestellungen beziehen, da Hypothesen formuliert werden, bevor das Forschungsfeld überhaupt analysiert wird (GIRTLER 1984).

Vorgehen bei quantitativen Forschungsdesigns B 4.6.1.2

Wie bereits erörtert, ist die Wahl einer quantitativen Analysemethode an die wissenschaftstheoretische Grundposition und damit verbunden an die Art der Forschungsfrage gebunden (YIN 1994).

Folgende Forschungsfrage kann typischerweise mit einer statistischen Technik bearbeitet werden:

> Welchen Einfluss haben familienfreundliche Maßnahmen von Unternehmen auf die Gleichstellung zwischen den Geschlechtern, insbesondere auf die Erwerbsbeteiligung?

Die Forschungsfrage ist der erste Schritt in einem quantitativen Forschungsdesign. Weitere Vorgehensschritte lassen sich aus **Abbildung 5** ableiten. Die Pfeile zurück illustrieren insbesondere Anpassungen oder Überlegungen, die aufkommen, während die Daten generiert werden.

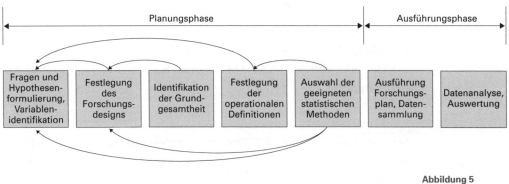

Abbildung 5
Grundstruktur quantitativer Forschungsdesigns in Anlehnung an Black (1999, 27)

---

34 Diese Problematik wird in der forschungsmethodischen Literatur unter dem Gegensatzpaar «rigor versus relevance» untersucht.

Im Wesentlichen sind folgende fünf Schritte eines quantitativen Forschungsprojekts zu unterscheiden (ATTESLANDER 2000):

- *Klärung der Forschungsfragen und Problembenennung*
  In diesem Schritt wird die Fragestellung festgelegt, der theoretische und praktische Hintergrund verdeutlicht und die zu testenden Hypothesen formuliert.

- *Operationalisierung (Gegenstandsbenennung)*
  Sind die Hypothesen formuliert, gilt es, Messgrößen zu entwickeln, die den zu untersuchenden Gegenstand abbilden. Dabei wird das genaue Untersuchungsobjekt festgelegt.

- *Forschungsdesign*
  Aufgrund der gewählten Messgrößen werden das Vorgehen und der Methodeneinsatz ausgewählt, etwa eine Beobachtung, Befragung, ein Experiment, eine Inhalts- bzw. Dokumentenanalyse.

- *Datenauswertung (-analyse)*
  Sobald die Daten erhoben worden sind, können sie statistisch ausgewertet werden. Je nach Art der Daten werden Skalierungsverfahren, mathematische und statistische Verfahren wie beispielsweise strukturentdeckende Verfahren (Deskription, zum Beispiel Faktorenanalyse, Clusteranalyse) oder strukturprüfende Verfahren (Erklärung, etwa Korrelations-, Regressions-, Diskriminanz-, Varianzanalyse) dazu verwendet.

- *Aufbereitung, Interpretation und Verwendung der Ergebnisse*
  In einem letzten Schritt werden nun die aufbereiteten und ausgewerteten Daten interpretiert.

Wenn einmal die Forschungsfrage spezifiziert ist, werden Hypothesen formuliert. Hypothesen beschreiben die Beziehungen zwischen Konstrukten oder Variablen. Diese könnten im Rahmen unseres Beispiels wie folgt lauten:

Je familienfreundlicher eine Organisation ist, desto geringer sind die Fehlzeiten bei Frauen, und desto geringer ist die Fluktuationsrate bei Frauen und Männern mit Familienpflichten.

Nebst den Hypothesen sind auch die *Variablen* festzulegen, mit deren Hilfe die Hypothesen überprüft werden sollen. Variablen sind messbare Größen, die es gestatten, ein Konstrukt zu operationalisieren oder zu messen. Prinzipiell werden bei der Hypothesenprüfung zwei Arten von Variablen unterschieden: unabhängige (erklärende) und abhängige (zu erklärende) Variablen.

> In der Hypothese zu unserem Beispiel ist die «Familienfreundlichkeit von Organisationen» die unabhängige Variable, während die Fehlzeiten bei Frauen und/oder die Fluktuationsrate bei Frauen und Männern mit Familienpflichten die abhängige Variable ist.
> Das Konstrukt «Familienfreundlichkeit» kann beispielsweise mit folgenden Variablen operationalisiert werden: Verfügbarkeit von Kinderkrippen in der Organisation, gleitende Arbeitszeiten, Möglichkeit des Arbeitens zu Hause, Mutter- und Vaterschaftsurlaub...

In einem nächsten Schritt wird die *Grundgesamtheit* ausgewählt, bei der man die Hypothesen überprüfen möchte. Um den Umfang der zu untersuchenden Einheit möglichst groß zu halten, werden eher allgemeine Kriterien zur Auswahl der Probanden (in unserem Fall Unternehmungen) herangezogen. In unserem Beispiel könnte das Kriterium die Größe des Unternehmens sein, dargestellt anhand der Anzahl der Mitarbeitenden. Übertragen auf unser Beispiel ergibt dies:

> Untersucht werden sämtliche Unternehmen mit mehr als fünfzig Mitarbeitenden im deutschsprachigen Raum.

Wenn einmal die Stichprobe ausgewählt ist, werden die Fragebögen ausgearbeitet und an die Verantwortlichen in den Unternehmen geschickt. In unserem Fall sind dies zum Beispiel die Personalabteilungen.

Die beiden letzten Schritte umfassen die Datensammlung und die Datenanalyse. Daten können gesammelt werden mit Hilfe von Fragebögen und/oder Interviews, aber auch bestehende, so genannt *sekundäre Daten* können ausgewertet werden. Hierzu sind Datenbanken sehr nützlich, die verschiedene Angaben zu Unternehmen enthalten, zum Beispiel die Anzahl der Mitarbeitenden, Jahresabschlusszahlen oder Angaben zur Frauenquote. Solche Daten wurden ursprünglich für einen anderen Zweck erhoben.

Die mit Hilfe von Fragebögen gesammelten Daten werden nun kodiert und mit Hilfe von multivariaten statistischen Verfahren analysiert, das heißt, es kommt mehr als eine statistische Technik zur Anwendung.

Ein allgemeines Gütekriterium und gleichzeitig auch ein wesentliches Ziel quantitativer Forschung ist die Verallgemeinerbarkeit der Ergebnisse. Sie hängt primär von drei Kriterien ab:

- von der *Reliabilität* oder Zuverlässigkeit der Ergebnisse. Die Reliabilität befasst sich primär mit der Stabilität der Messergebnisse bei mehrfacher Messung desselben Sachverhalts bzw. durch verschiedene Personen.
- von der *Validität* oder Gültigkeit der Ergebnisse, die sicherstellt, dass diejenigen Merkmale gemessen werden, die auch tatsächlich gemessen werden sollten.
- von der *Repräsentativität* der Stichprobe, das heißt von einer angemessenen Abbildung der Grundgesamtheit.

B4.6.2   Qualitative Forschungsmethoden

B4.6.2.1   Ziele, Möglichkeiten und Grenzen qualitativer Forschungsdesigns

Qualitative Forschungsmethoden unterscheiden sich von quantitativen Methoden im Wesentlichen dadurch, dass Forschende authentische Erfahrungen sammeln und interpretieren, das heißt, diese Methode basiert primär auf verbalen Argumenten. In offenen Interviews oder mit Hilfe von direkten Beobachtungen im Forschungsfeld werden Daten generiert und dann anhand von interpretativen Methoden analysiert. Dabei ist es im Allgemeinen unerlässlich, auch den Kontext, in dem diese Interviews oder Beobachtungen gemacht werden, präzise zu erfassen, weil die Aussagen der «beforschten» Menschen nur dann angemessen interpretiert werden können, wenn sie kontextualisiert, das heißt sinnhaft in deren Arbeitskontext eingeordnet werden können.

Auch bei qualitativen Forschungsmethoden, bei denen der Umgang mit Sprache äußerst wichtig ist, interessieren sich die Forschenden für Wirkungszusammenhänge. In Abhängigkeit von der wissenschaftstheoretischen Grundposition, welche der oder die Forschende einnimmt, wird aber diesen Wirkungszusammenhängen ein unterschiedlicher Status eingeräumt, und die entsprechenden Studien verfolgen ein grundlegend anderes Anliegen:[35]

---

35   Vgl. hierzu ausführlich DYER/WILKINS (1991) und EISENHARDT (1989; 1991).

- *Positivistisch orientierte qualitative* Studien erheben solche Wirkungszusammenhänge für das spätere Testen mit Hilfe quantitativer Studien, das heißt, sie unterstellen die Möglichkeit einer weit gehenden Dekontextualisierung und Verallgemeinerung der erhobenen Zusammenhänge und damit eine weit reichende Generalisierung der gewonnenen Erkenntnisse.

  Zu Beginn einer positivistisch orientierten qualitativen Studie versuchen Forschende deshalb, die Explikation möglichst authentischer und vielfältiger Erfahrungen anzuregen, um daraus verallgemeinerungsfähige Muster abzuleiten. Diese werden strukturiert, und es werden generalisierbare Hypothesen zur Validierung abgeleitet. Das Hauptziel einer solchen interpretativen, induktiven Forschungsstrategie sind das Aufdecken quasi-gesetzmäßiger Beziehungen und auf dieser Grundlage eine angemessene Hypothesengenerierung.

- Demgegenüber gehen *konstruktivistisch* orientierte Studien eher vom Anliegen aus, solche Wirkungszusammenhänge unter striktem Bezug auf den lokalen Handlungskontext zu dekonstruieren. Mit anderen Worten: Es geht darum, die in einem bestimmten Handlungskontext wirkenden kontingenten Annahmen, Prämissen und Rationalitätskriterien und die daraus resultierenden Wirkungszusammenhänge zu rekonstruieren und zu explizieren, um auf dieser Grundlage für ähnliche Anwendungskontexte denkbare Alternativen für neuartige Handlungsmöglichkeiten aufzuzeigen.

  Zu Beginn einer konstruktivistisch orientierten qualitativen Studie versuchen Forschende deshalb, die Explikation möglichst authentischer und vielfältiger Erfahrungen anzuregen, um daraus möglichst viele Hypothesen zu den gewonnenen Aussagen bzw. zu den gemachten Beobachtungen zu formulieren: Warum und vor welchem Hintergrund macht es Sinn, dass das, was gesagt wird, so gesagt wird, wie es gesagt wird? Diese Hypothesen werden ausdifferenziert und kontinuierlich zu einem stimmigen «Text-Kontext-Gewebe» entwickelt, das es erlaubt, die gemachten Beobachtungen nachzuvollziehen und die daraus ermittelten Wirkungszusammenhänge angemessen zu verstehen. Zudem sind parallel dazu der *Forschungskontext*, das heißt die Interaktion, Beziehungs- und Kommunikationsprozesse zwischen Beforschten und Forschenden und deren Folgen auf die gewonnenen Erkenntnisse, systematisch zu reflektieren.

Zusammengefasst, beruhen qualitativ angelegte Studien auf «weichen» Methoden. Es wird nicht mit zähl- oder messbaren Konstrukten gearbeitet, die gewonnenen Erkenntnisse beruhen vielmehr *unmittelbar auf Dialogen*, die im Forschungskontext (Interviews, Beobachtungen) erhoben werden konnten.

Die Vorteile qualitativer Forschungsmethoden liegen vor allem darin, dass Daten unmittelbar im Feld gewonnen werden können und die Forschenden direkten Kontakt zu den Akteuren in den untersuchten Organisationen haben. Die gewonnenen Erkenntnisse nehmen unmittelbar Bezug auf das «wahre» Leben und auf die Beziehungs- und Kommunikationsprozesse der beobachteten Akteure, Prozesse, die oft nur dann erkannt werden können, wenn eine enge Beziehung zwischen Beforschten und Forschenden besteht. Daraus können für *beide Seiten* sehr tief greifende Erkenntnisse und Folgen erwachsen. Die Methoden der Aktionsforschung oder der ethnografischen Untersuchung sind Beispiele qualitativer Methoden, die besonders detaillierte Erkenntnisse über den Forschungskontext offen legen und auf diese Weise hervorragend geeignet sind, ein Bewusstsein für neue Problemstellungen zu schaffen.

In der wissenschaftstheoretischen Diskussion wird die qualitative Forschung jedoch auch kritisiert, insbesondere von Repräsentanten einer positivistisch oder kritisch-rational orientierten wissenschaftstheoretischen Grundposition.

Kritikpunkte sind insbesondere zweifelhafte Reliabilität, da die konkrete Vorgehensweise bei qualitativen Forschungsmethoden oft erst im Forschungsprozess selbst entwickelt wird – dies im Gegensatz zu einer strikten Befolgung vorgegebener Regeln bei quantitativen Methoden (DENZIN/LINCOLN 1994). Zudem sind bei qualitativen Methoden Forschende manchmal dazu gezwungen, subjektive Beurteilungen vorzunehmen (YIN 1994), was sich negativ auf die Konsistenz und Replizierbarkeit der Resultate niederschlägt. Schließlich werden qualitative Studien oft in einem sehr spezifischen Kontext ausgetragen, was zu einer äußerst begrenzten externen Validität und Generalisierbarkeit der Erkenntnisse führt. Eine breitere Verwendung der Erkenntnisse aus Feldstudien auf alternative Kontexte und auf weitere Forschungsprojekte ist damit sehr erschwert oder gar nicht möglich.

An der Kritik qualitativer wie auch quantitativer Methoden ist allerdings sehr unbefriedigend, dass der Kern der Kritik eigentlich nicht in den Defiziten der entsprechenden Methoden oder Methodenanwendung, sondern in einer unterschiedlichen wissenschaftstheoretischen Position, das heißt in unterschiedlichen erkenntnistheoretischen Annahmen steckt, die im Sinne paradigmatischer Prämissen grundsätzlich sehr schwer kritisierbar sind (Kuhn 1963).[36]

---

36 Dies zeigt sich exemplarisch im Disput zwischen EISENHARDT (1989; 1991) und DYER/WILKINS (1991).

Mit anderen Worten kritisieren Kritiker qualitativer Forschungsmethoden diese Methoden üblicherweise anhand ihrer eigenen Qualitätskriterien, die von einer wissenschaftstheoretischen Position abgeleitet sind, die eine ganz andere ist als diejenige wissenschaftstheoretische Position, die den kritisierten qualitativen Forschungsmethoden tatsächlich zugrunde liegt. Dasselbe gilt auch umgekehrt, was die Kritik an den quantitativen Methoden anbelangt.

Vorgehen bei qualitativen Forschungsdesigns   B 4.6.2.2

Im Rahmen eines qualitativen Forschungsprozesses werden verschiedene Schritte durchlaufen. MAYRING (2002) zum Beispiel unterscheidet die folgenden Schritte und Verfahren der qualitativen Forschung:

- Datenerhebung
  In einem ersten Schritt werden die gewünschten Daten durch problemzentrierte, halbstrukturierte oder narrative Interviews, Gruppendiskussionen oder teilnehmende Beobachtung erhoben.

- Datenaufbereitung
  Sind die gewünschten Daten erhoben, werden sie für die Auswertung aufbereitet. Instrumente sind beispielsweise die wörtliche oder kommentierte Transkription, zusammenfassende oder selektive Protokolle.

- Datenauswertung
  In einem nächsten Schritt werden die Daten ausgewertet anhand eines kategorialen Bezugsrahmens, der im Verlauf der Datenauswertung verfeinert oder adaptiert wird.

- Validierung der Ergebnisse
  In einem letzten Schritt werden die Daten validiert durch detaillierte Dokumentation des Verfahrens, durch eine argumentative Interpretationsabsicherung oder eine kommunikative Validierung, das heißt eine Plausibilisierung der gewonnenen Erkenntnisse im Dialog mit den Akteuren des Forschungsfelds.

Im Rahmen unseres Beispiels «Familienfreundlichkeit in Organisationen» könnte folgende Forschungsfrage geeignet sein, mit Hilfe einer qualitativen Untersuchung bearbeitet zu werden:

Welche spezifischen Bedeutungen haben Maßnahmen und Programme zur Familienfreundlichkeit in Organisationen für die betroffenen Arbeitnehmenden?

Wenn einmal die Problemstellung spezifiziert und eine qualitative Vorgehensweise gewählt worden ist, werden nun in einem nächsten Schritt die betroffenen Mitarbeitenden ausgewählt und mit ihnen Gespräche geführt. In unserem Beispiel dürfte es besonderes interessant sein, verschiedene Arbeitnehmende zu interviewen, deren Bezug zu den Family-Friendliness-Maßnahmen ihres Unternehmens möglichst stark variiert. In offenen Interviews können dann Themenbereiche wie Familienfreundlichkeit, Gleichstellung, Teilzeitarbeit, berufliche Entwicklung und Rollenverteilung diskutiert werden. Dabei ist darauf zu achten, dass in diesen Interviews Fragestellungen zur Diskussion gestellt werden, die den Kontext möglichst breit beschreiben. Folgende Fragestellungen könnten in unserem Beispiel relevant sein:

- Können Sie uns etwas über Ihre Biografie und Ihren beruflichen Werdegang berichten?
- Wie kam es zur Anstellung bei Ihrer Unternehmung? Warum haben Sie sich für diese Unternehmung als Arbeitgeber entschieden?
- Welche Aufgaben nehmen Sie zurzeit wahr, und welches sind Ihre Pläne für die nähere berufliche Zukunft (ca. drei Jahre)?
- Sind Sie in Ihrer Unternehmung mit Spannungsfeldern in Berührung gekommen, die sich aus dem Zusammenspiel von Beruf und Familie ergeben haben? Wie haben sich diese Spannungsfelder manifestiert? Warum sind diese Spannungsfelder entstanden? Und wie haben sie sich kurz- und langfristig ausgewirkt?
- Sind Sie in Ihrer Unternehmung mit konkreten Konflikten in Berührung gekommen, die sich aus dem Spannungsfeld von Beruf und Familie ergeben haben? Wie haben sich diese Konflikte manifestiert? Wie haben die Betroffenen darauf reagiert? Warum haben sich diese Konflikte ergeben? Und wie haben sie sich kurz- und langfristig ausgewirkt?
- Wie wirkt sich Ihrer Einschätzung nach ein familiärer Kontext auf die berufliche Entwicklung in Ihrer Unternehmung aus? Warum? Welche Wirkungen sind daraus zu erwarten? Warum?

- Welche Wirkungen hat die Übernahme einer Teilzeitstelle für den weiteren beruflichen Werdegang in Ihrer Unternehmung? Warum?
- Welche Maßnahmen oder Programme hat Ihre Unternehmung zur Verbesserung der Familienfreundlichkeit ergriffen? Warum?
- Wie schätzen Sie die von Ihrer Unternehmung ergriffenen Maßnahmen und Programme zur Verbesserung der Familienfreundlichkeit ein?
- Angenommen, Sie wären in leitender Stellung dieser Unternehmung: Was genau würden Sie persönlich in Sachen Verbesserung der Familienfreundlichkeit ändern? Warum?

Diese Sammlung von so genannten Trigger-Fragen ist nur eine Auswahl möglicher Fragestellungen, die in einem offenen Interview zur Diskussion gestellt werden können. In weiteren Schritten wären die konkreten Interviews zu dokumentieren, zu analysieren und im unmittelbaren Interviewkontext genauso wie im Gesamtkontext dieser Unternehmung zu interpretieren.

Zusammenfassung   B 4.6.3

Im Folgenden werden zusammenfassend quantitative und qualitative Forschungsmethoden anhand ausgewählter Kriterien einander gegenübergestellt. Dabei soll insbesondere gezeigt werden, dass mit den einzelnen Methoden in Abhängigkeit von der wissenschaftstheoretischen Grundposition unterschiedliche Verständnisse, Ziele und Geltungsansprüche der zu erarbeitenden Erkenntnisse verbunden sind.[37]

Bei der folgenden **Abbildung 6** handelt es sich allerdings um einen sehr stark vereinfachenden und in diesem Sinne auch verkürzten Überblick, der nur begrenzt den vielfältigen Diskursen und den differenzierten Argumentationsmustern gerecht werden kann, die im Rahmen der verschiedenen wissenschaftstheoretischen und methodologischen Kontroversen zu beobachten sind.

Sofern eine eher positivistisch orientierte wissenschaftstheoretische Grundposition eingenommen wird und ausreichend Einigkeit über das Forschungsziel vorausgesetzt werden darf, lassen sich quantitative und qualitative Verfahren sinnvoll miteinander kombinieren. Hierdurch kön-

---

37 Vgl. hierzu ausführlich DACHLER (1997)

nen Einsichten vertieft und Nachteile der jeweiligen Verfahren umgangen werden. So können beispielsweise in einem qualitativen Prozess durch Expertengespräche Variablen generiert werden, die dann quantitativ getestet werden.

Kriterien	Quantitative Forschungsmethoden	Qualitative Forschungsmethoden	
Wissenschafts-theoretische Grundposition	Positivistisch oder kritisch-rational orientiert	Positivistisch oder kritisch-rational orientiert	Konstruktivistisch orientiert
Art der Daten	Zahlen, Statistiken, Textdokumente	Verbale Aussagen, Einschätzungen und Begründungen, Textdokumente	Verbale Aussagen, Einschätzungen und Begründungen Textdokumente
Art und Annahmen der Datengewinnung	Fragebogen, standardisierte Interviews, Dokumentenanalyse usw.: Der Sinn der Daten steckt *in den Daten*, das heißt, Sprache wird als un-problematischer Träger objektiv gegebener Bedeu-tungsgehalte betrachtet.	Mehr oder weniger offene Kommunikationsformen sowie Dokumentenanalyse: Der Sinn der Daten steckt *in den Daten*, das heißt, Sprache wird als un-problematischer Träger objektiv gegebener Bedeu-tungsgehalte betrachtet.	Offene Kommunikations-formen sowie Dokumenten-analyse: Der Sinn der Daten erwächst sozusagen aus dem «Dialog» mit diesen Daten anhand des jeweils vorhandenen, in Entwicklung befindlichen Vorverständ-nisses über den Kontext dieser Daten.
Art der Daten-verarbeitung	Statistische Verfahren	Interpretative, eher analytische Verfahren	Interpretative, eher hermeneutische Verfahren
Annahmen über die Realität	Objektiv gegebene soziale Realität, die durch quasi-gesetzliche Beziehungen und Prozesse gekenn-zeichnet ist; interessierende Phänomene sind von «Stör-einflüssen» abschirmbar, das heißt weit gehend vom Kontext ablösbar, weshalb kontextfreie Untersuchungen zulässig sind.	Objektiv gegebene soziale Realität, die durch quasi-gesetzliche Beziehungen und Prozesse gekenn-zeichnet ist und subjektiv, das heißt potenziell fehlerhaft, nach Maßgabe kognitiver Landkarten usw. wahrgenommen wird.	Sozial, das heißt diskursiv konstruierte Realität; Sprache ist nicht einfach Träger objektiv gegebener Bedeutungsinhalte, sondern selbst ein generativer Prozess der Konstitution von Wirklich-keit; Bedeutung und Sinn von Aussagen sind unab-dingbar und in hohem Maß kontextabhängig
Vorgehensmerkmale	Standardisierte Erhebungs-, Mess- und Analyseinstru-mente) («harte Methoden»). Konzentration auf das Messbare, monologisches Analysieren und Erkennen, distanziert beobachtend («Untersuchungsobjekt»), primär hypothesentestende Verfahren (Bestätigen, Verwerfen)	Wenig strukturierte Ver-fahren, Interviews, Beobachtungen, Gruppen-diskussionen («weiche Methoden»). Einbezug des Unmessbaren, teilnehmend engagiert, («Gesprächspartner»), exploratives Vorgehen (Entdecken, Erkennen)	Minimal strukturierte, dialo-gische Verfahren, Interviews, Beobachtungen, Gruppen-diskussionen («weiche Methoden»). Einbezug des Unmessbaren, teilnehmend engagiert, («Gesprächspartner»), exploratives Vorgehen systematische Reflexion des Forschungskontexts

Abbildung 6
Vergleich quantitativer und qualitativer Forschungsmethoden

Kriterien	Quantitative Forschungsmethoden	Qualitative Forschungsmethoden	
Forschungsziel	Theorie-gestützte, deduktive Ableitung von testbaren Hypothesen: Testen von Hypothesen im Hinblick auf Bewährung oder Falsifizierung. Auf dieser Grundlage Entdeckung und allenfalls Erhärtung von verallgemeinerungsfähigen, quasi-gesetzlichen Wirkungszusammenhängen sowie Erklärung der entdeckten Wirkungszusammenhänge.	Anleitung zur Explikation möglichst authentischer Erfahrungen, Ableitung verallgemeinerungsfähiger Muster als Grundlage zur empirisch gestützten, explorativen Gewinnung von testbaren Hypothesen über den Gegenstand (Hypothesengenerierung). Diffuse Zusammenhänge im Hinblick auf generalisierbare Aspekte ausloten und verstehen.	Anleitung zur Explikation möglichst authentischer Erfahrungen, Ableitung möglichst vieler Hypothesen zum Kontext der gemachten Äußerungen, Entwicklung eines stimmigen Sinnzusammenhangs, der es erlaubt, die gemachten Beobachtungen nachzuvollziehen und die daraus ermittelten Wirkungszusammenhänge angemessen zu verstehen.
Schritte	Klärung der Forschungsfragen (Problembenennung) Operationalisierung (Gegenstandsbenennung) Forschungsdesign Datenauswertung (-analyse) Aufbereitung und Verwertung der Ergebnisse	Datenerhebung Datenaufbereitung Datenauswertung Validierung der Ergebnisse	Datenerhebung Datenaufbereitung Datenauswertung Plausibilisierung der Ergebnisse
Wissenschaftliche Gütekriterien	Zuverlässigkeit (Reliabilität) Gültigkeit (Validität) Repräsentativität	Verfahrensdokumentation Argumentative Interpretationsabsicherung Regelgeleitetheit Nähe zum Gegenstand Kommunikative Validierung Triangulation der Ergebnisse	Verfahrensdokumentation Systematische Explikation und Reflexion von Forschungskontext und Kontext der Beforschten Nähe zum Gegenstand Kommunikative Plausibilisierung Triangulation der Ergebnisse

Schlussfolgerungen B 4.7

Notwendigkeit einer systematischen Offenlegung und Reflexion der eigenen «Weltanschauung» B 4.7.1

«Das Schicksal einer Kulturepoche, die vom Baum der Erkenntnis gegessen hat, ist es, wissen zu müssen, dass wir den Sinn des Weltgeschehens nicht aus dem noch so sehr vervollkommneten Ergebnis seiner Durchforschung ablesen können, sondern ihn selbst zu schaffen imstande sein müssen, dass ‹Weltanschauungen› niemals Produkt fortschreitenden Erfahrungswissens sein können» (WEBER 1904, 154). Fast hundert Jahre später hat der Satz Max WEBERS immer noch seine Gültigkeit. Wir können weder «objektive» Wissenschaftstheorien noch «objektive» Methoden

entwickeln, ohne a priori normative Entscheidungen hinsichtlich erkenntnistheoretischer Annahmen und grundlegender Wertvorstellungen
zum Sinn wissenschaftlicher Tätigkeit getroffen oder implizit als selbstverständliche Vorgabe übernommen zu haben. Solche grundlegenden normativen Entscheidungen sind als «Weltanschauung» im Sinne von WEBER
zu verstehen. Dies bedeutet, dass wissenschaftstheoretische Grundpositionen und davon abgeleitete Methoden nicht anhand vorfindlicher
objektiver Rationalitätskriterien abschließend legitimiert werden können. Somit ist die Entscheidung für die eine oder andere wissenschaftstheoretische Denkschule letztlich immer eine Frage der (persönlichen)
Weltanschauung, die es indessen offen zu legen und zu reflektieren gilt.

Denn eine sorgfältige Erschließung und Reflexion von Weltanschauungen – sei es die eigene oder diejenige von anderen Forschenden –, die
wissenschaftlichen Untersuchungen unausweichlich zugrunde liegen,
bilden eine unerlässliche Voraussetzung, um den Status und mögliche
Wirkungen irgendwelcher «wissenschaftlichen» Erkenntnisse angemessen einschätzen zu können.

B4.7.2   Schlussfolgerungen für das Arbeiten mit diesem Lehrbuch und für das Studium

Auch die Managementlehre beruht – wie viele andere wissenschaftliche
Forschungs- und Lehrgebiete – nicht auf einem einheitlichen Paradigma
im Sinne von Thomas KUHN, sondern sie ist durch einen theoretischen
und auch einen erkenntnistheoretischen Pluralismus gekennzeichnet.
Eine institutionenökonomische Betrachtungsweise von Organisationen
unterscheidet sich nicht nur von ihrer Theoriegrundlage her maßgeblich
von einer systemisch-konstruktivistischen Betrachtungsweise, sondern
auch von ihrer wissenschaftstheoretischen Position.

Nicht nur wissenschaftsinterne, sondern auch anwendungsbezogene
und ökonomische Gründe tragen dazu bei, dass es periodenweise zu mehr
oder weniger stark ausgeprägten Schwerpunkten in der Forschung
kommt, wobei gleichzeitig durchaus mehrere Rationalisierungsmuster
«aktiv» sein können.[38] Das bedeutet, dass Forschende (und Praktiker) ausgehend von einer bestimmten Vorstellung von guter Wissenschaft, das

---

38 Peter ULRICH (1989) unterscheidet zum Beispiel ein tayloristisches Rationalisie-
    rungsmuster (operatives Management) mit Produktivitätsproblemen und einer
    Kosten-Nutzen-Betrachtung im Zentrum des Interesses, ein strategisches Ratio-
    nalisierungsmuster (Strategisches Management) mit dem Aufbau strategischer

heißt von einer explizit oder implizit eingenommenen wissenschaftstheoretischen Grundposition, interessierende Problemstellungen formulieren, Hypothesen, Konzepte, Modelle (zum Beispiel das neue St. Galler Management-Modell) und Theorien erarbeiten und Schlussfolgerungen für die Umsetzung in der Praxis ableiten.

In der Folge kann es vorkommen, dass sich Studierende zu einer bestimmten Thematik gleichzeitig mit unterschiedlichsten Theorien, Terminologien und wissenschaftstheoretischen Grundpositionen auseinander setzen müssen. Das mag gerade zu Beginn des Studiums verwirrend und wenig befriedigend sein. Es gibt in der Managementlehre nicht – wie in der Mathematik – eine richtige oder eine falsche Lösung, sondern sehr viele mehr oder weniger gut geeignete bzw. begründete Lösungen.

Vor diesem Hintergrund werden die Studierenden zu einem doppelten Lernprozess aufgefordert: Einerseits gilt es, neue Inhalte zu erlernen und andererseits vor dem Hintergrund der verschiedenen wissenschaftstheoretischen Denkschulen das Gelernte oder das zu Lernende kritisch zu hinterfragen und laufend zu reflektieren: Unter welchen Prämissen ist das «richtig», was hier als «richtig» postuliert wird?

Was eigene Forschungsarbeiten betrifft, resultiert ebenso eine doppelte Anforderung: einerseits wissenschaftliches Arbeiten zu lernen und entsprechend solide Methodenkompetenzen zu erwerben. Andererseits geht es darum, immer wieder kritisch der Wissenschaft und dem eigenen wissenschaftlichen Tun zu begegnen und sensibel zu werden für die unausgesprochenen Annahmen, Prämissen und impliziten Wertvorstellungen in verschiedenen Theorien, Konzepten, Modellen und Methoden.

Eine echte Auseinandersetzung mit einem Text bzw. einer Theorie erfordert deshalb ein geduldiges und sorgfältiges «Sich-Einlassen». Denn erst in der intensiven Auseinandersetzung mit dem «Neuen», dem «Fremden», wird es möglich, die historische und situative Bedingtheit (Kontingenz) und Sinnhaftigkeit von «Altem» und «Bewährtem» zu erkennen und mit einer wertschätzenden Haltung Neues zu erproben und zu realisieren.

Erfolgspotenziale und Innovation im Zentrum des Interesses und ein kommunikatives Rationalisierungsmuster (normatives Management) mit der Ermöglichung und Förderung von Dialogen mit unterschiedlichen Anspruchsgruppen im Zentrum ihres Interesses (vgl. ULRICH 1989, 148 ff.).

Ziel eines wissenschaftsbasierten Studiums sollte es deshalb sein, gleichzeitig verschiedene theoretische Perspektiven einnehmen zu können und sich auch der möglicherweise grundlegend unterschiedlichen wissenschaftstheoretischen Positionen und kontingenten impliziten Annahmen dieser Theorien bewusst zu werden, um auf dieser Grundlage attraktive und sinnvolle Entwicklungspotenziale dieser Theorien zu erkennen.

Gareth MORGAN (1997) zeigt das am Beispiel von unterschiedlichen Bildern von Organisationen, Johannes RÜEGG-STÜRM unter Bezugnahme auf Peter ULRICH (2001) am Umgang mit unterschiedlichen Anspruchsgruppen im neuen St.Galler Management-Modell (→ **Kapitel B2** Das neue St.Galler Management-Modell).

Der Voraussetzungsreichtum von Theorien führt dazu, dass sich auch mit scheinbar harten Fakten wie Kennzahlen sehr unterschiedliche Bilder einer Organisation kreieren lassen. Die finanzwirtschaftlichen Kennzahlen geben ein anderes Bild einer Organisation als zum Beispiel personalwirtschaftliche Kennzahlen oder gleichstellungsrelevante Indikatoren. Das erfordert eine offene, neugierige Haltung, aktives Zuhören und Empathie – Fähigkeiten und Haltungen, die auch im betrieblichen Alltag geschätzt werden.

Unternehmungen und Organisationen befinden sich heute in einem sich ständig wandelnden Umfeld. Entsprechend hoch sind die Anforderungen an die geistige Flexibilität der Führungskräfte und der Mitarbeitenden und an die Umsetzungsgeschwindigkeit neuer Ideen. Trotzdem sollten auch in der betrieblichen Praxis Phasen des Reflektierens und kritischen Hinterfragens unausgesprochener Annahmen Platz haben (SCHÖN 1983). Organisationaler Wandel und Innovation beginnen oft mit ganz simplen, unspektakulären selbstkritischen Fragen. Beispielsweise kann die Frage «Womit verdienen wir eigentlich unser Geld?» dazu führen, ein umfassendes Controllingsystem aufzubauen, Geschäftsprozesse zu analysieren und zu verbessern oder Kooperationen/Fusionen einzugehen usw. Diese Frage kann aber auch dazu führen, verstärkt mit gemischten Teams zu arbeiten, mehr Selbstverantwortung in Arbeitsgruppen zu delegieren oder Frauen als Führungskräfte zu fördern. Je nachdem, welche «Brille» man anzieht und welche Annahmen und «Dinge» demzufolge als «selbstverständlich», «normal», vernünftig, sinnvoll, richtig, gültig und erstrebenswert erachtet werden, rücken andere Probleme und Lösungsräume ins Zentrum des Interesses.

Zusammenfassend formuliert: Je nach «Brille», durch die man ein Problem betrachtet, und je nach Problemformulierung , aus deren Blickwinkel man dessen Bearbeitung anpackt, wird bereits der Rahmen möglicher, als sinnvoll erachteter Lösungen abgesteckt. Das gilt für jede Form von Problembearbeitung – unabhängig davon, ob sie unmittelbar in einem Praxiskontext oder in einem wissenschaftlichen Kontext vollzogen wird. Diesen Rahmen mit zu reflektieren, ist Voraussetzung für konstruktive Kritik und für Innovation – auch in der Wissenschaft.

Literatur

ACHAM, K. (1983). *Philosophie der Sozialwissenschaften.* Freiburg/München: Alber.

ALBERT, H. (1971). *Plädoyer für kritischen Rationalismus.* München: Piper.

ANZENBACHER, A. (1984). *Einführung in die Philosophie* (3.Aufl.). Wien: Herder.

ATTESLANDER, P. (2003). *Methoden der empirischen Sozialforschung* (10.Aufl.). Berlin: de Gruyter.

AUSTEDA, F. (1989). *Lexikon der Philosophie.* Wien: Hollinek.

BARDMANN, T. (1994). *Wenn aus Arbeit Abfall wird. Aufbau und Abbau organisatorischer Realitäten.* Frankfurt a.M.: Suhrkamp.

BERGER, P./LUCKMANN, T. (1980). *Die gesellschaftliche Konstruktion der Wirklichkeit. Eine Theorie der Wissenssoziologie.* Frankfurt a.M.: Fischer.

BENHABIB, S./BUTLER, J./CORNELL, D./FRASER, N. (1994). *Der Streit um Differenz: Feminismus und Postmoderne in der Gegenwart.* Frankfurt a.M.: Fischer.

BLACK, T.R. (1999). *Doing quantitative research in social sciences.* London: Sage.

BURR, V. (1995). *An Introduction to Social Constructionism.* London/New York: Routledge.

CHECKLAND, P. (1981). *Systems Thinking, Systems Practice.* Chichester: Wiley.

DACHLER, H.P. (1992). Management and Leadership as Relational Phenomena. In: M. v.CRANACH/W.DOISE/G.MUGNY (eds.). *Social Representations and the Social Basis of Knowledge* (pp. 169–178). Lewiston: Hogrefe & Huber.

DACHLER, H.P./HOSKING, D.M. (1995). The primacy of relations in socially constructing organizational realities. In: D.M.HOSKING/H.P.DACHLER/K.J.GERGEN. *Management and Organisation: Relational Alternatives to Individualism* (pp. 1–27). Aldershot: Avebury.

DACHLER, H.P. (1997). Does the Distinction between Qualitative and Quantitative Methods Make Sense? In: *Organization Studies* 18: 109–724.

DENZIN, N.K./LINCOLN, Y.S. (1994). *Handbook of qualitative research.* Thousand Oaks CA: Sage.

DERRIDA, J. (1976). *Randgänge der Philosophie.* Frankfurt a.M./Berlin/Wien: Ullstein.

DERRIDA, J. (1983). *Grammatologie.* Frankfurt a.M.: Suhrkamp.

DYER, W./WILKINS, A. (1991). Better Stories, Not Better Constructs, to Generate Better Theories: A Rejoinder to Eisenhardt. In. *Academy of Management Review,* 16, 3: 613–619.

EISENHARDT, K. (1989): Building Theories from Case Study Research. In. *Academy of Management Review,* 14, 4: 532–550.

EISENHARDT, K. (1991). Better Stories and Better Constructs: The Case for Rigor and Comparative Logic. In: *Academy of Management Review,* 16, 3: 620–627.

FOERSTER, H.v. et al. (1995). *Einführung in den Konstruktivismus.* München: Piper.

GERGEN, K.J. (1991). *The Saturated Self: Dilemmas of Identity in Contemporary Life.* New York: Basic Books.

GERGEN, K.J. (1994). *Realities and Relationships.* Cambridge: Harvard University Press.

GERGEN, K.J. (1995). *Relational theory and the discourses of power.* In: D.M.HOSKING/ H.P.DACHLER/K.J.GERGEN. *Management and Organisation: Relational Alternatives to Individualism* (pp. 29–50). Aldershot: Avebury.

GIRTLER, R. (1984). *Methoden der qualitativen Sozialforschung. Anleitung zur Feldarbeit.* Wien: Böhlau.

GLASERSFELD, E. v. (1995). Die Wurzeln des «Radikalen» Konstruktivismus. In: H. R. FISCHER (Hrsg.). *Die Wirklichkeit des Konstruktivismus. Zur Auseinandersetzung um ein neues Paradigma* (S. 35–46). Heidelberg: Carl-Auer-Systeme.

GLASERSFELD, E. v. (1996). *Radikaler Konstruktivismus. Ideen, Ergebnisse, Probleme.* Frankfurt a. M.: Suhrkamp.

HABERMAS, J. (1968). *Technik und Wissenschaft als «Ideologie».* Frankfurt a. M.: Suhrkamp.

HABERMAS, J. (1972). Gegen einen positivistisch halbierten Rationalismus. In: T. W. ADORNO/R. DAHRENDORF/H. PILOT et al. *Der Positivismusstreit in der deutschen Soziologie* (2. Aufl.) (S. 235–266). Darmstadt: Luchterhand.

HABERMAS, J. (1981). *Theorie des kommunikativen Handelns.* 2 Bände. Frankfurt a. M.: Suhrkamp.

HARDING, S. (1991). *Whose science? Whose knowledge? Thinking from women's lives.* Ithaca N. Y.: Cornell University Press.

HARDING, S. (1993). Rethinking Standpoint Epistemology: What is «Strong Objectivity»? In: L. ALCOFF/E. POTTER (eds.). *Feminist Epistemologies* (pp. 49–82). New York/London: Routledge.

HOSKING, D. M./DACHLER, H. P./GERGEN, K. J. (eds.) (1995). *Management and Organization: Relational Alternatives to Individualism.* Aldershot: Avebury.

HÜGLI, A./LÜBCKE, P. (Hrsg.) (1991). *Philosophielexikon.* Reinbek b. Hamburg: Rowohlt.

KAMITZ, R. (1980). Wissenschaftstheorie. In: J. SPECK (Hrsg.). *Handbuch wissenschaftstheoretischer Begriffe.* Göttingen: Vandenhoeck und Ruprecht.

KLINGER, C. (1990). Bis hierher und wie weiter? Überlegungen zur feministischen Wissenschafts- und Rationalitätskritik. In: M. KRÜLL (Hrsg.). *Wege aus der männlichen Wissenschaft: Perspektiven feministischer Erkenntnistheorie* (S. 21–56). Pfaffenweiler: Centaurus.

KLINGER, C. (1995). *Der Diskurs der modernen Wissenschaften und die gesellschaftliche Ungleichheit der Geschlechter.* Berichte des Wissenschaftsladens Innsbruck, 19/20.

KNORR-CETINA, K. (1989). Spielarten des Konstruktivismus: Einige Notizen und Anmerkungen. In: *Soziale Welt,* 40, 1/2: 86–96.

KROMREY, H. (2002). *Empirische Sozialforschung* (10., vollst. überarb. Aufl.). Opladen: Leske & Budrich.

KUBICEK, H. (1977). Heuristische Bezugsrahmen und heuristisch angelegte Forschungsdesigns als Elemente einer Konstruktionsstrategie empirischer Forschung. In: R. KÖHLER (Hrsg.) *Empirische und handlungstheoretische Forschungskonzeptionen in der Betriebswirtschaftslehre* (S. 3–36). Stuttgart: Schäffer-Poeschel.

KUHN, T. S. (1973). *Die Struktur wissenschaftlicher Revolutionen.* Frankfurt a. M.: Suhrkamp [amerik. Original: The Structure of Scientific Revolutions. Chicago: University of Chicago Press 1962].

MAYRING, P. (2002). *Einführung in die qualitative Sozialforschung: eine Anleitung zu qualitativem Denken* (5. Aufl.). Weinheim: Beltz.

MATURANA, H. R./VARELA, F. J. (1987). *Der Baum der Erkenntnis.* Bern/München: Scherz.

MITTERER, J. (1992). *Das Jenseits der Philosophie: Wider das dualistische Erkenntnisprinzip.* Wien: Passagen-Verlag.

MORGAN, G. (1997). *Images of Organization* (2nd ed.). Thousand Oaks CA/London: Sage.

POPPER, K. (1973). *Objektive Erkenntnis. Ein evolutionärer Entwurf.* Hamburg: Hoffmann und Campe.

POPPER, K. (1980). *Die offene Gesellschaft und ihre Feinde.* Bände 1 und 2 (6. Aufl.). München: Francke.

POPPER, K. (1988). *Auf der Suche nach einer besseren Welt* (3. Aufl.). München: Piper.

POPPER, K. (1989). *Logik der Forschung* (9. verb. Aufl.). Tübingen: Mohr.

ROTH, G. (1986). Selbstorganisation – Selbsterhaltung – Selbstreferentialität: Prinzipien der Organisation der Lebewesen und ihre Folgen für die Beziehung zwischen Organismus und Umwelt. In: A. DRESS et al. (Hrsg.): *Selbstorganisation: Die Entstehung von Ordnung in Natur und Gesellschaft* (S. 149–180). München: Piper.

RÜEGG-STÜRM, J. (2001). *Organisation und organisationaler Wandel.* Wiesbaden: Westdeutscher Verlag.

RÜEGG-STÜRM, J. (2002). *Das neue St. Galler Management-Modell – Grundkategorien einer integrierten Managementlehre: Der HSG-Ansatz.* Bern/Stuttgart/Wien: Haupt.

SANDER, G. (1998). *Von der Dominanz zur Partnerschaft: Neue Verständnisse von Gleichstellung und Management.* Bern/Stuttgart/Wien: Haupt.

SCANDURA, T. A./WILLIAMS, E. A. (2000). Research methodology in management: current practices, trends, and implications for future research. In: *Academy of Management Journal,* 43 (6): 1248–1264.

SCHMIDT, S. J. (Hrsg.) (1987). *Der Diskurs des Radikalen Konstruktivismus.* Frankfurt a. M.: Suhrkamp.

SCHÖN, D. (1983). *The Reflective Practitioner.* New York: Basic Books.

THOMAS, W. I./Thomas, D. S. (1928). *The Child in America.* New York: Knopf.

ULRICH, H. (1984). *Management.* Bern/Stuttgart/Wien: Haupt.

ULRICH, P./HILL, W. (1976a). *Wissenschaftstheoretische Grundlagen der Betriebswirtschaftslehre (Teil I).* WiSt, 7 (Juli): 304–309.

ULRICH, P./HILL, W. (1976b). *Wissenschaftstheoretische Grundlagen der Betriebswirtschaftslehre (Teil II).* WiSt, 8 (August): 345–350.

ULRICH, P. (1989). Der spezielle Blick der Allgemeinen Betriebswirtschaftslehre für die ökonomischen Dinge der Unternehmensführung. Ein sozialökonomischer Ansatz. In: W. KIRSCH/A. PICOT (Hrsg.). *Die Betriebswirtschaftslehre im Spannungsfeld zwischen Generalisierung und Spezialisierung.* Festschrift für Edmund HEINEN zum 70. Geburtstag (S. 137–154). Wiesbaden: Gabler.

ULRICH, P. (1995). Wissenschaftstheoretische Grundfragen der Führungsforschung – Kritische Theorie. In: A. KIESER/G. REBER/R. WUNDERER (Hrsg.). *Handwörterbuch der Führung* (2. neu gestaltete u. ergänzte Aufl.) (Sp. 2198–2206). Stuttgart: Schäffer-Poeschel.

ULRICH, P. (2001). *Integrative Wirtschaftsethik. Grundlagen einer lebensdienlichen Ökonomie* (3. überarb. Aufl.). Bern/Stuttgart/Wien: Haupt.

VAASSEN, B. (1994). *Die narrative Gestalt(ung) der Wirklichkeit.* Bamberg: difo. (Buchausgabe 1996: Braunschweig: Vieweg).

WATZLAWICK, P. (Hrsg.) (1981). *Die erfundene Wirklichkeit.* München: Piper.

WATZLAWICK, P. (1987). *Wie wirklich ist die Wirklichkeit?* (15. Aufl.). München: Piper.

WEBER, M. (1904). Die Objektivität sozialwissenschaftlicher und sozialpolitischer Erkenntnis. In: Johann WINCKELMANN (Hrsg.) (1973). *Max Weber: Gesammelte Aufsätze zur Wissenschaftslehre* (4. Aufl.). Tübingen: Mohr.

WEHRLI, B. (1995). Wenn Frauen lesen: Das doppelte Spiel der Wahrheit. In: M. FUES/W. MAUSER (Hrsg.). *Verbergendes enthüllen: Zu Theorie und Kunst dichterischen Verkleidens.* Festschrift für Martin STERN (S. 41–52). Würzburg: Königshausen und Neumann.

WEIK, E. (1996). Postmoderne Ansätze in der Organisationstheorie. In: *Die Betriebswirtschaft*, 56, 3: 379–397.

WIMMER, R. (1996). Die Zukunft von Führung: Brauchen wir noch Vorgesetzte im herkömmlichen Sinn? In: *Organisationsentwicklung*, 4: 46–57.

YIN, R.K. (1994). *Case study research: design and methods* (2nd ed.). Thousand Oaks CA/London: Sage.

Neue Nachrichten AG

Umstrittene Situation in einer Unternehmung: Wie soll es weitergehen?

Rolf Dubs

Suchen Sie nach begrifflichen Unstimmigkeiten bei den einzelnen Aussagen, und schätzen Sie ab, wo und warum es in diesem Verwaltungsrat zu Erschwernissen in der Kommunikation kommen könnte.   1

Im Verwaltungsrat der Neuen Nachrichten AG werden allein schon deshalb Kommunikationsprobleme entstehen, weil die einzelnen Mitglieder für gleiche Zusammenhänge unterschiedliche Begriffe verwenden: Vision, Leitbild, langfristige Planung, strategische Planung oder nur Planung. Weil diese Begriffe ganz Verschiedenartiges bedeuten können, werden die Verwaltungsratsmitglieder immer wieder Mühe haben, sich zu verständigen.

Das Management-Modell erleichtert die Kommunikation und die Entscheidungsfindung, weil es klare Begriffe vorgibt und Wirkungszusammenhänge aufzeigt, damit Wichtiges von weniger Wichtigem unterschieden werden kann und die organisationale Kommunikation strukturiert wird. (→ **Kapitel B2**)

Welche Grundeinstellungen zum wirtschaftlichen Denken und Handeln erkennen Sie bei einzelnen Verwaltungsräten?   2

Es wird leicht ersichtlich, dass die einzelnen Verwaltungsräte von ganz unterschiedlichen Wertvorstellungen her argumentieren. Deshalb ist davon auszugehen, dass in der Neuen Nachrichten AG dem normativen Management noch viel zu wenig Beachtung geschenkt wurde (→ **Kapitel B3**). Die Neue Nachrichten AG braucht angesichts der vorhandenen Meinungsunterschiede einen klaren normativen Orientierungsrahmen.

Verwaltungsrat B und D wollen mit der Neuen Nachrichten AG auch einen gesellschaftlichen Auftrag erfüllen (Anspruchsgruppe Öffentlichkeit, während C nur die wirtschaftlichen Aspekte der Unternehmungsführung und die Interessen der Kapitalgeber mit einer einseitigen Gewinnorientierung sieht. E versucht zu differenzieren, indem er spontan bestimmte Maßnahmen vorschlägt. Solche Maßnahmen sollten aber in einen größeren, systematischen Rahmen gestellt werden. Angesichts der grundlegenden Probleme müsste eine Strategieentwicklung in Gang gesetzt werden, ein Managementprozess, bei dem mit erster Priorität die Outside-in-Perspektive zu bearbeiten wäre.

3　Wo sehen Sie die grundsätzliche Problematik im Ablauf dieser Debatte?

Die Verwaltungsratsdebatte verläuft ziellos. Diskutiert werden vorgefasste Meinungen und punktuelle Vorschläge. Die normativen Grundfragen und die Wirkungszusammenhänge werden nicht diskutiert und als Vorentscheidungen bereinigt. Die grundlegenden Interaktionsthemen zwischen der Neuen Nachrichten AG und ihren Anspruchsgruppen werden nicht ausführlich diskutiert.

4　Wie definieren Sie das Problem (die Probleme), das (die) der Verwaltungsrat der Neuen Nachrichten AG zu lösen hat?

Probleme lassen sich nur wirksam lösen, wenn alle an einer Lösung arbeitenden Personen das Problem in gleicher Weise verstanden und definiert haben. Andernfalls bleibt die Kommunikation gestört, weil alle Mitwirkenden das Problem nur aus ihrer Sicht sehen und immer wieder aus ihrer Sicht argumentieren.

Angesichts der aufkommenden Finanzprobleme der Neuen Nachrichten AG und der Meinungsverschiedenheiten im Verwaltungsrat drängt sich eine umfassende Problemstellung auf. Sie könnte beispielsweise lauten: «Wie sieht die an die veränderten Verhältnisse angepasste Strategie der Neuen Nachrichten AG für die nächsten drei bis fünf Jahre aus?»

5　Was müssen Sie zusätzlich noch wissen, um das Problem zu lösen?

Um die Strategie anzupassen und zu klaren Aussagen zu gelangen, drängt sich mit erster Priorität eine externe Analyse zur Strategieentwicklung auf (Outside-in-Perspektive). Wenigstens zu folgenden Fragen müssen gute Grundlagen geschaffen werden:

- Wie entwickelt sich die Fernseh- und Internettechnologie? Welches sind die Auswirkungen auf die Zeitungen und die Regionalfernsehanstalten (Bedingungen und Trends in der Umweltsphäre Technologie)?
- Was wird von einem regionalen Medienhaus in der Öffentlichkeit erwartet (Bedingungen und Trends in der Umweltsphäre Gesellschaft)?
- Welche Konkurrenzsituation zwischen Medienhäusern und verschiedenen Medien entstehen (Bedingungen und Trends in der Umweltsphäre Wirtschaft)?

In zweiter Priorität sind einzelne Aspekte in einer internen Analyse zur Strategieentwicklung zu bearbeiten, insbesondere:

- Hat die Neue Nachrichten AG die Kernkompetenzen für ein umfassendes Medienhaus, oder zersplittert sie sich angesichts der veränderten und sich weiter verändernden Umweltbedingungen zu stark (Inside-out-Perspektive)?

Welcher Zielkonflikt würde Sie bei der Lösung dieser unternehmerischen Problemstellung am meisten beschäftigen?

6

Solange die Neue Nachrichten AG Gewinne ausweist, dürfte der schwierigste Zielkonflikt bei der Interaktion zwischen der Unternehmung und ihren Anspruchsgruppen liegen:

Soll die Neue Nachrichten AG mit den elektronischen Medien (Radio, Fernsehen, Internet) einen gesellschaftlichen Auftrag erfüllen und auf Gewinne verzichten, oder soll sie sich auf die Kernkompetenz Zeitungen zurückziehen, um einen höheren Gewinn auszuweisen?

C

Die Unternehmung und ihre Umwelten

Abstract

Teil C

Gegenstand von Teil C bilden die *Umweltsphären*. Es handelt sich dabei um die zentralen Kontexte der unternehmerischen Tätigkeit. Diese Bezugssphären stellen zum einen den Aktions- und Überlebensraum dar, den unternehmerische Tätigkeit vorfindet. Deshalb sind in Abhängigkeit von der Branche und den Tätigkeitsschwerpunkten einer Unternehmung diese Umweltsphären systematisch auf wichtige *Veränderungstrends* hin auszuloten. Zum anderen kann die Tätigkeit einer Unternehmung selbst in erheblicher Weise die Entwicklung der einzelnen Umweltsphären mitbeeinflussen. Zwischen Umwelt und Unternehmung bestehen also vielfältige Wechselwirkungen, die als eine Art *Ökologie des Wirtschaftens* zu verstehen sind.

Im neuen St. Galler Management-Modell unterscheiden wir vier wichtige Umweltsphären. Die umfassendste dieser Sphären ist die *Gesellschaft* (→ C2). Darunter verstehen wir das Zusammenleben von Menschen und Institutionen (Familien, private Organisationen, staatliche Institutionen, Recht usw.) und insbesondere die gesellschaftlichen Diskurse, die diese Formen des Zusammenlebens und die damit verbundenen Institutionen hervorbringen und prägen.

Ebenso wichtig sind die beiden Umweltsphären *Natur* (→ C3) und *Technologie* (→ C4), mit denen eine Unternehmung durch vielfältige Interaktionen verbunden sein kann. Die Umweltsphäre *Wirtschaft* (→ C5) mit Beschaffungs-, Absatz-, Arbeits- und Finanzmärkten bildet schließlich den unmittelbaren Aktionsraum einer Unternehmung.

Monsanto Company

Eine Unternehmung
im Kräftefeld ihrer Umwelten

Matthias von der Heyden

«*Es wurden Genkonstruktionen gesucht und gefunden, deren Potenzial vor allem in der Sicherung der ökonomischen Rendite bestand, als Idealtyp die nie verrottende Tomate, die nach unreifer Gurke schmeckt [...]. Diese Produkte wollte man in den Markt drücken, möglichst ohne dem Verbraucher irgendetwas zu sagen – allenfalls ein paar nichts sagende Hochglanzbroschüren auswerfen, das würde schon reichen.*»

Prof. Jens REICH
Bioinformatiker, Mitglied Nationaler Ethikrat Deutschland

Im Sommer 1999 werden überschwängliche Hoffnungen in eine noch junge Industrie zu Grabe getragen: Die «grüne Gentechnologie»[1] bricht auf dem alten Kontinent in sich zusammen, als Konsumentinnen und Konsumenten einen Kaufboykott gegen gentechnisch manipulierte Nahrungsmittel durchführen und Landwirte den Anbau transgener Nutzpflanzen verweigern.

Am Morgen des 19. Mai 1999 erreicht das Totengeläut das Monsanto-Topmanagement am Hauptsitz in St. Louis, Missouri – in Form eines Artikels im Wissenschaftsjournal *Nature*. John LOSEY, ein junger Assistenzprofessor der Cornell University, überschreibt seinen Beitrag mit den Worten «*Transgenic Pollen harms Monarch Larvae*» und berichtet von Laborversuchen, in denen die tödliche Wirkung von Pollen des gentechnisch veränderten Bt-Mais auf die Raupen des Monarchfalters nachgewiesen werden konnte. Eine hochgradig sensibilisierte europäische Öffentlichkeit reagiert auf LOSEYS Studie mit einem Auf-

---

[1] Der Ausdruck «grüne Gentechnologie» meint den Einsatz gentechnologischer Verfahren im Bereich der Landwirtschaft – im Gegensatz zur «roten Gentechnologie», wie der Einsatz solcher Verfahren im Bereich der Humanmedizin genannt wird.

schrei des Entsetzens. Der bereits zuvor heftige Widerstand gegen die Nutzung von Gentechnik in der Landwirtschaft erreicht einen neuen Höhepunkt. Zwölf von fünfzehn Staaten der Europäischen Union kündigen an, fortan keine Erlaubnis mehr für den Anbau transgenen Getreides zu erteilen. In Großbritannien nehmen Marks & Spencer gentechnisch veränderte Produkte aus den Regalen, innerhalb kürzester Zeit folgen sämtliche Supermarktketten des Landes diesem Beispiel. Beeindruckt von heftigen Konsumentenreaktionen, entscheiden auch die Lebensmittel-Giganten Nestlé und Unilever, auf den Vertrieb von genmanipulierten Produkten zu verzichten.

Frustriert muss Robert SHAPIRO, CEO der Monsanto Company, zur Kenntnis nehmen, dass eine 1,6 Millionen US-Dollar teure Werbekampagne zur Schaffung von Konsumentenvertrauen in die Gentechnik wenig mehr als professionelle Kapitalvernichtung war. Die Prognosen für den Verkauf von gentechnisch hergestellten Produkten werden ständig düsterer, erhoffte *Blockbuster* verkommen zu Fußnoten in der europäischen Erfolgsrechnung der Unternehmung.

Noch vor Ende desselben Jahres geschieht, was lange Zeit für unmöglich gehalten wurde: Monsanto sieht sich hohen Schulden gegenüber und willigt schließlich in eine Fusion mit Pharmacia & Upjohn ein; nur wenige Monate später räumt Robert SHAPIRO seinen Arbeitsplatz und verlässt Monsanto.

Die Geschichte von Monsanto ist die Geschichte einer brillanten Unternehmung, die technologische Spitzenleistungen vollbringt und dem Markt überragende Produkte offeriert. Es ist die Geschichte einer amerikanischen Firma, die fast alles besitzt, um zu einer Microsoft der Biotech-Branche zu werden. Und es ist die Geschichte einer Unternehmung, die letzten Endes kläglich scheitert, weil sie in ihrer eigenen Welt gefangen bleibt und Signale aus der Umwelt nicht in genügendem Maße wahrnimmt. Wenig vermag den *Business-Approach* der Monsanto Company besser zu symbolisieren als das Firmengebäude am Hauptsitz in St. Louis – ein in den siebziger Jahren errichteter Gebäudekomplex, der über ein unterirdisches Tunnelsystem verfügt, das sämtliche Bauten miteinander verbindet. Mitarbeitende von Monsanto können durch diese Tunnels jede beliebige Abteilung der Unternehmung erreichen, ohne je mit der «Außenwelt» in Kontakt treten zu müssen.

Monsanto illustriert in mustergültiger Weise, in welche Gefahr sich Unternehmungen begeben, die ihren Blick nahezu ausschließlich nach innen richten, ohne ihrem Umfeld angemessene Bedeutung zuzumessen.

Unternehmungen operieren in einem komplexen Wirkungsgeflecht vielfältiger Beziehungen mit der Außenwelt. Im neuen St. Galler Management-Modell werden vier wesentliche Umweltsphären voneinander unterschieden: die *Gesellschaft*, die *Natur*, die *Technologie* und die *Wirtschaft*. Unternehmungen wie die Monsanto Company betreiben ihr Geschäft im Kräftefeld dieser vier Sphären und müssen dabei zahlreiche Interdependenzen berücksichtigen. Durch ihre Aktivitäten wirken Firmen in der Regel auf alle vier Sphären ein. Ebenso sehen sie sich jedoch Einflüssen aus all den genannten Umwelten gegenüber.

Trends, Veränderungen und Wechselwirkungen in und zwischen den einzelnen Umweltsphären einer Unternehmung zu berücksichtigen ist in hohem Maße erfolgsentscheidend. Und genau da können Gründe für die außerordentlich ungünstige wirtschaftliche Entwicklung der Monsanto Company ausfindig gemacht werden. Eine systematische Analyse der vier Sphären soll dies verdeutlichen.

Gesellschaft als Umweltsphäre der Unternehmung

«*This kind of genetic modification takes mankind into realms that belong to God, and to God alone.*»
His Royal Highness the Prince of Wales, Prince CHARLES

Die Gegner der Gentechnologie erhalten am 8. Juni 1998 prominente Unterstützung: Prinz CHARLES greift in die erbittert geführte Debatte um Segnungen und Risiken der jüngsten biotechnologischen Errungenschaften ein, indem er die «grüne Gentechnologie» als unstatthaften Eingriff in die Schöpfung geißelt. In den Köpfen der Menschen schlummernde Frankenstein-Phantasien werden wach, Vorstellungen von unkontrollierbaren transgenen Superschädlingen erhitzen die Gemüter, und allenthalben geraten in der gesellschaftlichen Wahrnehmung Wissenschaftlerinnen und Vorstände von Biotech-Unternehmungen in die Rolle von Zauberlehrlingen, welche die Kontrolle über die herbeigerufenen Gentechnik-Geister zu verlieren drohen.

Vielerorts werden Versuchsplantagen, auf denen mit genetisch verändertem Saatgut experimentiert wird, von Anti-Gentechnik-Aktivisten zerstört. Monsanto wird der wenig schmeichelhafte Kosename «The Monster» zuteil.

Gesellschaftliche Diskurse stecken den Operationsraum für unternehmerisches Handeln ab. Normen und Regeln, die den Aktivitäten einer Unternehmung Schranken setzen, erhalten ihre entscheidende Prägung durch solche Diskurse. Die Gesellschaft definiert somit die Grenzen legitimen unternehmerischen Handelns. Häufig nehmen Normen und Regeln in einer entsprechenden gesetzlichen Rahmenordnung Form an. Wo dies nicht der Fall ist, äußern sie sich mitunter im Verhalten bestimmter gesellschaftlicher Gruppen: Konsumenten reagieren angesichts von Gentechnik-Lebensmitteln häufig mit Kaufverweigerung, Anti-Gentechnik-Aktivisten bringen ihren Unmut mit Demonstrationen und anderen Protestaktionen zum Ausdruck. Die Monsanto Company war Ende der neunziger Jahre in Europa mit der paradoxen Situation konfrontiert, dass sie sich vollkommen legal verhielt und nichtsdestotrotz von Seiten zahlreicher gesellschaftlicher Gruppen mit ätzender Kritik überzogen wurde.

Gesellschaftliche Diskurse differieren je nach Land, Kultur, wirtschaftlichem und sozialem Kontext. Dies wird deutlich, wenn man sich die Situation von Monsanto in den USA vor Augen führt. Die in Europa virulente Diskussion um potenziell irreversible Eingriffe in die Natur und die damit einhergehenden Gefährdungen von Mensch und Tier durch die Gentechnik wurde dort schlichtweg nicht geführt. 55 Prozent aller Sojabohnen, 50 Prozent der Baumwolle und 40 Prozent des Maises werden in den Vereinigten Staaten unter Zuhilfenahme gentechnischer Verfahren produziert, ohne dass dies auf nennenswerte Widerstände seitens der amerikanischen Öffentlichkeit stößt.

Ähnlich unproblematisch verläuft der Einsatz der Gentechnik in China, wo der Staat derzeit das weltweit umfassendste Forschungsprogramm zur «grünen Gentechnologie» unterhält. Eine Milliardenbevölkerung, vergleichsweise geringe Anbauflächen und die daraus resultierende Nahrungsmittelknappheit machen aus der andernorts verteufelten Technologie einen veritablen Hoffnungsträger.

Gesellschaftliche Diskurse nehmen außerdem Einfluss auf Wahrnehmungsprozesse und prägen sie mit. Was überhaupt als Risiko empfunden wird, hängt in hohem Maße von solchen Diskursen ab. Ohne eine Sensibilisierung durch die Medien, durch NGOs und Wissenschaftlerinnen und Wissenschaftler hätten europäische Konsumentinnen und Konsumenten gentechnisch veränderte Nahrungsmittel niemals als Bedrohung angesehen. Und natürlich beeinflussen auch Erfahrungen die Wahrnehmung in entscheidender Weise mit: Als Monsanto mit seinen Produkten auf den europäischen Markt gelangte, stieß die Unternehmung auf äußerst verunsicherte Verbraucher, die zu diesem Zeitpunkt die Schrecken der BSE-Krise noch keineswegs verdaut hatten. Die Bereitschaft, sich auf ein neues Lebensmittel-Abenteuer einzulassen, war dementsprechend gering.

Diese Schilderungen machen deutlich, in welch hohem Maße der Erfolg einer Unternehmung von der Umweltsphäre *Gesellschaft* abhängt. Das Scheitern Monsantos auf dem europäischen Markt ist zuallererst dadurch zu erklären, dass es der Firma nicht gelungen ist, gesellschaftliche Akzeptanz für den kommerziellen Einsatz der Gentechnologie im Bereich der Landwirtschaft zu erlangen.

Fehlende gesellschaftliche Akzeptanz eines Produktes, die hier im Vordergrund steht, ist selbstverständlich nur eines von unzähligen Beispielen, an denen sich zeigen ließe, wie unternehmerische Aktivität mit der Umweltsphäre Gesellschaft zusammenhängt. Eine vertiefte Auseinandersetzung mit der Thematik bietet das → **Kapitel C2** Die Unternehmung in der gesellschaftlichen Umwelt.

Natur als Umweltsphäre der Unternehmung

Im Sommer des Jahres 1996 erleidet Monsanto in den USA mit der transgenen Baumwollsorte *Nu Cotn* einen herben Rückschlag. Nachdem es der Unternehmung erstmalig gelungen war, mit diesem Produkt den alle Südstaaten der USA umfassenden Markt zu beherrschen, setzen ungünstige Wetterbedingungen der schädlingsresistenten Baumwolle ein unerwartetes Ende.

Nu Cotn ist eine Baumwollsorte, die gentechnisch dahingehend manipuliert wurde, dass sie ein ganz bestimmtes Protein produziert. Dieses Protein wird im Magen natürlicher Feinde der Baumwolle wie zum Beispiel des Baumwollkapselwurms und des Maiszünslers, mit Hilfe eines Enzyms gespalten, woraufhin es im Wirtstier eine tödliche Wirkung entfaltet. Bei *Nu Cotn* handelt es sich sozusagen um Baumwolle mit einem eingebauten Pestizid.

Die Entwicklung von Proteinen ist aber stark wärmeabhängig, und genau diese Eigenschaft von *Nu Cotn* wird Monsanto im Jahr 1996 zum Verhängnis: Eine ungewöhnlich lange anhaltende Hitzeperiode verhindert die Proteinproduktion der transgenen Baumwollpflanzen. Diese sind dem Baumwollkapselwurm nun vollkommen schutzlos ausgeliefert. Innert kürzester Frist zerstört der Schädling fast die Hälfte der etwa achthunderttausend Hektar Anbaufläche von *Nu Cotn*, mit verheerenden finanziellen Folgen für die betroffenen Farmer – und für Monsanto.

Zwischen einer Unternehmung und der Umweltsphäre *Natur* gibt es eine Vielzahl von Wechselwirkungen. Nicht immer ist es wie im geschilderten Fall die Natur, die primär auf die Unternehmung einwirkt. Häufig ist die Richtung des Einflusses umgekehrt, indem ökonomische Aktivitäten ökologische Schäden nach sich ziehen.

Viele Vorbehalte gegenüber der Gentechnologie resultieren aus der Sorge um eine irreversible Schädigung der natürlichen Umwelt. So besteht beispielsweise die Befürchtung, ein extensiver Einsatz biotechnologischer Methoden könnte zu einer Beeinträchtigung der Biodiversität und damit zu einem Ausbluten des Genpools führen. Des Weiteren sind Ängste verbreitet, dass im Labor erzeugte «Superschädlinge» in die freie Wildbahn gelangen und dort verheerenden Schaden anrichten könnten. Vögel, Schmetterlinge und eine große Zahl weiterer Tierarten gerieten unter Umständen durch unverantwortliches Handeln von Wissenschaftlern und Wissenschaftlerinnen und Unternehmungen in ernsthafte Gefahr.

Der gesellschaftliche Widerstand, der Monsantos Geschäftserfolg in Europa verunmöglichte, gründet zu großen Teilen in ebendiesen Sorgen um die natürliche Umwelt. Das → **Kapitel C3** Die Unternehmung in der ökologischen Umwelt setzt sich umfassend mit den Interdependenzen von Unternehmung und Ökologie auseinander.

Technologie als Umweltsphäre der Unternehmung

Traditionelle Verfahren zur Gewinnung überlegener Nutzpflanzen sind langwierig und in ihrem Verlauf kaum steuerbar. Lange Zeit basierten Züchtungsanstrengungen auf Erkenntnissen, die 1865 von einem Mönch durch Experimente im Klostergarten gewonnen worden waren: Gregor MENDEL hatte eine Vielzahl von Versuchen zur Überkreuz-Befruchtung bei Pflanzen durchgeführt und seine Beobachtungen dann zu dem verdichtet, was heute unter der Bezeichnung *Mendel'sche Vererbungslehre* bekannt ist. Das Ergebnis von Züchtungen nach dieser klassischen Methode hängt in hohem Maße vom Zufall ab, und gewünschte Erfolge stellen sich in der Regel erst nach acht bis zwölf Jahren ein.

Anfang der achtziger Jahre gelang der Wissenschaft in dieser Hinsicht ein Durchbruch; es stand nun plötzlich eine vollkommen neuartige Technik zur Beeinflussung der genetischen Ausstattung von Pflanzen zur Verfügung: die Gentechnik. Mit ihrer Hilfe konnten fortan bestimmte Gene gezielt in Pflanzen eingebracht werden, so dass die künstliche Erzeugung gewünschter Pflanzeneigenschaften möglich wurde. Unternehmungen stand jetzt eine Methode zur Verfügung, um der Evolution «Beine zu machen».

Dieser wissenschaftliche Fortschritt eröffnete Firmen wie Monsanto, Hoffmann-La Roche, DuPont und Hoechst (heute Sanofi-Aventis) völlig neuartige Geschäftsfelder. Einige Firmen wie zum Beispiel die Monsanto Company sahen sich durch die Entwicklungen in der Umweltsphäre Technologie dazu veranlasst, sich strategisch vollkommen neu auszurichten. Das bis dahin zentrale Chemie-Geschäft wurde zugunsten von Biotech-Aktivitäten zurückgedrängt, da die Unternehmung in diesem Bereich wesentlich größere Marktchancen sah.

Unternehmungen werden häufig stark von ihrem *technologischen Umfeld* beeinflusst. Neuartige technologische Erkenntnisse gehen nicht selten mit neuen Geschäftsmöglichkeiten einher und verändern ganze Branchen. So bedeutete die Gentechnologie für viele Unternehmungen nicht weniger als einen Paradigmenwechsel, auf den mit umfassenden Veränderungen reagiert werden musste.

Darüber hinaus wird die Umweltsphäre Technologie aber auch in beachtlichem Maße von Unternehmungen beeinflusst. Eine Vielzahl wissenschaftlicher Erkenntnisse wird infolge privatwirtschaftlicher R&D-Anstrengungen[2] erzielt, den Investitionen der *Business Community* in bestimmte Technologien kommt mitunter größte Bedeutung zu. In Großbritannien können derzeit die Folgen des Ausbleibens solcher Investitionen beobachtet werden: Die Anzahl gentechnischer Neuentwicklungen schrumpft beständig, momentan finden gerade

---

2   R&D: *Research & Development*, Forschung und Entwicklung.

noch vier Feldversuche statt, in denen transgene Nutzpflanzen getestet werden (nach 37 im Jahr 1995), und die Zahl der im Bereich der «grünen Gentechnologie» angestellten Forscher ist von 2400 (im Jahr 1996) auf 1638 (im Jahr 2000) gefallen.

Die wechselseitige Beeinflussung von Unternehmung und technologischer Umweltsphäre wird in → **Kapitel C4** Die Unternehmung in der technologischen Umwelt detailliert geschildert.

Wirtschaft als Umweltsphäre der Unternehmung

Als in Buenos Aires im Jahr 2002 aufgebrachte Menschen einen Sturm auf das argentinische Bankensystem in Gang setzen und verzweifelte Sparer lange Schlangen vor Zahlstellen bilden, um ihre bescheidenen Peso-Einlagen in US-Dollar umzutauschen, herrscht in St. Louis, Missouri, Weltuntergangsstimmung.

Argentinien ist einer der Hauptabnehmer von biochemischen Produkten für die Landwirtschaft, und für die Monsanto Company kommt das wirtschaftliche Fiasko des südamerikanischen Staates einer Katastrophe gleich. Ein äußerst wichtiger Markt bricht innerhalb weniger Monate weg, allein im zweiten Quartal 2002 muss Monsanto offene Rechnungen für mehr als 150 Millionen US-Dollar abschreiben. Die Konzernleitung entscheidet, argentinische Kundinnen und Kunden fortan nur noch gegen Vorauskasse zu beliefern.

Es liegt auf der Hand, dass die Umweltsphäre *Wirtschaft* einen überragenden Einfluss auf den Erfolg oder Misserfolg von Unternehmungen ausübt. Und obwohl sich die Beziehung nicht immer in dermaßen dramatischer Weise darstellt wie im geschilderten Beispiel, sind Unternehmungen gezwungen, dieser Umweltsphäre höchste Priorität einzuräumen.

Nicht selten hängt das Schicksal ganzer Branchen bereits zum Zeitpunkt ihrer Entstehung vom Urteil bestimmter Akteure dieser Sphäre ab: Auf den Finanzmärkten wird entschieden, mit wie viel Gründungskapital junge Unternehmungen ausgestattet werden. Damit wird der Rahmen möglicher Investitionen und der künftigen Entwicklung bestimmter Wirtschaftszweige festgelegt.

George SOROS, eines der prominentesten Mitglieder der weltweiten Financial Community, äußerte sich zu Beginn der achtziger Jahre kritisch zu Investitionen in die «grüne Gentechnologie»:

«I don't like businesses where you only get to sell your product once a year. And I don't like businesses in which anything you could possibly do will be overwhelmed by the effects of the weather.»
George Soros

Soros weigerte sich deshalb, Biotech-Unternehmungen, deren Ziel die Entwicklung von Produkten für die Landwirtschaft war, zu finanzieren. Nur weil viele Teilnehmende auf den Kapitalmärkten in ihrer Einschätzung der Gentechnologie nicht mit Soros übereinstimmten, konnte sich diese Branche während nunmehr zweier Jahrzehnte überhaupt entwickeln. Weltweit stellten institutionelle Anlegerinnen und private Investoren Biotech-Unternehmungen ausreichend Kapital zur Verfügung, und in der Biotech-Branche entstand eine börsengetriebene Schlacht auf globalem Feld.

Neben der Finanzierung über die Kapitalmärkte hatten etablierte Unternehmungen, wie zum Beispiel die Monsanto Company, Hoechst etc., auch die Möglichkeit, Forschungsprojekte aus eigenen Mitteln zu finanzieren.

Nichtsdestotrotz sehen sich Biotech-Unternehmungen heute aufs Neue einer äußerst angespannten Kapitalmarktlage gegenüber. In der Schweiz wurden infolgedessen im Jahr 2002 mehrere geplante IPOs[3] für unbestimmte Zeit verschoben.

Auch in anderen Beziehungen hängen Firmen stark von dem Verhalten zahlreicher Repräsentanten der Umweltsphäre Wirtschaft ab. So weigerten sich Versicherungsunternehmen beispielsweise lange Zeit, die aus dem Einsatz der Gentechnik resultierenden Risiken zu versichern. Angesichts der horrenden Schadenersatzzahlungen, zu denen Unternehmungen in den USA in jüngster Zeit immer wieder verpflichtet wurden, stellt dieser Sachverhalt für Biotech-Unternehmungen eine existenzielle Gefährdung dar.

Nicht zuletzt ist der Einfluss, den Unternehmungen selbst auf die Wirtschaft nehmen, zu beachten – als Beispiel ist hier an die Schaffung von Arbeitsplätzen etc. zu denken.

Im → **Kapitel C5** Die Unternehmung in der wirtschaftlichen Umwelt werden alle diese Sachverhalte ausführlich behandelt.

---

3   IPO: *Initial Public Offering*, Börsengang einer Unternehmung.

Fragen zur Reflexion

1   Welches sind Ihrer Ansicht nach die Hauptgründe für die negative Entwicklung der Monsanto Company? Welcher Umweltsphäre kommt eine besondere Bedeutung zu?

2   Sehen Sie wesentliche Unterschiede zwischen Europa und den USA hinsichtlich der Akzeptanz neuer Technologien?

3   Welche Gründe lassen sich Ihrer Ansicht nach dafür finden, dass der Einsatz von Gentechnologie in der Landwirtschaft *(«grüne Gentechnologie»)* so viel umstrittener ist als die Verwendung gentechnologischer Erkenntnisse im humanmedizinischen Bereich *(«rote Gentechnologie»)*?

4   Welche Konsequenzen ergeben sich für die Unternehmensführung der Monsanto Company aus der geschilderten Situation? Welche Schlüsse sind kurzfristig zu ziehen, was resultiert aus langfristiger Sicht?

5   Welche Zukunft sehen Sie in Deutschland für Unternehmungen, die im Bereich der «roten Gentechnologie» (Gentechnologie im Humanbereich) tätig sind? Begründen Sie Ihre Antwort.

Die Unternehmung und ihre Umwelten – Einleitung und Übersicht

C1

Rolf Dubs

Solange eine Volkswirtschaft wenig entwickelt war, jedermann jedes Jahr durch Lohnerhöhungen am wirtschaftlichen Wachstum teilhaben konnte und als Folge des Fortschrittsglaubens und einer optimistischen Wirtschaftsauffassung kaum jemand aufkommende ökonomische, technologische, soziale und ökologische Probleme erkannte oder erkennen wollte, waren der Aufbau und die Führung einer Unternehmung relativ einfach. Man orientierte sich hauptsächlich an den Gegebenheiten der ökonomischen Umwelt und traf seine Entscheidungen vornehmlich anhand des Kriteriums Gewinnmaximierung. So entschied man sich beispielsweise bei der geplanten Einführung eines neuen Produktes anhand folgender Fragen: Wie lassen sich die Absatzmärkte beeinflussen, damit möglichst viele Produkte verkauft werden können, um den maximalen Gewinn zu erzielen? Auf welchen Beschaffungsmärkten wird am günstigsten eingekauft? Wie ist der Leistungserstellungsprozess zu gestalten, damit er am kostengünstigsten ausfällt (Automatisierung der Produktion und Abbau von Arbeitsplätzen oder billige Arbeitskräfte ohne Rationalisierungsmaßnahmen)? usw.

Diese eindimensionale, lineare Denkweise im Management führte allmählich zu vielfältigen Problemen und wirtschaftlichen Fehlentwicklungen, die sich gegenseitig verstärkten, den Fortbestand von Unternehmungen gefährdeten, zu Störungen in der gesamtwirtschaftlichen Entwicklung und zu politischen Auseinandersetzungen zwischen Anspruchsgruppen führten. Die folgenden Beispiele mögen dies illustrieren: Vor allem in Zeiten des raschen Aufschwungs ließen sich viele Unternehmungen von der Idee der Massenproduktion *(economics of scale)* leiten, von der sie leicht zu erarbeitende Gewinnsteigerungen erwarteten. Sie übersahen aber die langsam aufkommende Marktsättigung und die allmählich entstehenden Beeinträchtigungen der ökologischen Umwelt. Oder es entstanden soziale Spannungen zwischen Unternehmungen und Mitarbeitenden, als sich die Gewinne rückläufig entwickelten und nicht mehr alle Anspruchsgruppen gleichermaßen an der Verteilung des Volkseinkommens teilhaben konnten. Oder einzelne Anspruchsgruppen begannen sich gegen den technischen Fortschritt zu wenden, weil sie um die Sicherheit fürchteten (zum Beispiel bei den Atomkraftwerken) oder weil sie mögliche langfristige Folgen (zum Beispiel der Gentechnologie) nicht abschätzen konnten, was Ängste und Widerstände auslöste.

Zu lange haben sich viele Unternehmungen nur mit den Gesetzmäßigkeiten der ökonomischen Umweltsphäre auseinander gesetzt und bei ihren Entscheidungen die Veränderungstrends in den anderen Umweltsphären weder sorgfältig analysiert noch die notwendigen Konsequenzen gezogen. Die Folge davon waren schärfere Auseinandersetzungen zwischen den Anspruchsgruppen, die nicht selten infolge ungenügender Sachkompetenz zu polarisierenden Forderungen und zum Ruf nach staatlichen Reglementierungen führten und führen.

Es ist das Verdienst des St. Galler Management-Modells von Hans ULRICH und Walter KRIEG (1972/1974), auf die Gefahren einer eindimensionalen, rein ökonomischen Betrachtungsweise des Managements aufmerksam gemacht zu haben. Ein langfristig erfolgreiches Management setzt eine stete Analyse aller Trends in den einzelnen Umweltsphären voraus, um einerseits zu erkennen, welche Forderungen die einzelnen Anspruchsgruppen aus ihrer Trendbeurteilung an die gesamte Wirtschaft und an die einzelnen Unternehmungen stellen, und um andererseits aufgrund der Erkenntnisse aus der Analyse strategisch vorausschauend zu agieren, d.h. für erkannte, künftige Probleme rechtzeitig Lösungen zu entwickeln, die das Problem gar nicht entstehen lassen. Bildlich gesprochen, heißt dies, dass eine Unternehmensleitung ständig in die Umweltsphären hinausblickt, Trends feststellt, daraus Folgerungen für das eigene Agieren ableitet und dann auch aktiv wird.

Diese Denkweise lässt ein eindimensionales, lineares Denken nicht mehr zu, sie erfordert ein *vernetztes Denken*, bei dem die vielen Abhängigkeiten und Wechselwirkungen zwischen einzelnen Einflussfaktoren in den Umwelten und den Forderungen der verschiedenen Anspruchsgruppen vor dem Hintergrund bestimmter Werte und Normen analysiert und beurteilt werden (Interaktionsthemen). Dadurch entsteht aber die große Herausforderung für das Management: Bei der Bearbeitung von unternehmerischen Problemen gibt es nicht mehr nur eine richtige und mehrere falsche Lösungen, sondern es gibt bei jedem Problem mehrere mögliche Lösungen, die alle ihre Vorteile und Nachteile haben. Deshalb wird unternehmerisches Entscheiden immer zu einem steten Abwägen von Vorteilen und Nachteilen verschiedener Lösungsmöglichkeiten. Dies ist darauf zurückzuführen, dass immer mehr unternehmerische (und auch wirtschaftspolitische) Probleme Zielkonflikte beinhalten, die auf widersprüchliche Erwartungen und Forderungen der einzelnen Anspruchsgruppen zurückzuführen sind. **Abbildung 1** zeigt diesen Zusammenhang.

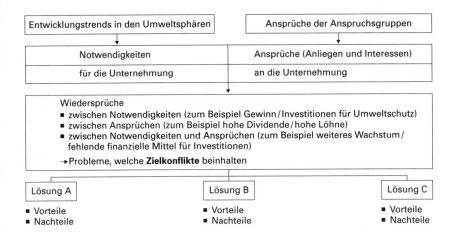

Wenn ein unternehmerisches Problem einen Zielkonflikt beinhaltet und demzufolge mehrere Lösungen mit je ihren Vorteilen und Nachteilen denkbar sind, braucht es Entscheidungskriterien, mit deren Hilfe diese Vor- und Nachteile beurteilt werden können. Unternehmungen, die langfristig denken und planen, legen ihren Entscheidungen immer wieder ihre Wertvorstellungen (normatives Management) und ihre langfristigen Ziele (strategisches Management) zugrunde, um gut abgestützte, konsistente und langfristig ausgerichtete Entscheidungen zu treffen. **Abbildung 2** zeigt diesen Zusammenhang. Diese Denkweise setzt Folgendes voraus:

1. Je stärker sich das Management mit normativen Fragen auseinander setzt, je klarer es über einen Orientierungsrahmen verfügt, desto besser kann es auch grundlegende Entscheidungen treffen.
2. Je sorgfältiger die Trends in den Umweltsphären analysiert und deren Konsequenzen abgeleitet werden, desto mehr Sicherheit gewinnt die Unternehmung bei der Entscheidungsfindung.

Deshalb werden in den folgenden Abschnitten Merkmale und Trends der einzelnen Umweltsphären und der Anspruchsgruppen vertieft beschrieben und die Zusammenhänge mit den Interaktionsthemen dargestellt.

Abbildung 1
Zielkonflikte
in der Unternehmensführung

Abbildung 2
Entscheidungsfindung
bei Zielkonflikten

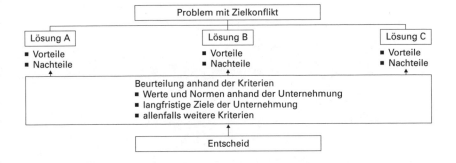

Die Unternehmung in der gesellschaftlichen Umwelt

C2

Emil Walter Busch

Längst sind es nicht mehr nur Großkonzerne, sondern auch mittelständische Unternehmen, die schriftlich erklären, dass sie als *in der Gesellschaft tätige* Organisationen gewillt seien, Verantwortung *für die Gesellschaft* zu übernehmen. Die BIRO Edwin Bischof AG beispielsweise, die sich seit ihrer Gründung im Jahre 1962 zu einem erfolgreichen Unternehmen der Spritzgusstechnik mit rund zweihundert Mitarbeitern entwickelt hat, möchte gemäß ihrem Leitbild *Eignern*, *Kunden* und *Mitarbeitern*, ihren drei wichtigsten *Stakeholdern*, einen «angemessenen Nutzen» stiften. Die BIRO AG ist außerdem an ihrem Standort Romanshorn (Kanton Thurgau / Schweiz) bereit, «Mitverantwortung für die ökologische und soziale Umwelt» zu übernehmen und zu diesem Zweck «mit lokalen Behörden, Schulen und anderen sozialen Organisationen» zusammenzuarbeiten. (→ **Abbildung 1**)

Abbildung 1

Das Leitbild der Firma BIRO in Romanshorn.

	Das Leitbild der Firma BIRO Edwin Bischof AG beruht auf den folgenden sechs Dimensionen. Diese Werte sind uns heute und morgen ein großes Anliegen.
Unternehmen	Die BIRO Edwin Bischof AG hat zum Ziel, als selbstständiges Familienunternehmen erfolgreich zu sein. Dabei gilt es, den Kunden, den Mitarbeitern und den Eignern angemessenen Nutzen zu stiften.
Kunden	Unsere Kunden besitzen in uns einen Partner, dem sie komplexe Aufgaben übertragen können. Jeder Kunde kann von der BIRO Edwin Bischof AG erwarten, eine innovative, sichere und wirtschaftliche Lösung zu erhalten.
Mitarbeiter	Jeder Mitarbeiter denkt unternehmerisch. Initiative und eigenverantwortliche Mitarbeiter sind der Garant für langfristigen Erfolg. Dabei erhält jeder Mitarbeiter seinen Fähigkeiten entsprechende Aufgaben mit angemessenen, kreativen Freiräumen.
Technologie	Innovationen entstehen nicht zuletzt dann, wenn wir uns Herausforderungen stellen, die unsere Mitbewerber scheuen. Unsere langjährige, technologische Erfahrung verbunden mit einem hohen Qualitätsbewusstsein bieten Gewähr für wirtschaftliche, sichere Produkte.
Kommunikation	Unsere Kommunikation nach innen hat zum Ziel, das Vertrauen und die Glaubwürdigkeit aller Mitarbeiter zu stärken. Die externe Kommunikation vermittelt das Bild einer erfolgreichen, zukunftsorientierten, mitarbeiterzentrierten Unternehmung.
Standort Romanshorn	Als Unternehmen übernehmen wir Mitverantwortung für die ökologische und soziale Umwelt. Dazu ist BIRO Mitglied in verschiedenen Verbänden und arbeitet mit lokalen Behörden, Schulen und anderen sozialen Organisationen zusammen.

Was hat nun dazu geführt, dass Unternehmen sich im weiteren Sinne gesellschaftlich engagieren? Wie stellen sich heute sozial verantwortungsbewusste Unternehmen Herausforderungen der gesellschaftlichen Umwelt? Diese Fragen sollen im Folgenden erörtert werden, indem zunächst gezeigt wird, *erstens*, welches die Verheißungen und sozialen Probleme waren, die im Gefolge der industriellen Revolution entstanden, sowie *zweitens*, wie man diese Probleme zu lösen versuchte. Anschließend soll *drittens* auf einige Entwicklungstendenzen in wohlhabenden Industriegesellschaften des 20. Jahrhunderts hingewiesen werden, viertens schließlich werden aktuelle Handlungsoptionen von Unternehmen präsentiert, die sich als gute «*corporate citizens*» verstehen.

C 2.1   Die soziale Frage des Industriezeitalters

Seit dem 17. Jahrhundert erzeugen die *zentralen Antriebskräfte der Moderne*, die neuzeitlichen *Wissenschaften*, die *Technik* und die *Wirtschaft*, eine historisch einmalige *Wandlungsdynamik*. Auch und gerade für Unternehmen gilt in der Moderne die Devise «Wer rastet, der rostet». Seit der *Industrialisierung*, die Ende des 18. Jahrhunderts, von Großbritannien ausgehend, immer mehr Länder erfasste, stehen Unternehmen an vorderster Front der technischen und wirtschaftlichen Entwicklung. Vom Konkurrenzdruck getrieben, entwickeln sie laufend für neue oder alte Märkte neue, mit avancierten Fertigungstechniken immer billiger fabrizierte Produkte.

Hauptnutznießer von Unternehmen sind – oder sollten sein – Kunden und Kundinnen, Mitarbeitende und Kapitalgeber. Erstere profitieren direkt, Letztere – in der Rolle von Konsumenten – indirekt von den tieferen Herstellungskosten industriell gefertigter Güter. Den Aktivitäten von Unternehmen war in der Moderne insofern schon immer das Versprechen eingeschrieben, dass die *industrielle Wohlstandsgesellschaft der Zukunft* Armut, Hungersnöte, Seuchen und Krankheiten – die neben Krieg und Gewalt im Alltag größten Risiken vormoderner Gesellschaften – würde überwinden können.

Unternehmen wirkten andererseits seit der industriellen Revolution stets ebenso sehr als *Verursacher gravierender sozialer und ökologischer Schäden*. Die chemische Industrie etwa vergiftete die Umwelt und setzte viele ihrer Arbeiter gesundheitsschädigenden Arbeitsbedingungen aus. Arbeiter von Kohlebergwerken mussten in unzulänglich gesicherten, gefährlichen Stollen, die Bergwerksingenieure immer tiefer in die Erdkruste hineintrieben, wegen der unerträglichen Hitze unbekleidet arbeiten. Textilarbeiterfamilien konnten nur überleben, wenn außer beiden Eltern auch die Kinder Lohnarbeit verrichteten. Die von Lehrern und Pfarrern im 19. Jahrhundert häufig beklagte Folge war, dass ihnen Schulkinder, die in der Fabrik arbeiteten, im Unterricht regelmäßig einschliefen.

Selbst Industriegesellschaften, die gute Wachstumsraten aufwiesen, waren also mit der so genannten *sozialen Frage des Industriezeitalters* konfrontiert.

Ansätze zur Lösung der sozialen Frage des Industriezeitalters

C2.2

Von den Nöten armer Bevölkerungsschichten alarmiert, haben im 19. Jahrhundert konservative und sozial fortschrittliche – etwa soziallibe- rale oder sozialistische – Gesellschaftkritikerinnen und -kritiker zahl- reiche Vorschläge zur Verbesserung der Lage derer gemacht, die auf der Schattenseite der Industrialisierung lebten.

Konservative Kritiker des liberalen Wirtschaftssystems prangerten dessen gottlose, menschenverachtende Profitgier an und erdachten sich gemeinschaftsbildende Institutionen, die der enthemmten Fortschritts- dynamik irgendwie Einhalt gebieten sollten. Kritiker von links, am wir- kungsmächtigsten die Begründer des «wissenschaftlichen Sozialismus», Karl MARX (1818–1883) und Friedrich ENGELS (1820–1895), schätzten demgegenüber die kapitalistische Entwicklungsdynamik grundsätzlich positiv ein, da sie materiell wie ideell bereichernd wirke. Sie hofften und erwarteten aber, dass der Kapitalismus unter dem Druck des Gesetzes sinkender Profitraten, sonstiger innerer Widersprüche und der zuneh- menden Macht des klassenbewussten Proletariats in einer letzten, ent- scheidenden Krise zusammenbrechen und einem sozialistischen System mit menschlicherem Antlitz weichen werde. Die im Sozialismus herr- schende Arbeiterklasse werde alsdann sozial gerechte Verhältnisse für alle Menschen schaffen.

Wenn systemkritische Analysen zu konkreten Projekten der Sozial- reform führen sollten, mussten sie auf die Frage eingehen, wie *soziale Bürgerrechte*, d.h. namentlich Ansprüche auf *soziale Sicherheit* und auf eine *gerechtere Einkommensverteilung*, zu definieren und im Einzelnen zufrieden zu stellen wären. Durchsetzungfähige Koalitionen von Sozial- reformern erprobten so zum Beispiel neue Konzepte und Verfahren der Armutsbekämpfung, erhoben direkte Steuern oder führten obligatorische Sozialversicherungen ein, die Risiken wie Arbeitsunfälle, Krankheit, Ar- beitslosigkeit und Altersarmut abdeckten.

Dabei zeigte sich, dass die Umsetzungschancen für soziale Anliegen einerseits vom Stand der Verwirklichung *politischer Bürgerrechte*, d.h. der *Demokratisierung* der Gesellschaft, andererseits schlicht vom *wirtschaftlichen Wachstum* abhingen.

Solange potenziell mündigen Bürgern wegen ihrer Armut, Hautfarbe oder ihres Geschlechts politische Bürgerrechte ganz oder teilweise vorenthalten wurden, blieben auch ihre sozialen Ansprüche unerfüllt. (Dies verkannt zu haben war die große Schwäche sozialpolitisch fürsorglicher Konzepte «paternalistischer» Unternehmer, die ihre Mitarbeiter nicht als mündige Bürger behandelten.) Ansprüche auf eine sozial gerechtere Verteilung der erarbeiteten oder sonstwie erworbenen Reichtümer waren ferner erfahrungsgemäß umso leichter zufrieden zu stellen, je stärker die Wirtschaft wuchs – je größer also die einzelnen Stücke des zu verteilenden Kuchens ausfallen konnten.

Zwei Beiträge aus Wirtschaftskreisen, das amerikanische *Scientific Management* von Frederick TAYLOR (1856–1915) und der so genannte *Fordismus* – Ansätze, die in den zwanziger Jahren unter dem Stichwort «Rationalisierung» intensiv diskutiert wurden –, waren in diesem Zusammenhang sehr einflussreich. Beide Konzepte versprachen, dass die von ihnen erzielbaren Rationalisierungsgewinne alte, selbst klassenkämpferisch radikalisierte Verteilungskonflikte gegenstandslos machen könnten. Henry FORD (1863–1947) begann 1914, die Fließbandarbeiter, die sein *Modell T* fertigten, so großzügig (mit damals Aufsehen erregenden fünf Dollar pro Tag) zu entlöhnen, dass sie sich das einstige Luxusprodukt Automobil selbst leisten konnten (vgl. dazu und zum Auf- und Abstieg unterschiedlicher Gesellschaftsmodelle in der Moderne BORNSCHIER 1998).

Obwohl immer wieder kritische Phasen zu überwinden waren, ist es Demokratien mit kapitalistischer Wirtschaft im Verlaufe des 20. Jahrhunderts alles in allem gelungen, die soziale Frage des Industriezeitalters einerseits mittels *sozialstaatlicher Reformen*, andererseits mittels *sozial fortschrittlicher Konzepte und Praktiken der Unternehmensführung* wesentlich zu entschärfen. Schon in der langen Wachstumsphase der Weltwirtschaft nach dem Ende des Zweiten Weltkrieges zeichnete sich ab, dass dies der bessere Weg war als der, den der real existierende Sozialismus eingeschlagen hatte. Sozialistische Theorien und Ideale haben sich spätestens seit dem großen Zusammenbruch kommunistischer Regimes Ende der achtziger Jahre des 20. Jahrhunderts überwiegend als Illusionen entpuppt.

Diagnosen der heutigen Freizeit- und Spaßgesellschaft

Moderne Gesellschaften sind *Arbeitsgesellschaften*, die das *Arbeitsethos*, die Wertschätzung von Arbeit, Arbeitsleistungen und Berufserfolg, zu einem zentralen Lebenswert erhoben haben. Auseinandersetzungen um die soziale Frage des Industriezeitalters drehten sich so immer auch um die *persönlichen Werteinstellungen* und das *subjektive Wohlbefinden* von Menschen im Arbeits- und im Privatbereich ihres Lebens. Materielle Güter wie Umsatz, Gewinne und Vermögen einzelner Firmen oder ganzer Volkswirtschaften können relativ gut gemessen werden – wie aber soll man Veränderungen der *subjektiven Befindlichkeit* von Menschen erfassen? Lebten Menschen vor hundert Jahren zufriedener, etwa weniger gehetzt und weltanschaulich gefestigter, als Leute in vergleichbaren Positionen heute, oder fühlten sie sich ganz im Gegenteil in vielem bedrückter und frustrierter? Wie entwickelten sich ihre Einstellungen zu Beruf, Arbeit und Freizeit?

Werden solche Fragen nicht allzu unbescheiden gestellt, so kann man auf sie zuweilen überraschend aufschlussreiche Antworten bekommen. Methodisch originell und inhaltlich anregend wirkt zum Beispiel eine Inhaltsanalyse von rund 7700 Heiratsannoncen, die in den Jahrgängen 1902 bis 1994 der *Neuen Zürcher Zeitung* und des Zürcher *Tages-Anzeigers* erschienen sind. Die jahrgangsweise zufällig ausgewählten Heiratsannoncen wurden mit einem Computerprogramm unter anderem daraufhin untersucht, inwieweit die inserierende Person ihre berufliche Stellung und inwieweit sie ihre Freizeitinteressen darstellte. Bei den Heiratsannoncen von Männern konnten diesbezüglich seit den späten fünfziger und den frühen sechziger Jahren des 20. Jahrhunderts dramatische Veränderungen in der Häufigkeit von Bezugnahmen auf Berufsstatus und Privatsphäre festgestellt werden. (→ **Abildung 2**)

Es liegt nahe, diesen Trend in einen Zusammenhang mit dem *Wertewandel* zu bringen, den die Entwicklung zur *Freizeitgesellschaft* verursacht hat. Danach wurden im letzten Drittel des 20. Jahrhunderts in hoch entwickelten Industriegesellschaften *puritanische Arbeitstugenden* wie Fleiß, Selbstdisziplin, Sparsamkeit und Ordentlichkeit *abgewertet. Aufgewertet* wurden demgegenüber Selbstverwirklichungswerte, die Individuen mehr Genuss- und Konsumchancen sowie mehr Freiraum zur Wahl eines eigenen Lebensstils zugestehen.

Dieser Wertewandel bedeutet indessen nicht, dass mit ihm die Freizeit- oder auch Spaßgesellschaft, wie sie manchmal genannt wird, geradezu an die Stelle der Arbeitsgesellschaft getreten wäre. Denn Arbeit und

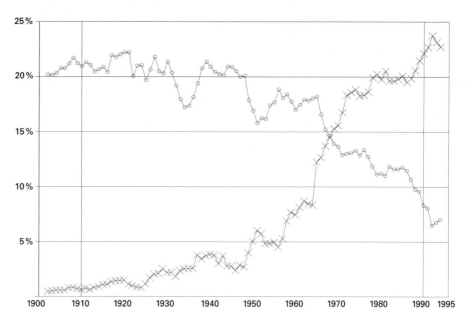

Textanteile von Hinweisen auf die eigene Beruf (O) und Freizeitsphäre (X) in Heiratsinseraten von Männern.
(erschienen in der NZZ und im Zürcher Tages-Anzeiger, 1902–1994, nach Buchmann, Eisner 1998)

Abbildung 2
Wertewandel
im Spiegel
von Heiratsannoncen

Beruf sind für den heutzutage wesentlich besser als früher geschulten Arbeitnehmenden nach wie vor von zentraler Bedeutung. Vielleicht verhält es sich sogar eher umgekehrt so, dass infolge der Bildungsexpansion, der steigenden Erwerbsorientierung von Frauen, des schrumpfenden Anteils unqualifizierter und der wachsenden Anteile anspruchsvoller Arbeitsstellen eine qualifizierte Berufsorientierung gegenwärtig so wichtig ist wie nie zuvor in der Geschichte der Industrialisierung. Dabei soll die Arbeit sicher auch Spaß machen dürfen und Gelegenheiten zur Verwirklichung individueller Selbstentfaltungsbedürfnisse bieten. Der von der zitierten Zürcher Studie festgestellte Wandel im Text von Heiratsannoncen würde, so gesehen, eher besagen, dass eine solide oder attraktive Berufsposition der inserierenden Männer inzwischen wie selbstverständlich vorausgesetzt wird und darum gar nicht mehr vorgezeigt zu werden braucht.

Soziologische Zeitdiagnosen beschreiben im Übrigen von unterschiedlichen Standpunkten aus, wie Menschen emotional, verhaltensmäßig oder mit ihren Einstellungen und Wertorientierungen auf die sich fortlaufend verändernden Lebensverhältnisse einer modernen Gesellschaft reagieren (vgl. dazu die nützlichen Übersichten von Pongs 1999/ 2000 und Schimank/Volkmann 2000). Zeitdiagnosen, die in jüngster Zeit besonders intensiv diskutiert wurden, operierten mit den gleichsam zu Markenartikeln gewordenen Stichworten:

- *Erlebnisgesellschaft* (Gerhard SCHULZE): In fortgeschrittenen Industriegesellschaften werden Erlebnismärkte, die auf die stark steigende Er-
  lebnisnachfrage mit attraktiven Erlebnisangeboten wie Abenteuerrei-
  sen, Sport-, Theater- und Tanzspektakeln reagieren, immer wichtiger.
- *Flexible Gesellschaft* (Richard SENNETT): Das hochflexible Wirtschafts-
  system des weltweit siegreichen Kapitalismus verlangt nach flexiblen
  Individuen, deren Lebensdevise dementsprechend lautet: «Keine langfristigen Bindungen!»
- *Risikogesellschaft* (Ulrich BECK): In der «Zweiten Moderne» der
  Risikogesellschaft, in der wir leben, können Probleme immer weniger
  mit den Mitteln der «Ersten Moderne» – mehr und besserer Wissenschaft, mehr und besserer Technik, einer noch professionelleren Führung von Wirtschaft und Politik – gelöst werden. Wir bedürfen dringend einer neuen Politik des «Dritten Weges», die den Bedürfnissen
  der hochgradig individualisierten, ökologisch und moralisch sensibi-
  lisierten Bevölkerung besser entspricht als traditionell definierte Programme.
- *Multioptionsgesellschaft* (Peter GROSS): Das große Steigerungspro-
  gramm der Moderne, der kategorische Wille zum Mehr, zu rastloser
  Optionenvermehrung und Obligationenminderung (Enttraditionali-
  sierung, Verweltlichung) verführt, ja verdammt die Menschen zu einer
  Jagd nach Selbstverwirklichung und Glück («Ich-Jagd»), auf der sie
  sich letztlich verfehlen (vgl. GROSS 1994, 1999).

Aktuelle Konzepte und Instrumente einer sozial verantwortungsbewussten Unternehmensführung

C2.4

Es gibt inzwischen eine Fülle ausgefeilter, praktisch erprobter Konzepte für sozial verantwortungsbewusste Unternehmensführung (vgl. u. a.
STEINER/STEINER 1997). Ein neueres, interessantes Beispiel ist die Initiative *Global Compact*.

1999 schlug der Generalsekretär der UNO, Kofi ANNAN, am Weltwirt-
schaftsforum Davos vor, dass sich transnational tätige Unternehmen,
Arbeitnehmerorganisationen, Wirtschaftsverbände und NGOs zur Förderung und Anwendung von neun Grundsätzen verpflichten sollten, die er
der Menschrechtsdeklaration der UNO, Leitlinien der ILO (*International
Labor Organization*, die Weltarbeitsorganisation mit Sitz in Genf) und
den Grundsätzen der Rio-Konferenz über nachhaltige Entwicklung ent-
nahm (→ **Abbildung 3**). Dieses *Global Compact* genannte Netzwerk wich-

tiger Akteure der Globalisierung sollte sich ANNAN zufolge dafür einsetzen, dass Grundlage und Rahmen der global ausgreifenden Marktwirtschaft universale Werte sein sollten, deren Anwendung gewährleiste,
dass alle Völker dieser Welt ihre sozialen Bedürfnisse befriedigen und von
den Vorteilen der Globalisierung auch profitieren könnten (ANNAN 2000).

Mittlerweile haben mehrere hundert Firmen – in der Schweiz zum
Beispiel die Großkonzerne ABB, Credit Suisse, Novartis und UBS – ihren
Beitritt zu Kofi ANNANS Initiative erklärt. Sie verpflichten sich damit, die
Grundsätze von *Global Compact* in ihrer Unternehmenspolitik und in
ihrer Praxis zu berücksichtigen und über die Anwendung dieser Prinzipien durch die Firma und innovative eigene Programme regelmäßig zu
berichten (vgl. RUGGIE 2002).

Abbildung 3
Global Compact

Global Compact	
	Am Davoser Weltwirtschaftsforum (WEF) des Jahres 1999 rief der Generalsekretär der UNO, Kofi Annan, transnationale Firmen, Gewerkschaften, Wirtschaftsverbände und NGOs dazu auf, sich in ihrer Verantwortung als führende Akteure der Weltwirtschaft für die Verwirklichung der folgenden neun Prinzipien einzusetzen:
Menschenrechte	1. Achtung und Förderung der international verkündeten Menschenrechte
	2. Vermeidung indirekter Komplizenschaft mit Menschenrechtsverletzungen
Arbeitsbeziehungen	3. Wahrung der Vereinsfreiheit und Anerkennung des Rechts auf Tarifverhandlungen
	4. Abschaffung aller Formen von Zwangsarbeit
	5. endgültige Elimination der Kinderarbeit
	6. Beseitigung von Diskriminierungen in Arbeit und Beruf
Umwelt	7. umsichtiges Antizipieren ökologischer Herausforderungen
	8. verantwortungsvoller Umgang mit der Umwelt
	9. Förderung der Entwicklung und Verbreitung umweltfreundlicher Technologien

Neben transnationalen Unternehmen traten *Global Compact* auch internationale Gewerkschaften und Wirtschaftsverbände sowie einige NGOs
bei, unter anderem *Amnesty International* und der WWF (nicht jedoch
Greenpeace – da dieser kapitalismuskritischeren Organisation ANNANS
Initiative vorläufig zu unverbindlich erscheint).

Unabhängig davon, ob sie dem Projekt von Kofi ANNAN beigetreten
sind oder nicht, verfahren heute transnationale Großkonzerne bei heiklen
Entwicklungsprojekten zunehmend gemäß der Logik von *Global Compact* (→ **Abildung 3**). Dialoge und Kooperationen mit direkt Betroffenen,
NGOs und Experten lassen sich dabei theoretisch gut als Instrumente
einer *nachhaltigen Entwicklungstrategie* verstehen, die auch *Investitionen ins «soziale Kapital»* – die Handlungs- und Kooperationskompeten-
zen einer Gemeinschaft – beinhaltet (als *«a policy of social capital and
sustainable development»*, gemäß MAY 1999, VII).

Exxons afrikanisches Abenteuer

Ein 3,5-Milliarden-Dollar-Projekt

Exxon zog beim Bau einer Pipeline von neu erschlossenen Erdölfeldern im Tschad zum Meer die Weltbank bei. Mit deren Hilfe schloss Exxon Mitte der neunziger Jahren ein kompliziertes Vertragswerk mit den beteiligten Nationalregierungen von Tschad und Kamerun, ökologisch oder sozial engagierten NGOs sowie der Weltbank ab.

Exxon verpflichtete sich in diesem Vertragswerk dazu, strenge ökologische Standards einzuhalten und die soziale Lebenswelt der unmittelbar betroffenen Bevölkerungen zu schonen bzw., wo sinnvoll und möglich, mittels angepasster Entwicklungsprojekte zu fördern.

Vertreter kritischer NGOs – und eine Ethnologin – wirken mit

Delegierte der beteiligten NGOs und zahlreiche international gemischte Gruppen von Sachverständigen überprüfen seitdem in regelmäßigen Abständen an Ort und Stelle, inwieweit die durchgeführten Arbeiten den verabredeten Standards entsprechen und wo es Verbesserungsmöglichkeiten gäbe. Um im Umgang mit Stammeskulturen, deren Territorien die Pipeline durchschneidet, keine Fehler zu begehen, stellte Exxon 1995 sogar eine Ethnologin ein, die ihr die Anliegen Eingeborener verständlich machen sollte.

Einbindung des Projekts in die Unternehmensphilosophie von Exxon

Dieses in vieler Beziehung vorbildliche Projekt stimmt gut mit dem folgenden Grundsatz der Unternehmensphilosophie von Exxon überein: *«As a good corporate citizen, Exxon Mobil looks for ways to improve the quality of life wherever we operate.»*

Andererseits charakterisierte J. Useem den (im Jahre 2002) 63-jährigen Chairman von Exxon wie folgt: *«Lee Raymond is a hard-boiled figure even by oil-industry standards, known from opposing everything from global-warming treaties to tougher environmental controls in developing countries. He has also been unapologetic about Exxon's dealings with repressive regimes...»* (Useem 2002, 54).

Der Fall Exxon lässt unternehmensethisch demnach einiges zu wünschen übrig. – Werden theoretische Systeme aber den Anteil von Inkonsistenzen dieser Art in der real existierenden Wirtschaft je reduzieren können? Und wenn ja, wäre dies überhaupt wünschenswert?

Quelle: Useem (2002)

Gibt es für fortschrittlich geführte Unternehmen hoch entwickelter Gesellschaften auch Möglichkeiten, sozial verantwortungsbewusst ins soziale Kapital der eigenen Gesellschaft zu investieren?

Einmal mehr sind in dieser Hinsicht namentlich amerikanische Beispiele instruktiv. In den USA wurde der Sozialstaat bekanntlich weniger stark ausgebaut als in Europa. Anders als in Europa betrachten sich daher sozial verantwortungsbewusste Unternehmen in den USA als durchaus auch für Gemeindeentwicklungsaufgaben wie die Revitalisierung heruntergekommener Stadtquartiere, die Kriminalitätsverhütung, kreative Schul- und Freizeitprojekte usw. zuständig. Zur Konzeption und Durchführung solcher Projekte stellen Großkonzerne, die es sich leisten können und leisten wollen, Spezialisten für *community relations* ein. Diese *community relations professionals* bearbeiten Probleme der Art, wie sie die einleitend zitierte Absichtserklärung der BIRO AG anspricht. Sie sorgen mit anderen Worten dafür, dass unternehmensintern Grundsätze der Verantwortung für die soziale Umwelt konsistent angewandt werden, und sie entwickeln zusammen mit lokalen Behörden, Schulen und anderen sozialen Organisationen gemeinnützige Projekte, die man theoretisch als Investitionen ins soziale Kapital der Gesellschaft, deren Entwicklung man fördert, rechtfertigen mag.

Für Fragen der sozialen Verantwortung von Unternehmen dürften in den USA neben Unternehmensethikern diese beruflich gut organisierten *community relations professionals* – oder *corporate citizenship professionals*, wie sie neuerdings heißen – am ehesten direkt zuständig sein. Ihr nationales Kompetenzzentrum, das 1985 vom Boston College gegründete *Center for Corporate Community Relations*, nennt sich seit 2001 dem Zuge der Zeit folgend *Center of Corporate Citizenship*. Teilnehmer an den jährlich vom Zentrum organisierten Fachtagungen werden seitdem entsprechend *corporate citizenship professionals* genannt. Wie sich nach dieser Neuorientierung Forschungen und praxisorientierte Redeweisen im alt-neuen Diskursfeld *Corporate Citizenship* inhaltlich entwickeln werden, ist dem neuen Direktor des Zentrums zufolge eine vielversprechend offene Frage (Googins 2002).

Literatur

ANNAN, K. (2000). *Opening Remarks at High-Level Meeting on the Global Compact.* New York City, 26 July 2000 (siehe www.un.org/partners/business/gcevent/press/opening_remarks_hd.html; vgl. auch die Global Compact Website www.unglobal-compact.org).

BORNSCHIER, V. (1998). *Westliche Gesellschaft – Aufbau und Wandel.* Zürich: Seismo.

BUCHMANN, M./EISNER, M. (1998). Arbeit und Identität – Von der Notgemeinschaft zur Wahlverwandtschaft. In: T. GEISER/H. SCHMID/E. WALTER-BUSCH (Hrsg.): *Arbeit in der Schweiz des 20. Jahrhunderts. Wirtschaftliche, rechtliche und soziale Perspektiven* (S. 111–134). Bern: Haupt.

GOOGINS, B. (2002). The Journey towards Corporate Citizenship in the United States. Leader or Laggard? In: *The Journal of Corporate Citizenship*, 5 (Spring 2002): 85–101.

GROSS, P. (1994). *Die Multioptionsgesellschaft.* Frankfurt a.M.: Suhrkamp.

GROSS, P. (1999). *Ich-Jagd. Im Unabhängigkeitsjahrhundert.* Frankfurt a.M.: Suhrkamp.

May, P. (1999). *Corporate Roles and Rewards in Promoting Sustainable Development: Lessons Learnes from Camisea.* Unveröffentlichtes Paper. www.pronatura.org

PONGS, A. (Hrsg.) (1999/2000). *In welcher Gesellschaft leben wir eigentlich? Gesellschaftskonzepte im Vergleich.* Bde. 1 und 2. München: Dilemma Verlag.

RUGGIE, J. G. (2002): The Theory and Practice of Learning Networks. Corporate Social Responsibility and the Global Compact. In: *The Journal of Corporate Citizenship*, 5 (Spring 2002): 27–36

SCHIMANK, U./VOLKMANN, U. (Hrsg.) (2000): *Soziologische Gegenwartsdiagnosen I. Eine Bestandsaufnahme.* Opladen: Leske & Budrich.

Steiner, G./STEINER, J. (1997): *Business, Government, and Society. A Managerial Perspective* (8th edition). New York u.a.: McGraw-Hill [first printing 1971].

USEEM, J. (2002): Exxon's African Adventure. In: *Fortune* vom 15. April 2002: 50–60.

Aufgaben

Aufgabe 1   Welche sozialen Probleme traten mit der einsetzenden Industrialisierung in Europa auf?

Aufgabe 2   Nennen Sie mindesten drei Gründe, warum mit der Industrialisierung die sozialen Probleme (vgl. Aufgabe 1) im Vergleich zu der vorindustriellen, weitgehend agrarisch geprägten Zeit auftraten.

Aufgabe 3   Der schottische Unternehmer Robert Owen (1771–1858) gilt als einer der bekanntesten Vertreter der so genannten utopischen Sozialisten. Owen besass von 1800 bis 1825 in einem im Süden Schottlands gelegenen Tal eine durch Wasserkraft angetriebene florierende Baumwollspinnerei mit einem zugehörigen Dorf, wo im Jahre 1820 etwa 2500 Einwohner lebten.

Owen liess in dem Dorf unter anderem neue, für jene Zeit moderne Wohnungen für die Arbeiter und ihre Familien bauen, er gründete eine Schule und ein Kulturzentrum und zahlte seinen Arbeiterinnen und Arbeitern auch bei Krankheit und Produktionsunterbrechungen den Lohn weiter.

Heute ist das Dorf New Lanark mit der Owen-Fabrik als UNESCO-Weltkulturerbe ausgewiesen und kann besichtigt werden.

Warum förderte der von vielen seiner Konkurrenten wegen seines damals unüblichen sozialen Engagements belächelte Robert Owen trotz der entstehenden Kosten und der damit entstehenden Wettbewerbsnachteile das Gemeinwohl?

Aufgabe 4   In die «soziale Frage» fließen neben materiellen Aspekten auch persönliche Werteinstellungen und das subjektive Wohlbefinden von Menschen ein.

a) Stellen Sie eine Rangfolge der sechs für Sie persönlich wichtigsten Aspekte/Einflussgrößen (materielle und/oder immaterielle) hinsichtlich einer hohen subjektiven Wertschätzung bzw. eines hohen persönlichen Wohlbefindens auf.

b) Überlegen und begründen Sie anschließend zu jedem Aspekt, welche gesellschaftlichen Gruppen oder Institutionen neben Ihnen selbst vornehmlich zum Erreichen der von Ihnen benannten Aspekte und damit zu Ihrem eigenen Wohlbefinden beitragen können. Halten Sie Ihre Überlegungen zu jedem Aspekt in Stichworten schriftlich fest.

Welche Gründe sprechen heute dafür, dass sich Unternehmen gesellschaftlich engagieren? – Nennen Sie mindestens sechs Gründe.

Aufgabe 5

Welche Gründe/Hindernisse/Mechanismen jenseits des reinen Kostenarguments behindern oder vereiteln ein gesellschaftliches Engagement von Unternehmen? – Nennen und begründen Sie mindestens drei Aspekte.

Aufgabe 6

Die Unternehmung in der ökologischen Umwelt

Thomas Dyllick

Wirtschaftliche Tätigkeiten führen nicht nur zu erwünschten Resultaten in Form von Umsatz, Gewinn oder Marktanteilen – sie sind immer auch mit *unerwünschten Resultaten* in Form von Umweltverbräuchen, Umweltbelastungen und Risiken verbunden. Bedeutende Umweltverbräuche betreffen vor allem Energie, Boden, Wasser, Grundstoffe, aber auch die belebte Natur (Pflanzen und Tiere). Umweltbelastungen treten unter anderem in Form von Abfällen, Emissionen in die Luft, Klima- und Bodenbelastungen oder Gewässerverschmutzungen auf. Die Risiken wirtschaftlicher Tätigkeiten betreffen Mitarbeiter (Arbeitsplatzrisiken, Unfälle), Anwohner (Luftbelastungen, Lärm, Störfälle), Konsumenten (Produktrisiken) oder die Allgemeinheit (Klima, Gentechnik). Unerwünschte Resultate wirtschaftlicher Tätigkeiten sind dabei nicht nur mit der *Produktion*, sondern auch mit Transport, Konsum und Entsorgung der *Produkte* verknüpft.

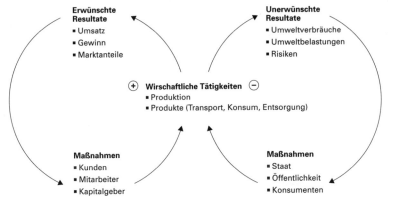

Abbildung 1
Erwünschte und unerwünschte Resultate wirtschaftlicher Tätigkeiten

Unerwünschte ökologische Auswirkungen wirtschaftlicher Tätigkeiten führen zu Reaktionen, die wiederum auf die Unternehmen und deren Tätigkeiten zurückwirken. Zu nennen sind hier als wichtigste Bereiche Staat und Behörden (Umweltpolitik), Öffentlichkeit (Öffentlicher Druck), aber auch Konsumenten (Ablehnung von Produktrisiken, Bevorzugung umweltverträglicher Produkte) und Markt (Konkurrenzangebote), die sensibel auf ökologische Probleme reagieren. Die Folge sind Veränderungen des relevanten Handlungskontextes für Unternehmen und Wirtschaft. Aus Sicht der betroffenen Unternehmen stellen solche Veränderungen einerseits Risiken dar, die es zu erkennen und zu vermeiden gilt, andererseits aber auch Chancen, die genutzt werden können.

C 3.1   Merkmale der ökologischen Perspektive

Die ökologische Perspektive weist gegenüber der ökonomischen Perspektive einige Besonderheiten auf, die nachfolgend skizziert werden: unterschiedliche Betrachtungsebenen ökologischer Einflüsse, Schadschöpfungsprozesse als Erkenntnisobjekt und Öko-Effizienz als Erfolgskriterium unternehmerischen Handelns.

C 3.1.1   Zwei Betrachtungsebenen ökologischer Einflüsse

Ökologische Probleme entstehen auf der Ebene von Stoff- und Energieflüssen, in Gestalt von Ressourcenverbräuchen, Abfällen, Boden-, Wasser-, Luftbelastungen oder allgemein in Gestalt von Auswirkungen auf Ökosysteme oder Gesundheit. Quellen natürlicher Ressourcen versiegen, die Aufnahmefähigkeit natürlicher Kreisläufe wird überfordert, und die Reproduktions- und Widerstandsfähigkeit natürlicher Systeme wird beeinträchtigt. Stoff- und Energieflüsse stoßen somit an natürliche Grenzen, die jenseits menschlicher Verfügungsgewalt liegen, während zum Beispiel Geldflüsse keine natürlichen Begrenzungen kennen.

Aus Unternehmenssicht handelt es sich im Falle von Stoff- und Energieflüssen um eine «sekundäre Umwelt». Dies ist damit zu begründen, dass ökologische Belastungen – zum Beispiel Luftbelastungen – zumeist nicht direkt wirksam, sondern erst in dem Maße praktisch relevant werden, in dem aus ihnen gesellschaftliche Ansprüche, politische Regulierungen oder marktliche Veränderungen («primäre Umwelt») abgeleitet werden. Mit anderen Worten: Ökologische Belastungen (stofflich-energetische Ebene) bedürfen zunächst einer «Übersetzung» in ökologische Ansprüche (sozioökonomische Ebene) an Unternehmen. Dennoch gilt, dass in ökologischer Perspektive beide Betrachtungsebenen bedeutsam sind.

Stofflich-energetische Ebene	Sozioökonomische Ebene
Ressourcenverbrauch: Stoffe, Energie	Gesellschaftliche Erwartungen
Abfall	Werthaltungen
Bodenbelastungen	Politische Prioritäten
Wasserbelastungen	Rechtliche Auflagen
Luftbelastungen	Behördliche Vorschriften
Klimabelastungen	Nachfrageverhalten
Lärmbelastungen	Attraktivität als Arbeitgeber
Auswirkungen auf Ökosysteme	Auswirkungen auf die Gesundheit
Haftungsrisiken	Kreditrisiken
■ Ökologische Belastungen	■ Ökologische Ansprüche
■ Sekundäre Umwelt (indirekte, vermittelte Wirkung)	■ Primäre Umwelt (direkte, unvermittelte Wirkung)

Abbildung 2
Zwei Betrachtungsebenen ökologischer Einflüsse auf das Unternehmen

Schadschöpfungsprozesse als Erkenntnisobjekte

C3.1.2

Stehen im Rahmen der ökonomischen Perspektive Wertschöpfungsprozesse im Vordergrund, so ist es im Rahmen der ökologischen Perspektive deren Kehrseite in Gestalt von «Schadschöpfungsprozessen» (SCHALTEGGER/STURM 1992). Ökologische Schäden werden primär durch Produktions- und andere Betriebsprozesse verursacht. Dabei handelt es sich um eine «direkte» Schadschöpfung, die in den unmittelbaren Verantwortungsbereich des Unternehmens fällt. Daneben treten ökologische Schäden aber auch auf vorgelagerten oder nachgelagerten Produktstufen auf, bei der Rohstoff- und Energiegewinnung, bei Transporten, aber auch im Zuge von Distribution, Konsum oder Entsorgung. Es handelt sich dabei um eine «indirekte» Schadschöpfung, für die das betreffende Unternehmen als Nachfrager und als Hersteller mitverantwortlich, aber nicht allein verantwortlich ist. Hieraus ergibt sich das Bild einer vielgliedrigen «Schadschöpfungskette» als Summe der Einzel-Schadschöpfungen auf jeder Stufe des Produktlebenswegs.

Ökologische Effizienz als Erfolgskriterium

C3.1.3

Im Kontext einer ökologischen Perspektive geht es auch um ein anderes Effizienzverständnis des unternehmerischen Handelns: Es geht um ökologische Effizienz oder kürzer: um Öko-Effizienz. Was ist darunter zu verstehen? Analog zum Begriff der ökonomischen Effizienz ist unter dem Begriff der Öko-Effizienz eine Form der Leistungserstellung zu verstehen,

die ihre Ziele unter Minimierung von Stoffdurchsatz und Umweltbelastung erreicht. Auf eine Formel gebracht:

$$\text{Ökologische Effizienz} = \frac{\text{Wertschöpfung}}{\text{Schadschöpfung}}$$

Wie beim ökonomischen Effizienzbegriff geht es um eine Relation zwischen zwei Größen, aber diesmal mit einem anderen Inhalt. Es geht um
die Optimierung des Verhältnisses von *wirtschaftlicher* Leistung (Wertschöpfung) einerseits und *ökologischen* Wirkungen (Schadschöpfung)
andererseits. Der Begriff kann auf Aktivitäten (zum Beispiel Produktion),
Produkte (zum Beispiel einen PC) oder eine ganze Organisation (zum
Beispiel ein Werk) bezogen werden. Maßstab erfolgreichen Wirtschaftens
ist nicht mehr der möglichst effiziente Einsatz der Produktionsfaktoren
Kapital und Arbeit, wie dies bei herkömmlichen Produktivitätsmaßen
der Fall ist, sondern der möglichst effiziente Einsatz der Ressource Natur.
Während jedoch eine Aggregation der Wertschöpfungselemente über den
gemeinsamen Nenner Geld heute als akzeptiert angesehen werden kann,
bietet eine Aggregation der Schadschöpfungselemente noch größere
Schwierigkeiten. Trotz vorliegender Gewichtungsmodelle, wie sie zum
Beispiel in Form neutraler Umweltbelastungspunkte entwickelt worden
sind und auch Anwendung finden, gibt es bis heute noch keine allgemein
akzeptierte Methode, um so unterschiedliche Umweltdimensionen wie
den Verbrauch knapper natürlicher Ressourcen (zum Beispiel Erdöl) mit
der Belastung von Luft oder Gewässern zu verrechnen.

Für ein pragmatisches Vorgehen vermittelt das Konzept der Öko-Effizienz jedoch einen nützlichen Orientierungsrahmen und Ansatzpunkte
für praktische Maßnahmen. Einerseits geht es um eine Verbesserung der
Ressourcenproduktivität, somit um die Elimination unproduktiver Abfälle, Emissionen und Risiken, die mit Herstellung, Vertrieb, Konsum
und Entsorgung von Produkten und Dienstleistungen verbunden sind.
Andererseits bezieht es sich aber auch auf die Schaffung eines Mehrwerts
für die Kunden, indem ihnen ein höherer Nutzen pro Produkt oder
Dienstleistung erbracht wird. Konkrete Ansatzpunkte für praktische
Maßnahmen gehen aus folgenden Dimensionen der Öko-Effizienz hervor.
(DESIMONE/POPOFF 1997, 56ff.)

1. **Reduktion der Materialintensität von Prozessen und Produkten**
   Reduktion des Materialeinsatzes je Prozess oder Produkt, Verminderung von Abfällen
   bzw. Ausschuss; Ziel: gleiche Leistung mit weniger Materialeinsatz
   (Beispiel: PC statt Mainframe-Computer)

2. **Reduktion der Energieintensität von Prozessen und Produkten**
   Reduktion des Energieeinsatzes je Prozess oder Produkt, Verminderung von Energie-
   verlusten; Energie-Rückgewinnung; Ziel: gleiche Leistung mit weniger Energieeinsatz
   bzw. -verlust (Beispiel: Drei-Liter-Auto)

3. **Reduktion bzw. Elimination toxischer Freisetzungen (Risiken für Mensch und Umwelt)**
   Substitution von Problemstoffen (Beispiel: Ersatz von FCKW),
   neue Herstellverfahren (Beispiel: Biobaumwolle statt konventioneller Baumwolle),
   geschlossene Anwendungen (Beispiel: eingehauster Stahlofen)

4. **Verbesserung des Recyclings von Produkten und Stoffen**
   Materialeinsatz (Beispiel: reine Kunststoffe), Materialkennzeichnung bzw. Produktepass,
   Life-Cycle-Design und Life-Cycle-Engineering von Produkten (Beispiel: Elektronik)

5. **Maximale Nutzung erneuerbarer Ressourcen**
   Ersatz nicht erneuerbarer durch erneuerbare Ressourcen
   (Beispiel: Wärmepumpe; Abfallverbrennung in Zementwerken statt Öl)

6. **Erhöhung der Produktlebensdauer**
   Reparierbarkeit (Beispiel: elektronische Fehlerdiagnose),
   Angebot von Reparatur- bzw. Wartungsdienstleistungen (Beispiel: Betonsanierung),
   Modulbauweise, Sekundärvermarktung von Produkten oder Baugruppen
   (Beispiel Elektronikrecycling: Computer, Fernseher, Kopiergeräte)

7. **Nutzenintensivierung von Produkten und Leistungen**
   Gemeinsame Nutzung (Beispiel: Carsharing, Skimiete),
   Outsourcing (Beispiel: Energie-Contracting),
   Multifunktionalität (Beispiel: Koordination von Anlieferung und Rücknahme),
   Upgrading von Anlagen (Beispiel: Ausbau von PCs, Neuprogrammierung von Anlagen)

Abbildung 3
Dimensionen der
Öko-Effizienz
und Ansatzpunkte
für praktische
Maßnahmen

Das Unternehmen in ökologischer Perspektive   C3.2

Die ökologische Perspektive hat Konsequenzen für das Bild, das wir
uns vom Unternehmen machen: Das Unternehmen ist als ökologisches
Subsystem anzusehen; der Lebensweg der Produkte in Form des ökologischen Produktlebenszyklus erhält eine besondere Bedeutung, und die
ökologierelevanten Einflüsse auf das Unternehmen sind näher zu bezeichnen.

Das Unternehmen als ökologisches Subsystem   C3.2.1

Im Rahmen des Umweltmanagements wird das Unternehmen als ein
ökonomisch-ökologisches System aufgefasst. Was aber heißt es, das Unternehmen als ökologisches Subsystem aufzufassen? Das Unternehmen
wird dann nicht als Teil des Wirtschaftskreislaufs betrachtet, sondern des

natürlichen Stoffkreislaufs. Im Vordergrund stehen deshalb Stoff- und Energieflüsse, nicht die für die ökonomische Welt zentralen Geldflüsse. In ökonomischer Sichtweise bezieht das Unternehmen Arbeit, Kapital, Boden und Know-how als zentrale Produktionsfaktoren auf der Inputseite und transformiert diese in Produkte. In ökologischer Sichtweise sind ganz andere Elemente bedeutend. Hier sind es natürliche Ressourcen auf der Inputseite sowie Emissionen, Abfälle und Risiken, die neben den Produkten auf der Outputseite eine Rolle spielen.

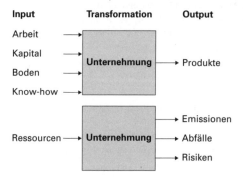

Abbildung 4
Der Leistungs-
erstellungsprozess
in ökonomischer
und ökologischer
Perspektive

Entsprechend dieser veränderten Sichtweise des Unternehmens stehen in ökologischer Perspektive auch andere Ziele im Vordergrund, die sich auf die Bereiche Ressourcenproduktivität, Emissionsschutz, Abfallvermeidung und -verminderung, Risikovermeidung und -verminderung sowie auf die Entwicklung umweltverträglicher Produkte beziehen. Der Umweltschutz als Unternehmensziel erhält hierdurch eine inhaltlich klare, operationale Bedeutung.

C 3.2.2   Ökologischer Produktlebenszyklus

Eine ganzheitliche Erfassung der ökologischen Zusammenhänge zwingt uns, über die engen Grenzen des einzelnen Unternehmens (zum Beispiel eines PC-Händlers) und selbst der Branche (Computerbranche) hinauszugehen und auch die vorgelagerten (Kunststoffindustrie, Chemische Industrie, Computerherstellung, Gütertransport) und nachgelagerten Stufen (Computerverwendung, -verwertung und -entsorgung) mit in die Betrachtung einzubeziehen. Der durch diesen Zusammenhang verdeutlichte ökologische Produktlebenszyklus, d.h. der gesamte Lebensweg eines Pro-

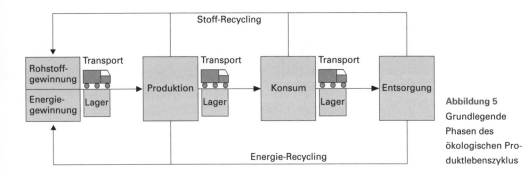

Abbildung 5
Grundlegende
Phasen des
ökologischen Pro-
duktlebenszyklus

duktes «von der Wiege bis zur Bahre», stellt ein zentrales Konzept des Umweltmanagements dar. Auf allgemeiner Ebene lassen sich fünf Phasen unterscheiden: Energie- und Rohstoffgewinnung, Produktion, Konsum, Entsorgung sowie dazwischen liegende Transporte und Lagerungen.

Die Ausweitung der Betrachtung ist auch aus ökonomischen Gründen sinnvoll. Probleme von Produkten schlagen häufig auch dann auf das Unternehmen zurück, wenn sie außerhalb der wirtschaftlichen Verantwortung des Unternehmens liegen, also auf vor- oder nachgelagerten Stufen des Produktlebenszyklus. Gibt es beispielsweise Probleme bei der Entsorgung von PCs oder wird eine Rücknahmepflicht eingeführt, so hat dies Rückwirkungen auf alle, die in der produktökologischen Kette vorgelagert sind. Wie in einer Dominokette pflanzen sich solche Eingriffe rasch fort und zeigen Wirkungen, weit weg vom auslösenden Problemherd. Aus Sicht des Unternehmens gilt es somit immer auch vor- und nachgelagerte Produktstufen in den Blick zu nehmen, um nicht durch solche Dominoeffekte überrascht zu werden. Dies gilt umso mehr, als der Gesetzgeber seine Regulierungen und Testinstitute ihre Kaufempfehlungen zunehmend an den ökologischen Gesamtwirkungen der Produkte ausrichten.

Ökologierelevante Anspruchsgruppen und externe Lenkungssysteme

C 3.2.3

Im Hinblick auf die ökologischen Ansprüche stellt sich die Frage, von wem ökologische Belastungen aufgegriffen und an die betroffenen Unternehmen herangetragen werden. Hierbei ist einerseits zwischen drei unterschiedlichen externen Lenkungssystemen und deren Funktionsmechanismen zu unterscheiden (*funktionale* Sicht), andererseits zwischen verschiedenen Anspruchsgruppen, die als Repräsentanten dieser Len-

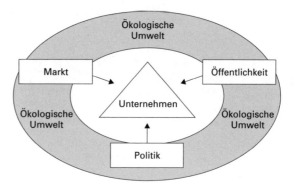

Abbildung 6
Ökologierelevante
Einflüsse auf das
Unternehmen

kungssysteme anzusehen sind (*institutionelle* Sicht). Als Lenkungssysteme im ökologischen Kontext spielen Öffentlicheit, Politik und Markt eine Rolle. Während die Wirkung der Öffentlichkeit auf dem Einsatz öffentlichen Drucks basiert, stehen im Rahmen der Politik politische Regulierungsmechanismen im Vordergrund, und der Markt basiert auf der Lenkungswirkung von Angebot und Nachfrage.

Aus der Vielfalt unterschiedlicher Einflüsse wird deutlich, dass unternehmerische Entscheidungen im ökologischen Kontext einem mehrdimensionalen Bedingungsrahmen unterliegen, bestehend aus einer ökologischen, öffentlichen, politischen und marktlichen Dimension. Jede dieser Dimensionen wird in institutioneller Sicht durch konkrete Anspruchsgruppen (zum Beispiel Umweltorganisationen, Bürgerinitiativen, Behörden, Konsumenten) verkörpert.

Literatur

DESMINE, L./POPOFF, F. (1997). *Eco-Efficiency. The Business Link to Sustainable Development.* Cambridge, Mass.: MIT Press.

DYLLICK, T. (1992). Ökologisch bewusste Unternehmungsführung: Bausteine einer Konzeption. In: *Die Unternehmung*, 46, Nr. 6: 391–413.

DYLLICK, T./HUMMEL, J. (1997). Integriertes Umweltmanagement im Rahmen des St. Galler Management-Konzepts. In: U. STEGER (Hrsg.). *Handbuch des integrierten Umweltmanagements* (S. 137–154). München/Wien: Oldenbourg.

SCHALTEGGER, S./STURM, A. (1992). *Ökologieorientierte Entscheidungen in Unternehmen.* Bern: Haupt.

Aufgaben

In Abbildung 1 in diesem Kapitel werden erwünschte und unerwünschte Resultate wirtschaftlicher Tätigkeiten dargestellt.

Aufgabe 1

Zeigen Sie anhand eines selbst gewählten Beispiels – einer Unternehmung oder einer Branche –, welche unerwünschten Resultate (Umweltverbräuche, Umweltbelastungen, Risiken) mit den entsprechenden unternehmerischen Tätigkeiten verbunden sind. Illustrieren sie mit beispielhaften Maßnahmen, wie der Staat, die Öffentlichkeit und die Konsumenten auf diese unerwünschten Resultate reagieren.

Der ökologische Produktlebenszyklus zeigt den gesamten Lebensweg eines Produktes «von der Wiege bis zur Bahre». Es lassen sich die fünf Phasen der Energie- und Rohstoffgewinnung, Produktion, Konsum, Entsorgung sowie dazwischen liegende Transporte und Lagerungen unterscheiden.

Aufgabe 2

Zeigen Sie anhand der Produktion von Fleisch oder einem anderen Nahrungsmittel diese fünf Phasen auf und illustrieren Sie Problembereiche, die sowohl aus ökologischer wie aus ökonomischer Perspektive von Bedeutung sind.

In diesem Lehrbuch findet sich eine formale Definition des Begriffs Öko-Effizienz, in der die wirtschaftliche Wertschöpfung und die damit verbundene ökologisch bedeutsame Schadschöpfung miteinander wie folgt in Beziehung gesetzt werden.

Aufgabe 3

$$\text{Ökologische Effizienz} = \frac{\text{Wertschöpfung}}{\text{Schadschöpfung}}$$

Eine andere, eher beschreibende Definition für die Öko-Effizienz lautet wie folgt:[1]

«Wir bezeichnen diejenigen Unternehmen als ‹öko-effizient›, die auf dem Weg zu langfristigem Wachstum Fortschritte machen, indem sie ihre Arbeitsmethoden verbessern, problematische Materialien substituieren, saubere Technologien und Produkte einführen und sich um eine effizientere Verwendung und Wiederverwendung von Ressourcen bemühen.»

---

1   S. Schmidheiny (1992). *Kurswechsel. Globale unternehmerische Perspektiven für Entwicklung und Umwelt.* München: Artemis-Verlag, S. 38.

Aufgaben:

a) Zeigen Sie zwei Beispiele für Unternehmen auf, die im Sinne der zweiten Umschreibung als öko-effizient bezeichnet werden könnten.

b) Vergleichen Sie die beiden Definitionen, und zeigen Sie je einen Vorteil und Nachteil auf.

c) Ein Unternehmer führt zu diesen beiden Definitionen aus: «Die zweite Definition ist mir zu wenig klar. Sobald der Staat Auflagen und Gesetze für die Verbesserung der Umweltqualität macht, dann steigt automatisch auch die Öko-Effizienz eines Unternehmens, ohne dass sich an der ökologischen Gesinnung des Unternehmers etwas geändert hätte. Die erste Definition finde ich deshalb bedeutsam, weil damit der wirtschaftlichen Entwicklung, d. h. dem Wachstum einer Unternehmung, Rechnung getragen wird.»
Nehmen Sie differenziert zu dieser Aussage Stellung.

Aufgabe 4   **Teures Verseuchungserbe für Ciba in Toms River[2]**

Zweihundert Millionen Dollar hat die Ciba Spezialitätenchemie bisher ausgegeben, um ein verseuchtes Werkgelände der ehemaligen Ciba-Geigy in den USA zu sanieren. Die Umweltschutzbehörde will den endgültigen Entsorgungsplan Ende September genehmigen. Das Areal der früheren Ciba-Geigy in der Ortschaft Toms River im US-Staat New Jersey gehört zu den am meisten verseuchten Stätten in den USA. Von 1952 bis 1990 stellte die Firma dort Farbstoffe, Pigmente, Resinate und Epoxidzusätze her. 1996 wurde die Produktion vollständig eingestellt. Die Fabrikgebäude wurden demoliert.

Sorgloser Umgang mit chemischen Abfällen

Mit den soliden und flüssigen Abfällen ging das Unternehmen im Verlaufe der Zeit auf verschiedene Weise um. Bis in die sechziger Jahre ließ die Firma toxische Abwässer direkt in den Fluss ab, der durch die Ortschaft fließt. Später baute Ciba-Geigy für die Abwässer eine direkte Rohrleitung in den Atlantik, die aber an vielen Stellen undicht war. Teilweise wurde chemischer Festmüll in 30 000 bis 35 000 Fässern direkt auf dem Werkgelände vergraben. Von dort sickerten Toxine ins Grundwasser. Das kommunale Trinkwassersystem und verschiedene private Brunnen von Eigenheimen, die weniger als einen Kilometer entfernt vom Fabrikgelände lagen, wurden kontaminiert. Andere chemische Abfälle vergrub die Firma ohne besondere Schutzvorrichtung auf dem 5,5 Quadratkilometer großen Fabrikareal.

---

2   SDA, 13. April 2000, New York.

Schließung aller verseuchten Brunnen

Schon 1980 verlangte die Umweltschutzbehörde von New Jersey die Entfernung von fünfzehn Fässern mit chemischen Abfällen. 1991 musste die Rohrleitung in den Atlantik geschlossen werden. Wegen der Kontaminierung des Grundwassers ordnete das US-Umweltschutzamt (EPA) die Schließung aller Brunnen der von der Wasserverseuchung betroffenen Eigenheime an, was 1991 erfolgte. 1996 wurde auf dem Ciba-Werkgelände eine Kläranlage zur Behandlung des verseuchten Grundwassers in Betrieb genommen.

Um ein Drittel höhere Kinderkrebsrate

Sicher ist, dass die Sanierung des verseuchten Areals Kosten in mehrfacher Millionenhöhe für die Ciba verursacht. Ciba muss sich auch auf Entschädigungsansprüche der von der Verseuchung des Grundwassers und Trinkwassers betroffenen Personen gefasst machen. Untersuchungen haben ergeben, dass im betroffenen Gebiet die Kinderkrebsrate um ein Drittel höher als normal ist. Andere Untersuchungen über den Gesundheitszustand der Bevölkerung sind noch im Gange. Ciba zweifelt die bisherigen Ergebnisse der Untersuchungen nicht an, bestreitet jedoch einen Kausalzusammenhang mit der von Ciba-Geigy verursachten Kontamination.

Fragen und Aufgaben:

a) Illustrieren Sie anhand der Beispiele die beiden Betrachtungsebenen (stofflich-energetische Ebene; sozioökonomische Ebene) gemäß → **Abbildung 2**.

b) Aus welchen Gründen ist diese Unterscheidung von zentraler Bedeutung?

c) In welcher Hinsicht hat Ciba-Geigy unökologisch gehandelt? Welche Kriterien sind für Sie maßgebend?

d) In welcher Hinsicht hat Ciba-Geigy nicht richtig (unethisch) gehandelt? Welche Kriterien sind für Sie maßgebend?

e) Welches Kausalitätsverständnis liegt im Verständnis von Ciba-Geigy, welches im Verständnis der Betroffenen vor?

f) Wie lassen sich derartige Fälle künftig vermeiden, ohne dass der Staat zum umfassenden Wächter der Ökologie wird?

Aufgabe 5 Die folgende Tabelle (ökologische Belastungsmatrix) zeigt auf der horizontalen Ebene den ökologischen Produktlebenszyklus des Produktes Automobil, auf der vertikalen dessen ökologische Belastungen auf Mensch und Umwelt.

	Rohstoffe/ Vorprodukte	Automobil- produktion	Automobil- nutzung	Automobil- entsorgung
Ressourcenverbrauch	■	□	□	□
Energieverbrauch	▨	▨	■	□
Luft	▨	▨	■	□
Lärm	□	□	■	□
Wasser	■	▨	□	□
Flächenverbrauch	□	□	■	□
Unfälle/Gesundheit	□	□	■	□
Abfälle	▨	□	□	■

■ starke Belastung/Einwirkung
▨ mittlere Belastung/Einwirkung
□ geringe bis keine Belastung/Einwirkung

Aus dieser Matrix geht hervor, dass die Nutzungsphase des Automobils aus ökologischer Sicht von überragender Bedeutung ist. Rund 80 bis 90 Prozent des gesamten Energieverbrauchs und der damit verbundenen Luftemissionen fällt auf dieser Stufe an. Neben dem Energieverbrauch und den Luftemissionen kommen insbesondere der Flächenverbrauch (Versiegelung des Bodens, «Zerschneidung» von Ökosystemen), die Unfälle/Gesundheit und die Lärmemissionen zum Tragen. Neben der Nutzungsphase ist auch die Rohstoffgewinnung/Vorproduktion ökologisch bedeutsam. Zentrale Probleme auf dieser Stufe sind der Rohstoffverbrauch, die Wasserbelastungen und die Abfälle, da zwei Drittel der heutigen Personenwagen aus Stahl und Eisen bestehen. Auf der letzten Stufe der Entsorgung von Automobilen liegt ein zentrales Problem insbesondere in der Vielfalt der verwendeten Kunststoffe, die einen hohen Anteil der praktisch nicht rezyklierbaren Abfälle ausmachen.

Aufgaben:

a) Erarbeiten Sie möglichst viele kreative und unkonventionelle Vorschläge, wie diese ökologischen Belastungen reduziert werden können.

b) Ordnen Sie diese den sieben Kategorien in → **Abbildung 3** zu.

c) Bewerten Sie diese Vorschläge anhand von drei Kriterien:

– Effektivität: Kann das beabsichtigte Ziel erreicht werden?

– Effizienz: Ist das Kosten-Nutzen-Verhältnis vernünftig und vertretbar?

– Akzeptanz: Ist die Maßnahme politisch und gesellschaftlich realisierbar?

Die Industrie- und Handelskammer eines Ostschweizer Kantons veranstaltet regelmäßige öffentliche Diskussionsveranstaltungen, um den Dialog und die Zusammenarbeit zwischen Unternehmern und der Bevölkerung, zwischen der älteren und der jüngeren Generation wie auch zwischen verschiedenen Gruppen (Parteien, Arbeitnehmer, Arbeitgeber, staatliche Organisationen) zu fördern. Die nächste Tagung steht unter dem Titel «Perspektiven ökonomischer und ökologischer Unternehmungsführung». Sie werden vom Präsidenten der Industrie- und Handelskammer brieflich angefragt, ob Sie bereit wären, ein fünfzehnminütiges Referat zum Titel «Perspektiven ökologischer Unternehmungsführung» zu halten. Begeistert wählen Sie die Telefonnummer des Präsidenten, der Ihren Auftrag am Telefon folgendermaßen darstellt:

«Also, ich stelle mir vor, dass Sie im Anschluss an Herrn Alder den Schwerpunkt auf die ökologische Perspektive setzen, wie ich Ihnen im Brief geschrieben habe. Herr Alder ist Inhaber eines mittelgroßen Industriebetriebes und wird das Schwergewicht auf die ökonomische Perspektive legen. Wie er mir mitgeteilt hat, wird er sein Referat anhand von drei Punkten gliedern:

1. Die wirtschaftlichen Erwartungen der Aktionäre, Kunden und Mitarbeiter an unsere Unternehmung
2. Die Wertschöpfungskette der Alder AG
3. Die Alder AG – eine wirtschaftlich effiziente Unternehmung mit kundenorientierten Produkten und motivierten Mitarbeitern.

Mir wäre es wichtig, dass Sie in Ihrem Referat einen ähnlichen Aufbau wählen», führt der Präsident der Industrie- und Handelskammer weiter aus. «Ich könnte mir gut vorstellen, dass Sie anhand von drei ähnlichen Fragen vorgehen, etwa:

1. Wer stellt welche Erwartungen an eine Unternehmung, wenn es um ökologische Fragen und Probleme geht?
2. Welche Werte schafft eine Unternehmung, die eine ökologische Perspektive beanspruchen will? Wie lassen sich diese messen?
3. Ökologisch effizientes Wirtschaften – eine Utopie?

Dabei wäre es mir wichtig, dass Sie Ihre Ausführungen mit möglichst vielen Beispielen illustrieren, weil wir immer ein breites und praktisch orientiertes Publikum ansprechen wollen.»

Auftrag:
Bereiten Sie ein fünfzehn- bis zwanzigminütiges Referat vor, in dem Sie diese drei Fragen klären und mit aufschlussreichen und treffenden Beispielen illustrieren.

Die Unternehmung in der technologischen Umwelt

Fritz Fahrni

Technologiebasierte Entwicklungen erfassen mehr und mehr unser ganzes Leben. Sie verwandeln Produkte und Dienstleistungen, sie verändern die Umwelt, sie beeinflussen unsere Art zu leben und zu kommunizieren – und sogar unsere Art zu denken.

Die Technologie der *Dampfmaschine* (J. WATT, 1765), später der Dampf- und Gasturbinen erschloss völlig neue Energieformen. Dank der Elektrizität und verschiedenster Formen mechanischer Energie veränderten sich praktisch sämtliche Aspekte des täglichen Lebens. Alte Sorgen und Gefahren wurden gebannt oder eliminiert, neue unbekannte Risiken entstanden.

Die Technologie der *Glühbirne* und die Weiterentwicklung künstlicher Lichtquellen veränderten unseren ganzen Lebensablauf und ermöglichten einen freieren Lebensstil. Der natürliche Tag-Nacht-Rhythmus war nicht mehr zwingend vorgegeben.

Die *Textiltechnologie* machte nicht nur funktionalere Bekleidung möglich, sie führte zu beschleunigtem Fortschritt auch im Gesundheitswesen (zum Beispiel dank künstlicher Gewebe und Gefäße), in der Bautechnik (zum Beispiel dank Geotextilien, Isoliermaterialien), in der Informatik und Kommunikation (zum Beispiel durch Glasfasergewebe für Printplatten), sogar in der Mode und bei den Freizeitvergnügen.

Im Gesundheitswesen führten neue Technologien zu völlig neuen Heilmethoden und Medikamenten und erlaubten die Therapierung von bisher als unheilbar geltenden Krankheiten. Es wurde nun auch möglich, Implantate («menschliche Ersatzteile») zu entwickeln, die vielen Menschen mehr Lebensqualität verschafften (zum Beispiel künstliche Gelenke, Herzschrittmacher, Hörgeräte).

In der *Bauindustrie* erlaubte etwa die Zement- und Armierungstechnologie Bauten in Formen und Dimensionen, die vorher für unmöglich gehalten wurden.

Die *Landwirtschaft* wurde zunächst durch Fortschritte in der Chemie revolutioniert, dank künstlicher Düngemittelherstellung. Später waren es biotechnische Entwicklungen, die den Agro-Ausstoß vervielfachten und die Qualität der Nahrungsmittel sicherstellten. Auch diese Entwicklungen haben neue Fragen aufgeworfen. Die Ungewissheit und die Ängste um die Genomikentwicklung zeugen davon.

Auch moderne Mobilität und *Kommunikation* basieren auf ständig neuen technologischen Entwicklungen – denken wir nur an die Mobiltelefonie.

Technologien verändern Unternehmen (→ Abschnitt C4.1)

Technologiebasierter Wandel und Unternehmensentwicklung sind eng miteinander verzahnt. Jede technologische Neuerung stellt immer auch eine unternehmerische Chance dar. In der Frühphase einer Entwicklung sind es zunächst einzelne Pionierfirmen, häufig als *Ventures* oder *Start-ups* bezeichnet, welche die technologischen Fortschritte in erfolgreiche Produkte und Dienstleistungen umwandeln. Wird das Potenzial neuer Technologien breiter wahrgenommen, folgt oft eine Lawine von Firmengründungen: Die Wachstumsphase ist eingeleitet. Mit fortschreitender Reife einer Technologie wird der Konkurrenzkampf härter, viele Firmen fallen aus dem Rennen oder werden von Konkurrenten aufgekauft. Es zeichnet sich ein so genanntes *dominant design* ab (UTTERBACK 1994).

Ein typisches Beispiel aus unserer Zeit sind die PC *(Personal Computers)*. Zu Beginn der achtziger Jahre waren Dutzende von Firmen in einer eigentlichen *Boom Economy* auf dem Markt (Commodore, Wang, Prime, Olivetti, DEC, Apple, Philips, HP, IBM etc.). Im Laufe des letzten Jahrzehnts setzte sich eine bestimmte Designlinie *(dominant design)* durch. Die Anzahl weiterhin konkurrierender Firmen schrumpfte dramatisch.

Dieser Konzentrationsprozess ist heute noch im Gang (HP vs. Compaq). Es ist inzwischen aber nur noch eine Hand voll Anbieter auf dem Markt.

Technologien verändern Prozesse (→ Abschnitt C4.2)

Technologien verändern aber nicht nur Unternehmen, sondern auch Abläufe und Prozesse. So hat die Informationstechnologie den Verkaufsprozess bereits entscheidend gewandelt. Die moderne Praxis und Theorie des *Customer Relationship Management* (CRM)[1] oder der *Efficient Con-*

---

[1] *Customer Relationship Management* (CRM) ist ein ganzheitlicher Ansatz zur Unternehmensführung. Er integriert und optimiert alle kundenbezogenen Prozesse in Marketing, Vertrieb, Kundendienst, F&E (Forschung und Entwicklung) bzw. R&D (Research & Development) und anderes. Zielsetzung von CRM ist die gemeinsame Schaffung von Mehrwerten auf Kunden- und Lieferantenseite über die Lebenszyklen von Geschäftsbeziehungen.

sumer Response (ECR)[2] belegen dies eindrücklich. Gleiches trifft auch zu für die Produktion, die Forschung und Entwicklung, die Service- und Dienstleistungsaktivitäten, das Finanz- und Rechnungswesen, das Controlling, das Personalwesen und die Unternehmenskommunikation – kurz für jeden Schritt in der Wertschöpfungskette und für diese insgesamt. Schlagworte wie E-Business, B2B,[3] B2C,[4] C-Commerce[5] usw. legen Zeugnis von diesem Wandel ab. Dieser Prozess ist bei weitem nicht abgeschlossen.

Technologien bewirken Folgeprobleme (→ Abschnitt C4.3)

Technologieentwicklung und neue Technologien führen aber nicht nur zu neuen Produkten, neuen Unternehmen und Möglichkeiten, sie werfen gleichzeitig auch neue Fragen auf, führen zu neuen Ungewissheiten und *Risiken* (PERROW 1988). So ermöglicht zum Beispiel die Nukleartechnologie zwar eine saubere Art der Elektrizitätserzeugung, was den Schadstoffausstoß in die Atmosphäre angeht, sie stellt aber aufgrund der Abfallproblematik, d.h. wegen der langfristigen Strahlung der verwendeten Brennelemente, eine neue Herausforderung und vor allem eine neue Quelle der Unsicherheit und Angst dar. Eindrücklich zeigt die Nukleartechnologie auch, welche Gefahren bei einem Missbrauch lauern. Die militärische Anwendung in Form von Nuklearwaffen und deren möglicher Gebrauch als Terrorinstrumente sind Tatsachen oder reale Bedrohungen.

Bei jeder Anwendung von Technologien werden Ressourcen unseres Planeten verbraucht. Die globale Erwärmung liefert ein aktuelles Beispiel zum Thema. Der auf einen überhöhten CO_2-Ausstoß zurückzuführende *Treibhauseffekt* hat negative Folgen, die sich vor allem für die nächsten Generationen verheerend auswirken könnten.

Technologiefolgen und *Nachhaltigkeit* der Entwicklung sind Probleme und Aspekte, die weit über den engeren Wirtschaftskreislauf hinaus von Bedeutung sind. Politik und Gesellschaft sind da in besonderem Maße gefordert, aber auch Unternehmen können und müssen einen Lösungsbeitrag leisten. Die Technologie hilft beim Lösen dieser Probleme, sie ist

---

2   ECR – *Efficient Consumer Response* – ist eine Methode zur effizienten Gestaltung der Wertschöpfungskette mit dem Fokus auf dem Verbrauchernutzen. Ziel ist es, durch gemeinsame Aktivitäten die Versorgungskette zu verbessern, um so den Konsumenten ein Optimum an Qualität, Service und Produktvielfalt bieten zu können und ein ausgewogeneres Preis-Leistungs-Verhältnis zu erreichen.

3   B2B: *Business-to-Business-Prozesse*

4   B2C: *Business-to-Customer-Prozesse*

5   *Collaborative Commerce*

jedoch nicht selbst schon die Lösung. Notwendig ist vielmehr das Zusammenwirken von Wissenschaft, Wirtschaft, Politik und Gesellschaft für eine langfristig tragfähige, nachhaltige Entwicklung *(sustainability)* (DYLLICK 1997).

C 4.1   Wie kommen Unternehmen zu Technologien?

C 4.1.1   Ursprung Wissenschaft oder Ursprung Markt?

Als Quelle von Technologiefortschritt gelten zu Recht in vielen Fällen die Naturwissenschaften. Das Erkennen von Zusammenhängen, das Wissen um Mechanismen führt oft dazu, dass praktische Anwendungen gefunden werden. So waren es Forschungsergebnisse aus der Festkörperphysik, welche die Halbleitereigenschaften von verschiedenen Elementen und Kristallen beschrieben und erklärten. Diese Erkenntnisse führten zur Entwicklung der Transistoren und der darauf aufbauenden Chiptechnologien. Dieser Prozess «von der Wissenschaft zur Technologie zum Produkt oder zur Dienstleistung» wird als «*Technology-Push*» bezeichnet.

Daneben gibt es jedoch auch den Komplementärprozess des so genannten «*Market-Pull*». Hier sind Bedürfnisse des Marktes dominant und mehr oder weniger explizit vorhanden. So etwa im Gesundheitswesen, wo verschiedene Krankheitsbilder beschrieben und bekannt sind. Was gesucht wird, ist die entsprechende Therapie. Also gilt es hier, auf wissenschaftlicher Basis alle möglichen Erkenntnisse zusammenzutragen und daraus Lösungen oder Teillösungen zu entwickeln (CHANDLER 1970).

Abbildung 1

Quellen des technologischen Fortschrittes sind entweder: Marktbedürfnisse, die mit geeigneten Technologien zu befriedigen sind (Market-Pull, links), oder technischwissenschaftliche Erkenntnisse, die neue Marktmöglichkeiten eröffnen (Technology-Push, rechts).

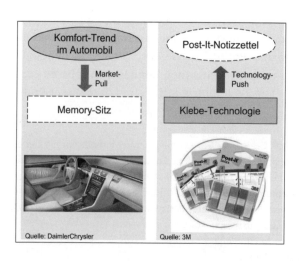

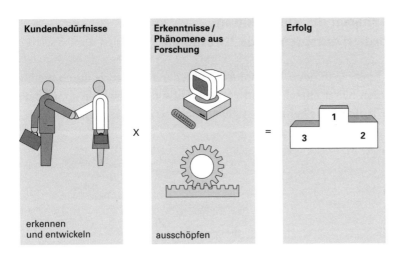

Abbildung 2
Quellen für innovative Ideen sind Wissenschaft oder Markt. Unternehmeraufgabe ist es, daraus erfolgreiche Produkte und Dienstleistungen zu schaffen. Auf welchem Weg diese Ideen ins Unternehmen gelangen, ist von sekundärer Bedeutung. Was zählt, ist die Umsetzung.

Für ein Unternehmen spielt es keine Rolle, ob die ursprüngliche Idee aus dem Markt oder der Wissenschaft stammt. Wesentlich ist, dass es die Problematik als Marktpotenzial mit technologischer Lösungsmöglichkeit erkennt und eine Lösung präsentiert.

Untersuchungen aus dem Gebiet Wissensmanagement *(Knowledge Management)* haben interessante Mechanismen zutage gefördert: In vielen Fällen ist «Wissen» *(knowledge)* vorhanden, bei wissenschaftlichen Erkenntnissen in der Regel als explizites Wissen, bei Marktanforderungen in der Regel in impliziter Form. Für den Unternehmer geht es immer darum, dieses Wissen in Können *(tacit knowledge)* umzuwandeln (NONAKA 1995).

TANAKA/NONAKA haben diese Übergänge vom Wissen zum Können untersucht und in einprägsamer Form dargestellt.

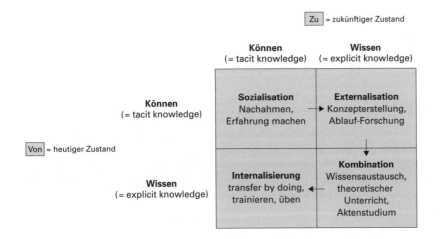

Abbildung 3
Wissens- und Könnenstransfer: vier Möglichkeiten. Die richtige Abfolge ist wichtig. (Quelle: Nonaka/ Takeuchi 1995)

C 4.1.2   Die Phasen der Entwicklung erfordern entsprechende Strategien

Der Einstieg in neue Technologien und deren Nutzung durch die Unternehmen hängt entscheidend von der Entwicklungsphase ab, in der sich eine Technologie befindet (→ **Abbildung 4**) (UTTERBACK 1994):

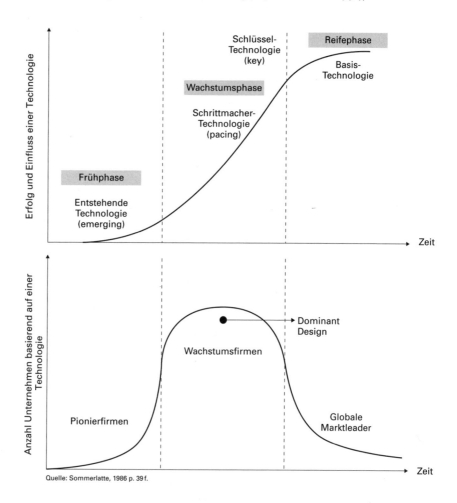

Quelle: Sommerlatte, 1986 p. 39 f.

Abbildung 4
(oben): *Entwicklungsphasen einer Technologie.* Mit zunehmendem Erfolg am Markt wird eine Technologie von einer «entstehenden» via eine exklusive, «schrittmachende» zur «Schlüsseltechnologie» und schließlich zur breit bekannten «Basistechnologie».
Entwicklung der Anzahl Firmen, die auf einer Technologie basieren (unten): Wenige Pionierfirmen leisten «Eisbrecherarbeit». In der Wachstumsphase nimmt die Anzahl Anbieter oft lawinenartig zu, um sich nach Etablierung eines *dominant designs* auf wenige, meist große Firmen zurückzubilden.
(Quelle: Utterback 1994)

Frühphase

> **Entstehende Technologie** *(emerging technology)*
> Entstehende Technologien sind die ersten Umsetzungsprodukte der Grundlagenforschung. Sie tragen meist revolutionäres Veränderungspotenzial *(disruptive technologies)* in sich. Allerdings ist der Erfolg einer Technologie in dieser Phase noch sehr ungewiss. Meist sind Forschungsorganisationen und Universitäten die ursprünglichen Träger für entstehende Technologien. Sie suchen in dieser Phase die Zusammenarbeit mit Firmen. In Ausnahmefällen sind auch Großfirmen wie IBM, General Electric (GE), Pharma- und Life-Science-Konzerne Frühinitiatoren.

In der Frühphase sind in der Regel hohe Erwartungen und Potenziale an solche neuartigen wissenschaftliche Ideen und Phänomene geknüpft. Verbunden sind damit aber ebenso hohe Risiken, Unsicherheiten, zum Teil Ängste und vage Aussichten. In dieser Phase lassen sich echte Vorteile gegenüber der Konkurrenz erzielen, sofern das Unternehmen als Ersteinführer am Markt auftreten kann.

Mögliche Unternehmensstrategien in der Frühphase:

- Beobachten der Entwicklungen via Literatur, Netzwerke, Konferenzen. Kleiner Aufwand, aber nur beschränkte Einsicht möglich, meist zeitlich verzögert. Verständlichkeit oft fraglich. Nur «Wissen», kein «Können».
- Gezielte Beteiligung an *Early Venture Funds*, *Seed Money Funds*, *Incubator Funds* zur näheren Verfolgung von Technologieentwicklungen: Fokussierung ist notwendig. Effektivität und Effizienz hängen vom Aufwand (personell und finanziell) ab, da nur indirekte Beteiligung. Schwergewicht «Wissen».
- Mitarbeit in Verbundprojekten, zum Beispiel mit Universitäten, Hochschulen, Forschungsstellen (Schweiz: KTI; Europäische Gemeinschaft: F+E-Projekte, Eureka, Cost etc.). Meist guter und früher Zugang zu Grundlagen, Exklusivität fraglich. Schafft einen Grundstock an «Können».
- *Corporate Venturing*, firmeneigene explorative Forschungsprojekte: hoher Fokus, aktiver Einstieg in relevante Netzwerke, frühe Akkumulation von Können (nicht nur Wissen), *«high potential – high risk»*, extreme Unternehmenskultur-Differenzen innerhalb der Firma (meist organisatorische Ausgliederung notwendig).

Wachstumsphase

Schrittmachertechnologien *(pacing technologies)*
Schrittmachertechnologien sind die Schlüsseltechnologien von morgen. Sie sind noch nahe an der Forschung, wurden noch nicht in die Produkte integriert, haben aber das Potenzial, die Konkurrenzposition grundlegend zu verändern. Schrittmachertechnologien können einen großen Einfluss auf das künftige Wettbewerbsgeschehen haben.

Schlüsseltechnologien *(key technologies)*
Schlüsseltechnologien sind jene Technologien, die das größte Potenzial für die Produkt- oder Diensleistungs-Differenzierung bieten. Sie sind unentbehrlich, um die gegenwärtige Konkurrenzposition der Produkte/Dienstleistungen zu verbessern. Schlüsseltechnologien verlieren im Laufe der Zeit ihren Einfluss auf den Wettbewerb und werden allmählich zu Basistechnologien, da der Patentschutz verloren geht und immer mehr Konkurrenten diese Technologien beherrschen.

Wenn eine «entstehende Technologie» allmählich Erfolg hat, wandelt sie sich zur Schrittmacher- und Schlüsseltechnologie. Damit wird auch die Wachstumsphase der darauf basierenden Produkte und Dienstleistungen eingeläutet. Das Beherrschen der Schrittmacher- und Schlüsseltechnologien ist Erfolgsvoraussetzung. Die unternehmerische Kernfrage ist dabei: Welches sind die richtigen Schrittmacher- und Schlüsseltechnologien?

Mögliche Unternehmensstrategien in der Wachstumsphase:

- Kommerzialisierung einer in der Unternehmung entwickelten «entstehenden Technologie». Gute Voraussetzungen, da «Können» bereits vorhanden. Der Wechsel vom experimentellen Pionierunternehmen (resp. einer Abteilung) zu einem wachstums- und gewinnorientierten Unternehmen (oder Unternehmensteil) erfordert jedoch andere Fähigkeiten und eine andere Unternehmenskultur: von «breit, vielseitig, improvisiert, opportunistisch» zu «fokussiert, effizient, zuverlässig, systematisch». Wachstum erfordert zudem in der Regel erhebliche Finanzmittel und andere Strukturen (zum Beispiel globale Marktpräsenz).
- Zukauf einer erfolgreichen «entstehenden Technologie» und Kommerzialisierung derselben unter Ausnutzung bestehender Unternehmensfähigkeiten. Erfolgschancen vorhanden, wenn die Integration der verschiedenen Unternehmenskulturen (siehe oben – aber noch extremer

und schwieriger) gelingt. Personeller und finanzieller Anfangseffort (Akquisition und Integration) sowie Risiko meist deutlich größer als bei Eigenentwicklung. Zeitgewinn ungewiss.

Reifephase

Basistechnologie *(basic technology)*
Basistechnologien sind jene Technologien, die ein Unternehmen einsetzen muss, um zu existieren. Obwohl sie notwendig und sehr wichtig sind, besteht nur geringe Wahrscheinlichkeit, dass hier noch ein relevanter Wettbewerbsvorteil erzielt werden kann. Sie sind meistens generell verfügbar.

Bei anhaltendem Erfolg erreicht eine Schlüsseltechnologie irgendwann den Status einer Basistechnologie, zum Beispiel beim Ablauf von Patenten. Um mit einer Basistechnologie erfolgreich zu sein, lautet die Erfolgsregel: höchste Effizienz und Kostenführerschaft. Da eine Basistechnologie nicht mehr exklusiv ist, müssen sich darauf basierende Produkte und Dienstleistungen durch andere Eigenheiten unterscheiden: Design, Branding, Verfügbarkeit, Service etc.

Mögliche Unternehmensstrategien in der Reifephase:

- Intern: höchste Rationalisierung, wenig Betriebsstätten, optimale Größe *(economy of scale)*, oft via Akquisitionen, breiter Marktzugang, verschiedenste Anwendungen, via gezielte, intelligente Investitionen, effiziente Unternehmensstrukturen, Beschränkung der Forschungs- und Entwicklungsausgaben; hohe *Cash*-Generierung.
- *Outsourcing:* Sollte sich – aus welchen Gründen auch immer – die notwendige Effizienz und Kostenführerschaft für eine Basistechnologie nicht erreichen lassen, ist *Outsourcing* die unternehmerisch beste Lösung. Vorteile lassen sich über ein optimales *Supply Chain Management* holen. Dadurch werden personelle und finanzielle Mittel frei zur Reinvestition in entstehende Technologien und Schrittmachertechnologien.

C 4.2 Die unternehmerische Nutzung

C 4.2.1 Technologiemanagement

Der Erfolg eines Unternehmens hängt von der Akzeptanz seiner Produkte und Leistungen bei den Kunden ab. Die Kriterien, die einen Kunden dazu bringen, eine bestimmte Wahl zu treffen, sind vielfältig und individuell: Stets spielen dabei die materiellen, objektiven Eigenheiten des Angebotes im Vergleich zur Konkurrenz eine Rolle, oft aber zusätzlich auch psychologische, emotionale, geschmackliche, zeitliche, geografische und politische Gründe – Beispiel: *Retail-Banking*. Die Kunden kaufen nicht Technologie(n), sondern Produkte und Dienstleistungen. Technologien bieten aber die Möglichkeit, die Eigenschaften der Produkte und Dienstleistungen zu prägen. Sie tun dies in unterschiedlichem Maß und mit unterschiedlicher Wirkung, aber nicht selten ist ihr Einfluss tatsächlich entscheidend. Neben dem «normalen» Einsatz von Technologien für die Entwicklung von Produkten und Prozessen ist es möglich und auch Erfolg versprechend, Technologien einzusetzen, um auch psychologische, emotionale oder geschmackliche Aspekte zu beeinflussen. All dies sind Aufgaben des Technologiemanagementes: Es handelt sich um eine wichtige Teilaufgabe der gesamten Unternehmensführung, zugleich wird zwischen Ergebnissen aus wissenschaftlicher Forschung, Ingenieurentwicklung und Erkenntnissen aus vielen andern Wissensgebieten wie zum Beispiel Sozialwissenschaften, Medizin, Psychologie, Politik, Philosophie und Ethik (→ **Abildung 5**) eine Brücke geschlagen. Von modernen For-

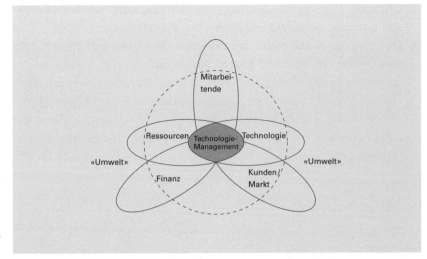

Abbildung 5
Technologiemanagement als Integration von Technologie und Management ist Aufgabe jedes Unternehmens

schungsrichtungen werden dabei speziell herangezogen und berücksichtigt: Innovationsmanagement, Wissensmanagement, Management von *Business Excellence*[6] und *Sustainability*.

Kernfähigkeiten C4.2.2

In einer wegweisenden Untersuchung haben PRAHALAD/HAMEL nachgewiesen, dass langfristig erfolgreiche Unternehmen sich oft darauf verlegen, über firmenspezifische Kernfähigkeiten längerfristige Konkurrenzvorteile zu erreichen, statt bloß verschiedene Produktentwicklungen und Wertschöpfungsschritte aneinander zu reihen (PRAHALAD/HAMEL 1990).

Kernfähigkeiten eines Unternehmens sind gebündelte Aktivitäten, dank welchen das Unternehmen über die notwendige Basis, d.h. die Daten, das entsprechende Wissen und ein solides Können verfügt und die damit zusammenhängenden Prozesse so gut beherrscht und meistert, dass die daraus entstehenden Vorteile für die Produkte und die Dienstleistungen gegenüber den Konkurrenten – auch in einem sich verändernden Markt – aufrechterhalten werden können.

Kernfähigkeiten setzen sich immer aus mehreren Teilkompetenzen zusammen. Wir sprechen vom so genannten *Bundling*. Die technischen Aspekte einer Kernfähigkeit sind Wissens- resp. Könnens-Plattformen. Dank dieser Plattformen können weitere zukünftige Kundenbedürfnisse rascher abgedeckt werden, weil nicht jedes Mal eine Neuentwicklung lanciert werden muss. Das setzt jedoch eine genügende Breite der Plattform voraus. Technologien sind bei Kernfähigkeiten fast immer involviert.

- Beispiel 1
  Die Firma Remington war klare Marktführerin bei den mechanischen Schreibmaschinen. Das Unternehmen hatte seine Kernfähigkeiten wie folgt definiert: «...der beste Hersteller mechanischer Systeme zur fehlerfreien Erzeugung eines Schriftbildes...». Die Geschichte hat eindeutig bewiesen, dass diese Definition zu eng gefasst war. So verpasste es die Firma Remington, den Schritt von den mechanischen Systemen zu den elektrischen und später elektronischen Technologien vorzubereiten und erfolgreich durchzuziehen. Die Kernfähigkeit war zu schmal und konnte die Zukunft nicht sichern.

---

6 *Business Excellence* ist ein Modell und ein Indikatorensystem zur Bestimmung und laufenden Verbesserung der unternehmerischen Erfolgsposition. Basis bildet ein umfassendes Qualitätsmanagement, meist das EFQM-Modell (EFQM: *European Forum for Quality Management*).

■ Beispiel 2

Anders die Firma Carbomedics in Austin/Texas. Diese Firma war ein führender Hersteller auf dem Gebiet der Komponenten für mechanische Herzklappen. Sie belieferte weltweit über 80 Prozent der Hersteller mechanischer Herzklappen mit ihren Komponenten aus speziell behandeltem Kohlenstoff *(Pyrolith)*. Carbomedics war selbst auch mit einer Herzklappe auf dem Markt, hatte jedoch damit keinen entscheidenden Marktvorteil erwirtschaften können (nur etwa 4 Prozent Marktanteil). Es handelte sich zu sehr um ein *Me-too*-Produkt. Fünf Jahre vor Ablauf der wesentlichen Patente zur Herstellung der Herzklappenkomponenten erkannte die Firma in einem intensiven Technologiestrategie-Prozess, dass ihr zur erfolgreichen Entwicklung und Vermarktung einer eigenen mechanischen Herzklappe mit marktrelevanten Vorteilen eine Kerntechnologie fehlte: die numerische Strömungsmechanik. Eine Zusammenarbeit, später ein Zusammenschluss mit dem Sulzer-Konzern, einem Spezialisten auf dem Gebiet der numerischen Strömungsmechanik, ermöglichte Carbomedics den Zugang zu dieser wichtigen Technologie. Innerhalb von drei Jahren war eine neue Carbomedics-Herzklappe auf dem Markt. Sie zeichnet sich aus durch ein hervorragendes Durchströmungsverhalten. Carbomedics war bald die Nummer zwei weltweit (Marktanteil mehr als 25 Prozent). Die Kernfähigkeit war breit genug, um mit vertretbarem Aufwand die Zukunft erfolgreich zu gestalten: vom Komponentenhersteller zum Gesamtproduktanbieter.

■ Beispiel 3

Das Textilunternehmen Benetton führt seinen Erfolg in den neunziger Jahren hauptsächlich auf sein Vertriebs- und Logistiksystem zurück, nicht primär auf die «angestammte» Textiltechnik. Dank einer intelligenten Kombination von Marktradar, *Supply Chain Management*,[7] *Franchising* und einem feinverzweigten Netz von hoch motivierten Lieferanten, verbunden über ein effizientes Informatik- und Kommunikationsnetzwerk war Benetton in der Lage, kurzfristiger und gezielter als alle Konkurrenten auf lokale und regionale Markttrends zu reagieren. Hier wirkte die Kernfähigkeit Logistik entscheidend, aber subsidiär. Die Kunden von Benetton sind nicht an Logistik interessiert, sondern an der raschen Verfügbarkeit des von ihnen gewünschten Textilproduktes.

---

7   *Supply Chain Management* umfasst den gesamten Warenfluss aus externen und internen Quellen bis zur Auslieferung an den Kunden.

- Beispiel 4

General Electric (GE) ist der größte und erfolgreichste industrielle Mischkonzern der Welt. Er hat im vergangenen Jahrzehnt die Kernfähigkeit «Finanzierung von Projekten» so hoch entwickelt, dass der GE-Standard zur eigentlichen Benchmark in der gesamten Industrie avancierte. Der Ertrag aus dieser GE-Kernfähigkeit «Finanzierungen» macht derzeit etwa die Hälfte des Konzerngewinns von 14,118 Milliarden US-Dollar (2002) aus. Die Kernfähigkeit «Projektfinanzierung» verlangte die Entwicklung von speziellen Geschäftsanalysesystemen und von Netzwerken, die heute nicht nur einen effizienteren Projektablauf erlauben, sondern die Basis liefern für lukrative Anschlussgeschäfte, zum Beispiel Service, Verträge, Folgeaufträge, Ersatzinvestitionen und eine zuverlässige Risikoanalyse.

- Beispiel 5

Die in Liechtenstein domizilierte Firma Hilti (Ausrüstungen, Apparate und Systeme für die Bauindustrie) hat ihre Art der Kunden- und Marktbearbeitung zu einer erfolgreichen Kernfähigkeit ausgebaut. So erfolgt der Vertrieb der Hilti-Produkte und -Dienstleistungen ausschließlich über firmeneigene Kanäle. Damit wird eine enge Kundenbeziehung nicht nur von Serviceleistungen gepflegt, sondern die Kundenbasis dient auch dazu, Entwicklungsideen in einem frühzeitigen Stadium marktnah auszutesten. Dieses *Lead-User*-Konzept erhöht die Erfolgschancen bei Produktentwicklungen deutlich. Hiltis weltweiter Markterfolg zeigt die Wirksamkeit und Tragfähigkeit der intern entwickelten Kernfähigkeit deutlich.

Kernfähigkeiten sind die Bausteine für Konkurrenzfähigkeit und damit für Zukunftserfolge. Sie können und werden von der Konkurrenz imitiert. Sollen die Konkurrenzvorteile erhalten bleiben, so müssen Kernfähigkeiten laufend weiterentwickelt und erneuert werden.

Auf- und Ausbau von Kernfähigkeiten   C 4.2.3

Die Identifikation von unternehmerischen Kernfähigkeiten ist eine wesentliche Strategiefrage. Als Basis für die Kernfähigkeiten dienen grundsätzlich vier Quellen:

- *Problemlösungen:* Diese Art von Interaktion mit Kunden ist häufig der Grundstein für fortschrittliche Lösungen. Das *Lead-User*-Konzept (siehe Fall Hilti) und die Projektfinanzierung von GE sind solche Ausprägungen.

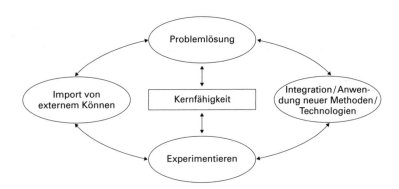

Abbildung 6
Der Aufbau von Kern-
fähigkeiten stützt
sich auf vier Quellen.
(Quelle: Leonard-
Barton 1995)

- Die *Integration und Anwendung neuer Methoden und entstehender Technologien* ist häufig Sache der zentralen Forschung und Entwicklung. Der Einbezug von externen Wissensträgern ist dabei von großer Bedeutung. In Frage kommen Universitäten und Forschungsorganisationen. Benettons Logistikkonzept ist hier anzusiedeln.
- Das *Experimentieren* und vor allem das kritische Hinterfragen von Misserfolgen kann ebenfalls dazu benutzt werden, Kernfähigkeiten zu entwickeln oder weiter auszubauen.
- Der *Import von externem Können*, sei es in Form von Akquisitionen oder durch die Anstellung von Spezialisten, dient häufig dazu, einmal erkannte Fähigkeitsdefizite rasch zu beheben und in Erfolgsfaktoren umzuwandeln. Carbomedics (→ **Beispiel 2**) ist ein solcher Fall.

BOUTELLIER und BRATZLER haben den Phasenablauf bei der Entstehung und Erneuerung von Kernfähigkeiten beobachtet und dargestellt (BRATZLER 1999).

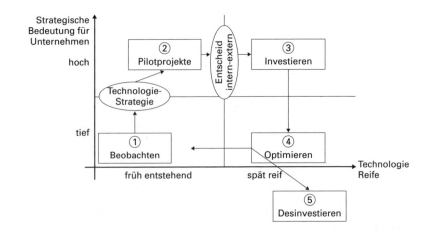

Abbildung 7
Die fünf Norm-
strategien zur
Entwicklung einer
technologiebasierten
Kernfähigkeit.

■ Schritt 1

In der Frühphase der technologischen Entwicklung bei noch nicht abschätzbarer, strategischer Bedeutung, d.h. bei *emerging technologies*, Beobachten der richtigen Tätigkeit. Im englischen Sprachgebrauch wird diese Phase als *Scouting* und *Seeding* bezeichnet. Beobachten ist hier nicht passiv zu verstehen. Es geht vielmehr darum, die Entwicklung so weit mitzuverfolgen, dass die Sprache der Wissenschaft für Ingenieure verständlich gemacht wird und Trends frühzeitig erkannt werden können. Als Resultat der Beobachtungsphase muss eine Technologiestrategie vorliegen (d.h., es muss klar sein, welche Technologien das Unternehmen wie entwickeln, vorantreiben oder einkaufen will).

■ Schritt 2

Umfasst eines oder mehrere Pilotprojekte, um die gewünschte Wirkung zu bestätigen und den notwendigen Aufwand abzuschätzen. Das Resultat sind häufig Prototypen. Im englischen Sprachgebrauch wird diese Phase als *Early Venturing*, *Incubator* oder *Breeding* bezeichnet. Abschluss dieser Phase bildet eine Projektauswahl und damit verbunden auch ein Entscheid, was in Eigenentwicklung und was in Fremdentwicklung zu erfolgen hat.

■ Schritt 3

Für die zur Eigenentwicklung ausgewählten Prozesse gilt es nun, finanziell und personell so zu investieren, dass die funktionalen, die wirtschaftlichen und die Wachstumsziele auch erreicht werden können. Diese *Start-up*-Phase stellt den ersten Schritt in der Vermarktung dar.

■ Schritt 4

In der *Wachstumsphase* des Produktes gilt es, unter dem Stichwort Optimierung vor allem hohe Effizienz und hohes Marktwachstum zu erreichen. Ist einmal eine gewisse Reife des Produktes und der Technologie erreicht, gilt es zu entscheiden, ob dieser Erntezustand Ausgangsbasis für die nächste Innovationsrunde darstellt oder ob diese Voraussetzung nicht gegeben ist und die Mittel anderweitig einzusetzen sind. Letzteres würde eine Desinvestition bedeuten *(Schritt 5)*.

■ –

C 4.2.4   Schutz von Kernfähigkeiten und Technologien

Kernfähigkeiten stellen Konkurrenzvorteile dar. Beste Verteidigung ist die ständige Weiterentwicklung aufgrund einer laufend vorzunehmenden Beurteilung von Trends am Markt, bei der Konkurrenz, in der Wissenschaft und im Umfeld. Daneben gilt es jedoch, sämtliche *Instrumente zum Schutz von geistigem Eigentum* einzusetzen (BEHRMANN 1998). Die folgende Tabelle gibt einen Überblick über die Möglichkeiten. Sie soll insbesondere aufzeigen, dass neben den wirksamen, aber auch teuren Patenten noch andere Schutzmöglichkeiten zur Verfügung stehen:

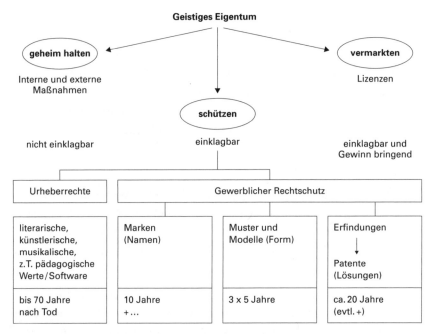

Abbildung 8
Möglichkeiten zum Schutz des geistigen Eigentums.

Technologiefolgen, Risiko und Nachhaltigkeit C 4.3

Grundlagen des Risikomanagements C 4.3.1

Jede technologiebasierte Entwicklung birgt auch *Risiken* in sich. Es gilt, diese rechtzeitig zu identifizieren, zu beurteilen und entsprechende Maßnahmen einzuleiten. Katastrophen wie Seveso (Givaudan), Bophal (Union Carbide), Schweizerhalle (Sandoz) oder Tschernobyl, aber beispielsweise auch die Folgeprobleme von Silikon-Implantaten (Cornings) zeigen deutlich, zu welchen Konsequenzen nicht vorhandene oder falsche Risikobeurteilungen führen können. Die einfachsten Grundregeln in Bezug auf das Risikomanagement sind in **Abbildung 9** dargestellt.

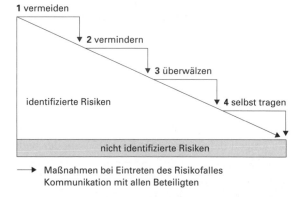

Grundregeln des Risikomanagements

1 vermeiden
2 vermindern
3 überwälzen
4 selbst tragen

identifizierte Risiken

nicht identifizierte Risiken

→ Maßnahmen bei Eintreten des Risikofalles
Kommunikation mit allen Beteiligten

Abbildung 9
Risikomanagement
als Teil der Unternehmeraufgabe:
Analyse, Reduktionsmaßnahmen und
Restrisiko.
(Quelle: E. Voit)

Die Wirksamkeit dieser Risikomanagement-Grundsätze hängt ganz entscheidend von der Seriosität der Risikobeurteilung ab. Beste Gewähr für eine erfolgreiche unternehmerische Umsetzung bietet ein gut verankertes und seriös umgesetztes integrales Qualitäts- und Risikomanagement. Der St. Galler Risikomanagement-Ansatz (→ **Abbildung 10**) hat hohe Beachtung gefunden. Er geht von der Sicherheit als Leitidee aus, quantifiziert die Unsicherheiten und Erwartungen, damit dann gezielte Sicherheitsmaßnahmen ergriffen und ständig kontrolliert werden können. Auf diese Weise lassen sich nicht nur Geschäfts- und Technologierisiken, sondern zum Beispiel auch politische Risiken bearbeiten. Ein Beispiel stellen die Nonproliferationsabkommen[8] gegen den Missbrauch der Nukleartechnologie dar.

---

8   Zwischenstaatliche Verträge zur Nichtweiterverbreitung der Nuklear- und Raketentechnik für militärische Zwecke.

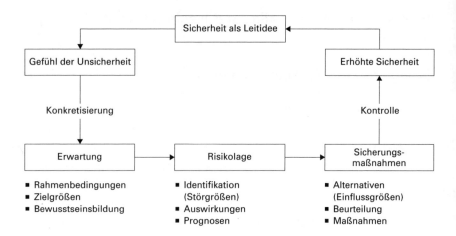

Abbildung 10
St. Galler Ansatz
zum Risiko-
management:
Kreislauf

C 4.3.2   Technologie für Nachhaltigkeit/Sustainability von Geschäften

Die wirtschaftliche Anwendung von Technologien erfordert *Ressourcen*. Diese sind auf unserem Planeten nur in endlichen Mengen vorhanden. Namhafte Wissenschaftler aus Europa (Wuppertal) und den USA (MIT) haben ein Modell bezüglich Ressourcenverbrauch und Auswirkungen entwickelt. Sie gingen dabei von einer Entwicklung der Bedürfnisse aus, die den heutigen Trends entspricht, und nahmen eine Effizienzsteigerung bei allen Prozessen und Systemen an, die aufgrund heutiger Erkenntnisse als optimistisch gelten muss. Die Ergebnisse dieser sorgfältigen Szenarienrechnung über zweihundert Jahre (1900 bis 2100) sind ernüchternd bis alarmierend: Etwa um 2030 oder 2040 würde eine solche Fortsetzung der bisherigen Entwicklung zum Kollaps unseres Ökosystems führen. Die Verschmutzung von Erde, Wasser und Luft, zusammen mit der wachsenden Weltbevölkerung würde zunächst zu einem Ernährungsengpass und dann zu einem Einbruch der industriellen Produktion führen. Verschiedene Alternativszenarien zeigen jedoch, dass durchaus Technologien vorhanden sind, die eine solche Entwicklung verhindern können. Unter dem Stichwort «*Faktor vier*» wird eine Verdoppelung der Ressourcen-Effizienz *(Faktor zwei)* und gleichzeitig eine Halbierung des primären Ressourcenverbrauchs *(Faktor zwei)* zu einem valablen Überlebensszenario (zwei mal zwei = vier) führen. Bei rechtzeitiger Einleitung der entsprechenden Maßnahmen wäre also dank technologischer Möglichkeiten eine Realisierung denkbar (VON WEIZSÄCKER 1995). Technologien allein genügen aber nicht. Um dieses Szenario umzusetzen, braucht es nicht bloß Unternehmen, Unternehmer und Technologien, sondern ebenso sehr Politiker, Ökonominnen und Vertreter aller Wissenschaftszweige, um eine wirksame und vor allem zeitgerechte Umsetzung zu ermöglichen.

Was Unternehmen von der Politik und den Volkswirtschaften brauchen, sind Randbedingungen, die der Ressourcenverknappung vorausschauend Rechnung tragen und diese in marktwirtschaftliche *Incentives* umgestalten. Und solche Randbedingungen, d.h. Gesetze und Vorschriften, müssen stabil genug sein, damit sich Marktmechanismen bilden und genügend stabile Gewinne erwirtschaftet werden können. Dass Technologien zur Lösung dieser Menschheitsprobleme vorhanden sind, genügt nicht. In der Umsetzung liegt die wahre Herausforderung.

C4.4 Zusammenfassung

Technologien sind wichtige Triebkräfte für unternehmerischen Erfolg. Technologiemanagement ist deshalb ein entscheidender Teil der Unternehmensführung.

In der *Frühphase* einer Technologie *(emerging technology)* sind aktives Beobachten und die Zusammenarbeit mit Forschungsinstitutionen eine gute Strategie zur Früherkennung. Um die *Wachstumsphase* erfolgreich zu nutzen, müssen Unternehmen die Schrittmachertechnologien *(pacing technologies)* selbst beherrschen. In dieser Phase sind – speziell bei den Schlüsseltechnologien *(key technologies)* – Fokussierung, Effizienz und Systematik Erfolgsvoraussetzungen. Mit zunehmender Reife wird eine Technologie zur Basistechnologie und somit breit bekannt. Unternehmen brauchen Basistechnologien nicht selbst zu beherrschen. Oftmals können sie sie Zulieferern überlassen. Dadurch werden interne Kräfte und Ressourcen frei, die in die Früh- und Wachstumsphase der nächsten Technologiegeneration investiert werden können.

Technologien bilden wesentliche Bausteine für unternehmensspezifische Kernfähigkeiten. Eine gezielte und intelligente Entwicklung dieser Kernfähigkeiten sichert den Unternehmenserfolg. Risiken und Technologiefolgen sind frühzeitig durch umfassende Beurteilung und entsprechende Maßnahmen zu minimieren.

Um den Unternehmenserfolg nachhaltig zu gestalten, braucht es eine hohe Ressourceneffizienz. Technologien bieten auch hier unternehmerische Verbesserungsmöglichkeiten. Über das unternehmensspezifische Ressourcenmanagement – Mitarbeitende, Kunden, Kapital – hinaus sind auch die Umfeldbelange – Gesellschaft, Politik und Ökologie – zu beachten.

Literatur

BEHRMANN, N. (1998). *Technisches Wissen aus Patenten – eine empirische Untersuchung auf der Grundlage von Ansätzen des Wissensmanagements.* St. Gallen: Diss. Nr. 2104, HSG.

BRATZLER, M. (1999). *Strategisches Management von Technologie-Lieferanten.* St. Gallen: Diss. Nr. 2267, HSG.

CHANDLER, A. (1970). *Strategy and structure: Chapters in the history of the American industrial enterprise.* Cambridge, Mass.: MIT Press.

DYLLICK, T./BELZ, F./SCHNEIDEWIND, U. (1997). *Ökologie und Wettbewerbsfähigkeit.* Zürich: NZZ-Verlag.

HALLER, M. (1986). Risiko-Management – Eckpunkte eines integrierten Konzeptes. In: H. JACOB (ed.). *Schriften zur Unternehmensführung – Risiko-Management* (pp. 7–44). Wiesbaden: Gabler.

LEONARD-BARTON, D. (1995). *Wellsprings of Knowledge: Building and Sustaining the Sources of Innovation.* Boston, Mass.: Harvard Business School Press.

NONAKA, I./TAKEUCHI, H. (1995). *The knowledge-creating company: how Japanese companies create the dynamics of innovation.* New York, NY: Oxford University Press.

PERROW, Ch. (1988). *Normale Katastrophen: Die unvermeidbaren Risiken der Großtechnik.* Frankfurt a. M.: Campus Verlag.

PRAHALAD, C. K./HAMEL, G. (1990). The Core Competence of the Corporation. In: Harvard Business Review, 3 (May–June): 79–91.

SOMMERLATTE, T./DESCHAMPS, J. P. (1986). Der strategische Einsatz von Technologien – Konzepte und Methoden zur Einbeziehung von Technologien in die Strategieentwicklung des Unternehmens. In: Arthur D. Little International. *Management im Zeitalter der strategischen Führung.* Wiesbaden: Gabler.

UTTERBACK, J. M. (1994). *Mastering the Dynamics of Innovation.* Boston, Mass.: Harvard Business School Press.

von WEIZSÄCKER, E. U./LOVINS, A. B./LOVINS, L. H. (1995). *Faktor vier. Doppelter Wohlstand – halbierter Naturverbrauch. Der neue Bericht an den Club of Rome.* München: Droemer Knaur.

Aufgaben

Aufgabe 1

Erläutern Sie die Begriffe «Technology-Push» und «Market-Pull». Suchen Sie nach eigenen Beispielen für einen «Technology-Push» und einen «Market-Pull». Benennen Sie jeweils mindestens zwei Beispiele und begründen Sie Ihre Auswahl.

Aufgabe 2

Es lassen sich drei Entwicklungsphasen einer Technologie unterscheiden.

a) Finden Sie für jedes Kästchen der folgenden Tabelle ein anderes Beispiel einer Technologie, und tragen Sie diese Beispiele in die entsprechenden Kästchen ein.

Frühphase	Wachstumsphase	Reifephase
1	2	3
4	5	6

b) Entwickeln und beschreiben Sie für ein Unternehmen, das über die entsprechende Technologie Ihres Beispiels in Feld Nr. 1 verfügt, eine Strategie, wenn sich diese Technologie im Übergang von der Frühphase in die Wachstumsphase befindet.

Entwickeln und beschreiben Sie für ein Unternehmen, das über die entsprechende Technologie Ihres Beispiels in Feld Nr. 5 verfügt, eine Strategie, wenn sich diese Technologie im Übergang von der Wachstumsphase in die Reifephase befindet.

Aufgabe 3

Die Feststellung und Festlegung von Kernfähigkeiten ist von zentraler Bedeutung für die Strategie einer Unternehmung.

a) Was ist in diesem Kontext unter dem Begriff der Kernfähigkeit zu verstehen?

b) Warum ist die Fokussierung auf Kernfähigkeiten für Unternehmen von so großer Bedeutung?

c) Ordnen Sie die folgenden Beispiele den fünf verschiedenen Normstrategien zur Entwicklung einer technologiebasierten Kernfähigkeit zu. Hinweis: Teilen Sie die Buchstaben der Beispiele den jeweils passenden Strategien zu. Jeder Normstrategie kann jeweils nur ein Beispiel zugeordnet werden.

Normstrategien	Beispiel (Buchstabe)
1 Beobachten	
2 Pilotprojekte	
3 Investieren	
4 Optimieren	
5 Desinvestieren	

A Ein Automobilhersteller produziert eine kleinere Anzahl von Autos mit Wasserstoffantrieb trotz hoher Kosten weitgehend in Handarbeit.

B Ein Halbleiterhersteller baut seine Produktionsstätte aus und senkt, bedingt durch die günstigeren Produktionskosten, die Verkaufspreise für Speicherchips.

C Ein Mitarbeiter der Entwicklungsabteilung einer Firma zur Herstellung von Spezialkunststoffen besucht einen Fachkongress zur Polymerforschung.

D Ein Unternehmen der Chemiebranche verkauft die Düngemittelsparte an einen Konkurrenten.

E Ein Unternehmen der Pharmaindustrie entscheidet sich für den Bau einer Produktionslinie für ein neues Medikament, das durch ein bisher unbekanntes gentechnisches Verfahren hergestellt wird.

Aufgabe 4

Sie sitzen mit einem Freund in einem Café und diskutieren angeregt über das Thema Wirtschaft und Politik.

Ihr Freund behauptet in der Diskussion: «Ich verstehe nicht, wieso es überhaupt einen staatlichen Patentschutz gibt und sogar internationale Aktionen gegen so genannte ‹Produktpiraten› durchgeführt werden. In einer Marktwirtschaft müsste doch eigentlich die Kernkompetenz des ‹raschen Kopierens› begrüsst werden. So können doch Monopolstellungen verhindert werden, und es kann sich damit auch gleich ein echter Wettbewerb mit günstigen Preisen für uns Verbraucher entwickeln!»

Was antworten Sie ihrem Freund, wenn Sie begründen wollen, dass ein staatlich gesicherter Patentschutz in einer Marktwirtschaft doch sinnvoll ist?

Aufgabe 5

Technologieentwicklungen und neue Technologien lösen verschiedene, teils beabsichtigte, teils unbeabsichtigte Folgen aus.

a) Skizzieren Sie am Beispiel der Erfindung kleiner wieder aufladbarer Batterien («Akkus»), welche positiven und negativen Auswirkungen die Entwicklung auf Unternehmungen, Konsumenten, die Umwelt usw. hat.

b) Suchen Sie selbstständig nach einer anderen Ihnen bekannten Technologieentwicklung, und beschreiben Sie für diese Entwicklung gleichfalls die
positiven und negativen Auswirkungen.

Aufgabe 6   Bitte lesen Sie den nachfolgenden Text und beantworten Sie danach die
Fragen.

Forscherteam der Merck KGaA gewinnt Deutschen Zukunftspreis

Bundespräsident Johannes Rau hat den mit 250 000 Euro dotierten Deutschen Zukunftspreis 2003 an die Darmstädter Wissenschaftler Dr. Melanie
Klasen-Memmer, Dr. Kazuaki Tarumi und Dr. Matthias Bremer verliehen. Mit
der Auszeichnung würdigt die Bundesrepublik Deutschland hervorragende
technische, ingenieur- oder naturwissenschaftliche Innovationen. Das Forscherteam des Pharma- und Chemieunternehmens Merck KGaA setzte sich
gegen drei Mitbewerber durch und erhielt den Preis für das Projekt «Leichter, heller, schneller: Flüssigkristalle für Fernsehbildschirme».

Die Forscher haben erfolgreich eine neue Generation von Flüssigkristallen entwickelt. Mit der so genannten Vertical-Alignment-Technologie (VA)
können Displayhersteller erstmals flache, Energie sparende und großformatige LCD-Fernsehbildschirme produzieren. Deshalb stellten die Darmstädter
Wissenschaftler ihre Arbeit unter das griffige Motto «Merck macht Kommunikation sichtbar».

«Wir sind stolz darauf, dass ein Team von Merck den Deutschen Zukunftspreis erhalten hat», sagt Prof. Bernhard Scheuble, der Vorsitzende der Geschäftsleitung der Merck KGaA. «Diese Auszeichnung bestätigt die hervorragende Leistung unseres Forscherteams. Und sie bestätigt auch unsere
unternehmerische Entscheidung von vor mehr als zwanzig Jahren, nachhaltig in die Entwicklung von Flüssigkristallen zu investieren.»

«Um die bestehenden Mischungen im Hinblick auf ihre physikalischen
Eigenschaften weiter zu verbessern, arbeiten wir ständig an der Entwicklung
neuer Flüssigkristalle», betont Dr. Melanie Klasen-Memmer (Laborleiterin
physikalische Entwicklung). Und Dr. Matthias Bremer (Gruppenleiter Flüssig-
kristallsynthese) weist bereits auf die nächste große Herausforderung der
Wissenschaftler hin: die Schaltzeiten der Flüssigkristallmischungen weiter zu
verringern – von derzeit sechzehn bis auf drei Millisekunden.

Von diesen Fortschritten in der Forschung bei Merck profitieren die führenden asiatischen Displayhersteller, die großformatige LCD-Flachbildschirme in hohen Stückzahlen zu niedrigen Preisen produzieren wollen. Experten erwarten hier in den kommenden Jahren eine vergleichbare Erfolgsstory wie bei Flachbildschirmen für PC-Monitore.

Hintergrundinformationen zur Merck KGaA

Mit rund 34 500 Mitarbeitern in 53 Ländern hat die Merck-Gruppe in 2002 einen Umsatz von rund 7,5 Milliarden Euro erzielt. Das 1668 in Darmstadt gegründete Unternehmen strebt für seine Kerngeschäfte in Pharma und Chemie die weltweit führende Position an. Für Merck sind unternehmerisch denkende und handelnde Mitarbeiter und innovative Produkte der Schlüssel zum langfristigen Unternehmenserfolg. Merck bündelt die operativen Tätigkeiten unter dem Dach der Merck KGaA, an der die Merck-Familie zu 74 Prozent und die freien Aktionäre zu 26 Prozent beteiligt sind.

Mit einem Marktanteil von etwa 60 Prozent ist Merck der weltweit führende Hersteller von Flüssigkristallen. Die japanischen Wettbewerber Chisso und Dainippon Ink kommen auf Marktanteile von 25 beziehungsweise 10 Prozent. Weltweit arbeiten bei Merck rund hundertfünfzig Mitarbeiter in der Flüssigkristallforschung und -entwicklung. Neben dem zentralen Forschungslabor in Darmstadt betreibt Merck weitere Labors in unmittelbarer Nähe der wichtigsten Displayhersteller in Atsugi, Japan, und Poseung, Südkorea. Inklusive der Mitarbeiter in der Produktion, die neben Flüssigkristallen auch andere Produkte herstellen, beschäftigt Merck in der Sparte Flüssigkristalle bis zu 400 Mitarbeiter. Diese produzieren in Werken in Japan, Taiwan und Deutschland derzeit rund 50 Tonnen Flüssigkristalle pro Jahr.

Mit einer neuen Produktionsanlage, die Merck im kommenden Jahr am Standort Darmstadt in Betrieb nehmen will, wird das Unternehmen diese Kapazitäten verdreifachen. Mit einem Volumen von 250 Millionen Euro ist die neue Anlage die bislang größte Einzelinvestition in der Unternehmensgeschichte von Merck.

Die Grundlage der guten Wettbewerbsposition von Merck ist die kontinuierliche Forschungs- und Entwicklungsarbeit. In enger Zusammenarbeit mit Kollegen an anderen Merck-Standorten und Universitäten betreiben die Merck-Wissenschaftler chemische und physikalische Grundlagenforschung an Flüssigkristallen. Die Forscher von Merck entwickeln und testen jedes Jahr insgesamt 500 bis 600 neue Flüssigkristalle und 5000 bis 6000 Flüssigkristallmischungen. Im Durchschnitt kommen pro Jahr zehn neue Flüssigkristalle für «normale» LCD-Anwendungen hinzu. Ein bis zwei der neu entdeckten Substanzen eignen sich für die Vertical-Alignment-Technologie, die in den großformatigen Flachdisplays der LCD-Fernseher zum Einsatz kommt. Merck achtet dabei besonders auf die Umweltverträglichkeit der Substanzen. Auf den Markt werden nur toxikologisch und ökotoxikologisch unbedenkliche Flüssigkristalle gebracht.

Auf Grundlage dieser Erfahrungen kann Merck schnell auf die Anforderungen der Hersteller reagieren, die bei der Entwicklung neuer Displays die Eigenschaften der verwendeten Flüssigkristalle spezifizieren. Die Forschungsergebnisse hat Merck durch mehr als 2500 Patente für Flüssigkristalle, deren Mischungen und Displayanwendungen geschützt. Dieses Patentportfolio wird jedes Jahr um etwa hundert neue Patente aktualisiert. Wegen dieser Patentsituation gibt es beispielsweise im Anwendungsbereich von Flüssigkristallen bei Fernsehern momentan fast keine Wettbewerber für Merck.

Neben den chemischen Eigenschaften sind es vor allem die physikalischen Eigenschaften, die Flüssigkristalle für die Hersteller von Flachbildschirmen interessant machen. Bei der Displayentwicklung kommt es dabei vor allem auf das Know-how der Hersteller in der Steuerungselektronik an. Denn bei ein und derselben Flüssigkristallmischung kann sich die Bildqualität in Abhängigkeit von der verwendeten Elektronik deutlich unterscheiden. Deshalb arbeiten bei Merck Chemiker, Physiker und Elektronikspezialisten gemeinsam an der Weiterentwicklung der Flüssigkristallmischungen.

Weil die exakten Eigenschaften der jeweiligen Mischung nur in der tatsächlichen Anwendung in einem Display getestet werden können, betreibt Merck in Darmstadt ein eigenes Labor, in dem Testzellen in Kleinserien unter Reinraumbedingungen hergestellt werden können. Während in Darmstadt der Schwerpunkt auf der Grundlagenforschung liegt, konzentrieren sich die asiatischen Labore von Merck auf die Anwendungsentwicklung und die kundennahe Beratung. Seit 1980 wurden Applikationslabore in Japan, Südkorea und Japan auf- und ausgebaut.

Wegen ihrer Erfahrungstiefe zählt die Merck-Sparte fast alle Hersteller von Flüssigkristalldisplays zu ihren Kunden. Der Bereich entwickelt entsprechend den Vorgaben für alle Kunden eigene, jeweils spezifische Flüssigkristallmischungen. In dieser Rolle als Entwicklungspartner garantiert Merck allen Kunden eine exklusive Zusammenarbeit. Durch die Ausweitung der Produktionskapazitäten ist Merck in der Lage, diese Kunden auch bei deutlich steigender Nachfrage zu beliefern.

Marktführer bei Computermonitoren ist das koreanische Unternehmen Samsung, gefolgt von LG.Philips LCD. Nach Einschätzung von Experten werden beide Hersteller diese führende Rolle weiterhin beibehalten. Bei den

Flüssigkristallfernsehern steht Sharp an der Spitze der Entwicklung. Das Unternehmen hat bereits angekündigt, ab 2005 in Japan keine herkömmlichen Röhrengeräte mehr herzustellen. Und auch das bislang bei Fernsehern dank seiner Trinitron-Technologie führende Unternehmen Sony will seine Flachbildfernseher zukünftig auf Basis der Flüssigkristalltechnologie entwickeln.

Quelle: Presseabteilung der Merck KGaA, Darmstadt, Deutschland (November 2003)

a) In welcher Phase der Entwicklung befindet sich die Kristalltechnologie? Wodurch begründen Sie Ihre Einschätzung?

b) Wie definiert die Merck KGaA, aufgrund des Textes zu urteilen, ihre Kernfähigkeit?

c) Beschreiben Sie anhand der Schritte oder Phasen der fünf Normstrategien zur Entwicklung einer technologiebasierten Kernfähigkeit das strategische Vorgehen der Merck KGaA hinsichtlich des Umgangs mit der Flüssigkristalltechnologie.

d) Mit welchen Mitteln stellt die Merck KGaA ihre Technologieführerschaft im Bereich der Flüssigkristalltechnologie sicher, und wie schützt sich das Unternehmen vor Nachahmern?

e) Können Sie in dem Text der Presseabteilung des Unternehmens Hinweise auf mögliche Risiken der Technologie erkennen? Wenn ja, wie könnten diese Risiken hinsichtlich der Flüssigkristalltechnologie aussehen?

Die Unternehmung in der wirtschaftlichen Umwelt

C5

Franz Jaeger

Rolf Dubs

Die Umweltsphäre Wirtschaft

C5.1

Die Umweltsphäre Wirtschaft mit Beschaffungs-, Absatz-, Arbeits- und Finanzmärkten ist der ureigentliche Nährboden einer Unternehmung, mit dem diese, wann immer möglich, eine nachhaltige, tragfähige, symbiotische Beziehung eingehen sollte. Diese Märkte sind eingebettet in das gesamte System einer Volkswirtschaft (staatliche Institutionen, Produzierende und Konsumierende eines Landes mitsamt ihren wirtschaftlichen Beziehungen und Abhängigkeiten). Die Entwicklungen in einer Volkswirtschaft sind geprägt durch eine Vielzahl von gesellschaftlichen, politischen, sozialen und wirtschaftlichen Einflüssen. Diese zu beobachten und auszuwerten ist eine wichtige Aufgabe der unternehmerischen Führungsarbeit (Managementprozesse), denn nur wenn sich abzeichnende Entwicklungen und Veränderungen in der Volkswirtschaft und auf

Abbildung 1
Das Umfeld
des Unternehmens

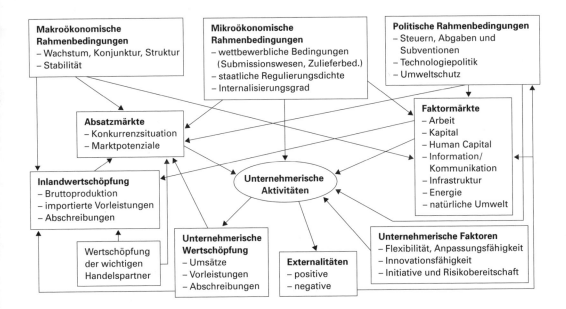

ihren Märkten rechtzeitig erfasst werden, lassen sich unternehmerische Entscheidungen agierend und nicht nur reagierend treffen. Deshalb sind unternehmerische Aktivitäten auch aus volkswirtschaftlicher Sicht (makroökonomische und mikroökonomische Rahmenbedingungen sowie Absatzmärkte und Faktorenmärkte) zu gestalten. Anders ausgedrückt, müssen die Unternehmensleitungen bei allen ihren Entscheidungen auch die Entwicklungen der Umweltsphäre Wirtschaft in Rechnung stellen. **Abbildung 1** zeigt die Gesamtzusammenhänge.

C5.2   Die makroökonomischen Rahmenbedingungen

Die makroökonomischen Rahmenbedingungen betreffen insbesondere die Struktur einer Volkswirtschaft, ihre Wachstumsmöglichkeiten, die Konjunkturlage und die Stabilität der Wirtschaft. Die makroökonomischen Rahmenbedingungen sollen das stetige, angemessene Wachstum einer Volkswirtschaft sicherstellen.

Abbildung 2 zeigt die *Wirtschaftsstruktur* (Gefüge der Wirtschaft eines Landes) als Ganzes mit ihren wichtigsten Teilelementen und mit den Faktoren, welche die Struktur beeinflussen. Jede Volkswirtschaft befindet sich in einem dauernden Strukturwandel (Veränderung des Verhältnisses zwischen den Teilelementen des Ganzen). Je stärker sich die Einflussfaktoren verändern, desto schneller müssen sich die Volkswirtschaft und die einzelnen Unternehmungen anpassen. Andernfalls entstehen Strukturprobleme, die anfänglich das Wachstum der Wirtschaft und der Unternehmungen beeinträchtigen und längerfristig den Fortbestand einer Volkswirtschaft mit ihren Unternehmungen gefährden können.

Die wirtschaftliche *Entwicklung* einer Volkswirtschaft ist unmittelbar mit dem *Strukturwandel* verbunden. Die Beziehungen zwischen diesen beiden wirtschaftlichen Sachverhalten sind sehr vielschichtig, wobei zwei Grundformen bedeutsam sind. Entweder setzt die wirtschaftliche Entwicklung einen Strukturwandel *voraus*. Dieser Fall ist typisch für Entwicklungsländer. Ohne Veränderungen der politischen Strukturen und der Wirtschaftspolitik sind die Voraussetzungen für die wirtschaftliche Entwicklung schlecht. Oder die wirtschaftliche Entwicklung *führt* zu einem Strukturwandel. So beeinflusst beispielsweise ein rasches Wirtschaftswachstum in einem Land die Nachfragestruktur, indem mit höheren Einkommen unvermittelt andere Güter und Dienstleistungen nachgefragt werden (zum Beispiel Autos statt Motorräder, Ferienflugreisen ins Ausland statt Ferien im Inland). Dadurch werden die Produktions- und Unternehmensgrößenstruktur tangiert, Klein- und Mittelunternehmen

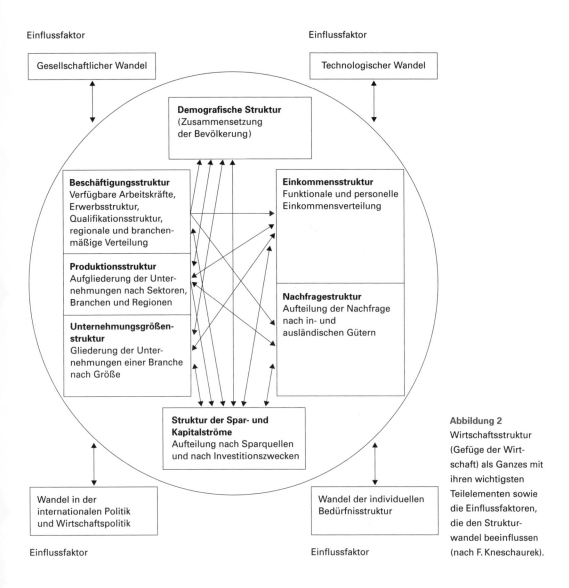

Abbildung 2
Wirtschaftsstruktur (Gefüge der Wirtschaft) als Ganzes mit ihren wichtigsten Teilelementen sowie die Einflussfaktoren, die den Strukturwandel beeinflussen (nach F. Kneschaurek).

werden zum Beispiel als Zulieferer für die Autoindustrie bedeutsam, touristische Regionen im Inland sind nicht mehr gefragt. Als Folge ist auch die Beschäftigungsstruktur wesentlich betroffen.

Deshalb muss jede Unternehmung im Rahmen ihrer strategischen Planung laufend beobachten, ob sich in ihrer Branche ein Strukturwandel abzeichnet, um darauf rechtzeitig mit Innovationen reagieren zu können. KNESCHAUREK hat dazu ein Gedankenmodell mit vier branchenmäßigen Entwicklungstypen entworfen, das Unternehmungsleitungen für das Wahrnehmen von Strukturveränderungen in der Gesamtwirtschaft sensibilisieren kann (→ **Abbildung 3**). Grundlagen für die Beurteilung der strukturellen Lage einer Branche bilden eine Einschätzung der Arbeitsproduktivität (Verhältnis zwischen Gesamt-Output einer Volkswirtschaft und dem gesamten Arbeitseinsatz in Stunden) und die Entwicklung der Nachfrage.

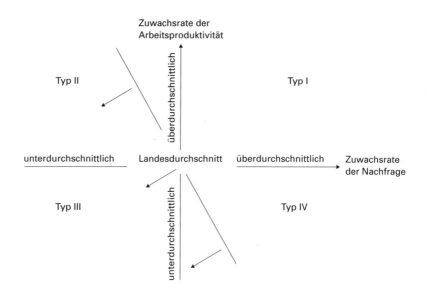

Abbildung 3
Branchenmäßige
Entwicklungs-
typen (nach
F. Kneschaurek)

Diese vier Entwicklungstypen lassen sich wie folgt charakterisieren:

- Typ I
  Nachfrage und Arbeitsproduktivität steigen überdurchschnittlich
  Unternehmungen in dieser Branche weisen, gesamtwirtschaftlich gesehen, die günstigsten Entwicklungsbedingungen aus.

- Typ II
  Geringes Wachstum der Nachfrage und wachsende Produktivität
  Unternehmungen in dieser Branche sind strukturell gefährdet, weil die Nachfrage rückläufig ist. Zudem besteht die Gefahr einer Überproduktion, weil die hohe Arbeitsproduktivität zu mehr Output führt. Die Folge davon ist eine Verschärfung der Konkurrenz, der diejenigen Unternehmungen zum Opfer fallen, welche die Arbeitsproduktivität nicht genügend zu steigern vermögen.

- Typ III

  Das Wachstum der Nachfrage ist schwach und die Zuwachsrate der Arbeitsproduktivität gering

  Weil die Produktionskapazitäten mangels Nachfrage nicht mehr optimal ausgeschöpft werden können, ist die Arbeitsproduktivität häufig niedrig. Die geringe Nachfrage führt zudem zu Preiskämpfen, so dass ihr Fortbestand ohne Innovationen gefährdet ist.

- Typ IV

  Die Nachfrage wächst überdurchschnittlich, aber die Arbeitsproduktivität nimmt nur wenig zu

  Dies trifft häufig auf Dienstleistungsunternehmungen zu. Sie sind gefährdet, wenn sie einem starken internationalen Konkurrenzdruck ausgesetzt sind oder wenn sie mangels qualitativ guter Leistungen an Konkurrenzfähigkeit verlieren.

Selbstverständlich müssen nicht alle Betriebe einer Branche dem gleichen Typ angehören. Es ist durchaus möglich, dass sich Unternehmungen unter bestimmten Voraussetzungen anders entwickeln können, wenn sie sich strategisch gut oder neu positionieren.

Der rasche Wandel mit den Auswirkungen auf die Wirtschaftsstruktur verleitet in schwierigen Situationen Wirtschaftsverbände und Manager immer wieder zur Forderung nach einer *staatlichen Strukturpolitik*. Politisch wünschenswert ist eine *Strukturgestaltungspolitik*, deren Aufgabe es ist, mit geeigneten Maßnahmen (zum Beispiel Forschungspolitik, Infrastrukturpolitik) die strukturelle Entwicklung einer Volkswirtschaft frühzeitig aktiv zu beeinflussen, um aufkommende Strukturprobleme zu vermeiden. Oft begnügen sich die politischen Instanzen mit *Strukturanpassungsmaßnahmen*; damit soll ein notwendiger Umstrukturierungsprozess, der bereits spürbar ist und von den Unternehmungen nicht gemeistert wird, gefördert werden (Beispiel: der Umbau der Uhrenindustrie in Richtung Mikroelektronik).

Unbedingt zu vermeiden ist eine passive Strukturpolitik, die auf Strukturerhaltung ausgerichtet ist, indem der Staat Maßnahmen ergreift, um einen Strukturwandel abzubremsen oder zu behindern. Die passive Strukturpolitik ist meistens sehr kostspielig und langfristig wenig wirksam, weil die Lösung von Problemen so nur aufgeschoben wird. Die Kräfte des Wandels sind langfristig einfach stärker als staatliche Maßnahmen (so lösen beispielsweise staatliche Bauaufträge das Strukturproblem der Bauwirtschaft nicht nachhaltig, weil diese zusätzlichen Aufträge zu einem Preisdruck führen, der auch gesunde Unternehmen bedroht und den Abbau von Überkapazitäten nur verzögert, aber nicht beseitigt).

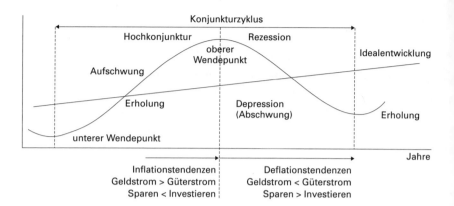

Abbildung 4
Konjunkturzyklus

Von der Struktur ist die *Konjunktur* zu unterscheiden. Für Unternehmungen bedeutsam sind die Konjunkturschwankungen. Das sind periodisch wiederkehrende Auf- und Abwärtsbewegungen der volkswirtschaftlichen Größen (Volkseinkommen und Sozialprodukt). (→ **Abbildung 4**)

Die Konjunkturschwankungen, die in unregelmäßiger Weise zyklisch ablaufen (deshalb sprechen wir von Konjunkturzyklen), beeinflussen das Geschehen in Unternehmungen im Gegensatz zu den Strukturproblemen eher kurzfristig. In Zeiten des wirtschaftlichen Aufschwungs steigt die Nachfrage nach Konsumgütern und Dienstleistungen und in der Folge auch nach Investitionsgütern. Deshalb nimmt die Beschäftigung zu, und es können Inflationstendenzen entstehen. In problembelasteten Perioden (unerwartete politische Erscheinungen, Unsicherheiten über die künftige gesellschaftliche Entwicklung, Pessimismus vieler Menschen) nimmt die Nachfrage nach Konsumgütern und Dienstleistungen und später nach Investitionsgütern ab, so dass es zu einem Arbeitsplatzabbau kommt, vielleicht auch zu Stagflationstendenzen (Stagnation der Produktion bei Inflationstendenzen) oder gar zu Deflationstendenzen (rückläufige Nachfrage, Preiszerfall, mehr Arbeitslose). Konjunkturschwankungen zwingen Unternehmensleitungen zu raschen Reaktionen, die meistens die operative und weniger die strategische Führung betreffen. Wichtig ist, dass das Management über die Konjunkturempfindlichkeit ihrer Unternehmung, ihrer Branche und ihres Landes orientiert ist, um jederzeit fähig zu sein, im Falle von Konjunkturschwankungen überlegt reagieren – oder noch besser: gezielt agieren zu können. Anders ausgedrückt, muss das Management die Reagibilität der Nachfrage nach den Gütern und Dienstleistungen seiner Unternehmung (Reaktion auf Nachfrageveränderungen) kennen. Unterschieden wird zwischen einer konjunkturreagiblen Nachfrage (sie ist bei nicht lebensnotwendigen und langlebigen Gütern größer, und Unternehmungen mit hohen Fixkosten sind davon schneller betroffen), die branchen- und betriebsabhängig ist, und einer ländermäßigen Konjunkturreagibilität (strukturkranke Länder oder Länder mit einer wenig zielorientierten Wirtschafts- und Strukturpolitik sind durch die Konjunkturschwankungen stärker betroffen).

Mit der *staatlichen Konjunkturpolitik* sollen die kurzfristigen Schwankungen im wirtschaftlichen Geschehen (Unterbeschäftigung, Überbeschäftigung, Inflation, Stagflation, Deflation) geglättet werden.

Dafür ist einerseits die *Notenbank* mit der *Geldpolitik* (oder monetären Konjunkturpolitik) verantwortlich, indem sie darauf achtet, dass die Volkswirtschaft mit Geld weder überversorgt noch unterversorgt ist. Dies versucht sie über die Beeinflussung der Zinssätze zu bewerkstelligen, indem sie in Zeiten der Überhitzung der Wirtschaft die Zinsen tendenziell höher hält, damit sich die Unternehmungen mit Investitionen eher zurückhalten, während sie in Phasen des Abschwungs die Zinsen senkt, um Investitionen anzuregen. Leider wird immer deutlicher, dass Zinssenkungen die erwünschten Wirkungen nicht zeigen, denn wenn die Bevölkerung beispielsweise pessimistisch in die Zukunft schaut, bleibt die Güternachfrage bescheiden, so dass trotz tiefer Zinsen nicht investiert wird. Andererseits versucht der *Staat* mit einer *antizyklischen Finanzpolitik* eine Glättung der Konjunkturzyklen herbeizuführen, indem er in Phasen des Aufschwungs mit Investitionen zurückhaltend bleibt und in Zeiten des Abschwungs staatliche Investitionen fördert, um auf diese Weise die Wirtschaft anzukurbeln. Aber auch dann stellen sich immer wieder Schwierigkeiten ein. In Zeiten des Aufschwungs müssen staatliche Investitionen durchgeführt werden, um dringende Probleme zu lösen (zum Beispiel Investitionen in die Verkehrsinfrastruktur), und während eines Aufschwungs bereitet die Finanzierung von staatlichen Investitionen Mühe (sinkende Steuereinnahmen und Grenzen der Staatsverschuldung infolge steigender Zinsbelastung des Staatshaushaltes).

Die Konjunkturpolitik sollte die für die Entwicklung der Unternehmungen wichtige Stabilität der Volkswirtschaft herbeiführen. Angesichts der vielen Zielkonflikte wird auch diese Aufgabe immer schwieriger. Deshalb werden die Konsumsuche und der bedachte Kompromiss in der Konjunkturpolitik für die Stabilität der Volkswirtschaft und die Entwicklungschancen für die Unternehmungen immer bedeutsamer. Je mehr jemand glaubt, die «Patentlösung» zu haben, desto fragwürdiger sind solche Ansprüche.

Zusammenfassend lässt sich zu den makroökonomischen Rahmenbedingungen Folgendes festhalten: Sie bestimmen die «Großwetterlage» einer Volkswirtschaft. Die Möglichkeiten der einzelnen Unternehmung, diese signifikant und nachhaltig zu beeinflussen, sind in der Regel marginal. Es sei denn, es handle sich um einen marktbeherrschenden Akteur, dessen Eckwerte (Wertschöpfung, Beschäftigung, Preise) makroökonomisch relevante Dimensionen aufweisen. Andernfalls bleibt dem Einzelunternehmen nur, sich proaktiv (agierend) oder (subsidiär) reaktiv an die makroökonomischen Rahmenbedingungen anzupassen. Angesichts der damit verbundenen Kontingenzprobleme *entscheidet* der Unternehmer stets unter *Unsicherheit*, was von der Unternehmensführung verlangt, dass sie sich mit den makroökonomischen Entwicklungen nicht nur analytisch, sondern auch auf der Basis *rollender Prognoseszenarien* auseinander setzt.

C 5.3   Die mikroökonomischen Bedingungen

Die mikroökonomischen Bedingungen für die Unternehmungen werden durch die in einem Staat in der Verfassung festgelegte *Wirtschaftsordnung* geprägt. Die Wirtschaftsordnung zeigt auf, welchen Zielen sich die Wirtschaft unterzuordnen hat, wie die Entscheidungen der einzelnen Wirtschaftssubjekte koordiniert werden, welche Vorstellungen über das Eigentum und die Verteilung von Einkommen und Vermögen das wirtschaftliche Geschehen prägen sollen und welches die Rolle des Staates mit möglichen Eingriffen in das Geschehen der Wirtschaft sein soll.

Heute stehen für Unternehmungen im Bereich der mikroökonomischen Bedingungen folgende Fragen im Vordergrund:

- Wie frei sind die Märkte? Haben wir zum Beispiel eine Wettbewerbsordnung, die freie Märkte fördert statt einer kartellierten Wirtschaft und vielen Subventionen zur Strukturerhaltung?
- Wie gelingt die Integration der eigenen Wirtschaft in globale Wirtschaftsräume (EU, GATT/WTO)? Bemüht sich ein Land zum Beispiel um Integration, oder steht es abseits?
- Wie ist die Regulierungsdichte für die Wirtschaft? In welchem Umfang bestehen staatliche Vorschriften im Bereich der Raumplanung, der Ökologie, des Verkehrs usw.?
- Welche soziale Verantwortung sollen (müssen) die Unternehmungen übernehmen?
- Welche kulturellen Eigenarten sind im wirtschaftlichen Handeln und Entscheiden zu berücksichtigen?

Für den Wohlstand und den wirtschaftlichen Fortschritt einer Volkswirtschaft und für die Entfaltungsmöglichkeiten und die Risikobereitschaft der Unternehmungen maßgeblich ist die Wettbewerbsfreiheit. Der Staat sollte seine Wirtschaftsordnung so ausgestalten, dass sich freie Märkte entfalten können und dass vor allem Absprachen zur Beschränkung der Konkurrenz (insbesondere durch Kartelle aller Art) und der Aufbau von wirtschaftlichen Monopolstellungen verhindert werden. Das bedeutet nicht, dass der Staat nicht in das wirtschaftliche Geschehen eingreifen (intervenieren) soll. Weil es auf freien Märkten immer wieder Fehlentwicklungen, Machtmissbräuche und Benachteiligungen einzelner sozialer Gruppen gibt, bedarf es auch in freiheitlichen Wirtschaftssystemen staatlicher Interventionen. Sie sollen aber möglichst marktkonform sein, das heißt das Spiel von Angebot und Nachfrage nicht außer Kraft setzen. Zu viele nicht marktkonforme staatliche Interventionen hemmen den Wettbewerb und führen zu immer weiteren nicht marktkonformen Eingriffen, was langfristig die Produktivität der Gesamtwirtschaft beeinträchtigt. Trendmäßig nehmen die Staatseingriffe und damit auch die Staatsquote (Staatsausgaben in Prozent des Sozialproduktes) aus verschiedenen Gründen zu. Bei Strukturproblemen (zum Beispiel Landwirtschaft oder Fremdenverkehr) setzen Interessenvertreter eine Politik der Strukturerhaltung mittels Subventionen durch. Mit dem steigenden Wohlstand steigt der Gemeinschaftsbedarf (mehr Infrastrukturinvestitionen, umfassendere staatliche Dienstleistungen). Und in entwickelten Volkswirtschaften erwarten die Bürgerinnen und Bürger eine immer bessere staatliche soziale Sicherung, die fortlaufend kostspieliger wird. Gefährlich wird diese Entwicklung, wenn die freie Konkurrenz gestört wird. Für die Zukunft besonders kritisch ist die sich abzeichnende Tendenz freier Waren- und Dienstleistungsmärkte mit Konkurrenzverhältnissen, die zu steten Preissenkungen führen, und einer immer stärker regulierten Lohn- und Arbeitsmarktpolitik, weil dadurch die Unternehmungen an Flexibilität verlieren und konjunkturelle Schwankungen eingeleitet werden können. So verzichten beispielsweise Unternehmungen trotz guter Auftragslage auf die Einstellung von neuem Personal und nehmen lange Lieferfristen in Kauf, wenn die Kündigungsmöglichkeiten sehr begrenzt sind. Oder Löhne, die mit hohen Sozialleistungen belastet sind, zwingen die Unternehmungen im Interesse der Produktivitätssteigerung zu Rationalisierungsmaßnahmen, die einen Abbau von Arbeitsplätzen herbeiführen.

Immer bedeutsamer wird die *Sozialpolitik* (Maßnahmen zur Verbesserung der Lebenslagen gefährdeter Bevölkerungsgruppen sowie Sicherstellung gleicher Lebenschancen für alle Menschen). Politisch zunehmend umstritten ist die Frage, wie weit der einzelne Mensch für die Vorsorge gegen wirtschaftliche und soziale Nachteile sowie für Alter, Invalidität und Krankheit verantwortlich sein soll *(Individualprinzip)* beziehungsweise wie weit Unternehmungen und der Staat diese Aufgabe übernehmen müssen *(Kollektivprinzip)*. Angesichts der zunehmenden Kosten der sozialen Sicherung entwickelt sich die Frage, wer dafür aufzukommen hat, zu einem immer größeren Problem. Je weniger sich Unternehmungen mit den Fragen der sozialen Sicherung auseinander setzen und gute Lösungen anbieten, desto mehr wird der Staat zum umverteilenden Sozialstaat, der sich aber allmählich nicht mehr finanzieren lässt.

Strategisches Planen und Entscheiden sowie operatives Handeln müssen die mikroökonomischen Rahmenbedingungen in Rechnung stellen. Auch sie sind durch die Unternehmungen unmittelbar kaum zu beeinflussen. Unternehmungen, welche diese Aspekte nicht sorgfältig und umfassend in ihre Überlegungen und Entscheidungen einbeziehen, laufen Gefahr, dass ihnen infolge unvollständiger Analysen der mikroökonomischen Bedingungen unnötige (Opportunitäts-)Kosten entstehen.

C 5.4   Politische Rahmenbedingungen

Die Umweltsphäre Wirtschaft steht in einer unmittelbaren Wechselbeziehung mit den politischen Rahmenbedingungen, wobei die Ansprüche aus der Politik an die Wirtschaft immer größer werden und die Unternehmungen zunehmend belasten. Zu erwähnen sind beispielhaft die folgenden Ansprüche des Staates: soziale Verantwortung der Unternehmungen, Steuerbelastung und -entlastung für Unternehmungen, Maßnahmen zum Schutz der Arbeitskräfte, ökologische Forderungen usw. Hier handelt es sich um Interaktionsthemen mit großen wirtschaftlichen Folgen für die Unternehmungen (finanzielle Belastung, Beschränkung der unternehmerischen Entfaltungsmöglichkeiten). Auch da sind die Einwirkungsmöglichkeiten für die Unternehmungsleitungen gering, es sei denn, Führungskräfte seien bereit, politische Mandate zur aktiven Mitgestaltung zu übernehmen, oder es gelinge den Unternehmerverbänden, durch Lobbying Einfluss auf das politische Geschehen zu nehmen. Wichtig ist aber in jedem Fall, dass die Unternehmensleitungen sich ernsthaft mit gesamtwirtschaftlichen Interaktionsthemen auseinander setzen und vorausschauend und aufgrund klarer normativer Vorstellungen abschätzen, welche Probleme aus Sicht der politischen Rahmenbedingungen auf sie zukommen, um gezielt agieren zu können.

Die Absatz- und die Faktormärkte

C5.5

Den unmittelbar größten Einfluss auf unternehmerische Entwicklungen und Entscheidungen hat das Geschehen auf den Märkten, dem Ort, wo sich Angebot und Nachfrage treffen. Bei der Beobachtung der Märkte sind nicht nur die vielen Einflussfaktoren auf das Angebot und die Nachfrage zu beobachten (zum Beispiel Konkurrenzsituation auf Warenmärkten oder das Angebot an Arbeitskräften bei einem Wandel der demografischen Struktur oder der Beschäftigungsstruktur in einer Volkswirtschaft oder Veränderungen der Nachfragestruktur für Exportgüter bei Wechselkursschwankungen usw.). Ebenso wichtig ist es, die Elastizitäten von Angebot und Nachfrage zu beobachten, d.h. zu erkennen, wie sich auf den Märkten Preisänderungen auf Angebot und Nachfrage auswirken.

Die Zahl der Anbieter und Nachfrager auf den Märkten ist unterschiedlich. Deshalb finden sich in marktwirtschaftlichen Systemen unterschiedliche *Marktformen* mit verschiedenartigen Formen der Preisbildung. Sie sind in **Abbildung 5** dargestellt.

Abbildung 5
Marktformen

Anbieter		Nachfrager	Marktform	Beispiele
Viele	M	Viele	Konkurrenz	Möbel, Autos, Radio- und Fernsehapparate, Waschmittel usw.
Einer	A	Viele	Angebotsmonopol	Patentierte Erfindungen
Viele	R	Einer	Nachfragemonopol	Bund (zum Beispiel bei Rüstungsaufträgen), Importe der Länder des ehemaligen Ostblocks
Wenige (Zwei)	K	Viele	Angebotsoligopol (Dyopol)	Warenhäuser in einer Stadt
Einer	T	Einer	Bilaterales Monopol	Gesamtarbeitsverträge zwischen Arbeitgeberverbänden und Gewerkschaften

Für Marktentscheidungen bedeutsam ist es, die *Elastizitäten von Angebot und Nachfrage* zu kennen. Unter Elastizität des Angebotes (oder der Nachfrage) versteht man die Reaktionsweise der angebotenen (oder der nachgefragten) Menge auf Preisänderungen. Das Angebot oder die Nachfrage ist elastisch, wenn die prozentuale Veränderung des Preises kleiner ist als die prozentuale Veränderung der angebotenen oder nachgefragten Menge. Unelastisch sind sie im umgekehrten Fall.

Die Elastizitäten von Angebot und Nachfrage sind für die Preisfestsetzung und für die Marktstellung verschiedener Anbieter bedeutsam. **Abbildung 6** zeigt die vier grundsätzlichen Möglichkeiten.

Abbildung 6
Möglichkeiten
der Angebots-
und Nachfrage-
situationen
mit verschiedenen
Elastizitäten

Angebot	Nachfrage	Preise	Begründung
Elastisch	Elastisch	Stabil	Produktionsüberschüsse können mit kleiner Preissenkung abgesetzt werden. Eine Übernachfrage kann mit einer kleinen Preiserhöhung beseitigt werden
Unelastisch	Unelastisch	Große Preisschwankungen möglich	zum Beispiel beim Brotgetreide, sofern freie Preisbildung, bei Missernten starke Preissteigerung, bei Überproduktion starke Preissenkung
Unelastisch	Elastisch	Ausgeglichene Preise	zum Beispiel Obstproduktion, sofern freie Preisbildung. Das Angebot ist infolge Ernteschwankungen und rascher Verderblichkeit unelastisch. Weil aber die Nachfrage elastisch ist, genügt bei Überernte zur Absatzsicherung eine kleine Preissenkung. Bei Missernten sind Preissteigerungen begrenzt, weil Südfrüchte als Ersatz dienen
Elastisch	Unelastisch	Tendenz zu Preiserhöhungen	Vielfach bei industrieller Produktion. Durch geringe Einschränkung des Angebotes Preissteigerung. Günstige Konstellation für Monopole

Die Interdependenzen zwischen der wirtschaftlichen und gesellschaftlichen Umwelt sowie Unternehmungen

C5.6

Die Interdependenzen (Wechselwirkungen oder gegenseitige Abhängigkeiten) zwischen der wirtschaftlichen und der gesellschaftlichen Umwelt) werden immer komplexer und dynamischer, was die Anforderungen an die volkswirtschaftliche Kompetenz der Managerinnen und Manager andauernd erhöht. Dafür sind die folgenden Gründe verantwortlich:

a) Die *ökonomisch-technische, politische und soziale Globalisierung* schreitet – trotz vielfältiger Gegenströmungen, geopolitischer Bedrohungen und vielschichtiger zum Teil angstbegründeter Kritik – unablässig fort. Die strukturellen Reformen in den einzelnen Volkswirtschaften vermögen diesem Prozess kaum zu folgen, was zum Teil erhebliche Defizite an globalen Institutionen und Rechtsunsicherheit zur Folge hat. Und das ausgerechnet in einer Epoche, in der selbst kleine Unternehmen dem globalisierenden Umfeld mehr und mehr ausgesetzt sind.

b) Die ökonomische Globalisierung verschärft zudem den *Wettbewerb* – nicht nur zwischen den Unternehmungen auf politisch zunehmend entgrenzten Märkten, sondern auch zwischen politischen Systemen und Wirtschaftsstandorten bei ihrem Kampf um knappe Produktionsressourcen. Dadurch wird die grenzüberschreitende Verflechtung von Unternehmen, Märkten und Volkswirtschaften sukzessive enger. Zudem nimmt die Halbwertszeit von Wissen, Prozesstechniken und Produktdesigns ständig ab und der produkt- und prozessgerichtete Innovationsdruck dementsprechend zu. Offensive Unternehmensstrategien gewinnen gegenüber defensiven zusehends an Bedeutung.

c) Nur scheinbar im Widerspruch zur Globalisierung steht – sozusagen als machtpolitisch motivierte Gegenreaktion – der Fakt, dass *nationalstaatliche Interessenpolitik und Regulierungseifer* im Zunehmen begriffen und allenthalben regulierende und redistributive (umverteilende) Tendenzen auszumachen sind. Freilich, die volkswirtschaftlichen Grenzkosten einer solchen den Globalisierungsprozess beeinträchtigenden Wirtschaftspolitik, die zudem etatistisch-zentralistische Züge aufweist, werden letztlich von der privaten Wirtschaft getragen, sei es in Form von Belastungen, sei es in Form von finanziellen Wettbewerbsnachteilen im Vergleich zu Volkswirtschaften, in denen der Wettbewerb gefördert und staatliche Regulierungsmaßnahmen in einem vernünftigen Rahmen gehalten werden.

d) Erschwert wird eine nachhaltige Unternehmenspolitik zusätzlich durch *Zielkonflikte*. Solche treten immer dann auf, wenn man zwischen partikulären (zum Beispiel einzelbetrieblichen) und übergeordneten (zum Beispiel volkswirtschaftlichen, ökologischen oder sozialen Interessen) bzw. zwischen einer kurzfristig ausgerichteten und einer nachhaltigen, langfristig angelegten Leistungsoptimierung zu wählen hat. So etwa schützen sich Unternehmen gerne vor Wettbewerb – sei es zum Beispiel mittels Kartellabsprachen oder dank staatlicher Protektion – um sich kurzfristig einzelwirtschaftliche Vorteile zu sichern. Auch rufen sie gerne nach staatlichen Subventionen oder Defizitgarantien. Dies, obwohl sie sich bewusst sind, dass sie sich dadurch langfristig einem leistungslähmenden *moral hazard* aussetzen, auf statische und dynamische Effizienz (d. h. Kostensenkungen und Innovationsgewinne) verzichten und damit – wohlfahrtsökonomisch – nur suboptimal operieren.

C 5.7   Marktversagen oder Politikversagen?

In der politischen Diskussion in Zeiten gesamtwirtschaftlicher Fehlentwicklungen wird immer wieder die Frage aufgeworfen, ob dafür die staatliche Wirtschaftspolitik verantwortlich ist (Politikversagen) oder die Unfähigkeit der Märkte, das wirtschaftliche Geschehen zu regulieren (Marktversagen).

In den Jahrzehnten des wirtschaftlichen Aufschwungs erkannten nur wenige Leute, dass die immer höheren Ansprüche an die Wirtschaft allmählich zu einer Überforderung der Gesamtwirtschaft mit unangenehmen Begleiterscheinungen führen wird, wie Umweltbelastungen, aufkommendem sozialem Gefälle, Bedarf an ausländischen Arbeitskräften ohne Bemühungen zu deren Integration, Forderungen nach einer verbesserten kollektiven sozialen Sicherung usw. Allmählich begannen sich die einzelnen Bereiche in der Gesellschaft und in der Wirtschaft dysfunktional zu entwickeln, so dass sich staatliche Interventionen aufdrängten. Häufig erfolgten aber die Maßnahmen zu spät, und sie waren vor allem nicht mehr von einer ganzheitlichen Zielsetzung getragen, sondern wurden vielmehr zum Spielball von Gruppeninteressen und Interessenausbalancierung, wobei jede Gruppe versuchte, sich über die Politik eine Vorzugsstellung zu schaffen. In diesem Kampf um den eigenen Vorteil waren die politischen Behörden oft zu schwach, um ein ordnungspolitisches Konzept durchzuhalten. Sie verstrickten sich immer mehr in eine Fülle von unkoordinierten Einzelmaßnahmen und Interventionen, wodurch die marktwirtschaftliche Ordnung und der Wettbewerb immer mehr beschnitten wurden. Deshalb kann man von einem Politikversagen sprechen, d. h., der Marktmechanismus und der Wettbewerb begannen zu versagen, weil ungeeignete politische Maßnahmen getroffen wurden. Ob nun das Marktversagen oder das Politikversagen am Anfang stand, ist nicht auszumachen. Sicher hat auch unternehmerisches Versagen zu Dysfunktionalität und Marktversagen beigetragen. Heute besteht eher eine Wechselwirkung. Deshalb sollten sich Politik, Unternehmertum und Management wieder stärker um ein ordnungspolitisches Gesamtkonzept bemühen, damit sich die Dysfunktionalität nicht weiter verschärft und den gesellschaftlichen und wirtschaftlichen Fortschritt noch stärker bremst.

Literatur

KNESCHAUREK, F. (1994). *Unternehmung und Volkswirtschaft. Eine Volkswirtschaftslehre für Führungskräfte* (3. Aufl.). Zürich: NZZ-Verlag.

Eine Unternehmung
im Kräftefeld ihrer Umwelten

Matthias von der Heyden

Welches sind Ihrer Ansicht nach die Hauptgründe für die negative Entwicklung der Monsanto Company? Welcher Umweltsphäre kommt eine besondere Bedeutung zu?

    Aus der Fallschilderung wird deutlich, dass *sämtliche* Umweltsphären einen massiven Einfluss auf den Erfolg bzw. Misserfolg von Unternehmungen wie der Monsanto Company besitzen. Eine isolierte Betrachtung einzelner Umweltsphären greift deshalb immer zu kurz.

    Für die Beurteilung des vorliegenden Falles ist eine Unterscheidung zwischen «primärer» und «sekundärer» Umwelt der Unternehmung hilfreich (→ **C3** Die Unternehmung in der ökologischen Umwelt). Die unerwünschten Resultate wirtschaftlicher Tätigkeit, die in Form von Risiken und Beeinträchtigungen in der ökologischen Umweltsphäre auftreten («sekundäre» Umwelt), werden in ökologische Ansprüche auf sozioökonomischer Ebene übersetzt. Damit entfalten sie in der «primären» Umwelt der Monsanto Company eine direkte, unvermittelte Wirkung. Dies äußert sich im vorliegenden Fall unter anderem in Form von ablehnendem Konsumentenverhalten und in den Aktionen von Anti-Gentechnik-Aktivisten.

    Als Grund für die negative Entwicklung der Geschäftstätigkeit von Monsanto im europäischen Markt ist zuvorderst die Missachtung gesellschaftlicher Widerstände zu nennen. Ausgehend von dem großen Erfolg der eigenen Produkte im amerikanischen Markt, wurde der Andersartigkeit des gesellschaftlichen Umfelds in Europa offenbar nicht in genügendem Maß Rechnung getragen.

2   Sehen Sie wesentliche Unterschiede zwischen Europa und den USA hinsichtlich der Akzeptanz neuer Technologien?

Der Erfolg technologischer Innovationen wird entscheidend von ihrer Akzeptanz bei den Konsumentinnen und Konsumenten und bei weiteren relevanten Stakeholdern wie zum Beispiel in der Politik, bei den NGOs etc. beeinflusst. (→ **C4** Die Unternehmung in der technologischen Umwelt)

Die Art und Weise, in der eine Gesellschaft neuen Technologien begegnet, hängt unter anderem von der allgemein vorherrschenden «Technikfreundlichkeit» ab. Technologische Entwicklungen können verschiedenartig interpretiert werden. So lässt sich beispielsweise die «grüne Gentechnologie» einerseits als Hoffnungsträger im Kampf gegen den weltweiten Hunger ansehen, andererseits aber auch als ernst zu nehmende Gefahr für die Biodiversität unseres Planeten. Je nach Interpretationsmuster resultieren Akzeptanz bzw. Ablehnung.

Des Weiteren spielt die grundsätzliche gesellschaftliche Haltung gegenüber unternehmerischer Tätigkeit auch für die Akzeptanz neuer Technologien eine nicht zu vernachlässigende Rolle: Ist ein «harmonistischer Glaube an die *unsichtbare Hand des Marktes*, die vermeintlich von selbst die Gemeinwohldienlichkeit des privatwirtschaftlichen Erfolgsstrebens gewährleistet» (→ **FI1** Normative Orientierungsprozesse), vorherrschend, so werden sich Unternehmungen tendenziell weniger gesetzlichen Restriktionen und größerer unternehmerischer Freiheit gegenübersehen. Es besteht in diesem Fall die Neigung, neue Technologien generell zu akzeptieren und ihre eigentliche Bewertung dem Markt zu überlassen.

Dass hinsichtlich beider Dimensionen (Technikfreundlichkeit und grundsätzliche Haltung gegenüber unternehmerischer Tätigkeit) zwischen Europa und den USA Unterschiede bestehen, kann auf historische und kulturelle Unterschiede zurückgeführt werden.

3   Welche Gründe lassen sich Ihrer Ansicht nach dafür finden, dass der Einsatz von Gentechnologie in der Landwirtschaft *(«grüne Gentechnologie»)* so viel umstrittener ist als die Verwendung gentechnologischer Erkenntnisse im humanmedizinischen Bereich *(«rote Gentechnologie»)*?

Neue Technologien führen zu neuen Produkten und neuen Möglichkeiten, werfen aber zugleich auch neue Fragen auf, ziehen neue Risiken nach sich und gehen mit neuen Ungewissheiten einher (→ **C4** Die Unternehmung in der technologischen Umwelt).

Entscheidend für den Erfolg einer neuen Technologie ist unter anderem die wahrgenommene Nutzen-Risiko-Relation, d.h. das Verhältnis von neuartigen Möglichkeiten zur Befriedigung vorhandener Bedürfnisse und zu den damit eventuell einhergehenden Gefahren.

Bezüglich der «grünen Gentechnologie» überlagert die Risikowahrnehmung in der europäischen Öffentlichkeit deutlich die Perspektive auf einen Nutzen stiftenden Einsatz gentechnologischer Verfahren im landwirtschaftlichen Bereich. Dazu trägt unter anderem der Umstand bei, dass in weiten Kreisen umstritten ist, ob die «grüne Gentechnologie» überhaupt Vorteile gegenüber klassischen landwirtschaftlichen Verfahren aufweisen kann. Vielerorts wird die Lösung des weltweiten Hungerproblems in einer massiven Produktivitätssteigerung im klassischen Agrarbereich gesehen, nicht jedoch im Einsatz transgener Getreidesorten etc. Obwohl diese Ansicht zum Teil auf Kritik stößt, trägt sie stark dazu bei, dass die «grüne Gentechnologie» häufig auf Ablehnung stößt.

Hingegen wird die Nutzen-Risiko-Relation im Fall der «roten Gentechnologie» deutlich anders beurteilt. Zwar werden auch bei dieser Technologie enorme Gefahren gesehen, aber solchen Risiken steht die Hoffnung gegenüber, bislang unheilbare Krankheiten zukünftig behandeln zu können. Aufgrund dessen besteht hinsichtlich des Einsatzes der Gentechnologie im humanmedizinischen Bereich eine wesentlich höhere Bereitschaft, potenzielle Risiken in Kauf zu nehmen.

Welche Konsequenzen ergeben sich für die Unternehmensführung der Monsanto Company aus der geschilderten Situation? Welche Schlüsse sind kurzfristig zu ziehen, was resultiert aus langfristiger Sicht?   **4**

Ein wesentlicher Schluss, den die Monsanto Company aus den geschilderten Vorfällen zu ziehen hat, liegt in der Erkenntnis, dass der Widerstand gegen die «grüne Gentechnologie» im europäischen Markt von der Unternehmensleitung massiv unterschätzt wurde. Der gesellschaftlichen Umweltsphäre der Unternehmung wurde in unzureichendem Maße Beachtung geschenkt – mit äußerst negativen ökonomischen Folgen.

Kurzfristig wäre seitens der Unternehmensführung daran zu denken, dass die Vermarktung der eigenen Produkte zurückhaltend gestaltet werden sollte, damit der bereits beschädigte Ruf der Unternehmung nicht noch mehr Schaden nimmt. Der Absatz umstrittener Produkte sollte verstärkt in «unproblematischen» Märkten (z.B. USA, China) erfolgen. Dabei ist aber unbedingt zu beachten, dass berechtigte Anliegen hinsichtlich des ökologischen Gefährdungspotenzials der «grünen Gentechnologie» ernst genommen werden.

Bezüglich des langfristigen Vorgehens sieht sich die Monsanto Company der Problematik gegenüber, eine Strategie für einen Markt festlegen zu müssen, dessen weitere Entwicklung völlig offen ist. Es geht folglich um eine Strategiefindung unter höchster Unsicherheit, eine Herausforderung, der z.B. mit den Techniken der Szenarioplanung (→ E1 Strategie als Ordnungsmoment) begegnet werden kann.

Sollte sich der europäische Markt – trotz z.B. der Entwicklung gezielter Kommunikationsstrategien zur Herstellung von Konsumentinnenvertrauen – für den Vertrieb von transgenen Nutzpflanzen dauerhaft als zu wenig lukrativ erweisen, bestünde für die Monsanto Company die Möglichkeit, ihre Kernfähigkeiten (→ C4 Die Unternehmung in der technologischen Umwelt) in anderen Geschäftsfeldern zum Einsatz zu bringen. Aufbauend auf existierendem Know-how und vorhandenen Kompetenzen, könnte über eine Unternehmenstätigkeit in neuen Produktbereichen nachgedacht werden.

In jedem Fall sollte die Festlegung einer neuen Strategie von einer ganzheitlichen Analyse sämtlicher Umweltsphären (Gesellschaft, Natur, Technologie, Wirtschaft) begleitet werden.

5   Welche Zukunft sehen Sie in Deutschland für Unternehmungen, die im Bereich der «roten Gentechnologie» (Gentechnologie im Humanbereich) tätig sind? Begründen Sie Ihre Antwort.

«Die genetische Diagnostik und die Gentherapie am Menschen schaffen die sehr reale Möglichkeit, dass wir zum ersten Mal in unserer Geschichte die genetischen Konstruktionspläne unserer eigenen Art umgestalten und darangehen könnten, den weiteren Kurs unserer biologischen Evolution auf der Erde neu zu programmieren. Die Erschaffung neuer, wünschenswerter Männer und Frauen ist längst nicht mehr ein Traum politischer Demagogen, sondern eine schon bald verfügbare Verbraucheroption und ein potenziell überaus lukrativer Markt.»

Jeremy RIFKIN, Trendforscher

Bei der Beurteilung der Zukunft der «roten Gentechnologie» in Deutschland sollte die historische Dimension mit berücksichtigt werden: die Eugenikpolitik[1] des Dritten Reiches, mit der die Vernichtung unzähliger Menschenleben einherging. Unter Berufung auf rechtliche Bestimmungen zur so genannten «Rassenhygiene» wurden in Nazi-Deutschland Massenvernichtungsprogramme unterhalten, die sich der negativen Eugenik, d.h. der Eliminierung «unerwünschter biologischer Merkmale», verschrieben hatten.

Wie das RIFKIN-Zitat zeigt, besteht durchaus Anlass zu der Befürchtung, dass gentechnische Fortschritte eine Rückbesinnung auf die Eugenikbewegungen des frühen zwanzigsten Jahrhunderts erlauben könnten, diesmal in Form einer «positiven Eugenik», d.h. der gezielten Optimierung bestimmter Merkmale eines Organismus durch den Einsatz genetischer Manipulationen.

Nicht zuletzt aufgrund der geschichtlichen Erfahrungen wurde die Debatte über Segnungen und Gefahren der Gentechnologie in Deutschland so intensiv wie in kaum einem anderen Land geführt.

Die gesetzlichen Bestimmungen zur Forschung im Feld der roten Gentechnologie sind restriktiv, dies gilt insbesondere für den Bereich des Embryonenschutzes, welcher für wissenschaftliche Fortschritte bei dieser Technologie von großer Bedeutung ist.

Für Unternehmungen bedeutet dies eingeschränkte Freiheiten bezüglich Forschungs- und Entwicklungsaktivitäten (F&E) und ein gesellschaftliches Umfeld, das die weitere Entwicklung der «roten Gentechnologie» mit großer Aufmerksamkeit verfolgen wird.

Aus all dem wird deutlich, dass hinsichtlich der Umweltsphäre *Gesellschaft* in bestimmten Situationen die Berücksichtigung einer *historischen* Dimension notwendig ist, da diese indirekt massive Auswirkungen auf unternehmerische Tätigkeiten haben kann.

Selbstverständlich stellt der geschilderte Sachverhalt nur einen Aspekt unter vielen dar, die bei der Beurteilung der Zukunftsperspektive der «roten Gentechnologie» in Deutschland Berücksichtigung finden müssen.

---

[1] *Eugenik:* Erblehre/Erbpflege mit dem Ziel, erbschädigende Einflüsse und die Verbreitung von Erbkrankheiten zu verhüten.

D

Die Unternehmung und ihre Anspruchsgruppen
Interaktionsthemen

Abstract

Teil D

Während die Umweltsphären im Hinblick auf allgemeine Entwicklungstrends von Interesse sind, und zwar grundsätzlich unabhängig von konkreten Personen, Gruppierungen oder Institutionen, d.h. Trägern von Anliegen, Interessen, Werten und Normen, thematisiert Teil D seinerseits die Rolle von *Anspruchsgruppen (Stakeholdern)* und *Anspruchsgruppenbeziehungen* für die unternehmerische Tätigkeit. Im neuen St. Galler Management-Modell wird davon ausgegangen, dass sich die Geschäftstätigkeiten einer Unternehmung in einer aktiven Auseinandersetzung mit vielfältigen Anspruchsgruppen vollziehen. In Teil D wird deshalb erstens die Frage nach einer angemessenen *Identifikation relevanter Anspruchsgruppen* behandelt und zweitens die Frage nach dem zentralen Gegenstand der Anspruchsgruppenbeziehungen.

Unternehmungen und ihre Anspruchsgruppen bringen Anliegen und Interessen in diese Beziehungen ein. Da diese *Anliegen* und *Interessen* in vielen Fällen kontrovers sind, bedürfen sie einer sorgfältigen Begründung. Dies geschieht unter Bezugnahme auf *Werte* und *Normen*. Von den laufenden Aushandlungs- und Legitimierungsprozessen im Kontext der Anspruchsgruppenbeziehungen hängt es schließlich ab, welche *Ressourcen* eine Unternehmung für die eigene Tätigkeit mobilisieren und nutzen kann und zu welchen Bedingungen. Die Zusammenhänge zwischen Anliegen, Interessen, Werten, Normen und Ressourcen werden durch die Grundkategorie «Interaktionsthemen» zusammengefasst, d.h., es sind diese Themen, die den Gegenstand von Anspruchsgruppenbeziehungen bilden.

Unique-Flughafen Zürich AG

Die Stakeholder
eines internationalen Flughafens

Sibylle Minder

Die folgende Fallstudie befasst sich mit den Stakeholdern des Zürcher Flughafens. Das Besondere an einem Flughafen ist die Vielfalt der Anspruchsgruppen, ihrer Interessen und Anliegen. Aus diesem Grund ist ein solcher Fall besonders geeignet, wenn man den Umgang mit Stakeholdern beleuchten will.

1. Der Flughafen Zürich als Bindeglied zwischen Luftverkehr, Bevölkerung und Wirtschaft

Obwohl der Luftverkehr heute weitgehend liberalisiert ist und in einem liberalisierten Umfeld operiert, haben wir es hier analog zu den Eisenbahnen mit «öffentlichem Verkehr» zu tun. Das bedeutet unter anderem, dass der Luftverkehr nicht allein betriebswirtschaftlichen Entscheidungsmechanismen folgen kann. Flughäfen und Fluggesellschaften bilden die Infrastruktur der Luftfahrt und sind demnach das Bindeglied zwischen Luftverkehr und den Bedürfnissen von Bevölkerung und Wirtschaft. «Mit dieser Funktion sind sie zentrales Glied einer Wertschöpfungskette, die diverse Zulieferer einschließt und damit weitere Einkommen und Arbeitsplätze – vorab in der Flughafenregion – auslöst. Gleichzeitig ist die Anzahl der Luftverkehrsverbindungen ein zentraler Indikator für die Erreichbarkeit und Standortgunst der Schweiz in einer globalisierten Wirtschaft» (Swiss International Airport Association [SIAA] 2003, 4). In diesem Sinne kommt den Schweizer Flughäfen eine sehr hohe *volkswirtschaftliche Bedeutung* zu. Das kann weitreichende Konsequenzen für das Wirtschaftswachstum haben, da internationale Luftverkehrsverbindungen

- eine Ausdehnung der Absatz- und Arbeitsmärkte erlauben,
- zu einer Intensivierung des Binnenwettbewerbs führen können,

- die Schweiz als Standort für schweizerische und ausländische Unternehmen attraktiv machen und
- zudem einen wichtigen Beitrag für den Forschungsstandort Schweiz leisten, was wiederum der gesamten Wirtschaft zugute kommt (SIAA 2003, 7).

Ein paar Zahlen sollen die Dimensionen des Flughafens Zürich verdeutlichen:

- Mit einer Passagierzahl von etwa 18 Millionen im Jahre 2002 und rund 282 000 Flugbewegungen ist der Flughafen Zürich nicht nur der größte Schweizer Flughafen, er gehört auch zu den zehn wichtigsten Flughäfen Europas.
- Im Jahr 2002 erzielte der Flughafen Zürich gesamthaft rund 14 Prozent der Wertschöpfung des Kantons Zürich und etwa 2,8 Prozent des schweizerischen Bruttoinlandproduktes, was umgerechnet über 80 000 Vollzeitstellen entsprach (SIAA 2003, 37ff.).
- Jede siebte Einwohnerin, jeder siebte Einwohner der Schweiz wohnt in dem Siedlungsgebiet im Umkreis des Zürcher Flughafens. Dabei ist die Einwohnerdichte im Norden des Flughafens deutlich tiefer als im Osten und im Westen. Weitaus am stärksten besiedelt ist der Süden, mit der Stadt Zürich (ZÖCHLING 2003, 5).

Der Bedarf nach *Mobilität respektive die Nachfrage nach Luftverkehrsleistungen*, der sich ein Flughafen gegenübersieht, wird von einer Vielzahl von Faktoren bestimmt: Die geopolitische, die (welt-)wirtschaftliche und die volkswirtschaftliche Entwicklung sind ebenso zu berücksichtigen wie die politischen Rahmenbedingungen auf nationaler und regionaler Ebene oder das (individuelle) Passagierverhalten, das sich beispielsweise seit den Terroranschlägen vom 11. September 2001 oder mit dem Auftreten von SARS im Frühling 2003 merklich verändert hat.

Die Fluggesellschaften und Flughäfen sehen sich als letztes Glied dieser Kette, und ihr Ziel ist es, dem sich verändernden Bedarf möglichst optimal zu entsprechen.

2. Unique[1] als Besitzerin und Betreiberin des Flughafens Zürich

Der Flughafen Zürich, wie ihn beispielsweise ein Passagier erlebt, bildet die Plattform für das Zusammenspiel von verschiedenen Tätigkeiten und Abläufen, die von diversen Unternehmen erbracht werden (den so genannten Partnern von Unique). Die Gesamtsteuerung des Flughafens Zürich (einschließlich des Betriebs der notwendigen Infrastruktur) kann indessen nur in den Händen von Unique liegen, da dieses Unternehmen die nötigen Immobilien und Grundstücke besitzt und allein über die für Betrieb und Steuerung eines schweizerischen Flughafens zwingend notwendige Betriebskonzession des Bundes verfügt (wir kommen auf diesen Punkt noch zurück). Somit ist *Unique die Besitzerin und Betreibergesellschaft des Flughafens Zürich*. Ihr obliegt die Entscheidung, welche Tätigkeiten sie innerhalb der Prozesse selbst erbringen will und welche sie an die einzelnen Partnerunternehmen abgeben möchte. So kommt es, dass beispielsweise der Betrieb des Terminals bei Unique verbleibt, die Abfertigung der Flugzeuge, der Passagiere und der Fracht hingegen an eigenständige Unternehmen, so genannte *Handling Agents*, übertragen wurde.

Das privatisierte Unternehmen Unique entstand im Jahr 2000 aus der Fusion der Flughafendirektion Zürich (FDZ) mit der Flughafen Immobilien Gesellschaft AG (FIG) und ist in der Rechtsform einer börsenkotierten *Aktiengesellschaft* organisiert, an welcher der Kanton Zürich eine Minderheitsbeteiligung hält. Unique verfolgt unter anderem die Maxime der Gewinnerzielung, um die Überlebens- und Entwicklungsfähigkeit, wie sie in der Betriebskonzession gefordert wird, für die nächsten Jahre sicherzustellen. Im Jahr 2002 erzielte Unique mit etwa 1200 Mitarbeiterinnen und Mitarbeitern bei einem Umsatz von 527 Millionen Franken einen Gewinn von rund acht Millionen (Unique-Flughafen Zürich AG 2003, 11).

Als börsenkotiertes Unternehmen wird Unique regelmäßig in Bezug auf Bonität und Kreditwürdigkeit eingestuft – auf dieser Grundlage werden die Konditionen und der Zugang zu Kapital auf dem Markt festgelegt. Dies ist insofern strategisch bedeutsam, als der laufende Betrieb und insbesondere die kapitalintensive Infrastruktur kaum mit eigenen Mitteln allein finanziert werden könnten. So steckt Unique

---

1 Unique ist im Handelsregister mit dem Zusatz «Flughafen Zürich AG» eingetragen. Im Folgenden ist jedoch die Rede nur von Unique.

mitten in der *fünften Bauetappe,* die gesamthaft etwa 2,3 Milliarden Franken an Investitionen erfordert: Zur Erweiterung der Passagierabfertigung und zur Erhöhung des Dienstleistungsangebots wurden unter anderem ein zusätzliches Dock *(Midfield Terminal),* das *Airside Center*[2] und eine neue Check-in-Halle direkt über den Bahngeleisen realisiert (oder befinden sich zurzeit noch im Bau). Die Erweiterungsbauten der fünften Bauetappe werden stufenweise seit Frühling 2003 in Betrieb genommen – im Jahre 2005 sollen die Arbeiten abgeschlossen werden.

Am 1. Juni 2001 erhielt Unique vom Eidgenössischen Departement für Umwelt, Verkehr, Energie und Kommunikation (UVEK) erneut die *Betriebskonzession für den Flughafen Zürich* bis ins Jahr 2051. Damit ist Unique berechtigt und verpflichtet, im Auftrag des Bundes den Flughafen Zürich zu betreiben und für die Weiterentwicklung der Infrastruktur zu sorgen. Gleichzeitig mit der Erteilung der Betriebskonzession wurde Unique aber auch verpflichtet, beim UVEK einen Antrag für ein neues Betriebsreglement zu stellen, das insbesondere die An- und Abflugrouten sowie das Pisten- und Infrastrukturbenutzungskonzept regelt. Dieses neue Betriebsreglement muss den Änderungen im nationalen Recht (beispielsweise in der Raumplanung) und im internationalen Recht entsprechen: Als Beispiel für die Entwicklungen im internationalen Recht dient uns der Staatsvertrag zwischen der Schweiz und Deutschland: Ziel war ein bilaterales Luftverkehrsabkommen. Die Ratifizierung des ausgehandelten Vertrags durch das schweizerische Parlament ist allerdings 2003 endgültig gescheitert. Aus diesem Grund sah sich Deutschland gezwungen, weitere Einschränkungen der An- und Abflüge über deutsches Hoheitsgebiet anzuordnen.

Da Unique vorgängig nur wenig Einfluss auf die politischen Verhandlungen ausüben konnte, muss sie nun deren Resultat schlicht akzeptieren: Und in der Tat hat der Vorgang für Unique existenzielle Konsequenzen, die im geänderten Betriebsreglement zu berücksichtigen sind. Es haben nicht nur die Betroffenen auf Schweizer Gebiet nun möglicherweise unter höherer Lärmbelastung zu leiden, während die süddeutsche Bevölkerung entlastet wird. Auch beim Flugbetrieb ist

---

2   Nach Inbetriebnahme im Jahr 2004 wird für das Jahr 2005 ein Verkaufsumsatz von 750 Millionen Franken prognostiziert, und spätestens dann dürfte Unique Besitzerin des größten Shopping-Centers der Schweiz sein (HEER 2001, 33).

mit einer beträchtlichen Kapazitätseinschränkung zu rechnen. Dies wird sich aufgrund eines reduzierten Flugangebotes und der daraus resultierenden Verspätungen am Ende nachteilig auf die Passagiere auswirken. Aus betriebswirtschaftlicher Perspektive bedeutet die Anpassung des Betriebsreglements für Unique außerdem finanzielle Investitionen in zweistelliger Millionenhöhe, die sie zusätzlich zu den Ausgaben für die fünfte Bauetappe tätigen muss. Die Kapazitätseinschränkung bewirkt noch einmal erhebliche Ertragseinbußen.

Weil der Flughafen Zürich von vergleichsweise hohem öffentlichem Interesse ist, können solche Probleme nicht ausschließlich flughafenintern gelöst werden. Die neu zu regelnden An- und Abflugverfahren als Teil des neuen Betriebsreglements stehen im Mittelpunkt einer heftigen öffentlichen Debatte sowohl im regionalen als auch im nationalen Raum. Schweizweit regt sich heftiger Widerstand gegen die einzelnen Varianten.

Unique ist überzeugt, dass diese Fragen nur anhand eines Stakeholder-Managementansatzes zufrieden stellend gelöst werden können. Für sie hat sich dieser Ansatz zu einem der wichtigsten Erfolgsfaktoren für ein langfristiges erfolgreiches Überleben herauskristallisiert. Nur über den offenen Dialog und eine konstruktive Kooperation mit allen Betroffenen kann eine im ganzen Siedlungsgebiet rund um den Flughafen akzeptable Lösung für das neue Betriebsreglement gefunden werden. Aus diesem Grund wurden Betroffene zu einer gemeinsamen Diskussionsrunde eingeladen. Ziel der Veranstaltung war es, mit den Anwesenden über mögliche Lösungsvarianten zu diskutieren. Im Folgenden werden ein paar wichtige Aussagen stellvertretend aufgeführt:

Teilnehmerin 1 «Ich wohne im Osten des Flughafens, und der Fluglärm wird immer unerträglicher. Vor drei Wochen erst sind Ziegel von meinem Hausdach auf den Vorplatz gefallen, weil im Anflug so tief geflogen wurde.»

Teilnehmer 2 «Wir schätzen es sehr, dass wir als fünfköpfige Familie so billig in die Ferien fliegen können. Ohne diese günstigen Flüge könnten wir uns Ferien gar nicht mehr leisten – und deshalb begrüßen wir die neuen Billigangebote.»

Teilnehmerin 3 «Für meinen Arbeitgeber ist es wichtig, möglichst optimale Verbindungen zu unseren Kunden zu haben. Ich brauche einen flexiblen Flugplan, so dass ich, wenn ich den 15-Uhr-Flug nach Berlin verpasse, den Flug um 19.15 Uhr nehmen kann.»

Teilnehmer 4 «Meine Aufgabe ist es, die Interessen des Stimmvolkes zu vertreten. So ist es mir ein dringendes Anliegen, eine gerechte Verteilung des Fluglärms zu verlangen – die Wahlen stehen ja schließlich kurz bevor.»

Teilnehmerin 5 «Ich möchte alle daran erinnern, dass wir in jedem Fall Sorge zu unserer Natur tragen müssen und deshalb nur noch jenen Flugzeugen die Start- und Landeerlaubnis erteilen sollten, die einen tiefen Emissionsgrenzwert nicht überschreiten. Außerdem befürworte ich die Verschärfung der Lärmemissionsgebühr.»

Teilnehmer 6 «Der Flugverkehr ist seit dem 11. September 2001 massiv zurückgegangen. Dies hat unser Geschäftsfeld völlig umgekrempelt. Den Buchungsrückgang machen wir mit zusätzlichen Reiseangeboten in der Schweiz und ins benachbarte Ausland wett, Destinationen, die der Kunde ohne Flugzeug erreichen kann. Vielleicht ist es sogar positiv für uns alle, wenn der Flughafen Zürich nicht noch mehr wachsen kann, denn sonst würde ein noch stärkeres Überangebot auf dem Reisemarkt entstehen, und die Preise würden so ins Bodenlose fallen, dass kleine Reisebüros wie unseres dem Preisdruck nicht mehr standhalten könnten und aufgeben müssten.»

Teilnehmerin 7 «Aus betrieblicher Sicht ist eine gerechte Lärmverteilung nicht zu vertreten. Dies würde bedeuten, dass unser Unternehmen aufgrund infrastruktureller Anpassungen wie beispielsweise Dachziegelklammerungen in den An- und Abflugschneisen eine zusätzliche finanzielle Belastung in zweistelliger Millionenhöhe in Kauf nehmen müsste. Und dies müssten wir von Unique alleine tragen, was finanziell nicht zu verantworten wäre.»

Teilnehmerin 8 «Seit fünfzehn Jahren arbeite ich nun am Flughafen. Ich bin mittlerweile sogar Unique-Aktionär geworden. Das heißt, dass ich mich nicht nur für ‹meinen› Betrieb einsetze, sondern auch genauestens verfolge, wie sich der Wert der Unternehmung am Kapitalmarkt verändert. Leider bin ich in letzter Zeit aufgrund verschiedener Ereignisse unsicher geworden, ob ein Aufwärtstrend überhaupt noch in Sicht ist. Zudem sorge ich mich, ob die Arbeitsplätze beim Flughafen noch lange sicher sein können, wenn doch die Passagier- und Reisezahlen weiterhin rückläufig sind. Ich bin sehr an der langfristigen Ausrichtung des Flughafens interessiert, und darum frage ich mich, wie es weitergehen wird.»

Fragen zur Reflexion

1 Welchen Anspruchsgruppen sähe sich Unique unter Anwendung des normativ-kritischen Anspruchsgruppenkonzeptes gegenüber?

2 Unter Annahme eines normativ-kritischen Anspruchsgruppenkonzeptes: Welches sind die entscheidenden Anliegen und Interessen der Anspruchsgruppen gegenüber Unique, und wie lassen sie sich legitimieren?

3 Unter Voraussetzung eines strategischen Anspruchsgruppenkonzeptes: Welche Anspruchsgruppen wären für Unique relevant?

4 In der Praxis: Welche Anspruchsgruppen bezieht Unique in sein Stakeholder-Management ein?

5 Welches sind die wichtigsten Interaktionsthemen und -konflikte?

6 Mit welchen Maßnahmen begegnet Unique diesen Herausforderungen?

Literatur

HEER, G. (2001). Konsumieren à gogo. In: *Handels-Zeitung* 26 vom 27. Juni.

MÜLLER-STEWENS, G./LECHNER, Ch. (2003). *Strategisches Management. Wie strategische Initiativen zum Wandel führen. Der St. Galler General Management Navigator* (2., überarb. und erw. Aufl.). Stuttgart: Schäffer-Poeschel.

Swiss International Airport Association (SIAA) (2003). *Volkswirtschaftliche Bedeutung der Schweizerischen Landesflughäfen. Synthesebericht.* Zürich/Bern.

Unique-Flughafen Zürich AG (2003). *Geschäftsbericht 2002.*

ZÖCHLING, S. (2003). Der Flughafen als Magnet. *unique! – die Zeitung der Unique (Flughafen Zürich AG) für Gäste und Bewohner der Flughafen-Region,* 1 (Januar): 5.

Anspruchsgruppen und Interaktionsthemen

D1

Karl Wilbers

Überblick: Die Anspruchsgruppen im neuen St. Galler Management-Modell

D1.1

Die nun folgenden Ausführungen knüpfen an → **Kapitel B3** über die normativen Grundlagen der unternehmerischen Tätigkeit an. Dort wurde gezeigt, dass es nicht möglich ist, «wertfreie» oder «ethikfreie» Unternehmensführung zu betreiben, weil unausweichlich immer schon eine normative Position gegenüber unserer Umwelt eingenommen wird. Diese kann, um es vereinfacht auszudrücken, einer *strategischen* oder einer *normativ-kritischen* Perspektive entsprechen. Und je nachdem, ob man sich eher der einen oder der anderen Perspektive verpflichtet fühlt, hat dies weitreichende Konsequenzen:

- erstens auf die Frage, *wen* man überhaupt als *relevante Anspruchsgruppen* der eigenen unternehmerischen Tätigkeit betrachtet, und
- zweitens auf die Frage, *wie* man mit den als relevant betrachteten Anspruchsgruppen schließlich *umzugehen* gedenkt, generell und ganz besonders im Falle kontroverser Anliegen.

Mit anderen Worten: Unterschiedliche normative Positionen führen – wie die nachfolgende **Tabelle 1** zusammenzufassen versucht – zu mehr oder weniger *unterschiedlichen Anspruchsgruppenkonzepten*, wobei wir der Einfachheit halber zwei Konzepte unterscheiden: ein *strategisches* und ein *normativ-kritisches*.

Die Anspruchsgruppen einer Unternehmung sind demnach nicht einfach gegeben, sondern es entspricht einer wichtigen unternehmerischen Entscheidung, *wen* genau man als Anspruchsgruppen betrachtet und *wie* man mit diesen Anspruchsgruppen, gerade in konfliktbehafteten Situationen, umzugehen gedenkt. Dies ist beim Lesen des folgenden Textes im Auge zu behalten, weil aus didaktischen Gründen im neuen St. Galler Management-Modell der Eindruck erweckt wird, eine Unternehmung habe immer genau *sieben* Anspruchsgruppen.

	Strategisches Anspruchsgruppenkonzept	Normativ-kritisches Anspruchsgruppenkonzept
Perspektive	Ökonomische Rationalität	Ethische Vernunft
Zur Geltung gebrachte Logik	Normative Logik des Marktes	Normative Logik der Zwischen-menschlichkeit
Stellung der Unternehmung	Unternehmung als Teil der Marktwirtschaft	Unternehmung als Teil der Gesellschaft / Lebenswelt
Erfolgsmaßstab der Unternehmung	Selbstbehauptung	Lebensdienlichkeit
Anspruchsgruppenkonzept	Strategisches Anspruchsgruppenkonzept	Normativ-kritisches Anspruchsgruppenkonzept
Beurteilung von Anspruchsgruppen	Einfluss(potenzial)	Legitimität
Frage zur Abgrenzung der Anspruchsgruppen	Wer kann bzw. könnte einen Einfluss auf die Unternehmung ausüben?	Wer hat legitime Ansprüche an die Unternehmung?

Tabelle 1
Gegenüberstellende
Übersicht der
Grundkonzepte

In der Tat sind die Anspruchsgruppen *(Stakeholder)* ein zentrales Element des neuen St. Galler Management-Modells, das anhand der folgenden **Abbildung 1** noch einmal rekapituliert wird. Das Modell geht davon aus, dass sich die Geschäftstätigkeit einer Unternehmung in einer aktiven Auseinandersetzung mit Anspruchsgruppen vollzieht. Im äußeren Kreis des Modells werden daher sieben solche Gruppen dargestellt. Diese Gruppen stehen zur Unternehmung in unterschiedlichen Beziehungen, wobei all diese *relations* insgesamt ein zusammenhängendes Beziehungsnetz bilden. Inhalte der Beziehungen sind Ressourcen, Normen und Werte, Interessen und Anliegen.

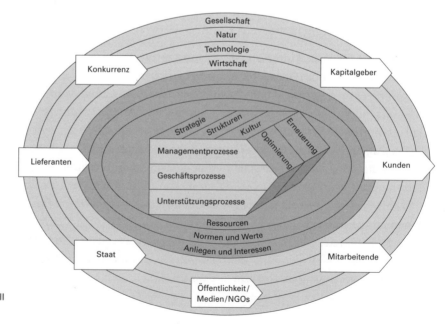

Abbildung 1
Das neue St. Galler
Management-Modell

Die Aufzählung der sieben Anspruchsgruppen im neuen St. Galler Management-Modell kann nicht abschließend sein. Anspruchsgruppen variieren von Unternehmung zu Unternehmung. So hat für Hersteller von Körperpflegeprodukten wie *The Body Shop* aufgrund der Tierversuchsproblematik der Dialog mit Tierschutzorganisationen sicherlich einen anderen Stellenwert als für Unternehmen außerhalb der Kosmetikindustrie. Eine weitere Schwierigkeit der Anspruchsgruppenanalyse besteht darin, dass besonders nach der Vorstellung des normativ-kritischen Konzepts eine Auswahl von Anspruchsgruppen ausgesprochen heikel erscheint (siehe WAXENBERGER 2001, 45 ff.).

Bei der Ermittlung der Anspruchsgruppen ergibt sich außerdem das Problem der Grenzen der Beobachtungsfähigkeit (vgl. RÖTTGER 2001a, 20 ff.): Weder kann man in die Zukunft schauen, um künftige Stakeholder treffsicher zu identifizieren, noch können Informationen verarbeitet werden, die in der Unternehmung nicht als relevant erkannt wurden («blinde Flecken»). Die Analyse der Anspruchsgruppen ist für ein Unternehmen deshalb eine *Daueraufgabe* und ein fortlaufender Vorgang. In einer *strategischen Perspektive* wird deutlich: «Die ‹Konstruktion› seines Umfelds ist nicht als ein willkürlicher oder einmaliger Vorgang zu verstehen. Vielmehr sind Unternehmen ständig auf der Suche nach Weltsichten, die es ihnen ermöglichen, erfolgreich zu agieren, und die für sie nützlich sind. [...] Eine Gefahr besteht darin, das relevante Umfeld zu weit oder zu eng zu interpretieren. So geraten Unternehmen, die neu am Markt auftretende Unternehmen anfangs als nicht relevant erachteten, immer wieder in bedrohliche Situationen [...] man erinnere sich an [...] die Sichtweise von IBM vor fünfzehn Jahren gegenüber einer kleinen Softwarefirma namens Microsoft» (MÜLLER-STEWENS/LECHNER 2001, 21). Auch bei einer *ethischen Perspektive* stellt sich die Aufgabe einer angemessenen Wahrnehmung der Umwelt (Umweltkonstruktion). Die Qualität dieser Umweltkonstruktion bemisst sich allerdings nicht alleine am Kriterium einer unmittelbaren strategischen Nützlichkeit (für das Überleben der Unternehmung), sondern sie orientiert sich an mehreren zusätzlichen Kriterien, wie zum Beispiel an einer angemessenen Einschätzung, in welchem Grad heute und zukünftig lebende Menschen von der unternehmerischen Tätigkeit *betroffen* sind.

Die Beziehungen der Unternehmung zu ihren Anspruchsgruppen bilden ein Beziehungsnetz, d. h. die Beziehungen stehen selbst in Beziehung zueinander. Bildlich gesprochen: Das Beziehungsnetz der Unternehmung ist wie ein Mobile: «Zieht» man an einem Teil, verändern sich gleichzeitig die anderen Teile.

D 1.2   ### Interaktionsthemen als Verbindung der Unternehmung mit den Anspruchsgruppen bzw. den Umweltsphären

Rein optisch stehen im neuen St. Galler Management-Modell die Interaktionsthemen (Ressourcen, Normen und Werte, Anliegen und Interessen) zwischen den vier Umweltsphären (Gesellschaft, Natur, Technologie, Wirtschaft) beziehungsweise den sieben Anspruchsgruppen. Unausweichlich hat nämlich die Unternehmung Beziehungen zu ihrer Umwelt. Es spielt dabei nicht nur eine Rolle, *wer* die relevanten Anspruchsgruppen sind und *wie* mit diesen umgegangen wird, sondern auch *worum* es dabei geht. Eine solche Beziehung hat immer einen Gegenstand, ein Thema *(issue).*

Gegenstand einer solchen Beziehung können zum Beispiel *Ressourcen* sein. Damit sind zunächst die Ressourcen gemeint, die aus der klassischen ökonomischen Perspektive mit dem Unternehmen in Verbindung gebracht werden: Arbeit, Kapital, Boden, Know-how (→ **C3** Die Unternehmung in der ökologischen Umwelt). Diese Ressourcen gehen als Input in die *Blackbox* Unternehmung ein, werden dort umgewandelt (transformiert) und kommen in Form von Produkten aus der Blackbox wieder heraus *(Output).*

Aus *ökologischer* Warte spielen aber auch *natürliche* Ressourcen wie Wasser oder Luft eine Rolle, die ebenfalls in das Unternehmen eingehen, wobei nach der Transformation nicht nur erwünschte Produkte entstanden sind, sondern auch unerwünschte Wirkungen, zum Beispiel Emissionen, Abfälle oder Risiken. Das neue St. Galler Management-Modell bemüht sich um eine integrierte Betrachtung und spricht daher übergreifend von «Ressourcen».

An den Beispielen Atompolitik oder Gentechnologie sieht man, wie kontrovers die Ressourcenfrage in der Gesellschaft behandelt wird. Personen und Kulturen haben unterschiedliche Vorstellungen über die Nutzung von Atomenergie oder Gentechnologie. Dahinter stehen verschiedene Normen und Werte und damit auch unterschiedliche Vorstellungen, was überhaupt als *legitime* Ressourcen zu betrachten ist.

Die Werte und Normen sind in einer Gesellschaft allerdings keineswegs homogen. Entsprechende Unterschiede sind nicht immer leicht erkennbar, sondern wirken verdeckt (implizit). Solches gilt zum Beispiel für interkulturell unterschiedliche Vorstellungen über die Bedeutung von Solidarität oder der Familie im Arbeitsleben (→ **E4.1** Management im Zeitalter der Globalisierung). Normen und Werte bilden den *argumentativen Nährboden* für die Legitimation kontroverser Anliegen oder Interessen. Vor dem Hintergrund bestimmter Normen und Werte werden Behauptungen, Beobachtungen, wissenschaftliche Aussagen usw. ins Feld geführt, und es wird ein normativer Schluss gezogen. Man kann sich beispielsweise auf die Norm oder den Wert «Schutz der lebenswerten Umwelt» beziehen und behaupten, dass die Atomenergie diesen Schutz gefährde (Aussage). Daraus lässt sich der Schluss ziehen, dass die Nutzung von Atomenergie verwerflich und nicht legitim sei. In der Praxis sind solche Argumentationen oft brüchig und selten zwingend. Die drei skizzierten Aspekte von Werten und Normen, d.h. die Vielfalt heutiger Werte und Normen in der Gesellschaft, ihre implizite Wirkung und die Brüchigkeit der Einzelargumentationen, drängen dazu, in einer idealen fairen und diskursiven Auseinandersetzung um Legitimität zu ringen.

Auch bei einer strategischen Perspektive erweist es sich nämlich als hilfreich, davon auszugehen, dass Anspruchsgruppen Anliegen aus der Umweltsphäre aufgreifen und zu ihren Interessen machen. So wird beispielsweise das gesellschaftliche Anliegen des Schutzes unserer Umwelt von Umweltschutzgruppen wie Greenpeace aufgegriffen. Solche Gruppen machen das Anliegen zu ihrem Interesse. Durch ihre Arbeit werden dem Unternehmen das Für und Wider von Sachverhalten deutlicher. Der Unternehmung wird so geholfen, ihre Umwelt zu strukturieren und erfolgskritische Trends zu erkennen.

Die Beziehungen der Unternehmung zu ihren Anspruchsgruppen im Überblick

D 1.3

Die Unmöglichkeit, ein für alle Mal und abschließend die Anspruchsgruppen einer Unternehmung festzustellen, erschwert es, über den Umgang der Unternehmung mit diesen Anspruchsgruppen nachzudenken. Um trotz dieser Schwierigkeit differenziert über dieses Thema reflektieren zu können, werden im neuen St. Galler Management-Modell aus didaktischen Gründen sieben Anspruchsgruppen thematisiert. Sie können, wie in der folgenden **Abbildung 2** dargestellt, nach *Kommunikationsarenen* gebündelt werden, wobei zu jeder Arena spezifische Akteure, Inhalte, Ziele und Bedingungen gehören (→ **FIII5** Kommunikationsmanagement):

- Die Beziehungen zu den Kunden *(customer relations)*, Lieferanten *(supplier relations)* und zur Konkurrenz *(competitor relations)* gehören in die *Marktarena.*
- Die Beziehungen zu den Mitarbeitenden *(people relations)* begründen die Mitarbeiterkommunikation *(interne Arena).*
- Die Beziehungen zu den Kapitalgebern *(investor relations)* spielen sich in der *Arena der Finanzkommunikation* ab.

■ die Beziehungen zur Öffentlichkeit *(public relations)* und zum Staat *(political relations)* vollziehen sich in der *Arena der öffentlichen Kommunikation,* d. h. der Medien.

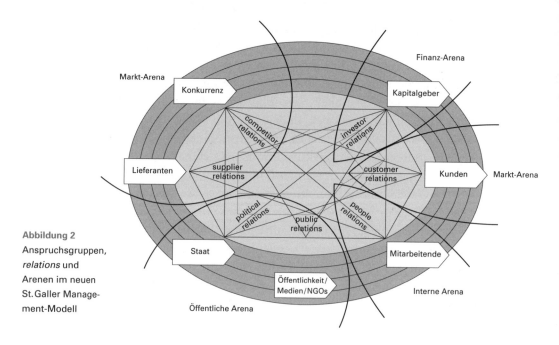

Abbildung 2
Anspruchsgruppen, *relations* und Arenen im neuen St. Galler Management-Modell

D 1.3.1   Die Beziehungen zu Kunden, Lieferanten und zur Konkurrenz

In der *Marktarena* spielen sich die Beziehungen der Unternehmung zu Kunden und Lieferanten und zur Konkurrenz ab. Kunden und Lieferanten stehen am Anfang und am Ende der Geschäftsprozesse der Unternehmung. Die Ressourcen bzw. Vorleistungen werden von den Lieferanten (den *vorgelagerten* Wertschöpfungseinheiten) bezogen und gehen als Input in die Geschäftsprozesse ein. Diese enden bei den Kunden (den *nachgelagerten* Wertschöpfungseinheiten), denen das Produkt zur Verfügung gestellt wird (→ **FII** Geschäftsprozesse): Vom Lieferanten gelieferter Kakao wird so zu Schokolade, die der Kunde genießen kann.

Eine Unternehmung muss sich dabei in Märkten positionieren (zum Beispiel «Welche Produkte werden abgesetzt?»). Dies erfordert die Entwicklung von Marktstrategien, welche die Interessen der möglichen Kunden (Umweltanalyse) und die Anliegen der Unternehmung (Unternehmungsanalyse) miteinander in Einklang zu bringen haben (→ **FI2** Strategische Entwicklungsprozesse). Solche Strategien sind dann möglichst wirkungsvoll zur Erreichung günstiger *customer relations* in Prozesse umzusetzen. Die Kunden haben beispielsweise bestimmte Vorstellungen über Produkte, Preise und Konditionen. Die Unternehmung gestaltet dementsprechend ihre Produktpolitik, Preispolitik usw., d.h., sie setzt die marketingpolitischen Instrumente (→ FII5.5 Marketingmix) ein. Die Marktkommunikation hat vor allem eine Überzeugungs- und Beeinflussungsfunktion. Hauptziel der Kundenprozesse ist dabei die Kundengewinnung (Kundenakquisition) und die Kundenbindung (→ FII3.2 Kundenprozesse).

Aus einer ethischen Perspektive geht es im Gegensatz zum strategischen Anspruchsgruppenkonzept nicht um Überzeugung und Beeinflussung des Kunden, sondern um seine legitimen Ansprüche. Dies sind vertragliche Ansprüche, wie zum Beispiel das Recht auf ein Produkt, das die versprochene bzw. vereinbarte Qualität auch tatsächlich besitzt. Dazu zählen auch die Regeln aus dem Bereich der Produkthaftpflicht. Angesprochen sind aber auch *allgemeine moralische Rechte*. In einer ethischen Perspektive sichern Kommunikationsrechte mündigen Bürgerinnen und Bürgern auch gegenüber Unternehmungen das Recht auf offene Information. Diese Kommunikationsrechte sind Teil der elementaren Persönlichkeitsrechte (ULRICH 2001, 454ff.). Aus einer strategischen Perspektive hingegen ist die Kommunikation mit dem Kunden dem Versuch der Überzeugung bzw. Beeinflussung gewidmet. In diesem Sinne ziehen etwa aufklärungs- und haftungsrechtliche Fragen die Notwendigkeit einer systematischen Auseinandersetzung mit Risiken nach sich (→ FIII6 Risikomanagement).

Lipobay
2001 nahm der Pharmakonzern Bayer AG das Medikament Lipobay (Baycol) vom Markt. Es hatte sich herausgestellt, dass das Risiko, dass der Cholesterinsenker bei einer gleichzeitigen Einnahme bestimmter anderer Medikamente Muskelgewebe zerstört, höher war, als bei der Zulassung angenommen. Insbesondere in den USA wurde eine Fülle von Klagen gegen Bayer vorgebracht, in denen der Unternehmung vorgeworfen wurde, nicht hinreichend über die Risiken informiert und eine Fülle von Todesfällen verursacht zu haben. Nach Angaben des Vorstandsvorsitzenden von Bayer an der Aktionärsversammlung 2003 sind in den USA ca. 8600 Verfahren hängig. Der Wegfall des einst gut laufenden Produktes hat zu erheblichen Umsatzeinbrüchen geführt.

In der Beziehung der Unternehmung zum Lieferanten spiegelt sich in gewisser Weise die Beziehung der Unternehmung zum Kunden. Jetzt hat nicht er bestimmte Vorstellungen über den Preis oder die Qualität, sondern das Unternehmen bringt diese in die Marktkommunikation mit den Lieferanten ein. Entlang der Geschäftsprozesse können sich dabei flexible Wertschöpfungsnetzwerke aus Lieferanten und Abnehmern – zum Beispiel in Form virtueller Unternehmungen – bilden (→ **E 4.3** Virtualisierung).

Abbildung 3
Neue Wettbewerber in der Wertkette einer Versicherung nach Müller-Stewens (→ **FI2**, Strategische Entwicklungsprozesse)

Dass die Konkurrenz für das wirtschaftliche Handeln von zentraler Bedeutung ist, scheint offensichtlich. Konkurrenten ergeben sich bei jeder Verrichtung in einer Branche, wie sie in der so genannten Wertkette dargestellt wird. Das folgende Beispiel in **Abbildung 3** stellt dies für eine Versicherung dar (→ **FI2** Strategische Entwicklungsprozesse).

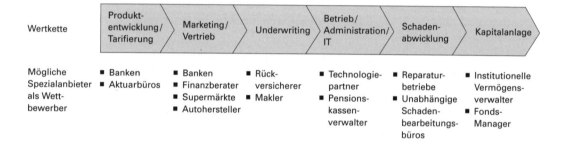

Wettbewerb und Zusammenarbeit, Konkurrenz und Kooperation schließen sich keineswegs aus. Beispielsweise haben in der Automobilindustrie Konkurrenten bereits gemeinsam Fahrzeuge entwickelt (Ford Galaxy – VW Sharan – Seat Alhambra). Auch in der Computerindustrie kooperieren Konkurrenten, beispielsweise um gemeinsame Standards durchzusetzen.

Das Management der marktlichen Beziehungen zu Kunden, Lieferanten und Konkurrenten ist ausgesprochen vielfältig. Es ist ein zentraler Teil der Managementlehre, und das Thema wird in diesem Lehrbuch an vielen Stellen vertieft. An dieser Stelle muss daher ein kurzer Überblick genügen.

Die Beziehungen zu den Mitarbeitenden

Die Beziehungen zu den Mitarbeitenden *(people relations)* vollziehen sich auf einer internen Arena.[1] Sie werden in diesem Lehrbuch an drei Stellen ausführlich dargestellt: Im Beitrag zur Personalarbeit (→**FIII1** Personalmanagement) wird die anspruchsgruppengerechte Gestaltung des personalwirtschaftlichen Kreislaufes aus der Sicht der Personalgewinnung, -beurteilung, -honorierung und -entwicklung erörtert. Das Bildungsmanagement (→**FIII2** Bildungsmanagement) konzentriert sich auf die Frage, wie die individuellen Handlungskompetenzen von Menschen mit der Strategie, den Strukturen und der Kultur einer Organisation (zum Beispiel einer Unternehmung) in Einklang gebracht werden. Der Beitrag zum Thema Führung (→**FI3.1** Führung von Mitarbeitenden) konzentriert sich auf die Beziehungen zwischen Vorgesetzten und Mitarbeitenden *(leadership)*.

Die Beziehungen zu den Mitarbeitenden sind einem starken Wandel unterworfen, der keineswegs widerspruchsfrei erscheint. Einerseits verdichten sich Arbeitszeiten, erhöht sich der Wettbewerb, haben Menschen Angst davor, ihren Arbeitsplatz zu verlieren. Andererseits werden in der Entwicklung von der so genannten Arbeits- zur Freizeitgesellschaft Arbeitstugenden wie Fleiß, Selbstdisziplin, Sparsamkeit und Ordentlichkeit abgewertet und Werte der Selbstverwirklichung, die mehr Genuss und Konsum, aber auch die Freiheit in der Wahl des eigenen Lebensstils betonen, aufgewertet (→**C2** Die Unternehmung in der gesellschaftlichen Umwelt). Moderne Organisationskonzepte reagieren darauf beispielsweise durch eine hohe «Autonomie der kleinsten Einheit» (→**E2** Strukturen).

Von den Mitarbeitenden im Allgemeinen sind spezifische Gruppen zu unterscheiden, die im Einzelfall konkret bestimmte Anliegen und Interessen aufgreifen.[2] Ansprüche und Interessen werden mithin von den An-

---

[1] Eine Unterscheidung zwischen externen (zum Beispiel Kunden) und internen Anspruchsgruppen (zum Beispiel Mitarbeitenden) erscheint zunehmend als fragwürdig (vgl. HARRISON/JOHN 1996, 47f.). Hinzu kommt – siehe dazu die noch folgenden Überlegungen zur *Corporate Governance* –, dass sich die interne Arena nicht in den *people relations* erschöpft.

[2] Dies gilt auch für andere Anspruchsgruppen (zum Beispiel Kunden und Konsumentenschutzorganisationen). Dabei kann es sein, dass die Unternehmung mit Vertreterinnen und Vertretern konfrontiert wird, die Anliegen von Betroffenen einbringen, die nicht der direkten Kommunikation zugänglich sind. Dies ist beispielsweise der Fall, wenn die Umweltzerstörung oder die öffentliche Schuldenpolitik von «Stellvertretenden» mit dem Hinweis auf die Anliegen und Interessen der nächsten Generationen kritisiert wird.

spruchsgruppen selbst oder von ihren Vertretern aufgebracht. In Bezug auf Mitarbeitende sind da vor allem die Gewerkschaften angesprochen. Rechtlich bedeutet dies, dass neben das Individualarbeitsrecht (zum Beispiel Arbeitsvertrag) ein kollektives Arbeitsrecht (zum Beispiel zur Mitwirkung der Arbeitnehmenden in den Unternehmungen) tritt. Die Rolle der Gewerkschaften ist sowohl international als auch auf den verschiedenen Ebenen der Unternehmung von unterschiedlicher Bedeutung. Dies zeigt die Notwendigkeit, bei der Anspruchsgruppenanalyse genau zu spezifizieren, auf welcher Ebene der Unternehmung (zum Beispiel multinationale Gesamtunternehmung, Geschäftseinheit usw.) sie durchgeführt wird.

In den Beziehungen zu den Mitarbeitenden gibt es eine Fülle von Normen und Werten, die sich zum Teil schriftlich niederschlagen und nicht selten einen rechtsähnlichen Status erlangen. Anzuführen sind zunächst die allgemeinen Menschenrechte und die elementaren Persönlichkeitsrechte (vgl. ULRICH 2001, 454 ff.). Das Recht auf Gleichbehandlung ohne Ansehen der Person hinsichtlich Geschlecht, Nationalität, Religion usw. wird – auch in Ländern, die hohen ethischen Standards verpflichtet sind – nicht selten durch die ungleiche Behandlung von Mann und Frau etwa bei der Entlohnung, durch Diskriminierungen aufgrund der Nationalität usw. verletzt. Eine Konkretisierung der allgemeinen Persönlichkeitsrechte auf den Bereich der Arbeitsbeziehungen stellen die Standards der *Internationalen Arbeitsorganisation* (ILO – *International Labour Organization*) dar. Die ILO wurde kurz nach dem Ersten Weltkrieg gegründet und schreibt Arbeits- und Sozialstandards fest, die in der Regel unter den Mindeststandards in den westlichen Industrieländern liegen. Ältere Abkommen verbieten beispielsweise die Zwangsarbeit, neuere Abkommen verankern zum Beispiel das «Verbot und unverzügliche Maßnahmen zur Beseitigung der schlimmsten Formen der Kinderarbeit» (1999). Kinderarbeit ist, wie die statistischen Daten der UNICEF zeigen, schon quantitativ kein marginales Problem. Nicht nur Teppichproduzenten, sondern beispielsweise auch Sportartikelhersteller (Adidas, Nike, Puma), der Agrochemiekonzern Syngenta bei der Saatgutproduktion in Indien sowie Schweizer Modefirmen (Charles Vögele SA, Jumbo-Markt AG) sahen sich in den letzten Jahren veranlasst, sich aktiv mit der Problematik der Kinderarbeit auseinander zu setzen. In einer *strategischen* Argumentation würde eine solche Gruppe von Mitarbeitenden nur dann berücksichtigt, wenn man befürchten muss, dass eine Institution – zum Beispiel eine Kinderschutzorganisation – die Anliegen und Interessen dieser Kinder aufgreift und strategisch agiert, d.h. als *pressure group* öffentlichen Druck mobilisiert. In einer *normativ-kritischen* Perspektive zählt demgegenüber die normative Logik der Zwischenmenschlichkeit, d.h. die Frage, ob legitime moralische Rechte tangiert sind.

Eine weitere Präzisierung der ILO-Standards stellen die Normen SA 8000 *(Social Accountability 8000)* dar, auf deren Grundlage sich ein Unternehmen zertifizieren lassen kann. Beispielsweise weist der Schweizer Wäschehersteller Calida in seinem Jahresbericht 2000 unter der Überschrift «Orientierung an ethischen Grundwerten» darauf hin, dass er bei einer inzwischen verkauften Tochterunternehmung in Bangalore (Indien) mit der Zertifizierung nach SA 8000 über die ILO-Standards hinausgegangen sei. Ob diese Maßnahme von Calida strategisch – im Sinne der Vermeidung potenzieller Risiken beispielsweise durch die Mobilisierung der öffentlichen Meinung – oder ethisch motiviert war, lässt sich so nicht sagen. Im Nachhinein *(ex post)* ist nicht zu erkennen, ob die Unternehmung vorrangig ethisch oder strategisch motiviert war.

Die Beziehungen zu den Kapitalgebern D1.3.3

Die Beziehung zu den Kapitalgebern spielt sich in der Arena der Finanzkommunikation ab. Das Kapital zur Finanzierung der Unternehmung kann Eigen- oder Fremdkapital sein. Entsprechend können Anspruchsgruppen unterschieden werden, die Eigenkapital anbieten *(Shareholder oder stockholders, stockholder relations)*, und solche, die Fremdkapital anbieten *(creditors, creditor relations)*. In kleinen und mittleren Unternehmungen (KMU) fallen Führung eines Geschäftes und Eigentum an diesem Geschäft oft zusammen. Bei Großunternehmungen ist dies praktisch nie der Fall. Kapitalgeber und Geschäftsführende sind nicht identisch. Die Kapitalgeber «beauftragen» das Management: Es entsteht so eine Beziehung zwischen einem Auftraggebenden, dem so genannten Prinzipal, und einem Beauftragten, dem Agent. Der Agent (Management) wird dem Prinzipal (Kapitalgeber) rechenschaftspflichtig. Mit Hilfe der Rechnungslegung *(financial reporting)* legt das Management Rechenschaft ab, wobei Informationen über die Vermögens-, Ertrags- und Finanzlage im Vordergrund stehen. Die Rechnungslegung wird dabei durch Rechnungslegungsstandards, wie zum Beispiel die *International Accounting Standards* IAS, reglementiert. Trotz der Unterschiedlichkeit der Branchen haben sich im Laufe der Zeit zur Gewährleistung einer getreuen Darstellung *(fair presentation)* so genannte *Generally Accepted Accounting Principles* GAAP herausgebildet (→ **FI3.2.2** Financial Reporting). Obwohl die Unternehmung nicht nur gegenüber den Kapitalgebern Rechenschaft ablegt, sondern auch gegenüber anderen Stakeholdern, sind es, historisch betrachtet, vor allem die Kapitalgeber, aber auch das Management, die ihre Anliegen und Interessen durch die Rechnungslegung absichern. Ob die Standards auch tatsächlich eingehalten werden, wird durch Wirtschaftsprüfer bzw. Revisoren *(auditors)* und durch Börsenaufsichtsbehörden, wie die Zulassungsstelle der Schweizer Börse SWX, überprüft.

Das Beziehungsnetz der Unternehmung ist in dieser Hinsicht keineswegs einheitlich. Die Spitzen von Unternehmungen sind international ganz unterschiedlich strukturiert. In Kontinentaleuropa dominiert die Trennung von Geschäftsführung und Überwachung durch eigene Organe. In Deutschland werden beispielsweise in Aktiengesellschaften die Aufgaben für den Vorstand (Geschäftsführung) und den Aufsichtsrat (Überwachung der Geschäftsführung) getrennt. Im angelsächsischen Raum werden Geschäftsführung und Kontrolle in einem Gremium, dem *Board*, vereinigt. Die Macht konzentriert sich dabei beim *Director of the Board*, der im Normalfall auch *Chief Executive Officer* (CEO) ist. In der Schweiz liegt eine besondere Variante dieses Vereinigungsmodells vor: Der Verwaltungsrat (VR) einer Gesellschaft ist sowohl Geschäftsführungs- als auch Kontrollorgan und kann die damit verbundenen Aufgaben mit gewissen Ausnahmen an Delegierte, d.h. Mitglieder des VR, oder an vom VR getrennte Direktoren delegieren. Das Zusammenspiel dieser Organe begründet so – neben den *people relations* – primär eine interne Arena. Es ergibt sich ein Beziehungsnetz aus Verwaltungsrat, externen Revisoren und Geschäftsleitung auf der einen Seite und Shareholdern auf der anderen Seite. Die damit verbundenen Rechte und Pflichten werden unter dem Stichwort *Corporate Governance* thematisiert (→ **FI3.2.2** Financial Reporting).

Die Beziehungen zu den Eigenkapitalgebern (*Shareholder* oder *stockholders*) und zu den Fremdkapitalgebern *(creditors)* werden heute unter dem Begriff *investor relations* (→ **FI3.2.2** Financial Reporting; vgl. DIRK 2000) zusammengefasst. Im Rahmen von *investor relations* kommunizieren große Unternehmungen heute nicht nur mit einzelnen Kapitalgebern, wie zum Beispiel fremdfinanzierenden Banken, sondern mit einer ganzen *financial community* (Finanzgemeinde; vgl. NIX 2000):

- Analysten *(sell-side)*, wie zum Beispiel Merrill Lynch oder Goldman Sachs, beraten Investoren und erstellen Branchen- und Unternehmungsstudien *(research reports)*, die vor allem die erwartete künftige Entwicklung der Branchen bzw. der Unternehmung wiedergeben. Von großer Bedeutung sind dabei die Gewinnschätzungen der Analysten. Da dies mit den entsprechenden Schwankungen der Aktienwerte verbunden ist, versuchen Unternehmungen Überraschungen diesbezüglich zu vermeiden und sorgen in einer ständigen Kommunikation mit den Analysten notfalls für die Korrektur von Erwartungen nach unten *(profit warning)* oder nach oben *(positive earnings surprise).*

■ Institutionelle Investoren *(buy-side)* sind vor allem Versicherungen und Investmentfonds, wie zum Beispiel Fidelity Instruments. Sie sind in ihren Kaufentscheidungen oft an Regularien, wie zum Beispiel Anlagerichtlinien, gebunden und fällen ihre Entscheidungen in Teams auf der Grundlage «objektivierter» Informationen. Große institutionelle Investoren greifen inzwischen häufig auf *inhouse research* zurück, die von *Buy-Side*-Analysten und Managern betrieben wird.

■ Private Investoren spielen in einzelnen Ländern eine sehr unterschiedliche Rolle. In manchen Ländern, wie zum Beispiel in den USA, hat die Vermögensbildung privater Haushalte mit Aktien eine größere Bedeutung als in vielen europäischen Ländern. Die Aktie konkurriert für den privaten Investor mit anderen Formen des privaten Vermögensaufbaus mit Hilfe von Termineinlagen, Versicherungen usw.

Die Funktion der Finanzkommunikation besteht in der Vertrauensbildung und Erwartungssteuerung gegenüber den Finanzmärkten (→ FIII5 Kommunikationsmanagement). Dazu bedient sich eine Unternehmung neben der generellen Pressearbeit (Pressemitteilungen, Pressemappen, Interviews im Fernsehen) und den Pflichtinstrumenten (zum Beispiel Veröffentlichung von Geschäftsberichten, Durchführung von Aktionärsversammlungen) einer Reihe weiterer Instrumente (vgl. SCHMIDT 2000):

■ direkte Kommunikation, wie zum Beispiel eine Hotline nach außergewöhnlichen Unternehmungsmeldungen;

■ Bereitstellung von Informationspaketen für Privataktionäre, Imagebroschüren, Investorenhandbücher und Factbooks als Ergänzung des Geschäftsberichtes;

■ Finanzkalender, die Termine enthalten, wie zum Beispiel jenen der Aktionärsversammlung, von Pressekonferenzen, Quartalsberichten, Analystenkonferenzen;

■ Durchführung von bzw. Beteiligung an Bilanzpressekonferenzen, Analystenkonferenzen und -gesprächen, Aktionärsmessen, Roadshows und Investorenkonferenzen.

Investor relations können für die Anspruchsgruppen einer Unternehmung existenziell sein. Eine ungetreue Darstellung der Vermögenslage kann beispielsweise einen Investor oder einen Lieferanten mit hohen Lieferantenverbindlichkeiten in den Ruin treiben. Bei der Gestaltung der *investor relations* kann eine Orientierung an einem *code of ethics* stattfinden. Beispielhaft ist der *code of ethics* des *National Investor Relations Institute* (NIRI), der größten Vereinigung von IR-Profis, anzuführen.

Code of ethics des National Investor Relations Institute (NIRI)

As a regular member of the National Investor Relations Institute, I will:

1. Maintain my integrity and credibility by practising investor relations in accordance with the highest legal and ethical standards.
2. Avoid even the appearance of professional impropriety in the conduct of my investor relations responsibilities.
3. Recognize that the integrity of the capital markets is based on transparency of credible financial and non-financial corporate information, and will to the best of my ability and knowledge work to ensure that my company or client fully and fairly discloses this important information.
4. Provide analysts, institutional and individual investors and the media fair access to corporate information.
5. Honor my obligation to serve the interest of shareholders and other stakeholders.
6. Discharge my responsibilities completely and competently by keeping myself abreast of the affairs of my company or client as well as the laws and regulations affecting the practice of investor relations.
7. Maintain the confidentiality of information acquired in the course of my work for my company or client company.
8. Not use confidential information acquired in the course of my work for my personal advantage nor for the advantage of related parties.
9. Exercise independent professional judgment in the conduct of my duties and responsibilities on behalf of my company or client.
10. Avoid any professional/business relationships that might affect, or be perceived to potentially affect, my ethical practice of investor relations.
11. Report to appropriate company authorities if I suspect or recognize fraudulent or illegal acts within the company.
12. Represent myself in a reputable and dignified manner that reflects the professional stature of investor relations.

Besonders mit Blick auf private Investoren sind die Übergänge von *investor relations* zur Öffentlichkeitsarbeit *(public relations)* fließend.

Die Beziehungen zu Öffentlichkeit (einschließlich Medien) und Staat

D 1.3.4

Public relations (PR, Öffentlichkeitsarbeit) sind fester Bestandteil des unternehmerischen Handelns in Großunternehmungen. PR entstanden als Reaktion auf die Kritik von Journalisten und Schriftstellern («*muck-rakers area*») zu Beginn des zwanzigsten Jahrhunderts in den USA und sind heute in Großunternehmungen meist in Form einer PR-Abteilung institutionalisiert. Die Beziehungen der Unternehmung zu Öffentlichkeit und Staat gehen jedoch weit über PR hinaus. Öffentlichkeit meint dabei einen bestimmten Stakeholder einer Unternehmung und umfasst etwa das, was mit «öffentlicher Meinung» bezeichnet wird, wobei die (Massen-)Medien eine zentrale Rolle spielen (Medienöffentlichkeit). Davon streng zu unterscheiden ist die kritische Öffentlichkeit im Sinne der Ethik. Dies ist der ideelle Ort, an dem alle Anspruchsgruppen ihre Ansprüche vor und gegenüber jedermann zu begründen haben (→ **B3** Die normativen Grundlagen der unternehmerischen Tätigkeit).

Die öffentliche Exponiertheit von Unternehmungen (DYLLICK 1990) kommt zum Ausdruck zum Beispiel in Haftungs- oder Fördervorschriften, in politischer Aufmerksamkeit, in wissenschaftlichem Interesse, zum Beispiel an der Gentechnologie, in der Aufmerksamkeit in den Medien, im Image in der Öffentlichkeit oder in der direkten Aktivierung von Bürgerinnen und Bürgern. Deren Anliegen beruhen auf der Betroffenheit, ihre Durchsetzung ist im Regelfall nicht einklagbar oder erzwingbar. Um dennoch auf die Unternehmung Einfluss nehmen zu können, setzen die gesellschaftlichen Interessengruppen Strategien ein, die meistens kombiniert werden (siehe DYLLICK 1990, 53 ff.).

Brent Spar

Die Auseinandersetzung um die Entsorgung der Ölplattform *Brent Spar* spielte sich vor allem 1995 ab. Nach mehreren Studien zu den Entsorgungsmöglichkeiten hatte sich Shell U. K. entschlossen, die Plattform im Atlantik zu versenken. Die Umweltschutzorganisation Greenpeace mobilisierte daraufhin Widerstand gegen dieses Vorhaben. Anfänglich wird die Plattform von Greenpeace besetzt. In der Folge eskaliert die Auseinandersetzung. Es kommt beispielsweise für die Shell zu erheblichen Umsatzeinbrüchen in Deutschland, aber auch zu Anschlägen auf Tankstellen. Eine ausführliche Analyse des Falls Brent Spar bietet aus strategischer Sicht Scherler (1996) und aus ethischer Sicht P. Ulrich (1996).

Zu wirksamen Mobilisierungsstrategien von Anspruchsgruppen zählen somit:

■ *Mobilisierung öffentlichen Drucks*
Als Greenpeace bei Brent Spar die Videoaufnahmen und Fotografien von der Räumung der besetzten Ölplattform weltweit verbreiten ließ, war die öffentliche Meinung für das Problem sensibilisiert. Eine solche Mobilisierung hat eine zweifache Wirkung: eine direkte auf das Management und die Mitarbeitenden der Unternehmung und eine indirekte auf das Verhalten weiterer Anspruchsgruppen, wie zum Beispiel Politikerinnen und Politiker.

■ *Mobilisierung politischen Drucks*
Die Mobilisierung öffentlichen Drucks ist eine Voraussetzung dafür, dass politischer Druck erzeugt werden kann. So erklärte im weiteren Verlauf die deutsche Umweltministerin Angela MERKEL, dass die Brent Spar in Deutschland keine Versenkungserlaubnis habe und sie sich für ein generelles Versenkungsverbot von Ölplattformen einsetzen werde.

■ *Mobilisierung der Marktkräfte*
Eine direkte Form der Mobilisierung von Marktkräften ist der Boykott. So rief kurz nach der Räumung der Ölplattform ein Landesverband der christlich-demokratischen Jugend Deutschlands dazu auf, Shell-Tankstellen weiträumig zu umfahren. Eine von Greenpeace in Auftrag gegebene Studie von Emnid, deren Veröffentlichung als indirekter Boykottaufruf zu würdigen ist, zeigte, dass fast drei Viertel der Deutschen zu einem Shell-Boykott bereit waren (vgl. SCHERLER 1996, 259).

■ *Gesellschafteraktivismus*
Bei dieser Strategie werden Gesellschafterrechte zur Verfolgung gesellschaftlicher Anliegen genutzt. Die Gruppen sind als Einzelvereine, wie zum Beispiel in der Schweiz ACTARES (Aktionärinnen für nachhaltiges Wirtschaften) oder als Vereinigungen, wie beispielsweise in Deutschland der Dachverband kritischer Aktionärinnen und Aktionäre oder das *Shareholder Action Network* in den USA, organisiert.

■ *Direkte Verhandlungen mit der Unternehmung*
Auch zwischen Greenpeace und der Deutschen Shell, die von den Boykotten am stärksten betroffen war, gab es Gespräche, aber ohne konkrete Einigung.

An den genannten Beispielen zum Fall der Brent Spar wird bereits deutlich, dass *issues* (Themen) einen Lebenszyklus haben. Die folgende Abbildung zeigt, dass sich im Lebenszyklus eines *issues* Phasen abgrenzen lassen, die für die Unternehmung unterschiedliche Konsequenzen haben.

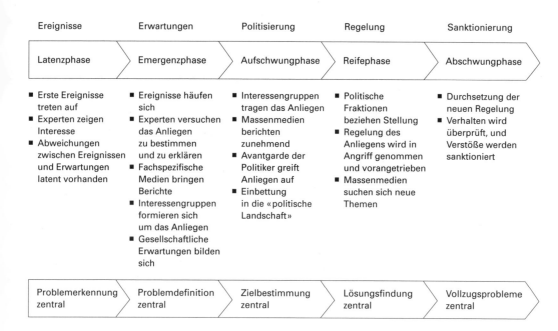

Ereignisse	Erwartungen	Politisierung	Regelung	Sanktionierung
Latenzphase	Emergenzphase	Aufschwungphase	Reifephase	Abschwungphase
▪ Erste Ereignisse treten auf ▪ Experten zeigen Interesse ▪ Abweichungen zwischen Ereignissen und Erwartungen latent vorhanden	▪ Ereignisse häufen sich ▪ Experten versuchen das Anliegen zu bestimmen und zu erklären ▪ Fachspezifische Medien bringen Berichte ▪ Interessengruppen formieren sich um das Anliegen ▪ Gesellschaftliche Erwartungen bilden sich	▪ Interessengruppen tragen das Anliegen ▪ Massenmedien berichten zunehmend ▪ Avantgarde der Politiker greift Anliegen auf ▪ Einbettung in die «politische Landschaft»	▪ Politische Fraktionen beziehen Stellung ▪ Regelung des Anliegens wird in Angriff genommen und vorangetrieben ▪ Massenmedien suchen sich neue Themen	▪ Durchsetzung der neuen Regelung ▪ Verhalten wird überprüft, und Verstöße werden sanktioniert
Problemerkennung zentral	Problemdefinition zentral	Zielbestimmung zentral	Lösungsfindung zentral	Vollzugsprobleme zentral

Derartige *issues* sind Gegenstand eines *issues management* (siehe RÖTTGER 2001; LIEBL 2000). Ein zentraler Lehrsatz verankert die Bedeutung der frühen Auseinandersetzung der Unternehmung mit gesellschaftlichen Anliegen: «Ohne angemessene unternehmerische Reaktion werden die gesellschaftlichen Anliegen von heute zu den politischen Problemen von morgen, die übermorgen geregelt werden (müssen) und die am Tag darauf ein bestimmtes Verhalten unter Sanktionsandrohung vorschreiben – ob es uns passt oder nicht» (DYLLICK 1990, 246). Mit anderen Worten: Der Handlungsspielraum der Unternehmung nimmt im Laufe der Zeit ab, und die Kosten der Bewältigung steigen. **Abbildung 5** visualisiert diese Zusammenhänge.

Abbildung 4
Lebenszyklus gesellschaftlicher Anliegen und Konsequenzen für die Unternehmung nach Dyllick (1990)

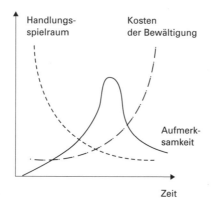

Abbildung 5
Aufmerksamkeitswert eines «issue» und die Konsequenzen für betroffene Unternehmungen nach Liebl (1996)

Neben einer offenen Kommunikation der Unternehmung an Aktionärsversammlungen, Diskussionsforen oder über Hotlines spielt die umfassende externe Berichterstattung (vgl. ZWYSSIG 1995) eine bedeutende
Rolle. Die Berichterstattung der Unternehmung, zum Beispiel in Jahresberichten, orientiert sich heute vornehmlich an den Informationsbedürf-
nissen der Shareholder. Im Sinne des umfassenderen Stakeholderansatzes
greift eine solche Berichterstattung zu kurz. Pioniere wie Ciba (heute
Novartis) oder *The Body Shop* (→ **B3** Die normativen Grundlagen der
unternehmerischen Tätigkeit, Aufgaben) legen daher ein erheblich erwei-
tertes Berichtswesen mit einer ausführlichen Darstellung der sozialen und
ökologischen Wirkungen der eigenen Geschäftstätigkeit vor. Vor allem
die finanzielle Berichterstattung ist standardisiert und in diesem Sinne
verlässlich, überprüf- und vergleichbar. Analoge Standards für eine umfassende externe Berichterstattung sind im Entstehen begriffen.[3]

Eher präventiv beziehungsweise proaktiv angelegt sind auch das
Instrument der Spenden, das Sponsoring oder Stiftungen. Im Gegensatz
zum Mäzenatentum, das nach dem Prinzip «Tue Gutes und rede nicht
darüber!» erfolgt, wird beim Sponsoring (zum Beispiel Sport, Kultur) nach
dem Prinzip «Tue Gutes und rede darüber!» eine klare Gegenleistung
gefordert und oft auch vertraglich abgesichert, zum Beispiel eine starke
mediale Präsenz an Veranstaltungen. Unternehmungen verfolgen damit
nicht nur das Ziel, ihr Image in der Öffentlichkeit zu verbessern, sondern
auch die Identifikation der Mitarbeitenden zu erhöhen usw. Im Gegensatz zum Sponsoring sieht das Grundprinzip der Stiftung vor, dass das so
genannte Stiftungsvermögen dauerhaft für einen bestimmten Zweck zur
Verfügung gestellt wird.

Bertelsmann Stiftung

Die Bertelsmann Stiftung wurde vom Medienunternehmer Reinhard
Mohn gestiftet. Das Stiftungsvermögen besteht insbesondere aus der Erst-
ausstattung und den Geschäftsanteilen an der Johannes Mohn GmbH, die
wirtschaftlich Mehrheitsgesellschafterin der Bertelsmann AG ist. Die Bertelsmann Stiftung finanziert ihre Projektarbeit überwiegend aus den Erträgen

---

3   So erarbeitet die *Global Reporting Initiative* einen Leitfaden für Nachhaltigkeits-
berichte zur wirtschaftlichen Leistung (wie zum Beispiel Arbeitsproduktivität,
Arbeitsplatzschaffung), zur ökologischen Leistung (zum Beispiel Auswirkungen der
Prozesse auf Luft oder Wasser) und zur sozialen Leistung (zum Beispiel Löhne und
Arbeitsbedingungen in ausgelagerten Unternehmensteilen) einer Unternehmung.

ihrer Beteiligung an der Bertelsmann AG. Die Satzung sieht vor: Die Förderung der Medienwissenschaft, die Erforschung und Entwicklung von innovativen Konzepten der Führung und Organisation in allen Bereichen der Wirtschaft und des Staates, die Förderung der internationalen Zusammenarbeit, die Förderung der Aus- und Weiterbildung und der Systementwicklung in allen Bereichen des Bildungswesens, die Förderung gemeinnütziger Maßnahmen in der Arbeitswelt, die Förderung zeitgemäßer und wirkungsvoller Strukturen und Ordnungen in der Gesellschaft, den internationalen Beziehungen, den Medien, der Medizin, der Wirtschaft und den Unternehmen, die Förderung von Einrichtungen und Maßnahmen auf den Gebieten der Bildung, Religion, Kultur und Völkerverständigung sowie im Bereich des Sozial- und Gesundheitswesens. Die Bertelsmann Stiftung hat beispielsweise die Gründung des Instituts für Medien und Kommunikationsmanagement der Universität St. Gallen unterstützt.

Es ist schwierig und problematisch, die öffentlichen Anliegen abschließend aufzuzählen.[4] Es sollen jedoch zum Abschluss dieses Abschnittes zwei öffentliche Anliegen herausgestellt werden: Umwelt- und Gesundheitsschutz und die Problematik der Entwicklungsländer.

Umwelt- und Gesundheitsschutz sind unmittelbar mit wirtschaftlichem Handeln verbunden. Wirtschaftliches Handeln führt nicht nur zu erwünschten, sondern auch zu unerwünschten Wirkungen. Dies führt zu Reaktionen, die auf die Unternehmung zurückwirken (→ **C3** Die Unternehmung in der ökologischen Umwelt). Ebenso führen Technologien nicht nur zu neuen Möglichkeiten, sondern auch zu neuen Risiken (→ **C4** Die Unternehmung in der technologischen Umwelt). Beides betrifft alle Anspruchsgruppen. Zu nennen sind vor allem – neben den Konsumenten, die beispielsweise Risiken meiden oder ökologische Produkte bevorzugen und den Konkurrenten – die Öffentlichkeit und der Staat, der umweltpolitisch agiert. Der Staat kann dabei entsprechend der traditionellen Vorstellung als höchstes gesellschaftliches Kontrollzentrum Umweltschutzvorschriften als durchsetzbares Recht erlassen. Andererseits kann er auf die Selbstregulierung der Wirtschaft setzen, ähnlich wie bei der freiwilligen Selbstkontrolle der Filmwirtschaft. Im Bereich des Umweltschutzes reguliert der Staat im EMAS *(Eco-Management and Audit Scheme)* die

---

4   DYLLICK (1990, 38) führt die folgenden «wichtigsten allgemeinen Bereiche gesellschaftlicher Anliegen» an: Konsumentenschutz, Umweltschutz, Gesundheitsschutz, Mitarbeiteranliegen, Entwicklungsländerproblematik.

ABB und Gerling

Die Asea Brown Boveri (ABB) übernahm 1990 die amerikanische Combustion Engineering Inc. Diese hatte früher Heizkessel für Kraftwerke hergestellt und gesundheitsschädliches Asbest verwendet. Inzwischen sieht sich ABB in den USA über 100 000 Asbest-Klagen gegenüber. Das damit verbundene Schadensrisiko gilt für die Unternehmung als existenziell. Asbest und Umweltschäden haben auch die Gerling-Versicherung erheblich bedroht. Gerling hatte den amerikanischen Rückversicherer Constitution Re gekauft und damit große Haftungsrisiken übernommen.

freiwillige Teilnahme an einem europäischen System für Umweltmanagement (Öko-Audit). In einer strategischen Perspektive ergeben sich aus dem Umwelt- und Gesundheitsschutz Chancen und Risiken, die für ein Unternehmen existenziell sein können, wie die Beispiele ABB und Gerling zeigen.

Die Entwicklungsländerproblematik begründet für Unternehmungen eine komplexe Herausforderung. Insbesondere an die multinationale Unternehmung werden Ansprüche im Zusammenhang mit der Globalisierung herangetragen. Lokale Regierungen und weitere Anspruchsgruppen hegen beispielsweise nicht selten die Befürchtung, dass Arbeitsplätze und Märkte wegbrechen. Für die Unternehmung ergibt sich hier die Herausforderung eines fairen Umgangs mit den Anliegen der inländischen und ausländischen Stakeholder (→ **E 4.1** Management im Zeitalter der Globalisierung). Die mit der Entwicklungsländerproblematik verbundenen Anliegen und Interessen sind ausgesprochen vielfältig. Sie betreffen beispielsweise den Umweltschutz oder die Beachtung der Menschen- und Sozialrechte. Dazu gehört auch der *faire Handel.* Sozial-Labels mit entwicklungspolitischem Hintergrund, wie zum Beispiel diejenigen der Max-Havelaar-Stiftung, Fairtrade oder TransFair, spielen dabei inzwischen eine bedeutende Rolle. So vermarktet die Migros in der Schweiz ein ganzes Set von «ethischen Labels der Migros» (Originalton Migros), wie zum Beispiel Max Havelaar im Foodbereich oder eco im Nonfoodbereich. Vor allem in dynamischen Entwicklungsländern kommt es in der Entwicklungszusammenarbeit zu *Public-Private-Partnerships.* Der Staat tritt nicht mehr einfach als Geber von «Entwicklungsmitteln» auf, sondern bemüht sich in Zusammenarbeit mit Unternehmen um nachhaltige Problemlösungen in den Entwicklungsländern (Hilfe zur Selbsthilfe). So kooperieren Staat und Unternehmen aus den Industrieländern beispielsweise beim Aufbau von Produktionsstätten oder Dienstleistungsangeboten in einem Entwicklungsland mit positiven Beschäftigungs-, Technologie- oder Struktureffekten. Dies wird unter Umständen flankiert durch die Bereitstellung von Aus- und Fortbildungsleistungen und betrieblichen Ausbildungskapazitäten im Entwicklungsland. Dieses Engagement unterscheidet sich in der Perspektive des unternehmerischen Eigeninteresses von traditionellen Exportgeschäften vor allem durch seine Langfristigkeit (vgl. FÖRSTER/WOLFF 1997).

Der Umgang mit Anspruchsgruppen   D1.4

Für den Umgang mit Anspruchsgruppen wird, wie in **Abbildung 6** dargestellt, ein vierstufiger Zyklus vorgeschlagen.[5]

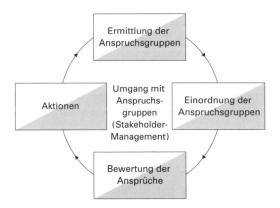

Abbildung 6
Vier-Stufen-Modell
für den Umgang
der Unternehmung
mit ihren Anspruchs-
gruppen (verein-
facht)

Die Darstellung als Zyklus soll anzeigen, dass die Schrittfolge mehrfach durchlaufen werden kann. In diesem Prozess werden Entscheidungen getroffen und Prioritäten gesetzt. Das Modell kann sowohl auf der Ebene der Gesamtunternehmung als auch auf einer tieferen Ebene bis hin zu einzelnen Projekten verwendet werden. In einem *Top-down*-Vorgehen wird der Zyklus zunächst auf der Ebene der Gesamtunternehmung und anschließend auf einer tieferen Ebene, zum Beispiel einer Geschäftseinheit, durchlaufen. Es ist häufig, dass die Ansprüche der einzelnen Anspruchsgruppen nicht mit den Ansprüchen der Unternehmung zusammenfallen. Konflikte und Spannungen sind somit zu erwarten.

---

5   Das Modell fußt auf einer Auseinandersetzung mit entsprechenden Vorlagen aus der Literatur zum strategischen Management (insbesondere FREEMAN 1984 und MÜLLER-STEWENS/LECHNER 2001) und zur Wirtschaftsethik (insbesondere WEISS 2003 und CARROLL/BUCHHOLTZ 2000). Bezüglich des normativ-kritischen Konzepts wurde der Anschluss an das Konzept der *Integrativen Wirtschaftsethik* von ULRICH (2001) gesucht.

D1.4.1   Schritt I: Ermittlung der Anspruchsgruppen

Im ersten Schritt werden die Anspruchsgruppen der Unternehmung ermittelt. Dies wird in Abhängigkeit vom zugrunde liegenden Anspruchsgruppenkonzept variieren.

Im *strategischen Anspruchsgruppenkonzept* ist die Frage zu stellen: «Wer hat *wirkmächtige* Ansprüche?» bzw. «Wer kann bzw. könnte einen Einfluss auf die Unternehmung ausüben?» Bei der Beurteilung des Einflusses einer Anspruchsgruppe auf die Unternehmungstätigkeit bzw. -strategie ist zu unterscheiden, ob der Einfluss aktuell schon ausgeübt wird oder in Zukunft ausgeübt werden könnte. Es besteht die Gefahr, eine statische Beurteilung der Anspruchsgruppen vorzunehmen. Die Einflussnahme bzw. die Beeinflussbarkeit der Anspruchsgruppe kann bzw. soll sich im Laufe der Zeit ändern, was eine Wiederholung der Analyse in regelmäßigen Abständen erfordert.

Im *normativ-kritischen Anspruchsgruppenkonzept* ist hingegen die Frage zu stellen: «Wer ist von der unternehmerischen Tätigkeit betroffen und hat aufgrund dieser Betroffenheit *legitime* Ansprüche an die Unternehmung?» In einem umfassenden Sinne des normativ-kritischen Anspruchsgruppenkonzeptes wird «prinzipiell jeder mündigen Person das Recht zuerkannt, die Unternehmung hinsichtlich der moralischen Berechtigung ihres Tuns kritisch ‹anzusprechen›, Einwände gegen dieses zu erheben und eine öffentliche Begründung fraglicher unternehmerischer Handlungsweisen, welche die Öffentlichkeit interessieren, zu verlangen» (ULRICH 2001, 443). Im engeren Sinne des normativ-kritischen Anspruchsgruppenkonzeptes haben nur solche Anspruchsgruppen legitime Ansprüche, die Rechte aus Verträgen haben oder denen allgemeine moralische Rechte, wie zum Beispiel Persönlichkeitsrechte, zukommen.

In beiden Anspruchsgruppenkonzepten ist das Ergebnis der Anspruchsgruppenermittlung, d. h. des ersten Schrittes, im einfachsten Fall eine Liste mit Anspruchsgruppen. Im Fall der Antitrust-Prozesse von Microsoft besteht diese Liste beispielsweise aus einer Fülle öffentlicher und nicht öffentlicher Institutionen.

Es kann darüber hinaus lohnend sein, auch die Beziehungen zwischen den Stakeholdern zu analysieren. Im Ergebnis ergibt sich damit nicht eine Liste, sondern ein Netzwerk von Anspruchsgruppen.

Microsoft

Im Juni 2001 wurde Microsoft vom U.S.Court of Appeals im Distrikt Columbia kartellrechtlicher Verstöße für schuldig befunden, der Fall aber an eine niedrigere Instanz (District Court) zurücküberwiesen. Dabei stand die Aufteilung bzw. Zerschlagung von Microsoft im Raum. Für diesen Fall (vgl. Weiß 2003, 29ff.) wurden die Stakeholder wie folgt ermittelt: Konkurrenten, und zwar im Bereich der Browser (Netscape, Spyglass), der Betriebssysteme (IBM, Apple) sowie der Software (Sun Microsystems, Hewlett-Packard, AOL); Lizenznehmer und zwar Original Equipment Manufacturers (OEMs), Internet Service Provider und Online-Services (Earthlink, AT&T WorldNet) sowie Internet Content Provider (Disney, Hollywood Online, CBS Sportsline); Verbände; Mitarbeitende; Management Bill Gates; Kunden; Lieferanten; Shareholder sowie neben dem US District Court die Regierung (Federal Government mit Antitrust Division, State Government mit fast zwanzig Generalstaatsanwälten).

Schritt II: Einordnung der Anspruchsgruppen

D 1.4.2

Im zweiten Schritt werden die Anspruchsgruppen eingeordnet.

Im *strategischen Anspruchsgruppenkonzept* wird im zweiten Schritt der Anspruchsgruppenanalyse die *Relevanz* der Anspruchsgruppen untersucht. Dabei sind nach dem Vorschlag von Freeman (1984) sowie Müller-Stewens/Lechner (2001) zwei Fragen zu klären: Wie stark ist der (potenzielle) Einfluss eines Stakeholders? Inwieweit lässt sich der Stakeholder selbst beeinflussen? Das Ergebnis dieser Beurteilung wird in der Relevanz-Matrix festgehalten, die in der **Abbildung 7** wiedergegeben wird.

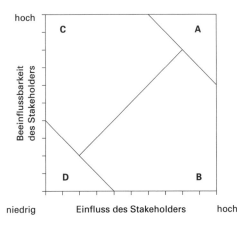

Abbildung 7
Relevanz-Matrix
der Stakeholder
nach Müller-Stewens/
Lechner (2001)

In der Relevanz-Matrix können vier Fälle von Anspruchsgruppen unterschieden werden. Im Fall A hat die Anspruchsgruppe einen starken Einfluss, zeigt sich aber gesprächsbereit – es handelt sich um einen *key stakeholder*. Eine Anspruchsgruppe vom Typ B ist in gewisser Weise für die Unternehmung eine «träge Masse» – gerät sie einmal in Bewegung, ist sie für die Unternehmung kaum noch aufzuhalten. Eine Normstrategie bestünde in diesem Fall darin, nach Wegen zu suchen, wie man die Beeinflussbarkeit dieser Gruppe erhöhen könnte. Im Fall C wird eine Anspruchsgruppe zwar durch die Unternehmung beeinflusst, hat aber selbst nur wenig Möglichkeiten der Einflussnahme. Der Fall D wäre beispielsweise möglich bei ehemaligen Mitarbeitenden, die keine engeren sozialen Kontakte in die Unternehmung pflegen.

Im *normativ-kritischen Anspruchsgruppenkonzept* ist eine – einseitig durch eine Unternehmung vorgenommene – Bewertung der Anspruchsgruppen ausgesprochen heikel und in gewissem Sinne eigentlich gar nicht zulässig. Das Konzept sieht nämlich eine unbedingte *Offenheit* gegenüber *allen legitimen Ansprüchen* vor. Es stellt sich die oft ausgesprochen schwierige Aufgabe, im Kontext eines Dialogs die *Schwere der Betroffenheit* der Anspruchsgruppen zu beurteilen. Schwer betroffene Anspruchsgruppen können in keinem Fall übergangen werden. Darüber hinaus kann sich die Unternehmung für die Ansprüche bestimmter Anspruchsgruppen aufgrund eigener Präferenzen sowie aus berechtigten Eigeninteressen heraus selbst besonders interessieren (siehe WAXENBERGER 2001, 45 ff.).

D 1.4.3   Schritt III: Bewertung der Ansprüche

Im dritten Schritt sind die Ansprüche der einzelnen Anspruchsgruppen zu analysieren und zu beurteilen.

Im *strategischen Anspruchsgruppenkonzept* stehen primär die erwartbaren Wirkungen *von Anspruchsgruppen auf die Unternehmung* im Mittelpunkt des Interesses: Welche Anspruchsgruppen sind aus einer machtpolitischen Perspektive besonders wertvoll, was ihre Möglichkeiten der Bereitstellung von Ressourcen betrifft, und besonders gefährlich, was ihre Macht betrifft, der Unternehmung wichtige Ressourcen streitig zu machen (Bewilligungen, Rechte usw.). Wie lassen sich diese Anspruchsgruppen positiv beeinflussen? Um diese Fragen beantworten zu können, muss systematisch ermittelt werden, welche Erwartungen an die Unternehmung und welche Macht welche Anspruchsgruppen haben, wie sich diese Erwartungen ändern, wie groß deren Einfluss auf weitere Anspruchsgruppen ist und umgekehrt.

Im *normativ-kritischen Anspruchsgruppenkonzept* geht es demgegenüber darum, die aktuelle und potenzielle Betroffenheit von Anspruchsgruppen durch die Wirkungen des eigenen unternehmerischen Handelns auszuloten und auf dieser Grundlage die Berechtigung und die Angemessenheit der Ansprüche zu klären. Zu diesem Zweck ist es unerlässlich, sich in einem *Diskurs* gleichermaßen intensiv mit den Wirkungen der eigenen Geschäftstätigkeit und mit den Rechten und Argumenten Betroffener auseinander zu setzen. Der Diskurs ist dabei die praktische Leitidee für eine unvoreingenommene, unparteiliche Klärung legitimer Ansprüche der Stakeholder. Im Diskurs geht es um die respektvolle Würdigung der Ansprüche und Rechte, die durch Anspruchsgruppen geltend gemacht werden bzw. werden könnten. Dabei sind sowohl die Verantwortbarkeit gegenüber den Stakeholdern als auch die Zumutbarkeit gegenüber der Unternehmung selbst relevant. Auch die Unternehmung selbst kann Selbstbehauptungs- und Erfolgsinteressen geltend machen. Diese Interessen sind indessen nicht «automatisch» legitim oder gar tabu, sondern sind wie auch andere, möglicherweise legitime Anliegen und Ansprüche einer Begründungspflicht zu unterstellen.

Schritt IV: Aktionen   D 1.4.4

Im vierten Schritt sind auf der Grundlage der ersten drei Schritte konkrete Maßnahmen abzuleiten.

Im *strategischen Anspruchsgruppenkonzept* werden im vierten Schritt Maßnahmen in drei Bereichen entworfen: Informieren, Involvieren und Kooperieren bzw. Verhandeln. Dies wird durch die Relevanz der entsprechenden Stakeholder und durch die Anspruchsanalyse gesteuert. Unter Anwendung eines *machtpolitischen Kalküls* wird man bei einer Anspruchsgruppe vom Typ A (→ **Abbildung 7**) umfangreiche Maßnahmen treffen, um der Anspruchsgruppe gerecht zu werden. Bei einer Anspruchsgruppe vom Typ D (→ **Abbildung 7**) wird man hingegen nach vergleichsweise einfachen Möglichkeiten suchen, wie zum Beispiel einer regelmäßigen Information durch eine Firmenzeitschrift. Strategisch bedeutsam ist eine Unterdeckung der Erwartungen. «Entweder hält man die Differenz für unveränderbar, versucht aber, über Kommunikation mit der Anspruchsgruppe Verständnis dafür zu schaffen und die zu erwartenden Widerstände abzuschwächen. Oder man hält die Differenz für veränderbar und will sie auch verändern. Dann gibt es zwei Ansatzpunkte: Es wird entweder über die Erwartungen oder über Nutzen oder Schaden verhandelt. Dies ist meistens nicht eine einmalige Aktion, sondern ein laufender, die Implementierung von Strategien begleitender Verhandlungsprozess, dessen Resultat eine langfristige Gewinnerposition für beide Parteien sein sollte. Es handelt sich also um das ‹Schnüren eines Verhandlungspaketes›» (MÜLLER-STEWENS/LECHNER 2001, 131). Eine weitere Möglichkeit besteht darin, Anspruchsgruppen zu involvieren, beispielsweise indem diese in Steuergruppen für Projekte aufgenommen werden.

Im Sinne des *normativ-kritischen Anspruchsgruppenkonzeptes* werden im vierten Schritt Maßnahmen verankert, die, so ULRICH (2001, 459f.), einerseits für ethische Reflexionen öffnen (Entwicklung einer respektvollen Dialogkultur), und andererseits gegen unverantwortbare bzw. unerwünschte Handlungsweisen schließen. Bausteine eines solchen Ethik-Programms sind eine geklärte und wohl begründete unternehmerische Wertschöpfungsaufgabe, verbindliche Geschäftsgrundsätze, klare moralische Rechte sämtlicher Stakeholder, eine diskursiv ausgerichtete Unternehmenskultur, Maßnahmen zur ethischen Kompetenzbildung sowie eine flächendeckende Überarbeitung der Führungssysteme (→ FI1 Normative Orientierungsprozesse).

Es wurde deutlich, dass sich in Abhängigkeit von den beiden unterschiedlichen Anspruchsgruppenkonzepten eine mehr oder weniger stark unterschiedliche Praxis des Umgangs mit den Anspruchsgruppen ergeben kann. Beide Konzepte stehen für zwei verschiedene normative Positionen bzw. Perspektiven.

- Das *strategische Anspruchsgruppenkonzept* steht primär für die ökonomische Rationalität mit ihrer normativen *Logik des Marktes,* die eine optimale Ressourcenallokation und effiziente Ressourcennutzung verfolgt.

- Das *normativ-kritische Anspruchsgruppenkonzept* repräsentiert die ethische Vernunft mit ihrer normativen *Logik der Zwischenmenschlichkeit,* die für eine faire Verteilung von Lebensmöglichkeiten und Zumutungen ökonomischer Tätigkeit einsteht. Diese ethische Vernunft beruht auf dem guten Willen der Beteiligten, ihre Einzelinteressen und entsprechenden Sichtweisen zur Disposition zu stellen und sich zu bemühen, den Standpunkt eines allparteilichen Zuschauers einzunehmen.

Diese aus didaktischen Gründen zugespitzte Darstellung darf aber keineswegs darüber hinwegtäuschen, dass in der Praxis in den meisten Fällen Mischformen der beiden skizzierten Anspruchsgruppenkonzepte anzutreffen sind.

Zusammenfassung   D 1.5

Die beiden Grundkategorien *Anspruchsgruppen* und *Interaktionsthemen* des neuen St. Galler Management-Modells thematisieren die Notwendigkeit einer sorgfältigen Ausgestaltung und Pflege der Beziehungen zu den Anspruchsgruppen einer Unternehmung. Gegenstand oder Inhalt der Beziehungen zu den Anspruchsgruppen sind Interaktionsthemen, und zwar Anliegen und Interessen, Normen und Werte sowie Ressourcen. Anspruchsgruppen variieren von Unternehmung zu Unternehmung. Trotz dieses Einwandes werden mit methodischer Absicht im neuen St. Galler Management-Modell *sieben* Anspruchsgruppen unterschieden, die in verschiedenen Arenen aktiv sind:

- Die Beziehungen zu den *Kunden (customer relations)*, *Lieferanten (supplier relations)* und zur *Konkurrenz (competitor relations)* gehören in die Marktarena. Kunden und Lieferanten stehen am Anfang und am Ende der Geschäftsprozesse einer Unternehmung. Die Marktkommunikation hat in strategischer Perspektive vor allem eine Überzeugungs- und Beeinflussungsfunktion und wird durch strategische Entscheide gesteuert.
- Die Beziehungen zu den *Mitarbeitenden (people relations)* begründet die Mitarbeiterkommunikation (interne Arena). Personalmanagement, Bildungsmanagement und Führung vertiefen diese Beziehungen. Eine Reihe von Rechten, Normen und Standards, wie zum Beispiel Persönlichkeitsrechte oder ILO-Standards, sind kennzeichnend für diesen Bereich.
- Die Beziehungen zu den *Kapitalgebern (investor relations)*, d. h. den Anbietern von Eigenkapital *(shareholders)* und Fremdkapital *(creditors)*, spielen sich in der Arena der Finanzkommunikation ab. Hier nehmen das *financial reporting*, Standards wie die *Generally Accepted Accounting Principles* GAAP sowie *Corporate Governance* eine bedeutende Rolle ein.
- Die Beziehungen zur *Öffentlichkeit (public relations)* und zum *Staat (political relations)* vollziehen sich in der Arena der öffentlichen Kommunikation. Dabei sind gesellschaftliche Interessengruppen unter Umständen strategisch aktiv. Durch die Medien auf die Agenda gesetzt, durchleben Themen *(issues)* einen Lebenszyklus und fordern ein *issues management* heraus. Alternative Berichterstattungsmodelle sowie Spenden, Sponsoring und Stiftungen erweisen sich demgegenüber eher als präventiv angelegte Instrumente.

Der Umgang mit den Anspruchsgruppen kann nach einem zyklisch zu durchlaufenden Modell gestaltet werden. Dabei werfen strategisches und normativ-kritisches Anspruchsgruppenkonzept je unterschiedliche Fragen auf und führen zu unterschiedlichen Maßnahmen, wie die folgende Übersicht zusammenfassend visualisiert. Im linken Dreieck wird jeweils die Perspektive des strategischen, im rechten Dreieck die Perspektive des normativ-kritischen Anspruchsgruppenkonzepts zum Ausdruck gebracht.

Abbildung 8
Vier-Stufen-Modell
für den Umgang
der Unternehmung
mit ihren Anspruchs-
gruppen

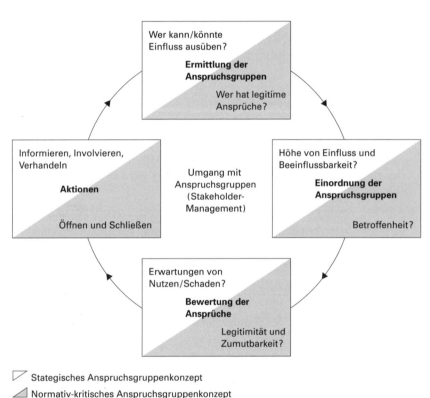

Wer kann/könnte
Einfluss ausüben?

**Ermittlung der
Anspruchsgruppen**

Wer hat legitime
Ansprüche?

Informieren, Involvieren,
Verhandeln

Aktionen

Öffnen und Schließen

Umgang mit
Anspruchsgruppen
(Stakeholder-
Management)

Höhe von Einfluss und
Beeinflussbarkeit?

**Einordnung der
Anspruchsgruppen**

Betroffenheit?

Erwartungen von
Nutzen/Schaden?

**Bewertung der
Ansprüche**

Legitimität und
Zumutbarkeit?

▷ Stategisches Anspruchsgruppenkonzept
◁ Normativ-kritisches Anspruchsgruppenkonzept

Literatur

CARROLL, A. B./BUCHHOLTZ, A. K. (2000). *Business & Society. Ethics and Stakeholder Management* (4th ed.). Mason: South-Western.

DIRK – Deutscher Investor Relations Kreis e.V. (Hrsg.) (2000). *Investor Relations. Professionelle Kapitalmarktkommunikation.* Wiesbaden: Gabler.

DYLLICK, T. (1990). *Management der Umweltbeziehungen. Öffentliche Auseinandersetzungen als Herausforderung.* Wiesbaden: Gabler.

FOERSTER, A./WOLFF, P. (1997). *Öffentlich-private Partnerschaft in der Zusammenarbeit mit dynamischen Entwicklungsländern. Anpassungserfordernisse für das Instrumentarium der deutschen Entwicklungszusammenarbeit.* Berlin: Deutsches Institut für Entwicklungspolitik.

FREEMAN, R. E. (1984). *Strategic Management. A Stakeholder Approach.* Boston et al.: Pitman.

HARRISON, J. S./JOHN, C. H. ST. (1996). Managing and partnering with external stakeholders. In: *Academy of Management Executive,* 10, Nr. 2: 46–59.

LIEBL, F. (1996). *Strategische Frühaufklärung. Trends – Issues – Stakeholders.* München/Wien: R. Oldenbourg.

LIEBL, F. (2000): *Der Schock des Neuen. Entstehung und Management von Issues und Trends.* München: Gerling Akademie Verlag.

MÜLLER-STEWENS, G./LECHNER, C. (2001): *Strategisches Management. Wie strategische Initiativen zum Wandel führen. Der St. Galler General Management Navigator.* Stuttgart: Schäffer-Poeschel.

NIX, P. (2000): Die Zielgruppen von Investor Relations. In: DIRK – Deutscher Investor Relations Kreis e.V. (Hrsg.). *Investor Relations. Professionelle Kapitalmarktkommunikation* (S. 35–43). Wiesbaden: Gabler.

RAPPAPORT, A. (1998): *Creating Shareholder Value. A Guide for Managers and Investors* (revised and updated). New York: The Free Press.

RÖTTGER, U. (Hrsg.) (2001). *Issues Management. Theoretische Konzepte und praktische Umsetzung.* Wiesbaden: Westdeutscher Verlag.

RÖTTGER, U. (2001a). Issues Management – Mode, Mythos oder Managementfunktion? In: DERS. (Hrsg.): *Issues Management. Theoretische Konzepte und praktische Umsetzung* (S. 11–39). Wiesbaden: Westdeutscher Verlag.

SCHERLER, P. (1996). *Kommunikation mit externen Anspruchsgruppen als Erfolgsfaktor im Krisenmanagement eines Konzerns. Erfahrungen aus dem Fall Brent Spar (Greenpeace vs. Shell).* Basel/Frankfurt a. M.: Helbing & Lichtenhahn.

SCHMIDT, H. (2000). Die IR-Instrumente. In: DIRK – Deutscher Investor Relations Kreis e.V. (Hrsg.). *Investor Relations. Professionelle Kapitalmarktkommunikation* (S. 45–58). Wiesbaden: Gabler.

SCHOLZ, C. (2000). *Personalmanagement. Informationsorientierte und verhaltenstheoretische Grundlagen.* München: Franz Vahlen.

ULRICH, P. (1996): Brent Spart und der «moral point of view». Reinterpretation eines unternehmensethischen Realfalls. In: *Die Unternehmung,* 50: 27–46.

ULRICH, P. (2001): *Integrative Wirtschaftsethik. Grundlagen einer lebensdienlichen Ökonomie* (3. Aufl.). Bern: Haupt.

WAXENBERGER, B. (2001): *Integritätsmanagement. Ein Gestaltungsmodell prinzipiengeleiteter Unternehmensführung.* Bern: Haupt.

WEISS, J. W. (2003). *Business Ethics. A Stakeholder and Issues Management Approach* (3rd ed.). Mason: South Western.

ZWYSSIG, M. (1995). *Die Berücksichtigung öffentlicher Interessen in der externen Berichterstattung. Bezugsrahmen für einen ganzheitlichen Geschäftsbericht.* Bamberg: Difo-Druck.

Aufgaben

Die folgenden Fragen sollen dazu dienen, die zentralen Konzepte, die im vorangehenden Kapitel erläutert wurden, noch einmal aufzufrischen und zu wiederholen (reproduzieren).

Aufgabe 1

- Welche Anspruchsgruppen, Interaktionsthemen, Arenen und Beziehungen *(relations)* werden im neuen St. Galler Management-Modell unterschieden? Charakterisieren Sie diese Beziehungen in wenigen Sätzen.
- Nennen Sie drei Aspekte, in denen sich das strategische und das normativ-kritische Anspruchsgruppenkonzept unterscheiden.
- Sie haben einen Stapel Karteikarten vor sich. Auf diesen Karten sind folgende Begriffe und Fragen notiert:
  - Ethische Vernunft
  - Einfluss(potenzial)
  - «Wer hat legitime Ansprüche an die Unternehmung?»
  - Ökonomische Rationalität
  - Normative Logik der Zwischenmenschlichkeit
  - Unternehmen als Teil der Lebenswelt
  - Lebensdienlichkeit
  - Normative Logik des Marktes
  - Selbstbehauptung
  - Strategisches Anspruchsgruppenkonzept
  - Legitimität
  - «Wer kann bzw. könnte Einfluss auf die Unternehmung ausüben?»
  - Unternehmen als Teil der Marktwirtschaft
  - Normativ-kritisches Anspruchsgruppenkonzept

  Bringen Sie die Karteikarten in eine Ordnung, die einen stimmigen sachlichen Zusammenhang repräsentiert.
- Stellen Sie das Vier-Stufen-Modell für den Umgang der Unternehmung mit Anspruchsgruppen in einer Ihnen günstig erscheinenden Art und Weise grafisch dar. Erläutern Sie die Grafik in ein paar wenigen Sätzen einer fiktiven Mitstudentin.

- Zusatzaufgabe
  Nummerieren Sie die Absätze des Abschnittes «Die Beziehungen zu Öffentlichkeit (einschließlich Medien) und Staat». Jeder Nummer ordnen Sie dann einen Titel für den Absatz zu. Auf der Grundlage dieser Absätze erstellen Sie eine «Storyline» für den Abschnitt. Entscheiden Sie, welche

Teile der «Storyline» zentral sind. Erläutern Sie die zentralen Teile in wenigen Worten.

■ Zusatzaufgabe

Bereiten Sie eine zehnminütige Ansprache zum Inhalt des Beitrages vor. Sie können die Ansprache auch grafisch unterstützen. Anschließend halten Sie die Ansprache vor einem gedachten Publikum. Erläutern Sie dabei die Ziele und zentralen Gedanken des Beitrages. Gehen Sie abschließend darauf ein, was Sie nicht verstanden haben und wie Sie diese Fragen zu klären gedenken.

Aufgabe 2   Warum werden im neuen St. Galler Management-Modell *sieben* Anspruchsgruppen eingeführt? Sollte sich jedes Unternehmen auf genau diese sieben Anspruchsgruppen konzentrieren? (Begründen Sie Ihre Antwort durch mehrere, kurz erläuterte Argumente.)

Aufgabe 3   Nehmen Sie Stellung zu der folgenden Aussage: «Die Kommunikation mit dem Kunden dient der Überzeugung und Beeinflussung.»
(*Hilfestellung:* Welchem Anspruchsgruppenkonzept würden Sie diese Aussage zuordnen? Wäre die Aussage immer noch gültig, wenn Sie ein anderes Anspruchsgruppenkonzept zugrunde legen würden? Wie müsste die Aussage modifiziert werden, wenn ein anderes Anspruchsgruppenkonzept unterstellt würde?)

Aufgabe 4   Legen Sie dar, welche Position Sie zu der folgenden Aussage einnehmen: «Für eine Führungskraft oder eine Unternehmung ist es normal, von irgendwelchen Gruppen angegriffen zu werden. Eine Führungskraft muss sich auf das Wesentliche konzentrieren. Das Eingehen auf Kritik am Unternehmen gehört nicht dazu. Solche Kritik kommt wieder aus der Mode, so dass Abwarten angeraten ist. Geduld ist immerhin eine zentrale Führungstugend.»
(*Hilfestellung:* Welche Rolle haben «irgendwelche Gruppen» aus der Sicht der Anspruchsgruppentheorie? Welcher Lebenszyklus könnte sich für diese Kritik einstellen? Warum ist eine frühzeitige Auseinandersetzung mit *issues* vorteilhaft?)

Aufgabe 5   Dem normativ-kritischen Anspruchsgruppenkonzept liegt die normative Logik der Zwischenmenschlichkeit zugrunde. Eine Unternehmung wird danach beurteilt, wie lebensdienlich sie ist.

Nehmen Sie zu der folgenden Aussage Stellung: «Im normativ-kritischen Anspruchsgruppenkonzept sind in jedem Fall die legitimen Ansprüche der Anspruchsgruppen zu befriedigen, und zwar auch dann, wenn das Unternehmen dadurch in den Ruin getrieben wird.»
(*Hilfestellung:* Welche Rolle spielen die Selbstbehauptungs- und Erfolgsinteressen der Unternehmung im Diskurs?)

Aufgabe 6

Novartis führt seit dem ersten Novartis-Forum *Diskurs als Standortfaktor – am Beispiel Gentechnologie* (1997) so genannte Multi-Stakeholder-Prozesse durch. Broschüren zu diesen Foren sind im Internet verfügbar.

- Besorgen Sie sich die Broschüren im Internet.
- Sichten Sie diese Broschüren und beschreiben Sie in wenigen Sätzen die Organisation der Novartis-Foren. Bewerten Sie die Organisationsform auf der Grundlage der Konzepte im Lehrbuchtext.
- Ist die Durchführung dieser Foren strategisch oder normativ-kritisch motiviert?
  (*Hilfestellung:* Überdenken Sie die Fragestellung und suchen Sie gegebenenfalls nach Hinweisen in den Broschüren.)
- Welche Schlussfolgerungen zieht Novartis aus den Novartis-Foren? Zeigen Sie dies – nach Ihrer Wahl – grundsätzlich für alle Foren oder für ein exemplarisches Forum auf. Bewerten Sie diese Schlussfolgerungen danach, welches Gewicht diese für das Unternehmen haben dürften.

Unique-Flughafen Zürich AG

Die Stakeholder
eines internationalen Flughafens

Sibylle Minder

In den folgenden Abschnitten werden aus der Sicht von Unique Antworten zu den am Ende der Fallstudie formulierten Fragen gegeben. Grundlage bilden die Überlegungen in Kapitel → **D1** Anspruchsgruppen und Interaktionsthemen. Die Leserin, der Leser soll sich ein Bild machen, wie mögliche Lösungen aussehen könnten, dabei aber im Auge behalten, dass aus anderer Perspektive sich auch ganz andere Lösungen präsentieren könnten.

Welchen Anspruchsgruppen sähe sich Unique unter Anwendung des normativ-kritischen Anspruchsgruppenkonzeptes gegenüber?   1

Bei der Beantwortung dieser Frage geht es im Wesentlichen darum, wer von der unternehmerischen Tätigkeit betroffen ist und aufgrund solcher Betroffenheit legitime Ansprüche an die Unternehmung stellt. Im Sinne des *normativ-kritischen* Anspruchsgruppenansatzes sind *sämtliche* Anspruchsgruppen mit berechtigten respektive legitimen Ansprüchen zu berücksichtigen. Ob die Anspruchsgruppen, wenn sie ihre Anliegen vorbringen, den Unternehmenserfolg zu beeinflussen vermögen, spielt dabei keine Rolle. Wichtig ist vielmehr, ob die Gruppen potenziell oder faktisch von der unternehmerischen Tätigkeit *betroffen* sind. Damit sind sowohl Gruppen *mit* wirkmächtigen Anliegen eingeschlossen als auch Gruppen *ohne* solche Anliegen.

In der folgenden, keineswegs erschöpfenden Liste sind die Anspruchsgruppen und einzelne ihrer Mitglieder aufgeführt. In Bezug auf das normativ-kritische Anspruchsgruppenkonzept müsste Unique sich mit allen diesen Stakeholdern auseinander setzen.

Anspruchsgruppen	Wer verbirgt sich hinter dieser Anspruchsgruppe?
Finanzarena	
Eigentümer/Kapitalgeber	Kanton Zürich, Großaktionäre, Kleinaktionäre
Kapitalmarkt	Investoren, Analysten, Finanzpresse
Marktarena	
Partner[1]	Fluggesellschaften, Handling Agents, Tour Operators, Reisebüros, Retail-, Gastro-, Catering- sowie Sicherheitsunternehmen, Spediteure, Werbepartner, Betankungsgesellschaften, Post, Bank, SBB, Flugsicherung, Wetterdienste, Polizei, Zoll, Taxiunternehmen, Hotels
Endkunden	Passagiere, Mitarbeiter, Besucher, Privatflieger, Kunden der Retailunternehmen, Frachtunternehmen, Mieter
Mitbewerber	Flughäfen europaweit, Einkaufszentren
Luftfahrtorganisationen	Hersteller von Flugzeugen und Helikoptern (Airbus, Boeing etc.), nationale und internationale Organisationen wie International Air Transport Association (IATA) und International Civil Aviation Organisation (ICAO), Fluggesellschaften
Wissenschaft	Universitäten und Forschungszentren
Lieferanten	Bau, Handwerker, Technik, Systemanbieter
Interne Arena	
Mitarbeitende (inklusive Management)	Unique-Mitarbeitende, Arbeitsmarkt, ehemalige Mitarbeiter, Mitarbeitende der übrigen flughafenverwandten Unternehmen
Öffentliche Arena	
Anwohner	Einzelne Anwohner, Vereine, Bürgerinitiativen, Behörden
Öffentlichkeit	Medien (lokale, nationale, internationale, Print, TV, Radio etc.), Zivilgesellschaft, non-governmental organizations (NGOs), Opinion Leaders, Interessengruppen
Behörden	Bundesbehörden, kantonale Behörden, Gemeindebehörden, Behörden Deutschland, Behörden EU
Politik/Verbände	Bund (Bundesrat, Bundesversammlung), Kanton (Kanton Zürich, Regierungsrat, Kantonsrat, Exekutive und Legislative anderer Kantone), Flughafengemeinden, weitere betroffene Gemeinden, Deutschland (insbesondere süddeutsche Gemeinden), EU-Parlament, EU-Kommission, Parteien und Verbände (inklusive Schweiz Tourismus, Tourismusverbände)
Umwelt	Umweltschutzorganisationen, Anwohner, Schutzverband Flughafen, Behörden

Abbildung 1
Konkretisierung der einzelnen Anspruchsgruppen von Unique

---

1   Unique hat aufgrund der indirekten Distributionsstruktur via Partnerunternehmen meist auch nur indirekt Zugang zu den Endkunden, den Passagieren beispielsweise. Der Kontakt wird in diesen Fällen durch die Partnerunternehmungen hergestellt und gepflegt. Aus Sicht von Unique würden die Partnerunternehmungen als Kunden gelten, und die Passagiere wären dann die Kunden der Kunden (Endkunden). Um diese komplexe Ausgangslage zu vereinfachen, wird nur von Partnern und Endkunden gesprochen.

Aus Abbildung 1 wird ersichtlich, dass bestimmte Mitglieder einzelner Anspruchsgruppen gleichzeitig auch noch in anderen Gruppen vertreten sein können. Eine eindeutige Zuordnung ist sehr oft kaum möglich.

Unter Annahme eines normativ-kritischen Anspruchsgruppenkonzeptes: Welches sind die entscheidenden Anliegen und Interessen der Anspruchsgruppen gegenüber Unique, und wie lassen sie sich legitimieren?

2

Die Anliegen und Interessen der Anspruchsgruppen, denen sich Unique vor dem Hintergrund eines normativ-kritischen Anspruchsgruppenkonzeptes gegenübersieht, werden in der folgenden Tabelle exemplarisch skizziert. Darüber hinaus wird ihre jeweilige Legitimation genannt. Es geht dabei um die Beurteilung, ob wirkmächtige Ansprüche als Begründung geltend gemacht werden oder ob die Anliegen und Interessen auf potenzieller oder faktischer Betroffenheit beruhen.

Anspruchsgruppen	Anliegen und Interessen gegenüber Unique	Legitimation
Finanzarena		
Eigentümer/Kapitalgeber	langfristige Gewinnmaximierung, kalkulierbares Risiko, Wertsteigerung (Kurssteigerung, Dividenden), Sicherheit des Investments	wirkmächtige Ansprüche
Kapitalmarkt	langfristig positive Aktienentwicklung, gute Bonität und Kreditwürdigkeit von Unique	wirkmächtige Ansprüche
Marktarena		
Partner	Transparenz, Informationen, Vertrauen, Glaubwürdigkeit, Flexibilität, gute Geschäftsbeziehungen, viele Lande-, Überflug- und Startrechte, effiziente und exzellente Infrastruktur sowie Pünktlichkeit des Flugbetriebs, hoher Anteil an der Wertschöpfungskette und damit hohe Gewinne	wirkmächtige Ansprüche
Endkunden	guter Service, viele, gute und kostengünstige (Direkt-) Verbindungen, hohe Frequenzen pro Destination, geringe Wartezeiten, effiziente Abläufe, tiefe Kosten, Zuverlässigkeit, Aufrechterhaltung eines interkontinentalen Drehscheiben-Flughafens (Hub-Flughafen)	betroffen, teilweise wirkmächtige Ansprüche
Mitbewerber	aufgrund des Wettbewerbsumfelds: Ausbau ihrer Stellung, möglichst hohe Beeinflussung des Gesetzgebers zur Änderung der Gesetze und Verordnungen zugunsten des Mitbewerbers, Marktführer im Regional- und Interkontinentalverkehr werden.	betroffen, schwache wirkmächtige Ansprüche

Anspruchsgruppen	Anliegen und Interessen gegenüber Unique	Legitimation
Luftfahrtorganisationen	nachhaltige, weltweite Entwicklung der Flughäfen, ihre Anpassung an die technischen Möglichkeiten (größere Flugzeuge – größerer Platzbedarf am Flughafen), Einhaltung der internationalen Richtlinien (Flugrechte, Flugstraßen)	betroffen, schwache wirkmächtige Ansprüche
Wissenschaft	Zusammenarbeit mit der Praxis, gemeinsame Projekte und Entwicklungen, Sponsoring	betroffen
Lieferanten	gute und Gewinn bringende Geschäftsbeziehungen	wirkmächtige Ansprüche
Interne Arena		
Mitarbeiter (inklusive Management)	Einkommen, Arbeitsplatzsicherheit, individuelle Förderung und Weiterentwicklung, Freude im Job, Selbstverwirklichung	wirkmächtige Ansprüche
Öffentliche Arena		
Anwohner	minimale Emissionen, optimale Verkehrsanbindung, kein Schaden und Wertverlust ihrer Grundstücke und Immobilien	betroffen
Öffentlichkeit	Transparenz, Informationen, Arbeitsplätze, nachhaltiger Umweltschutz, wenig Emissionen, Flughafen Zürich als Tor zur Welt, gute Flugverbindungen, viele Direktverbindungen, positive volkswirtschaftliche Auswirkungen	betroffen
Behörden	Einhalten der Verfahren, Auflagen, Gesetze und Konzessionen durch Unique, neues Betriebsreglement soll effizient, nachhaltig und gesellschaftlich so weit als möglich abgestützt sein	wirkmächtige Ansprüche
Politik/Verbände	Erfüllung des öffentlichen Auftrages, politischer Dialog zur Gestaltung der Rahmenbedingungen, Flughafenthematik eignet sich zur Profilierung im Wahlkampf	betroffen, teilweise wirkmächtige Ansprüche
Umwelt	Schutz der Umwelt, geringe Emissionen, Einsatz von möglichst umweltfreundlichen Flugzeugen, Schutz der Moorlandschaft und des Naturschutzgebietes auf dem Flughafengelände	betroffen

Abbildung 2

Anliegen und Interessen der Anspruchsgruppen gegenüber Unique und ihre Legitimation

Unter Voraussetzung eines strategischen Anspruchsgruppenkonzeptes: Welche Anspruchsgruppen wären für Unique relevant?

3

Die Auswahl der relevanten Anspruchsgruppen orientiert sich nach dem *strategischen* Ansatz ausschließlich am wirtschaftlichen Erfolg und am Überleben der Unternehmung. Es werden demnach nur solche Anspruchsgruppen mit ihren Anliegen und Interessen berücksichtigt, die direkt oder indirekt den wirtschaftlichen Erfolg von Unique beeinflussen können bzw. wirkmächtige Anliegen vertreten. Somit wird bereits eine Auswahl unter allen möglichen Stakeholdern gemäß **Abbildung 2** vorgenommen. Zur Beurteilung des Beeinflussungsgrads und der Wirkmacht wird die Relevanz-Matrix der Stakeholder nach MÜLLER-STEWENS/LECHNER (2003, 177ff.) angewandt.

Gemäß **Abbildung 3** wären die Stakeholder aus dem Bereich A (d. h. innerhalb des Kreises) für Unique die *key stakeholders*. Auf sie müsste Unique sich konzentrieren.

Abbildung 3
Stakeholder von Unique anhand des strategischen Anspruchsgruppenansatzes

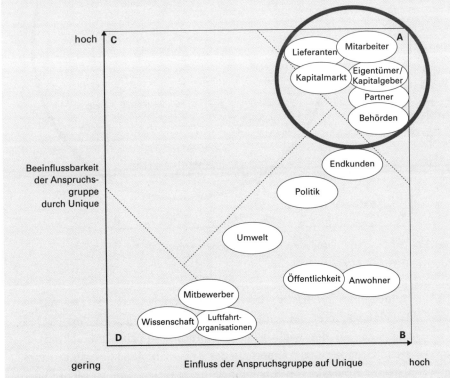

4   In der Praxis: Welche Anspruchsgruppen bezieht Unique in sein Stakeholder-Management ein?

In der Praxis verhält sich Unique hinsichtlich der Stakeholder-Thematik nicht eindeutig nach dem strategischen oder dem normativ-kritischen Ansatz. Vielmehr ist eine Mischform festzustellen: Das Unternehmen priorisiert gemäß dem strategischen Ansatz mittels Relevanz-Matrix die Anspruchsgruppen und wählt die wichtigsten (mit hohem Einfluss und hoher Beeinflussbarkeit) aus, um die Geschäftstätigkeiten mit ihnen optimal zu gestalten und auf sie auszurichten.

Abbildung 4
Relevante Anspruchsgruppen von Unique

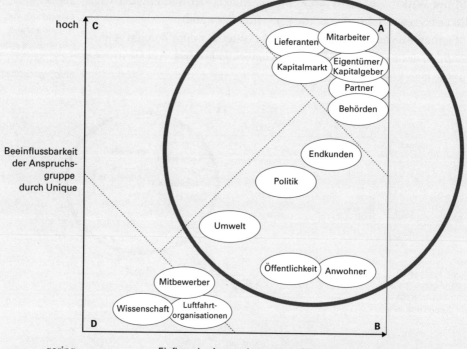

Unique muss *langfristig* wirtschaftlich überleben können. Deshalb ist das Unternehmen gezwungen, seine Ressourcen gezielt einzusetzen und sich auf die wichtigsten Anspruchsgruppen zu beschränken (siehe Gruppierungen innerhalb des Kreises in Abbildung 4). Es muss also eine Auswahl von Anspruchsgruppen tätigen und ist nicht in der Lage, sich mit allen Betroffenen zu beschäftigen, wie das im Rahmen des normativ-kritischen Konzepts gefordert wäre.

Allerdings wählt Unique in der Praxis wesentlich mehr Anspruchsgruppen für sein Stakeholder-Management aus, als dies bei einem rein
strategischen Ansatz der Fall wäre, das Unternehmen berücksichtigt
demnach auch Gruppierungen ohne wirkmächtige Anliegen. Der
Grund liegt darin, dass Unique als quasi-öffentliche Institution im
Auftrag des Bundes am Markt agiert. Sie ist zusätzlich zu den wirtschaftlichen Beziehungen mit einer Vielzahl von gesellschaftlichen,
ökologischen und politischen Einflüssen konfrontiert und muss sich
vor einer kritischen Öffentlichkeit verantworten können.

Bei der Diskussion der An- und Abflugverfahren spielen deshalb
nicht nur die Anliegen und Interessen der Schlüssel-Stakeholder *(key
stakeholders)*, wie sie in → Antwort 3 definiert wurden, eine Rolle,
sondern auch die Interessen der Anwohner, der Öffentlichkeit, der
Politik, der Umwelt und der Endkunden.

Die Akzeptanz und Sicherung der Reputation bei den relevanten
Stakeholdern ist für Unique also zentral. Es kann für Unique nicht
allein darum gehen, die Gewinne zu maximieren. Das Ziel besteht
vielmehr darin, für alle Betroffenen eine möglichst konsensfähige,
breit abgestimmte und akzeptierte Lösung zu finden; allerdings unter
der Prämisse, dass die Überlebensfähigkeit des Flughafen nicht gefährdet wird. In dieser Mischform zwischen strategischem und normativ-kritischem Ansatz müssen alle Anspruchsgruppen einander
Zugeständnisse machen.

Aus diesen Gründen hat Unique die Stakeholder-Glaubwürdigkeit
zu einem ihrer wichtigsten strategischen Ziele erklärt (→ Antwort 6).

Welches sind die wichtigsten Interaktionsthemen und -konflikte? 5

Im Dialog mit den relevanten Anspruchsgruppen sieht sich Unique
den folgenden Interaktionsthemen gegenüber:

- das Betriebsreglement mit der Neuregelung der Flugbewegungen
  (An- und Abflugrouten) um den Flughafen Zürich;
- die Anzahl der angebotenen Direktflüge und Frequenzen pro Desti-
  nation;
- die künftige Ausgestaltung des Flughafens Zürich;
- die Verteilung des Lärms und die Frage des Kostenträgers;
- die Bereitstellung von finanziellen Ressourcen für den Ausbau des
  Flughafens Zürich.

Oft entstehen aus der Diskussion der Interaktionsthemen auch Konflikte. So ist bereits aus **Abbildung 2** ersichtlich, dass sich viele Widersprüche ergeben. Die Passagiere erwarten beispielsweise eine möglichst hohe Mobilität und Flexibilität des Flugplans, durch das Angebot an Direktverbindungen und auch durch eine hohe Frequenz von Flügen zu einzelnen Destinationen. Solche Erwartungen stehen vielfach im Widerspruch zu den Erwartungen der Anwohner, die den Fluglärm minimieren wollen.

Ein besonderes Phänomen ist insbesondere vor politischen Wahlen zu beobachten: Es hat sich gezeigt, dass Unique, der Flughafen Zürich und seine verschiedenen Interaktionsthemen häufig Gegenstand von Wahlparolen der verschiedenen Parteien sind. So wollen sich die Kandidaten im Wahlkampf nicht nur mit sozialen und volkswirtschaftlichen Themen profilieren, sondern auch mit ihren Positionen zu den Interaktionsthemen rund um den Flughafen.

6   Mit welchen Maßnahmen begegnet Unique diesen Herausforderungen?

Die zahlreichen Anspruchsgruppen haben unterschiedliche Ansprüche, Interessen und Anliegen an Unique. Dies kann relativ schnell zu Zielkonflikten führen. Dieses Problem wird dadurch verschärft, dass nicht alle Gruppierungen denselben Einfluss auf Unique ausüben (können). Um solche Zielkonflikte und Kräfteunterschiede möglichst zu vermeiden, erklärte Unique eine hohe Stakeholder-Glaubwürdigkeit zur strategischen Stoßrichtung.

Dabei versteht Unique die Stakeholder-Glaubwürdigkeit und damit auch die Reputation als Folge von Transparenz und Dialogfähigkeit, Vertrauen und Konfliktfähigkeit sowie Kompetenz und Rechenschaftspflicht. Unique will ein exzellenter Partner für seine Anspruchsgruppen sein und sich am Stakeholder-Grundsatz orientieren. Dies bedeutet, dass Unique Unternehmensziele und Unternehmenskultur im Einklang und Konsens und im Dialog mit seinen Anspruchsgruppen etabliert und im Rahmen eines Stakeholder-Managements lebt.

Aktives Stakeholder-Management setzt seinerseits im unternehmerischen Alltag einen nachhaltigen[2] Umgang mit den Ressourcen voraus. In diesem Sinne wird bei Unique viel Wert auf Nachhaltigkeit gelegt.

---

2   Nachhaltig bedeutet für Unique die Erreichung eines Gleichgewichts zwischen ökonomischen, sozialen und ökologischen Belangen.

Zur Erreichung dieser Ziele unternimmt Unique unter anderem konkrete Maßnahmen im Hinblick auf

- die konsequente Ausrichtung der Organisationsstrukturen auf die einzelnen Anspruchsgruppen: Jede Anspruchsgruppe kann einen stabilen, langfristig orientierten Dialog mit klar definierten Ansprechpartnern innerhalb der Organisation aufbauen und pflegen;
- die umfassende, transparente und anspruchsgruppengerechte Information mittels geeigneter Informationskanäle nach außen wie nach innen:
  - regelmäßige Informationsveranstaltungen für Investoren;
  - Road-Shows zu spezifischen Interaktionsthemen in den Gemeinden und im Parlament (2002 waren es 34 Veranstaltungen zum Thema Betriebsreglement);
  - Runder Tisch: Konsultativorgan des Zürcher Regierungsrates und Forum für die Kantone, Bezirke und Gemeinden, die rund um den Flughafen Zürich liegen und deshalb zum neuen Betriebsreglement etwas zu sagen haben;
  - Fachreferate, Vorträge und Teilnahme an Podiumsdiskussionen an verschiedenen Anlässen;
  - allgemeine Flughafenrundfahrten für alle Interessierten sowie spezifische Baubesichtigungen für einen begrenzten Besucherkreis;
  - monatliche Mitarbeiterinformationen des CEO;
  - Erstellung verschiedener Informationsbroschüren (jährlicher Umwelt-[3] und Geschäftsbericht, *Unique!* – monatliche Zeitschrift für alle Anwohnerhaushalte in einer Auflage von 20 000 Stück);
  - spezielle Einrichtungen und Erklärungen für Menschen mit eingeschränkter Mobilität (seh- und/oder gehbehinderte Passagiere);
  - Homepage als allgemeines Informationsinstrument für Passagiere, Anwohner etc. (www.uniqueairport.com);
  - Imagekampagne «Mein Flughafen»;

---

3 Der Umweltbericht 2001 wurde mit dem Umweltberichtspreis 2003 der Schweizerischen Vereinigung für ökologisch bewusste Unternehmensführung (öbu) ausgezeichnet.

- die Orientierung an einem *code of ethics*;
- die Erreichung eines effizienten Gebrauchs der natürlichen Ressourcen und den Schutz der Natur mit Hilfe eines unternehmensinternen Umweltmanagementsystems (zertifiziert nach ISO 14001);
- die Lenkung der Emissionen und Immissionen über Gebühren (beispielsweise Lärmemissionsgebühren);
- die Einrichtung einer Lärm-Hotline für den Dialog über den Flugbetrieb;
- regelmäßige informelle Gespräche mit den Partnerunternehmungen zur Stärkung der gegenseitigen Beziehungen;
- die Förderung der Sozialkompetenz der Mitarbeitenden durch Aus- und Weiterbildung.

Je näher Unique der angepeilten Stakeholder-Glaubwürdigkeit kommt, desto besser können Interaktionsthemen aktiv angegangen und Konflikte oft bereits in einem frühen Stadium eliminiert werden.

Die angeführten Maßnahmen stellen natürlich nur eine Auswahl aller Tätigkeiten im Rahmen des Stakeholder-Managements von Unique dar. Im Übrigen lässt sich auch hier erkennen, dass eine Mischung von Maßnahmen aufgrund des strategischen und solchen aufgrund des normativ-kritischen Ansatzes existiert.

Schluss

Wir haben am Beispiel des Flughafens Zürich aufgezeigt, dass in der Praxis dem Stakeholder-Management hohe Priorität zukommt. In unserem Zusammenhang wurde allerdings klar, dass der Umgang mit den Anspruchsgruppen in der Praxis durchaus in einer Mischform zwischen normativ-kritischem und strategischem Konzept erfolgen kann. Zur Verdeutlichung wurde die Praxislösung von Unique den beiden Konzepten gegenübergestellt.

Unique kombiniert so beispielsweise die Überlebensfähigkeit der Unternehmung, den betriebswirtschaftlichen Erfolg, einen optimalen Ressourceneinsatz und einen konsensorientierten Umgang mit seinen Anspruchsgruppen.

Die Verknüpfung strategischer und normativ-kritischer Elemente bildet also für die Flughafenbetreiberin Unique die Grundlage für langfristigen Erfolg.

Literatur

MÜLLER-STEWENS, G./LECHNER, Ch. (2003). Strategisches Management. Wie strategische Initiativen zum Wandel führen. Der St. Galler General Management Navigator (2., überarb. und erw. Aufl.). Stuttgart: Schäffer-Poeschel.

E Ordnungsmomente

Abstract

Teil E

Unternehmungen sind im Allgemeinen historisch gewachsene, arbeitsteilige Gebilde, in denen zahlreiche Menschen zusammenarbeiten und ihre Spezialexpertise einbringen. Die damit verbundenen komplexen Interaktionen zwischen Menschen, Organisationseinheiten und Anspruchsgruppen müssen auf erstrebenswerte Ergebnisse und Wirkungen zugunsten der Anspruchsgruppen ausgerichtet und zu diesem Zweck sorgfältig aufeinander abgestimmt werden. Alles, was eine erfolgreiche Ausrichtung und Abstimmung dieser Interaktionen bewirkt bzw. bewirken soll, wird unter der Grundkategorie «Ordnungsmomente» zusammengefasst, die in Teil E eingehend erläutert werden. Wir unterscheiden die drei grundlegenden Ordnungsmomente unternehmerischer Tätigkeit: Strategie (→ E1), Strukturen (→ E2) und Kultur (→ E3). Die konkrete Ausgestaltung dieser Ordnungsmomente wird durch wichtige Trends geprägt. Es sind dies die Globalisierung, der zu beobachtende Übergang zu einer Informationsgesellschaft und schließlich eine zunehmende Virtualisierung von Organisationsformen. Diese Trends werden in Kapitel → E4 diskutiert.

Aus der Geschichte einer Unternehmung

Rolf Dubs

Die CommPack AG ist als Aktiengesellschaft mit Produktionsstandort in der Schweiz ein führender Verpackungshersteller, der auf den europäischen und US-amerikanischen Märkten auftritt.[1] Die Comm-Pack AG ist eine hundertprozentige Familiengesellschaft, die sich zu gleichen Teilen im Besitz von drei Zweigen der Gründerfamilie befindet. Es ist der erklärte Wille der drei Familien, die Unternehmung weiterhin als Familiengesellschaft zu führen.

Die CommPack wurde vor etwas mehr als hundert Jahren von einem Kaufmann gegründet, der als typischer Pionier die Gunst der Stunde nutzte. Er begann seine Geschäfte im Metallwarenbereich mit der Herstellung von Munitionskisten aus Blech und Munitionshülsen. Schon bald weitete er sein Tätigkeitsgebiet auf den Bereich Konservendosen aus, die technisch laufend verbessert wurden. Dazu kamen später weitere Blechwaren wie Eimer, Blechdosen und -verpackungen für Zigaretten, Süßwaren usw. Weil sich die Unternehmung als gute Problemlöserin für ihre Kunden bewährte, wuchs das Blechwarensortiment rasch, und die Unternehmung erzielte hohe Gewinne, die in Liegenschaften und Grundstücke und später in den Zukauf weiterer Unternehmungen der Verpackungsbranche investiert wurden.

Frühzeitig erkannte die zweite Generation der Familie, welche die Geschäftsführung Mitte der fünfziger Jahre übernommen hatte, dass eine einseitige Ausrichtung auf Blechverpackungen angesichts des technischen Fortschritts und des sich verändernden Konsumentenverhaltens den Fortbestand der Unternehmung auf Dauer gefährden

---

[1] Der Fall beruht auf realen Gegebenheiten, die aber durch frei erfundene Elemente ergänzt wurden, um bestimmte Probleme deutlicher herauszuarbeiten. Dadurch entspricht er nicht der tatsächlichen Entwicklung der geschilderten Unternehmung.

könnte, denn neue Verpackungsmaterialien wurden immer wichtiger. Deshalb entschied man sich, das Tätigkeitsgebiet der Firma durch den Zukauf von Betrieben aus der Verpackungsbranche zu verbreitern (zu diversifizieren). So wurden in der Folge aus den zurückgelegten Gewinnen (Reserven) zugekauft: eine Tubenfabrik (Medizinal-, Kosmetik- und Zahnpastatuben), eine Glaswarenfabrik (spezielle Glasverpackungen), eine Folienfabrik (Folien für flexible Lebensmittelverpackungen) und eine Kunststofffabrik (Kunststoffverpackungen). Dazu wurde im eigenen Unternehmen die Produktion von Kunststoffverschlüssen für Getränkeflaschen entwickelt und aufgebaut. Alle diese Unternehmungen wurden als eigenständige Aktiengesellschaften von jeweils einem Geschäftsführer geleitet, dessen Tätigkeit von der Geschäftsleitung des Stammhauses und von den aktiv tätigen Familienmitgliedern stark beeinflusst wurde. In allen Verwaltungsräten saßen die gleichen Familienmitglieder und wenige außenstehende Personen. Deshalb wurden die Geschäfte aller Gesellschaften an der Verwaltungsratssitzung gesamthaft behandelt. Sitzungen der einzelnen Gesellschaften fanden keine statt. Das langfristige Ziel der Familie und des Verwaltungsrates war es, die einzelnen Unternehmungen in einer Verpackungsholding zusammenzufassen, um in allen Materialbereichen Verpackungen anbieten zu können.

Die raschen Zukäufe brachten der Geschäftsleitung der Muttergesellschaft sehr viel Arbeit, so dass sie sich entschied, alle zugekauften Gesellschaften mit den übernommenen Führungskräften dezentralisiert weiterzuführen. Die zugekauften Gesellschaften erhielten also mehr operative Selbstständigkeit. Das Vorhaben, die rasch gewachsene Unternehmung neu zu organisieren, wurde immer wieder aufgeschoben. Verantwortlich dafür waren zum einen Probleme im Verwaltungsrat: Nicht alle Mitglieder waren an den zugekauften Unternehmungen gleichermaßen interessiert. Andererseits verfügten auch alle Unternehmungen über hohe stille Reserven, so dass insbesondere bei einer Zusammenfassung aller Gesellschaften in eine Holdinggesellschaft hohe Steuern angefallen wären.

Die im Verwaltungsrat und in der Geschäftsleitung aktiven Familienmitglieder bemühten sich bei allen Zukäufen von Unternehmungen immer wieder, alle ihre bisherigen Vorstellungen über das Wesen ihrer Unternehmungen möglichst schnell umzusetzen. Sie verstanden sich als «Patrons» alter Schule, d.h., sie sahen ihre Mitarbeitenden nicht nur als Arbeitskräfte, sondern auch als Menschen, um die sich die Unternehmung bemüht. Deshalb waren die sozialen Einrichtungen der Unternehmung gut ausgebaut, es fanden regelmäßig Betriebsfeiern, Betriebsausflüge oder betriebliche Sportanlässe statt usw. Auch unterstützte der Verwaltungsrat die Übernahme von Milizaufgaben (Politik, Militär) aller Betriebsangehörigen. Besonders großen Wert legte die Familienunternehmung auf eine offene Informationspolitik.

Infolge all dieser Maßnahmen war die Personalfluktuation sehr tief und die Zufriedenheit der Betriebsangehörigen sehr hoch. Zugleich entwickelte sich in der Belegschaft aber auch eine gewisse Selbstzufriedenheit, die Initiative und die Innovationskraft zu hemmen begann.

Und trotz des guten Betriebsklimas erfüllten sich leider auch die Erwartungen, die man in den Zukauf von Unternehmungen gesetzt hatte, nicht. Die Diversifikationsstrategie bewährte sich nicht, weil in den zugekauften Unternehmen mit Ausnahme der Tubenfabrik das technische Know-how für Neuentwicklungen fehlte. Trotz großer Investitionen in Forschung und Entwicklung und trotz Neueinstellungen von Entwicklungspersonal und Versuchen, mit Universitäten und Fachhochschulen zusammenzuarbeiten, gelang es nicht, anderes als Me-too-Produkte (d.h. Produkte, wie sie auch die Konkurrenz herstellt) zu produzieren. Angesichts der großen Konkurrenz und des Preisdrucks, vor allem seitens ausländischer Größthersteller, entwickelten sich die Gewinne zum Teil stark rückläufig. Da aber die Tubenfabrikation weiterhin hohe Gewinne abwarf und insgesamt ein Gewinn ausgewiesen werden konnte, reagierte der Verwaltungsrat während längerer Zeit nicht konsequent genug, wenn auch im Kreise der Familie über einen möglichen Personalabbau diskutiert wurde.

Erst als sich bei den Blechverpackungen trotz stark steigender Umsätze zunehmend Verluste einzustellen begannen, setzte sich der Verwaltungsrat intensiv mit der Zukunft der Unternehmung auseinander. Die Analyse ergab Folgendes:

- Im Tubenbereich war man mit Eigenentwicklungen technologisch in allen Bereichen sehr stark, und ein guter Kundenstamm aus bedeutsamen Großunternehmungen ließ weiterhin gute Absatzzahlen erhoffen.
- Im Blechbereich zeichnete sich die Unternehmung durch ein breites Sortiment mit sehr vielen Kunden aus. Kundentreue war seit je ein hohes Ziel. Deshalb wurden auch viele Kleinkunden mit

geringen Losgrößen (kleine Bestellungen) beliefert. Eine Analyse der Kosten zeigte, dass mit 20 Prozent der Produkte 90 Prozent der Gewinne erzielt wurden und dass 25 Prozent der Kunden 80 Prozent der Produkte abnahmen. Bei den billigeren Produkten (zum Beispiel Biskuitschachteln) machte außerdem die chinesische Konkurrenz zu schaffen, deren Preise franko Schweiz bei etwa 65 Prozent der schweizerischen Selbstkostenpreise lagen. Als nach wie vor gut, wenn auch bei sinkenden Preisen, wurde der Konservenmarkt bezeichnet.

- Die Geschäftsleitung schlug dem Verwaltungsrat zudem einen Personalabbau (vorzeitige Pensionierungen und Entlassungen) vor, um zusammen mit einem systematischen Rationalisierungsprogramm Kosten zu sparen und den Blechbereich in die Gewinnzone zurückzuführen. Einen solchen Personalabbau lehnte der Verwaltungsrat aber aus zwei Gründen strikte ab. Einerseits wollte er den Ruf der CommPack als guter und sozial verlässlicher Arbeitgeber nicht verlieren, andererseits befürchtet er auch einen Verlust von Knowhow durch den Austritt erfahrener Mitarbeiter. Die Geschäftsleitung entschloss sich deshalb, mit den Gewerkschaften Verhandlungen über einen generellen Lohnstopp auf zwei Jahre hinaus aufzunehmen. Als Gegenleistung wollte man auf generelle Entlassungen verzichten. Aufgrund der bisherigen guten Zusammenarbeit akzeptierten die Gewerkschaften den Vorschlag. Die Maßnahme reichte aber selbst zusammen mit den technisch erfolgreichen Rationalisierungsmaßnahmen nicht aus, den Blechbereich in die Gewinnzone zurückzuführen.

- Die Folienfabrik entwickelte sich immer mehr zu einem Problembereich. Technische Neuerungen waren nicht in Sicht, der Markt war übersättigt und die Auslandkonkurrenz vor allem dank der Maßenproduktion billiger. Gleiches galt für den Kunststoffbereich.

- Im Geschäft mit Kunststoffverschlüssen für Mineralwasserflaschen wurden technische Innovationen marktreif. Die potenziellen Abnehmer zeigten sich vor allem an einem Verschluss interessiert, der größere Sicherheit (Druckfestigkeit, Haltbarkeit) brachte.

Aufgrund all dieser Erkenntnisse traf der Verwaltungsrat, wie er meinte, radikale Lösungen:

- Die Betriebe aus dem Folienbereich und der Kunststoffbereich wurden an Konkurrenzunternehmungen aus jenen Branchen verkauft, allerdings zu ganz schlechten Preisen. Nach zwei Jahren legten die Käufer der Folienherstellung die Produktion still, «um Überkapazitäten abzubauen», wie verlautete. Der Verwaltungsrat nahm dies mit einer gewissen Befriedigung zur Kenntnis, weil er sich dadurch in seiner Ansicht bestätigt fühlte, dass vor dem Verkauf weder ein Führungs- noch ein Managementproblem vorgelegen, sondern sich einfach die Marktsättigung bemerkbar gemacht hatte.
- Die Erlöse aus den Verkäufen wurden nach intensiver Diskussion im Verwaltungsrat in eine neue Produktionsstraße im Blechbereich investiert. Eine Minderheit wollte im gewinnstarken Tubenbereich investieren und dachte an den Aufbau eines Produktionsstandortes in Osteuropa.
- Im Blechbereich wurden einige Kleinkunden nicht mehr beliefert; das Sortiment wurde aber weiterhin breit gehalten, wobei zugleich eine stärkere Konzentration auf qualitativ hochwertige Blechdosen angestrebt wurde.
- Die Tubenfabrikation war voll ausgelastet. Es kam immer öfter zu Produktionsengpässen. Eine Mehrheit des Verwaltungsrates war aber nicht bereit, zusätzlich zu investieren. Sie wollte nötig werdende Bankkredite erst aufnehmen, wenn der Blechbereich wieder Gewinn bringen würde.

All diese Maßnahmen führten zu steigenden Gewinnen im Tubenbereich und zu einem ausgeglichenen Ergebnis bei den Blechwaren. Die Verschlussproduktion befand sich immer noch in der Versuchs- und Aufbauphase. Der Gesamtgewinn reichte aber nicht aus, um Bankkredite zu tilgen.

Mit Beginn der Rezession verschlechterte sich die Lage der Unternehmung sehr stark: Die Banken verlangten infolge der schlechten Situation im Blechbereich, der immer noch als rechtlich eigenständige Unternehmung geführt wurde, hohe Kreditrückzahlungen, die aus letzten Reserven geleistet wurden. Dadurch wurden die Investitionsmöglichkeiten beschränkt.

Der Konservenmarkt veränderte sich dramatisch: Es musste damit gerechnet werden, dass innerhalb der kommenden fünf Jahre der Konservenabsatz in Europa auf 15 Prozent des ursprünglichen Wertes zurückgehen würde. Dazu kamen staatliche Eingriffe, die aus gesundheitspolitischen Gründen binnen Monatsfrist eine neue Form der Lackierung der Konserveninnenwände vorschrieben. Schließlich entwickelte ein Konkurrent eine neue Konservenform, mit der die Lagerung und der Transport wesentlich einfacher wurden. Diese Maßnahmen wären auch in der eigenen Unternehmung sofort und ohne weiteres umzusetzen gewesen. Der Return-on-Investment hätte zwei Jahre betragen (d. h., für die notwendigen Investitionen hätte der Gewinn von zwei Jahren im Konservenbereich eingesetzt werden müssen). Infolge der Unsicherheiten auf dem Konservenmarkt wagte man es aber nicht, die notwendigen Investitionen vorzunehmen.

Die Tubenfabrik entwickelte sich weiterhin sehr gut. Umsätze und Gewinne stiegen laufend. Zu schaffen machten aber zunehmend Produktionsengpässe und Lieferverzögerungen. Angesichts dieser Situation war der Verwaltungsrat erneut zu Grundsatzentscheidungen gezwungen:

- Die Blechwaren- und die Tubenfabrik wurden ohne Verzug fusioniert, um über Synergiemaßnahmen (Ausnützen von Koordinationsmöglichkeiten) Kosten zu sparen und den Banken gegenüber als stärkerer Partner auftreten zu können.
- Die Konservendosenproduktion wurde unverzüglich eingestellt, und die Produktionsanlagen wurden samt den langfristigen Kundenverträgen an den stärksten Konkurrenten verkauft. Der Umsatzausfall von rund 25 Prozent sollte durch eine Spezialisierung der Blechdosenherstellung auf die mit Kunden entwickelten, qualitativ hoch stehenden Produkte und dank einer Marktbearbeitung in den Vereinigten Staaten wettgemacht werden. Alle Artikel, die geringe Gewinne abwarfen, wurden nicht länger produziert.
- Die Erlöse aus dem Verkauf der Konservenproduktion wurden in der Blechproduktion zur Modernisierung der Produktionsabläufe eingesetzt.
- Da die Mittel für Investitionen im Tubenbereich fehlten und weil wegen der bestehenden Kreditbelastungen keine neuen Bankkredite mehr aufgenommen werden konnten, wurde vorderhand auf weitere Investitionen im Tubenbereich verzichtet.
- Um die Familienmitglieder, die während langer Zeit nur eine kleine, häufig sogar gar keine Dividende erhalten hatten, zufrieden zu stellen, sollte die Dividende in den nächsten Jahren maßgeblich erhöht werden.

Zwei Jahre nach diesen Entscheidungen warf der Blechbereich wieder Gewinn ab. Zudem war der Exportanteil der Blechprodukte von rund 20 auf rund 60 Prozent gesteigert worden. Dieser Gewinn wurde bei insgesamt kleineren Umsätzen erreicht. In der Tubenproduktion war der Betrieb völlig ausgelastet, und Lieferungsverzögerungen häuften sich. Die Geschäftsleitung wollte deshalb eine weitere Produktionslinie für Tuben beschaffen, zumal die Tubenproduktion trotz dauernder Preissenkungen rentabel geblieben war. Die Konkurrenz begann sich aber zu verschärfen. Um die Marktanteile zu halten, musste nach Auffassung der Geschäftsleitung die neue Tubenlinie dringend beschafft werden. Im Verwaltungsrat war umstritten, ob eine weitere Verschuldung zugunsten dieser Tubenlinie vertretbar war. Einzelne Mitglieder wollten noch zwei weitere Jahre abwarten, bis die Entwicklung auf dem Blech- und Tubenmarkt besser zu erkennen wäre. Eine Kapitalerhöhung für die Investition in eine neue Tubenlinie lehnte eine Mehrheit der Familie ab, solange nicht feststand, ob die Dividende tatsächlich erhöht werden konnte, d. h., solange man nicht wusste, ob sich die Rentabilität der eingesetzten finanziellen Mittel verbessert hatte.

Fragen zur Reflexion

1 Versuchen Sie mit gesundem Menschenverstand herauszufinden, in welchen Phasen der Verwaltungsrat der CommPack AG Fehler gemacht hat? Wie hätten Sie zu diesem Zeitpunkt reagiert?

2 Welche Erscheinungen in ihrer Umwelt beeinflussten die Entwicklung der Unternehmung in kaum voraussehbarer Weise?

3 Wie beurteilen Sie die Grundhaltung der Familie und des Verwaltungsrates?

4 In welchen Bereichen benötigen Sie zusätzliches Wissen, um die Entwicklung der Unternehmung systematischer beurteilen zu können?

Strategie als Ordnungsmoment

Georg von Krogh

Stellen Sie sich vor, Sie spielen eine Partie Schach. Vor Ihnen liegt ein hölzernes Brett, darauf sind kunstvoll geschnitzte Figuren positioniert, eigene und gegnerische. Die Spielregeln sind gegeben. Eine kluge Strategie weist Ihnen den Weg, wie Sie das Spiel gewinnen können, indem Sie Ihre Figuren geschickt verschieben und in Position bringen, einige der eigenen opfern, gegnerische schlagen. Und der wichtigste Aspekt des Spiels besteht darin, langfristig zu denken – über die einzelnen Züge hinaus – und sich vorzustellen, wie der Gegner schachmatt gesetzt werden kann.

Ein Schachspiel kann sich zwar an Komplexität bei weitem nicht mit dem täglichen Wirtschaftsleben messen, trotzdem lassen sich an dem Spiel wesentliche Bestandteile von Strategien deutlich machen:

- die langfristige Sichtweise und die zugrunde liegende Absicht, die gesteckten Ziele zu erreichen (nämlich das Spiel zu gewinnen);
- die Entscheidung über die Allokation von Ressourcen (wie setze ich meine Figuren ein?) und
- die Analyse der eigenen Stärken und Schwächen (wie sind meine Figuren positioniert?), das Abwägen der Chancen des Gegners und der Gefahren, die von ihm ausgehen (was hat er vor, wie entwickelt sich das Spiel insgesamt?).

Diese drei Elemente erlauben schon eine erste, noch ganz allgemeine Arbeitsdefinition des Strategiebegriffs, auch in unserem, dem betriebswirtschaftlichen Zusammenhang: Als Strategie bezeichnen wir diejenigen Firmenaktivitäten, die das Erreichen der langfristigen Geschäftsziele ermöglichen. Das Unternehmen nutzt dabei seine Stärken und arbeitet gleichzeitig an seinen Schwächen in Bezug auf die Ressourcen- und Wissensausstattung, um Chancen in der Geschäftswelt zu realisieren und möglichen Gefahren entgegenzuwirken.

Bei diesem ganzen Vorgang kommt dem Management eine zentrale Stellung zu. Die Wahl der Strategie gehört in seinen Verantwortungsbereich. Es ist Aufgabe des Managements, die langfristigen Ziele und den damit verbundenen finanziellen Erfolg zu erreichen. In seine Kompetenz fallen die Entscheidungen, in welche Produktionsverfahren, Technologien, Märkte und Produkte zu investieren ist, damit das Unternehmen langfristig möglichst gute Gewinne und hohe *Renditen erzielt.*

Strategisches Management erscheint vor diesem Hintergrund als die akademische Disziplin, die Strategien und den Prozess ihrer Formulierung und Implementierung untersucht. Ziel der Strategielehre ist es zu erklären, warum Firmen sehr unterschiedliche Strategien verfolgen, warum einige Strategien besser sind als andere und warum einige Unternehmen mehr Erfolg haben als andere. Dabei werden auch bestehende Chancen und Risiken, mit denen sich ein Unternehmen konfrontiert sieht, in die Analyse mit einbezogen. All dies sind äußerst spannende Themen, die sich für ein vertieftes Studium eignen, denn es geht dabei um die grundlegende Frage, warum Firmen überhaupt existieren, warum sie sich unterschiedlich verhalten, auch wenn sie in derselben Branche agieren, und warum einige von ihnen offensichtlich erfolgreicher sind als andere (RUMELT/SCHENDEL/TEECE 1994).

Ziel des strategischen Managements ist es, Wissen über diese Probleme und Fragestellungen zu entwickeln – um zu erklären, warum Unternehmen gewisse Strategien verfolgen, um Managern zu helfen, bessere langfristige Entscheidungen zu treffen, und um aus Studierenden bessere Manager werden zu lassen.

Analog zu einem guten Schachspieler, der rasch die ganze Spielsituation erfasst, verschiedene Muster möglicher Züge analysiert, sich einen langfristigen Plan zurechtlegt, gemäß dem er seine Züge konsistent zu verwirklichen versucht (NEWELL/SIMON 1972), halten gute strategische Manager Ausschau nach besonders erfolgreichen Mustern im wettbewerblichen Firmenverhalten, definieren langfristige Ziele und allozieren Ressourcen, um diese Ziele zu erreichen.

E1.1 Strategie: Einige Definitionen

Obwohl Manager und Strategieforscher sich für die grundlegende Thematik interessieren, warum Unternehmen sich unterscheiden und weshalb einige unter ihnen über die Zeit erfolgreicher sind als andere, besteht bereits über die Definition des Begriffs Strategie selbst keine endgültige Einigkeit, vielmehr kursieren derzeit verschiedene Definitionen. Der Grund hierfür liegt darin, dass sich jeder Autor auf einzelne, spezielle Aspekte der allgemein gefassten Thematik konzentriert. Die folgende Liste veranschaulicht die Vielfalt anregender Themen im weiten Spektrum der Strategieforschung:

- Einige Autoren fokussieren die interne Ressourcen- und Wissens- ausstattung von Unternehmen und untersuchen zum Beispiel erfolg- reiche Management-Teams (BARNEY 1994);
- andere erklären die generellen Möglichkeiten, die eine Industrie den einzelnen Firmen bietet (PORTER 1981), oder
- begründen, warum Firmen, die ähnliche Strategien verfolgen, besser gestellt sind als ihre Konkurrenten (DAEMS/THOMAS 1994);
- wieder andere erforschen, ob Fusionen und Akquisitionen von Firmen wirklich einen Einfluss auf den Unternehmenserfolg haben (MÜLLER- STEWENS 1999, 1999; ECKBO 1983), oder
- identifizieren die Herausforderungen und Möglichkeiten von Firmen, die sich in einem internationalen Umfeld bewegen (GHOSHAL 1984), oder
- ergründen, auf welche Art und Weise Unternehmen schnelles Um- satzwachstum erreichen (VON KROGH/CUSUMANO 2001).

Gleichwohl seien an dieser Stelle drei zentrale Definitionen angeführt, die uns die Bedeutung des Begriffs der *Unternehmensstrategie* besser er- fassen lassen. Die erste stammt von Alfred CHANDLER, einem berühmten Wirtschaftshistoriker:

> «Strategy can be defined as the determination of the basic long term goals and objectives of an enterprise, and the adoption of courses of action and the allocation of resources necessary for carrying out those goals.»

Unter *langfristigen* Zielen verstehen wir dabei Ziele, die auch auf lange Sicht für das Unternehmen Gültigkeit haben sollen. Dabei wird die wei- tere Zukunft in die Entscheidungsfindung mit einbezogen, beispielswei- se um den Unternehmenswert zu maximieren oder die wirtschaftliche Überlebensfähigkeit des Unternehmens zu garantieren. Kurzfristige Zie- le hingegen sind ausgeprägt gegenwartsbezogen. Zur Illustration ein ver- einfachendes Beispiel: Ein Manager hat die Wahl zwischen zwei Projek- ten. Beide verursachen dieselben Kosten und weisen eine vergleichbare Risikostruktur auf. Die Gewinne fallen in zwei Perioden an. Projekt 1 erzielt morgen einen Gewinn von hundert, in fünf Jahren einen Gewinn von zwanzig Geldeinheiten. Projekt zwei erzielt morgen einen Gewinn von zwanzig, in fünf Jahren jedoch einen Gewinn von tausend Geld- einheiten. Ein Manager, dessen langfristiges Ziel darin besteht, den Unternehmenswert möglichst zu maximieren, wird sich für Projekt 2 entscheiden. Mit diesem Projekt lässt sich morgen zwar ein geringerer Gewinn erwirtschaften als mit Projekt 1, in fünf Jahren wird dafür aber der Geldrückfluss wesentlich höher ausfallen und der Unternehmenswert stärker gestiegen sein als mit Projekt 1.

Unter dem Begriff «*courses of action*» werden grundsätzlich Muster von Entscheidungen und Handlungen verstanden, die sich über einen längeren Zeitraum abzeichnen und die aus den langfristigen Zielen hergeleitet werden können. Um ein langfristiges Ziel zu erreichen, ist ein Unternehmen permanent dabei, zu entscheiden und zu handeln. Mitarbeiter werden eingestellt, eine geeignete Produktions- und Vertriebsinfrastruktur wird aufgebaut, womöglich werden Kooperationen eingegangen.

Nehmen Sie zum besseren Verständnis von CHANDLERS Definition an, dass Sie Manager eines Pharmakonzerns sind. Sie sind zum Schluss gekommen, dass die beste Möglichkeit, um die Umsatzprofitabilität langfristig zu steigern, darin besteht, mehr Gelder in die Forschung und Entwicklung (F&E) von neuen Medikamenten zu investieren, insbesondere in rezeptpflichtige Arzneimittel, die durch Patente geschützt werden können. Ihre Branchenanalyse sagt Ihnen, dass die erfolgreichsten und profitabelsten pharmazeutischen Unternehmen forschungsintensiv sind. Daher besteht Ihr langfristiges Ziel darin, ein Branchenführer in der Medikamentenforschung zu werden. Konkreter ausgedrückt, ist Ihr Ziel, den Umsatz von neuen Medikamenten in zehn Jahren um 50 Prozent zu steigern. Um dieses Ziel zu erreichen – das zeigt die Branchenanalyse von anderen erfolgreichen Konkurrenten, die in neue Medikamente investieren –, müssen Sie die Ausgaben in F&E von gegenwärtig 7 auf 19 Prozent Ihres Umsatzes anheben. Welche Handlungen daraus abzuleiten sind, ist offensichtlich. Sie müssen mehr in Ihre Forschungsinfrastruktur und Ausrüstung investieren, neuen Laborraum schaffen, die Patente wirksam verwalten, talentierte Forscher anstellen usw. Am konkreten Beispiel des Pharmaunternehmens Novartis, das bekanntlich durch den Zusammenschluss von Ciba-Geigy und Sandoz im Jahre 1996 entstanden ist, lässt sich beispielsweise gut untersuchen, wie sich seit der Fusion die langfristigen Ziele des Unternehmens verändert haben, wie daraufhin Handlungen initiiert und Ressourcen realloziert wurden. Novartis startete 1996 mit den vier Divisionen *Gesundheit* (Pharma, Consumer Health, Generics, Ciba Vision) *Agribusiness* (Crop Protection, Seeds, Animal Health), *Nutrition* (Infant, Health und Medical Nutrition) und der *Ciba-Spezialitätenchemie*. In den letzten Jahren zeichnete sich klar ab, dass sich die langfristigen Ziele des Unternehmens stark in den Bereich *Gesundheit* verschoben – mit dem Hauptgewicht auf Pharma. Die wichtigsten Schritte auf diesem Weg lassen sich wie folgt charakterisieren. Im Jahre 1997 wurde die Ciba-Spezialitätenchemie mit einem jährlichen Umsatz von rund sieben Milliarden Schweizer Franken) aus dem Mutterhaus herausgelöst. Im Jahre 2000 wurden die Sektoren Crop Protection und Seeds (jährlicher Umsatz von rund sechs Milliarden Franken aus der Division Agribusiness ausgegliedert und mit dem Agrochemiegeschäft von AstraZeneca zu einem neuen Unternehmen mit dem Namen Syngenta zusammengefügt. Schließlich verkündete Novartis zum Jahresbeginn 2002 die Absicht, sich im Sektor Consumer Health vom *Health-and-functional-Food*-Geschäft (jährlicher Umsatz: rund 850 Millionen Franken) zu trennen. Heute setzt sich Novartis aus den Geschäftsbereichen Pharmaceuticals, Generics, Ciba Vision, Consumer Health und Animal Health zusammen. Im Jahr 2001 erzielte Novartis im Geschäftsbereich Pharmaceuticals mit einem Umsatz von zwanzig Milliarden Franken einen Umsatzzuwachs von 15 Prozent weltweit und realisierte einen noch nie da gewesenen Unternehmensgewinn.

Dennoch, Strategie bedeutet mehr als das Bestimmen von langfristigen Zielen, Handlungen und die Allokation von Ressourcen. Ein Strategieprofessor, Peter Lorange, schlug zusätzlich folgende Definition vor:

«Strategy means choice.»

Ihr langfristiges Ziel, ein Branchenführer in der Medikamentenforschung zu werden, impliziert auch, dass Sie Prioritäten zu setzen haben. Prioritäten zu setzen ist eine der schwierigsten Herausforderungen, mit denen sich Manager konfrontiert sehen. Die gute Nachricht ist aber, dass Ihre Strategie Ihnen hilft, sich bei der Ressourcenallokation zu fokussieren. Wenn Sie beabsichtigen, Ihre Investitionen in F&E von 7 auf 19 Prozent zu erhöhen, so werden Sie wahrscheinlich weniger in andere Felder investieren. Vielleicht werden Sie ältere Patente von Medikamenten, die sukzessive Marktanteil verloren haben, verkaufen, oder Sie werden die Produktion und den Vertrieb von Medikamenten an andere Unternehmen auslagern, da diese das Medikament profitabler produzieren oder vermarkten können.

Während Sie über diese verschiedenen möglichen strategischen Züge nachdenken, werden Sie realisieren, dass Sie nicht das einzige Unternehmen in der Branche sind. Andere Unternehmen werden möglicherweise Zugang zu denselben Studien haben, in deren Besitz Sie sind, und zweifelsohne werden konkurrierende Firmen ebenfalls von klugen Köpfen geführt. Daher haben wir uns in Erinnerung zu rufen, was der Spieltheoretiker Thomas SCHELLING einmal sagte:

«Strategy is intended to focus on the interdependence of the adversaries' decisions and on their expectations about each other's behavior.»

Es ist eine sehr wichtige Erkenntnis, dass wir unsere strategischen Entscheidungen nicht isoliert von den übrigen Mitspielern treffen. Dies hat zwei Implikationen:

- Unsere Konkurrenten könnten, erstens, *dieselbe Strategie* der Profitabilitätserhöhung verfolgen, indem sie ebenfalls mehr in die Forschung und Entwicklung von Medikamenten investieren. Ein mögliches Risiko, das unsere Firma betreffen könnte, besteht darin, dass die Konkurrenz vielleicht bereits damit begonnen hat, ihre Ressourcenallokation in R&D zu forcieren. Sie wird daher vielleicht eine besser gefüllte «Medikamente-Pipeline» besitzen, eine größere Anzahl von Medikamenten, die näher an der Markteinführung sind als unsere Medikamente. Oder ein Konkurrent ist im selben therapeutischen Feld tätig wie wir, beispielsweise im Bereich Herzkrankheiten (Kardiologie) und Schmerzmittel (Analgetika). Kombiniert mit der besser gefüllten Pipeline, könnte der Mitwettbewerber womöglich ein gutes Produkt schneller auf den Markt bringen. Ein weiteres Risiko könnte darin bestehen, dass die Konkurrenz im Besitz eines besseren Patent-Portfolios ist.
- Wettbewerber werden, zweitens, in der einen oder anderen Weise auf unsere strategischen Züge *reagieren*. Sie könnten über unsere langfristigen Ziele Bescheid wissen und erwarten, dass wir planen, Forschungslabors nahe bei führenden Universitäten und Forschungsinstituten zu errichten. Hieraus entsteht das Risiko, dass sie schneller als wir bessere Wissenschaftler einstellen und bessere Forschungseinrichtungen mittels Kooperationen mit führenden Universitäten aufbauen usw. Sie werden eventuell sogar versuchen, ihre Kosten und Risiken in Forschung und Entwicklung mit anderen «freundlichen Wettbewerbern» zu teilen und sich dabei auf ähnliche therapeutische Gebiete fokussieren wie wir.

SCHELLINGS Definition und die beschriebenen möglichen Implikationen zeigen, dass Strategie zwei Seiten aufweist: Strategie kann einerseits *konkurrierend (competitive)* sein – mit dem Ziel, die Konkurrenten auszumanövrieren. Sie kann andererseits *kooperativ* sein – Kräfte werden gebündelt, um den finanziellen Unternehmenserfolg zu steigern, wie wir es im letzten Beispiel gesehen haben, indem Kosten und Risiken von R&D geteilt wurden. Die Erforschung von Strategien ist jedoch nicht Selbstzweck. Die Strategieforschung hat letztlich immer zum Ziel, eine Verbindung der gewählten Unternehmensstrategie zur Unternehmensperformance zu schaffen. Strategieforscher stellen sich daher die Frage, welche Faktoren einer Strategie dazu führen, dass Unternehmen im Vergleich eine unter- oder überdurchschnittliche *Performance* aufweisen. Wie bereits kurz erwähnt wurde, können Ressourcen oder Wissen, die gewählte Industrie, Akquisitionen oder Fusionen usw. zu diesen Faktoren gehören. Beispiele für Performancemaße sind in **Tabelle 1** aufgelistet.

Tabelle 1
Beispiele für
Performance-
messung

Gesamtkapitalrentabilität	Gewinn nach Steuern / Gesamtkapital	Rendite aller getätigten Investitionen in die Firma
Eigenkapitalrentabilität	Gewinn nach Steuern / Eigenkapital	Rendite aus dem investierten Eigenkapital der Firma
Bruttogewinnmarge	Operativer Gewinn / Umsatz	Operativer Gewinn entspricht dem verbleibenden Umsatz, wenn alle operativen Kosten gedeckt sind
Gewinn pro Aktie	Gewinn nach Steuern – Dividende / Anzahl Aktien	Gewinn, welcher der Inhaber einer Aktie erzielt
Kurs-Gewinn-Verhältnis	Marktpreis einer Aktie / Gewinn pro Aktie nach Steuern	Antizipierte Unternehmensperformance
Cashflow pro Aktie	Gewinn nach Steuern + Abschreibungen / Anzahl Aktien	Verfügbare Mittel für Investitionen, nachdem alle Verbindlichkeiten beglichen sind
Börsenwert beim IPO (Initial Public Offering)	An der Börse gehandelter Aktienkurs	Erwarteter Marktwert der Unternehmung beim Börsengang

Performancemaße sind fürs Management von besonderer Bedeutung, weil sie helfen, Entscheidungen zu fällen. Im Folgenden wird nicht auf alle Performancemaße aus **Tabelle 1** vertieft eingegangen – wir verweisen auf die umfangreiche Literatur im Bereich Finance und Rechnungslegung. Am Beispiel eines ausgewählten Performancemaßes wollen wir aber die Relevanz solcher Maße fürs Management aufzeigen. Möchte ein Unternehmen beispielsweise die Rendite aus dem investierten Eigenkapital verbessern, so gibt die Formel für die Eigenkapitalrentabilität klare Handlungsanweisungen. Die Eigenkapitalrentabilität wird verbessert, wenn

einerseits der Gewinn nach Steuern erhöht und andererseits die Eigenka-
pitalbasis abgebaut wird. Aufgrund des Performancemaßes können Manager nun entscheiden, welche Maßnahmen sie treffen wollen.

Wir werden später auf einige Aspekte, die bisher nur kurz angetippt
wurden, ausführlicher zurückkommen. Zunächst blicken wir nun aber
auf die Anfänge zurück und fragen, wie die Strategieforschung sich in ein
kohärentes Gebilde der Praxis, Theorie und Wissenschaft entwickelt hat.

E1.2   Historische Entwicklung der Strategiedisziplin

Die Beispiele im ersten Abschnitt dieses Kapitels haben gezeigt, wie eine
Anzahl einfacher Strategiedefinitionen Manager dazu anregen kann,
wichtige Fragen in Bezug auf die Zukunft ihrer Unternehmen zu stellen.
Die Strategieforschung beschäftigt sich schon sehr lange damit, Manager
mit Werkzeugen, Bezugsrahmen, Theorien und Forschungsresultaten
auszustatten, die ihnen beim Treffen langfristiger Entscheidungen behilf-
lich sind (BLEICHER 1996). Strategen gibt es, seit es Wettbewerb gibt – im
Militärwesen oder eben in der Wirtschaftswelt. Bereits die alten Chine-
sen haben Texte zum Thema verfasst. In der «Kunst des Krieges» wird
zum Beispiel gezeigt, wie Führung mit Strategie den Feind besiegen kann
(500 v. Chr.). Westliche Militärkommandanten, wie Lord NELSON, FOCH
und VON CLAUSEWITZ haben ebenfalls ihre Erfahrungen und ihr Denken
in schriftlicher Form festgehalten, um es mit ihren Offizieren teilen zu
können. Es ist allgemein bekannt, dass eine gut durchdachte und ausge-
führte Strategie erheblichen Einfluss auf die Fähigkeit hat, den Gegner zu
besiegen.

Auch in der Wirtschaftswelt hat strategisches Denken eine lange
Geschichte. Starkes wettbewerbliches Verhalten und groß angelegte
strategische Entscheidungen lassen sich bis zu den ersten modernen Unternehmen Mitte des 19. Jahrhunderts zurückverfolgen, selbst wenn die
Strategien jener Zeit nicht immer sehr gelehrt und explizit waren. Der
Bau von Eisenbahnen, bei denen Unternehmer neue Technologien an-
wandten und diese in neuen Organisationsformen ausschöpften, ist ein
bedeutendes Beispiel (CHANDLER 1977; 1990). Im Folgenden gehen wir auf
die Entwicklung der Strategiedisziplin in der näheren Gegenwart ein. Die
Ausführungen folgen der zeitlichen und inhaltlichen Struktur, wie sie in
Abbildung 1 skizziert wird.

1950	1960	1970	1980	1990
Phase 1	Phase 2	Phase 3	Phase 4	Phase 5
Finanz-planung	Langfristige Planung	Strategische Planung	Strategisches Management	Strategisches Management
Funktionales Controlling	Wachstums-planung	Markt-orientierung	Strategische Prozesse	Fähigkeiten
	Ressourcen-allokation	Alternative Strategien	Positionierung im Wettbewerb	Ressourcen

Die fünfziger Jahre standen ganz im Zeichen der Finanzplanung. Aus einer systematischen Strategieuntersuchung geht hervor, dass die Unternehmen ihre Budgetperioden damals typischerweise von einem auf drei oder mehr Jahre erhöhten. Diese Maßnahme ermöglichte es den Managern, ihre Allokationsentscheidungen auf einen längeren Zeithorizont auszuweiten, um längerfristiger denken zu können. Die Budgets wurden typischerweise funktional erstellt, deckten somit Produktion, Forschung und Entwicklung, Absatz und Vertrieb ab. Gleichzeitig wurden die funktionalen Budgets durch eine funktionale Kontrolle überprüft. Es ist wenig verwunderlich, dass zu jener Zeit die langfristige Planung allmählich als integraler Bestandteil der Managementtätigkeit angesehen wurde (BARNARD 1956).

Abbildung 1
Entwicklung der Strategiedisziplin

Die Nachkriegszeit ermöglichte ein starkes Wachstum in den meisten Branchen, und in den frühen sechziger Jahren hatten viele Unternehmen eine starke Machtbasis aufgebaut, aus der heraus sie Preis, Menge und Lieferbedingungen der produzierten Güter diktieren konnten. Dies führte dazu, dass die Wettbewerbsbehörden stärker intervenierten, um in Branchen, in denen Firmen solche Machtbasen aufgebaut hatten, Monopole zu verhindern und die Interessen der Konsumenten und Kunden zu schützen. Das Wachstumspotenzial in diesen Industrien war langsam erschöpft, und Firmen begannen mit Diversifikationsaktivitäten, indem sie entweder neue Geschäfte in anderen Branchen aufbauten oder kauften, neue Märkte erschlossen und/oder neue Produkte entwickelten. Dieser Sachverhalt widerspiegelt sich in der legendären Portfolio-Matrix von ANSOFF (1965; → **Abbildung 2**).

ANSOFF versteht unter *Marktpenetration* eine Wachstumsstrategie im bestehenden Produktmarkt, die darauf abzielt, den Marktanteil der Unternehmung zu erhöhen. Für ein Pharmaunternehmen könnte dies etwa bedeuten, dass das Unternehmen eine aggressive Marketingstrategie für bestehende Medikamente verfolgt und auf Kosten der Konkurrenz Marktanteile dazugewinnen kann. Der Begriff *Marktentwicklung* beschreibt eine Strategie, bei der für bestehende Produkte neue Märkte gesucht wer-

Markt \ Produkt	alt	neu
alt	Marktpenetration	Produktentwicklung
neu	Marktentwicklung	Diversifikation

Abbildung 2
Portfolio-Matrix von
Ansoff (1965)

den. Dies wäre beispielsweise der Fall, wenn eine pharmazeutische Unternehmung mit bestehenden Medikamenten neue Vertriebswege in neuen geografischen Gebieten aufbaut oder wenn analysiert wird, welche positiven Nebeneffekte bestehende Medikamente aufweisen und inwiefern das Medikament in neuen therapeutischen Bereichen genutzt werden kann. Eine weitere Alternative besteht in der *Entwicklung* neuer *Produkte*, die alte Produkte ersetzten. Beispielsweise entwickelt ein Pharmaunternehmen ein neues Schmerzmittel mit geringeren Nebenwirkungen. Als letzte und anspruchsvollste Strategie gilt die *Diversifikation*, bei der sowohl die Produkte als auch der Markt für ein Unternehmen neu ist. Dies war etwa der Fall, als Pharmaunternehmen gesundheitsfördernde Produkte für den Nahrungsmittelmarkt oder so genannte Lifestyle-Medikamente entwickelten.

Ansoffs einfache, aber interessante Zweimalzwei-Matrix war jedoch bei weitem nicht alles, was die Strategielehre an den Tag gebracht hat. Eine weitere wichtige Erkenntnis in der Geschichte der Strategie war die Herleitung der *Erfahrungskurve* (The Boston Consulting Group [BCG] 1970). Typischerweise steht die akkumulierte Anzahl produzierter Einheiten in einer negativen, mehr oder weniger linearen Beziehung zu den durchschnittlichen Stückkosten auf logarithmischer Basis. (→ **Abbildung 3**)

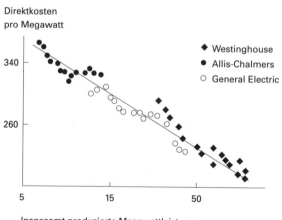

Abbildung 3
Die Erfahrungskurve
für Dampfturbinen-
generatoren
(1946–1963).
Quelle: The Boston
Consulting Group
(BCG) 1975

Insgesamt produzierte Megawattleistung
der einzelnen Unternehmen

Die Philosophie, die hinter der Erfahrungskurve steckte, war, dass ein kompetentes Management Engpässe in der Produktion identifizieren, den Produktionsprozess durch effizientere Verfahren verbessern würde, um schließlich die Kosten über eine genügend große Anzahl fabrizierter Einheiten zu verteilen, damit die Gemein- und Fixkosten[1] pro Stück reduziert werden konnten.

Die Erfahrungskurve führte zu einer deutlichen Verbesserung der Zielfestlegung und Ressourcenallokation in der Fabrikationsindustrie. Sie ermöglichte es Managern, rund um die Produktionskosten zu planen und das nötige Volumen festzulegen, um gewisse im Voraus festgelegte Stückkosten zu erreichen. Gleichzeitig war sie den «Leuten vom Absatz» eine Hilfe bei der Planung von Produkteinführungen, bei der Preisfestlegung und beim Aufbau eines Distributionssystems. Voraussetzung dafür, dass diese Planungsaktivitäten erfolgreich griffen, war jedoch eine stabile Nachfrage für die hergestellten Produkte und ein konstanter Marktanteil.

Die Ölkrise in den siebziger Jahren veränderte die Wirtschaftswelt radikal und ließ die Annahme von Stabilität obsolet werden. Manager zahlreicher Industrien und Firmen tendierten fortan vermehrt dazu, sich auf knappe Ressourcen zu konzentrieren und mit der Formulierung von langfristigen Zielen und Ressourcenallokationen sehr vorsichtig zu sein. Noch in den sechziger Jahren hatte es das ökonomische Umfeld zugelassen, dass man sich über längere Zeit auf ein bis zwei Ziele konzentrierte, und eine Anzahl von kohärenten Handlungen machten es möglich, diese Ziele zu erreichen. Die Turbulenzen der siebziger Jahre zwangen die Manager, auf die strategische Wahl ein größeres Augenmerk zu legen. Im Begriff «Wahl» steckt bereits, dass Managern verschiedene Alternativen zur Verfügung stehen. Folglich stand in der Strategieforschung dieser Zeit die Frage im Mittelpunkt, wie solche strategischen Alternativen entwickelt werden konnten. Die Antwort kam aus der Planungsabteilung des Energiekonzerns Royal Dutch/Shell in der Form der *Szenarioplanung*.[2] Szenarien stellen eine konsistente Sicht der Entwicklung der Zukunft und der Interaktion von gewählten Variablen dar. Bei Royal Dutch/Shell

---

1   Gemeinkosten sind diejenigen Kosten, die nicht direkt einem Produkt zugeordnet werden können, wie beispielsweise Verwaltungs- und Betriebskosten. Fixkosten zeichnen sich dadurch aus, dass sie anfallen, auch wenn nicht gearbeitet und nichts produziert wird. Beispiele sind langfristige Leasing- und Mietkosten.

2   Oft wird Szenarioplanung auch als strategische Planung der zweiten Generation bezeichnet, was besagt, dass die Firma alternative Strategien entwickelt, bevor sie eine bestimmte Strategie auswählt.

wurden beispielsweise verschiedene Szenarien für steigende, sinkende oder stabile Ölpreise entwickelt, für die dann konkrete alternative Strategien formuliert und bewertet werden konnten (WEICK 1985; DE GEUS 1988). Wäre der Ölpreis gestiegen, so hätte die Firma mehr Ressourcen in die Ölgewinnung gesteckt. Wäre der Ölpreis hingegen gefallen, so hätte sich die Firma mehr darauf konzentriert, neue Technologien zu entwickeln, um die bereits erschlossenen Ölfelder effizienter zu bewirtschaften.

Das Denken in Alternativen aus den siebziger Jahren ist uns bis heute erhalten geblieben und spielt seither eine zentrale Funktion in der weiteren Entwicklung der Strategieforschung. Die achtziger Jahre haben jedoch gezeigt, dass der Übergang vom Denken zum Handeln, von Plan zu Routine alles andere als einfach ist, auch wenn alternative Strategien vorhanden und die Prinzipen der Auswahl klar sein mögen. Manager sehen sich oft in Situationen versetzt, in denen Strategien, die sie sorgfältig ausgearbeitet haben, in der Organisation nicht umgesetzt werden können. Es fehlt entweder an der nötigen Technologie oder an der nötigen Mitarbeiterkompetenz oder an der passenden Organisationsform. Der Fokus der Strategieforschung ging deshalb von der strategischen Wahl zurück zur Anpassung von Handlungen, zum Prozess *der Strategie von Implementation und Lernen.* Hier bestand die Grundidee darin, dass Firmen ihre langfristigen Ziele und ihre Ressourcenallokation in Bezug auf Technologien, neue Märkte und neue Geschäftsmöglichkeiten nur schrittweise ändern können (QUINN 1978; JOHNSON 1988). Darüber hinaus wählte das Topmanagement von Unternehmen – auch inspiriert durch die Arbeiten von Chester BARNARD – oft Strategien, die isoliert vom Rest der Organisation formuliert worden waren. Das Management hätte jedoch stark von den Informationen und Erfahrungen der Leute profitiert, die nahe am Markt, in der Forschung und Entwicklung oder in der Produktion tätig waren (MINTZBERG/WATERS 1985). Gegen Ende der achtziger Jahre wurden deshalb viele formalisierte und standardisierte Prozesse vorgeschlagen, insbesondere durch Unternehmensberater, die den Firmen aufzeigen sollten, wie sie ein solches Lernen kreieren, einen besseren Informationsaustausch in der Organisation erzielen, die Informationstechnologie wirksamer nutzen, unnötige Arbeit reduzieren und bessere Dienstleistungs- und Produktqualität erreichen konnten. Bei einigen dieser Programme lag der Fokus auf der Verbesserung der Produkte *(Total Quality Management)*, bei andern auf der Reduktion der Kosten *(Business Process Engineering).*

Ein weiterer Meilenstein in der Strategieforschung in den achtziger Jahren bestand in den Arbeiten von Michael E. PORTER von der Harvard Business School (PORTER 1980). PORTER zeigte, dass der finanzielle Erfolg der Firma durch die Branche, in der sie operiert, beeinflusst wird. Eine Branche ist ein Bündel fabrizierender Firmen, die ein ähnliches Produkt herstellen, wie Seife, Getränke oder Medikamente (Burgess 1989). Porters Grundidee bestand darin, dass das allgemeine Niveau der Profitablität, das durch die Firmen in der Branche erreicht wird, von fünf[3] Faktoren abhängt (→ **Abbildung 4**):

1. *von der Verhandlungsmacht der Lieferanten, Preise und Lieferbedingungen zu beeinflussen:* Es steht im Interesse des Lieferanten, einen möglichst hohen Preis für die zu liefernden Produkte zu verlangen. Ob dies möglich ist, hängt im Wesentlichen davon ab, wie viele andere Lieferanten ein ähnliches Produkt anbieten und wie wichtig das gelieferte Produkt für den Abnehmer ist.

2. *von der Verhandlungsmacht der Kunden, Preise und Lieferbedingungen zu beeinflussen:* Der Kunde ist natürlich an einem möglichst tiefen Preis interessiert. Seine Verhandlungsposition hängt im Wesentlichen davon ab, wie viele sonstige Kunden neben ihm existieren, über wie viele Informationen er über Produktionskosten und sonstige Anbieter verfügt und ob das zu kaufende Produkt standardisiert oder auf seine Bedürfnisse zugeschnitten ist.

3. *von der Leichtigkeit, mit der neue Konkurrenten in die Branche eintreten können:* Attraktive Branchen locken stets neue Wettbewerber an. Eintrittsbarrieren behindern solche Neueintritte. Eintrittsbarrieren sind umso höher, je größer die Skalenerträge, Kundenloyalität, benötigtes Kapital oder die Kosten, die durch einen Produktewechsel entstehen, in einer Branche sind.

4. *von der Gefahr, dass die Branche durch andere Produkte, Firmen und Branchen substituiert wird:* Die Wettbewerbsposition einer Unternehmung hängt im Wesentlichen davon ab, inwieweit Produkte aus einer Branche Produkte aus einer anderen Branche mit einer ähnlichen funktionalen Ausstattung ersetzen (wie zum Beispiel Computer Schreibmaschinen ersetzt haben). Je größer die Substitutionsgefahr in einer Branche, desto intensiver ist der Wettbewerb in dieser Branche.

5. *von der Intensität des Wettbewerbs in der Branche:* Natürlich hängt der Wettbewerbsgrad in der Branche auch von den Unternehmen selbst ab. Je nachdem, wie viele Unternehmen sich in einer Branche befinden, in welchem Maß sie um die besten Positionen wetteifern, ob ihr Verhalten eher friedlichem Nebeneinanderleben oder aktiver Kriegführung gleichkommt, desto unterschiedlich ist die Wettbewerbsintensität in der Branche.

---

3   Aus diesem Grund wird das Modell oft auch als das «Fünf-Kräfte-Modell» bezeichnet.

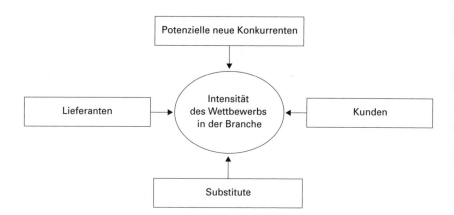

Abbildung 4
Das «Fünf-Kräfte-
Modell» von
Michael E. Porter

In den neunziger Jahren führte PORTERS Arbeit zu hitzigen Debatten und beeindruckenden Aktivitäten in der Strategieforschung. Im Zentrum stand die Frage, inwiefern es von Bedeutung sei, in einer sehr profitablen Branche wie in der pharmazeutischen Industrie aktiv zu sein oder ob Unternehmen auch profitabel sein können, wenn sie einer weniger attraktiven Branche angehören, wie etwa der Abfallentsorgung oder der Schreibmaschinenproduktion. Diese Debatte hatte einen wichtigen Einfluss auf die Manager, weil sie ihnen schrittweise zeigte, worauf sie ihre Aufmerksamkeit richten mussten, wenn sie ihre Strategien formulierten, wählten und implementierten.

Die so genannte ressourcenbasierte Sichtweise *(resource-based view)* der Strategieentwicklung nimmt einen ganz anderen Standpunkt ein als PORTER. Diese Richtung der Strategieforschung argumentiert, dass der langfristige finanzielle Erfolg der Firma eher durch ihre Ressourcenausstattung als durch die Zugehörigkeit zu einer Branche erklärt werden kann, und postuliert daher auch, dass sich Manager auf die Entwicklung und Förderung von Ressourcen konzentrieren sollten, die in einer gewissen Weise einzigartig sind (GRANT 1991; WERNERFELT 1984; BARNEY 1991).

Diese Debatte zeichnete sich durch ein besonderes Interesse an Prozessen und am Lernen aus, Themen, die zurück bis in die achtziger Jahre verfolgt werden konnten, jedoch mit einem wesentlichen Unterschied. Die *resource-based view* nahm an, dass Lernen, Prozesse oder Ressourcen nicht grundsätzlich und ohne Unterschied Einfluss auf den finanziellen Unternehmenserfolg hatten, sondern nur, insofern sie wertvoll, einzigartig, schwierig zu imitieren und nicht substituierbar waren. Besitzt beispielsweise ein Pharmaunternehmen eine außergewöhnliche Art und Weise, seine Produkte zu vermarkten, so ist es für Konkurrenten schwierig, diese Fähigkeit nachzubilden oder zu substituieren. Oft sieht man nur das Endprodukt der Marketingtätigkeiten. Die eigentlichen Prozesse und Ressourcen, die dazu geführt haben, bleiben verdeckt. Hinzu kommt, dass nicht alles Marketingwissen sich leicht artikulieren und in schriftlicher Form festhalten lässt. Dann ist ebenfalls unsicher, ob ein wertvoller Mitarbeiter einer erfolgreichen Unternehmung in einem anderen pharmazeutischen Unternehmen dieselbe Leistung erbringen kann, da er dort vermutlich auf unterschiedliche Voraussetzungen stoßen wird. Die ressourcenbasierte Schule nimmt daher an, dass es einer Firma nur möglich ist, ihre Konkurrenten auch langfristig zu übertreffen, wenn alle vier Bedingungen zutreffen. Obwohl in den achtziger Jahren viele Unternehmensberater den Standpunkt vertraten, man müsse massiv in Informationstechnologien investieren, um die Implementierung der Strategien zu verbessern, haben Forschungen leider ergeben, dass das bloße Investieren in solche Technologien noch nicht dazu führt, dass ein Unternehmen die Konkurrenten übertreffen kann. Manager müssen daher bei der Auswahl der Ressourcen, die sie speziell fördern möchten, sehr selektiv vorgehen (man erinnere sich daran, dass Strategie «Auswahl» bedeutet). Viele Autoren schlugen vor, dass die wichtigsten Ressourcen, die so genannten Kernressourcen, eher immaterieller als physischer Natur seien (wie eben Marketing- und Fabrikationswissen oder Technologieentwicklung). Mit diesem Gedanken eng verbunden ist die Unterscheidung zwischen handelbaren und nicht handelbaren Ressourcen, die von einigen Autoren getroffen wird (DIERICKX/COOL 1989). Handelbare Ressourcen, wie Rohstoffe, Zwischenfabrikate und Fabrikationsmaschinen, können auf dem freien Markt leicht erworben werden. Für nicht handelbare Ressourcen – etwa Reputation für Qualitätsprodukte, Vertrauen zwischen Geschäftspartnern oder die organisationalen Fähigkeiten einer Unternehmung – existiert hingegen kein eigentlicher Markt. Diese Ressourcen müssen über einen längeren Zeitraum mit viel Sorgfalt intern aufgebaut werden. Die Akkumulation nicht handelbarer Ressourcen führt schließlich zu einem nachhaltigen Wettbewerbsvorteil, weil diese nicht imitierbar und substituierbar sind. In diesem Sinne übt vor allem auch die Art und Weise, wie Ressourcen kombiniert werden, erheblichen Einfluss auf den Unternehmenserfolg aus (BARNEY 1991; PRAHALAD/HAMEL 1994; GRANT 1994; TEECE/PISANO/SHUEN 1997). Zudem scheint es, als sei Umsatzwachstum stark mit der Fähigkeit eines Unternehmens verbunden, Gelerntes aus einem Produktentwicklungsprojekt auf andere Produktentwicklungsprojekte zu übertragen (NOBEOKA/CUSUMANO 1997).

Auch um die Jahrtausendwende beschäftigte sich die Strategieforschung vertieft mit der Beziehung zwischen finanzieller Performance und immateriellen Ressourcen, zum Beispiel Wissen. Es ist inzwischen allgemein anerkannt, dass die finanzielle Performance zu einem großen Teil durch das Wissen, das einer Firma zur Verfügung steht, erklärt werden kann (VON KROGH, ROOS/SLOCUM 1994; SUBRAMANIAN/VENKATRAMAN 2001). Eine Studie von DECAROLIS/DEEDS (1999) gilt dieser Beziehung zwischen Wissen und Performance in der Biotechnologiebranche. Die beiden Autoren verwenden für das Wissen, das in der Firma besteht oder potenziell zur Firma fließen kann, zahlreiche Indikatoren, wie Unternehmensstandort, F&E-Ausgaben, die Anzahl von Produkten in der Entwicklungsphase usw.

Ihre Studie kommt zu folgenden Ergebnissen: Standort, Anzahl der Produkte in der Entwicklungsphase und Anzahl Zitate von Mitarbeitern in wissenschaftlichen Veröffentlichung korrelieren signifikant positiv mit der *Performance* der Biotechnologieunternehmen. Der Standort ist für ein Biotechunternehmen von besonderer Bedeutung. Wenn auch andere Biotechunternehmen und Forschungsinstitute am Standort angesiedelt sind, so erhöht das erheblich den möglichen Wissensfluss zwischen den Unternehmen und Instituten. Die Anzahl der in Entwicklung befindlichen Produkte dient als Indikator dafür, wie viele Produkte in einem Biotechunternehmen kurz vor der Markteinführung stehen und somit in näherer Zukunft Cashflows generieren können. Die Anzahl wissenschaftlicher Zitate macht eine Aussage über das Wissen und dessen Qualität in einem Biotechnologieunternehmen. Überraschenderweise haben die prozentualen Forschungsausgaben und die Anzahl der Patente geringeren Einfluss auf die Performance als die übrigen Größen. Eine mögliche Erklärung könnte darin liegen, dass Geldbeträge und die reine Anzahl von Patenten nur einen beschränkten Hinweis auf die Qualität der Forschung und der Patente liefern.

Die Beziehung zwischen Wissen und Unternehmensperformance wird vor allem anhand der Frage untersucht, wie Menschen in Firmen Wissen lokalisieren, transferieren und kreieren. Es gibt ein steigendes Angebot von Instrumenten und Methoden, die dem Management helfen sollen, das Wissen in der Firma besser anzuwenden und es zu erweitern (DAUPHINAIS/MEANS/PRICE 2000).

Die jüngsten Entwicklungen in der Informationstechnologie, im Internetgeschäft und eine starke Tendenz zur Gründung von Start-up-Unternehmen haben zudem bewirkt, dass sich die Strategieforschung mit neuen Formen von Unternehmertum, der Analyse der Effizienz von Technologieinvestitionen (CHRISTENSEN 2001) und neuer Geschäftsmöglichkeiten beschäftigt. Ein weiteres Forschungsinteresse besteht darin, Strategien zu untersuchen, die es jungen Firmen ermöglichen, erfolgreich am Markt zu agieren, und die zugleich etablierten Firmen aufzeigt, wie sie sich gegen die Gefahren von Seiten der jungen Firmen wehren können (HAMEL 2000).

Abschließend ist darauf hinzuweisen, dass es äußerst schwierig ist vorauszusagen, was die Zukunft bringen wird. Immerhin kann erwartet werden, dass die Strategieforschung weiterhin wichtige Erkenntnisse liefern wird, wie Branchen und Firmen gemeinsam die Unternehmensperformance beeinflussen, welche Rolle Wissen und dessen Management einnimmt, wie die Ressourcenallokation zum Technologieaufbau vorgenommen wird und wie unternehmerische Firmen ihre strategische Entscheidungsfindung verbessern können.

Strategie und Wettbewerb E1.3

Aus dem vorangehenden Kapitel ging klar hervor, dass das Herz der Strategieforschung der Wettbewerb ist, wie das bereits SCHELLING treffend formuliert hat. Weiterhin wurde dargestellt, wie sich das Strategiefeld historisch entwickelte. Dabei ist allen Strömungen offenbar gemeinsam, dass das Hauptziel der Wettbewerbsstrategie darin besteht, die Konkurrenten durch eine bessere finanzielle Performance zu übertreffen.

Um dieses Ziel zu erreichen, müssen sich Manager die folgenden Fragen stellen:

a. Wer sind meine Konkurrenten?
b. Welche Strategien verfolgen sie?
c. Welche Produkte und Dienstleistungen bieten sie an?
d. Welches sind die Kosten, um diese Güter herzustellen?
e. Welche speziellen Beziehungen haben sie
   zu bestimmten Kundengruppen?
f. Was sind ihre materiellen und immateriellen Ressourcen?

Darüber hinaus müssen sich Manager mit folgenden schwierigen Fragen bezüglich der eigenen Firma auseinander setzen:

a. Sind wir bedeutende Konkurrenten für diese Firmen?
b. Welche Strategie haben wir – oder welche sollten wir haben?
c. Welche Produkte oder Dienstleistungen bieten wir an?
d. Welches sind unsere Kosten, um diese Produkte herzustellen?
e. Welche speziellen Beziehungen haben wir
   zu gewissen Kundengruppen?
f. Welches sind unsere materiellen und immateriellen Ressourcen?

Die Antworten auf diese Fragen ergeben ein Bild davon, ob die Firma gegenüber anderen Firmen einen Wettbewerbsvorteil besitzt. Die erste Frage ist nicht immer einfach zu beantworten, beschäftigt sich jedoch mit einem der wichtigsten Aspekte der Strategieentwicklung. Eine breit angelegte Bestandsaufnahme einer Industrie würde bedeuten, zum Beispiel alle pharmazeutischen Unternehmen zu identifizieren und diese nach verschiedenen geografischen und therapeutischen Kriterien zu unterteilen. Ein solches Vorgehen erlaubt aber voraussichtlich einen nur sehr beschränkten Einblick in die Strategien, die sie verfolgen, und macht es auch schwer, Implikationen für die eigene Strategie abzuleiten. Ein guter Trick besteht deshalb darin, zu überlegen, inwiefern diese verschiedenen Fragen miteinander verbunden sind. Wie die Forschung in der Strategieforschung zeigt, tendieren Manager dazu, ihre Konkurrenten zu einem gewissen Zeitpunkt nur selektiv wahrzunehmen und nicht alle Firmen zu berücksichtigen (OSBORNE/STUBBART/RAMAPRASAD 2001).

Fragen, welche die Konkurrenten und die eigene Firma betreffen (a. und b.), sind sehr eng miteinander verwandt. Um zu unserem Beispiel mit den Pharmaunternehmen zurückzukehren: Wenn für zwei pharmazeutischen Unternehmen das langfristige Ziel darin besteht, ihre Ausgaben für Forschung und Entwicklung in relevanten therapeutischen Gebieten auf mehr als 15 Prozent anzuheben, so werden sich die beiden Firmen vermutlich in ihren Forschungsaktivitäten Konkurrenz machen. Andererseits werden Firmen, die bei ihren Forschungsausgaben von 5 Prozent bleiben, weniger aggressiv in diesem Bereich auftreten als ihre Konkurrenten.

Dasselbe gilt für die Fragen a. und c. Wenn Firmen ihren Kunden sehr ähnliche Produkte anbieten, die sich nur durch wenige einzigartige Eigenschaften auszeichnen, so werden sich die Firmen ein starkes Kopf-an-Kopf-Rennen liefern. Sobald aber die Firmen Produkte mit einer gewissen Einzigartigkeit anbieten – zum Beispiel wenn ein Pharmaunternehmen ein Medikament entwickelt, das von keiner anderen Firma angeboten wird –, dann besitzt diese Firma einen *Differenzierungsvorteil* gegenüber allen anderen Wettbewerbern (PORTER 1980). Die Firma kann daher aufgrund der einzigartigen Charakteristika des Produktes eine Prämie in den Preis des Produktes einrechnen. Man denke an eine goldene Rolex-Uhr und eine Plastik-Swatch.

Wenn Produkte einander ähnlich sind, dann beeinflussen sich a. und d. gegenseitig stark. Die Chance, den Konkurrenten leistungsmäßig zu übertreffen, hängt stark von der eigenen Kostenstruktur und derjenigen des Wettbewerbers ab. Wenn die eigenen Kosten niedriger sind als diejenigen des Konkurrenten, spricht man von einem *Kostenvorteil* (PORTER 1980).

Zur Frage, was die Quelle von Differenzierungs- und Kostenvorteilen sein könnte, gibt **Abbildung 5** Antwort. Zur Illustration des *Differenzierungsvorteils* kann beispielsweise eine Automarke wie Rolls-Royce oder Bentley herangezogen werden. Beide zeichnen sich durch einen Markennamen aus, den es schon seit Jahrzehnten gibt und dem höchste Aufmerksamkeit von Kundenseite zuteil wird. Die Autos sind hervorragend verarbeitet, und bei jedem Modell besteht die Möglichkeit, auf spezifische Kundenwünsche einzugehen. Die Dienstleistung am Kunden zeichnet sich dadurch aus, dass sie von besonders gut geschulten Mitarbeitern erbracht wird, die ihr Produkt und auch ihre Kundschaft sehr gut kennen, auf besondere Wünsche eingehen und dadurch einen äußerst guten Ruf genießen. Bleiben wir bei der Autoindustrie, wenn wir auch die Seite der *Kostenführerschaft* näher betrachten. Zwei Marken, die sich in dieser Hinsicht auszeichnen, sind Hyundai und Toyota. Von Toyota wird sogar behauptet, dass der japanische Autohersteller es schafft, sowohl die Kostenführerschaft als auch eine Differenzierungstrategie auszuüben. Hyundai zeichnet sich neben den spezialisierten operationellen Prozessen, die auf ein enges Sortiment ausgerichtet sind, auch durch niedrige Faktorkosten aus, insbesondere durch eine günstige Lohnstruktur. Toyota

Abbildung 5
Quellen von Differenzierungs- und Kostenvorteilen

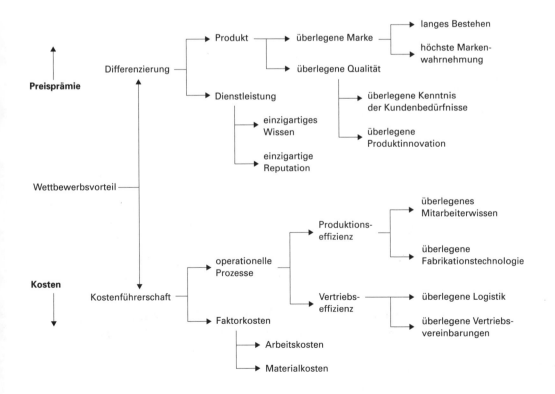

andererseits ist bekannt für die niedrigsten Produktionskosten in der Autoindustrie, bedingt durch die modernen Produktionsanlagen, die *Just-in-Time*-(JIT-)Philosophie und den hohen Wissensstand der Mitarbeiter. Berühmtheit hat auch Toyotas Vertragspolitik gegenüber den Lieferanten erlangt, da diese Kontrakte langfristig und auf Qualität ausgelegt sind, was es den Zulieferern ermöglicht, höhere Investitionen in ihre zu liefernden Produkte zu tätigen. Schließlich verfügt Toyota zurzeit über eine eigene Seeflotte, die ihre Produkte kostengünstig weltweit verteilen kann.

Kommen wir nun auf unseren Fragenkatalog zurück: Es ist auch die Tatsache von Bedeutung, ob kleinere oder größere Kundengruppen beliefert werden. Wenn wir beispielsweise große Mengen von Medikamenten an ein Spital liefern, dann hat dieses Spital möglicherweise einen geringen Anreiz, sich einen anderen Lieferanten zu suchen. Gleichwohl, wenn wir und unser Konkurrent auf dieselbe Kundengruppe abzielen, dann müssen die Fragen a. und e. miteinander betrachtet werden. Unser Hauptkunde wird einen Einfluss darauf haben, wer unsere stärksten Konkurrenten sein werden. Fokus, Geschichte und die Stärke der Beziehung zum Kunden wird eventuell entscheiden, wer wen performancemäßig übertreffen wird (Reicheld 1996; Cram 1994). Oft ermöglichen starke Beziehungen den Zugang zu nützlichen Informationen über die Kundenbedürfnisse, was zur Folge hat, dass die Firma Produkte produzieren kann, die diese Bedürfnisse besser abdecken (Davenport/Klahr 1998).

Interessanterweise nimmt auch die Natur der eigenen materiellen und immateriellen Ressourcen und die des Konkurrenten Einfluss darauf, wer die Hauptkonkurrenten der Firma sind. Dies ist eine wichtige Einsicht der *resource-based view* der Strategie. Wenn es unsere Strategie ist, eine forschungsintensive Pharmaunternehmung zu werden, dann brauchen wir die besten Wissenschaftler und die beste Forschung, aber das gilt für unsere Konkurrenten genauso, und wir werden uns daher hier einen sehr starken Konkurrenzkampf liefern.

Inzwischen wissen wir also, wer unsere Konkurrenten sind, welche Strategie sie verfolgen, welche Produkte und Dienstleistungen sie anbieten, wie ihre Kostenstrukturen, ihre Kundenbeziehungen, die materiellen und immateriellen Beziehungen aussehen. Die nächste Herausforderung wird darin bestehen, die Natur und Quelle von Wettbewerbsvorteilen zu verstehen.

Vier unterschiedliche Niveaus von Wettbewerbsvorteilen können unterschieden werden(→ **Abildung 6**). Die einzelnen Begriffe werden im Folgenden erklärt.

Wettbewerbsnachteil	Die Firma implementiert eine wertzerstörende Strategie, die zu Kostennachteilen oder zu einem Produkt führt, das die Kundenbedürfnisse nicht befriedigt.
Wettbewerbsparität	Die Firma und ihre Wettbewerber implementieren dieselbe wertgenerierende Strategie.
Temporärer Vorteil	Die Firma implementiert zurzeit eine wertgenerierende Strategie, die zu Kostenvorteilen und/oder Differenzierungsvorteilen führt. Jedoch können Wettbewerber die Strategie imitieren.
Nachhaltiger Wettbewerbsvorteil	Die Firma implementiert als Einzige eine wertgenerierende Strategie, die zu Kostenvorteilen und/oder Differenzierungsvorteilen führt. Konkurrenten sind nicht fähig, die Vorteile dieser Strategie zu replizieren.

■ Wettbewerbsnachteil

Die Firma implementiert eine wertzerstörende Strategie, die zu Kostennachteilen oder zu einem Produkt führt, das die Kundenbedürfnisse nicht befriedigt. Trifft diese Situation ein, dann wird die Firma voraussichtlich eine schlechtere Performance als ihre Konkurrenten aufweisen. Um ein Beispiel zu nennen: Wenn unsere Strategie dazu führt, im Branchenvergleich beträchtlich mehr Ressourcen als nötig in die pharmazeutische Forschung zu stecken, so wird dies zu einem Kostennachteil führen. Pharmazeutische Forschung ist eine Aktivität, die in hohem Maße mit Unsicherheit verbunden ist. Im besten Fall hat nur eine von 10 000 Substanzen, die Forscher in den Forschungslabors entdecken, eine heilende Wirkung und kann als Medikament eingesetzt werden, das kaum Nebenwirkungen hervorruft und mit den bestehenden Technologien produziert werden kann. Daneben zeigen gewisse Medikamente, vielleicht ein Produkt gegen Haarausfall, nicht die erwünschte dauerhafte Wirkung für den Patienten.

Abbildung 6
Niveaus von Wettbewerbsvorteilen

■ Wettbewerbsparität

Die Firma und ihre Wettbewerber implementieren dieselbe wertgenerierende Strategie. Dies bedeutet, dass keine Kosten- oder Differenzierungsvorteile vorliegen. Die Unternehmung macht genau das, was andere Firmen auch tun. Die Firmen verwenden beinahe identische Technologien und bieten Produkte ohne große Differenzierungsmerkmale an. Aus diesem Grund kann auch keine Prämie auf dem Produkt erzielt werden. Pharmaunternehmen fanden beispielsweise heraus, dass ein detaillierter Entwicklungsplan ihrer Medikamente die Entwicklungskosten und die Zeitspanne bis zur Markteinführung der Medikamente erheblich begünstigt (DAVENPORT/PRUSAK 1998). Wie auch immer, es ist zu vermuten, dass nicht nur eine einzige Firma so verfährt und dadurch einen Kostenvorteil erlangt. Die meisten Firmen benutzen solche Entwicklungspläne. Außerdem muss berücksichtigt werden, dass ein Hersteller von stark generischen Produkten, die dem Kunden keinen zusätzlichen Nutzen bringen, etwa eines gewöhnlichen Schmerzmittels, nicht erwarten kann, dass diese Produkte überdurchschnittliche Absatzzahlen und finanzielle Performances erreichen, da der Preis an die Nachfrage und an die Preise von ähnlichen Konkurrenzprodukten angepasst werden muss.

■ Temporärer Wettbewerbsvorteil

Die Firma implementiert zurzeit eine wertgenerierende Strategie, die zu Kostenvorteilen und/oder zu Differenzierungsvorteilen führt. Jedoch können Wettbewerber die Strategie imitieren. Unter diesen Bedingungen implementiert die Firma als Erste eine Strategie und übertrifft momentan ihre Konkurrenten performancemäßig. Natürlich wird dieser Sachverhalt die Aufmerksamkeit der übrigen Mitbewerber erregen. Diese werden möglicherweise versuchen, die Elemente der Erfolg versprechenden Strategie zu identifizieren und wenn möglich zu imitieren. Wenn die Konkurrenten es schaffen, die Strategie nachzuahmen, so dass die Gewinnmargen sich ausgleichen, wird der Wettbewerbsvorteil eventuell temporär bleiben. Zwei Fragen sind hier von besonderer Bedeutung:

■ Wie lange dauert es, bis die Konkurrenz die Strategie imitieren kann? Die Strategieforschung der achtziger und neunziger Jahre hat gezeigt, dass es eine gewisse Zeit braucht, um eine Strategie zu implementieren. Oft ist es nicht möglich, den Lernprozess zu beschleunigen (Dietrickx/Cool 1989). Erinnert sei an dieser Stelle auch an die Erfahrungskurve. Für ähnliche Produktionstechnologien und vergleichbare Organisationen ist es nur mit einem gewissen Zeitaufwand möglich, die nötigen Erfahrungen zu machen, um ähnliche Kostenstrukturen wie die führende Firma aufzubauen. Bei bestimmten Lernprozessen spielt die Zeitkomponente eine wichtige Rolle. So braucht etwa die Produktion von Pharmazeutika besonderes Wissen und spezielle Fähigkeiten der Angestellten. Wenn eine Unternehmung es schafft, die Kostenstruktur des Kostenführers zu imitieren, hat dieser vielleicht in der Zwischenzeit seine Kosten bereits wieder gesenkt, was die Imitation einer Kostenstrategie zu einem unsicheren Rennen werden lassen kann.

■ Welche Kosten fallen bei der Nachbildung einer Strategie an (Winter/Szulanski 1999)? Wenn die Konkurrenten die Strategie der Firma imitieren wollen, um Produkte, Dienstleistungen oder Prozesse zu verbessern, so fallen für sie zahlreiche Kosten an. Ein offensichtlicher Kostenpunkt ist die Beobachtung und Messung der Ressourcenallokation und der Aktivitäten der beobachteten Firma (HALLWOOD 1998). In der pharmazeutischen Branche können diese Kosten in Anbetracht der Komplexität von Forschung und Entwicklung und der Produktionsprozesse beträchtlich sein. Auch wenn die Strategie durch die Konkurrenz gut verstanden ist, fallen weitere Kosten bei der Ausbildung des Personals, durch Lernen nach dem *Trial-and-Error-Prinzip*, durch Anpassung der zu verwendenden Technologien, durch die Umwandlung bestehender Produktionsprozesse usw. an.

■ Nachhaltiger Wettbewerbsvorteil
Die Firma implementiert als Einzige eine wertgenerierende Strategie, die zu Kostenvorteilen und/oder zu Differenzierungsvorteilen führt. Konkurrenten sind nicht fähig, die Vorteile dieser Strategie zu replizieren. Nachhaltigkeit bedeutet nicht, dass die Firma ihre Konkurrenten für immer und ewig übertrifft, sondern dass diese es nicht schaffen, Prozesse, Produkte, Dienstleistungen, materielle und immaterielle Ressourcen nachzubilden, auch wenn sie es versuchen. Typischerweise hängt ein solcher Vorteil vom Wissen und den Fähigkeiten der Angestellten und Teams der Firma ab, und für Mitarbeiter ist es schwierig, diese Prozesse präzise zu identifizieren. Um noch einmal auf unsere Beispiele aus der Autoindustrie zurückzukomen, so ist es für die Konkurrenten von Toyota schwierig herauszufinden, wie genau das Unternehmen die Arbeitsabläufe in den Produktionsstraßen organisiert, da Feinheiten nur schwierig zu beobachten und zu erfassen sind. Gleichzeitig ist es für ein Unternehmen selbst aufgrund der «versteckten» Natur zahlreicher innerer Prozesse schwierig zu erkennen, worin die Unternehmensvorteile liegen (REED/DeFILLIPPI 1990). Zum Beispiel kann ein Pharmaunternehmen ein Forschungsteam haben, das schlicht besser und effizienter zusammenarbeitet als vergleichbare Teams in Konkurrenzunternehmen. Vielleicht pflegt das Forscherteam bessere persönliche Beziehungen zu den Marketingleuten der Firma. Auf informeller Weise werden die Mitarbeiter der Marketingabteilung über mögliche neue Medikamente in der Pipeline informiert – besser, als dies bei der Konkurrenz vonstatten geht, und somit kann auch die Marketingleistung des Unternehmens steigen. Wenn das Management nicht genau weiß, warum die Firma eine bessere Performance als ihre Konkurrenten aufweist, wie sollten es dann die Konkurrenten wissen?

Unter solchen Bedingungen besteht die größte Gefahr für die Firma nicht darin, dass Konkurrenten die eigene Strategie imitieren, sondern darin, dass der geschaffene Vorteil verspielt wird (CHRISTENSEN 2001; D'AVENI 1994). Sobald Firmen ein Produkt oder einen Prozess mit einer finanziellen Performance besitzen, die jene von vergleichbaren Produkten oder Prozessen der meisten anderen Unternehmen übertrifft, tendieren sie dazu, sich auf den Lorbeeren auszuruhen, weil diese Produkte oder Prozesse einen gesicherten Umsatzstrom garantieren (TEECE/PISANO/SHUEN 1997). Für das Management ist es zunehmend schwierig, den Wert der bestehenden Vorteile kritisch zu betrachten, sogar dann, wenn neue Technologien und Veränderungen in den Kundenbedürfnissen auftreten. Dies ist eines der größten Probleme in der Strategieforschung, Manager in erfolgreichen Firmen sind damit tagtäglich konfrontiert (CHRISTENSEN 1998). Nehmen wir wiederum die Pharmabranche als Beispiel. In den siebziger Jahren basierte ein großer Teil der Produktion auf dem Sammeln, Extrahieren und der Synthese von natürlichen Substanzen wie Hormone). Firmen, die lernten, diese hochkomplexen Produktions- und Logistikprozesse zu beherrschen, erlangten einen Kostenvorteil. Jedoch machte bereits in den achtziger Jahren die Biotechnologie diese Vorteile *unsicher*, als Hormone nun zu günstigeren Bedingungen und mit geringerer Komplexität künstlich in Bioreaktoren produziert werden konnten. Etablierte pharmazeutische Unternehmen, die keine Ressourcen in den Aufbau von Biotechnologiewissen gesteckt hatten, sahen sich nun vielleicht im Nachteil, verglichen mit Firmen, wie Genentech, Amgen oder Monsanto, die massiv in die neue Technologie investiert hatten. Hier sollten wir die Lektion nicht vergessen, welche einige etablierte Firmen gelernt haben – dass nämlich Denken in Alternativen sich auszahlen kann. Das Management jeder Unternehmung sollte genau beobachten, welche neuen Technologien und Marktveränderungen am Horizont auftauchen und wie diese den Wert der zukünftigen Firmenvorteile beeinflussen könnten.

Kooperation und Strategie   E1.4

In der alltäglichen Wirtschaftswelt zahlt es sich oft aus, wenn eine Firma mit anderen Firmen Kooperationen eingeht, um gemeinsam Wettbewerbsvorteile aufzubauen. Diese Situation lässt sich besser am Monopoly-Spiel als am geradlinigeren Schach demonstrieren. Stellen Sie sich vor, Sie seien eine von vier Spielenden. Sie besitzen zwei Grundstücke in der gelben und roten Straße und eines in der grünen Straße. Man benötigt drei Grundstücke einer Farbe, um mit dem Bau von Häusern und Hotels zu beginnen. Einer der Mitspielenden fehlt das grüne Grundstück, dafür ist sie im Besitz von jeweils einem Grundstück in der gelben und roten Straße. In verschiedenen Verhandlungsrunden, in denen Sie Grundstücke und vielleicht auch Geld anbieten, können Sie mit der Mitspielerin kollaborieren und Grundstücke austauschen, so dass Sie beide besser gestellt sind als die anderen Mitspieler. Beide können Sie nun die Grundstücke voll ausnutzen und Renten von den anderen Spielern erzielen.

Ganz ähnlich verhält es sich im realen Geschäftsleben. Einige der wichtigsten Gründe, warum Firmen kooperieren, sind:

- Ausnutzen von Skalenerträgen (economies of scale)
  Wenn zwei Firmen in der einen oder anderen Art miteinander kooperieren, können sie gemeinsame Kostenvorteile ausnutzen, die sie im Alleingang nicht realisieren können (KOGUT 1988). Ein Rückblick auf die Erfahrungskurve in der Produktion zeigt beispielsweise, dass es der Firma einen Vorteil verschafft, wenn die Gesamtzahl produzierter Einheiten größer ist, nachdem die Produktionsressourcen innerhalb der Firmen geteilt werden. Wenn zwei pharmazeutische Firmen dasselbe Medikament herstellen, so können beide eine Fabrik teilen, um dieses Medikament herzustellen. Die Möglichkeit, Kostenvorteile aus Kooperationen zu erzielen, ist nicht nur auf die Produktion beschränkt. Kostenvorteile können aus vielen anderen Aktivitäten stammen, wie gemeinsamem Marketing, Verkauf, Forschung und Entwicklung usw.

- Vom Partner lernen
  Firmen haben Wissen durch ihre unabhängigen Aktivitäten aufgebaut. Wenn dieses nun geteilt wird, so profitieren beide Unternehmen (HAMEL 1991). Wenn eine pharmazeutische Firma immenses Wissen über gewisse Distributionskanäle und Märkte aufgebaut und ein Partner enormes Wissen in der Produktion von Medikamenten erworben hat, so können beide Firmen davon profitieren, indem sie ihr Wissen in diesen Gebieten teilen.

■ Marktmacht

Durch Kooperationen können Firmen ihre Macht erhöhen, um Preise und Lieferbedingungen für Produkte zu beeinflussen. In der Lebensmittel- und Getränkeindustrie sind die Großhändler sehr groß und stark konzentriert. Dies bedeutet, dass sie oft die Möglichkeit besitzen, Preise und Lieferbedingungen von Nahrungsmitteln stark zu beeinflussen. Wenn nun eine pharmazeutische Firma beabsichtigt, ein neues *Consumer-Health*-Produkt[4] in dieser Industrie einzuführen, dann kann das Unternehmen an Macht gewinnen, wenn es mit einem Nahrungsmittelunternehmen im Bereich Distribution eine Kooperation eingeht. Gemeinsam verfügen die beiden Firmen über ein größeres und attraktiveres Produkteportfolio, das sie dem Einzelhändler als «Paket» anbieten können.

■ Risikomanagement und Kostenteilung

Manchmal sind die Investitionen, die eine Firma tätigen muss, um einen Wettbewerbsvorteil aufzubauen, sehr groß und mit vielen Risiken verbunden. Daher ziehen es Firmen oft vor, die Kosten und die Risiken mit einem Partnerunternehmen zu teilen (BARNEY 1996). Die Entwicklung eines neuen Medikamentes kostet bis zu 800 Millionen US-Dollar. Je neuer die verwendete Technologie im Entwicklungsprozess und je weniger wissenschaftliches Wissen in der Unternehmung vorhanden ist, desto größer sind auch die Risiken bei der Entwicklung des Medikaments. Aus diesem Grund sieht man in spezifischen Nischen von Biotechnologie und Genetik, dass etablierte Pharmaunternehmen mit kleineren Biotechunternehmen kooperieren, die auf die gewünschte Technologie spezialisiert sind. In manchen Fällen wäre es für das pharmazeutische Unternehmen zu teuer, dieses spezifische Wissen im Hause selbst aufzubauen und zu erhalten.

■ Günstiger Marktzutritt in neue Märkte

Für ein Unternehmen kann es sehr teuer sein, in einen neuen, insbesondere fremden Markt oder eine neue Industrie einzutreten. Normalerweise müssen Neueintretende beträchtliche Investitionen tätigen,

---

4   *Consumer-Health*-Produkte zielen darauf ab, die Gesundheit des Menschen zu verbessern und zu erhalten, indem gesundheitsfördernde Substanzen mit bestehenden Lebensmittelprodukten kombiniert werden oder als neues eigenständiges Produkt auf den Markt gebracht werden. Das Besondere an *Consumer-Health*-Produkten besteht darin, dass sie nicht rezeptpflichtig (sondern so genannte *Over-the-Counter*-Produkte) und frei auf dem Markt erhältlich sind, sei dies nun in einer Apotheke oder einem Lebensmittelgeschäft.

etwa in Markt- und Branchenstudien, Verhandlungen mit Regierungen und Behörden, Aufbau von Produktionsanlagen, Anstellung von Personal, Aufbau von Distributionskanälen, lokalen Produktmodifikationen, Promotionskampagnen, um die Kundenaufmerksamkeit zu erzeugen usw. Wenn nun eine Partnerschaft mit einer Firma eingegangen wird, die bereits im Markt oder in der Branche etabliert ist, kann dies die Eintrittskosten massiv reduzieren und zugleich den Eintritt beschleunigen (KOGUT 1988; HENNART 1988; LORANGE/ROOS 1992). So beabsichtigt vielleicht ein kleineres europäisches pharmazeutisches Unternehmen, das bisher ausschließlich Medikamente im europäischen Markt verkaufte, eine Partnerschaft mit einem vergleichbaren brasilianischen Unternehmen einzugehen, um dadurch einen schnelleren und günstigeren Zutritt zum brasilianischen Markt zu erhalten. Vergleichbar ist die Situation, in der eine Firma ihre *Consumer-Health*-Produkte lieber in gewöhnlichen Supermärkten als wie bisher in Apotheken verkaufen möchte. Diese Firma möchte somit in das *Health-Food*-Segment der Lebensmittel- und Getränkeindustrie eintreten. Die Kosten für den Aufbau von neuen Beziehungen und des Distributionssystems können aber beträchtlich sein. Die pharmazeutische Unternehmung sähe sich daher veranlasst, mit einer Firma zu kooperieren, die bereits in diesem Markt oder dieser Branche operiert, um den Eintritt zu erleichtern.

- Management von Unsicherheit
  Die Strategieforschung der siebziger Jahre hat gezeigt, dass Unsicherheit Manager dazu veranlassen sollte, über verschiedene strategische Alternativen nachzudenken. Unter Bedingungen hoher Unsicherheit sind Unternehmen oft nicht fähig zu entscheiden, welche Strategie sie verfolgen sollten (KNIGHT 1965; BARNEY 1996). Wenn in dieser Situation nun eine Firma über zahlreiche Kooperationen mit unterschiedlichen Partnern verfügt, dann entstehen der Firma Optionen auf neue Branchen, Märkte, Technologien und Wissen, worauf sie schneller und billiger zugreifen kann (KOGUT 1991). Wenn zudem neue Marktchancen entstehen, kann die Firma die bestehenden Kooperationen verwenden, um diese neuen Möglichkeiten schnell auszunutzen. Viele etablierte Pharmaunternehmen arbeiten mit kleineren Biotechnologieunternehmen zusammen, die auf spezifische diagnostische Instrumente, Forschungs- und Therapiefelder spezialisiert sind. Zur Illustration: Wenn sich eine neue Marktchance bietet und eine kleinere Partnerfirma gerade dabei ist, ein passendes diagnostisches Instrument zu entwickeln, so kann die etablierte Firma dieses Instrument schnell auf den Markt bringen. Partnerschaften werden daher auch

unter dem Gesichtspunkt von «*Time Compression Diseconomies*» eingegangen (DIERICKX/COOL 1989). Mit anderen Worten: Die Entwicklung verwertbarer Forschungsresultate benötigt ihre Zeit. Eine Verdopplung der Ressourcen in F&E führt nicht zwingenderweise in der halben Zeit zu Resultaten. Partnerschaften von etablierten Pharmaunternehmen gelten daher als Quelle von «*early-mover advantages*». Wenn die Größe eines neuen Marktes das Potenzial aufweist, Umsatz und Wert zu schaffen, die den momentanen Wert der kleineren Firma übertreffen, so mag die etablierte Firma gar beabsichtigen, die kleinere zu kaufen.

Firmen kooperieren in den verschiedensten Formen, um solche Vorteile auszunutzen.

- *Erstens* treffen sich Forscherteams von zwei kooperierenden Pharmaunternehmen, um Informationen und Forschungsresultate auszutauschen.
- *Zweitens* können Firmen ihre Kooperationen durch Verträge steuern und kontrollieren, indem etwa gemeinsame Forschungsaktivitäten festgelegt werden.
- *Drittens* können Firmen noch engere Kooperationen eingehen, wenn sie die Verträge noch mit ein- oder gegenseitigen Beteiligungen ergänzen. Eine Pharmaunternehmung könnte daher eine Minderheitsbeteiligung an einer kleinen Biotechnologieunternehmung kaufen.
- *Viertens* können kooperierende Firmen gemeinsam eine neue Firma gründen, indem sie spezifische materielle und immaterielle Ressourcen zusammenlegen. So können etwa zwei etablierte Pharmaunternehmen ein gemeinsames Unternehmen gründen, um ein neues Diagnostikgerät zu entwickeln und herzustellen. Diese Form der Zusammenarbeit wird oft *Jointventure* genannt, und die erzielten Profite der neuen Unternehmen kompensieren die etablierten Firmen für ihre Investitionen.
- *Fünftens* kann eine Firma sich entscheiden, die Mehrheit der Anteile eines anderen Unternehmens zu kaufen. Ein Pharmaunternehmen möchte zum Beispiel in das *Health-Food*-Segment der Lebensmittel- und Getränkeindustrie vorstoßen und entschließt sich daher zum Kauf eines solchen Unternehmens.
- *Sechstens* können sich zwei Unternehmen entschließen zu fusionieren, was bedeutet, dass sie ihr Aktienkapital austauschen und in eine neue Firma eingehen. In der pharmazeutischen Branche sind die Forschungs- und Entwicklungskosten in den letzten zwanzig Jahren stetig gestiegen. Zwei Firmen könnten sich daher zur Fusion ent-

schließen, um einen Kostenvorteil in der Forschung und Entwicklung zu erzielen, um Risiken zu teilen und um die Marktmacht auszubauen, damit Preise und Lieferbedingungen besser beeinflusst werden können.

Obwohl offensichtlich Vorteile aus Kooperationen entstehen können, gibt es auch zahlreiche Schwierigkeiten, die den Nutzen letztlich unsicher machen. Einige dieser Schwierigkeiten werden im Folgenden dargestellt:

- Obwohl die Möglichkeit von zu erzielenden Skalenerträgen zweier Firmen auf dem Papier sehr oft attraktiv aussieht, erfordert die Implementation derselben jedoch oft umfangreiche Wandlungsprozesse in beiden Unternehmen, etwa dass Produktionsanlagen geschlossen, Mitarbeiter umgeschult oder Informationssysteme angepasst werden müssen. Solche Anpassungen sind teuer und können den Gewinn aus den Skalenerträgen wegschmelzen lassen. Der Preis, der bei einer Fusion oder Akquisition für das Eigenkapital bezahlt wird, beinhaltet typischerweise immer auch die potenzielle Ausnutzung der verbesserten Skalenerträge. Die Strategieforschung hat aufgezeigt, dass Manager, in der Hoffnung Kostenvorteile zu erzielen, sehr oft zu hohe Preise für die zu akquirierende Firma bezahlen (vgl. zum Beispiel KRUEGER/MÜLLER-STEWENS 1994). Unglücklicherweise führen die tendenziell unterschätzten Kosten der nötigen Veränderungsprozesse zu überhöhten und unrealistischen Preisen solcher Transaktionen (vgl. BARNEY/TURK 1994).
- Obwohl das Lernpotenzial in Kooperationen beträchtlich sein mag, ist es immer noch fraglich, welche der beiden Firmen mehr und schneller lernt. Eine schwierige Situation entsteht, wenn eine Partnerfirma über erfolgsentscheidende Technologien und Kundenbeziehungen der anderen lernt. Es entstünde die Versuchung, Produkte und Dienstleistungen zu entwickeln, zu produzieren und zu verkaufen, die mit denjenigen des Partners konkurrieren. Partner mit einer schnellen Auffassungsgabe könnten dadurch zu den härtesten zukünftigen Konkurrenten werden (HAMEL 1991).
- Während Kosten- und Risikoteilung ausgeprägte Anreize dafür darstellen können, Kooperationen zwischen Unternehmen einzugehen, beinhaltet die Kooperation an und für sich Kosten und Risiken. Die Motive, einen Kooperationspartner zu suchen, können bei den einzelnen Firmen sehr unterschiedlich sein. Einige Manager beabsichtigen alles über effektive F&E bei der Partnerfirma zu lernen, während andere Manager einfach nur die Verkaufskanäle der Partnerfirma

benutzen möchten, um ihre Produkte breiter auf den Markt zu bringen. Der Verhandlungsprozess, inwieweit Wissen und Ressourcen geteilt werden, ist meistens mit Kosten verbunden. Das Management der partnerschaftlichen Beziehungen ist zusätzlich eine äußerst komplexe und schwierige Aufgabe (REVE 1990).

- Das Motiv, mit Unsicherheit umzugehen, indem man sich verschiedene Alternativen offen hält, kann ein Unternehmen dazu bringen, zahlreiche Kooperationen einzugehen. Nicht zu vernachlässigen ist jedoch der Punkt, dass jede dieser partnerschaftlichen Beziehungen die Aufmerksamkeit des Managements verlangt. Zur selben Zeit muss das Management auch den internen Prozessen und Ressourcen genügend Aufmerksamkeit widmen, um sicherzustellen, dass die Firmenstrategie implementiert wird (OCCASIO 1997). Die Gefahr besteht, dass das Management seinen Fokus und die Aufmerksamkeit auf zu viele Themen, Probleme und Herausforderungen verteilt, was zur Folge haben könnte, dass die Fähigkeit, gute Entscheide zu treffen, negativ beeinflusst würde. Die Hoffnung der Firma, via Partnerschaften Vorteile zu erzielen, könnte sich daher als Illusion entpuppen.

Lassen Sie mich dieses Kapitel mit einigen Fragen abschließen, die sich Manager stellen müssen, wenn sie über Kooperationen nachdenken:

- Welche Strategie verfolgen wir – oder welche sollten wir verfolgen?
- Welches sind die Produkte oder die Dienstleistungen, die wir anbieten?
- Welches sind unsere Kosten, um diese Produkte und Dienstleistungen herzustellen?
- Sollten wir mit anderen Unternehmen kooperieren, um unser Portfolio an Produkten und Dienstleistungen zu vergrößern?
- Sollten wir mit anderen Unternehmen kooperieren, um unsere Macht zu erhöhen, Preise und Lieferbedingungen zu beeinflussen?
- Sollten wir mit anderen Unternehmen kooperieren, um in neue Märkte oder Branchen einzutreten?
- Welches sind unsere immateriellen und materiellen Ressourcen?
- Sollten wir mit anderen Unternehmen kooperieren, um mehr über ihre immateriellen und materiellen Ressourcen zu erfahren?
- Sollten wir in Forschung und Entwicklung oder in anderen Bereichen kooperieren, um Kosten und Risiken zu reduzieren?
- Wo bestehen die größten Unsicherheiten, welche die Entwicklung unserer Branche beeinflussen könnten?

- Sollten wir mit anderen Unternehmen kooperieren, um uns Zugang zu alternativen Technologien, Märkten, Branchen zu verschaffen, damit mit den bestehenden Unsicherheiten besser umgegangen werden kann?

Auch die Wahl des Partners ist eine schwierige Angelegenheit. Und auch in dieser Hinsicht sollten wir uns von klaren Fragen leiten lassen:

- Welche Strategie verfolgt unser Partner – oder welche sollte er verfolgen?
- Welche Vorteile besitzt der Partner momentan?
- Welche Vorteile könnten gemeinsam mit dem Partner aufgebaut werden?
- Welche Form der Kooperation soll angestrebt werden, um diese Vorteile aufzubauen: Informelle Kooperation, vertraglich abgesicherte Kooperation, Minderheitsbeteiligung, Jointventures, Akquisition oder Fusion?
- Welches sind die Motive, die dazu führen könnten, dass eine Firma Interesse hat, mit uns zu kooperieren?
- Können diese Motive mit denjenigen unserer Firma zusammengebracht werden?
- Welches sind die Kosten, um die Vorteile der Kooperation auszuschöpfen (zum Beispiel die Kosten der nötigen Veränderungen)?
- Was würde geschehen, wenn die Partnerfirma die Beziehung abbrechen würde? Welches wären die Kosten, wenn wir unsererseits die Beziehung beenden würden?

Schluss   E1.5

Zu Beginn dieses Kapitels wurde vermerkt, dass gute strategische Manager wie gute Schachspieler sind: Sie erkennen Muster in der Entwicklung einer Branche oder von Technologien, sie erkennen Unsicherheiten, alternative Handlungsmöglichkeiten, Möglichkeiten zu konkurrieren und kooperieren. Aber es ist nicht leicht, solche Mustererkennungsfähigkeiten zu entwickeln, insbesonders weil sie nur teilweise durch das Lesen von Texten wie diesem oder im Vorlesungssaal gelernt werden können. Was wir als Lehrende tun können, ist Ihnen Modelle und Konzepte anzubieten, die Ihr Denken leiten können. Wir können Ihnen Definitionen zu wichtigen Begriffen liefern. Strategie kann beispielsweise zusammenfassend als «the courses of action to reach long term business goals by building strengths and improving weakness in the firm's resources and knowledge, and exploring opportunities and countering threats in the firm's environment» definiert werden. Wir können Ihnen auch zeigen, welches die Fragen sind, die man stellen sollte, und welche Modelle helfen, eine mögliche Lösung zu finden. Wir können Ihre Fähigkeiten verbessern, strategisch zu denken, indem wir Ihnen reale strategische Probleme vorsetzen, Spiele spielen und Fallstudien verwenden. Wir liefern von der Strategieforschung Forschungsresultate, die Sie unverzüglich auf mögliche Chancen und Gefahren für Ihre Firma oder Branche aufmerksam machen. Dies erfordert von Ihnen viel Ausdauer, aber Sie müssen etwas für sich tun, damit Sie hervorragende Strategen werden. Drei Herausforderungen müssen Sie insbesondere angehen:

1) Lesen Sie Neuigkeiten und Artikel aus der Wirtschaftswelt, lesen Sie, was in Geschäftsberichten geschrieben steht, und verwenden Sie die oben aufgelisteten einfachen Fragen, um sich ein Bild über die Firmenstrategien zu machen. Fällen Sie dann Ihr eigenes Urteil, inwiefern die Strategien gut oder schlecht sind. Beobachten Sie die Firmen über eine gewisse Zeit, und finden Sie heraus, ob sich Ihr Urteil als richtig oder falsch herausstellt.

2) Halten Sie Schritt mit den neusten Entwicklungen in der Strategieforschung. Lesen Sie also Strategiebücher. Ebenso wichtig: Versuchen Sie, wichtige Strategiejournals zu lesen, wie *Strategic Management Journal*, *Sloan Management Review* oder *California Management Review*. Obwohl es oft viel Zeit braucht, bis man einen solchen Artikel versteht, bin ich davon überzeugt, dass solche Lektüre Sie zu besseren Strategen machen wird, weil Sie dabei Ihr Denken herausfordern.

3) Zuallerletzt: Beobachten und studieren Sie andere Strategen. Gute Schachspieler studieren sorgfältig die Züge und Spiele großer Schachmeister. Als Strategen müssen Sie jedoch beide – die erfolgreichen wie die erfolglosen – Strategen studieren. Eine Strategin, ein Stratege kann aus Fehlern ebenso viel – wenn nicht mehr – lernen als aus Erfolgen.

Wie Sie sehen, kann Ihnen die Strategieforschung dabei helfen, bessere Managerinnen und Manager zu werden. Aber ob Ihre Strategien letzten Endes erfolgreich sein werden oder nicht, hängt stark von Ihren Anstrengungen ab, sich strategisches Wissen anzueignen und anzuwenden. Es ist jedoch auch darauf hinzuweisen, dass in diesem Kapitel ausschließlich die strategische Seite des Managements behandelt und andere wichtige Aspekte der Unternehmensführung ausgeblendet wurden. Wir sollten uns indessen stets bewusst sein, dass Strategiebildung in der Realität nie in einem Vakuum stattfindet. Soziale und ethische Dimensionen spielen eine ebenso wichtige Rolle. Ein guter Stratege fällt nicht über die Allokation von Ressourcen in einer kohärenten Art und Weise Entscheidungen, er verhält sich auch nach sozialen und ethischen Normen, wie sie in Kapitel →**B3** Die normativen Grundlagen der unternehmerischen Tätigkeit, →**D1** Anspruchsgruppen und Interaktionsthemen und →**FI1** Normative Orientierungsprozesse vertieft behandelt werden.

Literatur

ANSOFF, H.I. (1965). *Corporate Strategy*. New York: McGraw-Hill.

BARNARD, C.I. (1956). *The Functions of the Executive*, Cambridge, MA: Harvard University Press.

BARNEY, J.B. (1996). *Gaining and sustaining competitive advantage*, Reading, Mass.: Addison-Wesley.

BARNEY, J.B. (1994). Bringing managers back. A resource-based analysis of the role of managers in creating and sustaining competitive advantages of firms. In: *Does Management Matter?* (pp. 3–36). Lund, Sweden: Institute of Economic Research, Lund University.

BARNEY, J.B./TURK, T.A. (1994). Superior performance from implementing merger and acquisition strategies: A resource-based analysis. In: G. VON KROGH/A. SINATRA/H. SINGH (eds.). *The Management of Corporate Acquisitions* (pp. 105–127). London: MacMillan.

BARNEY, J.B. (1991). Firm resources and sustained competitive advantage. In: *Journal of Management*, 17: 49–64.

BCG (The Boston Consulting Group) (1970). *Perspectives on Experience*. Boston, MA: The Boston Consulting Group Inc.

BURGESS, G.H. (1989). *Industrial Organization*, Englewood Cliffs, NJ: Prentice-Hall.

BLEICHER, K. (1994). *Das Konzept Integriertes Management*. Frankfurt a. M.: Campus.

CHANDLER, A.D. (1977). *The Visible Hand: The Managerial Revolution in American Business*. Cambridge, Mass.: Belknap.

CHANDLER, A.D. (1990). *Scale and Scope: The Dynamics of Industrial Capitalism*. Cambridge, Mass.: Belknap.

CHRISTENSEN, C. (2001). The past and future of competitive advantage. In: *Sloan Management Review*, 42: 105–109.

CHRISTENSEN, C. (1998). *Innovator's Dilemma*. Cambridge, Mass.: Harvard Business School Press.

CRAM, T. (1994). *The Power of Relationship Marketing*, London: Pitman.

DAMES, H./THOMAS, H. (1994). *Strategic groups, strategic moves, and performance*, Oxford: Pergamon.

DAUPHINAIS, G.W./MEANS, G./PRICE, C. (2000). *Wisdom of the CEO*. New York: John Wiley.

D'AVENI, R. (1994). *Hypercompetition: Managing the dynamics of strategic maneuvering*. New York: Free Press.

DAVENPORT, T./KLAHR, P. (1998). Managing customer support knowledge. In: *California Management Review*, 40: 195–208.

DAVENPORT, T./PRUSAK, L. (1998). *Working Knowledge*. Cambridge, Mass.: Harvard Business School Press.

DECAROLIS, D.M./DEEDS, D.L. (1999). The impact of stocks and flows of organizational knowledge on firm performance: an empirical investigation of the biotechnology industry. In: *Strategic Management Journal*, 20: 953–968.

DE GEUS, A. (1988). Planning as learning. In: *Harvard Business Review*, March-April: 70–74.

DIETRICKX, I./COOL, K. (1989). Asset stock accumulation and sustainability of competitive advantage. In: *Management Science*, 35: 1504–1511.

ECKBO, B. E. (1983). Horizontal mergers, collusion, and stockholder wealth. In: *Journal of Financial Economics*, 11: 241–273.

GHOSHAL, S. (1987). Global strategy: An organizing framework. In: *Strategic Management Journal*, 8: 425–440.

GRANT, R. M. (1991). The resource-based theory of competitive advantage: Implications for strategy formulation. In: *California Management Review*, Spring: 114–135.

HAMEL, G. (2000). *Leading the revolution*. Cambridge, Mass.: Harvard Business School Press.

HAMEL, G. (1991). Competition for competence and inter-partner learning within international strategic alliances. In: *Strategic Management Journal*, 12: 83–103.

HALLWOOD, C. P. (1998). Mesurement costs.

HENNART, J.-F. (1988). A transaction cost theory of equity joint ventures. In: *Strategic Management Journal*, 9: 361–374.

JOHNSON, G. (1988). Rethinking incrementalism. In: *Strategic Management Journal*, 9: 75–91.

KNIGHT, F. H. (1965). *Risk, uncertainty, and profit*. New York: Wiley.

KOGUT, B. (1991). Joint ventures and the option to expand and acquire. In: *Management Science*, 37: 19–33.

KOGUT, B. (1988). Joint ventures: Theoretical and empirical perspectives. In: *Strategic Management Journal*, 9: 319–332.

KRUEGER, W./MUELLER-STEWENS, G. (1994). Matching integration policy and acquisition style. In: G. VON KROGH/A. SINATRA/H. SINGH (eds.). *The Management of Corporate Acquisitions* (pp. 50–87). London: MacMillan.

KROGH, G. VON/CUSUMANO, M. (2001). Three strategies for Managing Fast Growth. In: *Sloan Management Review*, 42: 53–62.

KROGH, G. VON/ROOS, J./SLOCUM, K. (1994). An essay on corporate epistemology. In: *Strategic Management Journal*, 15: 53–72.

LORANGE, P./ROOS. J. (1992). *Strategic alliances: Formation, implementation, and evolution*. Oxford: Blackwell.

MINTZBERG, H. / WATERS, J. (1985). Of strategies, deliberate and emergent. In: *Strategic Management Journal*, 6: 257–272.

MÜLLER-STEWENS, G./SPICKERS, J./DEISS, C. (1999). *Mergers and Acquisitions*. Schäffer-Poeschel Verlag, Stuttgart.

NEWELL, A./SIMON, H. A. (1972). *Human problems Solving*, Englewood Cliffs, NJ: Prentice-Hall.

NOBEOKA, K./CUSUMANO, M. (1997). Multiproject strategy and sales growth: The benefits of rapid design transfer in new product development. In: *Strategic Management Journal*, 18: 169–186.

OCCASIO, W. (1997). Towards an attention-based view of the firm. In: *Strategic Management Journal*, 18: 187–206.

OSBORNE, J. D./STUBBART, C. I./RAMAPRASAD, A. (2001). Strategic groups and competitive environment: A study of dynamic relationships between mental models and performance. In: *Strategic Management Journal*, 22: 435–454.

PORTER, M. E. (1981). «The contribution of industrial organization to strategic management. In: *Academy of Management Review*, 6: 609–620.

PORTER, M. E. (1980). *Competitive Strategy*, New York: Free Press.

PRAHALAD, C.K./HAMEL, G. (1994). *Competing for the future*. Cambridge, Mass.: Harvard Business School Press.

QUINN, J.B. (1978). Strategic change: Logical incrementalism. In: *Sloan Management Review*, Fall: 7–21.

REED, J.D./DEFILLIPPI, R.J. (1990). Causal ambiguity, barriers to imitation, and sustainable competitive advantage. In: *Academy of Management Review*, 15: 88–102.

REICHELD, F.F. (1998). *The Loyalty Effect*. Cambridge, Mass.: Harvard Business School Press.

REVE, T. (1990). The firm as a nexus of internal and external contracts. In: M. AOKI/ B. GUSTAFSON/O. WILLIAMSON (eds). *The Firm as a Nexus of Treaties* (pp. 133–161). Beverly Hills, CA: Sage.

RUMELT, R.P./SCHENDEL, D.E./TEECE, D.J. (1994). *Fundamental issues in strategy: a research agenda*, Boston, Mass. Harvard Business School Press.

SUBRAMANIAN, M./VENKATRAMAN, N. (2001). Determinants of transnational new product development capability: Testing the influence of transferring and deploying tacit overseas knowledge. In: *Strategic Management Journal*, 22: 359–378.

TEECE, D./PISAN, G./SHUEN, A. (1997). Dynamic capabilities and strategic management. In: *Strategic Management Journal*, 18: 509–534.

WACK, P. (1985). Scenarios: Shooting the rapids. In: *Harvard Business Review*: 139–150.

WERNERFELT, B. (1984). A resource-based view of the firm. In: *Strategic Management Journal*, 5: 171–180.

WINTER, S./SZULANSKI, G. (1999). Replication as strategy. *Working Paper 98/10*. Wharton School University of Pennsylvania.

Aufgaben

Sie haben das vorangehende Kapitel aufmerksam gelesen.

Aufgabe 1

Welche Aspekte sollten Ihrer Meinung nach auf der Basis der im Kapitel getroffenen Aussagen zwingend in einer Definition für den Begriff der «Unternehmensstrategie» enthalten sein? Halten Sie die zwingenden Aspekte schriftlich fest.

Im vorangehenden Kapitel werden unter dem Begriff «courses of action» Muster von Entscheidungen und Handlungen verstanden, die sich über einen längeren Zeitraum abzeichnen und sich aus langfristigen Zielen herleiten lassen.

Aufgabe 2

a) Suchen und benennen Sie ein langfristiges Ziel aus Ihrem Privatleben, das Sie sich selbst gesetzt haben (zum Beispiel im Hinblick auf Ihre beruflichen Pläne).

b) Listen Sie die «courses of action» auf, die mit dem von Ihnen gewählten Ziel in direktem Zusammenhang stehen.

Ein mittelständisches Unternehmen entwickelt und produziert Spezialstoffe und Verschlusssysteme für Spezialkleidung, die zum Beispiel säureabweisend, feuerfest oder schuss- und splittersicher ist. Die Stoffe und Verschlüsse werden bisher an diverse Abnehmer verkauft, die sich auf die Verarbeitung der Stoffe und Verschlüsse zu Kleidungsstücken, wie zum Beispiel schusssichere Westen, spezialisiert haben. Auf dem Weltmarkt finden sich nur einige wenige Konkurrenten von internationaler Bedeutung, darunter zum überwiegenden Teil Tochterunternehmen von Großkonzernen. Als Kunden für die fertigen Kleidungsstücke sind neben vielen kleineren Abnehmern insbesondere die Polizei und das Militär verschiedener Länder als Großabnehmer von Interesse. Aktuell hat das Unternehmen ein extrem schusssicheres Material entwickelt, das sich zudem durch ein geringes Gewicht auszeichnet.

Aufgabe 3

Der Geschäftsführer des mittelständischen Unternehmens trägt sich derzeit mit dem Gedanken, die Herstellung von schusssicheren Westen aus dem neuen Spezialmaterial in Lohnfertigung in einem Niedriglohnland selbst in die Hand zu nehmen, um im Gegensatz zum ausschließlichen Verkauf der Stoffe und Verschlüsse durch den Veredelungsprozess eine höhere Profitabilität zu erzielen. Der Geschäftsführer ist seiner Entscheidung allerdings noch sehr unsicher und möchte von Ihnen einen Rat.

Sicherlich können Sie dem Geschäftsführer die Entscheidung nicht abnehmen, was Sie aber auf Grundlage des im vorhergehenden Kapitel erworbenen Wissens können, ist, ihm bewusst zu machen, dass strategische Entscheidungen nicht unabhängig von den Mitbewerbern am Markt getroffen werden können.

Entwickeln Sie daher auf der Grundlage der vorgegebenen Informationen sowie eigener hypothetischer Überlegungen für die folgenden vier Aspekte im Kontext von Strategie und Wettbewerbern jeweils ein eigenständiges kurzes Szenario, in dem neben den Aktionen und Verhaltensweisen auch die möglichen Folgerisiken für das eigene Unternehmen berücksichtigt werden.

a) Konkurrenten verfolgen dieselbe Strategie
b) Konkurrenten reagieren auf die eigene Strategie
c) Konkurrenten verfolgen eine konkurrierende Strategie
d) Konkurrenten verfolgen eine kooperative Strategie

Aufgabe 4

Die langfristige Planung wird spätestens seit den fünfziger Jahren des 20. Jahrhunderts als integraler Bestandteil der Managementtätigkeit angesehen. Heute wird in der Öffentlichkeit immer wieder beklagt, dass Unternehmen nur noch kurzfristig denken. Aber auch einige Manager und Unternehmensvorstände wehren sich gegen solche Entwicklungen. So stellte beispielsweise die Porsche AG aus ebendiesem Grund die Publikation von Quartalsberichten ein und nahm damit sogar die Entfernung aus dem deutschen Börsenindex M-Dax in Kauf, der die Veröffentlichung solcher Berichte zwingend vorschreibt.

Welches sind die Gründe, die für eine längerfristige Zieldefinition und Planung sprechen? Nennen und begründen Sie mindestens drei verschiedene Antwortbereiche.

Aufgabe 5

Nachfolgend ist eine Übersicht entsprechend der Portfolio-Matrix nach Ansoff angegeben.

a) Entwickeln Sie für einen international tätigen Automobilhersteller auf der Basis der Strategien 1 bis 4 jeweils entsprechend angepasste Strategien für einen Automobilproduzenten.
b) Wählen Sie dann ein anderes Unternehmensbeispiel Ihrer Wahl und skizzieren Sie für dieses Beispiel gleichfalls die jeweils konkreten Umsetzungen der Strategien 1 bis 4.

Produkt Markt	alt	neu
alt	Marktpenetration	Produktentwicklung
neu	Marktentwicklung	Diversifikation

Strategien basieren auf Annahmen und Bedingungen, die in die Zukunft ge- **Aufgabe 6**
richtet sind. Insbesondere am Beispiel der Ölkrise in den siebziger Jahren
des 20. Jahrhunderts wurde Ihnen im Lehrbuchtext deutlich gemacht, dass
die getroffenen Annahmen über die Zukunft nicht immer eintreten wie
prognostiziert.

a) Experten sprechen in Zusammenhang mit Prognosen häufig von einem
   Trilemma zwischen den für eine Prognose notwendigen Größen Aus-
   sagegenauigkeit (Detaillierungsgrad), Aussagezeitraum (Fristigkeit) und
   Genauigkeit (Abweichungsgrad). Je größer zum Beispiel der Detaillierungsgrad, desto geringer ist die zu erwartende Genauigkeit, mit der
   die Prognose eintrifft (bei konstanter Fristigkeit). Je länger die Fristigkeit
   im Sinne des Prognosezeitraums, umso geringer der erzielbare Detaillierungsgrad und/oder die Genauigkeit.

   Benennen Sie die konkreten Probleme des Trilemmas und die damit
   verbundenen Konsequenzen an den beiden Beispielen «Prognosen über
   den Bedarf an Arbeitskräften in einer Unternehmung» sowie «Prognosen
   über das Bildungsverhalten in einem Staat zur Steuerung der Schul-
   planung».

b) Als eine Möglichkeit zur Verbesserung der Zukunftsplanung wurde in den
   siebziger Jahren die *Szenariotechnik* entwickelt. Dennoch zeigte sich in
   der Folgezeit, dass die Strategieplanung unter Verwendung von Alternativen dennoch in der betrieblichen Umsetzung oftmals scheiterte.

   Was waren die Gründe für das teilweise Scheitern dieses Ansatzes, und
   welche Alternativen oder Lösungen wurden daher in der Folgezeit entwickelt?

Das von Porter entwickelte «Fünf-Kräfte-Modell» gestattet es anhand von **Aufgabe 7**
fünf verschiedenen Faktoren, das allgemeine Niveau der Profitabilität festzustellen, das Firmen einer Branche erreichen. Wie schätzen Sie die Profitabilität von Firmen in den nachfolgenden angeführten Branchen ein?

Hinweis: Treffen Sie Ihre Aussagen anhand von entsprechenden Begrün-
dungen jeweils unter Einbezug aller fünf Faktoren. Nutzen Sie dafür Ihr be-

stehendes Vorwissen und Ihre Vermutungen über die genannten Branchen. Als Antwort soll hier die Bewertung der Profitabilität mittels der Urteilsalternativen «hoch», «mittel» oder «gering» (bitte ankreuzen) ausreichen.

	Profitabilität		
Branche	hoch	mittel	gering
Hersteller von Hautpflegemitteln für den Einzelhandel			
Hersteller von Schusswesten			
Milcherzeugender Landwirtschaftsbetrieb			
Hersteller von Luxusautos			
Produzenten von Enzymdetektoren für die Biotechnologie			
Anbieter von Softwarelösungen aus eigener Entwicklung für mittelständische Unternehmen			

Aufgabe 8   Im Text wird auf die Wichtigkeit der Unterscheidung von handelbaren und nicht handelbaren Ressourcen hingewiesen.

a) Erklären Sie den Unterschied zwischen handelbaren und nicht handelbaren Ressourcen.

b) Warum sind auch handelbare Ressourcen im Kontext von Unternehmensentscheidungen von zentraler Bedeutung?

c) Welche handelbaren und nicht handelbaren Ressourcen sind für ein internationales Unternehmen, das die Herstellung und den Verkauf von Perserteppichen betreibt, von besonderer Bedeutung? Nennen Sie jeweils mindestens drei Ressourcen, wobei zumindest jeweils eine Ressource nicht im Lehrbuchtext genannt wird.

Aufgabe 9   Der Wettbewerb stellt einen zentralen Aspekt in der Strategieforschung dar. Bei der Strategieentwicklung ist die Analyse des Wettbewerbs und das Lokalisieren von Wettbewerbsvorteilen von besonderer Bedeutung. Porter unterscheidet in diesem Zusammenhang zwischen Differenzierungs- und Kostenvorteilen.

a) Ermitteln und begründen Sie mit Hilfe von Abbildung 5 im Text für die folgenden Beispiele, ob es sich bei den Beispielen aus der Unternehmenswelt um einen Differenzierungsvorteil oder einen Kostenvorteil handelt (nutzen Sie unter Umständen die *Homepages* der jeweiligen Unternehmen zur Beschaffung der für Ihre Analyse notwendigen weitergehenden Informationen zu den Unternehmungen).

b) Halten Sie gleichzeitig in Stichworten die Probleme fest, die bei der eindeutigen Zuordnung der Beispiele zu jeweils einer der beiden Vorteilsarten auftreten, und suchen Sie nach Erklärungen, warum die Zuordnung unter Umständen schwer fällt.

- Porsche AG (Automobilhersteller)
- Ryanair.com Ltd. (Fluggesellschaft)
- Puma AG (Sportartikel)

Zur Feststellung des Ursprungs von Wettbewerbsvorteilen bietet sich die Orientierung an den vier unterschiedlichen Niveaus von Wettbewerbsvorteilen an. (→ Abbildung 6, oben S. 407)

Aufgabe 10

Entwickeln und beschreiben Sie ein fiktives Unternehmensbeispiel Ihrer Wahl und konstruieren Sie auf der Basis Ihres Beispiels in kurzer Form für jedes der vier Niveaus die fiktiven, aber dennoch konkreten Konsequenzen. Orientieren Sie sich zum Verständnis der Aufgabenstellung an dem im Text skizzierten Beispiel aus der Pharmabranche.

Im vorangehenden Kapitel haben Sie gelernt, dass der Wettbewerb eine zentrale Größe im Zusammenhang mit der Unternehmensstrategie darstellt. Dennoch lassen sich in der Realität auch immer wieder Kooperationen zwischen Unternehmungen ausmachen.

Aufgabe 11

a) Nennen Sie in ein paar Stichworten die Gründe, die für eine Kooperation sprechen können.

b) Listen Sie in wenigen Stichworten die Probleme auf, die bei Kooperationen auftreten können.

Ordnen Sie dem folgenden Beispiel die möglichen Vorteile und die potenziellen Probleme einer Kooperation in begründeter Form zu.

Ein europäischer und ein japanischer Automobilhersteller beschließen die gemeinsame Entwicklung eines Kleintransporters, der dann in weitgehend identischer Form, aber in getrennten Werken produziert und unter dem jeweils eigenen Markennamen vertrieben werden soll.

Strukturen als Ordnungsmoment   **E2**

Peter Gomez

Die Zusammenarbeit von Menschen erfordert Koordination. Diese wird durch eine entsprechende Organisation bzw. durch Strukturen hergestellt. Wenn wir von der Organisation eines Unternehmens sprechen, so kann dies aus verschiedenen Perspektiven erfolgen, aus der *institutionalen*, der *instrumentalen* oder der *funktionalen* Perspektive – die drei Sichtweisen werden im ersten Abschnitt des folgenden Kapitels kurz skizziert. Im Anschluss betrachten und erläutern wir aus einer instrumentalen Perspektive die wichtigsten Organisationsformen, von der traditionellen funktionalen Struktur bis hin zur modernen virtuellen Organisation. Den Abschluss bildet ein Ausblick auf die Anforderungen an die Organisation der Zukunft.

Strukturen: Ordnung durch Organisation   **E2.1**

Wenn Menschen zusammen leben und arbeiten, so erfordert dies *Koordination*. Dies gilt für größte Gebilde wie beispielsweise eine Volkswirtschaft, aber auch für kleinste Zellen wie die Familie. Diese Koordination kann sich im Laufe der Zeit selbsttätig und evolutionär entwickeln, oder sie kann von Menschen bewusst bewerkstelligt werden. Das so entstehende Gebilde nennt sich Organisation. Ziel jeder Organisation ist es, in den Fluss der Ereignisse eines Unternehmens im weitesten Sinne Ordnung zu bringen.

Organisation ist ein äußerst vielschichtiges Phänomen, es tritt in den unterschiedlichsten Erscheinungsformen auf – und entsprechend vielfältig ist die Literatur zum Thema. Im Folgenden sollen die drei prominentesten Sichtweisen von Organisation kurz dargestellt werden, die institutionale, die instrumentale und die funktionale Perspektive.

Abbildung 1
Perspektiven von
Organisation
(Gomez/Zimmer-
mann 1999)

Die *instrumentale* Sicht versteht Organisation als Mittel zur effizienten Führung eines Unternehmens. Für die *institutionale* Sicht bringt Organisation Sinn in den Fluss der Ereignisse eines Unternehmens. Die *funktionale* Sicht schließlich interpretiert Organisation als Ordnungsmuster zur Komplexitätsbewältigung im Unternehmen.

■ Instrumentale Sicht: Die Unternehmung *hat* eine Organisation.
Die Interpretation von Organisation als Führungsinstrument ist vor allem im deutschsprachigen Raum sehr verbreitet (KOSIOL 1976; GROCHLA 1995; BLEICHER 1991). Sie beruht auf den Überlegungen von TAYLOR (1915) zu Beginn des 20. Jahrhunderts, der mit seinem *Scientific Management* den Übergang von der ganzheitlichen Unternehmenssicht eines Handwerksbetriebs zum spezialisierten Aufbau des modernen Unternehmens einläutete. In der instrumentalen Sicht wird Organisation als Gesamtheit von formalen Regelungen zur Sicherstellung von effizienten Arbeitsabläufen begriffen. Es wird also ein künstliches Regelwerk geschaffen, um die Wirtschaftlichkeit des Unternehmens zu erhöhen. Zentrale Themen sind Zentralisation und Dezentralisation, Delegation, Partizipation, Standardisierung, Funktionalisierung und Koordination. Bei der organisatorischen Gestaltung geht es darum, den idealen Mix von Regelungen zu finden, so dass die Organisation ihre Funktion als Führungsinstrument erfüllen kann. Die grundlegende Philosophie ist eine technisch-konstruktivistische, Organisieren wird als Problem eines Ingenieurs verstanden, der eine

Maschine entwirft und sicherstellt, dass sie auch reibungslos läuft. Dass hier Menschen am Werk sind und nicht einfach Rädchen einer Maschine, wird bewusst vernachlässigt. Die instrumentelle Sicht beschäftigt sich also nur mit der Oberflächenstruktur eines Unternehmens.

- Institutionale Sicht: Die Unternehmung *ist* eine Organisation.
Diese verhaltenswissenschaftliche Sicht prägt vor allem das Organisationsdenken im angelsächsischen Raum. Gegenstand von Organisation sind zielorientierte soziale Gebilde, also Unternehmen im weitesten Sinne. Für die Verhaltenswissenschaften steht die Konstruktion und Gestaltung sozialer Wirklichkeit im Vordergrund. Organisation wird als kollektives Denk- und Handlungssystem interpretiert, das in reflektierter Weise Ziele verfolgt, dem eine eigene Identität und Kultur zukommt und das für die einzelnen Organisationsmitglieder damit Sinn stiften wird. Oder etwas einfacher ausgedrückt: Organisation ist alles, was dem Fluss der Ereignisse in einem Unternehmen Sinn gibt. Vertreter dieser Sichtweise sind im angelsächsischen Bereich etwa WEICK (1995) und SCOTT (1997), im deutschsprachigen Raum STAEHLE (1981), KIRSCH (1998) und SCHREYÖGG (1995). Stand früher die Individualperspektive mit Betonung von Macht- und Einflussphänomenen im Vordergrund, so ist heute die Perspektive von Humansystemen vorherrschend, die sich auf die verschiedenen Anspruchsgruppen im Unternehmen und die entsprechenden Aushandlungs- und Sinngebungsprozesse konzentriert. Während also die *instrumentale* Sicht sich nur um die Oberflächenstruktur eines Unternehmens kümmert, beschäftigt sich die institutionale Sicht vor allem mit dessen *Tiefenstrukturen.*

- Funktionale Sicht: Die Unternehmung *wird* organisiert.
Die funktionale Sicht ist das Resultat der Übertragung systemtheoretischer und kybernetischer Erkenntnisse auf Unternehmenszusammenhänge. (ULRICH 1968; BEER 1994; PROBST 1987; GOMEZ/PROBST 1999). Organisation wird verstanden als Ordnungsmuster zur Bewältigung von Komplexität. Ausgehend von der Feststellung, dass Unternehmen infolge ihrer internen und externen Vernetzung mit einer linearen Denkweise nicht erfasst und gestaltet werden können, werden in unterschiedlichsten Disziplinen Ordnungsmuster gesucht, die Lebensfähigkeit im weitesten Sinn ermöglichen. Lebensfähige Organisationen in der Natur wie im sozialen Kontext weisen die Eigenschaften der Autonomie, der Komplexität, der Redundanz und der Selbstreferenz auf. Stichworte in diesem Zusammenhang sind Flexi-

bilität, Wandel, spontane Ordnung, Selbstorganisation. Diese Sichtweise thematisiert also, um auf die oben getroffene Unterscheidung zurückzukommen, das Zusammenspiel von Oberflächen- und Tiefenstruktur, wobei bei der Interpretation weit über die Erkenntnisse der Wirtschafts- und Sozialwissenschaften hinausgegangen wird.

Wenn also von der Struktur oder Organisation eines Unternehmens gesprochen wird, so muss man zuerst genau spezifizieren, aus welcher Perspektive die Interpretation vorgenommen wird. Nicht nur werden völlig unterschiedliche Zusammenhänge relevant, sondern auch das zur Verfügung stehende Instrumentarium zur Gestaltung der Organisation ändert sich. In den folgenden Ausführungen steht die *instrumentelle* Sicht im Vordergrund. Unser Interesse gilt also der Frage, welche Oberflächenstrukturen des Unternehmens zur Verfügung stehen, um ein Unternehmen möglichst effektiv und effizient zu führen. Dabei wird vor allem die *Aufbaustruktur* im Vordergrund stehen, bildlich gesprochen also das fest verdrahtete Ordnungsmuster der Zusammenarbeit der Menschen im Unternehmen. Die Tiefenstruktur des Unternehmens wird im Kapitel «Kultur», die Ablauforganisation im Kapitel «Geschäftsprozesse» im Einzelnen darzulegen sein. Die funktionale Sicht schließlich hat sehr viel mit der Thematik des «vernetzten Denkens» zu tun. Dieses ist unter →J6 Methode VI, Einführung in das vernetzte Denken ausführlich beschrieben.

E2.2 Organisationsstrukturen: Formen und Inhalte

Sei es in den Jahresberichten von Unternehmen, sei es in den (vor allem deutschsprachigen) Lehrbüchern zum Thema Organisation, das Visualisierungsinstrument von Unternehmensstrukturen schlechthin ist das Organigramm. Dieses erlangte für den Unternehmenszusammenhang Berühmtheit durch die Arbeiten von Frederick TAYLOR (1915) zum *Scientific Management* Anfang des 20. Jahrhunderts. Ein einzelner Handwerker oder ein kleiner Handwerksbetrieb brauchte kein solches Instrument, waren doch alle Funktionen in einer Person oder in wenigen Menschen vereinigt. Mit dem Einzug der Spezialisierung ergab sich zwangsläufig ein Nebeneinander und auch ein Über- und Untereinander. Das Erstere dokumentierte den Grad der Spezialisierung, das Zweite den Dienstweg.

Im Laufe der letzten hundert Jahre hat sich eine Vielzahl von Organisationsformen herauskristallisiert. Diese lassen sich in *Clusters* gliedern und auch voneinander ableiten. **Abbildung 2** stellt die Evolution jener

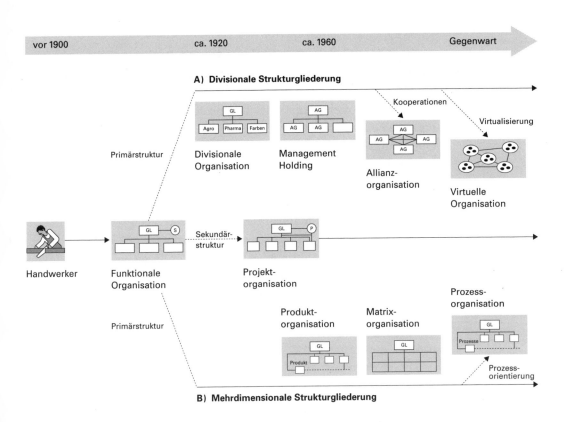

Organisationsformen näherungsweise auf einer Zeitachse dar. Die aufgeführten Organisationsformen sollen im Folgenden näher beschrieben werden. Die Logik der Abbildung lässt sich folgendermaßen zusammenfassen: Ausgehend von einer nach Funktionen gegliederten Organisation, haben sich zwei Gliederungsformen herauskristallisiert, denen die weiteren, hier vorgestellten Organisationsformen zugeordnet werden können. Zum einen ist das die Gruppe der divisionalen Strukturgliederung mit ihren Weiterentwicklungen (→ **Abbildung 2 oben**), zum anderen die Familie der mehrdimensionalen Strukturgliederung und ihrer Weiterentwicklungen (→ **Abbildung 2 unten**). Die Projektorganisation steht als Sekundärstruktur «zwischen» den beiden Zweigen der Primärstrukturen «divisionale Strukturgliederung» und «mehrdimensionale Strukturgliederung». Die virtuelle Organisation und die Prozessorganisation werden hier als konzeptionelle Weiterentwicklung der «divisionalen Strukturgliederung» respektive der «mehrdimensionalen Strukturgliederung» betrachtet.

Abbildung 2
Die Entwicklung von Organisationsformen – von der funktionalen Organisation zur Prozess- und zur virtuellen Organisation

Funktionale Organisation

Der Übergang von einem einzelnen Handwerker zu einer Gruppe von Mitarbeitenden erfordert eine gewisse Spezialisierung. Die einzelnen Spezialitäten (Funktionen) müssen aber auch wieder gebündelt werden, soll das Ganze mehr sein als die Summe der Teile. Die funktionale Organisation setzt diese Idee um: Die Organisation gliedert sich in die im Unternehmen wahrzunehmenden Funktionen, zum Beispiel Forschung und Entwicklung, Beschaffung, Produktion, Absatz und Marketing, Personalwesen, Finanz- und Rechnungswesen. Die funktionale Organisation eignet sich vor allem für relativ stabile Umwelten und homogene Produktprogramme bzw. Märkte. Sie ist auch heute noch vor allem bei den KMU die mit Abstand dominierende Strukturform.

Die Vorteile der funktionalen Organisation liegen auf der Hand. Die organisatorischen Einheiten können zielgenau mit jenen Menschen besetzt werden, die sich auf einem Gebiet spezialisiert und bewährt haben. Die entsprechenden Arbeiten lassen sich routinisieren und auch leicht kontrollieren. Kompetenzen und Verantwortlichkeiten sind klar umrissen.

Diesen Vorteilen stehen aber auch verschiedene Nachteile gegenüber. Diese Organisationsform ermuntert nicht zu unternehmerischem Denken. Jede organisatorische Einheit hat eine klar umrissene Aufgabe wahrzunehmen, Kundenzufriedenheit ist kaum ein Thema. Auch ist es in dieser Organisationsform schwierig, den Nachwuchs für die oberste Führungsposition heranzuziehen.

Insbesondere ist jedoch der Koordinationsaufwand zwischen den einzelnen Funktionen hoch, was oft zu einem Kamineffekt führt, indem Abstimmungsprobleme immer nach «oben delegiert» werden. Jeder einzelne Spezialist ist der vorgesetzten Instanz direkt unterstellt und empfängt nur von dieser Anordnungen bzw. rapportiert nur an diese. Beispielsweise sind die Spezialisten der Produktion oder des Marketings «ihrem» Chef oder «ihrer» Chefin unterstellt, empfangen von dieser Führungskraft Anordnungen und berichten an diese. Der Leiter oder die Leiterin der Funktion Produktion oder Marketing ist wiederum der Direktion unterstellt. Man spricht in diesem Zusammenhang vom Dienstweg. Diese Art von Organisation (funktionale Linienorganisation) hat den klaren Vorteil, dass Kompetenzen und Verantwortungen klar verteilt sind. Anderseits sind schwierige Probleme, vor allem solche der Koordination, immer an der Spitze zu lösen, was rasch zu einer Überlastung führen kann. Eine Ausdifferenzierung von Führungsaufgaben erfordert eine Professionalisierung der Führung – und eine professionelle Unterstützung der Führung.

Um diese professionelle Unterstützung zu erreichen, werden so genannte Stabsstellen eingeführt (Stab-Linien-Organisation), zum Beispiel Stab «Interne Revision» oder Stab «Unternehmenskommunikation». Diese unterstützen die Linieninstanzen einerseits bei der Entscheidungsvorbereitung und bei Kontrollaufgaben. Sie haben aber selbst keine Weisungsbefugnis. Stabsstellen können auch eine koordinierende Funktion zwischen den spezialisierten Einheiten erfüllen und so das stete Auf und Ab innerhalb der Hierarchie etwas glätten. Das Zusammenspiel von Stabs- und Linienstellen findet sich auch in höher entwickelten Organisationsformen immer wieder als ausgezeichnetes Koordinationsinstrument. Anderseits ergeben sich aber auch immer wieder Konflikte, wie im Einzelnen noch zu zeigen sein wird.

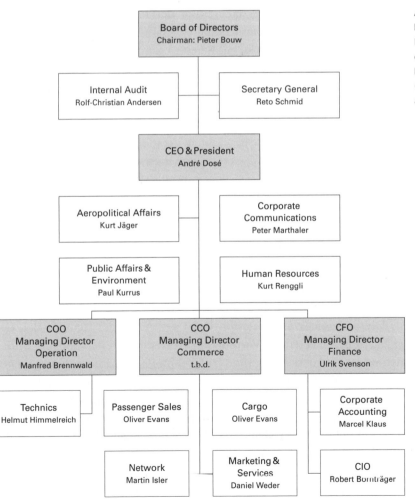

Abbildung 3
Funktionale Stab-Linien-Organisation der SWISS, Ende Januar 2004 (in Anlehnung an SWISS 2004).

Vorteile einer solchen Organisationsform sind: Entlastung der Linieninstanzen (Funktionen) durch qualifizierte Problemanalyse, Entscheidungsvorbereitung und Übernahme von Spezialaufgaben. Die Nachteile der Stab-Linien-Organisation liegen zum einen darin, dass Stabsstellen keine Kompetenzen haben. Zum anderen gewinnen aber Stäbe informelle Macht durch Informationsvorsprung und Nähe zu Entscheidungsträgern. Spannungen zwischen Stab und Linie können durch Kompetenzstreitigkeiten verstärkt werden. Des Weiteren gibt es die Gefahr, dass zu viel geplant und zu wenig entschieden wird, wenn sich der Abstand zwischen Stab und Linie vergrößert.

Divisionale Strukturgliederungen

Die divisionale Organisation

Im Gegensatz zur Spezialisierung der funktionalen Organisation strebt die divisionale Organisation die Schaffung von «Unternehmen innerhalb des Unternehmens» an. Bereits 1920 führte Alfred SLOAN diese Strukturform bei General Motors ein, indem er die Einheiten Chevrolet, Pontiac, Oldsmobile und Cadillac schuf. Jede einzelne Einheit hat die ganze Infrastruktur, um im Notfall einer Abtrennung auch eigenständig überleben zu können. Die Organisationseinheiten werden auch als Sparten oder Geschäftsbereiche bezeichnet, bei kleineren Unternehmen auch als *profit centers*, das heißt, es wird von diesen Einheiten erwartet, dass sie profitabel arbeiten.

Mögliche Gliederungskriterien der divisionalen Organisation sind:

- Produktgruppen oder -segmente
- Länder oder Regionen
- Kundengruppen

Abbildung 4 zeigt das Beispiel einer produktgruppenorientierten divisionalen Organisation.

Die divisionale Organisation weist gegenüber der funktionalen Organisation verschiedene Vorteile auf. An erster Stelle steht die unternehmerische Ausrichtung als «Unternehmen im Unternehmen». Dies beinhaltet vor allem eine sehr viel konsequentere Markt- und Kundenorientierung. Auch kann auf die Eigenheiten der jeweiligen Ausrichtung nach Produkten, Ländern oder Kunden sehr viel besser eingegangen werden. Schließlich lässt sich auch konsequenter der Nachwuchs für die oberste Führungsspitze entwickeln.

Der große Nachteil der divisionalen Organisation liegt sicher in ihrer Personal- und Ressourcenintensität. KMU können sich diese Form oft

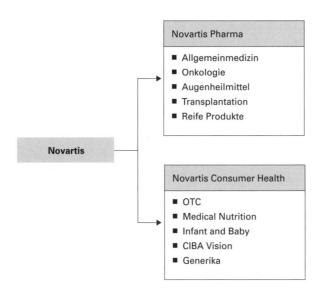

Abbildung 4
Divisionale Organisation von Novartis, Stand Ende Januar 2004 (in Anlehnung an Novartis 2003)

nicht leisten, müssen doch Funktionen innerhalb des Unternehmens parallel mehrfach besetzt werden. Auch besteht die Gefahr von Zentrifugalkräften, indem sich die Divisionen wie eigenständige Unternehmen verhalten (mit eigenen Interessen und Zielen) und dem Gesamtinteresse des Unternehmens kaum Beachtung schenken.

Die divisionale Organisation hat sich vor allem bei großen Unternehmen in den letzten Jahren immer mehr durchgesetzt, da sich föderalistische Strukturen nach dem Prinzip der «Autonomie der kleinsten Einheit» als optimale Organisationsstruktur nicht nur im Unternehmenszusammenhang herausgestellt haben.

Management Holding

Die Management Holding kann als eine Weiterentwicklung der divisionalen Organisation, wie sie vor allem in den achtziger und neunziger Jahren stark in Mode kam, betrachtet werden. In konsequenter Weiterentwicklung der divisionalen Organisation werden die einzelnen Organisationseinheiten zu rechtlich eigenständigen Gesellschaften ausgebaut. Dadurch wird dem Prinzip des «Unternehmens innerhalb des Unternehmens» noch klarer Konturen gegeben – und diese Konturen werden auch rechtlich verankert. Diese Art der Organisationsform hat zudem den Vorteil, dass Unternehmensteile problemlos abgespalten und an die Börse gebracht werden können. Auch hier gibt es wieder verschiedene Ausprägungen, von der Finanz-Holding mit relativ geringem Einfluss auf die einzelnen Einheiten bis hin zu einem Corporate Center mit sehr großen Kompetenzen. Nachteile einer Management-Holding können sich durch allfällige Redundanzen und Doppelspurigkeiten ergeben. Mitunter kann es sich auch als sehr schwierig erweisen, die unterschiedlichen Unternehmensstrategien in einer übergeordneten Strategie zu integrieren.

Allianzorganisation

Die Management-Holding ist von der Idee her darauf angelegt, sich von einzelnen Teilen des Unternehmens relativ rasch trennen zu können. Dieses Loslösen von einzelnen Teilen des Unternehmens deckt sich auch mit dem allgemeinen Trend zum *Outsourcing* von Unternehmensaktivitäten. Wieso muss alles unter einem Dach vorhanden sein, wenn sich auch durch eine «lose Kopplung» mit anderen Unternehmen das Gleiche erreichen lässt? Deshalb ist die Allianzorganisation eine konsequente Fortsetzung des Trends zur Auslagerung jener Kompetenzen, die man nicht aus Konkurrenz- und Wettbewerbsgründen unbedingt selber haben muss.

Allianzen sind heute in der Wirtschaft weit verbreitet, und sie nehmen oft ein Ausmaß an, das jegliche Übersicht verunmöglicht. Als Beispiel sei ein Ausschnitt aus dem Allianzensystem von BearingPoint in **Abbildung 5** angeführt. BearingPoint, hervorgegangen aus der Aufspaltung von KPMG in Wirtschaftsprüfung (KPMG) und Unternehmensberatung (BearingPoint) dient als Beispiel für Beratungsunternehmen, die Spezialwissen und Erfahrungen von zahlreichen Unternehmen nutzen, um eine hochprofessionelle Beratungsleistung anbieten zu können.

Die Koppelung in Allianzen kann sehr lose sein, beispielsweise ohne finanzielle Interessen und nur auf einzelne Gebiete wie Marketing oder Produktion bezogen, oder sie kann die Form von Jointventures mit starken Kapitalverflechtungen annehmen. Die Vorteile der Allianzorganisation sind: geringe eigene Investitionen, Flexibilität des Ein- und Ausstiegs, Know-how-Gewinn in kürzester Zeit. Die Nachteile sind aber auch nicht zu unterschätzen: inkompatible Unternehmenskulturen, unzuverlässige Partner, Preisgabe von Kernkompetenzen. Aus diesen Gründen werden heute Allianzen mit sehr viel größerer Sorgfalt geprüft als früher, weil doch in vielen Fällen die Schwierigkeiten den Nutzen überwogen haben.

Virtuelle Organisation

Virtuelle Organisationen sind Netzwerke verschiedener, selbstständiger Unternehmen, die sich für kurze Zeit oder auch nur für ein bestimmtes Projekt zusammenschließen. Sie sind künstliche Organisationen, die je nach Zielsetzung und Produkt zusammenfinden und anschließend

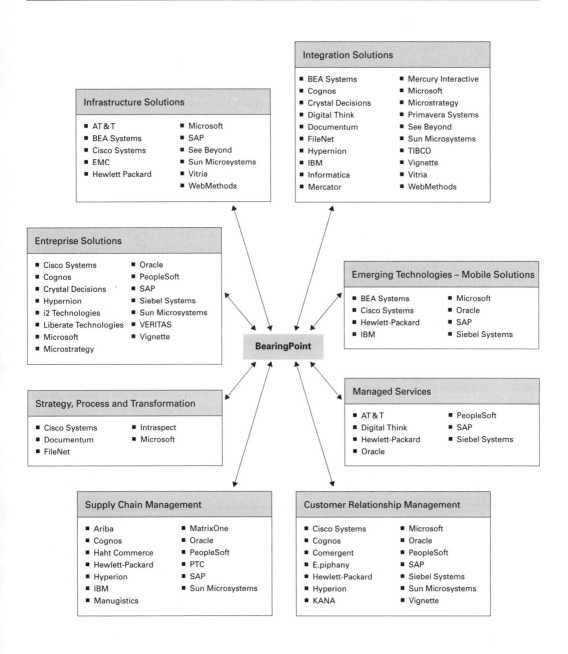

wieder auseinander gehen. Sie lösen sich auf oder ändern sich in ihrer Zusammensetzung, sobald sich die Rahmenbedingungen und Wettbewerbsverhältnisse, die dem Kooperationsverband zugrunde lagen, ändern. Dies ist mit herkömmlichen Kooperationsformen nicht in der gleichen Schnelligkeit machbar. Eine umfassendere Darstellung der virtuellen Organisation findet sich in → **Kapitel E4.3** Virtualisierung).

Abbildung 5
BearingPoint Strategic Alliance Program, Stand Ende Januar 2004 (in Anlehnung an BearingPoint, o. J.)

Die virtuelle Organisation bedeutet in letzter Konsequenz das Ende des «fest verdrahteten» Unternehmens. Bei der virtuellen Organisation wird das Unternehmen mit jedem Auftrag neu definiert bzw. neu strukturiert. Dies bedeutet, dass der feste organisatorische Kern des Unternehmens nur noch wenige Leute umfassen muss. Diese stellen je nach Profil des Auftrags das Unternehmen neu zusammen, akquirieren die Forschung und Entwicklung, die Produktion oder die Absatzorganisation von außen und stellen lediglich die Querbezüge her. Solche Unternehmen lassen sich über das Internet managen und funktionieren nach dem Prinzip des möglichst geringen eigenen Mitteleinsatzes.

Vorteile der virtuellen Organisation sind natürlich die geringen Investitionen sowie die Tatsache, dass es nur eine dünne Personaldecke braucht. Problematisch kann es für solche Unternehmen werden, wenn sie ihre Kernkompetenz, beispielsweise des maßgeschneiderten Zusammenbauens eines Unternehmens pro Auftrag, nicht aufrechterhalten können. Dies bedeutet zweifellos ihr Ende.

Die virtuelle Organisation stellt das vorläufig letzte Glied einer langen Kette von Organisationsformen dar. Viele mögliche Strukturen konnten nicht beschrieben werden, neue werden folgen, entscheidend bleibt immer, wie das einzelne Unternehmen diese Struktur zum eigenen Nutzen interpretiert und auch lebt.

Mehrdimensionale Strukturgliederungen

Produktorganisation

Um die oben beschriebenen inhärenten Schwächen der funktionalen Organisation auszugleichen, wurde die Produktorganisation entwickelt, ein erster Schritt in Richtung mehrdimensionale Strukturgliederungen. Diese ist zugleich eine Vorstufe der Matrixorganisation (→ unten). Um das Fehlen der Koordination zwischen den einzelnen Funktionen auszugleichen, was ja als eine Schwachstelle bei funktionalen Gliederungsformen benannt wurde, werden bei der Produktorganisation Produktverantwortliche ernannt. Diese betreuen ein Produkt oder eine Produktgruppe von der Idee bis zum zufriedenen Kunden. Damit wird eine Dimension eingeführt, die das unternehmerische Denken fördert. Bei der Produktorganisation gibt es verschiedene Ausprägungen, von einer reinen Koordination ohne Weisungsbefugnis bis hin zur vollen Verantwortlichkeit für ein Produkt von A bis Z. Der Unterschied zum Beispiel zur Projektorganisation (→ unten) liegt darin, dass einerseits ein Produkt oder eine Produktgruppe im Vordergrund steht, und anderseits es sich hier um eine «fest verdrahtete» Primärstruktur handelt.

Der Vorteil der Produktorganisation ist die Förderung des unternehmerischen Denkens, der Nachteil liegt oft darin, dass die Funktionen auf ihren Kompetenzen beharren und die Arbeit des *Product Managers* erschweren oder ganz verunmöglichen.

Matrixorganisation

In der Matrixstruktur wird die zweite Dimension der Organisation, wie sie oben zum Beispiel mit der Organisation nach Produkten eingeführt wurde, fest verankert – neben der ersten Dimension, der Organisation nach Funktionen. Im Unterschied zur vorher beschriebenen Form sind beide Dimensionen gleichberechtigt. In der einen Dimension finden sich beispielsweise die Funktionen Forschung und Entwicklung, Produktion, Marketing und Dienste, in der anderen Dimension Produktgruppen, Länder oder Kundensegmente. Keine der beiden Dimensionen hat «Priorität», es wird gemeinsam entschieden – oder es wird von vornherein bestimmt, wer in welchem Fall «Vorfahrt» hat. **Abbildung 6** illustriert eine Matrixorganisation.

Rein intuitiv scheint die Matrixorganisation die beste aller Strukturen zu sein. Einerseits kommt die Spezialisierung zum Tragen, anderseits wird die Koordination aus der Sicht von Produkten, Ländern oder Kunden sichergestellt. Damit verschafft sich das Unternehmen Flexibilität, Innovationskraft und Kundennähe. Auch der Fluss der Information ist

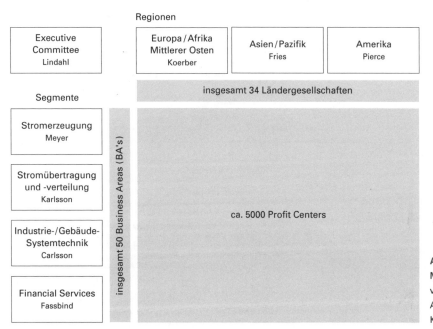

Abbildung 6
Matrixorganisation von ABB bis 1998 (in Anlehnung an von Koerber 1993)

wesentlich besser sichergestellt, als wenn immer der Dienstweg beschritten werden muss.

Bei näherem Hinsehen zeigt sich aber, dass die Matrix auch große Schwachstellen aufweist. Bei Interessenkollisionen an den Schnittstellen entstehen Kompetenzprobleme und brechen Machtkämpfe aus. Die entsprechenden Verhandlungsprozesse kosten sehr viel Zeit und stellen hohe Anforderungen an die soziale Kompetenz der Beteiligten. Aus diesem Grunde hat die Matrixorganisation in den letzten Jahren zunehmend Anhänger verloren. Wiesen noch in den achtziger Jahren viele große Unternehmen sogar dreidimensionale Matrixorganisationen (*Tensororganisationen* genannt) auf, so wird heute von der Matrix immer mehr Abschied genommen. Die Idee der Matrix bleibt aber nach wie vor attraktiv, allerdings immer weniger in einer festen Verdrahtung.

Prozessorganisation

Die Prozessorganisation verwirklicht ein ähnliches Prinzip wie die Produktorganisation. Aber an die Stelle von Produkten und Produktgruppen treten unternehmerische Prozesse «vom Kunden zum Kunden». Wie bei der Produktorganisation werden oft zuerst Prozessverantwortliche bezeichnet, die neben ihren herkömmlichen Organisationsaufgaben eine koordinierende Funktion wahrnehmen. Nach und nach beginnt sich aber das Schwergewicht auf die Prozesse zu verlagern, und zuletzt bilden diese die primären Organisationseinheiten. In **Abbildung 7** ist eine solche Organisation nach Prozessen dargestellt.

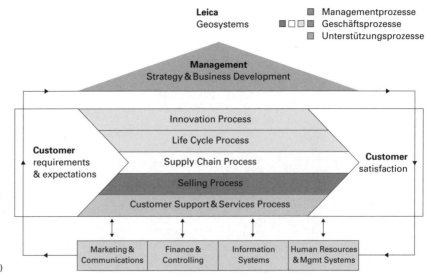

Abbildung 7
Prozessorganisation der Leica Geosystems AG (in Anlehnung an das *Management Handbuch* von Leica, o. J.)

Die Organisation nach Prozessen wurde unter dem Begriff des *Business Process Reengineering* (HAMMER/CHAMPY 1994) in den neunziger Jahren bekannt. Die Idee bestand darin, mit der organisatorischen Verantwortlichkeit für Prozesse diese in Quantensprüngen zu optimieren und vor allem Liegezeiten zu minimieren. Dieser Art der Organisation war einerseits Erfolg beschieden, als mit der Prozessorientierung ein Umdenken weg von der Spezialisierung stattfand. Anderseits wurden Beziehungsnetze zwischen den Mitarbeitenden über die einzelnen Organisationseinheiten hinweg zerschnitten, was dazu führte, dass viele dieser Neuorganisationen scheiterten. Trotzdem darf davon ausgegangen werden, dass die Prozessorganisation im unternehmerischen Alltag breit Fuß gefasst hat.

Projektorganisation

Sowohl divisionale als auch mehrdimensionale Strukturgliederungen sind so genannte Primärstrukturen, das heißt, sie bilden eine «feste Verdrahtung» der Zusammenarbeit im Unternehmen. Um nun hier etwas Flexibilität zu gewinnen, wurde die Projektorganisation erfunden. Diese nimmt die jeweilige Organisationsform als gegeben hin und legt eine so genannte Sekundärstruktur darüber. Für bestimmte, zeitlich begrenzte Aufgaben werden aus den einzelnen Einheiten der Primärorganisation Leute herausgelöst und zu einem Projektteam formiert. Dabei gibt es verschiedene Formen der Intensität, indem der Projektleiter nur eine Koordinationsfunktion oder aber völlige Weisungsbefugnis erhält. Im letzteren Fall kann es sein, dass Mitarbeitende über mehrere Jahre an einem anderen Ort «andocken» und sich dann wieder in die Primärorganisation integrieren müssen. Beispiele hierfür wären Großprojekte der ABB wie der Bau von Elektrizitätswerken.

Der Vorteil der Projektorganisation ist natürlich die zusätzlich geschaffene Flexibilität, der Nachteil einerseits die unklare Abgrenzung der Verantwortlichkeiten und anderseits die mögliche Unsicherheit der Betroffenen, wohin sie innerhalb der Organisation nun tatsächlich gehören.

Die Projektorganisation ist heute praktisch in allen Unternehmen eingeführt, und es gibt auch eine Vielzahl von Tools auf diesem Gebiet.

Anforderungen an die Organisation der Zukunft   E 2.3

Zum Abschluss dieses Kapitels wird in **Abbildung 8** noch ein kurzer Ausblick auf die wichtigsten Anforderungen gegeben, die sich Unternehmen zum Thema Organisation in Zukunft stellen werden. Viele der oben dargestellten Organisationsformen erfüllen die eine oder andere Anforderung in hohem Maße. Die ideale Organisationsform wird es aber nie geben – es wird immer von der Innovationskraft und Kreativität der einzelnen Unternehmen abhängen, wie sie ihre Strategien organisatorisch so verankern können, dass alle Mitarbeitenden sich mit Enthusiasmus an der Umsetzung beteiligen.

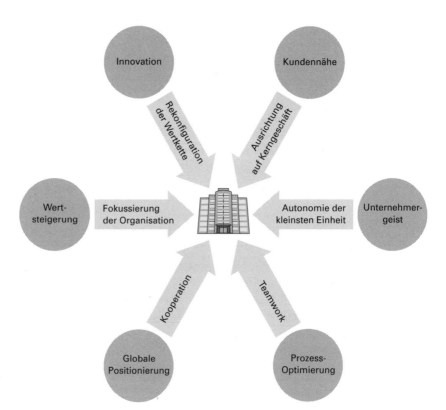

Abbildung 8
Anforderungen
an die Organisation
der Zukunft

Um in einem zunehmend komplexer und dynamischer werdenden Umfeld erfolgreich bestehen zu können, muss die Organisation der Zukunft folgende Ziele und Wege verfolgen:

■ Förderung des Unternehmergeistes durch föderalistische Strukturen
Föderalismus steht für «Autonomie der kleinsten Einheit». Übergeordnete Instanzen greifen nur ein, wenn das Interesse des Ganzen gefährdet ist. Damit soll erreicht werden, dass die Mitarbeitenden «wie in eigener Sache» handeln und entsprechenden Unternehmergeist entwickeln.

- Kundennähe durch konsequente Ausrichtung auf Kerngeschäfte
  Wenn sich Unternehmen verzetteln und überall auch noch ein biss-
  chen mitmachen wollen, leidet meistens die konsequente Ausrichtung auf die Kundenwünsche. Im Sinne eines «Weniger ist oft mehr»
  soll man sich auf das konzentrieren, was man am besten kann.

- Innovation durch Rekonfiguration der Wertkette
  Als Wertkette bezeichnen wir die Folge von Aktivitäten eines Unternehmens von der Ressourcenbeschaffung bis zur Erfüllung der Kundenwünsche. Die kreative Neuanordnung der Glieder dieser Wertkette und das Durchbrechen bestehender Logiken des Geschäftes
  begünstigt die Innovation.

- Wertsteigerung durch Fokussierung der Organisation
  Oberstes Ziel jeder Unternehmensführung ist die Schaffung von Wert
  für alle Anspruchsgruppen des Unternehmens. Bei der Organisation
  ist darauf zu achten, dass jene Bereiche konsequent gefördert werden,
  bei denen die größte Wertsteigerung erzielt wird.

- Globale Positionierung durch Kooperation
  Globale Präsenz ist für die meisten Unternehmen heute unabdingbar,
  viele verfügen jedoch nicht über genügend eigene Möglichkeiten, sich
  global zu positionieren. Hier können Allianzen und Jointventures eine
  wichtige Rolle übernehmen.

- Optimierung der unternehmerischen Prozesse durch Teamwork
  Unternehmensprozesse müssen so gestaltet werden, dass sie nicht die
  natürlich gewachsenen Beziehungsnetze der Mitarbeitenden zerschnei-
  den. Teamwork über die Grenzen einzelner Organisationseinheiten
  hinweg ist eine entscheidende Voraussetzung für unternehmerischen
  Erfolg.

Literatur

BearingPoint (o. J.): BearingPoint Strategic Alliance Program. http://www.bearingpoint. com/alliances (21. Januar 2004).

BEER, S. (1994). *Brain of the Firm* (2. Aufl.). Chichester: John Wiley.

BLEICHER, K. (1991). *Organisation – Formen und Modelle* (2. Aufl.). Wiesbaden: Gabler.

GOMEZ, P./PROBST, G. (1999). *Die Praxis des ganzheitlichen Problemlösens: Vernetzt denken, unternehmerisch handeln, persönlich überzeugen* (3. Aufl.). Bern: Haupt.

GOMEZ, P./ZIMMERMANN, T. (1999). *Unternehmensorganisation: Profile, Dynamik, Methodik* (4. Aufl.). Frankfurt a. Main: Campus.

GROCHLA, E. (1995). *Grundlagen der organisatorischen Gestaltung.* Stuttgart: Schäffer-Poeschel.

HAMMER, M./CHAMPY, J. (1994). *Business Reengineering: die Radikalkur für das Unternehmen.* Frankfurt a. M.: Campus.

KIRSCH, W. (1998). *Die Handhabung von Entscheidungsproblemen* (5. Aufl.). München: Kirsch.

KOSIOL, E. (1976). *Organisation der Unternehmung* (2. Aufl.). Wiesbaden: Gabler.

Leica Geosystems AG (o. J.). *Management Handbuch.*

Novartis (2003): Novartis: Unsere Geschäftsbereiche. http://www.novartis.ch/about_ novartis/de/about_business.shtml (21. Januar 2004).

PROBST, G. (1987). *Selbstorganisation.* Berlin: Parey.

SCHREYÖGG, G. (1995). *Umwelt, Technologie und Organisationsstruktur: eine Analyse des kontingenztheoretischen Ansatzes* (3. Aufl.). Bern: Haupt.

SCOTT, W. (1997). *Organizations: Rational, natural and open systems* (4th ed.). Englewood Cliffs: Prentice-Hall.

STAEHLE, W. (1981). Deutschsprachige situative Ansätze in der Managementlehre. In: A. KIESER (Hrsg.). *Organisationstheoretische Ansätze.* München: Vahlen.

SWISS (2004): Organigramm. http://www.swiss.com/web/DE/IE6/about-swiss/sw-oc-ir-introduction/sw-oc-ir-organigramm.htm (21. Januar 2004).

TAYLOR, F. (1915). *The principles of scientific management.* New York: Harper.

ULRICH, H. (1968). *Die Unternehmung als produktives soziales System.* Bern: Haupt.

VAN GELDERN, M. (2000). *Basis Know-how Organisation. Was Sie für die Praxis wissen müssen.* Frankfurt a. M.: Campus.

VON KOERBER, E. (1993). Geschäftssegmentierung und Matrixstruktur im internationalen Großunternehmen. Das Beispiel ABB. In: *Zeitschrift für betriebswirtschaftliche Forschung* (12): 1060–1067.

WEICK, K. (1995). *Der Prozess des Organisierens.* Frankfurt a. M.: Suhrkamp.

Glossar

Allianzorganisation

Unter einer Allianz wird die Koppelung von verschiedenen Unternehmen bzw. von deren Teilen zu einem bestimmten Zweck verstanden.

Divisionale Organisation

Ziel der divisionalen Organisation ist die Schaffung von «Unternehmen innerhalb des Unternehmens». Dabei verfügt jede einzelne Einheit über die ganze Infrastruktur, um im Falle einer Abtrennung auch eigenständig überleben zu können.

Einfache Linienorganisation

Bei der einfachen Linienorganisation ist jede Einheit der vorgesetzten Instanz direkt unterstellt und empfängt nur von dieser Anordnungen bzw. berichtet nur an sie.

Funktionale Organisation

Die funktionale Organisation gliedert ein Unternehmen nach den wahrzunehmenden Funktionen: Forschung und Entwicklung, Beschaffung, Produktion, Absatz und Marketing, Personalwesen, Finanz- und Rechnungswesen.

Management-Holding

Die Management-Holding ist eine Weiterentwicklung der divisionalen Organisation, bei der die einzelnen Organisationseinheiten zu Aktiengesellschaften ausgebaut werden.

Matrixorganisation

Die Matrixorganisation besteht aus zwei gleichberechtigten Dimensionen der Organisation (zum Beispiel Funktionen und Produktgruppen).

Perspektiven von Organisation

Wenn von der Organisation eines Unternehmens gesprochen wird, ist es wichtig festzulegen, aus welcher Perspektive die Interpretation vorgenommen wird, da je nach Perspektive unterschiedliche Zusammenhänge relevant werden. Es werden die institutionale, die instrumentale und die funktionale Perspektive unterschieden.

Produktorganisation

Die Produktorganisation ist nach Produkten bzw. Produktgruppen gegliedert. Die Produktverantwortlichen betreuen dabei ihr Produkt von der Idee bis zum zufriedenen Kunden.

Projektorganisation

Die Projektorganisation löst für bestimmte, zeitlich begrenzte Aufgaben Leute aus den einzelnen Einheiten der Primärorganisation heraus und formiert diese zu einem Projektteam.

Prozessorganisation

Bei der Prozessorganisation bilden die unternehmerischen Prozesse «vom Kunden zum Kunden» die primären Organisationseinheiten.

Stab-Linien-Organisation

Die Stab-Linien-Organisation ist eine Weiterentwicklung der einfachen Linienorganisation. Bei ihr werden zusätzliche Stabsstellen eingeführt, um die Linieninstanzen bei der Entscheidungsvorbereitung und bei Kontrollaufgaben zu unterstützen.

Virtuelle Organisation

Unter einer virtuellen Organisation wird ein Unternehmen verstanden, das sich je nach Auftrag neu strukturiert. Dabei werden die Forschung und Entwicklung, die Produktion oder die Absatzorganisation von außen bezogen und auftragsspezifisch zusammengestellt. Die virtuelle Organisation stellt zwischen den bezogenen Teilen lediglich die Querbezüge her.

Aufgaben

Im Eingangskapitel dieses Lehrbuches haben sie methodische Hinweise zum Lernen aus Texten bekommen. Wenden Sie diese Hinweise auf das vorangehende Kapitel an, indem Sie eine Matrix nach dem folgenden Muster anfertigen und darin alle im Text genannten Vor- und Nachteile der zehn verschiedenen Organisationsstrukturen komprimiert und strukturiert festhalten.

Aufgabe 1

Organisationsstruktur	potenzielle Vorteile	mögliche Nachteile
Stab-Linien-Organisation	▪ Kompetenz und Verantwortung klar verteilt ▪ Entlastung der Linieninstanzen durch Stabsstellen	▪ Stabsstellen haben keine Kompetenzen ▪ Stabsstellen können informelle Macht gewinnen ▪ Spannungen zwischen Stab und Linie durch Kompetenzstreit ▪ Zu viel Planung, zu wenig Entscheidungen
Funktionale Organisation	▪ ...	▪ ...
...	▪ ...	▪ ...

Im Lehrbuchtext werden im Zusammenhang mit den Perspektiven von Organisationen drei verschiedene Sichtweisen vorgestellt. Ordnen Sie die folgenden Beispiele jeweils der instrumentalen Sicht, der institutionalen Sicht oder der funktionalen Sicht zu.

Aufgabe 2

- Ein Unternehmen führt mit den leitenden Mitarbeitern ein Outdoor-Adventure-Wochenende durch, um das gegenseitige Vertrauen der leitenden Mitarbeiter zu steigern.
- Ein Unternehmen optimiert nach eingehenden Analysen den Produktionsprozess durch die Neuanordnung der Maschinen.
- Eine Firma ruft einen Expertenstab zusammen, der die verschiedenen Auswirkungen der Einführung eines neuen internen Berichtssystems identifizieren und möglichen Problemen vorbeugen soll.
- Ein Unternehmen gliedert nach Durchführung einer Rentabilitätsberechnung einen kleineren, wenig profitablen Spezialbereich der Unternehmung in eine eigene Tochtergesellschaft aus.
- Wegen Problemen bei der Einhaltung von Lieferfristen hat eine Firma ein Analyseteam mit Vertretern aus allen Abteilungen zusammengestellt.

■ Auf Drängen einiger Arbeitnehmervertreter werden in einer Abteilung mehrere Arbeitsabläufe gebündelt, um die Tätigkeit abwechslungsreicher und damit interessanter zu machen.

Aufgabe 3   Nennen Sie mindestens drei Beispiele für typische Stabsstellen in Unternehmungen.

Aufgabe 4   Benennen Sie drei verschiedene Unternehmungen unterschiedlicher Branchen, die sich Ihrer Meinung nach besonders gut für die Umsetzung einer funktionalen Organisationsstruktur eignen, skizzieren Sie, wie dies erfolgen könnte, und begründen Sie Ihre Wahl.

Aufgabe 5   Im Text werden als mögliche Gliederungspunkte für die divisionale Organisation die drei Kriterien «Produktgruppe oder -segmente», «Länder oder Regionen» und «Kundengruppen» angeführt.

Suchen Sie nach realen oder fiktiven Unternehmen, die nach diesen drei Kriterien gegliedert sind. Benennen und beschreiben Sie diese Unternehmen in kurzer Form und entwickeln Sie in Anlehnung an → **Abbildung 4** im Text zu jedem der drei Beispiele eine entsprechende (fiktive) Übersicht der divisionalen Organisation.

Aufgabe 6   Innerhalb der möglichen Organisationsstrukturen wird zwischen «Primärstrukturen» und «Sekundärstrukturen» unterschieden. Erklären Sie den Unterschied zwischen den beiden Strukturtypen.

Aufgabe 7   Die Matrixorganisation nimmt innerhalb der Organisationsstrukturtypen eine besondere Stellung ein.

Erklären Sie die Besonderheiten der Matrixorganisation mit eigenen Worten. Skizzieren Sie für die in → **Abbildung 6** im Text dargestellte Matrixorganisation der ABB bis 1998 die möglichen Vor- und Nachteile dieser konkreten Organisationsstruktur. Nutzen Sie dazu als Orientierung die im Text angegebenen allgemeinen Aussagen zu den Vor- und Nachteilen sowie Ihre in → **Aufgabe 1** durchgeführte Strukturierung/Zusammenfassung.

Der Zusammenschluss verschiedener Fluggesellschaften zur Star-Alliance ist ein Beispiel für eine Allianzorganisation (die die Organisationsform also sogar im Namen trägt).

Aufgabe 8

Auf welche unternehmerischen Gebiete bezieht sich diese Allianz (recherchieren Sie zur Aufgabenlösung bei Bedarf im Internet)?

Welche konkreten Vorteile versprechen sich die einzelnen Luftfahrtunternehmen durch die Zugehörigkeit zur Star-Alliance?

Um in der Zukunft erfolgreich zu sein, müssen Organisationen dezidiert bestimmte Ziele und Wege verfolgen, wie sie im Lehrtext aufgeführt werden.

Aufgabe 9

Zwar sind alle angeführten Aspekte bereits für sich genommen von großer Bedeutung, allerdings könnte zum Beispiel der Sachverhalt eintreten, dass ein Unternehmen nicht alle Aspekte gleichzeitig verfolgen kann oder dass es bei der Umsetzung in die Praxis zu Zielkonflikten zwischen einzelnen Aspekten kommt (wenn zum Beispiel die Fokussierung auf die Kernkompetenz eine bestehende internationale Kooperation gefährdet, da diese auch von Produkten jenseits der Kernkompetenz abhängt).

Wählen Sie die nach Ihrer persönlichen Meinung drei wichtigsten Aspekte aus, und begründen Sie Ihre Auswahl.

Kultur als Ordnungsmoment   E 3

Werner Wunderlich

Gewöhnlicher Sprachgebrauch meint Bildende Kunst, Musik, Theater oder Literatur, wenn von «Kultur» die Rede ist. Kultur aber ist mehr. Kultur in einem universellen Verständnis erfasst Gestaltung und Deutung der Welt durch den Menschen in Geschichte und Gegenwart. Ein weiter Kulturbegriff bezieht sich auf sämtliche Bereiche und die Vielfalt menschlichen Daseins, ein enger Kulturbegriff meint in erster Linie die Künste. Ganzheitliches Kulturverständnis erfasst auch die Wirtschaft und setzt sich mit deren kulturprägenden Wirkungen auseinander. Auf dieser anthropologischen und historischen Grundlage erklärt der weite Kulturbegriff sowohl externe Einflüsse auf Organisation und Kommunikation von Unternehmungen als auch deren innere Ordnung und Wertvorstellungen als kulturelle Phänomene. Im engeren Sinne ist Kultur unter ökonomischen Gesichtspunkten wirtschaftlicher Handlungsbereich und Aufgabenfeld von Management. Theoretische und methodische Überlegungen sollen nun zunächst den kulturwissenschaftlichen Bezug zu Fach- und Kontextstudium herstellen.

Theorie und Geschichte   E 3.1

Enger und weiter Kulturbegriff   E 3.1.1

Im weiten Verständnis umfasst Kultur Weltgestaltung, Lebensordnungen und Daseinsdeutungen des Menschen, wozu natürlich auch die Wirtschaft gehört. Ein enger Kulturbegriff bezieht sich vornehmlich auf Künste und hebt diese von anderen Bereichen wie Wissenschaft, Wirtschaft, Politik, Staat, Recht, Religion, Sport, Mode, Kommunikation und Medien oder Technik ab.

E 3.1.2   Begriffsgeschichte

Vom lateinischen «nasci» (geboren werden) stammt das Nomen «natura» zur Bezeichnung von Geburt, Schöpfung, Wesen, Gestalt. Im alltagssprachlichen Sinne verstehen wir unter Natur den Teil der Welt, der unabhängig von Eingriffen des Menschen zustande gekommen und in seinen Erscheinungen geformt ist. Demnach gibt es noch einen anderen Teil von Welt, wo menschliche Tätigkeit Natur «fortentwickelt» hat. Auch dessen Bezeichnung stammt aus dem Lateinischen: Von «colere» (bebauen, bearbeiten, bewohnen, pflegen) kommt das Nomen «cultura» für Anbau oder Pflege des Bodens sowie das Kompositum «agricultura» für dessen Bewirtschaftung.

Kultur entsteht nicht von selbst, sondern ist Ergebnis menschlicher Tätigkeit, daher auch wandelbar und vergänglich. Im weiten Sinne ist Kultur die Gesamtheit der Ordnungen und Selbstdeutungen einer Gesellschaft und ihrer Beziehungen zu anderen Gesellschaften in Geschichte und Gegenwart. Im engen Sinn umfasst Kultur die Künste.

E 3.1.3   Ideengeschichte

Kein Kulturbegriff, kein Kulturverständnis kann der eigenen Geschichtlichkeit entrinnen. Immer müssen wir bei der Bestimmung und Vermittlung dessen, was Kultur sein soll, von Voraussetzungen und Zustand eines kulturellen Systems ausgehen, und wir müssen unseren eigenen Standort darin, dessen Perspektive und Horizont als Elemente und Bedingungen unseres Verstehens mit berücksichtigen.

Die Aufklärung hat für unser Kulturverständnis grundlegende Auffassungen entwickelt. KANT hat Kultur normativ als eine Welt frei bestimmten Handelns und Lebens autonomer Menschen festgelegt. Jenes vom Menschen planmäßig Bewirkte hat HERDER nicht nur in menschlichen Werken gesehen, sondern auch in Entwicklungen der Geschichte. Für HERDER ist Kultur unabdingbar an Werte wie Humanität und Freiheit gebunden. HEGEL hat diesen geschichtlichen Prozess als Entfremdung gedeutet und zur Wiederherstellung der alten Ganzheit von «cultura» die Einheit von bürgerlicher Wirtschaftsgesellschaft und Kultur entworfen. Karl MARX zog daraus einen anderen Schluss: Die Selbstentfremdung des Menschen durch den Kapitalismus müsse revolutionär beseitigt und den

Lebensverhältnissen der Vorrang vor dem geistigen Überbau eingeräumt werden. In Marxens ideologischem Gefolge haben Lenin oder Mao Visionen von einer proletarischen Weltkultur aus dem Geist einer sozialistischen Wirtschaftsordnung entworfen, wohingegen Max Scheler den Kapitalismus als Einheit von «Lebens- und Kultursystem» gedeutet hat.

Dem Prinzip geschichtsphilosophischen Fortschrittsdenkens verdankt sich der historisch für das Verständnis von Kultur wichtige Begriff «Zivilisation». Vom lateinischen «civis» (Bürger) bzw. «civitas» (Bürgerstand) stammend, hat die französische oder englische Wortversion die Grundbedeutung «das, was dem Bürger nützt». Nach der Idee von Aufklärung wird diese als dynamische Entwicklung der Lebensverhältnisse zum «Besseren» auf ökonomischen, technischen, staatlichen, sozialen Gebieten verwirklicht. Als universelles Fortschrittskonzept entwickelte das Zivilisationsverständnis einerseits ein «modernitätszentriertes» Geschichtsbewusstsein gegenüber Vergangenheit, andererseits ein «eurozentriertes» Überlegenheitsgefühl gegenüber der übrigen Welt. Im späten 19. Jahrhundert wurde Zivilisation gleichbedeutend mit Kultur als dem konservativen Synonym für überlieferte geistige Werte und Ordnungen. Allerdings im deutschen Sprachraum kennzeichnete der Ausdruck als Gegenbegriff zu Kultur materielles Denken, technische Dominanz, dekadenten Lebensgenuss.

Geschichtliche Erfahrungen der Moderne haben zu Kulturpessimismus geführt. Philosophen wie Oswald Spengler deuteten die Kulturentwicklung, in der schon Freud wachsendes «Unbehagen» diagnostiziert hatte, geradezu als Verfall, während später Max Horkheimer und Theodor Adorno auf die Manipulation des Menschen durch Kulturmuster der Repression verwiesen. Heute vertritt Kulturrelativismus die Auffassung von unterschiedlichen, freilich gleichwertigen Kulturen. Kultursoziologen wie Claus Leggewie entwerfen als Utopie eine multikulturelle Gesellschaft, in der unterschiedliche Kulturen unter Wahrung ihrer Eigenständigkeit zusammenleben. Dass unter derartigen Voraussetzungen alles mit allem verknüpfbar scheint, ist für Philosophen wie Peter Koslowski oder Wolfgang Welsch das Merkmal postmoderner Kultur. Deren Standards verbreiten sich global, zumal als Folge von Konsum. Von einer universalen Weltkultur indes sind wir weit entfernt. Wir haben es allenfalls partiell mit einer Monokultur von Konsumgemeinschaften zu tun, die von Pepsi zur *New Generation* oder von Coca-Cola zur *One World* werbewirksam stilisiert werden.

E 3.1.4   Systemtheorie

Kultur unter erkenntnistheoretischen Aspekten ist ein System von Ordnungs- und Deutungsformen, mit denen Gesellschaft nach Ansicht des Kulturphilosophen Georg SIMMEL Dinge und Geschehnisse der Welt identifiziert und strukturiert. Unter handlungsbezogenen Aspekten existiert Kultur in einem gesellschaftlichen Normensystem. Kultursoziologen wie Bronislaw MALINOWSKI entwickeln Theorien zur Entstehung, Erhaltung, Veränderung solcher historisch entwickelter Normensysteme und deren Funktion für gesellschaftliches Handeln.

Als ethisch-politische Instanz wird eine Kultur mit Werten oder Errungenschaften gleichgesetzt und dient oft in Form von Stereotypen, Klischees und auch Vorurteilen der Abgrenzung gegenüber anderen Gesellschaften, Gemeinschaften, Generationen. Immer wieder führen Kontroversen über nationale, religiöse, ethnische Grundgegebenheiten kulturellen Selbstverständnisses zu Konflikten und Kriegen. Auch innerhalb von Gesellschaften etablieren sich gruppenbildende Deutungsmuster. Bildung oder Besitz können beispielsweise als Voraussetzungen für Kultiviertheit soziale Exklusivität und geistiges Elitebewusstsein beanspruchen, Mentalität und Lebensstil prägen, Grenzen zu Subkulturen oder zu einer Massenkultur ziehen und verfestigen.

Gerade angesichts einer vom Zeitgeist geprägten populären «Managerkultur», die sich in erster Linie über einseitige Gewinnorientierung und kurzfristige Erfolge definiert, die sich medienbewusst in Szene setzt, den Boom entsprechender Ratgeberliteratur verstärkt sowie den Markt einschlägiger Schulungsseminare belebt, ist die Auseinandersetzung mit Begriffen und Inhalten von «Kultur» eine geistige Erfordernis.

E 3.1.5   Merkmale eines ganzheitlichen Kulturbegriffs

Wie wir gesehen haben, umfasst ein weiter Kulturbegriff funktional, d. h. ohne ästhetische, ethische oder soziale Wertungen, ganzheitlich sämtliche Bereiche menschlichen Daseins und umschließt alle früheren und gegenwärtigen Lebensformen.

> Kultur ist ein Pluralitätsbegriff, der eine Vielfalt von Formen umfasst, die der Mensch als Potenzial für das Erkennen, Verstehen und Gestalten von Welt und damit für seine Entwicklung nutzt.

Menschen verständigen sich mit Zeichen, die symbolische Bedeutung haben, von Medien gespeichert und übermittelt werden. Medien, ihre technischen Systeme wie ihre organisatorischen Einrichtungen, sind von Kultur geprägt und prägen diese wiederum. Natürlich vermitteln aber nicht nur zur Kommunikation zweckbestimmte Medien Kultur. Auch andere Speicher- und Überlieferungsformen wie Mythen, Kunstwerke oder Zeremonien stellen als kulturelles Gedächtnis ihre Informationen unserer gesellschaftlichen und historischen Identität zur Verfügung.

> Kultur vermittelt sich durch Zeichen, die Bedeutungen tragen. Medien speichern diese und übermitteln ihren Sinn durch gesellschaftliche Kommunikation in Geschichte und Gegenwart.

Kultur als Ganzes wie auch ihre Teilbereiche bilden ein offenes System, das sich räumlich, zeitlich und sozial zu einer Lebenswelt bzw. Daseinsform vernetzt. Als derart gewachsene und gestaltete, komplexe und vielfältige Einheit wird Kultur individuell und kollektiv im Rahmen gesellschaftlicher Ordnungen und Institutionen erworben. Auf diese Weise wird Kultur zu einem Kriterium für die Beschreibung unserer Umwelt im Unterschied zu anderen Kulturen. Angehörige von Ethnien, Sprachgemeinschaften, Nationen, Staaten, von Parteien, Vereinen, Firmen, Geschlechtern, Familien, Lebensgemeinschaften können sich aufgrund der jeweiligen geistigen und materiellen Charakteristika ihrer gemeinsamen Traditionen und Merkmale identifizieren. Weil Gemeinschaften ebenso historischem Wandel unterliegen wie ihre natürlichen Lebensgrundlagen, verändern sich natürlich auch Kulturen.

> Kultur gibt dem Individuum und der Gemeinschaft Identität, ermöglicht Identifikation und Integration für die Menschen, die in ihrem System und dessen Traditionen leben.

E3.2   Wirtschaft als Kultur

Wirtschaft ist ein gesellschaftliches Subsystem, geprägt von überlieferten Werten und aktuellen Konventionen. Vergangenes und gegenwärtiges Wirtschaftshandeln lässt sich aus so unterschiedlichen Daseinsordnungen wie antiker Sklavenhaltung, mittelalterlichem Feudalismus, christlichen Armutsidealen, absolutistischem Staatsverständnis, bürgerlicher Emanzipation, aus Lebenseinstellungen wie Hedonismus und Askese, Konkurrenzdenken oder Altruismus, aus Dogmen wie Liberalismus, Konservatismus oder Sozialismus, aus philosophischen Werteorientierungen oder aus den Strömungen des Zeitgeistes historisch erklären.

E3.2.1   Der Markt

Der Markt als realer oder fiktiver Ort existiert, weil Käufer und Verkäufer Vorstellungen haben von Tauschen und Handeln, von einem Platz und einem Zeitpunkt der Zusammenkunft, von Rolle und Funktion der Beteiligten. All diese und andere Faktoren aber sind ohne die Dimension des Kulturellen gar nicht denkbar. Dazu drei Beispiele.

E3.2.1.1   Markt und Messe

Jene Verkaufsveranstaltung, die wir auch heute noch Messe nennen, verdankt sich einer kirchlichen Einrichtung. Das lateinische «missa» (von «mittere» für entlassen) bezeichnet den kirchlichen Gottesdienst, der die Gläubigen am Ende mit dem Segen entlässt. Weil zur Messezeit Gläubige zusammenströmten und der Gottesfriede im Umkreis von Kirchen Schutz bot, fanden sich dort Händler ein und boten Waren feil. Das 14. Jahrhundert übertrug deshalb den kirchlichen Begriff auf den kommerziellen Anlass, so dass bis ins 17. Jahrhundert hinein Markt und Messe für die regelmäßig stattfindenden Handelstreffen und Warenausstellungen bedeutungsgleich waren. Mit der Stationierung des Handels an einem festen Ort und mit der Verbindung zu bestimmten Gewerbe- und später Industrieprodukten wandelte sich der Markt allmählich in einen fiktiven Ort, genauer gesagt, in ein Netz von Handelsbeziehungen. Aus kulturellen Erfahrungen mit dem Marktgeschehen und seiner Gestaltbarkeit entwickelte die ökonomische Theorie Modelle für Märkte, Instrumente für die Organisation von Märkten sowie Definitionen für den Nutzen von Märkten.

Markt und Kulturaustausch

Märkte waren immer auch Umschlagplätze für Kulturen, Schnittpunkte multikultureller und interkultureller Begegnungen. Selbstverständlich ist auch der Handel mit Waren Kulturvermittlung. Man denke beispielsweise nur an die Folgen von Gewürz- oder Seidenhandel für Speisesitten oder Luxusmoden. Heute verwischt die zunehmende Internationalisierung und Virtualisierung der Waren- und Konsumwelt freilich kulturelle Authentizität. Industrielles Standarddesign etwa, das sich an technischer Herstellbarkeit und betriebswirtschaftlicher Verkaufbarkeit orientiert, ersetzt die spezifische Gestaltungsform einer bestimmten kulturellen Provenienz. Das globale E-Business kann sich unabhängig von historisch und gesellschaftlich identifizierbaren Lebensstilen nach überall geltenden digitalen Erfordernissen ortsunabhängig und mobil ausrichten.

Markt und Erlebnis

Schon die ersten großen Kaufhäuser in Paris, London, New York oder Berlin waren «Konsumtempel», wo Kaufen und Verkaufen als kultisches Ritual inszeniert wurde. Amerikanische Malls oder europäische Galerias sind als *Shopping-Center* Erlebniswelten mit einer «Freizeitkultur», die zum Konsum stimuliert.

Die Unternehmung

Jede Unternehmung ist in einem kulturellen Biotop angesiedelt und lässt sich als Mikrokosmos einer ganzheitlich begriffenen Kultur und deren Subkulturen beschreiben. Unabhängig davon entwickeln Unternehmungen aber auch spezifische Ordnungen, unverwechselbare Leitvorstellungen, typische Verhaltensweisen und besondere Kommunikationsformen. Dieses sich ständig weiterentwickelnde System wird als «Unternehmungskultur» bezeichnet. Seit der *Corporate-Culture*-Diskussion vor etwa zwanzig Jahren in den USA und unter dem Einfluss der Veränderung makroökonomischer Bedingungen (Internationalisierung, Globalisierung) hatte sich zuerst kulturvergleichende Managementforschung und später die wissenschaftliche Beschäftigung mit dem gesamten Komplex Unternehmungskultur entwickelt.

E3.2.2.1   **Unternehmungskultur als System**

Die Unternehmung reproduziert ihre Einheit, Strukturen und Elemente als ein Konglomerat von Verhaltensdispositionen und -mustern: zum einen aufgrund gemeinsam akzeptierter Wirklichkeitsvorstellungen, zum anderen in Wechselwirkung mit der Umwelt im Austausch über Normen und Werte, Sitten und Bräuche, Einstellungen zu Natur und Geschichte, aber auch über politisch-soziale und wirtschaftliche Entwicklungen und deren Einflüsse auf Mentalitäten und Verhaltensstandards. Das Bestreben richtet sich auf die Entwicklung eines einheitlichen Erscheinungsbilds sowie eines gemeinschaftlichen Firmenstils auf einer gemeinsamen Basis von Normen und Werten, Wissen und Erfahrungen. Innere Verfassung und äußeres Erscheinungsbild sollen als *Corporate Identity* Einheit und Gemeinsamkeit, Stabilität und Vertrauenswürdigkeit, Wettbewerbsfähigkeit und Erfolg sowie Abgrenzung gegenüber anderen Unternehmungen verwirklichen. Aber auch hier gilt es im Spannungsfeld von modischen Anpassungen und strategisch begründeten Veränderungen mittels eines reflektierten Verständnisses von Kultur die für das Unternehmen angemessenen Entscheidungen zu treffen.

Oft formulieren Grundsätze Leitbilder und Ziele von Unternehmungskultur als so genannte «Philosophie», um Verpflichtungen und Perspektiven als reflektierte deutlich zu machen. Reale Gestalt und konkrete Bedeutung für eine zielorientierte Verhaltenssteuerung der Mitarbeiter gewinnt Unternehmungskultur als Gestaltungsvariable neben Firmenstrategien und Organisationsstrukturen in Persönlichkeitsprofil und Vorbildfunktion von Führungskräften, gemeinsamen Ritualen und Zeremonien, standardisierten Verhaltensweisen im Kundenservice, in Kommunikationsstil und Geschäftsverhalten sowie in repräsentativen Symbolen wie Gebäuden, Briefschaften oder Produktdesign. Zweck und Absicht von Unternehmungskultur ist die optimale Übereinstimmung von Unternehmungszielen, weswegen auch empirische Untersuchungen über die Akzeptanz und die Folgen von Unternehmungskultur sowie Schulungsmaßnahmen durchgeführt oder Anreizsysteme für die Umsetzung von entsprechenden Konzepten geschaffen werden.

Eine Unternehmungskultur will in der Regel ein ganzheitliches Konzept realisieren, aber deshalb ist sie nicht von vorneherein ein uniformes Universum, sondern im Gegenteil ein lebendiger Organismus verschiedener, sogar unterschiedlicher Arbeits- und auch multipler Lebenswelten. Diese Subkulturen einer Unternehmung können vom Tätigkeitsbereich, den gemeinsamen Aufgaben und Zielen geprägt sein. Aber selbstverständlich gibt es auch Subkulturen, die auf unternehmungsunabhängige

Faktoren wie Generation, Lebensstil, Freizeitinteressen, Religion oder Nationalität zurückgehen. Um die Potenziale solcher Subkulturen nutzen zu können, müssen diese in die Ganzheit der Unternehmungskultur integriert werden, um auf jeder Hierarchieebene und in jeder Abteilung im Sinne der Unternehmungsziele wirken zu können.

Kunst und Unternehmungskultur   E 3.2.2.2

Als Gestaltungsmittel für Unternehmungskultur wird auch Kunst eingesetzt. Kunst ordnet und formt, deutet und vermittelt Welt und Wirklichkeit mit der Absicht von Sinngebung und trägt damit zur Orientierung über uns selbst und unsere Welt bei. Kunst bietet Entspannung und Unterhaltung, was der Motivation, Kreativität und Produktivität von Mitarbeitern dienen kann. Vor allem aber können sich Unternehmungen durch die Förderung (Mäzenatentum, Sponsoring, Stiftungen) von Kunst, durch den Erwerb und die Präsentation von Kunst sowie durch die Instrumentalisierung von Kunst vermittels Werbekampagnen als kulturbewusst, modern, aufgeschlossen, kritisch, engagiert und verantwortungsvoll in der Öffentlichkeit präsentieren und selbstverständlich auch Kunden gewinnen.

Umweltwirkungen   E 3.2.2.3

So wie Unternehmungen kulturellen Einflüssen ihrer Umwelt ausgesetzt sind, wird diese umgekehrt durch kulturelle Wirkungen von Unternehmungen geprägt. Herrschaftsformen, Staatsapparate, Organisationen sowie Normen, Werte, Regeln, Traditionen, Ideale einer Gesellschaft werden immer auch durch ökonomische Konzepte, wirtschaftliche Verhältnisse, unternehmerisches Handeln beeinflusst, und zwar zunehmend in globaler Hinsicht.

- Geschichte
  Geschichtliche Entwicklungen und gesellschaftliche Verhältnisse sind immer von ökonomischen Konzepten und wirtschaftlichen Prozessen beeinflusst. Eines der eindrucksvollsten historischen Beispiele einer von Wirtschaft geprägten Lebenswelt ist die Hanse mit ihrer Kaufmannskultur. Von England bis ins Rheinland, von Brügge bis Bergen haben sich Schriftwesen und Sprache (das so genannte Hansedeutsch), Stadtentwicklung und bürgerliche Lebensformen, Baukunst, Malerei und Literatur, Verkehrs- und Nachrichtenwesen, Ratsverfassung und Stadtrechte als Lebensbedingungen und Lebensformen einer

von Fernhandel und Kaufmannsgeist geprägten Kultur grenzüberschreitend verbreitet. Im politisch-sozialen Traditionsbewusstsein ebenso wie im Stadtbild von Orten wie Lübeck, Bremen, Hamburg, Stralsund, Wismar, Rostock oder Riga und Reval ist diese Kultur immer noch lebendig.

In der Geschichte der Neuzeit ist wohl kaum eine andere Gesellschaft derart von der Kultur ihrer Wirtschaft geprägt worden wie jene der USA, d. h. vom Geschäftssinn, der seine Wurzeln in dem eingewanderten lutherischen Arbeitsethos, dem immigrierten calvinistischen Wohlstandsstreben und dem importierten Puritanerfleiß hat.

■ Mentalität

Am Beispiel der Börse lässt sich zeigen, wie Wirtschaft und Unternehmungen gesellschaftliche Einstellungen und Haltungen prägen. Die an antike Tempel erinnernden Börsenbauten des 19. Jahrhunderts demonstrieren eine nahezu kultische Verehrung des Gottes Mammon und dokumentieren den neuen Warencharakter von Geld. In der Gegenwart drücken Börsenspekulation und Börsenrisiko nicht nur den Vorstellungen von Unternehmergeist ihren Stempel auf, sondern auch den gesellschaftlichen Trends von Lebensstilen und Lebenszielen in den Metropolen.

■ Sprache

Vor allem unsere Sprache bezeugt buchstäblich beredt, auf welche Weise wir von jeher Wirtschaftsmentalität in Wörtern und Redensarten als längst geläufiges Idiom verwenden. Denken wir nur an den Bedeutungswandel des Nomens «Unternehmung», das heute weniger im ursprünglichen Sinne von «Vorhaben», sondern auch im Alltag fast ausschließlich in betriebswirtschaftlicher Bedeutung verwendet wird.

Gegenwärtig führt die Beschleunigung internationaler technisch-wissenschaftlicher Entwicklung dazu, dass wir es im deutschen Sprachraum mit immer neuen und vorher namenlosen Phänomenen zu tun bekommen. Vorzugsweise das Englische liefert für diese das Sprachmaterial. Vielfach hat sich dabei das Deutsche verabschiedet und einem oft miserablen, gleichwohl sehr funktionalen Englisch Platz gemacht. Aus verstümmelten Wörtern wie «FlexTime», englisch-deutschen Wortbastarden wie «Werbemix», idiomatischen Floskeln wie «just in time» entsteht funktionaler Managementjargon als Kommunikationsmittel fürs *Global Village*. Immer neue Errungenschaften aus der anglo-amerikanischen «Businesswelt» drängen in den deutschen Kulturraum und bringen ihre Namen schon mit. *Marketing* und *Management* sind inzwischen längst zum sprachlichen Allgemeingut geworden, während *Shareholder-Value* oder *Cashflow* fast noch Fachbegriffe sind.

Die begriffliche Aufwertung eher banaler Sachverhalte durch bombastisches Wortgeklingel und stilistisch überhöhende Wortbildungen als Komposita mit «Kultur» oder «Philosophie» und die damit suggerierte Wertigkeit von Ausdrücken wie «Verkaufsphilosophie» oder «Führungskultur» ist längst Sprachgebrauch in Unternehmungen. Umgekehrt wertet Alltagssprache gerne mit dem Wort «Management» simple Planung auf: *Time-Management, Krisenmanagement, Informationsmanagement, Persönlichkeitsmanagement, Gewichtsmanagement* sind nur wenige Beispiele.

Das Produkt   E 3.2.3

Produkte als Ergebnisse von Erzeugungsprozessen und als Objekte wirtschaftlichen Handelns sind nicht nur Ausdruck von Kultur, sondern auch Einflussfaktoren für Kultur.

Design   E 3.2.3.1

In einer Wettbewerbswirtschaft müssen Produkte, die als Waren erfolgreich sein wollen, wahrgenommen werden und gegenüber anderen Produkten vorteilhafter erscheinen. Diesen Zweck verfolgt bewusste Formgebung des Produkts; denn abgesehen von Qualität und Preis ist die Gestalt von ausschlaggebender Bedeutung. Design gestaltet deshalb planvoll die Gebrauchstauglichkeit, Nutzbarkeit und Anwendungsfunktion eines Produkts und gibt ihm eine symbolische Ausdruckskraft, die sich vom Produkt auf den Besitzer und vom Besitzer auf die Umwelt bezieht, zumal wenn das Produktimage mit dem Zeitgeist kokettiert. Maler wie Roy LICHTENSTEIN, David HOCKNEY, Norman FORSTER, Fotografen wie Annie LEIBOWITZ, Oliviero TOSCANI oder Helmut NEWTON, Schriftsteller wie Umberto ECO, Theaterregisseure wie Leander HAUSSMANN haben am Design von Produkten und der Vermarktung von Firmenimages entscheidend mitgewirkt. So wird die Ware auch zum Kulturgut, das Lebensstile und Werthaltungen in einer Gesellschaft beeinflusst. Das kann im Falle von Luxusartikeln wie etwa den berühmten Preziosen des Goldschmieds Peter Carl FABERGÉ auf einen kleinen exklusiven Zirkel beschränkt sein, das kann im Falle von Massenwaren wie Bluejeans oder Mobiltelefonen soziale Milieus weltweit betreffen. Deshalb sind Produkte nicht nur Konsumgüter, sondern auch Ausdruck ästhetischer Entwicklungen und Geschmacksrichtungen, Symbole für soziale Leitbilder und Statusbedürfnisse, kurz: Produkte sind Medien gesellschaftlicher Kommunikation.

E3.2.3.2   Marke

Dies gilt vor allem für Markenprodukte. Unternehmungen wollen ihre Produkte als Marken unverwechselbar und akzeptabel machen, zumal dann, wenn durch zusätzliche Unterscheidungsmerkmale Genuss- und Erlebnisqualität signalisiert werden soll. Name oder Zeichen eines Produkts ist eine Marke, d.h. ein einmaliges und unverwechselbares Symbol, das als Qualitätsgarant und Echtheitszertifikat dem Produkt eine möglichst weite Verbreitung und einen möglichst hohen Bekanntheitsgrad verschaffen soll. Manche Marken wie Campell-Suppen oder Camel-Zigaretten sind geradezu Ikonen der Werbung und als solche auch von der seriellen Kunst eines Andy WARHOL oder Larry RIVERS vereinnahmt worden. Markenware hat eine heraldische Funktion, die – wie bei mittelalterlichen Wappen – den Status ihrer Träger öffentlich bekannt gibt. Bei Wahl und Kauf von Markenartikeln geht es deshalb nicht nur um deren Leistungsumfang, praktische Nützlichkeit oder technische Vorzüge, sondern vor allem um Lebensgefühle. Die Entscheidung für eine Uhr oder ein Getränk wird zur Frage von Identität und des dazugehörigen Lebensstils, der demonstrativ präsentiert werden soll. Kontaktanzeigen machen die kulturprägende Bedeutung von Markenartikeln augenfällig, wenn nicht Individuen sich vorstellen, sondern Typen mit Produkten sich klassifizieren und produzieren: «Porsche-Fahrer sucht Jeans-Girl». Deshalb können Marken als kulturprägende Muster Bedeutung für die Kennzeichnung gesellschaftlicher Entwicklungen erlangen. Als die «Kinder von MARX und Coca-Cola» wurden die Systemkritiker der Achtundsechzigerbewegung bezeichnet, und heute verkörpern die «Adidas-Kids» eine markenbewusste Altersgruppe.

E3.3   Kultur als Wirtschaft

Wenn wir Kultur als Wirtschaftsfaktor und Wirtschaftssektor betrachten, dann umfasst der Kulturbegriff in der engeren Bedeutung Kunst, Musik, Literatur und deren betriebliche Institutionen sowie soziale Organisationen.

Wirtschaftssektor Kulturbetrieb E 3.3.1

Im Kulturbetrieb als gesamtem System, in dem Kultur produziert, distribuiert und rezipiert wird, wird auch unternehmerisch gehandelt, kommerziell gedacht, betriebswirtschaftlich organisiert und ökonomische Wertschöpfung erbracht. Da aber im Kulturbetrieb im Gegensatz zu anderen Wirtschaftszweigen auch nichtkommerzielle Faktoren eine Rolle spielen und öffentliche Einrichtungen, privatwirtschaftliche Unternehmungen und auch Mischformen beteiligt sind, kann im Folgenden der Kulturbetrieb nur unter typologischen Geschichtspunkten ganz allgemein betrachtet werden.

ADORNO und HORKHEIMER haben für die Gesamtheit der industriell erzeugten und distribuierten Kulturgüter den Begriff der «Kulturindustrie» in einem abfälligen Sinne eingeführt: Technische Reproduktion und massenhafte Vermarktung machten Kunst zur Ware und nähmen ihr die kritische Potenz, machten sie zu einem stabilisierenden Element von Herrschaft. Umberto ECO hat dagegen zu Recht darauf hingewiesen, dass diese Produktionsform noch nichts über die vermittelten Werte besage, aber die Chance auf demokratische Teilhabe an Kunst eröffne.

Wenn wir den Kulturbetrieb zudem nüchtern unter ökonomischen Nützlichkeitsaspekten ansehen, dann schafft Kultur als Beschäftigungsfaktor Arbeitsplätze, erzeugt als Standortfaktor Infrastruktur, regt als Investitionsfaktor Wirtschaftskraft an, beeinflusst als Innovationsfaktor Materialien und Techniken, beeinflusst Bildungsangebote und fördert Wissenschaftstätigkeit. Ein Wachstum der Kulturbranche hat Folgen für weitere wirtschaftliche Sektoren, die den gesamtwirtschaftlichen Nutzen erhöhen können, wenn Handel, Gewerbe, Industrie und Tourismus vom Kulturbetrieb profitieren.

Kulturgüter als Marktgüter E 3.3.1.1

Im Gegensatz zu anderen Produkten unterliegen Kulturgüter in ihrer Gestaltung und Verwendung zumeist keiner Zweckrationalität. Dagegen unterliegen sie der Knappheit. Es sind keine freien Güter, die im Überfluss zur Verfügung stehen. Ihre Herstellung erfordert den Einsatz knapper Ressourcen in Form von Arbeit, Geldkapital, Material, Zeit und von Humankapital wie Kreativität und Originalität, Wissen und Erfahrung. Davon werden Angebot und Nachfrage beeinflusst.

E 3.3.1.2 Wert und Preis

Im Sinne der Markttheorie wird aus einem kulturellen Produkt ein Tauschobjekt, wenn es gegen Geld als Ware auf dem Markt gehandelt wird und einen Preis erzielt. Bei kulturellen Massenprodukten wie Büchern, Grafikdrucken, Videos oder Compactdiscs lässt sich die kalkulierte und durch Angebot und Nachfrage bestätigte Preisbildung wie bei anderen Konsumgütern nach wirtschaftlichen Gesichtspunkten nachvollziehen. Schwierig ist dies für die Preisbildung auf einem Kunstgütermarkt, etwa auf einer Auktion, wo der immaterielle kulturelle Wert von Unikaten in Form von Kunstwerken oder Antiquitäten durch die Regeln des Marktes im erzielten Preis einen kommerziellen Wert erhält und solche Artefakte als Teil von Finanzkapital oder Anlagevermögen sogar Geldfunktion übernehmen können.

Nun stellt Geld zwar einen Maßstab für die Verbindlichkeit der Wertschätzung von Kulturgütern dar, macht aber diese Verbindlichkeit nicht selbst aus, weil der Wert von Kulturgütern eben nicht zugleich deren Preis ist. Es sind durchaus unterschiedliche, ja widersprüchliche kulturelle Bewertungskriterien und wirtschaftliche Preisprinzipien ausschlaggebend. Fragen nach dem Sinn eines kulturellen Angebots, nach der Einstufung seiner Ästhetik und der Rechtfertigung seiner Kosten, nach der Vermarktbarkeit kultureller Produkte, nach sozialen Wertbezügen, nach der Berechtigung nichtkommerzieller Argumente, stoßen immer auf materielle und immaterielle Faktoren, die nicht nach eindeutigen Kriterien geklärt werden können.

Formen des Transfers kultureller Leistungen als Dienstleistungen wie der öffentliche Zugang zu Museen und Theatern werfen ebenfalls Bewertungsprobleme auf. Wie soll bei einem Kunstmuseum eine objektive Wirtschaftlichkeitsberechnung angestellt werden? Wie der Wert einer Operninszenierung über den Markt ermittelt werden? Eine Wertanalyse muss neben wirtschaftlichen Kriterien auch solche ästhetischer, historischer, sozialer Art berücksichtigen. Derartige Kulturinstitutionen sind deshalb auf Preisbildungen angewiesen, die sich nicht primär nach den Regeln des Marktes, sondern nach kulturpolitischen Festlegungen eines öffentlichen Auftrags richten.

Noch schwieriger ist das Bewertungsproblem bei der Evaluierung von Kulturerbe. Entscheidungen, ob Baudenkmäler nach kunstgeschichtlichen Erfordernissen restauriert oder nach wirtschaftlichen Regeln saniert werden sollen, sind vom ökonomischen Nutzwert ebenso abhängig wie von ideellen «Nichtnutzwerten» wie geistigem Vermächtnis und kultureller Tradition.

Kulturmanagement E 3.3.2

Kulturorganisationen und Kunstinstitutionen kommen leicht in einen Zielkonflikt. Zwei Wertesysteme überschneiden sich: ein ökonomisches und ein ideelles. Im Gegensatz zu marktwirtschaftlichen Organisationen hat der Kulturbetrieb als Primärziel den künstlerischen Erfolg einer ästhetischen Leistung. Dieses Streben lässt sich oft nicht mit dem wirtschaftlichen Zweck in Einklang oder gar Übereinstimmung bringen. Daraus ergibt sich fast zwangsläufig die Forderung nach Managementkonzepten für den Kulturbetrieb.

Management als Institution einer Kultureinrichtung umfasst – wie in anderen Organisationen auch – alle leitenden Instanzen mit umfassenden Entscheidungs- und Anordnungskompetenzen. Es ist für den gesamten Komplex von Aufgaben zuständig, die zur Steuerung nötig sind und sich nach den jeweiligen konkreten Bedingungen der betreffenden Kultureinrichtung richten. Kulturmanagement erfüllt deshalb wie jedes Management Gestaltungs- und Lenkungsfunktionen nach innen und nach außen. Seine Hauptaufgabe ist die betriebswirtschaftliche Begleitung und ökonomische Sicherung kultureller Gestaltungsprozesse. Dazu gehören im Bereich der Lenkungsfunktion vor allem Verwaltungsangelegenheiten, Haushaltsführung, Controlling, im Bereich der Gestaltungsfunktion Mittelbeschaffung und Öffentlichkeitsarbeit.

Ein allgemein gültiges Konzept für erfolgreiches Kulturmanagement gibt es nicht. Zu unterschiedlich sind die Rahmenbedingungen und Einsatzbereiche, so dass sich die inhaltlichen Aufgaben für die Stabilisierung und Entwicklung kultureller Einrichtungen nach der einzelnen Institution, dem einzelnen Projekt, nach öffentlicher oder privatwirtschaftlicher Trägerschaft richten müssen. Zunehmend werden dabei Erfahrungen auch mit neuen Managementkonzepten wie *Total Quality Management* oder *New Public Management* gesammelt und für die spezifischen Umstände und Bedürfnisse der Kulturorganisation adaptiert.

Kulturen und Kommunikation E 3.4

Die weltweiten Einflüsse und internationalen Auswirkungen globaler Entwicklungen nehmen ständig zu. Unternehmen organisieren sich multinational und operieren international, überstaatliche Organisationen engagieren sich in zwischenstaatlichen Konflikten oder widmen sich überall Umwelt-, Gesundheits- und Sozialproblemen, digitale Medien werden elektronisch auf der ganzen Welt vernetzt. Angesichts dieser Entwicklung werden Kompetenzen interkultureller Kommunikation für die Unternehmung und ihre internationalen Handlungsfelder zu einem strategischen und operativen Erfolgsfaktor.

E 3.4.1   Interkulturelle Kommunikation

Weltweit gibt es viele Kulturen. Wir nehmen sie immer aus unserer eigenen Kulturperspektive wahr. Der Blick auf Kulturen dient unserer Selbsteinschätzung, aber auch unserem Verstehenwollen und Akzeptierenkönnen jener Kulturen, die wir als anders oder fremd erleben.

E 3.4.1.1   Anders und fremd

Das Verständnis der eigenen Kultur ist Voraussetzung für das Verständnis von Eigenarten und Gewohnheiten Dritter. Und unserer eigenen Kultur sind wir uns oft nur im Aufeinandertreffen mit einer zweiten bewusst. Was vom Bekannten und Gewohnten abweicht, aber gleichwohl noch in unserem Verstehenshorizont angesiedelt ist, ist «anders». Was hingegen durch mangelnde Sinnangebote und Verstehensmöglichkeiten unvertraut bleibt, ist «fremd». Anders und fremd sind also Relationsbegriffe, weil sie aus dem Sinnhorizont der eigenen Kultur neue Lebensordnungen und Wertesysteme klassifizieren und diesen gegenüber Einstellungen begründen. Solche Wahrnehmung bewegt sich in einem Spannungsdreieck von lebensnotwendiger Selbstbehauptung, lebenssichernder Toleranz und lebenspraktischer Adaption.

E 3.4.1.2   Kulturgeschichte als Akkulturation

Die Geschichte der europäischen Kultur ist eine Geschichte von Akkulturation, d.h. verschiedene Kulturen treffen aufeinander und beeinflussen sich wechselseitig. Der griechische Einfluss in Rom, die Hellenisierung des Orients, Christianisierung und Völkerwanderung, die Kreuzzüge, Entdeckungen und Kolonialisierung, Amerikanisierung, Tourismus, Flüchtlingsbewegungen, Einwanderungen sowie andere Austauschprozesse und Verflechtungen beweisen: Kultur existiert und entwickelt sich nie in hermetisch abgeschlossenen Räumen, sondern ist historisch immer auch von Austausch abhängig, um sich zu erneuern und zu überleben.

Wahrnehmungsstereotype E 3.4.1.3

Im Grunde lassen sich aus der historischen Betrachtung und aus der systematischen Analyse von Akkulturation zwei Kulturmuster mit je unterschiedlichen Definitionen aufgrund von überlieferten Leitwerten und Formen von Gemeinschaftsbildung herausfiltern: Autoritätsvorstellungen und Rollenverhalten. Diese sind als Ausdruck von Geschlechterbeziehungen, kultisch-religiösen Traditionen, familiären Mustern, Vorstellungen von Arbeit und Zeit, Auffassungen von Gerechtigkeit und Eigentum, Ansichten über Gewinn und Konkurrenz usw. entstanden. Der Umgang mit derartigen Daseinsformen ist an die eigene Kultur gebunden, aber er erschöpft sich nicht darin. Die eigene Kultur muss relativiert werden, Vorurteile zu überwinden und Verständigung zu erzielen.

Unternehmungsstrategie und Interkulturalität E 3.4.2

Systematisches und klassifizierendes Wissen über fremde Kulturen sowie Verständnis für fremde Kulturen ist ein zunehmendes Erfordernis für Unternehmungen und Management. Die Bedeutung fremder Kulturen für Mentalitätseinstellungen in Bezug auf die genannten Daseinsformen erweist sich schon an wenigen Handlungsfeldern: Unternehmungen rekrutieren aus den unterschiedlichsten Gründen Mitarbeiter verschiedener Nationalität, Unternehmungen entwickeln sich durch Fusionen und *Jointventures* zu trans- und internationalen Organisationen, Unternehmungen operieren *cross border* und global auf internationalen Märkten.

Diese Entwicklungen und der strategische Umgang mit ihnen beeinflussen Unternehmungskultur. Eine globale Strategie setzt auf eine geozentrische, eine duale Strategie auf eine synergetische, eine internationale Strategie auf eine ethnozentrische, eine multinationale Strategie auf eine polyzentrische Unternehmungskultur. Welcher Typus bevorzugt wird, hängt von Transfermodellen und Prozessinnovationen ab. Grundsätzlich besteht dafür die Wahl zwischen Konvergenz und Kontingenz als Prinzipien interkulturellen Unternehmungshandelns. Einstellungen und Verhaltensformen verschiedener Kulturen können für die Kreativität, für das Organisationsmodell, für die Produktpolitik im Hinblick auf universale Auswirkungen konvergieren und deshalb in eine interkulturelle Unternehmungskultur integriert werden. Andererseits können Organisationsstrukturen, Umweltmodelle, Arbeitsverhältnisse, technische Produktionsbedingungen von kulturellen Kontextfaktoren abhängig sein und müssen flexibel an diese Bedingungen kontingent angepasst werden.

E 3.4.3   Interkulturelles Management

Unter diesen Voraussetzungen muss internationales Management Kompetenzen für interkulturelle Kommunikation und im Dienste internationaler Kooperation entwickeln und anwenden. Inzwischen liegen zahlreiche *Cross Cultural Studies* für diverse Branchen und Kulturen vor, und eine Fülle von Trainingsprogrammen macht systematisch mit verschiedenen kulturtypischen Verhaltensformen vertraut, um in Geschäftsbeziehungen im interkulturellen Kontext situationsangemessen und erfolgsrational, glaubwürdig und kulturbewusst agieren zu können.

E 3.5   Kultur und Wissenschaft

Eine systematische Betrachtung des Sachbereichs Kultur als Gegenstand methodologischer und theoretischer Überlegungen, empirischer Analysen und argumentierender Interpretationen ist Aufgabe und Ziel des Kontextstudiums und seiner Reflexionsfächer, welche das betriebswirtschaftliche Studium ergänzen.

E 3.5.1   Kulturwissenschaften im Kontextstudium

Im Namen von Kultur wird eine Wissenschaft betrieben, die den Menschen und seine Welt sowohl in ihrer Ganzheit wie auch in ihrer Besonderheit betrachtet und zu diesem Zwecke nicht nur die symbolischen Formen der Kunst, sondern auch solche Handlungs- und Deutungsbereiche untersucht, zu denen ebenfalls Wirtschaft gehört. Derartige Wissenschaft muss dabei letztlich auch vergleichend sein, weil die Verschiedenheit der Kulturen zu deren Unhintergehbarkeit gehört. Für wissenschaftliche Erkenntnis ist das, was die Menschen und ihre Kulturen voneinander unterscheidet, ebenso wichtig wie das, was sie gemeinsam haben.

    Als «Gründungsdokument aller Kulturwissenschaft» gilt Giambattista Vicos 1725 erschienene *Scienza nuova*, wo zum ersten Mal theoretisch und systematisch anthropologische Merkmale eines ganzheitlichen Verständnisses von Kultur als Gesamtform menschlicher Daseinsgestaltung sowie die Vielfalt ihrer Variablen und ihrer Variationen dargelegt wurden. Eine systematisch beschreibende, erklärende wissenschaftliche Definition von Kultur operiert mit theoretischen Annahmen über Entstehung,

Kontinuität und Wandel von Kultur. In diesem Verständnis kann Kulturwissenschaft als Überbegriff für eine Disziplin wie Kultursoziologie oder Kulturphilosophie und neuerdings Kulturökologie oder Kultursemiotik verstanden werden. Für diese Fächer ist Kultur als Ganze das Objekt und der Rahmen für ihre eigenen Operationen. Sie thematisieren den Kulturbegriff und die darunter subsumierten Phänomene in ihren Gemeinsamkeiten und Unterschieden, und sie untersuchen die Bedingungen kulturwissenschaftlicher Forschung.

Ganzheitliche Beschäftigung mit Kultur und Kulturen versucht Konzepte zu überwinden, die im wissenschaftlichen Bereich strikte Grenzen zwischen Disziplinen gezogen hatten. Einflussreich war Charles Percy Snows Deutungsmuster von den «beiden Kulturen», das den faktischen Dualismus von Naturwissenschaften und Geisteswissenschaften als Antagonismus ihrer vermeintlich gegensätzlichen Menschen- und Weltbilder erklärte. Es ging zurück auf Wilhelm Diltheys methodologische Festlegung der Naturwissenschaften auf das «Erklären» und der Geisteswissenschaften auf das «Verstehen». Die «Debatte der Fakultäten» über Unterscheidung und Verknüpfung, Einheit oder Fragmentierung von Wissensbereichen indes hat die traditionelle Auffassung von der Unvereinbarkeit der «beiden Kulturen» zu einem Anachronismus gemacht.

Der Plural Kulturwissenschaften ist heute die zusammenfassende Bezeichnung für die Fächer der alten Philosophischen Fakultät und inzwischen nahezu deckungsgleich mit den Geistes- und Sozialwissenschaften. Programmatisch aber soll der Begriff Fächer wie vor allem Sprach- und Literaturwissenschaften, Geschichte, Religionswissenschaft, Kunst- und Musikwissenschaft aus der geistesgeschichtlichen Tradition lösen, Disziplinen wie Soziologie, Psychologie, Ethnologie, Erziehungswissenschaften von ausschließlich sozialwissenschaftlicher Festlegung freisetzen, um das Interesse der genannten Fachbereiche auf neue Themen und Methoden als Resultate von Modernisierungsprozessen richten. Zugleich öffnen sich so verstandene Kulturwissenschaften als System auch für neue Disziplinen wie Kommunikations- und Medienwissenschaft oder Mediävistik in fachübergreifenden Problemstellungen. Im Zentrum kulturwissenschaftlicher Fragestellungen stehen die Bedingungen und Formen von Kommunikation, die Entstehung und Überlieferung von Weltwahrnehmung durch die unterschiedlichsten Medien, die Funktion von Gedächtnis und Erinnerung, materielle und symbolische Praktiken geistigen und gesellschaftlichen Handelns. Wenn wir Kulturwissenschaften als ein Instrument ansehen, mit dem sich Gesellschaften empirisches, reflektierendes, interpretierendes Wissen zur Orientierung über sich selbst in Wissenschaftsform verschaffen, dann gehören natürlich auch die Wirtschaft und die Unternehmung zu ihren Erkenntnisobjekten, die buchstäblich im Kontext ihrer kulturellen Bedingungen untersucht werden.

Kulturwissenschaft als Einzeldisziplin, die sich mit Theorie und Praxis des Konzepts von Kultur auseinander setzt, kann sich der Wirtschaft als Kultur und der Kultur als Wirtschaft zuwenden. Kulturwissenschaften als epistemologisch gebündelte, fachüberschreitende Disziplinen können Kultur als distinkten Reflexionsbereich von Wirtschaft untersuchen. Literatur, Kunst, Musik, Theater beispielsweise können Spiegel und ein Sprachrohr sozialer und ökonomischer Systemkritik sein und über ihre Vorstellungen von Ökonomie, Geld, Arbeit, Unternehmertum, Führungskonzepte oder Wirtschaftsentwicklungen und Unternehmungsprobleme befragt werden. So hat etwa *New Historicism* als eine kulturwissenschaftliche Erweiterung der Literaturwissenschaft unter Stephen GREENBLATTS Stichwort *Poetics of Culture* Texte als Medium des kulturellen Kontextes diskutiert und für Studien über wirtschaftliche Reflexionen in Kunst und Literatur eine theoretische Begründung und ein methodisches Konzept zur Verfügung gestellt.

E 3.5.2   Wirtschaftswissenschaften kulturwissenschaftlich?

Andererseits gibt es in den Wirtschaftswissenschaften – in der Volkswirtschafts- wie in der Betriebswirtschaftslehre – Ansätze wie jene von Hans Christoph BINSWANGER, Peter ULRICH oder Thomas HEINZE, die ihre Disziplinen oder deren Teilbereiche kulturwissenschaftlich reflektieren und sich kulturwissenschaftliche Fragestellungen bzw. Erkenntnisse im Rahmen ihrer Forschungen über Unternehmerethik, Wirtschaftsgesinnung, ordnungspolitische Prinzipien, Managementkonzepte, Marketingmodelle oder Wirtschaftspolitik zunutze machen. Andererseits analysiert und interpretiert der Psychologe Oswald NEUBERGER das Management als Personengruppe, als Menge von Funktionen und als institutionelle wie strukturelle Ordnung unter dem Aspekt der Ästhetisierung, um Erkenntnisse über Identitätszwänge, Machtsicherung und -verschleierung sowie über die Management-Inszenierung von *Corporate Identity* als «schönem Schein» zu erlangen. Diese kritische Betrachtung instrumentalisiert hermeneutische Betrachtungsweise und kulturwissenschaftliche Erkenntnisse, um Handlungsbereiche und Handlungsrollen des Managements in Gesellschaft, Wirtschaft, Unternehmung als ästhetische Inszenierung zu erklären. Diese mache Management als soziales Konstrukt in Status- und Machtsymbolen, in Gebärden, Ritualen und Sprache überhaupt erst sichtbar und verschleiere damit aber zugleich Zwang zur Konformität, Reglementierung von Abgrenzung, Rechtfertigungszwänge für Herrschaftsinteressen, Mythisierung unternehmerischen Handelns, Personenkult und Selbstverklärung, um eine «Aura des Unnahbaren, geheimnisvoll Überlegenen und Unvergleichlichen» zu erzeugen. Dass so eine Deutung sozialpsychologische Verstehensmöglichkeiten für das Management als ein gesellschaftliches Phänomen und als Ausdruck des Zeitgeistes liefern kann, ist unbestritten. Offen bleibt indes, was diese Denkanstöße für die ökonomische Perspektive und die betriebswirtschaftliche Praxis bewirken können.

Beeinflussung und Prägung der Unternehmenskultur E3.6

Rolf Dubs

Bei der Darstellung des neuen St. Galler Management-Modells wurde darauf hingewiesen, dass strukturelle Festlegungen allein nicht genügten, um in einer Unternehmung mit den vielfältigen Anliegen, Interessen und Impulsen aus der Innen- und Außenwelt fertig zu werden. Neben den formellen Strukturen prägen auch informelle Strukturen, Normen und Wertvorstellungen, Einstellungen und Haltungen von Vorgesetzten und Mitarbeitenden sowie die gelebten Formen der Kommunikation, Führung und Zusammenarbeit das Geschehen in einer Unternehmung und deren Erfolg. Die vielen offenen und verdeckten Verflechtungen zwischen diesen Faktoren bestimmen das, was wir die «Kultur einer Unternehmung» nennen. Für die Führung einer Unternehmung ist nun die Frage von Bedeutung, ob und wie die Unternehmungsleitung die Kultur beeinflussen kann und soll und welches die Wirkungen sind.

Jede Unternehmung, aber häufig auch jeder Teilbereich bis hin zur einzelnen Arbeitsgruppe innerhalb einer Unternehmung haben ihre eigene Kultur, die ihre Arbeitswelt prägt. Diese Kultur entwickelt sich unabhängig davon, ob sich die Unternehmungsleitung systematisch darum bemüht, sich dauernd mit deren Verbesserung beschäftigt, sich mit bloßen Lippenbekenntnissen begnügt oder ob sie gar nichts unternimmt. In jedem Fall beobachten die Mitarbeitenden das Alltagsgeschehen in der Unternehmung, nehmen Einstellungen, Abläufe und Verhaltensweisen von Vorgesetzten und Kollegen wahr, interpretieren sie und kommunizieren untereinander. Daraus entwickeln sich bestimmte, für den jeweiligen Bereich charakteristische, routinemäßig reproduzierte Beschreibungen und Erklärungen. Diese Beschreibungs- und Erklärungsmuster beziehen sich auf zentrale Fragen zum Geschehen innerhalb der Unternehmung, die einer sinnhaften Beantwortung bedürfen. Solche Fragen betreffen beispielsweise die Identität der Unternehmung und aller ihrer Organisationseinheiten, die praktizierten Formen der Arbeitsgestaltung, der Führung und der Zusammenarbeit und des alltäglichen Umgangs miteinander, die Handhabung kontroverser Anliegen der Anspruchsgruppen sowie den Umgang mit Problemen aller Art innerhalb der Unternehmung und auch im Verhältnis zwischen der Unternehmung und ihrer Umwelt.

Die spezifische Form der alltäglichen Wahrnehmungs-, Interpretations-, Beschreibungs- und Kommunikationsmuster gibt jeder Unternehmung eine eigene Prägung oder eben «Kultur», die je nach den unternehmerischen Gegebenheiten von allen Mitarbeitenden mehr oder weniger bewusst wahrgenommen, gelebt, bloß geduldet oder gar erduldet wird. Sie kann zum entscheidenden Erfolgsfaktor oder aber zum Hemmschuh einer erfolgreichen Unternehmensentwicklung werden. In jedem Fall gibt es aber nicht generell gute oder schlechte Unternehmenskulturen. Entscheidend für den Erfolg ist ausschließlich, dass eine Kultur in sich stimmig ist, d. h. keine Widersprüche in sich enthält, die laufend zu fatalen Friktionen führen. Weiter muss die Kultur zu den allgemeinen Erfordernissen der Geschäftätigkeit passen. Schnelllebige Geschäfte verlangen ein rasches, oftmals pragmatisches Entscheidungsverhalten, Geschäftsfelder mit sehr hohem Risiko für Mitarbeitende und Gesellschaft (zum Beispiel der Betrieb von Atomkraftwerken) erfordern demgegenüber eine ausgeprägte Neigung zur Professionalität, Absicherung und Vorsicht.

Eine stimmige, nach innen und außen passende, konsistente Kultur, auf welche die Mitarbeitenden vielleicht sogar stolz sind und hierzu ganz bewusst bestimmte Praktiken (zum Beispiel einen achtsamen und wertschätzenden Umgang untereinander) pflegen und davon abweichendes Verhalten entsprechend deutlich sanktionieren, trägt maßgeblich zum nachhaltigen Erfolg einer Unternehmung bei.

Die Erfassung und Beeinflussung der Unternehmenskultur ist außerordentlich komplex. Als Summe der Selbstverständlichkeiten, des selbstverständlichen Sinnhorizonts, der gewissermaßen dem Alltagsgeschehen zugrunde liegt und Orientierung, Sicherheit und Stabilität vermittelt, ist sie für die Mitarbeitenden und Führungskräfte über weite Teile vergleichbar mit einem «blinden Fleck». Viel leichter ist es für Außenstehende, zum Beispiel für Kunden, neu eintretende Mitarbeitende oder Verwaltungsräte, die Eigenheiten einer Kultur zu «entziffern».

Hinzu kommt, dass eine Kultur nicht ohne weiteres aus dem sichtbaren Verhalten aller Unternehmensangehörigen abgeleitet werden kann. Dies ist nur bedingt möglich, weil dieses Verhalten nicht eindeutig interpretiert werden kann (zum Beispiel führt eine dominante, rücksichtslose Führung durch Vorgesetzte zu einem opportunistischen Verhalten vieler Mitarbeitender). Ferner stehen hinter jedem Verhalten auch Werte und Normen, die nicht sichtbar sind. Und diese Werte und Normen sind mit Grundannahmen verknüpft, die – vergleichbar mit der Grammatik einer Sprache – kaum durch einzelne Akteure steuerbar sind. Trotz dieser schwierigen Beeinflussbarkeit von Grundannahmen und Werten geht man heute davon aus, dass die Beeinflussung der kulturellen Entwicklung einer Unternehmung bei diesen Grundannahmen und Werten ansetzen muss, allerdings indirekt über *konkrete Handlungen*, wie die drei folgenden Möglichkeiten zeigen sollen:

- Der Weg über die *Selektion und Honorierung von Mitarbeitenden*
  Eine Unternehmung stellt nur solche Bewerberinnen und Bewerber ein, die sich derart sozialisieren, dass ihre Grundannahmen und Werte mit jenen der Unternehmung deckungsgleich sind. Dagegen werden Mitarbeitende, die dieser Bedingung nicht entsprechen, wieder entlassen. Eine solche Vorgehensweise kann aber sehr gefährlich sein, weil dominierende Grundannahmen und Werte nicht mehr kritisch hinterfragt werden und sich als Folge davon die Unternehmenskultur nicht mehr weiterentwickelt (zum Beispiel im Fall traditionell erfolgreicher Unternehmungen, die überheblich oder selbstgefällig werden). In solchen Fällen erweist sich die Kultur zunehmend als existenzgefährdender blinder Fleck. Deshalb wird oft empfohlen, Mitarbeitende einzustellen, deren Grundannahmen *nicht* mit der aktuellen Unternehmungskultur übereinstimmen, um die Unternehmensentwicklung mit ungewohnten Sichtweisen und Initiativen zu stimulieren. Dieser Weg wird dann an Grenzen stoßen, wenn die angestammten Mitarbeitenden mit wenig Änderungsbereitschaft und Wertschätzung die Neueingestellten behindern, so dass diese innerlich bald kündigen oder die Unternehmung wieder verlassen.

- Der Weg über die *direkte Verhaltenssteuerung* durch die Unternehmensleitung und alle, die Führungsverantwortung wahrnehmen
  Sie haben in der Unternehmensführung und im täglichen Umgang mit den Mitarbeitenden eine für sie sichtbare Vorbildwirkung, indem sie die anzustrebenden Werte und Ziele im Alltag vorleben und sich um eine aufbauende «Feedbackkultur» bemühen. Diese Vorbildwirkung ist umso größer, je stärker die Mitarbeitenden zur Überzeugung ge-

langen, dass damit angestrebte Verhaltensweisen zu Erfolgserlebnissen und positiven Resultaten für alle Anspruchsgruppen führen.

■ Der Weg über die *Sinngebung*
In der Unternehmung werden Maßnahmen mit hoher symbolischer Wirkung ergriffen, die einerseits geeignet sind, die Grundannahmen der angestrebten Unternehmenskultur in begründeter Weise deutlich zu machen und die Grundannahmen der Mitarbeitenden mit den Erfordernissen der Geschäftstätigkeit und den zentralen Wertvorstellungen der Unternehmung zu möglichst hoher Übereinstimmung zu bringen. Dies gelingt nur, wenn

■ die Strategie der Unternehmung für alle Mitarbeitenden nachvollziehbar ist,
■ den Interaktionsthemen zwischen der Unternehmung, den Umwelten und den Anspruchsgruppen genügend Aufmerksamkeit geschenkt wird,
■ Strategie, Strukturen und Prozesse in sich stimmig sind und
■ ein auf die Herausforderungen der Strategie ausgerichtetes Verhalten aller Vorgesetzten sichtbar wird.

Immer wieder diskutiert wird die Frage, wie bei der Gestaltung einer Unternehmenskultur vorzugehen ist. Nachdem angesichts vieler Fehlentwicklungen in der Unternehmungsführung die große Bedeutung einer stimmigen, tragfähigen und motivierenden Unternehmenskultur wieder erkannt wurde, werden Unternehmensleitungen häufig aktiv und «verfügen» eine wohlklingende Unternehmenskultur, die womöglich auf Glanzdruckpapier in Form schöner Leitsätze veröffentlicht wird. Auf diesem Weg allein kann es verständlicherweise kaum zu Veränderungen kommen. Längstens ist der Grund dafür bekannt. Unternehmungskulturen können nicht einfach bestimmt und einer Unternehmung auferlegt werden, sondern sie müssen in einem geführten Prozess gemeinschaftlich «erfunden», sorgfältig entwickelt und laufend gepflegt werden. Das *glaubwürdige Begründen* zentraler Grundannahmen und Werte und das *überzeugende Vorleben* der gewünschten Praktiken der Führung und Zusammenarbeit ist dabei von größter Bedeutung, damit sie den angestrebten «Geist» der Unternehmung allmählich, aber bewusst zu prägen beginnen. Daher ist die Entwicklung der Unternehmenskultur zunächst eine Aufgabe der Unternehmungsleitung, die nicht nur als intellektuelle Aufgabe verstanden werden darf, sondern eine hohe emotionale Verpflichtung darstellt und viel persönliche Veränderungsbereitschaft beinhaltet. Am beobachtbaren Verhalten des Teams an der Spitze der Unternehmung «lesen» die Mitarbeitenden täglich ab, was in einer Unternehmung Geltung beansprucht. Ein achtsamer Kulturentwicklungsprozess bedarf deshalb einer ausgeprägten Bereitschaft zur Selbstreflexion und Selbstkritik des Teams an der Spitze. Dies bildet die Grundlage dafür, dass ein von oben geführter Kulturentwicklungsprozess glaubwürdig wirkt.

Die glaubwürdige Führung von der Spitze her ist unverzichtbar, denn ein Kulturentwicklungsprozess kann nicht einfach sich selbst überlassen werden, sonst besteht die Gefahr, dass eine Kultur der Unverbindlichkeit und Beliebigkeit entsteht. Führung meint in diesem Zusammenhang aber keineswegs totalitäre Indoktrination oder Sozialtechnokratie, sondern die Schaffung von Bedingungen, indem gemeinschaftlich eine tragfähige Kultur entwickelt werden kann, die zu den Herausforderungen der Umwelt, insbesondere des Wettbewerbskontexts passt.

Viele Erfahrungen in Unternehmungen lehren, dass der von Idealisten immer wieder vorgeschlagene *Bottom-up*-Ansatz (zum Beispiel ein Kultur-Team der Unternehmung «entwickelt» die Kultur von der Basis her) kaum zu Wirkungen führt. Häufig identifizieren sich Unternehmensleitungen nicht mit einer von unten «entworfenen» Kultur, sei es, weil sie ihren gewachsenen Wertvorstellungen widerspricht, sei es, weil sie infolge ungenügender Beachtung der vielen Zielkonflikte bei der Unternehmensführung wenig reflektiert und damit nicht zu verwirklichen ist.

Längerfristig positive Einflüsse auf die Entwicklung einer Unternehmenskultur ergeben sich am ehesten über die Sinngebung und ein entsprechendes Verhalten seitens der Unternehmungsleitung, wofür die folgenden zwei Aspekte bedeutsam sind:

- Die Unternehmungsleitung muss die für sie gültigen Normen und Werte in verbindlicher Weise definieren und sorgfältig begründen, sie muss ihre engagierte Auseinandersetzung mit den Interaktionsthemen sichtbar machen und die Strategien und Strukturen darauf abstimmen, damit die gesamte Unternehmungsführung für die Mitarbeitenden konsistent und möglichst wenig widersprüchlich erscheint.
- Aus gezielten Anstrengungen der Sinngebung wächst idealerweise eine tragfähige «Vertrauenskultur», wenn sich die Unternehmensleitung durch Glaubwürdigkeit, Verlässlichkeit und Berechenbarkeit, Offenheit und Verantwortung gegenüber den Anliegen und Interessen aller Anspruchsgruppen *(Stakeholder)* auszeichnet.

Literatur

ANDEREGG, J./KUNZ, E. (Hrsg.) (1999). *Kulturwissenschaften. Positionen und Perspektiven.* Bielefeld: Aisthesis.

APPELSMEYER, H./BILLMANN-MAHECHA, E. (Hrsg.) (2001). *Kulturwissenschaft. Felder einer prozessorientierten wissenschaftlichen Praxis.* Weilerswist: Velbrück.

ASSMANN, A. (1999). *Erinnerungsräume. Formen und Wandlungen des kulturellen Gedächtnisses.* München: C. H. Beck.

BERGEMANN, N./SOURISSEAUX, A. L. J. (Hrsg.) (1996). *Interkulturelles Management.* 2. Auflage. Heidelberg: Springer.

BHABHA, H. (2000). *Die Verortung der Kultur.* Mit einem Vorwort von Elisabeth Bronfen. Tübingen: Stauffenburg.

BÖHME, H./MATUSSEK, P./MÜLLER, L. (2000). *Orientierung Kulturwissenschaft. Was sie kann, was sie will.* Reinbek b. Hamburg: Rowohlt.

BOLLENBECK, G. (1994). *Bildung und Kultur. Glanz und Elend eines deutschen Deutungsmusters.* Frankfurt a. M./Leipzig: Insel.

BRUNER, J. (1997). *Sinn, Kultur und Ich-Identität. Zur Kulturpsychologie des Sinns.* Heidelberg: Carl-Auer-Systeme.

DANIEL, U. (2001). *Kompendium Kulturgeschichte. Theorien, Praxis, Schlüsselwörter.* Frankfurt a. M.: Suhrkamp.

FAUSER, M. (2003). *Einführung in die Kulturwissenschaft.* Darmstadt: Wissenschaftliche Buchgesellschaft.

GIDDENS, A. (1998). *Die Konstitution der Gesellschaft. Grundzüge einer Theorie der Strukturierung.* Frankfurt a. M./New York: Campus.

GRAEVENITZ, G. VON (1999). Literaturwissenschaft und Kulturwissenschaften. Eine Erwiderung, In: *Deutsche Vierteljahrsschrift für Literaturwissenschaft und Geistesgeschichte,* 73: 94–115.

GROSS, S. W. (1999). *Volkswirtschaftslehre ist Kulturwissenschaft. Ökonomik zwischen theoretischer Fiktion und kultureller Realität.* Würzburg: Königshausen.

HANSEN, K. P. (1995). *Kultur und Kulturwissenschaft. Eine Einführung.* Tübingen/Basel: Francke.

HARDTWIG, W./WEHLER, H.-U. (Hrsg.) (1996). *Kulturgeschichte heute.* Göttingen: Vandenhoeck & Ruprecht.

HEINRICHS, W. (1999). *Kulturmanagement. Eine praxisorientierte Einführung.* 2. Auflage. Darmstadt: Wissenschaftliche Buchgesellschaft.

HEINZE, T. (Hrsg.) (1995). *Kultur und Wirtschaft. Perspektiven gemeinsamer Innovationen.* Opladen: Westdeutscher Verlag.

HELDUSER, U./SCHWIETRING, T. (Hrsg.) (2002). *Kultur und ihre Wissenschaft. Beiträge zu einem reflexiven Verhältnis.* Konstanz: UVK.

HERRMANN-PILLATH, C. (2000). *Evolution von Wirtschaft und Kultur. Bausteine einer transdisziplinären Methode.* Marburg: Elwert.

HOFSTEDE, G. (1991). *Interkulturelle Zusammenarbeit. Kulturen – Organisationen – Management.* Wiesbaden: Gabler.

JUNG, T. (1999). *Geschichte der modernen Kulturtheorie.* Darmstadt: Wissenschaftliche Buchgesellschaft.

KITTLER, F. (2000). *Eine Kulturgeschichte der Kulturwissenschaft.* München: Fink

KONERSMANN, R. (Hrsg.) (1998): *Kulturphilosophie.* 2. Auflage. Leipzig: Reclam.

KOSLOWSKI, P. (1988). *Die postmoderne Kultur. Gesellschaftlich-kulturelle Konsequenzen der technischen Entwicklung*. 2. Auflage. München: C.H. Beck.

LINDNER, R. (2000). *Die Stunde der Cultural Studies*. Wien: WUV.

LUHMANN, N. (1995). Kultur als historischer Begriff. In: DERS. *Gesellschaftskultur und Semantik. Studien zur Wissenssoziologie der modernen Gesellschaft*. Band 4. Frankfurt a. M.: Suhrkamp.

MALINOWSKI, B. (1975). *Eine wissenschaftliche Theorie der Kultur*. Frankfurt a. M.: Suhrkamp.

NEUBERGER, O. (1994). Zur Ästhetisierung des Managements. In: *Managementforschung*, 4: 1–70.

NÜNNING, A./NÜNNIG, V. (Hrsg.) (2003). *Konzepte der Kulturwissenschaften. Theoretische Grundlagen – Ansätze – Perspektiven*. Stuttgart/Weimar: Metzler.

RICKERT, H. (1986). *Kulturwissenschaft und Naturwissenschaft*. Mit einem Nachwort hrsg. von F. VOLLHARDT. Stuttgart: Reclam.

SCHEFOLD, B. (1994). *Wirtschaftsstile, Bd. 1: Studien zum Verhältnis von Ökonomie und Kultur*. Frankfurt a. M.: Campus.

S[CHWEMMER], O. (1995). Kultur. In: *Enzyklopädie Philosophie und Wissenschaftstheorie*. Band 2 (S. 508–511). Stuttgart/Weimar: Metzler.

ULRICH, P./MAAK, T. (Hrsg.) (2000). *Die Wirtschaft in der Gesellschaft. Perspektiven an der Schwelle zum 3. Jahrtausend*. Bern: Haupt.

WENZEL, H. (1995). *Hören und Sehen – Schrift und Bild. Kultur und Gedächtnis im Mittelalter.*, München: Fink.

WERMKE, J. (Hrsg.) (2000). *Ästhetik und Ökonomie. Beiträge zur interdisziplinären Diskussion von Medien-Kultur*. Opladen: Westdeutscher Verlag.

Aufgaben

Aufgabe 1

Problembewusstsein

Stellen Sie eine Liste mit Faktoren zusammen, von denen Ihrer Überzeugung nach

- Denkweise,
- Wertvorstellungen,
- Einstellungen zu Gemeinschaft,
- Geschichtsbild,
- Umweltbewusstsein,
- Arbeitshaltung,
- Lebensstil,
- Sprache,
- Erscheinungsbild,
- Verhalten

bei Ihnen persönlich beeinflusst werden.

1. Überlegen Sie, ob diese Faktoren natürlich gegeben oder durch menschliches Denken und Handeln zustande gekommen sind und wieso sie Ihre Persönlichkeit und Ihre Lebenswelt prägen.

2. Ergänzen Sie die Liste von Grundhaltungen und Handlungsweisen um jene, die Sie selbst noch für wesentliche Merkmale Ihrer individuellen Persönlichkeit und Ihrer Zugehörigkeit zu unterschiedlichen Gemeinschaften halten, und begründen Sie Ihre Zusammenstellung.

3. Stellen Sie Überlegungen zusammen, mit denen Sie sich die Entstehung und Erscheinungsformen von Lebenswelten und Daseinsordnungen heute geschichtlich erklären.

Theorie und Geschichte

1. Begründen Sie nach der Lektüre des ersten Kapitelteils mit einer praktischen Erfahrung aus Ihrem persönlichen Lebensbereich sowie mit einem historisch-politischen Beispiel aus Vergangenheit oder Gegenwart, warum theoretische Kenntnisse und geschichtliches Wissen Voraussetzungen für ein reflektiertes und differenziertes Verständnis von «Kultur» sind.

2. Stellen Sie Definitionen von «Kultur» aus diversen Nachschlagewerken allgemeiner und fachspezifischer Art zusammen und erläutern Sie den zugrunde gelegten Kulturbegriff anhand der theoretischen Ausführungen und der Anwendungsbeispiele.

3. Stellen Sie nach der Lektüre des Abschnitts über «Merkmale eines ganzheitlichen Kulturbegriffs» (→E3.1.5) schriftlich Argumente zusammen, die eine Betrachtung von «Wirtschaft» und «Unternehmung» in diesem Kontext rechtfertigen.

4. Kultur existiert innerhalb eines gesellschaftlichen Normensystems. Damit verbunden sind entsprechende Werte, die sich auch in einer Unternehmenskultur finden lassen. Gleichzeitig existieren in Unternehmen mit den Werten korrespondierende Mentalitäten.

    Im Wirtschaftsleben scheinen einige unternehmerische Werte oder Tugenden in Zusammenhang mit Ehrlichkeit und Verlässlichkeit von besonderer Bedeutung zu sein. Bekannte Beispiele für kaufmännische Tugenden sind der «ehrliche Kaufmann», der seine Bücher mit der Verpflichtung zu Wahrheit und Klarheit führt, oder der «hanseatische Kaufmann», bei dem die Einhaltung eines gesprochenen Wortes «Ehrensache» ist.

    a) Warum sind gerade die genannten Tugenden «Ehrlichkeit» und «Verlässlichkeit» so wichtig in Zusammenhang mit dem Funktionieren ökonomischen Handelns?

    b) Kreditbetrügereien, Bilanzfälschungen oder dubiose Börsen- und Fondsgeschäfte sind nur einige aktuelle Beispiele, bei denen gegen die kaufmännischen Tugenden verstoßen wurde. Welche Gefahren ergeben sich aus solchen untugendhaften Machenschaften für das wirtschaftliche Geschehen?

    c) Wie bewerten Sie die Entwicklung untugendhaften ökonomischen Verhaltens vor dem Hintergrund der Relevanz gesetzter und akzeptierter Normen für die wirtschaftliche Entwicklung in der Zukunft?

Aufgabe 3   **Wirtschaft als Kultur**

1. Nennen Sie schriftlich Gründe, warum eine ökonomische Definition von «Markt» für das Verständnis und die Beurteilung von Marktgeschehen nicht hinreichend sein kann.

2. Ermitteln Sie mit Hilfe des Wirtschaftsteils einer Zeitung ein Beispiel für den Markt als einen Ort von Kulturaustausch und erläutern Sie die ökonomische Bedeutung dieses Vorgangs.

3. Erläutern Sie anhand der Anzeigenwerbung eines Einkaufscenters die kulturelle Dimension dieser Einrichtung.

4. Führen Sie schriftlich aus, welche makroökonomischen Entwicklungen für die wachsende Bedeutung von Unternehmungskultur von grundlegendem Einfluss sind?

5. Unternehmungskultur als Gestaltungsvariable

   ■ Nennen Sie Aufgaben und Ziele von Unternehmungskultur als Steuerungsinstrument in Abstimmung zu Unternehmungsstrategie und Unternehmungsstruktur.

   ■ Welche Wertvorstellungen und Denkhaltungen sollten in einem von Ihnen gewählten Unternehmungsbeispiel die Mitarbeiter in Übereinstimmung zur Kultur der Unternehmungsumwelt teilen?

   ■ Welche Organisationsbereiche einer Unternehmung sind für die Gestaltung von Unternehmungskultur besonders verantwortlich?

   ■ Welche Maßnahmen können grundsätzlich ergriffen werden, um Unternehmungskultur als Erfolgsfaktor zu sichern?

6. Suchen Sie ein Beispiel für ein Unternehmungsleitbild und für Unternehmungsgrundsätze und analysieren dieses mit Hilfe des Ansatzes und der Kriterien in dem Aufsatz von O. Neuberger (1994). Diskutieren Sie in der Gruppe die Ergebnisse im Vergleich zu einer betriebswirtschaftlichen Analyse.

7. Suchen Sie ein Beispiel für die Rolle von Kunst in der Unternehmungskultur, und erläutern Sie die symbolische und praktische Funktion von Kunst für die interne und externe Unternehmungskommunikation. Nachfolgend werden idealtypisch vier verschiedene Unternehmungen genannt. Skizzieren Sie für jedes Unternehmen eine angepasste Strategie, um die Kunst als geeignetes Gestaltungsmittel für die Unternehmenskultur einzusetzen.

   ■ traditionsreiche, international operierende Privatbank

   ■ kleine, innovative Internetfirma

   ■ großer, international tätiger Energieversorger

   ■ lokale Bäckerei mit mehreren Verkaufsstellen in einer Kleinstadt

8. Für die Identitätsstiftung innerhalb einer Unternehmung sind Rituale, Zeremonien und Gebräuche von zentraler Bedeutung.

   Nennen Sie drei mögliche identitätsstiftende Aspekte in Unternehmungen und erklären Sie deren genaue Funktion innerhalb des Prozesses der Identitätsstiftung.

9. Subkulturen spielen gesellschaftlich, aber auch innerhalb der Unternehmenskultur eine gewichtige Rolle.

   Nennen und beschreiben Sie drei Subkulturen in der Gesellschaft und drei mögliche Subkulturen in Unternehmungen.

10. Die Sprache spielt innerhalb der Kultur eine bedeutende Rolle. Im Lehrbuchtext werden Ihnen verschiedene Beispiele dafür präsentiert, dass in der Welt der Wirtschaft englischsprachige Begriffe verstärkt Verwendung finden.

    Entgegen der akzeptierten Verwendung englischer Begriffe für bisher unbekannte Dinge, Prozesse oder auch Erkenntnisse bemängeln einige Kritiker hingegen besonders die Benutzung englischer Begriffe als Ersatz für bestehende Termini in den jeweiligen Landessprachen. Gerade in Managerkreisen führe die exzessive Verwendung von – teilweise noch durch Veränderung oder Verkürzung überhöhten – Anglizismen zu einer «Pseudwissenschaftlichkeit», zu «Wichtigtuerei» oder gar insgesamt zu «Kulturlosigkeit».

    a) Welche Vor- und welche Nachteile können bei der massiven Verwendung einer von der englischen Sprache dominierten Begriffswelt innerhalb der Welt der Wirtschaft ausgemacht werden?

    b) Wie bewerten Sie persönlich die zunehmende Verwendung von (zum Teil auch künstlich geschaffenen) Anglizismen im Wirtschaftsleben der deutschsprachigen Länder?

11. Marken sind ein wichtiger Bestandteil für das Signalisieren von Status. Wie eine Marke den Status und das Lebensgefühl einer ganzen Altersgruppe beeinflussen kann, zeigt exemplarisch das Erfolgsbuch *Generation Golf* von Florian Illies, in dem anhand einer Automarke und anderer Marken als Statussymbole das Lebensgefühl und die Werte einer Generation beschrieben wird.

    a) Nennen Sie mindestens drei Markenprodukte, die für Ihre heutige Generation von großer Bedeutung sind.

    b) Beschreiben Sie für die von Ihnen genannten Marken den kommunizierten Status, das zugehörige Lebensgefühl und die dahinter stehenden Werte.

12. In einer globalisierten Welt wird insbesondere für international agieren-
de Konzerne die Beachtung unterschiedlicher Kulturen zunehmend wichtiger.

a) Skizzieren Sie anhand der Zusammenschlüsse der Automobilkonzerne
Daimler Benz (Deutschland) und Chrysler (USA) sowie Renault (Frankreich) und Nissan (Japan) insgesamt mindestens zwei Beispiele, bei
denen es zu kulturellen Problemen im gemeinsamen Umgang kommen kann.

b) Beschreiben Sie Möglichkeiten, wie die von Ihnen benannten kultur-
bedingten Probleme gelöst werden könnten.

Aufgabe 4   **Kultur als Wirtschaft**

1. Begründen Sie unter ökonomischen Aspekten, warum Kultur ein Wirtschaftssektor ist.

2. Legen Sie schriftlich Argumente dar, nach welchen Kriterien der «Wert»
von Kulturgütern ermittelt werden kann.

3. Nach welchen Gesichtspunkten kann der «Preis» für Kulturgüter als Ware
festgelegt werden?

4. Diskutieren Sie in der Gruppe die Problematik von «Wert» und «Preis»
von Kulturgütern.

5. Stellen Sie am Beispiel einer Kulturinstitution Aufgaben und Ziele von
Kulturmanagement dar und erläutern Sie Unterschiede sowie Gemeinsamkeiten zum Management anderer Unternehmungen.

Lesen Sie den nachfolgenden Text und lösen Sie die folgenden Aufgaben:

a) Erklären Sie die staatliche Subvention vieler Kulturinstitutionen vor
dem Hintergrund des Zielkonflikts zwischen dem ökonomischen und
dem ideellen Wertesystem.

b) Mit welchem Konzept hat der neue Intendant des Festspielhauses in
Baden-Baden die Wirtschaftslage seines Hauses stabilisiert? (Besuchen Sie unter Umständen auch die Homepage des Festspielhauses
im Internet).

«Bitte setzen Sie sich eine dunkle Sonnenbrille auf, damit Sie nicht allzu sehr geblendet werden von der neuen Lichtgestalt des deutschen Kulturbetriebs. Sie heißt Andreas Mölich-Zebhauser und kämmt sich das grau melierte Haupthaar, getränkt mit dem Thomas-Haffa-Erfolgsgel, am liebsten stromlinienförmig in den Nacken. Mölich-Zebhauser ist Intendant des Festspielhauses in Baden-Baden. Der «Stern» nennt ihn den «Wundermann an der Oos». Einen wie ihn hat die Welt der klassischen Musik noch nicht gesehen: Er lässt sich in der Öffentlichkeit als wandelnder Optionsschein auf die Zukunft der Künste präsentieren, als smarter New-Economy-Mann in einer altmodisch vor sich hin dümpelnden Branche. Vollmundig verkündet er, sein Baden-Badener Musentempel sei inzwischen «das erste europäische Opern- und Konzerthaus», das ganz ohne öffentliche Zuschüsse auskomme. Er sagt es so triumphierend, dass jeder Bürgermeister sich fragen muss, warum eigentlich sein städtisches Dreispartenhaus noch so viele Subventionen braucht, wenn es an der Oos doch auch anders geht.

Dabei ist es noch nicht so lange her, dass sein Klassik-Spielcasino vor allem eins war – ein Kultur-Luftschloss von großmannssüchtigen schwäbischen Kunst-Bankrotteuren. [...] Im Frühjahr 1999, nur ein Jahr nach der Eröffnung, hatte sich bereits ein verheerender Schuldenberg angesammelt (den Mölich-Zebhauser noch nicht zu verantworten hatte). Das Land Baden-Württemberg und die Stadt Baden-Baden trugen ihn mit Finanzspritzen – keine Subventionen? – in Höhe von insgesamt 6,5 Millionen Euro ab. [...]

So ganz ohne Subventionen geht es in Baden-Baden eben doch nicht. Abgesehen davon, dass Mölich-Zebhauser sich nur zwei eigenproduzierte Opern im Programm leisten kann, die jeweils nur zweimal gespielt werden. Der Rest der Klassik-Herrlichkeit besteht aus Gastspielen von per se hoch subventionierten Symphonieorchestern und Opernhäusern, neben Gala-Events und gehobenem Entertainment, mit denen private Veranstalter in jeder anderen Mehrzweckhalle der Republik auch Gewinne machen müssen. Jetzt können sie die Sonnenbrille wieder abnehmen.

Ausschnitte aus einer Glosse von Claus Spahn, Wundermann, geh du voran.
In: Die *Zeit* (2003), Nr. 25.

Aufgabe 5   **Kultur und Kommunikation**

■ Erläutern Sie ein historisches oder aktuelles Beispiel eines politischen
Konflikts, der seine Ursachen in kulturellen Gegensätzen hat.

■ Stellen Sie Geschäftsfelder und Unternehmungsbereiche zusammen, in
denen interkulturelle Kommunikation eine wichtige Rolle spielt und wo
Kompetenzen interkulturellen Managements gefragt sind.

Aufgabe 6   **Kulturwissenschaften im Kontextstudium**

Diskutieren Sie in der Gruppe an einem praktischen Beispiel die Funktion
einer Kulturwissenschaft bzw. der Kulturwissenschaften für Einsichten und
Erkenntnisse Ihres Fachstudiums.

Aufgabe 7   **Beeinflussung und Prägung der Unternehmenskultur**

1. Jede Unternehmung besitzt eine eigene Kultur.

    a) Warum stellt sich die Erfassung einer Unternehmenskultur als sehr
    schwierig dar?

    b) Was wird unter dem Begriff «blinder Fleck» verstanden?

    c) Welche Maßnahmen können unter Umständen eingeleitet werden,
    um einen «blinden Fleck» zu verkleinern oder gar zu beseitigen?

    d) Warum kann die Gestaltung einer Unternehmenskultur nicht allein
    über die Publikation von Leitsätzen auf Hochglanzpapier erfolgen?

2. Eine erfolgreiche Gestaltung von Unternehmenskultur setzt, so haben
Sie im vorangehenden Lehrbuchtext lesen können, das Begründen und
Vorleben einer solchen Kultur durch die Führungsebene voraus.

    a) Entwickeln Sie für zwei unterschiedliche fiktive Unternehmungen (ei-
    nen internationalen Großkonzern und einen regional agierenden Mit-
    telständler), die Sie genauer beschreiben, jeweils eine Grundaussage
    für die jeweilige Unternehmenskultur (zum Beispiel hinsichtlich Kun-
    den, Mitarbeitern oder Produkten).

    b) Skizzieren Sie jeweils für die beiden Grundaussagen getrennt, wie
    die Unternehmensleitungen die Aussagen begründen und vorleben
    könnten.

    c) Welche konkreten Probleme könnten bei der Umsetzung Ihrer Grund-
    aussagen in den Unternehmungen entstehen, und wie könnte diesen
    begegnet werden?

d) Im Kapitel über Kultur finden sich Ausführungen zur Problematik interkultureller Kommunikation. Welche konkreten interkulturellen Probleme könnten sich bei Ihrem Beispiel der Grundaussage zur Unternehmenskultur für den international tätigen Großkonzern ergeben? Skizzieren Sie mindestens zwei dieser Probleme möglichst konkret.

Relevante Trends E**4**

Management im Zeitalter der Globalisierung E**4**.1

Winfried Ruigrok

Seit der zweiten Hälfte der achtziger Jahren ist eine Reihe von Entwicklungen im Gange, die oft unter dem Terminus *Globalisierung* zusammengefasst werden. Wirtschaftswissenschaftler verweisen mit dem Begriff auf unterschiedliche Trends, die jedoch miteinander verknüpft sind, zum Beispiel:

- die Deregulierung nationaler Finanzmärkte und damit verbunden ein schnelles Wachstum internationaler Kapitalströme;
- der hohe Stellenwert von Auslandsinvestitionen (unter anderem durch Fusionen und Übernahmen);
- die rasante technologische Entwicklung;
- die zunehmende Internationalisierung von Unternehmen;
- der härter werdende internationale Wettbewerb und
- die zunehmende internationale, wirtschaftliche und politische Integration.

Jedes Unternehmen, ob international tätig oder nicht, wird von der Globalisierung beeinflusst. Viele Produktionsfirmen, Handwerksbetriebe, Internetunternehmen oder auch Landwirtschaftsbetriebe haben mittlerweile eine kulturell heterogene Belegschaft. Seit Januar 2002 bezahlt man in vielen europäischen Ländern mit Euro. Die meisten Firmen (und zum Beispiel auch Studierende) verwenden Software von Microsoft. In Nordeuropa wird seit Inkrafttreten des EU-Vertrags (1993) immer mehr Wein getrunken.

Der wichtigste Treiber *und* gleichzeitig Betroffene der Globalisierung ist die *multinationale Unternehmung*. Die multinationale Unternehmung kontrolliert Niederlassungen oder Vermögen in mehr als einem Land, zum Beispiel über Mehrheitsbeteiligungen oder eine Handelsvertretung oder indem sie im Ausland Produktionsanlagen betreibt (JONES 1996, 4). Obwohl die Anzahl multinationaler Unternehmen erst in der zweiten Hälfte des 20. Jahrhunderts exponentiell anstieg, kennt diese Unternehmensform eine sehr lange Geschichte. Multinationale Unternehmen existierten schon zur Zeit des altassyrischen Königreichs um 2000 vor unserer Zeitrechnung, also vor viertausend Jahren (MOORE/ LEWIS 2000). Im 15. Jahrhundert hatte die Medici-Bank, mit ihrem Hauptsitz in Florenz, Niederlassungen in mehreren europäischen Stadtstaaten und Ländern. Im 17. und 18. Jahrhundert waren die englischen und niederländischen Ostasiengesellschaften die treibenden Kräfte des kolonialen Handelskapitalismus Europas. Siemens als weiteres Beispiel ist schon seit fast hundertfünfzig Jahren eine multinationale Unternehmung.

Unternehmen können sich aus unterschiedlichen Gründen und auf verschiedene Weisen internationalisieren. Manche Unternehmen suchen im Ausland neue Absatzmärkte, billigere Arbeitskräfte, aber auch günstigere Steuer- oder Umweltgesetze, während andere einem wichtigen Kunden ins Ausland folgen. Die bekanntesten Internationalisierungsformen sind die Folgenden:

- *Export* ins Ausland, durch Direktvertrieb oder durch eine ausländische Vertretung;
- *Lizenzvergabe* für Produkte, Marken oder Technologien an eine ausländische Firma;
- *Jointventure* mit einem ausländischen Unternehmen, zum Beispiel zur Öffnung eines schwer zugänglichen ausländischen Markts oder zur Teilung eines unternehmerischen Risikos;
- *Direktinvestition* in Wertschöpfungsstufen im Ausland.

Ende der neunziger Jahre des 20. Jahrhunderts gab es gemäß Schätzungen 63 000 multinationale Unternehmen (United Nations Conference on Trade and Development 2000, 1). Multinationale Unternehmen wie DaimlerChrysler, Microsoft, Nestlé, PriceWaterhouseCoopers, Siemens oder Shell haben Millionen von Angestellten, viele von ihnen verfügen über einen Hochschulabschluss. Diese Firmen haben ein sehr großes wirtschaftliches und manchmal auch politisches Gewicht auf dem Heimatmarkt, aber auch im Ausland. Neunzig Prozent aller multinationalen Unternehmen stammen aus den entwickelten Handelsblöcken und Regionen, mit anderen Worten aus der *Triade*, bestehend aus Nordamerika, Westeuropa und Ostasien. In Osteuropa und in Entwicklungsländern gibt es deutlich weniger multinationale Unternehmen, allerdings nimmt ihre Anzahl zu. Hingegen stammen aus manchen kleineren europäischen Ländern wie der Schweiz, den Niederlanden und Schweden überdurchschnittlich viele multinationale Unternehmen. **Tabelle 1** zeigt die unterschiedliche Bedeutung von multinationalen Unternehmungen in sechs Ländern.

Tabelle 1
Durchschnittliche Prozentzahlen der Auslandsumsätze und ausländischen Arbeitnehmer der hundert größten industriellen Unternehmen (1995)

	USA	Japan	Deutschland	GB	Niederlande	Schweiz
Durchschnittliche Prozentzahl Auslandsumsätze	27	21	39	50	45	56
Durchschnittliche Prozentzahl ausländischer Arbeitnehmer	25	16	28	43	38	49

Quelle: Forschungsstelle für internationales Management, Universität St.Gallen (FIM-HSG)

Multinationalität = Komplexitätserhöhung

Die Globalisierung hat eine Eigendynamik entwickelt, die wiederum den Internationalisierungsprozess vieler Unternehmen beschleunigt, und dies, obwohl viele Unternehmen erst internationalisieren, nachdem sie im Heimatmarkt eine erfolgreiche Position aufgebaut haben. Stellen Sie sich einmal vor, mit welchen Managementherausforderungen ein Unternehmen konfrontiert wird, das über seine Landesgrenzen hinaus expandiert. Bestehendes Wissen und bestehende Routinen bleiben weiterhin relevant, aber darüber hinaus muss viel neues Wissen erschlossen und müssen Strukturen, Prozesse und Routinen angepasst werden. Internationalisierung bedeutet für jedes Unternehmen eine erhebliche *Komplexitätserhöhung*, weil man zum Beispiel ausländische Gesetze richtig verstehen muss, weil man sich mit fremden Kulturen auseinander setzen muss und weil die Kommunikation zwischen Mutter- und Tochtergesellschaft möglichst effizient und effektiv zu gestalten ist.

Abbildung 1 bietet ein einfaches Schema zur Strukturierung der Managementaufgaben des multinationalen Unternehmens. Auf der linken Seite stehen die Managementaufgaben im eigenen Land, auf der rechten Seite diejenigen im Ausland; oberhalb der Mittellinie die Managementaufgaben im eigenen Unternehmen, unterhalb diejenigen außerhalb der Unternehmensgrenzen.

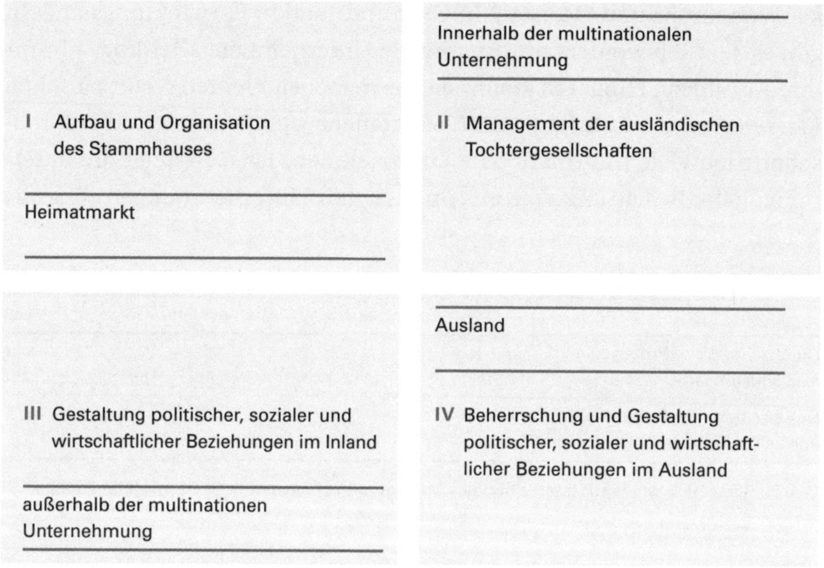

	Innerhalb der multinationalen Unternehmung
I Aufbau und Organisation des Stammhauses	II Management der ausländischen Tochtergesellschaften
Heimatmarkt	

	Ausland
III Gestaltung politischer, sozialer und wirtschaftlicher Beziehungen im Inland	IV Beherrschung und Gestaltung politischer, sozialer und wirtschaftlicher Beziehungen im Ausland
außerhalb der multinationen Unternehmung	

Abbildung 1
Vier Typen von Managementherausforderungen in multinationalen Unternehmen

1. Die erste Kategorie von Managementaufgaben ist für jedes Unternehmen, gemäß dem in diesem Buch dargestellten Unternehmungsmodell, gleich: Die Strukturen, Prozesse, Systeme, Strategien und die Unternehmenskultur müssen angemessen entwickelt, überprüft und wenn notwendig erneuert werden. Diese Aufgabe wurde in diesem Buch schon ausführlich diskutiert;

2. Die zweite Kategorie beschäftigt sich mit der Aufgabe, auch *für die ausländischen Tochtergesellschaften angemessene Strukturen, Prozesse und Systeme zu entwickeln und zu erneuern.* Wichtige Themen sind die Wahl der internationalen Organisationsstruktur (siehe nächster Abschnitt) und die Gestaltung der Kommunikationsflüsse zwischen Mutter- und Tochtergesellschaft, zum Beispiel im Bereich des Marketings (werden ausländische Märkte wie der Heimatmarkt angegangen, oder benötigen unterschiedliche Präferenzen Anpassungen im Marktauftritt?) oder Controllings (welche Kennzahlen benötigt die Muttergesellschaft von den Tochtergesellschaften?). In diesem Prozess sind bei den Managern «multikulturelle Fähigkeiten» angesagt, weil das Unternehmen im Ausland oft mit sehr abweichenden Werten und Erwartungen konfrontiert wird (siehe unten). Schließlich sollte das Unternehmen eine Personalpolitik entwickeln, die es ihm ermöglicht, inländische Manager ins Ausland zu schicken und ausländische Manager zum Hauptsitz zu holen, damit gegenseitiges Lernen in der multinationalen Organisation möglich wird;

3. Die dritte Kategorie von Managementherausforderungen stellt sich zwar für inlandorientierte genauso wie für multinationale Unternehmen, hat aber bei den Letzteren doch eine besondere Bedeutung: Hier geht es um *das Management der inländischen Stakeholder-Beziehungen*. Ob sie den Internationalisierungsprozess grundsätzlich verstehen und unterstützen oder nicht, *Stakeholder* wie zum Beispiel lokale Regierungen und Gewerkschaften sind oft besorgt, dass alte Standorte und Arbeitsplätze abgebaut werden könnten, und lokale Zulieferer sorgen sich um den Verlust von künftigen Aufträgen. Weil ein internationales Unternehmen oft über bessere Informationen als seine *Stakeholder* verfügt, befürchten diese häufig, mit vollendeten Tatsachen konfrontiert oder gegeneinander ausgespielt zu werden. Unzufriedene *Stakeholder* im Inland und im Ausland können die Betriebsabläufe und den Internationalisierungsprozess für kürzere oder längere Zeit erheblich erschweren;

4. In der vierten Kategorie von Herausforderungen des multinationalen Unternehmens geht es darum, *eine Vision über die Gestaltung der Globalisierung zu entwickeln und zu verfolgen.* Vor allem große multinationale Unternehmen müssen fast täglich Maßnahmen internationaler Institutionen wie der *Welthandelsorganisation*, des *Internationalen Währungsfonds* oder der *Europäischen Union* antizipieren oder auf diese reagieren. Die Europäische Kommission in Brüssel zum Beispiel veranlasst fast jeden Tag relevante Richtlinien für internationale Firmen. Der Unterschied zur dritten Kategorie ist, dass in einem internationalen Umfeld auch die größten und mächtigsten Unternehmen nur in indirekter Verhandlungsbeziehung mit den erwähnten internationalen Institutionen stehen und daher keinen direkten Einfluss auf das Endergebnis ausüben können.

Management ausländischer Tochterunternehmungen (II. Quadrant)

Eine der schwierigsten Aufgaben eines multinationalen Unternehmens ist die Wahl einer angemessenen Organisationsstruktur. Trotz einer unendlichen Vielfalt von Strukturen können grundsätzlich fünf Hauptformen internationaler Strukturen unterschieden werden:

- Internationale Division
  Der erste Internationalisierungsschritt für viele Unternehmen ist die Ernennung eines «International Managers», der Aufbau einer «International Division» oder Exportdivision;

- Geografische Divisionen

  Diese Form wird vor allem von Firmen mit relativ reifen Produkten (zum Beispiel Nahrungsmittel) oder mit ganz unterschiedlichen Kundenwünschen oder gesetzlichen Bedingungen (zum Beispiel in der pharmazeutischen oder der Automobilindustrie) gewählt. Eine geografische Ausrichtung ermöglicht eine Positionierung hin zum Konsumenten. Beispiele sind Nestlé oder General Motors;

- Produktdivisionen

  Firmen mit einer eher engen und technologieintensiven Produktpalette bevorzugen auf dem internationalen Markt die Beibehaltung ihrer Produktdivisionen. Diese Produktorientierung erlaubt eine konsequente Ausrichtung auf weitere Produktentwicklung, auch wenn die Vermarktung oft relativ standardisiert, d.h. ohne große Anpassungen an länderspezifische Kundenwünsche erfolgt. Beispiele hierfür sind Siemens oder Hewlett-Packard;

- Internationale Funktionalorganisation

  Diese Form wird von Firmen mit sehr einheitlichen Produkten gewählt (zum Beispiel Erdöl oder andere Rohstoffe). Die US-amerikanische Unternehmung Exxon ist ein Beispiel dieser eher seltenen Struktur, aber auch der Autoproduzent Ford hat zweimal (vergeblich) versucht, diese Form zu etablieren;

- Matrixstruktur

  Durch eine Matrixstruktur versuchen multinationale Unternehmen verschiedene Arten von Fachwissen zu verknüpfen, oft entlang einer geografischen Dimension oder produktbezogen, manchmal aber auch entlang einer funktionalen Dimension. Die Matrixstruktur wurde erstmals in den sechziger Jahren bei Dow Chemicals eingeführt, ist heute aber zunehmend unbeliebt, da relativ leicht Kompetenzkonflikte zwischen den Divisionen oder Abteilungen entstehen können. Der niederländische Bierproduzent Heineken kombiniert in seiner Matrixstruktur eine Markt- und eine Funktionalstruktur.

Die genannten Formen sind *Idealtypen*, d.h., in der Realität gibt es viele *Mischformen* (so hat zum Beispiel der schweizerisch-schwedische Konzern ABB eine Matrixstruktur als *Sekundärstruktur*: Unter seinen Produktdivisionen hat ABB eine Länderstruktur mit Tochtergesellschaften eingerichtet). Ein Grund für solche Mischformen ist, dass es weder im nationalen noch im internationalen Umfeld eine objektiv beste Unternehmensstruktur gibt: *Jede Lösung hat ihre Vor- und Nachteile.* Es ist die Aufgabe des Managements, im Hinblick auf unternehmensspezifische und internationale Faktoren, eine optimale Organisation zu entwickeln.

Die Rolle der Kultur (II. Quadrant)

Ein entscheidendes Merkmal des internationalen Managers und des gesamten Unternehmens ist die Fähigkeit, den kulturellen Hintergrund der ausländischen Arbeitskollegen, des Geschäftspartners oder des ausländischen Markts und auch den eigenen kulturellen Hintergrund richtig einzuschätzen und zu relativieren. Die meisten internationalen Manager haben während ihrer Karriere das Verhalten eines ausländischen Kollegen oder die Nachfrage auf einem unbekannten Markt durchaus schon einmal falsch eingeschätzt.

Kultur lässt sich nach HOFSTEDE (1980, 1980a) als die kollektive Programmierung von Menschen in einer Umgebung definieren. In dieser Definition sind mehrere Dimensionen enthalten:

- Kultur ist kollektiv, das heißt, es geht nicht um die persönlichen Unterschiede zwischen Menschen;
- Kultur ist eine Programmierung, das heißt, Kultur wird zwar erlernt, kann aber nur mit größter Mühe wieder geändert werden;
- Kultur bezieht sich auf Menschen in einer Umgebung, das heißt, der Begriff kann für ein Volk, aber auch für Arbeitnehmer eines Unternehmens verwendet werden.

Manche Dimensionen einer Kultur sind klar beobachtbar: Niederländische Arbeitskollegen werden sich viel schneller duzen als deutsche. Ein Niederländer wird sich in Deutschland womöglich eher zu informell verhalten, und ein Deutscher in den Niederlanden zu formell. Andere Kulturdimensionen sind schwerer zu beobachten, aber manchmal messbar: Internationale Forschung hat gezeigt, dass die japanische Kultur eine äußerst «maskuline» Kultur ist. Die finnische Kultur wird hingegen als eine sehr «feminine» Kultur charakterisiert, gekennzeichnet durch Werte wie Solidarität und Bevorzugung der Familie gegenüber einer Karriere. Diese unterschiedlichen Werte führen zum Beispiel zu viel längeren Arbeitstagen in japanischen als in finnischen Unternehmen. Für den internationalen Manager ist es essenziell, solche Unterschiede zu kennen und zu erkennen, und es gibt eine Vielfalt von (guten und weniger guten) Kulturtrainings, die einen dabei unterstützen können. Am wichtigsten für eine erfolgreiche internationale Karriere sind aber wahrscheinlich die Bereitschaft, Fremdsprachen (insbesondere Englisch) zu lernen, eine offene Persönlichkeit und die Neugier, neue Denkweisen und Lebensmuster kennen zu lernen.

Wie erwähnt, ist der Kulturbegriff auch auf die Orientierung eines Unternehmens übertragbar. Gleich wie ein Individuum ist auch ein Unternehmen kulturell verwurzelt. Eine Aufgabe des Managements eines sich internationalisierenden oder schon internationalisierten Unternehmens ist es, das Unternehmen aus einem *ethnozentrischen* – d. h. auf den Heimatmarkt und auf die damit verbundenen kulturellen Werte ausgerichteten – in ein *geozentrisches* Unternehmen mit einer globalen Orientierung, Geschäftsverbindungen in unterschiedliche Länder, Arbeitnehmenden in unterschiedlichen Kontinenten und einer multikulturellen Geschäftsleitung zu verwandeln. Manche Mitarbeitenden werden eine solche Entwicklung vielleicht als *Identitätsverlust* interpretieren – und nicht unbedingt ohne Grund. Globalisierung, egal, ob ein Unternehmen (oder ein Land) aktiv den Prozess mitgestaltet oder passiv von den Folgen beeinflusst wird, führt in einem gewissen Maße zu einem Kulturwandel. Während des Prozesses hin zu einem geozentrischen *Mindset* muss das Management die Unternehmensziele ständig kommunizieren, den Arbeitnehmer unterstützende Trainings und neue Chancen anbieten und ein offenes Ohr für die Sorgen der Belegschaft haben.

Literatur

HOFSTEDE, G. (1980). *Culture's consequences: International differences in work-related values*. Newbury Park, CA: Sage.

HOFSTEDE, G. (1980a). Motivation, leadership and organization: Do American theories apply abroad? In: *Organizational Dynamics*, 9 (1): 42–63.

JONES, G. (1996). *The Evolution of International Business*. London/New York: Routledge.

MOORE, K./LEWIS, D. (2000). *Birth of the multinational: 2000 Years of ancient business history – from Ashur to Augustus*. Copenhagen: Copenhagen Business School Press.

United Nations Conference on Trade and Development (2000). *World Investment Report 2000: Cross-border Mergers and Acquisitions and Development*. Geneva: United Nations.

Aufgaben

Aufgabe 1

In Ihrem Lehrbuch finden Sie die folgende Aussage: «Die Globalisierung hat eine Eigendynamik entwickelt, die wiederum den Internationalisierungsprozess vieler Unternehmen beschleunigt [...]. Stellen Sie sich einmal vor, mit welchen Managementherausforderungen ein Unternehmen konfrontiert wird, das über seine Landesgrenzen hinaus expandiert [...]. Internationalisierung bedeutet für jedes Unternehmen eine erhebliche *Komplexitätserhöhung*.»
Aufgaben:

a) Zeigen Sie beispielhaft typische Managementherausforderungen auf und zeigen Sie, bei welchen es sich um komplexe Probleme handelt (→ J6 Methode VI, Einführung in das vernetzte Denken).

b) Gliedern Sie diese nach den drei Gruppen normative, strategische und operative Herausforderungen.

c) Welche Zielharmonien und -konflikte lassen sich aus diesen Managementherausforderungen bestimmen?

b) Mit welchen Strategien und Maßnahmen kann eine Unternehmung diese Komplexität bewältigen bzw. reduzieren?

Aufgabe 2

Lesen Sie Kapitel → E2 Strukturen als Ordnungsmoment und zeigen Sie anhand von Beispielen die Bedeutung der folgenden These auf:

«Damit eine internationale Unternehmung im Zeitalter der Globalisierung bestehen kann, muss sie viel neues Wissen erwerben sowie Strukturen, Prozesse und Routinen anpassen. Darüber hinaus muss aber auch der informellen Organisation viel Beachtung geschenkt werden, wobei es sehr schwierig ist, für den verborgenen Teil dieses organisationalen Eisberges gesicherte und allgemeine Aussagen zu machen. Insbesondere der Bereich der Kultur ist schwierig zu gestalten, da diese zum einen sehr länderspezifisch und zum anderen stark von den Werthaltungen von Führungskräften und Mitarbeitern abhängig ist.»

Aufgabe 3

Unter dem Titel «Informationsplattform zum Thema Globalisierung»[1] ist im Internet der folgende Text zu finden, der stellvertretend für die Positionen vieler Gruppierungen steht, die aktiv gegen das Phänomen der Globalisierung «kämpfen».

---

1   http://www.jn-buvo.de/gegen-globalisierung/index.htm

Warum sind wir gegen Globalisierung?

Wir sind der Meinung, dass unsere nationalistische Weltanschauung nicht vereinbar ist mit der Globalisierung der Wirtschaft, die auf Dauer zu Menschen ohne Kultur führen wird, die überall und nirgends zu Hause und sehr leicht zu beeinflussen sind, sowohl ideologisch wie auch als Konsumenten.

Die Globalisierung ist das Mittel der Wirtschaftsmächte zur Bestimmung der politischen Weltagenda. Wir sind aber der Meinung, die Politik muss die Wirtschaft dirigieren und nicht umgekehrt. Wir können nicht akzeptieren, dass multinationale Konzerne machen können, was sie wollen, mit dem einzigen Ziel, noch mehr Gewinn einzustreichen, ohne Kontrolle und ohne Rücksicht auf Menschen und Umwelt. Das liberale System behauptet, dass Grenzen schädlich sind für den Handel und dass ohne Staatsinterventionen die Wirtschaft ein Gleichgewicht findet, das für alle Nationen gut ist.

Die Realität sieht anders aus. Der freie Markt verursacht große Unterschiede zwischen armen und reichen Ländern. Der Kapitalismus aber weiß diese Situation auszunutzen. Die armen Länder liefern im Überfluss billige Arbeitskräfte, die gezwungen sind, für einen Hungerlohn zu arbeiten. Auch werden Rohstoffe aus diesen Ländern zu spottbilligen Preisen importiert. Und wenn in den reichen Ländern die Arbeiter Forderungen stellen, wird seitens der Konzerne einfach damit gedroht, dass die Firma in ein solches Billiglohnland «auswandert», oder es werden Immigranten «importiert», die bereit sind, für weniger Lohn zu arbeiten.

Für uns ist die Globalisierung nicht mehr als eine angepasste, moderne Form des Internationalismus. Globalisierung bedeutet das Verschwinden von nationalen Grenzen, um in der nächsten Phase die Identität der Völker auszuradieren. Wir aber wollen nicht entarten zu dem, was man Weltbürger nennt, ohne Identität und ohne Seele. Wir sind Nationalisten und somit stolz auf unser Volk und wünschen dies auch in Zukunft zu erhalten.

Aufgaben

a) Wie lassen sich die Ängste charakterisieren, die hinter diesen Aussagen stehen?

b) Welche dieser Ängste halten Sie für begründet, welche nicht?

c) Welche Feindbilder gegenüber multinationalen Unternehmen lassen sich hinter derartigen Aussagen vermuten, und welches Menschenbild (zum Beispiel bezüglich des Konsumenten) ist wegleitend?

d) Führen Sie Beispiele an, die diese Aussagen stützen[2] bzw. nicht stützen[3].

---

2 Vgl. zum Beispiel http://www.cleanclothes.ch/d/briefadidas.htm.

3 Vgl. dazu die Leitsätze der OECD für multinationale Unternehmungen oder: http://www. diht.de/ inhalt/informationen/news/meldungen/meldung000736.main.html

e) Welche Erkenntnisse lassen sich aus derartigen Stellungnahmen für das normative Management einer multinationalen Unternehmung ableiten?

f) «Globalisierung», so sagt der ehemalige deutsche Bundeskanzler Helmut Schmidt, sei zum «Peitschenwort dieser Jahre geworden». Es gebe kaum noch einen verantwortlichen, meist nur einen interessierten oder parteilichen Gebrauch des Begriffs.[4]

Erläutern Sie diese Aussage anhand des zitierten Textes «Warum sind wir gegen Globalisierung?»

Aufgabe 4   An einer Tagung zum Thema «Die Globalisierungsfalle – Fiktion oder Realität?» besuchen Sie ein Referat, von dem nachfolgend ein Ausschnitt abgedruckt ist.[5]

Gewinne sind zwar für die langfristige Existenz von Unternehmen unabdingbar, sie dürfen allerdings nicht um jeden sozialen und ökologischen Preis erzielt werden. Aber welcher «Preis» ist unternehmensethisch akzeptabel? Welche Abweichungen von dem, was heute zum Beispiel in der Schweiz als legitime Qualität sozialer, ökologischer oder anderer Standards angesehen wird, sind bei der Arbeit in einem Entwicklungsland mit völlig anderen Rahmenbedingungen unternehmensethisch relevant? Sollten bei Direktinvestitionen in einem Entwicklungsland diejenigen ökologischen Standards zur Anwendung kommen, die sich – sagen wir in Basel – unter ganz spezifischen politischen, volkswirtschaftlichen und kulturellen Rahmenbedingungen über Jahrzehnte hinweg entwickelt haben?

Konkret: Falls der Indikator für die Sauberkeit des Rheins die erfolgreiche Wiederansiedlung des Lachses ist, gilt Vergleichbares dann auch für Investitionen am Ganges oder am Gelben Fluss? Oder reicht die Beachtung der jeweiligen lokalen Gesetzeslage für das Prädikat «legitim» aus? Wenn zwischen Extremen abgewogen werden muss, gibt es auch so etwas wie ein «rechtes Maß» in ökologischer Hinsicht? Und wenn ja, wer bestimmt das?

Ideal und wünschenswert wäre angesichts der heutigen globalen Umweltprobleme ein industrieller «Aufholprozess», der durch die Übertragung der jeweils höchsten ökologischen Standards bei Produktionstechnik und Produkten charakterisiert ist. Dass dieses «Wunschdenken» in einem völlig anders strukturierten nationalen Umfeld letztlich an seine Grenzen stößt, ist

---

4   H. Schmidt (1998), *Globalisierung – Politische, ökonomische und kulturelle Herausforderungen*, Stuttgart: DVA, S. 7.

5   K. M. Leisinger, Vortrag am Forum «Regionalisierung – Ausweg aus der Globalisierungsfalle?» (Universität Fribourg, Koordinationsstelle Umweltwissenschaften, 18. Mai 1999).

ebenfalls offenbar: Was nützte es dem lokalen Ökotop, wenn ein Schweizer Unternehmen zum Beispiel in der Lagune von Lagos schweizerische Standards für die Abwasserreinigung einhielte, während alle anderen, inklusive der Stadtbehörden von Lagos, sich völlig anders verhalten? Die «Trinkwasser-Qualität» für Industrieabwasser mag das Extrem ökologischer Vorsorge nach «oben» sein – es gibt allerdings auch Grenzen der Anpassung nach «unten». Diese liegen dort, wo gegen besseres Wissen ein Umweltverhalten praktiziert würde, das die Gesundheit und gar das Leben von Menschen gefährdet oder die Belastbarkeit eines Ökotops nachhaltig übersteigt. Hierfür mag es Beispiele «schwarzer Schafe» geben. Meiner Lebenserfahrung nach sind die allerdings eher bei den nationalen Unternehmen in den Entwicklungsländern zu suchen und nur ausnahmsweise bei multinationalen Unternehmen.

Multinationale Unternehmen übernehmen heute eine Führungsrolle, wenn es darum geht, das «greening of business» auch in Entwicklungsländern voranzutreiben. Konkret bedeutet dies: Sie betreiben eine betriebliche Umweltpolitik, die natürliche Ressourcen effizienter nutzt, Emissionen minimiert und einen Beitrag zur Rehabilitation beschädigter Umwelt leistet. Viele transnationale Unternehmen verbessern die Umweltstandards in den Entwicklungsländern alleine schon dadurch, dass sie in ihren Tochtergesellschaften überall auf der Welt eine gewisse Uniformität der Technologie anstreben und damit umweltfreundlichere Technologien nicht nur in den Industrieländern, sondern eben auch in Entwicklungsländern einsetzen. Darüber hinaus spielen solche Unternehmen eine wichtige Rolle bei der Gestaltung nationaler Umweltpolitik in Entwicklungsländern. Ein internationaler Workshop des UNRISD *(United Nations Research Institute for Social Development)* kommt zum Schluss, dass es eine Reihe von Ländern gibt, in denen die signifikantesten Verbesserungen in der nationalen Umweltpolitik dadurch zustande kamen, dass einflussreiche Unternehmen nationale Umweltinstitute gestärkt und bei ihren Bemühungen unterstützt haben.

Und wie steht es bei Löhnen, Gehältern und Sozialleistungen? Während man bei der Erörterung «unbezahlter Gefangenenarbeit in Gefängnissen despotischer Länder» noch relativ rasch zu einem vernünftigen Urteil kommt, ist die Bewertung von Unterschieden bei Löhnen, Gehältern und Sozialleistungen (kurz: der Standortvorteil der Entwicklungsländer) sehr viel schwieriger. Lohnunterschiede per se sind noch lange kein Hinweis auf die Unterschiedlichkeit moralischer Standards. Es leuchtet ein, dass wegen erheblicher Unterschiede zum Beispiel bei den Lebenshaltungskosten, aber auch wegen unterschiedlicher Warenkörbe und anderem, für die legitime

Lohnhöhe der Arbeiter und Angestellten in einem afrikanischen Entwicklungsland nicht die Löhne zum Vergleich herangezogen werden können, die für vergleichbare Arbeiten in der Schweiz bezahlt werden. Der Grundsatz «gleiche Arbeit, gleiche Bezahlung» hat seine Berechtigung, wenn innerhalb eines Unternehmens Frauen mit Männern, Ausländer mit Inländern oder andere gleich qualifizierte Gruppen miteinander verglichen werden. Auf internationaler Ebene führt ein solcher Vergleich jedoch in die Irre. Sinnvollerweise muss Gleiches mit Gleichem verglichen werden, d.h., Produktivitätsunterschiede und Kaufkraftparitäten müssen mit berücksichtigt werden. Erst wenn diese Faktoren in Bezug auf noch zu definierende Kriterien unter ein bestimmtes Maß fallen und damit universell gültige Normen verletzt werden, sind unterschiedliche Standards negativ zu bewerten.

Bei der Festlegung sozialer und ökologischer *Minima moralia* ist zumindest Folgendes zu berücksichtigen:

Achtung der Menschenwürde

Arbeit ist keine «Ware *sui generis*»; arbeitende Menschen sind auch in armen Entwicklungsländern nicht bloße Werkzeuge, die man zur Produktion einsetzt, sondern haben eine unverletzbare Menschenwürde, und sie haben Anrecht auf den Schutz der Menschenrechte. Dies gesagt, verbieten sich Diskriminierungen etwa nach Rasse, Farbe, Geschlecht, Sprache, Religion, politischer Überzeugung, sozialer Herkunft oder sonstigen Umständen, wie sie in Artikel 2 der Allgemeinen Erklärung der Menschenrechte angesprochen sind. Ebenfalls illegitim sind Unterschiede im Umgang mit Menschen, wie sie in den Artikeln 6 (Anerkennung als Rechtsperson), 7 (Gleichheit vor dem Gesetz und Anspruch auf den gleichen Schutz durch das Gesetz) und ganz besonders in Artikel 23 (angemessene und befriedigende Arbeitsbedingungen, gleicher Lohn für gleiche Arbeit, soziale Schutzmaßnahmen sowie Bildung von und Beitritt zu Berufsvereinigungen) beschrieben sind.

Es ist zwar nicht die Pflicht eines Unternehmens, stets und überall die moralischen Grundsätze und fundamentalen Überzeugungen seines Kulturkreises in allen Ländern seines Wirkens durchzusetzen – es ist jedoch in keinem Falle legitim, von Menschenrechtsverletzungen zu profitieren: Mögen die Unterdrückung von Minderheiten rassistisch begründete Niedrigstlöhne oder die Ausbeutung von Kindern auch zu den im Gastland herrschenden Üblichkeiten zählen – Unternehmen, die auch in ethischer Hinsicht bestehen wollen, dürfen sich bei der Anpassung an solche Spielregeln des Gastlandes nicht auf die berühmten «Römer» berufen, denen man es gleichtut, wenn man in Rom ist.

Damit die Grenzen des Vertretbaren nicht übertreten werden, ist eine hohe Sensibilität (und Individualethik) des Managements erforderlich.

Sicherung der Grundbedürfnisse

Die soziale Situation vieler Entwicklungsländer ist noch immer durch große individuelle und kollektive Armut, anhaltendes Bevölkerungswachstum und Landflucht gekennzeichnet. Durch hohe Arbeitslosigkeit und Unterbeschäftigung entsteht ein permanenter Angebotsdruck auf die Arbeitsmärkte. Unter solchen Bedingungen auf dem Arbeitsmarkt ist ein Lohn nicht schon deshalb gerecht, weil er zwischen Arbeitgeber und Arbeitnehmer «frei» vereinbart wurde. «Marktlöhne», die nicht ausreichen, einer Familie ein Leben über dem Existenzminimum zu ermöglichen, sind nicht legitim. Zusätzlich zu den üblichen Kriterien für die Festsetzung von Entlohnungen (Grad der Verantwortung, Leistung, Kompetenz, Erfahrung u. a.) muss das Kriterium Sicherung der Grundbedürfnisse berücksichtigt werden.

Orientierung am ethischen Grundkonsens

Überall auf der Erde anerkennen Menschen Grundpfeiler für das konfliktfreie Zusammenleben und den gewaltlosen Ausgleich von Interessen. Es sind meist Normen, die der Menschheit in all ihren kulturellen und religiösen Ausprägungen seit Jahrhunderten als Kompass gedient haben. Ob wir nun bei Laotse, Konfuzius, den Verfassern der Evangelien, des Korans oder der hinduistischen Schriften nachlesen, wir finden vergleichbare Vorstellungen vom guten und richtigen menschlichen Verhalten sowie von einer sinnvollen menschlichen Existenz. Es gibt keinen Grund, sie in Zeiten der Globalisierung in Frage zu stellen.

Nur schon das Einhalten der «Goldenen Regel» in ihrer passiven (*Buch Tobit* 4.15) oder gar aktiven (*Matthäus* 7.12) Ausformulierung würde individuellem wie unternehmerischem Handeln ein Qualitätssiegel verleihen, das dem größten Teil der heute geübten Kritik den Boden entziehen würde. Doppelte Standards – hohe für sich und niedrige für alle anderen – sind besonders dann ethisch unvertretbar, wenn dadurch Menschen vermeidbarer oder gar irreversibler Schaden zugefügt wird. Anpassungen an lokale Praktiken in einem sozialen Umfeld der Armut überschreiten dort die Grenzen der Legitimität, wo sie von dem abweichen, was im Unternehmen von den maßgeblichen Verantwortungsträgern prinzipiell als richtig erachtet wird. Ausreden mit dem Verweis auf die Defizite anderer sind unglaubwürdig: Handlungsmacht ist selten «Vollmacht» und muss es auch nicht sein. Verantwortung tragen auch diejenigen, denen nur indirekte oder geringfügige Einflussnahme möglich ist. In diesem Sinn ist Globalisierung durch konsequentes Handeln im Geiste eines universellen ethischen Grundkonsenses – eines «Weltethos» – steuerbar.

Warum das Ganze?

Praktizierte Unternehmensethik und somit der Verzicht auf illegitimes (obwohl legales) Handeln ist zumindest auf kurze Frist meistens mit Kostenerhöhungen und Umsatz- sowie Gewinneinbußen verbunden. Es wäre unrealistisch, ja unredlich, dies in Abrede zu stellen. Andererseits: Es gibt auch viele empirische Beispiele, in denen unethisches unternehmerisches Verhalten auch kurzfristig mit erheblichem gesellschaftlichem Aufschrei und sogar mit Intervention der Behörden verbunden war und somit keine vorziehenswerte Option darstellte. Globalisierung bedeutet auch das *Global Village* in Bezug auf Kommunikation, Information, Netzwerkbildung und Monitoring. Unternehmerische «Sünden», die früher irgendwo «hinter Indien» (oder im Ogoni-Land) unentdeckt blieben, würden heute in wenigen Stunden Bestandteil der Medienkritik am Stammsitz des Unternehmens. Nicht nur zur Vermeidung eines beschädigten Rufes, sondern auch zur positiven Profilierung der eigenen Güter- und Dienstleistungen liegt sozial und ökologisch verträgliches Verhalten von Unternehmen an allen Aktivitätsstandorten im wohlverstandenen Eigeninteresse.

Zumindest für aufgeklärte Unternehmen beinhaltet unternehmerischer Erfolg heute mehr als ausschließlich die Höhe des jeweiligen Jahres- oder gar Quartalsgewinns. Gewinnzielung ist für das Unternehmen, was die Nahrungsaufnahme für den Menschen ist – eine absolute Notwendigkeit, ohne Nahrung stirbt man. Nur wenige (kranke) Menschen würden jedoch die Nahrungsaufnahme als zentralen Sinn menschlichen Lebens betrachten. Die Befriedigung von Kundenbedürfnissen im weiteren Sinn, der verantwortliche Umgang mit Menschen, der sparsame Umgang mit Energie und nicht-erneuerbaren Ressourcen sowie der Schutz der Umwelt sind wichtige Steine im Mosaik Unternehmenserfolg.

Die Berücksichtigung unternehmensethischer Prinzipien beim globalisierten Handeln multinationaler Unternehmen vermindert die gesellschaftlichen Transaktionskosten, hilft, die unternehmerische Freiheit zu wahren und gibt auch den Mitarbeitern über eine größere Sinnerfüllung einen stärkeren Motivationsgrad. Dies wiederum ist nicht nur sozialethisch erwünscht, sondern auch betriebswirtschaftlich positiv: Klinisch kühle Angestelltenverhältnisse inspirieren nicht zu außerordentlichen Anstrengungen und jenem anhaltenden Engagement, das für beständige Höchstleistungen erforderlich ist. Menschen wollen nicht nur für eine Firma arbeiten, sie wünschen auch, dass ihrem Tun Sinn verliehen wird. Sie möchten einer Institution angehören, auf die sie mit Stolz blicken können. Mitarbeiter, die spüren, dass es dem Unternehmen ein ernsthaftes Anliegen ist, die Moralität seines Handelns zu erhöhen, sehen in ihrer Arbeit mehr als lediglich eine «Erwerbstätigkeit». Die Ziele des Unternehmens werden zur persönlichen Sache. Wo dem Tun der Angestellten Sinn verliehen wird, wo Menschen in Unternehmen das Gefühl haben, zu etwas Wertvollem einen ganz persönlichen Beitrag leisten zu können, entsteht nicht nur eine größere Identifikation mit der zu leistenden Arbeit, sondern auch eine Motivation, mehr und besser zu arbeiten.

Zusammenfassende Thesen

- Die Globalisierung hat, wie jeder soziale Wandel, Nutzen und Risiken, Gewinner und Verlierer. Es kann nicht darum gehen, Globalisierung «zu verbieten» oder «zu kontrollieren», es muss vielmehr darum gehen, auf der Suche nach Konsens diejenigen politischen, sozialen und wirtschaftlichen Rahmenbedingungen auf nationaler und globaler Ebene herzustellen, die sicherstellen, dass in einer Güterabwägung die Nutzen die Risiken deutlich überwiegen und die Anzahl der Gewinner möglichst groß gehalten wird.

- Multinationale Unternehmen zählen zu den Hauptakteuren der Globalisierung; von ihnen ist zu erwarten, dass sie im wohlverstandenen Eigeninteresse ethisch verantwortbare soziale und ökologische Standards setzen.

- Gewinne sind für die langfristige Existenz eines jeden Unternehmens unabdingbar – sie dürfen allerdings nicht um jeden sozialen und ökologischen Preis erzielt werden. Was die Beurteilung des Preises angeht, der unternehmensethisch akzeptabel ist, so liegt die Schönheit einmal mehr im Auge des Betrachters.

Aufgaben

a) Verfassen Sie auf der Grundlage dieser Leitlinien eine Art «Verhaltenskodex» für Unternehmen, die im multinationalen Umfeld (in der globalisierten Wirtschaft) tätig sind.

b) Welche Bedeutung und Funktionen kommen staatlichen und internationalen Gremien in der Umsetzung Ihres Verhaltenskodexes zu? Unterscheiden Sie zwei verschiedene Möglichkeiten, und zeigen Sie die Chancen und Gefahren für das Management von Unternehmungen auf, die sich im Zeitalter der Globalisierung autonom und reflektiert entwickeln und Werte schaffen wollen.

Der Übergang zur Informations- gesellschaft (New Economy)

Hubert Österle

Die rasante Entwicklung der Computertechnologie verändert die menschliche Gesellschaft. Vernetzung, Wissen, intelligente Geräte und Gegenstände treiben die Transformation von der Industrie- zur Informationsgesellschaft. Die Grundregeln der Wirtschaft bleiben zwar bestehen, die Produkte und Dienstleistungen, Prozesse und Unternehmen, ja sogar die Märkte verändern sich aber grundlegend. Einige Strukturen dieser neuen Wirtschaft sind bereits erkennbar.

Eine Vision des Unternehmens in der vernetzten Wirtschaft

Das Unternehmen des Informationszeitalters ist nicht mehr produkt-, sondern kundenzentriert. Es muss das Kundenproblem in seinem vollen Umfang erfassen und dem Kunden so viele zusammenhängende Teilprobleme wie möglich abnehmen. Ausgangspunkt ist folglich der Prozess, d.h. die Abfolge von Aufgaben, die der Kunde bei seiner Problemlösung ausführt. Dieser *Kundenprozess* bestimmt den Bedarf an Produkten und Dienstleistungen, die der Lieferant anbieten kann oder muss.

Der Lieferant wird zum *Leistungsintegrator* (Aggregator). Er entwickelt neue Formen der Zusammenarbeit mit dem Kunden (Kooperationsprozesse). Das Ergebnis werden Geschäftsnetzwerke (Wertschöpfungsnetze, *Supply Networks, Supply Chains*) sein, in denen Unternehmen so effizient zusammenarbeiten wie sonst Abteilungen innerhalb eines einzelnen Unternehmens.

Dazu benötigen Kooperationsprozesse bzw. integrierte Geschäftsnetzwerke eine gemeinsame Informationsinfrastruktur, über die jedes Unternehmen, jeder Prozess und jeder Mitarbeiter im Geschäftsnetzwerk auf alle aufgabenrelevanten Informationen aus allen beteiligten Unternehmen ohne Zeitverzögerung (in Echtzeit) zugreifen können. Diese *Business Collaboration Infrastructure* ist die «Verkehrsinfrastruktur» des Informationszeitalters. Sie eröffnet völlig neue wirtschaftliche Dimensionen, indem sie schlanke, schnelle Prozesse ohne Medienbrüche über Unternehmen und Länder hinweg ermöglicht. Medienbrüche bedeuten eine Verzögerung und Verteuerung von Prozessen durch den Wechsel der Kommunikationsmedien. Kontaktdaten wie Telefonnummern werden häufig elektronisch gespeichert. Für den Anruf muss die Telefonnummer jedoch fast immer manuell am Telefon eingetippt werden. Diese manuelle Tätigkeit benötigt Zeit und ist fehleranfällig. Eine *Business Collaboration Infrastructure*, die derartige Ineffizienzen verhindert, wird die Bedeutung der heutigen Sprach-Telekommunikation um ein Vielfaches übertreffen und mit der Bedeutung der Verkehrsinfrastruktur für Personen und physische Güter gleichziehen.

Beispiele für die Entwicklung

Ein eindrucksvolles Beispiel für neue Unternehmensstrukturen finden wir im Handel mit elektronischen Komponenten, bei Firmen wie Arrow Electronics oder Avnet. Aus Zwischenhändlern, deren Wertschöpfung vor allem in der Lagerung und Feinverteilung von elektronischen Komponenten lag, entstanden durch Vernetzung und Multimedia in den neunziger Jahren Dienstleistungsunternehmen mit zahlreichen, aufeinander abgestimmten, elektronisch und persönlich erbrachten Leistungen. Zu diesem so genannten *Leistungsportfolio* zählen gemeinsame Produktkataloge mehrerer Lieferanten (*Multi-Vendor*-Produktkataloge) mit komfortabler Suchhilfe und Bedarfsprognosen für die Kunden, *Supply Chain Services* wie beispielsweise vom Lieferanten beim Kunden betriebene Lager (*Vendor Managed Inventory*) oder Online-Design und Online-Test von Komponenten. Äußerst erfolgreich ist auch eine netzbasierte «Community of Electronics Engineers» mit Branchenneuigkeiten, Produktankündigungen, NetSeminars usw. (ENEN 2001). Im Jahre 2000 verbrachten 500 000 Ingenieure hier pro Monat etwa zweieinhalb Stunden, bezogen Neuigkeiten und bildeten sich weiter.

Alle führenden Händler elektronischer Komponenten bemühen sich inzwischen, derartige Services anzubieten. Viele dieser Dienstleistungen sind heute keine Differenzierungsmerkmale mehr, mit denen sich ein Unternehmen von seinen Konkurrenten abheben kann. Sie sind schlicht die Voraussetzung für Geschäftsbeziehungen. Es zählen die Geschwindigkeit und der Zusatznutzen für die Kunden. Anbieter, die nicht mithalten können, verschwinden vom Markt.

Mittlerweile gibt es in allen Branchen intensive Bemühungen, die Zusammenarbeit zwischen Unternehmen ähnlich zu organisieren. Einerseits bemühen sich klassische Unternehmen, eine Rolle wie Avnet in ihrem Geschäftsnetzwerk zu übernehmen, andererseits entstehen durch Konsortien neue *Business Collaboration Infrastructures* (Marktplätze,

Exchanges) wie Covisint, die unternehmensübergreifend Produkte und Dienstleistungen zusammenfassen. So bietet Covisint zum Beispiel neben vielen anderen Services einen virtuellen Projektraum für firmenübergreifende Projektarbeit oder einen Bedarfsprognose-Service *(Supply-Solution)* (Covisint 2001). Beide Wege werden zu einer Neuverteilung der Wertschöpfung zwischen den Unternehmen eines Geschäftsnetzwerkes führen.

Ein weiteres Beispiel soll diese Entwicklung auch für den Consumer-Bereich – also mit Blick auf den privaten Endkunden – erläutern. Der Besitz eines Autos (Kundenprozess) umfasst vielfältige Tätigkeiten mit unterschiedlichsten Lieferantenbeziehungen. Derzeit arbeiten verschiedene (Auto-)Mobilitätsanbieter (Leistungsintegratoren) daran, Kundennutzen durch das aufeinander abgestimmte Angebot möglichst vieler der benötigten Informationen (zum Beispiel Fahrzeugausstattungen und Versicherungstarife), Dienstleistungen (Probefahrt, Reparatur) und Produkte (Auto, Treibstoff) zu schaffen (AutoEuro 2001 u. a.). Durch das Führen eines Logbuchs *(Vehicle Management)* können unter anderem neben der genauen Konfiguration des Fahrzeuges alle Ereignisse wie Tanken, Warten, Reparatur, Verkauf etc. *(Life Cycle Events)* festgehalten werden. Auf der Grundlage von derartigem Wissen über den Kunden passen Integratoren ihre Leistungen auf dessen individuelle Bedürfnisse an. Beispiele sind die Aufforderung zum Wechsel der Winterreifen, die Vereinbarung eines Werkstatttermins per E-Mail oder die Zusendung einer Autobahnvignette. Weitere Services können die automatische Bezahlung aller Dienstleistungen nach Genehmigung durch den Kunden, monatliche Kostenaufstellungen oder die Abrechnung von geschäftlichen Fahrten für den Arbeitgeber oder das Finanzamt sein.

Das *Kundenportal* bildet die Schnittstelle zwischen Kunden und Anbieter. Es fasst für einen Kundenprozess möglichst viele Leistungen zusammen. Netzwerkgeräte wie das Navigationssystem *(Global Positioning System – GPS)*, Mobiltelefon oder das Motor-Management-System bringen die Services an den Ort des Geschehens. In vielen Fällen wird das Fahrzeug oder das Navigationssystem ohne menschlichen Zwischenschritt mit einem elektronischen Service kommunizieren, der beispielsweise die Daten von Stausensoren auswertet. In anderen Fällen benutzt der Mensch das GPS oder das Mobiltelefon, um etwa vor der Abfahrt die Stausituation bzw. die voraussichtliche Fahrzeit abzufragen. Aus Sicht des Kunden wird das Portal zu seinem persönlichen Autoassistenten, der ihn als unaufdringlicher Experte in allen Aktivitäten des Prozesses Autobesitz unterstützt und über verschiedene Geräte mit ihm oder seinen Geräten kommuniziert.

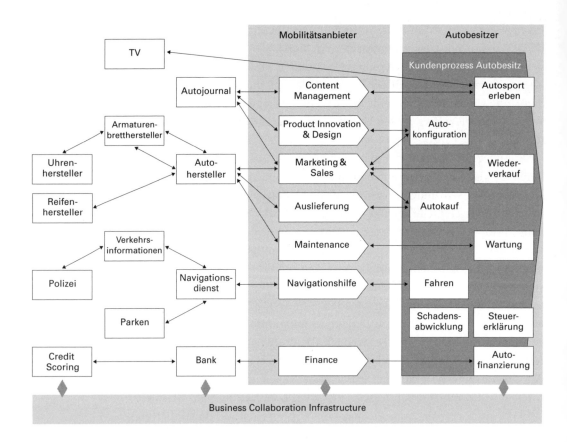

Waren in der Vergangenheit der Wartungsprozess in der Werkstatt und der Betriebsprozess des Kunden fast komplett voneinander getrennt, entsteht durch die vielfältige Verbindung ein *Kooperationsprozess* Autobetrieb.

Natürlich ist der Mobilitätsanbieter nicht in der Lage, alle diese Produkte und Dienstleistungen für den gesamten Kundenprozess selbst herzustellen. Er greift auf ein umfangreiches *Geschäftsnetzwerk* rund um das Auto zurück, geht vielfältige Allianzen ein und übernimmt die Rolle des Integrators und Prozessspezialisten.

Der *Kundennutzen* ergibt sich aus vielen administrativen Vereinfachungen, aus einer höheren Effizienz beim Betrieb des Fahrzeugs, aus einer besseren Prozessbeherrschung (zum Beispiel kein Vergessen von wichtigen Terminen), aus höherer Verkehrssicherheit usw. Die Grundlage ist ein *Redesign* des Prozesses Autobesitz auf einer neuen, integrierten Datenbasis.

Ein derartiger Prozess für den gesamten Autobesitz oder für einen Teil wie den Autobetrieb wird dann möglich, wenn die Beteiligten des Geschäftsnetzwerkes sich auf Standards für die auszutauschenden Daten geeinigt haben. Soll der Autobesitzer eine komplette Kostenaufstellung für sein Auto aus einer Hand erhalten, so müssen die Abrechnungen aller Geschäftspartner in standardisierter Form vorliegen. Die Parkplatzsuche über GPS funktioniert nur, wenn alle beteiligten Elektronikbausteine (zum Beispiel Parkhaussensor, Satellit, GPS des Autos) die gleichen Informationen austauschen. Diese Standardisierung wird weniger von Gremien, sondern von mächtigen Marktteilnehmern, wie Automobilherstellern, Automobilclubs, Medien, Reisebüros oder neuen Organisationen (zum Beispiel Covisint, autobytel oder AutoEuro), *de facto* geschaffen. Das Ergebnis wird eine allgemein akzeptierte *Collaborative Business Infrastructure* (hier zum Beispiel: «Automobilnetz») sein. Diese beinhaltet vielfältige elektronische Dienstleistungen (E-Services) wie etwa die Daten eines Stausensors, Baustellenmitteilungen, Wettermeldungen, *Micro-Payment*, Autokostenrechnung, Lokalisierung von Fahrzeugen usw.

Das *Potenzial* für den Mobilitätsanbieter ergibt sich aus dem zusätzlichen Nutzen, den er für den Kunden generiert. Kooperationsprozesse erzeugen eine besonders enge Kundenbeziehung *(Customer Lock-in)*. Der Wechsel einer Bank bedeutet für den Kunden einen umso höheren Aufwand, je besser diese Bank seine private Finanzadministration unterstützt. Mit der Bank wechselt der Kunde dann auch seinen Administrationsprozess. Das bedeutet nicht nur die Gewöhnung an ein neues Online-Banking-System, sondern auch den Wechsel zu einer ganzen Palette von neuen, aufeinander abgestimmten Produkten und Dienstleistungen. Für eine gute Finanzadministration muss die neue Bank sich all jenes Wissen über den Kunden aneignen, das der bisherige Dienstleister in einer jahrelangen Geschäftsbeziehung erworben hat.

Geschäftsarchitektur des Informationszeitalters

Unternehmen der digitalen Wirtschaft gehen vom Kundenprozess aus. Diese Entwicklung führt zu einer Architektur des Unternehmens im Informationszeitalter, wie sie in **Abbildung 2** zusammengefasst ist. Nachfolgend sollen wesentliche Bestandteile dieser Architektur erläutert werden (Näheres dazu siehe ÖSTERLE 2001 und IWI 2001).

Kundenprozess

Der Kundenprozess umfasst alle Aktivitäten, die der Kunde in einem oder mehreren seiner Geschäftsprozesse ausführt und in denen er Marktleistungen in Anspruch nehmen kann. Im Falle von Avnet umfasst der Kundenprozess beispielsweise den Geräteentwicklungs- und -produktionsprozess von Ericsson. In der Geräteentwicklung kann Avnet die Suche

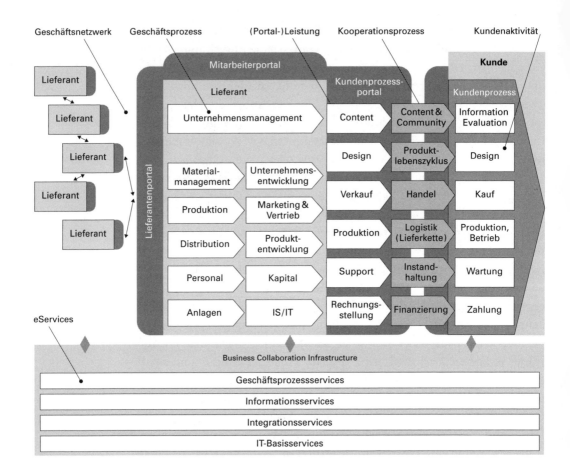

Abbildung 2
Geschäftsarchitektur
des Informations-
zeitalters

und Evaluation einer Mobiltelefonantenne, das Design und den Test dieser Antenne in einem neuen Mobiltelefon, die Erstellung einer Monta-
geanleitung, die Kalkulation usw. unterstützen. In der Produktion hilft
Avnet, den Teilebedarf zu planen oder die Stammdaten der Artikel zu
pflegen, und übernimmt die Lagerhaltung und die Abrechnung der Produkte und Dienstleistungen.

Zunächst versucht der Anbieter, einen aus Sicht des Kunden abgeschlossenen Teilprozess möglichst komplett aus einer Hand zu bedienen.
Dies kann ein kleiner Prozessabschnitt wie etwa die Pflege der Material-
stammdaten für Avnet-Kunden sein, dann werden es zunehmend um-
fangreichere Teilprozesse wie etwa die Marktbeobachtung (s. zum Beispiel ENEN 2001) oder die gesamte Beschaffung von Komponenten. Die
Abdeckung des gesamten Kundenprozesses ist das visionäre Fernziel.

Der Kundennutzen liegt darin, dass

- der Lieferant dem Kunden Arbeit abnimmt (zum Beispiel Staumeldung direkt an das Navigationssystem des Autos),
- die Serviceleistung verbessert wird (zum Beispiel höhere Liefergenauigkeit),
- der Kunde für einen Aufgabenbereich nur eine oder wenige Lieferantenbeziehungen unterhalten muss,
- jeder Service auf das Wissen über die anderen Aktivitäten des Kundenprozesses zurückgreift (Vermeidung von Doppelarbeit) und
- der Lieferant dem Kunden durch seine Spezialisierung auf genau den Kundenprozess detaillierteres Prozesswissen liefern kann, als es der Kunde selbst aufzubauen in der Lage ist. Der Immobilienmakler hat ein tieferes Wissen über den Kauf von Immobilien als ein Kunde, der einmal in seinem Leben ein Haus kauft.

Der Lieferant hat ein Interesse, sich am Kundenprozess auszurichten, um

- dem Kunden alle selbstverständlichen Basisservices zu liefern, ohne die der Kunde zur Konkurrenz abwandert (zum Beispiel beim Zahlungsverkehr im Privatkundengeschäft der Banken),
- dem Kunden durch Services den Wechsel zu Wettbewerbern zu erschweren (der Hardwarehersteller CISCO stellt beispielsweise dem Kunden durch ein «Technical Assistance Center» via Internet ständig aktualisierte Anleitungen zur Fehlerbehebung, detaillierte Produktdokumentationen, Softwarewerkzeuge und Konfigurationshilfen zur Verfügung und schafft ihm so einen Mehrwert im Vergleich zu Bedienungsanleitungen in Papierform) und
- Zusatzumsatz durch neue Dienstleistungen zu generieren (zum Beispiel Steuerausweis der Bank, den der Kunde für die Steuererklärung benötigt).

Daraus folgen für den Lieferanten fünf Aufgaben:

1 Kundensegmentierung

Die kundenprozessorientierte Sichtweise führt Unternehmen häufig zu einer neuen Kundensegmentierung. Kundensegmente umfassen Kunden mit gleichen oder ähnlichen Merkmalen (zum Beispiel die Gruppe der Diabeteskranken für ein Pharmaunternehmen). Wer ist der Kunde eines Pharmaunternehmens? Der Patient, der Arzt, das Krankenhaus, der Apotheker oder der Großhändler? Das Pharmaunternehmen muss mit dem Kundenprozess beginnen, über den es die Produktentscheidung am stärksten beeinflussen kann. Dies ist für bestimmte Medikamente der Arzt, für andere der Patient.

2 Verständnis des Kundenprozesses

In der Vergangenheit planten Unternehmen ihre Services anhand des *Customer Buying Cycle* (vgl. MUTHER 1997). Für bestehende Produkte wurde überlegt, wie die Informations-, Evaluations- und die Kaufphase unterstützt werden können und welche Services nach dem Verkauf angeboten werden sollen (zum Beispiel Kundendienst). Dies ist typisch für eine produktzentrierte Sicht. In der kundenzentrierten Welt, die durch die Informationstechnologie ermöglicht wird, leiten sich die Services aus dem ganzen *Customer Resource Life Cycle* ab. Hier steht nicht das Produkt (zum Beispiel das Auto) im Vordergrund, sondern der Prozess, für den der Kunde Produkte und Dienstleistungen benötigt (zum Beispiel Mobilität). Diese Herangehensweise ermöglicht auch die Entwicklung neuer Produkte und Dienstleistungen. Der *Customer Resource Life Cycle* umfasst dabei alle Aktivitäten des Kunden, von der Information über die Evaluation, die Produktentwicklung, den Einkauf und die Produktion, den Vertrieb, die Wartung, die Kostenrechnung bis schließlich zur Entsorgung. Die entscheidende Frage lautet: Welche Aktivitäten des Kundenprozesses kann der Lieferant besser als sein Kunde erfüllen und damit dem Kunden Nutzen stiften?

3 Kooperationsprozesse

Die Kundenbeziehung des Informationszeitalters bedeutet nicht einfach die «Elektrifizierung» vorhandener Formulare unter Beibehaltung der alten Prozesse. *Services* wie die Führung eines Lagers beim Kunden durch den Lieferanten *(Vendor Managed Inventory)* erfordern Prozessanpassungen auf beiden Seiten. Die (aufeinander abgestimmten) Aktivitäten des Kunden und Lieferanten bilden zusammen einen Kooperationsprozess. Softwarehersteller wie SAP (SAP 2001) oder Gremien wie das *Supply Chain Council* (SCC 1998), CPFR (*Collaborative Planning, Forecasting and Replenishment*; CPFR 2001) und RosettaNet (2001) haben detaillierte Architekturen von Kooperationsprozessen entwickelt, die als Vorlage genutzt werden können. Die Entwicklung eines konkreten Kooperationsprozesses setzt immer eine Situation voraus, in der die Zusammenarbeit sowohl für den Kunden als auch für Lieferanten vorteilhaft ist (so genannte *Win-Win-Situation*).

4 Kundenprofilierung

Kooperationsprozesse erzeugen und erfordern viel ausführlichere Informationen über den Kunden, als dies in der Vergangenheit der Fall war. Das Informationsverhalten, die agierenden Personen, das Reklamationsverhalten usw. müssen zu einem umfassenden Kundenprofil zusammengetragen werden, das es dann erlaubt, den Kunden individuell zu bedienen *(Mass Customization)*.

5 Services mit Zusatznutzen

Je enger die Zusammenarbeit mit dem Kunden ist, desto höher wird die Eintrittsbarriere für Konkurrenten, da der Kunde die hohen Kosten für einen Lieferantenwechsel scheut *(Switching Costs)*. Online-Banking ist bei jeder Bank zu vergleichbaren Preisen möglich. Eine Differenzierung ist nur über die Generierung von Zusatznutzen möglich, zum Beispiel durch eine elektronische Dokumentation von Kontoauszügen, die dem Kunden eine Papierablage erspart. Der Aufbau von Vertrauen, die Individualisierung von Diensten oder die Installation spezieller Software erhöht die Kundenbindung.

Kundenprozessportal

Ein Portal ist ein Fenster zu allen Funktionen unternehmensinterner und -externer Anwendungsprogramme (Applikationen). Ziel ist die Bereitstellung rollenspezifischer Portale. Rollen fassen Aufgaben zusammen, die üblicherweise von einer Person erledigt werden. Dem Produktionsplaner stellt ein rollenspezifisches Portal alle Computerfunktionen zur Verfügung, die er im Prozess Produktion, aber auch in den Prozessen Kostenrechnung und Personalentwicklung benötigt.

Unternehmen unterhalten daher vielfältige Portale für den Produktionsplaner, den Controller oder den Entwickler, für den Verkäufer des Zulieferers, für den Investor, vor allem aber für die diversen Rollen des Kunden als Einkäufer, Produktionsplaner, Wartungsmitarbeiter etc. Technisch gesehen, betreibt ein Unternehmen längerfristig ein Unternehmensportal mit vielen rollenspezifischen Ausprägungen. Die Möglichkeit, ein Portal auf die individuellen Bedürfnisse einer Person anzupassen, wird Personalisierung genannt.

Portale sind aus betriebswirtschaftlicher Sicht «Schaufenster», in denen das Unternehmen seine Leistungen anbietet. Portale stellen zusammengehörige Produkte und Dienstleistungen nicht nur gebündelt dar, sondern unterstützen auch deren Nutzung. Ein Kundenprozessportal fasst alle Services für einen Kundenprozess im Internet zusammen. Der Kunde erhält eine einzige Anlaufstelle, auch wenn viele der Services weiterhin nicht rein elektronisch, sondern persönlich erbracht werden. Die Koordination einzelner Teilleistungen wird jedoch in verstärktem Maße elektronisch stattfinden.

Robert RODIN, CEO *(Chief Executive Officer)* von Avnet, beschreibt das Finden und Entwickeln der zusätzlichen Kundennutzen schaffenden Leistungen als die größte unternehmerische Herausforderung (RODIN 1999). Wenn das Unternehmen ein umfassendes Verständnis des Kundenprozesses erworben hat, muss es auf den jeweiligen Teilgebieten ein umfassendes Know-how entwickeln, um in der Lage zu sein, das Wissen über die Bedürfnisse des Kunden in die richtigen Produkte und Dienstleistungen umsetzen zu können.

Avnet bietet beispielsweise Kundenprozessunterstützung durch unternehmens-, produkt- und branchenbezogene Nachrichten, Online-Seminare, einen Online-Shop mit über 200 000 Artikeln von hundertfünfzig Herstellern, die Überwachung des Lieferstatus, Designunterstützung rund um die vertriebenen Komponenten, Beratung zur Optimierung seiner Lieferkette oder Vorhersagen über Lieferengpässe. Weitere Beispiele für Kundenprozessportale liefern SAP für den Prozess «Einführung und Betrieb von Standardsoftware», yourhome.ch der Credit Suisse, das auf dem Weg zur kompletten Unterstützung des Wohnprozesses am weitesten fortgeschritten ist, oder Anbieter wie Quicken, eTrade, Consors und viele andere für die Finanzanlage. Allen Portalen ist gemein, dass Wissen den Großteil der Leistungen ausmacht – lediglich ein kleiner Teil umfasst administrative Aufgaben.

Kundenprozessportale sind erst wirtschaftlich, wenn sie eine genügend große Anzahl von Kunden, Lieferanten und Leistungen umfassen. Man spricht in diesem Zusammenhang vom Erreichen der kritischen Masse. Hat der Kunde die Wahl zwischen Prozessportalen mit vergleichbaren Preisen, wird er dasjenige wählen, das möglichst viele der von ihm benötigten Leistungen anbietet *(kritische Masse an Leistungen)*. Sind Prozessportale in Leistungsumfang und Preis vergleichbar, entscheidet sich der Kunde für die größte Auswahl an alternativen Produkten *(kritische Masse an Lieferanten)*. Lieferanten werden umgekehrt denjenigen Leistungsintegrator bedienen, der die meisten Kunden erreicht, da die Kosten für die Entwicklung und den Betrieb von Services auf möglichst viele Transaktionen verteilt werden müssen *(kritische Masse an Kunden)*. Diese Gesetzmäßigkeiten fördern Größe und monopolistische Strukturen. So gibt es heute weltweit im Wesentlichen zwei Reisereservationssysteme, Apollo (in Europa Galileo) und Sabre (in Europa Amadeus), über die praktisch sämtliche Buchungen von Sitzen in Flugzeugen stattfinden. Für den internationalen Zahlungsverkehr existiert nur ein einziges System (SWIFT).

Für jeden Kundenprozess werden deshalb, von regionalen Ausprägungen abgesehen, nur wenige Prozessportale überleben. Unternehmen müssen daher sicherstellen, dass sie auf wenigstens einem der überlebenden Portale mit ihren Produkten und Dienstleistungen vertreten sind. Sie können selbst versuchen, dominante Portale für Teilprozesse aufzubauen, müssen aber in fast jedem Fall darüber hinaus anstreben, auf den wichtigsten alternativen Portalen präsent zu sein.

Der Kunde möchte jederzeit und überall seine Bedürfnisse befriedigen können. Es genügt deshalb nicht, eine vom heimischen PC zu bedienende Internetseite als Kundenprozessportal anzubieten. Ein Unternehmen benötigt mehrere Kommunikationskanäle zum Kunden (sog. Multikanalfähigkeit). Dazu gehören der persönliche Kontakt, das Internet oder der Informationsaustausch über ein WAP-Gerät (WAP = *Wireless Application Protocol*). Die für den Benutzer kaum wahrnehmbare Informatisierung täglicher Gebrauchsgegenstände (zum Beispiel Kühlschränke, Autos, Kleidung) zu so genannten *Connected Smart Appliances* (CSA) schafft neue Abläufe und Formen der Computernutzung (FLEISCH 2001). Bisher zeitaufwändige menschliche Aufgaben wie etwa die Eingabe von Daten über den Transport von Gütern können so automatisiert werden. Im Beispiel des Autobesitzes wird der Stausensor die Daten direkt an das Navigationssystem des Autos übertragen. Kundennutzen entsteht hier durch die Beseitigung kosten- und zeitintensiver Medienbrüche (zum Beispiel vom Sensor elektronisch zur Polizei, per Telefon zur Verkehrsleitzentrale, per Fax zum Radiosender, über Radio zum Autofahrer usw.).

Geschäftsnetzwerk

Die vollständige Abdeckung eines umfassenden Kundenprozesses durch ein einzelnes Unternehmen ist nicht möglich. Kein Unternehmen kann beispielsweise alle Leistungen für den Kundenprozess «Mobilität» produzieren (Autos, Treibstoff, Straßen, Kreditvergabe für den Autokauf etc.).

Leistungsintegratoren erbringen nicht alle Leistungen selbst, sondern kaufen Produkte und Dienstleistungen aus vielen Quellen zu und integrieren sie. Das Geschäftsnetzwerk (Wertschöpfungsnetzwerk, *Supply Network*, *Supply Chain*) fasst alle Unternehmen zusammen, die an der Erstellung von Produkten und Dienstleistungen für die Aktivitäten eines Kundenprozesses beteiligt sind. Die Leistung des Gesamtnetzwerkes tritt gegenüber der eigenen Produktion in den Vordergrund.

Der Aufwand zur Etablierung der Zusammenarbeit zweier Unternehmen auf verschiedenen Kontinenten nimmt – verglichen mit dem Koordinationsaufwand bei der Zusammenarbeit zweier Abteilungen desselben Unternehmens – ab. Unternehmen werden deshalb künftig für jeden ihrer Prozesse entscheiden, ob die gleiche Wertschöpfung innerhalb oder außerhalb des Unternehmens kostengünstiger zu erbringen ist. Wenn der Wachdienst durch ein externes Sicherheitsunternehmen effizienter erbracht wird als durch einen internen Werksschutz oder wenn die Gehaltsabrechnung außer Haus billiger als im Hause ist, findet eine Auslagerung dieser Prozesse statt *(Outsourcing)*. Andere Leistungen werden nicht mehr zugekauft, sondern im Unternehmen selbst erbracht. Letztendlich wird geprüft, ob einzelne Unternehmen überhaupt einen Mehrwert generieren können. Die Wertschöpfung von Reiseveranstaltern wird durch den direkten Informationszugang der Kunden in Frage gestellt. Hotels und Fluggesellschaften streben ihrerseits den direkten Abschluss mit dem Endkunden an, weil sie dadurch ihre Gewinnmarge zu erhöhen vermögen *(Disintermediation)*. Wenn es den Reiseveranstaltern gelingt, dem Kunden einen zusätzlichen Nutzen zu schaffen, etwa durch die Personalisierung von Leistungen, können sie sich zwischen Lieferanten und Kunden positionieren *(Intermediation)*.

Die Musikindustrie ist ein Beispiel für Sektoren, die dieser radikalen Veränderung unterliegen. So ist MP3, ein Format zur Komprimierung von Audiodaten, dabei, die Branche grundlegend zu restrukturieren. Die Möglichkeiten des Internets wurden hier lange nicht erkannt. Der Versuch, über Urheberrechtsklagen und die Marktmacht dominanter Labels die Strukturen der Vor-Internet-Zeit zu zementieren, ist mittelfristig nicht erfolgreich. Der schwunghafte Handel mit Raubkopien lässt sich am besten durch ein legales, kundenprozessorientiertes Musikangebot im Internet bekämpfen.

Unternehmen müssen sich auf die Leistungen konzentrieren, die sie besser als die Konkurrenz und besser als der Kunde erbringen können. Die Vernetzung erhöht die Vergleichbarkeit von Leistungen und Leistungsbündeln. Unternehmen müssen sich daher mehr als in der Vergangenheit bei der Leistungserzeugung auf ihre Kernkompetenzen konzentrieren. Liegt die Kernkompetenz in einem Bündel von Leistungen, erbringt der Leistungsintegrator einerseits die Bündelung (Integration), andererseits einzelne Leistungen innerhalb seiner Kernkompetenz; den Rest kauft er zu.

Wettbewerb findet nicht mehr nur zwischen einzelnen Unternehmen, sondern zwischen ganzen Geschäftsnetzwerken statt. Jedes Unternehmen muss in dem Geschäftsnetzwerk mit den größten Potenzialen eine möglichst einflussreiche Position aufbauen. Ein früher Eintritt erhöht die Chancen. Jede Fusion, jedes *Outsourcing*, jeder neue Dienstanbieter führt jedoch zu einer Neuverteilung der Leistungen im Netzwerk. Unternehmen des Informationszeitalters müssen deshalb die Fähigkeit besitzen, auf diese Veränderung rechtzeitig zu reagieren (vgl. FLEISCH 2000).

Business Collaboration Infrastructure

Vermittlungsstellen *(Switch Boards, Exchanges)* mit international anerkannten Standards für Rufnummern, Wahlimpulse, gegenseitige Leistungsabrechnung etc. sind die Voraussetzung für die heutige Telefonie. Will ein Kunde neu ins Telefonnetz, unterschreibt er einen Vertrag, beschafft ein Telefongerät und steckt die Leitung ein. Nun kann er jeden anderen Teilnehmer anrufen oder von diesem angerufen werden. Man spricht deshalb von der *m:n-Fähigkeit* des Telefonnetzes. Das Internet als technische Infrastruktur ist ebenfalls m:n-fähig. Dies war die Voraussetzung für seine explosionsartige Verbreitung.

Heutige Geschäftsnetzwerke sind teilweise noch in der Phase der Einszueins-Verbindung, mit der auch das Telefon angefangen hat (ein Teilnehmer kann mit genau einem anderen telefonieren). In vielen Fällen haben mächtige oder schnelle Unternehmen ihre Geschäftspartner in 1:n-Verbindungen gebracht (zum Beispiel Avnet, Amazon). Das bedeutet, auf das Telefonbeispiel übertragen, Avnet kann mit vielen Partnern «telefonieren», diese jedoch nur mit Avnet. In wenigen Fällen haben sich m:n-Netzwerke etabliert. Beispiele sind SWIFT für den internationalen Zahlungsverkehr (SWIFT 2001) und GXS, die «Vermittlungsstelle» von General Electric für den Einkauf und Verkauf von Gütern mit mehr als 100 000 Lieferanten und Kunden (GXS 2001).

Der große Durchbruch kooperativer Prozesse wie etwa des *Supply Chain Management* wird erst stattfinden, wenn sich die Teilnehmer eines Geschäftsnetzwerkes auf gemeinsame Verhaltensregeln und Standards geeinigt haben. Eine verbindliche Regelung für alle Teilnehmer *(Business Collaboration Infrastructure → **Abbildung 3**)* umfasst Handelsvereinbarungen (zum Beispiel die Rechtsverbindlichkeit von ausgetauschten elektronischen Nachrichten), die gemeinsamen Kooperationsprozesse, die Festlegung der zu nutzenden Programme und ihrer Konfiguration, die auszutauschenden Daten und ihre Bedeutung sowie die zugrunde liegende Informationstechnik (für eine detailliertere Erläuterung ÖSTERLE 2001).

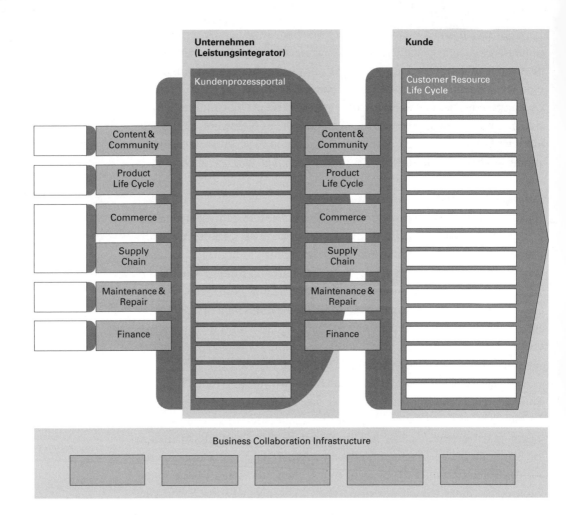

Abbildung 3
Modell einer Business Collaboration Infrastructure

Die Wahl der richtigen *Business Collaboration Infrastructure* ist nicht vorrangig eine technische Fragestellung, sondern ein betriebswirtschaftliches Problem. Ein Einzelhandelsunternehmen wie Karstadt braucht für den Einkauf von Kleidung einen einzigen Sortimentsbildungs- und Einkaufsprozess. Diesen muss es aus Kosten- und Komplexitätsgründen mit möglichst allen Lieferanten gleich benutzen. Das heißt, wenn die für eine Bestellung zu übermittelnden Daten und das dafür zu verwendende Datenformat, die für eine Bestellung notwendigen Arbeitsschritte (zum Beispiel die Reihenfolge, in der die einzelnen Schritte abgearbeitet werden, und die Bestellsoftware auf einen Lieferanten ausgerichtet sind, ist es umständlich und teuer, andere Lieferanten einzubinden, die dieses Vorgehen nicht unterstützen. Aus Sicht des Lieferanten, der seinen Lieferprozess beispielsweise mit Wal.Mart abgestimmt hat, bedeutet das,

Karstadt als Kunden zu verlieren oder die Kosten und Komplexität eines zusätzlichen Lieferprozesses in Kauf zu nehmen. Kunden (Karstadt oder Wal.Mart) wie Lieferanten (zum Beispiel Hugo Boss oder Nike) versuchen, einerseits die Vorteile einer engen Abstimmung (zum Beispiel CPFR 2001) zu nutzen, andererseits die Anzahl von Prozessvarianten und Applikationsschnittstellen so klein wie möglich zu halten. Für den Einzelhändler wird die *Business Collaboration Infrastructure*, über die er die wichtigsten Geschäftspartner erreichen kann, ein wesentlicher Wettbewerbsfaktor. Maschinenbauunternehmen haben dies am Beispiel des gemeinsamen CAD-Systems (CAD = *Computer Aided Design*) von Kunden und Lieferanten bereits erlebt.

Elektronische Marktplätze *(Exchanges)* wie Enron, Emaro, Covisint, Transora usw. sind Beispiele für *Business Collaboration Infrastructures.* Sie waren ursprünglich als meist branchenspezifische (vertikale) Börsen für den Kauf und Verkauf von Gütern konzipiert, als solche aber kaum erfolgreich. Ihren größten Wert erhalten diese «Marktplätze» als Betreiber einer Infrastruktur für Kooperationsprozesse. Die Auswahl der externen *Collaboration Infrastructure* richtet sich nicht vorrangig nach der technischen Perfektion der Lösung, sondern nach ihrem mittel- und langfristigen Potenzial. Verwendet das wichtigste Geschäftsnetzwerk eine bestimmte Plattform, so wird dies die Auswahl entscheiden.

Unternehmen müssen versuchen, dieselbe *Business Collaboration Infrastructure* intern und extern zu verwenden, da sie sonst viele Schnittstellen zweimal entwickeln und warten müssen. Unternehmensintern ist die Unterstützung des Kundenprozesses Auswahlkriterium für eine *Collaboration Infrastructure.* Das Kundenprozessportal treibt künftig die internen Prozesse. Eine Preisanfrage, eine Änderung in einer Auslieferungsadresse, eine Modifikation der Produktspezifikation etc. müssen direkt in die internen Prozesse einlaufen.

Die vernetzte Wirtschaft wird nicht kurzfristig Wirklichkeit. Nehmen wir den Zeitraum, den die Wirtschaft zur Integration der innerbetrieblichen Prozesse benötigt hat, als Maßstab, dann müssen wir für die Entstehung kooperativer Prozesse über *Business Collaboration Infrastructures* mit einer kontinuierlichen Entwicklung über einen Zeitraum von dreißig bis fünfzig Jahren rechnen. Das bedeutet für ein Unternehmen nicht, dass es noch viel Zeit bis zum Beginn der Vernetzung hat, sondern dass diese Vernetzung in vielen kleinen, wettbewerbsbestimmenden Schritten längst begonnen hat.

E-Services

Die Servicenummern der Telekommunikationsgesellschaften – wie etwa für die Uhrzeit, den Wetterbericht oder die Auskunft – haben für das Telefonnetz die Bedeutung von *E-Services* für die *Business Collaboration Infrastructure.* Der Begriff E-Services beschreibt Dienstleistungen in Geschäftsnetzwerken, die überwiegend elektronisch erbracht werden und entweder im Netzwerk billiger als innerhalb eines Unternehmens erstellt werden können oder zur Koordination zwischen Unternehmen notwendig sind. Bekannte Beispiele sind Verzeichnisse von Geschäftspartnern, Zahlungsverkehrsdienste und Produktkataloge, aber auch Salärabrechnung und Kreditauskünfte. Es sind standardisierte und modularisierte Leistungen, die sowohl in unternehmensinterne Prozesse als auch in Kooperationsprozesse integriert werden können. Elektronische Dienste erfüllen entweder eine koordinierende Aufgabe (zum Beispiel Zahlungsverkehr) oder sind Teilprozesse, die von vielen Unternehmen in ähnlicher Form benötigt und daher in elektronischer Form zugekauft werden (zum Beispiel Salärabrechnung) (vgl. HP 2000, SAP 2000).

Anfang 2000 hat ein Unternehmenskonsortium, an dem der Software-Hersteller Microsoft maßgeblich beteiligt ist, die Kontrolle über das weltweit dominierende Internet-Zahlungsverkehrssystem CheckFree übernommen. Zukünftig sollen weltweit Rechnungs- und Zahlungsinformationen zwischen Telekom-Anbietern und ihren Kunden, zwischen Vermietern und Mietern, zwischen Lieferanten und Einkäufern über die Großrechner des Unternehmenskonsortiums geschleust werden. Ein weiteres Beispiel von Microsoft ist der PassPort-Service, über den sich Geschäftspartner im Internet identifizieren.

Während für die Entwicklung und den Betrieb von E-Services hohe leistungsunabhängige Kosten (Fixkosten) entstehen, sind die Kosten für eine einzelne zusätzliche Leistungserbringung sehr gering (Grenzkosten). Das bedeutet, die Kosten für eine hundertmalige Leistungserbringung unterscheiden sich kaum von denen für die tausendfache Erbringung des E-Services. Das Angebot kundenprozessorientierter, global verfügbarer elektronischer Services zeigt einen neuen Wirtschaftszweig auf, der bereits mit niedrigen Erträgen pro Transaktion gewaltige Marktkapitalisierungen erlaubt.

Es gibt vier Gruppen von Aufgaben, die von E-Services-Anbietern (heute schon) übernommen werden:

- *Geschäftsprozessservices*
  übernehmen Aufgaben der unternehmerischen «Kernprozesse» wie Einkauf, Produktion, Vertrieb, Marketing, Verkauf und Kundendienst.

Dies sind zum Beispiel die Suche des günstigsten Lieferanten von Büroartikeln oder die Online-Paketverfolgung während des Warentransportes.

■ *Content- und Transaktionsservices*
liefern Anwendungsfunktionen der Informationstechnologie (IT), die in verschiedenen Prozessen genutzt werden können. Sie unterstützen die Aufgabenträger bei der Sammlung von Informationen und der Interaktion. Ein Beispiel ist die Unterstützung der Kommunikation verteilter Projektteams mit virtuellen Räumen.

■ *Integrationsservices*
liefern Funktionen, die in netzwerkbasierten Applikationen benötigt werden. Sie integrieren Leistungen und Inhalte, um den Aufgabenträgern oder den Kunden einen einheitlichen Zugriff zu ermöglichen, und unterstützen so den Informationsaustausch und die Koordination zwischen Prozessen verschiedener Unternehmen. Beispiele sind die Gewährleistung des sicheren Transports und die Protokollierung der Nachrichten von und zu ausgewählten Netzteilnehmern *(Messaging, Routing)* oder die Verbindung von Objekten aus unterschiedlichen Datensammlungen (zum Beispiel Produktkataloge).

■ *IT-Basisservices (IT-Operations-Services)*
bieten modulare Basisdienstleistungen, auf denen die anderen E-Services aufbauen. Sie unterstützen Aufgaben des Informationstransports auf der technischen Infrastruktur. Dazu zählt die Unterstützung des Netzwerkbetriebs oder die Ausstellung von Zertifikaten über die Echtheit einer elektronischen Unterschrift.

E-Services beeinflussen die Netzwerkfähigkeit eines Unternehmens. Es geht nicht darum, den billigsten, am schnellsten einführbaren oder technisch modernsten E-Service auszuwählen, sondern denjenigen, der mittel- und langfristig die größte Akzeptanz haben wird. Die Wahl ist dabei meist keine Entscheidung für einen einzelnen Service, sondern für eine ganze *Business Collaboration Infrastructure* mit den darin zusammengefassten E-Services.

Die Entwicklung eigener E-Services bietet sich dann an, wenn ein Unternehmen für einen Service nicht nur führendes Know-how besitzt, sondern auch Chancen hat, diesen Service global – zum Beispiel durch Allianzen – durchzusetzen. Die Phase, in der viele Start-ups in allen Wirtschaftsbereichen innovative Services, beispielsweise kostenlose E-Mail-Dienste wie Hotmail kreierten, ist weitgehend vorbei. Zwar bieten Nischen durchaus noch derartige Chancen, in der Bündelung und Durchsetzung der Dienste können aber nur noch sehr große Unternehmen mitziehen, die hohe Investitionen verkraften können und einen globalen Zugriff auf eine breite Kundenbasis haben.

Zusammenfassung

Die Informationstechnologie ermöglicht eine grundlegende Veränderung der Wirtschaftsstrukturen. Zunächst lag der Fokus auf der Optimierung innerbetrieblicher Prozesse. Zwischenbetriebliche Vernetzung und Multimedia haben in den neunziger Jahren angefangen, Prozesse über Unternehmensgrenzen hinaus zu verlängern und miteinander zu verbinden. *Connected Smart Appliances* werden an vielen Stellen menschliche Zwischenschritte ersetzen und damit die Prozesse noch weiter vereinfachen und beschleunigen. Für die Wirtschaft im Informationszeitalter ergeben sich daraus drei wesentliche Erkenntnisse:

- *Kundenorientierung ersetzt die bisher vorherrschende Produktzentrierung*
  Es geht nicht mehr darum, vorhandene Produkte und Dienstleistungen effizienter zu verkaufen, sondern den Kundenprozess so zu bedienen, dass der Kunde durch ein Leistungspaket gebunden wird. Die Leistungen ergeben sich aus dem *Customer Resource Life Cycle*. Dienstleistungen mit Zusatznutzen schaffen Kundenbindung.

- *E-Services entwickeln sich zu einem großen Wirtschaftsfaktor*
  Internet und Multimedia verändern die Machtverhältnisse in den Geschäftsnetzwerken fundamental. Unternehmen müssen ihre Position, ihre Leistungen und ihre Prozesse vor diesem Hintergrund überdenken. Unternehmen lagern viele Aufgaben und Prozesse an externe Serviceanbieter aus.

- *Wissen ist die Wettbewerbswaffe im Informationszeitalter*
  Wissen über Kunden, Produkte und Technologie bestimmt den Unternehmenswert. Geschäftspartner erwarten, dass sie mit den Produkten und Dienstleistungen eines Lieferanten auch auf dessen Wissen über den Einsatz Zugriff bekommen.

Literatur

AutoEuro (2001). http://www.autoeuro.de, 30. Juli 2001.

Covisint (2001). http://www.covisint.com, 30. Juli 2001.

CPFR (2001). *Introduction of CPFR.* http://www.cpfr.org/Intro.html, 21. Februar 2001.

ENEN (2001). *A community of Electronic Engineers.* http://www.enen.com, 2. August 2001.

FLEISCH, E. (2000). *Das Netzwerkunternehmen: Strategien und Prozesse zur Steigerung der Wettbewerbsfähigkeit in der Networked Economy.* Berlin et al.: Springer.

FLEISCH, E. (2001): Connected Smart Appliances. In: H. ÖSTERLE / E. FLEISCH / R. ALT. *Business Networking in der Praxis* (pp. 220–237). Berlin et al.: Springer.

GXS (2001). http://www.gxs.com, 30. Juli 2001.

HP (2000). *Understanding e-Services.* http://www.hp.com/e-services/understanding/index.html, 24. März 2000.

IWI (2001). Business Model @ Web. Institut für Wirtschaftsinformatik, Universität St. Gallen. http://hotchili.iwi.unisg.ch/bm.nsf, 30. Juli 2001.

MUTHER, A. (1997). Electronic Customer Care (ECC) – IT in der Anbieter-Kunden-Beziehung, Dissertation, Universität St. Gallen.

ÖSTERLE, H. (2001). Geschäftsmodell des Informationszeitalters. In: H. ÖSTERLE / E. FLEISCH / R. ALT. *Business Networking in der Praxis* (pp. 17–38). Berlin et al.: Springer.

RODIN, R. (1999). *Free, Perfect, and Now: Connecting to the Three Insatiable Customer Demands: A CEO's True Story.* New York: Simon & Schuster.

RosettaNet (2001). *Introduction to RosettaNet.* http://www.rosettanet.org, 21. Februar 2001.

SAP (2000). *mySAP.com Marketplace – One-Step Business.* http://www.sap.com/solution/marketplace/index.htm, 24. März 2000.

SAP (2001). C-Business Maps. http://www.sap-ag.de/c-bs, 19. Februar 2001.

SCC (1998). *Supply Chain Operations Reference-model (SCOR).* http://www.supply-chain.org, 31. Juli 2001.

SWIFT (2001). http://www.swift.com, 30. Juli 2001.

Aufgaben

Aufgabe 1   Erläutern Sie, welche unterschiedlichen Betrachtungsweisen dem Begriff «Portal» aus technischer und betriebswirtschaftlicher Sicht zugrunde liegen. Kann es Ihrer Meinung nach «Kundenportale» geben, die keine «Kundenprozessportale» sind?

Aufgabe 2   Erläutern Sie die in **Abbildung 2** dargestellte Geschäftsarchitektur des Informationszeitalters. Gehen Sie dabei kurz auf die Bedeutung der Begriffe «Kundenprozess», «Kooperationsprozess», «Kundenprozessportal», «Geschäftsnetzwerk», «Business Collaboration Infrastructure» und «E-Services» ein.

Aufgabe 3   Nennen Sie die Eigenschaften von E-Services. Berücksichtigen Sie dabei auch deren Kostenstruktur.

Aufgabe 4   Erklären Sie die Begriffe «Connected Smart Appliances» (CSA) und «Medienbruch». Wie können Medienbrüche durch CSA reduziert werden?

Aufgabe 5   Dem «Kundenprozessportal» kann das «Prozessportal des Kunden» gegenübergestellt werden. Auf dem «Prozessportal des Kunden» fasst dieser selbst alle Leistungen unterschiedlicher Lieferanten für seinen Kundenprozess zusammen. Welche Voraussetzungen sind erforderlich, damit jeder Kunde sein eigenes Portal «bauen» kann? Welche Auswirkungen würde dies für die Lieferanten haben? Welche Portalart wird sich Ihrer Meinung nach in Zukunft durchsetzen?

Eine Universität möchte ihre Dienstleistungen stärker am Kundenprozess «Studieren» orientieren. Sie werden beauftragt, ein Konzept zu entwickeln, das den Anforderungen des Informationszeitalters Rechnung trägt.

Aufgabe 6

a) *Kundenprozess.* Ermitteln Sie zunächst den Kundenprozess «Studieren». Gehen Sie dabei vom studentischen «Lebenszyklus» aus und leiten Sie für einzelne Lebenszyklusereignisse Aktivitäten ab (zum Beispiel Ereignis «Studienbeginn» – Aktivität «Informationen über Studienablauf beschaffen»). Beschränken Sie sich dabei auf maximal fünf Lebenszyklusereignisse und beachten Sie, dass Ereignisse auch mehrmals eintreten können (zum Beispiel in jedem Semester).

b) *Leistungen.* Welche Leistungen können zur Unterstützung einzelner Aktivitäten angeboten werden? Überlegen Sie dabei auch, inwieweit die von Ihnen identifizierten Leistungen elektronisch erbracht werden können (zum Beispiel Aktivität «Informationen über Studienablauf beschaffen» – Leistung «Merkblatt Immatrikulation» – kann aus dem Internet heruntergeladen werden). Beschränken Sie sich auf fünf wesentliche Leistungen pro Aktivität.

c) *Geschäftsnetzwerk.* Nicht alle Leistungen können oder müssen von der Universität angeboten werden. Überlegen Sie für jede der in b) identifizierten Leistungen, welche externen Zulieferer allenfalls in Frage kämen.

d) *Business Collaboration Infrastructure.* Die Zusammenarbeit mit anderen renommierten Universitäten erhöht die Attraktivität der Universität. Bislang beklagten sich die Studenten über Probleme bei der Anerkennung von Austauschsemestern. Skizzieren Sie grob, wie die Infrastruktur eines «Universitätsnetzwerkes» aussehen könnte, das den Studentenaustausch besser unterstützt. Was wären in diesem Zusammenhang Beispiele für «Handelsvereinbarungen», Kooperationsprozesse, Programme und auszutauschende Daten? Beschränken Sie Ihre Betrachtungen auf die Anerkennung von Prüfungen.

e) *E-Services.* Viele Dienstleistungen müssen von jeder Universität für ihre Studierenden erbracht werden, obwohl sie nicht zu ihren Kernkompetenzen gehören. Identifizieren Sie fünf Beispiele für elektronische Dienstleistungen, die Universitäten von Drittanbietern (zum Beispiel Studentenvereinen, Informatikdienstleistern etc.) zukaufen könnten und begründen Sie ihre Entscheidung.

Aufgabe 7   Sie werden gebeten, für Kunden eines Telekommunikationsdienstleistungs-
unternehmens mit Angeboten für Festnetz-, Mobilnetzkommunikation und
Internetzugang ein Portal zu entwerfen.

a) Identifizieren Sie hierzu den Kundenprozess und die zugehörige Aufgaben eines Kunden.

b) Nennen Sie weiterhin die entsprechenden Leistungen des Portals sowie
notwendige Lieferanten und sinnvolle, unterstützende *Web Services*
(bzw. *E-Services*). Verwenden Sie die Vorlage auf der nächsten Seite.

c) Welche Faktoren sehen Sie als entscheidend für den Erfolg der Lösung
«Prozessportal für Kunden des Telekommunikationsunternehmens» an?

Aufgabe 8   a) Welche Bestandteile hat eine *Business Collaboration Infrastructure*? Nennen Sie zu jedem Bestandteil jeweils ein Beispiel!

b) Welche Rolle spielt die *Business Collaboration Infrastructure* für Geschäftsnetzwerke und *m:n-Vernetzung*?

Aufgabe 9   Während des Studiums haben Sie die Vision eines MediNet entwickelt, mit
der Sie sich nach dem Abschluss selbstständig machen wollen.

Zunehmende Spezialisierung, voranschreitende Differenzierung der Diagnostik, weiter wachsende Medikamentenvielfalt und die exponentiell wachsende Zahl von Ergebnissen aus der medizinischen Forschung führen für
Ärztinnen und Ärzte zu einer kaum noch zu bewältigenden Komplexität.

Ihnen schwebt ein umfassendes medizinisches Informations- und Kom-
munikationssystem (MediNet) vor, das unter anderem folgende Services bieten würde:

■ Fallstudien zu komplexen Fällen

■ Informationen zu Medikamenten und deren Wechselwirkungen

■ Patientendaten

Ärztinnen und Ärzte können das MediNet nutzen, um Diagnosen mit Fallstudien zu vergleichen, Wechselwirkungen von Medikamenten zu erkennen,
komplexe Fälle mit Kollegen zu diskutieren und den Datenfluss in der Versorgung von Patienten zu verbessern.

a) Skizzieren Sie kurz drei mögliche Einnahmequellen für den Betrieb von
Medinet.

b) Die Fallbeschreibung gibt einige Beispiele für Leistungen um MediNet.
Beschreiben Sie acht weitere Leistungen, die Sie im MediNet anbieten
könnten. Ordnen sie die Leistungen den in Aufgabenteil a) skizzierten Einnahmequellen zu.

c) Welche Vorteile sprechen für die Realisierung von Kooperationsprozessen bei der Gestaltung von Medinet? Nennen Sie mögliche Partner, und begründen Sie Ihre Auswahl.

d) In welchem Zusammenhang stehen Kooperationsprozesse und Kundenprozess?

Virtualisierung

Günther Schuh

Flexibilität – Agilität – Virtualität

Der Schlüssel zum Erfolg produzierender Unternehmungen lag lange Zeit in der Massenproduktion mit mechanisierten Arbeitsmaschinen und Fließbändern mit hoher Arbeitsteilung und -vereinfachung. Diese Art der Produktion geht zurück auf Henry FORD, der mit seinem T-Modell erstmals in der industriellen Geschichte ein Produkt in Serie fertigte. Die Herstellung verlief getreu dem Motto: «Sie können jede Farbe haben, solange sie schwarz ist.» Dies war solange möglich, wie es ausreichend viele Nachfrager nach diesem einen Produkt gab. Mit zunehmender Sättigung der Märkte aber wurden die Kunden wählerischer. Sie wollten plötzlich keine schwarzen Autos mehr haben, und die Lager füllten sich zusehends, da die Produktion auf dieses veränderte Abnehmerverhalten nicht vorbereitet war. Folglich musste ausreichend Flexibilität geschaffen werden, um auch auf unterschiedliche Kundenwünsche eingehen zu können. Dies wurde über Jahrzehnte durch eine Reihe unternehmensinterner Flexibilisierungsbemühungen versucht. Es entstanden zum Beispiel Flexible Fertigungssysteme (FFS), die aus einer Reihe miteinander verbundener Werkzeugmaschinen bestehen. Werden diese entsprechend flexibel aufeinander abgestimmt, so ergibt sich eine breite Vielfalt herzustellender Teilevarianten respektive unterschiedlicher Produkte. Durch diese und weitere Innovationen wurde die Produktion erheblich flexibler. Die hierdurch gewonnene unternehmensinterne Beweglichkeit besaß indessen Grenzen, an die sich der Markt nicht hielt. Der entwickelte sich wechselhafter und sprunghafter, als sich mit solchen Maßnahmen bewältigen ließ. (→ **Abbildung 1**)

Die Folgen eines solch dynamischen Markts sind für die produzierende Industrie besonders hart. Die Betriebsmittel (Werkzeugmaschinen u. Ä.) sind teuer, und die Abschreibungen erstrecken sich nicht nur über eine entsprechend lange Zeit, sondern erfordern eine konstante und möglichst hohe Auslastung mit Aufträgen. Bei keiner anderen betrieblichen Funktion ist die Kapitalintensität und -bindungsdauer so hoch wie in der

Abbildung 1
Der Markt orientiert
sich nicht an der betrieblichen Flexibilität

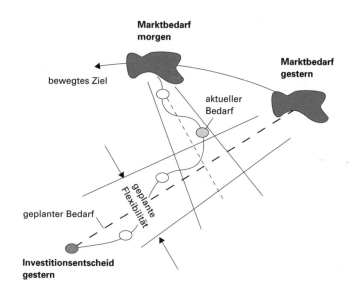

Fertigung und Montage (BRÖDNER 1985; BEARTH 1990). Erschwerend kommen die hohen Kosten und die im Regelfall lange Dauer der Produktentwicklung hinzu (ALBACH et al 1991). Folgerichtig suchte man besonders im produzierenden Gewerbe nach weiteren Möglichkeiten, die Flexibilität zu erhöhen. Während bisherige Maßnahmen zum großen Teil auf die (Produktions-)Prozesse selbst abgezielt hatten (*operative* Ebene), rückte nunmehr die Organisation der Prozesse ins Blickfeld des Interesses (*strategische* Ebene). Ziel der auf diese Weise weiter verbesserten Flexibilität ist die Erschließung neuer Märkte resp. Marktchancen (GOLDMAN et al. 1996). Das Erkennen und die anschließende Ausnutzung dynamisch auftretender Chancen muss im Zentrum zukünftiger Strategien stehen (WARNECKE 1997).

Die Eigenschaft, die einem Unternehmen ein solches Handeln ermöglichen soll, heißt *Agilität*. Sie wird künftig die langfristige Wettbewerbsfähigkeit von Unternehmen bestimmen. Unter Agilität versteht man hierbei die «Flexibilität eines Unternehmens ohne [...] Überkapazitäten. Sie ist charakterisiert durch Schnelligkeit und Vollständigkeit bei der Umsetzung von Kundenanforderungen und/oder Marktveränderungen» (SCHUH/FRIEDLI 1999).

Flexibilität, die notwendig ist, um derart dynamisch auftretende Marktchancen nutzen zu können, erreichte man bisher in erster Linie durch Überkapazitäten im Unternehmen, d.h. durch Kapazitäten, die für die geplante Grundauslastung des Unternehmens nicht benötigt werden und somit auch spontan und kurzfristig genutzt werden können. Aus den bereits erläuterten Gründen kosten derartige Überkapazitäten aber viel

Geld, und ein solcher Verlust an Liquidität ist vor allem für kleinere Produktionsbetriebe schwer bis gar nicht zu verkraften. Eine entsprechend hohe Auslastung der Maschinen geht im Umkehrschluss allerdings zulasten dieser Flexibilität, da die Maschinen so weit als möglich ausgebucht werden und keine Ausweichkapazitäten existieren.

Nach unserer Definition ist Agilität eine Art von Flexibilität, die *ohne Überkapazitäten* erreicht werden kann. Wenn nun aber das Fehlen von Überkapazitäten unvermeidlich mit einer gewissen Inflexibilität des Unternehmens einhergeht, so ist Agilität im logischen Schluss eine Eigenschaft, die *nicht im Alleingang* erreicht werden kann. Aus diesem Grund gerieten in den letzten Jahren unternehmensübergreifende, kooperative Strukturen vermehrt in den Fokus wissenschaftlicher Untersuchungen. Vor dem Hintergrund dieser Forschungen sind eine Reihe von Organisationskonzepten entstanden, die sich von traditionellen, hierarchischen Organisationsformen verabschiedeten. Beispiele hierfür sind unter anderem die *Fraktale Fabrik*, die *Modulare Fabrik*, die *Center*-Konzepte und *virtuelle Unternehmen*. Durch die Implementierung solch dezentraler, d.h. räumlich verteilter Organisationsstrukturen wird unter anderem eine Erhöhung der Marktnähe und somit eine Steigerung der Wettbewerbsfähigkeit angestrebt (EVERSHEIM/DEGEN/GÜTHENKE 2001). Sie beruhen teils auf marktlichen Selbststeuerungsmechanismen, teils auf Prinzipien der Virtualität.

Besonders das letztgenannte Prinzip der *Virtualität* fasziniert seit Mitte der neunziger Jahre Forschung und Praxis gleichermaßen. Ganz allgemein spezifiziert Virtualität ein Objekt über seine Eigenschaften, die zwar nicht physisch, aber doch ihrer Leistung nach vorhanden sind (SCHOLZ 2000). Ein virtuelles Unternehmen ist demnach ein Konstrukt, welches zwar die konstituierenden Charakteristika seines realen Pendants aufweist (zum Beispiel Kompetenzen und Kapazitäten), aber die damit üblicherweise assoziierten, physikalischen Attribute vermissen lässt (zum Beispiel Firmensitz und Management). Wesentlich ist ferner, dass gerade durch das Fehlen dieser physischen Merkmale zusätzliche Nutzeneffekte und vorteilhafte Eigenschaften realisiert werden können (zum Beispiel Agilität).

Ein praxistaugliches Konzept, das bereits frühzeitig die Erfordernisse der Agilität erkannt und durch die Potenziale von Virtualität adressiert hat, ist das am Institut für Technologiemanagement (ITEM-HSG) entwickelte Konzept der *Virtuellen Fabrik*™.[1] Im Umfeld der produzierenden Industrie werden hierbei kleine und mittlere Unternehmen (KMU)

---

[1] Der Begriff «Virtuelle Fabrik» ist eine eingetragene Marke.

so vernetzt, dass in einer gemeinschaftlichen Struktur die Herausforderungen dynamischer Umfeldentwicklungen erfolgreich angenommen werden können.

Das Konzept Virtuelle Fabrik™

Das Kooperationskonzept der *Virtuellen Fabrik* zielt darauf ab, Rahmenbedingungen zu schaffen, die die Entstehung von effizienten Ad-hoc-Kooperationen (d.h. *spontanen* Kooperationen) begünstigen und somit *agiles Handeln* ermöglichen. Zahlreiche Studien weisen zwei wesentliche Aspekte als die häufigsten Gründe aus, warum Kooperationen, insbesondere solche, die entsprechend schnell aufgebaut werden müssen, scheitern und somit Agilität verhindern (BOLLHALTER/EISEN/MILLARG 2001):

1) Suche und Auswahl der geeigneten («richtigen») Partner.
2) Aufbau einer Vertrauensbasis zwischen den Partnern.

Um diesen Schwierigkeiten zu begegnen, besteht das Konzept im Wesentlichen aus zwei Ebenen. Diese sind die stabile Plattform (*Kooperationsnetzwerk*) einerseits und die eigentliche Virtuelle Fabrik (*Wertschöpfungsnetzwerk*) andererseits (→ **Abbildung 2**).

Die stabile Plattform besteht aus rechtlich bzw. wirtschaftlich unabhängigen Unternehmen, die in regionaler Nähe zueinander angesiedelt sind. Jedes der Partnerunternehmen bringt eine oder mehrere herausragende Kompetenzen in das Netzwerk ein. *In Summa* entsteht ein universelles Angebot an unterschiedlichsten Fähigkeiten, die zum Teil auf Kompetenzebene, nicht aber auf Endproduktebene, in Konkurrenz zuein-

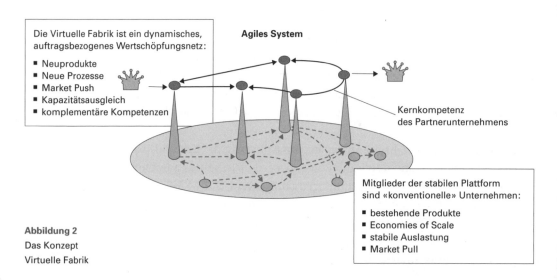

Die Virtuelle Fabrik ist ein dynamisches, auftragsbezogenes Wertschöpfungsnetz:

- Neuprodukte
- Neue Prozesse
- Market Push
- Kapazitätsausgleich
- komplementäre Kompetenzen

Agiles System

Kernkompetenz des Partnerunternehmens

Mitglieder der stabilen Plattform sind «konventionelle» Unternehmen:

- bestehende Produkte
- Economies of Scale
- stabile Auslastung
- Market Pull

Abbildung 2
Das Konzept
Virtuelle Fabrik

ander stehen. Diese Konstellation ermöglicht die «friedliche» Koexistenz von Konkurrenz und Vertrauen im Netzwerk.[2] So können exzellente Leistungen der Partnerunternehmen innerhalb des Netzwerks und innovative Gesamtlösungen für den Kunden garantiert werden. Die stabile Plattform schafft somit die institutionellen Voraussetzungen, im Netzwerkverbund (d.h. unternehmensübergreifend) effizient zusammenzuarbeiten.

Basierend auf diesem «voreingestellten» *Kooperationspotenzial* können die Fähigkeiten der Partnerunternehmen dynamisch und auftragsbezogen immer wieder in neuen Virtuellen Fabriken zusammengestellt und bedarfsgerecht aktiviert werden. Diese Art der interorganisatorischen, unternehmensübergreifenden Wertschöpfung weist die notwendige Agilität und Exzellenz auf. Durch ein solches Vorgehen ist es möglich, nicht nur Auslastungsschwankungen der Partnerunternehmen im Netzwerk auszugleichen, sondern vielmehr neue Marktchancen schnell, zuverlässig (SCHUH/EISEN/DIERKES 2000) und somit agil zu erschließen.

Die Auswahl der Partner erfolgt im Auftragsfall nach marktähnlichen Mechanismen. Das bedeutet, dass diejenigen Partner den Zuschlag erhalten, die gemeinsam für einen konkreten Auftrag am besten geeignet sind. Dadurch steht die optimale Erfüllung des Kundenbedürfnisses im Mittelpunkt der Gesamtwertschöpfung. Obwohl sich das Konzept in diesem Sinne weitestgehend selbst steuert und somit auch keine Aufbau- und Ablauforganisation im herkömmlichen Sinne existiert, so bedarf es doch einiger *Wirkprinzipien*, die das Funktionieren einer Virtuellen Fabrik sicherstellen. Sie umfassen *Rollen, Aufgaben* (→ **Abbildung 3**) und *Spielregeln*.

Wichtig ist dabei auch, dass die verschiedenen Rollen nicht unbedingt mit verschiedenen Personen gleichzusetzen sind. So ist es durchaus denkbar, dass dieselbe Person mehrere Rollen in sich vereint. Wesentlich ist nur, dass alle Aufgaben innerhalb des Netzwerks wahrgenommen werden.

Rollen und Aufgaben

Der *Broker* ist für die Akquisition von Aufträgen sowie für die Vermarktung des Netzwerks verantwortlich. Er sucht nach Möglichkeiten für den Aufbau neuer Virtueller Fabriken. Der *Leistungsmanager* ist für die Auftragsklärung und Offertenstellung gegenüber dem Kunden zuständig und konfiguriert entsprechend die jeweils notwendige Virtuelle Fabrik. Er

---

2   In der Literatur oftmals als «Coopetition» bezeichnet, ein Kunstwort, zusammengesetzt aus den Begriffen *Cooperation* und *Competition*.

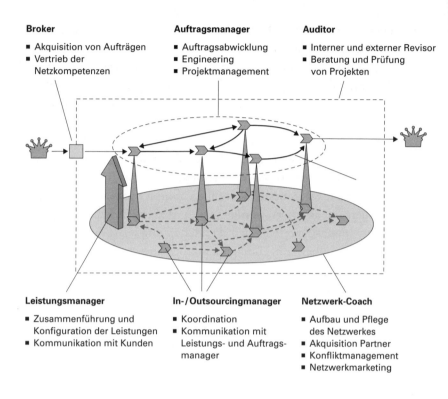

Broker

- Akquisition von Aufträgen
- Vertrieb der
  Netzkompetenzen

Auftragsmanager

- Auftragsabwicklung
- Engineering
- Projektmanagement

Auditor

- Interner und externer Revisor
- Beratung und Prüfung
  von Projekten

Leistungsmanager

- Zusammenführung und
  Konfiguration der Leistungen
- Kommunikation mit Kunden

In-/Outsourcingmanager

- Koordination
- Kommunikation mit
  Leistungs- und Auftrags-
  manager

Netzwerk-Coach

- Aufbau und Pflege
  des Netzwerkes
- Akquisition Partner
- Konfliktmanagement
- Netzwerkmarketing

Abbildung 3
Rollen und Aufgaben
im Netzwerk
(Schuh/Millarg/
Göransson 1998)

wählt folglich diejenigen Partnerunternehmen aus, die zur Abwicklung eines Auftrags gemäß ihren Kernkompetenzen am besten geeignet sind. Der *Auftragsmanager* ist der Leiter der jeweiligen Virtuellen Fabrik und damit Projektmanager für die Auftragsabwicklung. Er übernimmt die Kommunikation mit den an der Leistungserstellung beteiligten Partnern. Der *In-/Outsourcing Manager* bietet die entsprechenden Ressourcen seines Unternehmens im Netzwerk an und koordiniert im Auftragsfall die unternehmensinterne Abwicklung seines Teils des Netzwerkauftrags. Er ist die Unternehmensschnittstelle zu den drei zuvor beschriebenen Rollen. Der *Netzwerkcoach* ist für das Beziehungsmanagement im Netzwerk verantwortlich. Ihm kommt mit der Pflege der Vertrauensplattform eine entscheidende Rolle zu. Ferner ist er für geeignete infrastrukturelle Rahmenbedingungen zuständig. Der *Auditor* ist die neutrale Instanz im Netz. Er prüft den operativen Betrieb des Netzwerks, achtet auf die Einhaltung der Spielregeln und dient als interne und externe Revisionsstelle.

Spielregeln

Spielregeln stellen den Verhaltenskodex des Netzwerks dar. Sie sind allgemein gültige und dauerhafte Restriktionen individuellen und kollektiven Verhaltens, welche Handlungen vorstrukturieren, berechenbar machen und somit Sicherheit geben. So ist zum Beispiel in der Spielregel «Aufnahmebedingungen» geklärt, wer prinzipiell Mitglied des Netzwerks werden kann und wie der Aufnahmeprozess gestaltet ist. Die Regelungen in den «Aufnahmebedingungen» stellen beispielsweise sicher, dass das Gleichgewicht zwischen Konkurrenz und Vertrauen auf Ebene der stabilen Plattform nicht gestört wird. Spielregeln ermöglichen folglich effektives und effizientes Handeln innerhalb der Gemeinschaft. Sie nehmen im Netzwerk eine wichtige Koordinationsfunktion wahr und sorgen für die Harmonisierung des Partnerverhaltens. Die Ausgestaltung der Regeln widerspiegelt auf anschauliche Weise die Kultur im Netzwerk.

Spielregeln, zu deren Einhaltung sich die Partnerunternehmen verpflichtet haben, ersetzen darüber hinaus die bei Kooperationen sonst notwendigen, aufwändig zu erstellenden Verträge und gewährleisten auf diese Weise eine reaktionsschnelle Handlungsfähigkeit des Netzwerks. Beispiele für Spielregeln sind zusätzlich zu den «Aufnahmebedingungen» noch «Qualität», «Leistungsklärung», «Auftragskalkulation» und Ähnliches mehr.

Wie viel Virtualisierung ist sinnvoll?

Das Modell Virtuelle Fabrik ist das Ergebnis eines bereits beinahe zehnjährigen und immer noch anhaltenden Entwicklungsprozesses, der die handlungsleitende Maxime einer idealtypischen Virtualität in das überführt hat, was bisher in der Praxis realisierbar war. Um das Ziel im Laufe dieser Zeit nicht aus den Augen zu verlieren, war es sehr wichtig, sich immer wieder an solchen idealtypischen Leitlinien zu orientieren. Bis heute besteht eine Lücke zwischen real Erreichtem und idealtypisch Wünschenswertem. Diese Kluft wirkt jedoch wie ein richtungsweisender Impuls für weitere Entwicklungsstufen.

Diese während der Konzeptentwicklung der Virtuellen Fabrik verfolgte, idealtypische Virtualität wird durch folgende drei Hauptcharakteristika beschrieben: erstens eine freie (Re-)Konfigurierbarkeit mit beliebig wechselnden Partnern, zweitens eine partizipative Führung unter vollkommen Gleichberechtigten und drittens eine pluralistische Zweck-/Nutzenverfolgung. Eine vollkommene Umsetzung der so skizzierten Virtualität würde die bedingungslose Erfüllung aller drei Punkte bedeuten. Unter realen Umständen wird dieser Zustand aufgrund vieler nicht oder nur schwer steuerbarer Einflussfaktoren nie erreicht werden. Ziel bleibt dennoch die Annäherung an das Idealmodell.

Aus der Erkenntnis heraus, dass in der produzierenden Branche das Vertrauen unter Geschäftspartnern eine entscheidende Rolle spielt, hat man sich konzeptionell eine stabile Plattform angedacht, innerhalb deren sich die Partnerunternehmen kennen lernen und das notwendige Vertrauen aufbauen können. Diese Einschränkung der potenziellen Kooperationspartner verletzt zum Beispiel bereits die idealtypische Forderung nach uneingeschränkter, freier Konfigurierbarkeit der an der Leistungserstellung beteiligten Unternehmen.

Dennoch konnten eine Reihe von Nutzenpotenzialen für die Partnerunternehmen generiert werden. Beispielsweise zeigt sich ein positiver Effekt in den *zusätzlichen Aufträgen*, die die Partner durch ihre Mitgliedschaft in und über die Virtuelle Fabrik abwickeln konnten. Die zusätzliche *Kapazitätsauslastung* erreicht hier Werte bis zu 20 Prozent. Besonders positiv wirkt sich in diesem Zusammenhang aktives, unternehmerisches Verhalten aus, da besonders kleine Unternehmen mit dem Kompetenzpool im Hintergrund Aufträge annehmen können, die sie alleine nicht bewältigen könnten. Derart können sich auch kleinere Unternehmen ihren Kunden gegenüber durch höherwertigere und komplexere Produkte und Dienstleistungen profilieren und sich auf diese Weise vom einfachen Komponentenhersteller schrittweise zum *Modul-* respektive *Systemanbieter* weiterentwickeln. Sie können hierdurch den Fokus auf ihre eigenen Kernkompetenzen schärfen. Ferner existiert ein lebhafter *Austausch von Restkapazitäten* innerhalb des Netzwerks, die entsprechend günstig zwischen den Partnern gehandelt werden und somit zu *Kosteneinsparungen* von bis zu 15 Prozent führen. Das Kooperationsnetzwerk kann zudem wie ein großer *Kapazitätspool* wirken. Hierdurch können die Partnerunternehmen zusätzlich ihre *Lieferbereitschaft* gegenüber ihren Kunden erhöhen. Bei kapazitiven Engpässen werden Teile der Aufträge in die Virtuelle Fabrik weitervermittelt, wodurch die individuelle Lieferbereitschaft erhalten bleibt und somit ein wichtiger Beitrag zur Agilität im Netzwerk geleistet wird. Ein weiterhin nicht zu unterschätzender Vorteil ist die Wirkung des Netzwerks als *Lernarena* für die Partnerunternehmen. Es findet ein intensiver branchenübergreifender Erfahrungs- und Know-how-Austausch statt, der zum Beispiel auch in Form eines freundlichen *Benchmarkings* seinen Ausdruck finden kann. Informationen und Trendmeldungen verbreiten sich schnell, und die Partner halten sich gegenseitig auf dem Laufenden.

Die Historie der Entwicklung in der Praxis lässt sich wie folgt skizzieren. Aus einem Aktionsforschungsprojekt, das in den Jahren 1995–1998 gemeinsam mit mehr als dreißig Industrieunternehmen durchgeführt wurde, entstand die Virtuelle Fabrik Euregio Bodensee, die nunmehr seit

Anfang 1998 selbstständig am freien Markt tätig ist. Ihrem Vorbild sind weitere Netzwerke (so genannte Satelliten) gefolgt. Diese waren die Virtuelle Fabrik Nordwestschweiz-Mittelland und die erst im Jahr 2000 gegründeten Virtuellen Fabriken Rhein-Ruhr und Baden-Württemberg. Neben dieser Skalierung des Konzepts wurde zur Weiterentwicklung der Virtuellen Fabrik Anfang 2001 die Virtuelle Fabrik AG gegründet, die als satellitenübergreifende Organisation koordinierende Aktivitäten wahrnimmt und Synergien hebt.

Es bleibt abzuwarten, in welchem Umfang diese Maßnahmen zum weiteren Erfolg des Konzepts beitragen können. Sicher ist aber heute schon, dass es, aufbauend auf einem theoretischen Konstrukt idealtypischer Virtualität und dem gleichzeitig vorsichtigen Blick auf das realistisch Erreichbare, gelungen ist, einen echten Zusatznutzen für die produzierende Industrie zu schaffen.

Literatur

ALBACH, H./DE PAY, D./ROJAS, R. (1991). Quellen, Zeiten und Kosten von Innovationen. In: *Zeitschrift für betriebswirtschaftliche Forschung, 3.*

BEARTH, R. (1990). *Überleben im Strukturwandel.* Zürich: Verlag industrielle Organisation.

BOLLHALTER, S./EISEN, S./MILLARG, K. (2001). Mehr Flexibilität durch Kooperation. Die Virtuelle Fabrik – ein erfolgreiches Kooperationsmodell. In: G. SCHUH/F. FAHRNI (Hrsg.). *Technologiemanagement als Treiber nachhaltigen Wachstums* (S.107–117). Aachen: Shaker.

BRÖDNER, P. (1986). Fabrik 2000 – Alternative Entwicklungspfade in die Zukunft der Fabrik, Berlin: Edition Sigma

EVERSHEIM, W./DEGEN, H./GÜTHENKE, G. (2001). Organisationsgestaltung dezentraler Einheiten in der Produktion. In: *io-management, 70, 5: 28–35.*

GOLDMAN, S./NAGEL, R./PREISS, K./WARNECKE, H. (1996). *Agil im Wettbewerb.* Berlin/Heidelberg: Springer.

SCHOLZ, Ch. (2000). *Strategische Organisation – Prinzipien zur Vitalisierung und Virtualisierung* (2. Aufl.). Landsberg/Lech: Verlag moderne Industrie.

SCHUH, G./EISEN, S./DIERKES, M. (2000). Virtuelle Fabrik – Flexibles Produktionsnetzwerk zur Bewältigung des Strukturwandel. In: B. KALUZA/T. BLECKER (Hrsg.): *Produktions- und Logistikmanagement in virtuellen Unternehmen und Unternehmensnetzwerken* (S.61–88). Berlin/Heidelberg: Springer.

SCHUH, G./FRIEDLI, T. (1999): Die Virtuelle Fabrik – Konzepte, Erfahrungen, Grenzen. In: K. NAGEL/R. ERBEN/F. PILLER (Hrsg.). *Produktionswirtschaft 2000 – Perspektiven für die Fabrik der Zukunft* (S.217–242). Wiesbaden: Gabler.

SCHUH, G./MILLARG, K./GÖRANSSON, A. (1998). *Virtuelle Fabrik – Neue Marktchancen durch dynamische Netzwerke.* München/Wien: Carl Hanser.

WARNECKE, H. (1997). Komplexität und Agilität – Gedanken zur Zukunft produzierender Unternehmen. In: G. SCHUH/H. WIENDAHL (Hrsg.). *Komplexität und Agilität – Steckt die Produktion in der Sackgasse?* (S.1–8). Berlin/Heidelberg: Springer.

Aufgaben

Aufgabe 1   Im vorangehenden Kapitel wird das Dilemma zwischen Flexibilität und Kapazität dargestellt. Je höher die Flexibilität, desto größer auch die kostenintensiven Überkapazitäten und umgekehrt, je kleiner die Überkapazitäten, desto größer die Inflexibilität von Unternehmungen.

a) Beschreiben Sie dieses Dilemma in konkreter Form am Beispiel einer großen, international operierenden Fluggesellschaft.

b) Welche Möglichkeiten hat eine große Fluggesellschaft, um einen möglichst optimalen Weg im Kontext dieses Dilemmas zu entwickeln?

c) Welche dieser Möglichkeiten kann im Gegensatz dazu eine kleine regionale Fluggesellschaft nicht umsetzen, und wieso ist dies so?

Aufgabe 2   Die *Virtuelle Fabrik* ist ein Ansatz zur Entwicklung agilen Handelns.

a) Erklären Sie den Unterschied zwischen dem Kooperations- und dem Wertschöpfungsnetzwerk im Konzept der Virtuellen Fabrik.

b) Im Netzwerk einer Virtuellen Fabrik sind verschiedene Rollen mit zugehörigen Aufgaben von besonderer Bedeutung. Nennen Sie die Ihrer Meinung nach beiden wichtigsten Rollen im Netzwerk, und begründen Sie Ihre Auswahl.

Aufgabe 3   Im Kapitel → **FI2** Strategische Entwicklungsprozesse wird die besondere Bedeutung des Wettbewerbs zwischen Unternehmen herausgestellt. Hier nun wird die Kooperation von Unternehmungen besonders betont.

a) Listen Sie in kurzer und übersichtlicher Form alle Vorteile des Konzepts der Virtuellen Fabrik auf.

b) Welche dieser Vorteile gelten besonders für Klein- und Mittelunternehmen (markieren Sie die ausgewählten Vorteile)?

c) Warum ist das Konzept der Virtuellen Fabrik besonders für Klein- und Mittelunternehmen von großem Interesse? (→ auch Aufgabe 1c)

Ein Skeptiker gegenüber dem Ansatz der Virtuellen Fabrik nennt in einem   **Aufgabe 4**
Gespräch drei Kritikpunkte: Erstens sei die Abstimmung verschiedener eigen-
ständiger Unternehmen sehr schwierig und damit zeit- und ressourcenauf-
wändig, zweitens gebe es immer Rivalität zwischen verschiedenen Unternehmen, und damit sei die Kooperation gefährdet; drittens schließlich sei
unklar, wie im Konzept der Virtuellen Fabrik die entstehenden Risiken (zum
Beispiel für spätere Haftungs- oder Garantieansprüche) und die Gewinnver-
teilung geregelt seien.

Widerlegen Sie mit Hilfe der im Lehrbuchtext getroffenen Aussagen zur
Virtuellen Fabrik die drei genannten Befürchtungen.

Aus der Geschichte
einer Unternehmung

Rolf Dubs

Versuchen Sie mit gesundem Menschenverstand herauszufinden, in
welchen Phasen der Verwaltungsrat der CommPack AG Fehler gemacht hat? Wie hätten Sie zu diesem Zeitpunkt reagiert?

1

Über Jahre hinweg beging der Verwaltungsrat immer wieder die
gleichen Fehler:

a) Er ließ sich von einer vagen Idee einer Wachstums- und Diversifikationsstrategie leiten, die aber weder eindeutig ausgearbeitet
noch bewusst als Richtschnur beschlossen wurde.

b) Durch den wenig gezielten Zukauf weiterer Unternehmungen
ohne grundsätzliche Überlegungen zur Organisation der gesamten
Unternehmung entwickelten sich strukturelle Probleme. Die de-
zentrale Organisation führte zur Unübersichtlichkeit, die nicht nur
eine Konzentration der Kräfte erschwerte, sondern auch zu einer
ziellosen Diversifikation führte. Erschwerend kam hinzu, dass die
Familienmitglieder an den einzelnen Gesellschaften unterschiedliches Interesse zeigten, was die Meinungsbildung im Verwaltungsrat erschwerte, zumal keine eindeutige Strategie vorlag.

c) Viele Entscheidungen wurden nur aufgrund allgemeiner Wunschvorstellungen (Wachstum und Diversifikation) getroffen. Eindeutige Entscheidungskriterien, wie sie sich aus einer verbindlichen
Strategie ergeben müssten, wurden bei der Entscheidungsfindung
kaum beachtet. Deshalb erfolgten die Zukäufe von Unternehmungen eher zufällig, und die späteren Verkäufe geschahen unter dem
Druck der Umstände. Insgesamt wurde reagiert und nicht agiert.
Vor allem wurde die Wettbewerbssituation (Überangebote auf dem
Markt, Me-too-Produkte) nicht genügend analysiert.

d) Die Entwicklung in den einzelnen Umweltsphären wurde zu wenig präzise analysiert (insbesondere technologische Veränderungen

in der Verpackungsindustrie, neue Ansprüche der Konsumentinnen und Konsumenten, Wettbewerbssituation). Offensichtlich fehlten auch zielstrebige Kontakte mit den Anspruchsgruppen. Dies führte zu einer «Nabelschau», die die Gefahr der Selbstgefälligkeit in sich trug.

e) Das Rechnungswesen genügte den Ansprüchen nicht. Die Produktekalkulation wurde oberflächlich durchgeführt, so dass keine Übersicht über die Kostenentwicklung bei den einzelnen Produkten (Kostenträgern) vorhanden war und nicht erkannt wurde, dass Quersubventionierungen (Verluste bei einem Produkt werden durch Gewinne bei einem anderen Produkt gedeckt) stattfanden, die den gesamten Gewinn schmälerten. Offensichtlich fehlte auch ein systematisch aufgebautes Controlling-System.

f) Zwar wurden, wenn auch zu spät, strategische Maßnahmen ergriffen. Aber die vermeintlich radikalen Lösungen (Verkauf des Folien- und Kunststoffbereiches, Investitionen im Blechbereich trotz Produktionsengpässen bei den Tuben) wurden ohne sorgfältige Umweltanalysen und ohne klare strategische Neuausrichtung getroffen, was zu weiteren Reibungsverlusten führte.

g) Viele Misserfolge hätten vermieden werden können, wenn man die Umweltanalysen regelmäßig und systematisch durchgeführt und die Strategie jährlich überprüft und allenfalls angepasst hätte. Dazu hätte man sich indessen intensiver mit der Organisation befassen müssen. Wahrscheinlich aus Gründen unterschiedlicher Interessen der einzelnen Familienmitglieder wurden die neu zugekauften Unternehmungen nur an die bestehende Organisation «angehängt», ohne dass man die gesamte Organisationsstruktur an die veränderten Gegebenheiten angepasst hätte. Wahrscheinlich hätte man angesichts der auseinander laufenden Interessen der einzelnen Familienmitglieder den Verwaltungsrat mit außenstehenden Persönlichkeiten mit strategischen Fähigkeiten im Verpackungsbereich ergänzen müssen.

2   Welche Erscheinungen in ihrer Umwelt beeinflussten die Entwicklung der Unternehmung in kaum voraussehbarer Weise?

Bei der Ausgestaltung und laufenden Anpassung der Strategie der Unternehmung hätten die Entwicklungen in der technologischen und in der ökonomischen Umweltsphäre besser analysiert werden müssen.

Eine Analyse der technologischen Umwelt hätte früh gezeigt, dass Konservendosen aus Blech allmählich durch Verpackungen aus neuen Materialien (flexible Folienverpackungen) abgelöst wurden. Zwar kaufte man dann eine Folienfabrik zu, die aber nur Me-too-Produkte (Folienpackungen für Teigwaren, Süßigkeiten usw.) herstellte, das technologische Know-how für den Konservenersatz jedoch nicht besaß und auch nicht über das Entwicklungspersonal verfügte, um Folien als Konservenersatz zu entwickeln. Eine bessere Analyse der ökonomischen Umwelt (Bedürfnisse, Nachfrage) hätte gezeigt, dass der Rückgang bei der Nachfrage nach Konservendosen übermäßig schnell verlief, so dass man rascher und konsequenter (beschleunigte Stilllegung) hätte reagieren müssen. Auch im Bereich Kunststoff wurden Marktanalysen (ökonomische Umwelt) nicht mit genügender Sorgfalt durchgeführt. Zudem unterschätzte man die Probleme der technologischen Entwicklung. Ohne genügendes Know-how von spezialisierten Mitarbeitenden sind technologische Innovationen nicht machbar, selbst wenn in andern Technologiebereichen der Unternehmung eine hohe Sachkompetenz vorhanden ist. Zudem hätte eine Analyse des Angebotes an Folien darauf verwiesen, dass man in einen übersättigten Markt ohne Produktinnovationen einsteigt. Die vermeintlich gute Idee des Einstiegs in das Foliengeschäft musste wegen der ungenügenden Analyse der Umwelten scheitern.

Wie beurteilen Sie die Grundhaltung der Familie und des Verwaltungsrates?   3

Die in der Unternehmung aktiven Familienmitglieder wollten im Sinne eines überlieferten Unternehmerverständnisses (sozial verantwortliche «Patrons») wirken. Deshalb bemühten sie sich insbesondere um eine gute Personalpolitik (keine Entlassungen, erfolgreiche Lohnverhandlungen mit den Gewerkschaften unter ungünstigen Bedingungen, gutes Betriebsklima). Angesichts der vielen Zielkonflikte (Kostendruck mit Rationalisierungszwang, neue Ansprüche an die Produktentwicklung) genügt es indessen nicht mehr, eine Personalpolitik ausschließlich aus der Sicht der sozialen Verantwortung für jede einzelne mitarbeitende Person zu führen, sondern sie wäre auf die langfristigen Bedürfnisse der Unternehmung und auf ihren Fortbestand auszurichten. Es können im Einzelfall deshalb Entlassungen durchaus einmal gerechtfertigt sein. Sie müssen aber begründet und sozial in verantwortbarer und machbarer Weise (zum Beispiel mit einem Sozialplan, d.h. systematischer Unterstützung und finanzieller Absicherung der Entlassenen über eine bestimmte Zeit) umgesetzt werden. Die CommPack AG hätte vor allem im Blechbereich früher mit Anpassungen im Personalbestand beginnen müssen.

4   In welchen Bereichen benötigen Sie zusätzliches Wissen, um die Entwicklung der Unternehmung systematischer beurteilen zu können?

Viele der Fehler wären vermeidbar gewesen, wenn die Familienmitglieder, der Verwaltungsrat und die Geschäftsleitung folgenden Bereichen betriebswirtschaftlicher Erkenntnisse mehr Beachtung geschenkt hätten:

a) systematische Beobachtung der Entwicklungen in den Umweltsphären;
b) dauernde Überwachung der Ergebnisse der strategischen Planung;
c) Anpassung der Organisationsstruktur;
d) Kostenrechnung und Controlling;
e) systematische Problemlöse- und Entscheidungsmethodik.